Julien Green

Junge Jahre

Julien Green

Junge Jahre

Autobiographie

In der Übersetzung
von Eva Rechel-Mertens,
bearbeitet und ergänzt
durch Anne Morneweg und
Claus Koch

Herbig

Titel der französischen Originalausgabe:
»Jeunes années«, Autobiographie 1,
erschienen bei Editions du Seuil, 1984

Lektorat: Marianne Punstein
Umschlaggestaltung: Werner Rebhuhn, Cuxhaven,
unter Verwendung eines Ausschnitts des Gemäldes
von Edouard Manet »Frühstück im Atelier«,
München, Neue Pinakothek
Satz: Filmsatz Schröter GmbH, München
Gesetzt aus: 10/12 Lino Walbaum auf Linotron 202
Druck und Binden: Mohndruck, Graphische
Betriebe GmbH, Gütersloh
ISBN: 3-7766-1411-0

Inhalt

THE CHILD IS FATHER OF THE MAN

Wordsworth

Gedächtnis ... Man hat mir nach der Veröffentlichung von *Aufbruch vor Tag* bisweilen gesagt, ich müsse, um mich an so viele Dinge zu erinnern, ein gutes Gedächtnis haben. Darin täuscht man sich ein wenig. Mein Gedächtnis könnte viel besser sein. Das Besondere an ihm ist, daß es – abgesehen von der Musik – mehr ein Seh- als ein Hörgedächtnis ist, ähnlich einem Malergedächtnis. In der Tat wollte ich Maler werden, und ich bin es auf gewisse Weise geblieben. Sehr spärlich sind die Worte, die ich zitiere, doch sie sind sozusagen protokolliert. Ich erinnere mich keiner zwanzig Sätze, die meine Mutter gesagt hat. Im übrigen gibt es die »Leerstellen«, sie sind zahlreich im ersten Buch dieser Autobiographie und ebenso zahlreich im zweiten. Ich muß immer wieder sagen, daß ich mich nicht erinnere ... Doch Stück für Stück aneinandergereiht, bilden diese Erinnerungen eine Art Kontinuität, die irreführen kann. Das, woran ich mich erinnere, ist fast immer von einer geradezu photographischen Klarheit, doch noch einmal, dies sind isolierte Augenblicke, getrennt durch Zwischenräume, die ich nicht auszustatten weiß. Ich habe das mit einem Museumssaal verglichen, in dem die einzelnen Bilder weit voneinander gehängt sind.

Ich habe nicht versucht, die langen Unterhaltungen zu rekonstruieren, von denen nur einige Worte geblieben sind. Solche Unterhaltungen kommen in Memoiren oft vor, und ich gebe zu, daß sie bisweilen die Wahrheit zum Klingen bringen, aber sie können nicht aufs Wort genau sein, und ich liebe die Wahrheit aufs Wort. Man wird mir sagen, das sei ein typisch protestantischer Zug. Es ist sehr wohl möglich, daß meine erste, protestantische Erziehung mich solcherweise geprägt hat.

Warum habe ich diese Bücher geschrieben? Ich sage im ersten Buch, was ich mir vorgenommen hatte. Das gilt für die gesamte Autobiographie. Ich wollte in der Tat den leitenden Faden wiederfinden, der mein Leben durchzieht. Ich habe vom Durchzug Gottes im Herzen eines Menschen gesprochen. Des Kindes zuerst, dann (im zweiten Buch) des Heranwachsenden, schließlich des jungen Mannes (im dritten und vierten Buch). Diesem Wandeln Gottes läßt sich nicht immer leicht folgen. Es gehört sogar zum Geheimnisvollsten in unserem Leben. Man sieht es oft erst hinterher, richtig sieht man es, glaube ich, erst lange Jahre danach, wenn das Leben sich seinem Ende nähert. Das ist der Grund, warum man sich mit dem Niederschreiben seiner Erinnerungen Zeit lassen muß, wenn man sich dem Sinn der Reise, die man auf dieser Welt vollendet haben wird, nähern will. Ich bin im übrigen nicht sicher, ob man davon allzuviel begreift. Man ahnt mehr, als man sieht. Was mich angeht, so scheint mir, daß ich während meiner ganzen frühen Jugend durch eine geradezu unbezwingbare Unwissenheit gehütet worden bin. Behütet wovor? Vor einer Erfahrung des Fleischlichen, in welcher der Glaube, wie es oft geschieht, sich vielleicht verloren hätte. Die Erfahrung stellte sich in einem Augenblick ein, da sie nicht mehr so gefährlich war. Es scheint mir klar, daß die bloße Behauptung von meiner geistlichen Berufung, selbst wenn ich mich irrte, bereits gewissermaßen eine Verbotszone um mich errichtete. Davon ahnte ich nichts.

Wann habe ich dies begriffen? Ganz begriffen habe ich es erst, als ich diese Bände meiner Autobiographie schrieb. Der Fall ist merkwürdig. Ich mußte warten, bis ich mein heutiges Alter erreicht hatte, damit ich mir des Sinns bestimmter Tatsachen bewußt wurde, großer und kleiner Tatsachen, die meine Kindheit und meine Jugend geprägt haben. Ich sage nicht, daß ich alles begriffen habe. Was mich mit Erstaunen erfüllt, ist die Wachsamkeit Gottes, der, nach den Worten des Psalms, nicht schläft noch schlummert, sondern über jeden von uns wacht, als sei er allein auf der Welt, sofern er nicht widersteht... Was mich betrifft, so sind die schwersten Irrungen später gekommen. Es ist von der Anklageerhebung gegen den jungen Menschen, der ich war, gesprochen worden. Ich habe in der Tat gesagt, dieses Buch gleiche ›ein wenig‹ einer Anklage, doch sollte man es in dieser Richtung nicht zu weit treiben. Ich fände es bestürzend, wenn ein Mensch, dem Gott verzeiht, nicht sich selbst verzeihen könnte. Es gibt jedoch Seelen, die sich an ihre Schuldhaftigkeit klammern wie an einen Schatz. Das ist nicht mein Fall.

Man hat mich ferner nach dem Zusammenhang zwischen dieser Autobiographie und den psychoanalytischen Methoden gefragt. Ich vermute, daß der Mensch, der sich einem Psychiater ausliefert, anders gesagt, einem Seelenarzt, nach Heilung verlangt. Heilen war nicht meine Absicht. Heilen wovon? Ich wollte nur Klarheit. Heilung des Kindes oder des Heranwachsenden? Mir ging es um das Begreifen des Kindes und des Heranwachsenden, der ich war. Überdies weiß ich so gut wie nichts von der Psychoanalyse. Vielleicht gibt es in mir in dieser Hinsicht ein gewisses Mißtrauen. Es scheint mir nicht gut, allzuviel von den Vorgängen in uns zu wissen, denn das läßt uns Geschmack und Sinn für das Geheimnis verlieren. Doch es kommt darauf an, das Kind, das in unserem Herzen auf immer fortlebt, sprechen zu lassen.

Paris, 1974

Aufbruch vor Tag

Was auch immer es sei . . .
Schreiben, was auch immer es sei, ist vielleicht das beste Mittel, wichtige Themen anzugehen, auf dem kürzesten Wege zum Tiefsten vorzudringen. Man sagt ganz einfach, was einem in den Sinn kommt, wie die Erinnerung es fügt. Das Gedächtnis liefert uns alles ungeordnet und in jedem Augenblick. Diese Unordnung will ich mir zum Vorbild nehmen. Bei der Erforschung der Vergangenheit wird man keine genaue Route festlegen können, und so sehe ich die Dinge heute, am 20. November 1959.
Ich schreibe diese Zeilen am späten Nachmittag. Das ist die rechte Stunde, rückwärts blickend noch einmal den Tag zu überschauen, bevor die Nacht kommt, denn die Nacht ist eine andere Welt. Wenn das Licht des Tages geschwunden ist, werden die Sterne blitzen. Dann wird der dunkle Himmel sagen, was er zu sagen hat. Jetzt strahlt noch die Sonne auf mein Blatt, und dabei fällt mir ein, daß meine erste Erinnerung die an einen physischen Schmerz ist. Ich werde behandelt und das tut weh.
Dann kommt der Augenblick, in dem ich nackt und bäuchlings auf den Knien meiner Mutter liege und unbeweglich auf das Weiß der Vorhänge zuschwimme, durch die das Tageslicht dringt. Ich fühle mich glücklich auf jene nicht ganz deutliche Art, wie ich es in der Folge so oft erlebt habe, während in dem Schmerz, von dem ich sprach [war es vor jenem Tag oder am gleichen nur ein paar Minuten zuvor?] sich Schreck mit etwas wie Grauen mischte.

Wir wohnten damals in einem niederen Haus, das in einem mit einem Eisengitter umgebenen Garten lag. Ich glaube, es existiert noch heute am unteren Ende der Rue Raynouard. In dem Garten gab es eine zwischen Büschen versteckte Laube; sollte das alles nicht mehr vorhanden sein, will ich es lieber nicht wissen.
Wir waren arm. Die den Garten umgebenden Häuser wurden von Leuten bewohnt, die nicht reicher schienen als wir. Es gab da eine Madame Soret und ferner die Atalayas, eine spanische Familie, deren Kinder mit meinen Schwestern spielten. Manchmal trat Madame Atalaya ans Fenster, stützte die Hände auf die Eisenstange davor, lehnte sich zurück, um ihrer Stimme möglichst viel Kraft zu geben, und rief ihren Sohn und ihre Tochter, Jesus und Aurora. Ich meine sie noch zu hören. In meiner Vorstellung steht sie aufgereckt in der Morgendämmerung des Jahrhunderts und ruft mit aller Macht: »Hesuus! A-urrorra!«

Meine Mutter schenkte mir bisweilen einen Sou, damit ich mir Kuchen in einer Bäckerei kaufen könne, die sich in der Rue Raynouard neben Madame Sorets Wäscherei befand, wo an der Decke weiße Blusen hingen und sacht die Ärmel bewegten, wenn man die Tür aufmachte.
Ich mußte durch den Garten und dann noch ein paar Schritte auf der Straße gehen. Atemlos langte ich in der Bäckerei an und sagte, was meine Mutter mir in ihrem Ausländerfranzösisch beigebracht hatte: »Un sou cake [Für einen Sou Kuchen].« Alles lachte, ich bekam ein Stück Sandgebäck und eine flache bretonische ›Galette‹. Ich begriff nicht, weshalb alle lachten, lachte aber mit.
Etwas weiter fort, im Milchgeschäft, brachte ich die Inhaberin zum Lachen, indem ich ihr vorsang, was mein Kindermädchen, Jeanne Lepêcheur, immer vor sich hin trällerte: ›Par un soir de folie . . .‹ Das sind die einzigen Worte, die ich behalten habe. Ich konnte eben erst sprechen.

Jeanne Lepêcheur war jung, vielleicht auch hübsch. Auf alle Fälle gefiel sie. Ich glaube, sie liebte mich sehr, ich habe noch den Klang ihrer zugleich sanften und etwas bedeckten Stimme im Ohr: ›Komm doch her, Joujou! Komm her zu mir, Joujou!‹ So nannte sie mich, und bis zu meinem fünfzehnten Jahr blieb mir dieser Name. Wenn man mich in den schönen Tagen der Rue Raynouard fragte, wie ich heiße, antwortete ich prompt: »Joujou Guitte.« Guitte, weil ich Green noch nicht sagen konnte. Alles lachte laut, doch Jeanne zog mich mit sich fort. »Komm jetzt, wir gehen, Joujou.«

Sie trug um den Hals ein rotes Atlasband, und mit ihrem – nach der Art der Frauen aus dem Volke – etwas schleppenden Tonfall summte sie Weisen vor sich hin, in denen von Mitternacht die Rede war. ›Minuit, c'est l'heure du bandit...‹ Ich hörte beunruhigt zu. Die Worte blieben dunkel, aber in der Melodie lag etwas Unheilkündendes, zumal wenn man sie bei Dunkelwerden hörte. Mir wäre lieber gewesen, Jeanne sänge mir etwas anderes vor; sie aber hatte einen ausgesprochenen Hang zum Düsteren, was im übrigen nicht hinderte, daß sie auch von der holden Torheit der Liebe oder Lieder patriotischen Inhalts sang. Ihr Repertoire enthielt volkstümliche Strophen auf ›L'Année Terrible‹*. Ohne zu wissen, was dieses schreckliche Jahr war, drängte ich mich dann ängstlich an diese Frau, die in der Abenddämmerung so bänkelsängerhaft leierte. »Komm schon, komm«, sagte sie dann, damit ich mich beruhigte, und wir gingen manchmal bis zur Seine, zu der es nicht sehr weit war.

Jeanne wurde angesprochen, das weiß ich, sogar ganz gewiß. Männer näherten sich ihr, und etwa ein Meter über meinem Kopf spannen sich halblaut geführte Gespräche

---

* Titel einer Gedichtsammlung von Victor Hugo über den Krieg 1870–71, Paris 1872 (AM/CK)

an, von denen ich nichts verstand. Mit halboffenem Munde und meinem ewigen Keks in der Hand blickte ich zu ihrem Gesprächspartner auf wie zu einem Turm. Dann zog Jeanne mich weiter. »Komm, Joujou.« Ich glaube, wenn ich immer so sehr die Leute aus dem Volke geliebt habe, so vor allem ihretwegen. Ich war in Jeanne verliebt.

Zu Hause pflegten meine Eltern und Schwestern wie Schatten zu kommen und zu gehen; sie traten ins Haus, verließen es, kehrten zurück und sprachen in einer Sprache, die mir unbekannt war. Ich habe im Zusammenhang mit der Rue Raynouard keinerlei exakte Erinnerung an sie bewahrt.

Im September 1904 verließen wir die Rue Raynouard und zogen in die Rue de Passy um. Die mächtigen Wagen der Firma Bedel transportierten unsere merkwürdigen Möbel, die bei unseren französischen Freunden Staunen erregten, bis oben an das Ende der Rue Boulainvilliers. In der Rue de Passy Nr. 93 sollten wir darauf sechs Jahre des Glücks verbringen, die einzig von einer gewissen Zahl von Schrekkensnächten unterbrochen waren, auf die ich noch zurückkommen werde. Damit nun bin ich mit meinen Eltern und ihren fünf Töchtern in einer Szenerie angelangt, von der keine Einzelheit mir aus dem Gedächtnis entschwunden ist. Mein Bruder Charles ist schon seit langem in Amerika, ich bin der einzige Junge, aber ein Junge mit gewissermaßen sechs Müttern.

Die Wohnung ist nicht groß, und die Türen öffnen und schließen sich ohne Unterlaß. Das ist meine erste Erinnerung an die Rue de Passy. Es sind die Mädchen, die kommen und gehen wie in einem Spiel, von dem ich nichts begreife, und die Mutter, die sich wegen der Wäsche, die gewaschen werden oder trocknen soll, um die Kinder, die gekämmt oder Berechnungen, die aufgestellt werden müssen, beständig Sorgen macht.

Von den vier Zimmern, die auf die Straße gehen, ist das

von Mary das erste. Bei ihr herrscht immer Unordnung, aber eine solche, die ein für allemal als Tatsache hingenommen wird, eine Unordnung, die geboten und gerechtfertigt scheint, insofern Mary die Älteste und zwar eine wenig gefügige Älteste ist. Ihre Lockenwickel liegen auf dem Kaminsims umher, während ihre Strümpfe über die Stuhllehnen hängen. Ihr Bett ist mit den Spielkarten bestreut, aus denen sie die Zukunft liest, und auf dem Fußboden steht noch das Frühstückstablett. In einem Hutkarton häufen sich die Programme sämtlicher Theaterstücke, die sie gesehen hat. Sie ist uns allen über, sie geht aus, sie kennt die Welt...

Mitten in der Wohnung lag das Eßzimmer mit dem großen, viereckigen Tisch, an dem die Kinder in dem großen See von Licht, den die Gashängelampe schuf, ihre Schularbeiten machten. Dort hatte niemand Angst. Die Blätter der Bücher wurden unter Schweigen umgedreht, und das Mädchen, das auf uns aufpaßte, schniefte diskret beim Säumen von Wäschestücken. Sie war eine rundliche Elsässerin mit Namen Josephine. Sie hatte ein rosiges Gesicht; sie stahl und log ein bißchen und geriet ins Stottern, wenn man sie dabei ertappte. Auf die Vorhaltungen meiner Mutter, die ihr Bestes wollte, antwortete sie geheimnisvoll: »Tsch!« Das war ihr üblicher Kommentar. Man konnte ihn sich nach Belieben deuten. Lag Zustimmung oder Mißbilligung darin? Tsch! Wie wir alle wußten, traf sie sich mit einem Stadtpolizisten namens Arthur an der Ecke der Rue de Passy und der Rue de la Pompe. Schließlich heiratete sie ihn auch.
Am Morgen seifte sie mich in meiner Wanne und brauchte dazu viel Zeit, denn sie war nicht besonders flink. Eines Tages trat meine Mutter ganz plötzlich in das halbdunkle Badezimmer.
»Von jetzt an bade ich ihn.«

»Tsch!«
Josephine, die vor mir kniete, erhob sich und verließ das Bad. Meine Mutter liebte mich mehr als ihre übrigen Kinder, weil ich das letztgeborene war, und wachte über mich mit einer argwöhnischen Zärtlichkeit. Ich kannte sie damals noch nicht sehr gut.
Doch ich greife vor. Noch habe ich nicht von dem Badezimmer gesprochen, das in der Schreckenszone zwischen Annes Zimmer, wo einmal jemand oben auf dem weißgestrichenen Schränkchen etwas zu sehen gemeint hatte, das stark nach einem abgeschlagenen Kopf aussah, und dem Eleonores lag, in dem zuweilen eine Frau ohne Gesicht erschien. Tagsüber merkte man von alledem nichts, doch sobald die Nacht herannahte, wurde das Badezimmer zum Tummelplatz grauenvoller Gesichte.
Man muß wissen, daß Annes Zimmer auf die Rue de Passy ging, und daß der Raum, selbst wenn das Licht gelöscht war, von dem leuchtenden Reklameschild ›Cacao Bensdorp‹ erhellt blieb, das die Fassade des benachbarten Kolonialwarengeschäfts schmückte. Dieses gelbe, trübe Licht, das durch die Tüllvorhänge drang, gab dem Zimmer etwas Melancholisches. In der vom Fenster am weitesten entfernten Ecke des Raums ballte sich das Dunkel in einer Weise zusammen, daß selbst der Schein einer Kerze es nicht zu zerstreuen vermochte. Überhaupt war diese kleine tapfere Flamme ziemlich machtlos, sie beruhigte nicht, da sie unter der Decke schwankende Fetzen von Dunkelheit übrigließ, die sich schweigend hinter den Schritten des ängstlichen Kindes wieder nach unten senkten. Man durfte sich nicht fürchten. Mama hatte gesagt, es gebe da gar nichts Besonderes, und doch war etwas da. Es war etwas in Annes Zimmer wie auch im Baderaum, und etwas auch im Zimmer Eleonores, das auf den Garten des Hausbesitzers ging, und etwas sogar in dem Zimmer, in dem ich mit meinen Eltern schlief.

Die Wohnung war wie ein Wald mit einigen Lichtungen. Nichts war im Eßzimmer zu befürchten, nichts in Marys Zimmer und auch nichts in der Küche. Alles schien, ach, von dem Raum auszugehen, in dem ich den größten Teil meiner Zeit verbrachte; dort wuchs ich auf, zwischen diesen Wänden gestaltete sich mein Ich vom vierten bis zum zehnten Jahr. Das Zimmer war groß, quadratisch, still. Trat man durch die Vorplatztür ein, so hatte man vor sich das Fenster mit dem Blick auf die Kastanienbäume von Monsieur Cassagnade, unserem Hauseigentümer. An der rechten Wand war ein Kamin mit einem Spiegel darüber. Zur Linken stand das große Messingbett meiner Eltern. Daneben führte eine Tür in Eleonores Zimmer, und rechts von dieser Tür in einer Ecke hatte ich mein kleines Eisenbett. Diese bescheidene, alltägliche Einrichtung sehe ich deutlicher vor mir als viele andere Räume, die ich später bewohnte. Ich spielte am Boden, und in einer unausgebildeten Sprache, einer Sprache, die ich erfand, sprach ich ganz allein mit mir oder mit jemandem, den ich zu sehen meinte.

Aus diesen in Dämmerung gehüllten Jahren bewahre ich die Erinnerung an eine Minute des Entzückens, wie ich seitdem nie wieder eine erlebte. Soll man diese Dinge sagen oder für sich behalten? Es gab einen Augenblick in diesem Zimmer, wo ich, als ich den Kopf zum Fenster hin hob, den schwarzen Himmel sah, an dem ein paar Sterne funkelten. Mit welchen Worten soll ich beschreiben, was sich der Sprache versagt? Diese Minute war vielleicht die wichtigste meines Lebens, und doch weiß ich nicht, was ich von ihr sagen soll. Ich war allein in dem unbeleuchteten Raum und erlebte mit zum Himmel gewendetem Blick etwas, was ich nicht anders als eine Liebeswallung nennen kann. Ich habe auf dieser Welt geliebt, doch nie wie in diesem einen kurzen Augenblick, und dennoch wußte ich damals nicht, wen ich liebte. Ich wußte nur, er war da und sah und liebte auch mich. Wie brach sich diese Vorstellung in meinem Denken wohl Bahn? Ich weiß nichts darüber. Ich war sicher, daß jemand da war und ohne alle Worte zu mir redete. Damit habe ich alles gesagt. Warum muß ich noch schreiben, daß kein Menschenwort mir je wiedergeschenkt hat, was mir in einem Zeitraum von zehn Sekunden zu fühlen gegeben war, damals, als ich noch keine drei verständlichen Worte hervorzubringen vermochte und noch nicht einmal begriff, daß ich existierte? Warum muß ich schreiben, daß ich diese Minute auf Jahre hinaus vergaß, daß der Strom der Tage sie aus meinem Bewußtsein beinahe weggespült hat? Warum ist sie mir in schwierigen Stunden nicht gegenwärtig gewesen? Und weshalb wurde sie mir jetzt wiedergeschenkt? Was soll das alles bedeuten?

Nachts machte sich jemand an dem Türknauf neben meinem Bett zu schaffen, und dieses Geräusch weckte mich auf, doch schlummerte ich gleich wieder ein; nicht so jedoch meine Eltern, noch meine im Nachbarzimmer schlafenden Schwestern Lucy und Eleonore, die das Geräusch außerordentlich störte. Am folgenden Morgen war vor mir höchstens andeutungsweise die Rede davon: Der Satz: ›Heute nacht haben sie es ganz schrecklich getrieben‹ kehrte zuweilen wieder, ohne daß mein Geist dadurch eine allzugroße Erleuchtung erfuhr, außer vielleicht insofern, als kraft der häufigen Wiederholung diese Bemerkung mit der Zeit dennoch einen Sinn bekam und sich schließlich einen Weg zu meinem Denken bahnte. Ich weiß nicht, in welchem Augenblick ich in seinem ganzen grauenhaften Umfang begriff, wovon da die Rede war: erst ziemlich spät, glaube ich, aber ich komme darauf noch zurück.

Mein Grauen war von anderer Art. Man hat mir erzählt, daß ich, kaum fünf Jahre alt, auf eine Ecke meines Zim-

mers wies und in unartikulierten Lauten mit jemandem redete. Durch die Seltsamkeit dieses Selbstgesprächs angezogen, hörten meine Schwestern einen Augenblick zu, stoben dann aber mit einemmal fluchtartig aus dem Zimmer, obwohl ihre Ängste vermutlich unbegründet waren. Tatsächlich habe ich immer gemeint, daß Kinder sowohl wie Tiere eine ganze Welt von harmlosen Wesen um sich sehen, die die Beobachtungsgabe der Erwachsenen nicht erfaßt. Daher die Elfen, Trolle und Feen, mit denen die vorgeschichtliche Menschheit ihre Märchen bevölkert hat, als sie selber der Kindheit noch ganz nahestand. Wie dem auch sei, meine Angst erwuchs nicht in diesen Regionen. Erst als ich größer wurde, entdeckte ich, wieviel Grauen ein Wandschrank barg, in dem meine Mutter die Kleider der Familie aufhob.
Vermutlich muß das Ereignis sich um 1907 abgespielt haben, denn wer hätte vorher zu mir wohl schon vom Teufel gesprochen? Ich wußte vom Teufel nur, was die Heilige Schrift von ihm sagt, aus der uns meine Mutter alle Tage vorlas; ich fing erst gerade an, das Englisch der Bibel zu verstehen. Welche Vorstellung machte ich mir von dem abtrünnigen Engel? Ich weiß nicht mehr, wieso, doch an gewissen Tagen öffnete ich unter dem Zwang einer unwiderstehlichen Neugier die Tür zu diesem Wandschrank, der sich im Zimmer meiner Eltern befand, und rief mit klopfendem Herzen den Teufel an. Ich stellte mir allen Ernstes vor, daß er darin wohne.
Zunächst begab sich nichts. Das Innere des Schrankes war schwarz, und man konnte darin die lange Reihe der Kleidungsstücke, einer dichtgedrängten Menge aus lauter plattgedrückten, kopflosen Gestalten ähnlich, nur äußerst undeutlich erkennen. Ich mußte noch einmal rufen. Soviel wenigstens wußte ich, und ich wußte, daß auch zweimal noch nicht genügte. Dreimal rufen tat not, ja, wurde geradezu verlangt. Ich rief also ein drittes Mal, und daraufhin

trat das Unvergeßliche ein. Die Kleider bewegten sich. Sie schoben sich sacht auseinander, um jemandem Durchgang zu gewähren. Heute bedauere ich, daß ich niemals den Mut fand, abzuwarten, anstatt laut schreiend davonzustürzen.
Meine Mutter, in deren Arme ich mich flüchtete, verstand nicht, weshalb ich schrie, aber Eleonore und Mary, die beide Spezialistinnen des Unsichtbaren waren, hoben die Brauen und sagten nur: »Er hat gewiß wieder einmal etwas gesehen.« Tatsächlich hatte ich nichts gesehen, als daß die Kleidungsstücke schwankten und sich teilten, doch noch heute, da ich diese Zeilen niederschreibe, erinnere ich mich des unaussprechlichen Grauens, das eine kaum geahnte dunkle Gegenwart mir bereitete. Daß etwas da war, darüber besteht kein Zweifel in meinem Geist – doch was? Ich kann höchstens die Frage stellen. Mit der Zeit aber habe ich feststellen können, daß es sinnlos ist, den Teufel herbeizurufen, da er sowieso nie auch nur einen Fingerbreit von uns weicht.

Man wird mir sagen, daß alles das nirgendwo Wirklichkeit besaß als in meinem Kopf, und das mag ja auch sein, aber ich kann nur berichten, was mir persönlich wahr erscheint. In dem Halbdunkel, in das ich jetzt meine Blicke versenke, sehe ich kleine Ereignisse ohne Beziehung zum Unsichtbaren, deren Nachwirkung auf mein Leben so stark war, daß ich sie ehrlicherweise nicht mit Schweigen übergehen kann. Hier die Tatsachen in ihrer Kraßheit und mitsamt den daraus sich ergebenden tragischen Konsequenzen:
Schon um sieben Uhr abends lag ich im Bett. Die Tür meines Zimmers blieb offen, und ebenso die Tür des Salons, aus dem durch das Dunkel des Vorzimmers ein unbestimmter, aber beruhigender Lichtschein, sowie von Zeit zu Zeit Stimmengemurmel und das bezaubernde Lachen meiner Mutter zu mir drang. Ich nehme an, sie

erinnerte sich an die Ängste, die sie selbst als Kind in ihrem Geburtshaus in Savannah durchgemacht hatte, einem Spukhaus, wenn es jemals eines gegeben hat. Das Offenhalten der Tür hatte jedoch einen anderen Grund. Meine Mutter gab, so klein ich noch war, doch schon sehr auf mich acht, da sie vor gewissen Verfehlungen einen Horror empfand, wie ich ihn nur bei ihr angetroffen habe, und wenn sie selbst mich nicht im Auge behalten konnte – denn darauf kam es mehr oder weniger an –, so tat meine Schwester Mary es an ihrer Statt.

Natürlich ahnte ich von diesen Maßnahmen nichts. Ich war die Unschuld selbst und blieb es lange, doch steht völlig außer Zweifel, daß ich, wenn ich auf dem Rücken ausgestreckt in meinem Bett lag, Vergnügen daran fand, mit der Hand diesen Körper zu erforschen, den ich noch kaum als einen Teil meiner selbst begriff. Welches Alter hatte ich tatsächlich zu jener Zeit? Fünf Jahre vielleicht. Sicherlich war es noch vor der Geschichte mit dem Wandschrank. Auf alle Fälle verstand ich noch wenig Englisch, wie man im folgenden sehen wird.

Eines Abends stand ganz plötzlich meine Schwester Mary an meinem Bett. Ich hatte sie nicht kommen hören, aber warum auch hätte ich mich verstecken sollen, da ich mir doch keiner Schuld bewußt war? Mit einer energischen Bewegung schlug sie das Bettuch bis zu meinen Füßen zurück und rief laut schreiend meine Mutter herbei, die mit dem Leuchter in der Hand auch sofort erschien. Im Kerzenlicht lag ich da, wie ich war, verständnislos lächelnd und mit den Händen in der verbotenen Region. Es gab ein Geschrei, und nachdem sie den Leuchter abgesetzt hatte, verließ meine Mutter das Zimmer, um gleich darauf mit einem langen Messer, das wie eine Säge gezähnt war und zum Brotschneiden diente, wieder zurückzukommen. In diesem Augenblick erschien auch, von dem Geräusch herbeigerufen, die Köchin auf der Schwelle. Sie hieß Lina

Ranoux, und ich werde noch Gelegenheit haben, wieder von ihr zu sprechen. »I'll cut it off!« rief meine Mutter, während sie das Brotmesser schwang. Ich verstand nicht, was sie sagte. Um die Wahrheit zu sagen, ich verstand überhaupt nicht, was die Aufregung rings um mich her zu bedeuten hatte. Lina konnte sich vor Lachen kaum halten, ich aber brach angesichts der empörten Miene meiner Mutter in Tränen aus. Meine Schwester murmelte irgend etwas und deckte mich, während sie mir einen Kuß gab, wieder zu. Die Kerze wurde ausgeblasen, alles verlief sich, und ich schlief ein. Aller Wahrscheinlichkeit nach hätte ich diese Szene vollkommen vergessen, wäre ich nicht später daran erinnert worden. Die Spuren aber, die sie in mir zurückgelassen hat, waren, wie ich leider annehmen muß, sehr tief. Liebe Mutter, du, die du mich in deinem ganzen Leben nur ein einziges Mal richtig geschlagen hast, noch dazu irrigerweise, du, die du mich so sehr geliebt hast, denn du zittertest ja um mich – wie hätte ich denn verstehen können, was dieses geschwungene Messer, diese Stimme bedeutete, die ja nur die Stimme der Verzweiflung war? Mußte ich nicht warten, bis ich zwanzig Jahre alt war, um den Grund zu erraten, der dich zu dieser seltsamen Drohung bewog? Vor fast einem halben Jahrhundert nun schon bist du von mir gegangen. Was hättest du über deinen Sohn gesagt? ›Ich werde zu dir gehen, doch du wirst nicht zu mir kommen.‹ So hieß es in dem schwarzen Buch, aus dem du uns täglich vorgelesen hast.

Ich weiß nicht genau, weshalb Jeanne Lepêcheur uns nicht in die Rue de Passy folgte. Lina Ranoux, die aus dem Périgord stammte, trat an ihre Stelle und wurde unser Hausmädchen. Aus Badefol d'Anse in der Gegend der Dore und der Dogne gebürtig, war sie ein Bauernmädchen mit frischem Teint und von kräftigem Wort. Die Nase mit den geblähten Flügeln in die Luft gestreckt, schob sie ihre starken Hüften voran, und wenn sie auch nicht Jeannes Sanftmut besaß, war sie doch, wiewohl etwas rauh, eine keineswegs üble Person. Morgens gingen meine Schwestern bis zur Schwelle der Küche, um im Fluge ihr Schuhwerk zu erhaschen, das Lina ihnen in vergnügter Laune zuzuwerfen pflegte. »Da sind eure Schuhe, ihr Gören!« rief sie ihnen zu. Meine Mutter wußte von dieser Einzelheit nichts. Mir gegenüber zeigte sich Lina in Worten weniger ungeniert, doch sagte sie, um sich an meiner verdutzten Miene zu ergötzen, alle möglichen Dinge in ihrem Platt und lachte dann mit in die Hüften gestemmten Armen. Ihre Stimme hallte durch die ganze Küche, wohin ich öfter ging, um ihr – eine große Vergünstigung – beim Abtrocknen zu helfen. »Alkottetof!« sagte sie dann, während sie, von Lachen geschüttelt, zum Brotmesser griff. Ich wußte nicht, was sie meinte, erkannte aber den Ausspruch und die Gebärde meiner Mutter wieder, die mir daraufhin erst in Erinnerung blieben.

Ich hatte mein kleines Geheimleben in dem großen Zimmer, das selber voller Geheimnisse war. Bevor sich mir die Schrecknisse des Wandschrankes offenbarten, lebte ich in unaussprechlichem Glück dahin, an das ich mich immer noch ein wenig zu erinnern vermag. Liebe war in mir und um mich wie die Luft, die ich atmete, aber in meinem fünften Jahr ungefähr muß etwas wie eine Katastrophe eingetreten sein, deren Sinn mir nicht klar ist. Sicherlich war es nach jener Minute, in der ich, als ich den Kopf zum dunklen Himmel emporhob, das Gefühl einer ungeheuren liebenden Gegenwart hatte. Monate gingen bestimmt darüber hin. Zu einem Zeitpunkt, den ich nicht genau zu bestimmen vermag, saß ich am Fenster und wurde mir jäh bewußt, daß ich existierte.

Alle Menschen haben diesen eigenartigen Moment erlebt, in dem man sich plötzlich von der übrigen Welt durch die

Tatsache getrennt fühlt, daß man nicht das, was einen umgibt, sondern man selber ist. Ich überlasse den Spezialisten die Sorge, diese Dinge zu klären, in denen ich offen gestanden selber nicht sehr klar zu sehen vermag. Alles, was ich noch davon weiß, ist, daß ich in diesem Augenblick ein Paradies verließ. Es war die melancholische Stunde, in der die erste Person Singularis in das menschliche Dasein ihren Einzug hält, um von da an eifersüchtig bis zum letzten Seufzer ihren Platz im Vordergrund der Bühne zu behaupten. Gewiß, ich war auch weiterhin glücklich, aber doch nicht mehr, wie ich es vorher in dem Eden war, aus dem wir durch den Engel mit dem Flammenschwert vertrieben werden, dessen Name ›Ich‹ ist.
Sicherlich sollte ich etwas Ordnung in diese Erinnerungen bringen, doch ich fühle mich nicht imstande dazu. Ich habe den Eindruck, daß alles sich gleichzeitig in mir einstellt. Wie soll ich da eine Chronologie in dem allen finden? Auf einmal fühle ich mich wieder ein Stück zurückversetzt, weit noch vor die Epoche mit dem Kleiderschrank, in jene Zeiten, in denen ich von den Erwachsenen nur die Füße sah. Ich mußte mich damals mühsam aufrecht und dabei noch den Kopf nach hinten halten, um ihre Gesichter gegen die Zimmerdecke zu erkennen. Ich verwechselte alle, denn wir waren acht Personen in der Wohnung, und das Kommen und Gehen verwirrte mich. Mitten am Tage und am Spätnachmittag erkannte ich die großen blanken Schuhe, die von einer grauen Hose umhüllten Beine sowie die ruhige, tiefe Stimme, die wie eine etwas dumpfe Glocke alle übrigen übertönte. Dann rief ich: »Papa!« in Nachahmung meiner Schwestern, und die Glocke antwortete: »Hallo, Beaver!« Beaver bedeutet Biber. So wurde ich genannt, weil ich mir immer mit Schachteln, Garnrollen oder Bleistiften, allem, was mir in die Hände fiel, auf dem Fußboden zu schaffen machte.
Wenn ich allein mit jemandem war, der sanft in einer

Sprache mit mir sprach, die ich nicht verstand, wußte ich, daß es die Person war, die mich mehr als die anderen liebte. In der Art Dämmerung, in der ich noch lebte, nahm die Gegenwart meiner Mutter nach und nach etwas Magisches an, und jetzt, da ich durch ein ganzes Menschenleben von ihr getrennt bin, pocht mir noch immer das Herz bei der Erinnerung an ihre Stimme. Wenn sie mir gute Nacht sagen kam, stellte ich mich aufrecht in mein Bett und legte ihr die Arme um den Hals. Als ich noch kaum Worte zu formen imstande war, ließ sie mich das Vaterunser auf englisch sprechen. Den Kopf an ihre Schulter gelehnt, wiederholte ich die Worte, die sie mir in dem nur matt durch einen vom Salon her einfallenden Lichtschein erhellten Zimmer ernst und langsam vorsprach: »Our Father...« – »Our Father...« – »which art in Heaven...« – »which art in Heaven...« – »hallowed be Thy name...« – »hallowed be Thy name...« Ich verstümmelte die Wörter, die ich nicht verstand, dennoch übertrug sich mit diesem gemurmelten Gebet von meiner Mutter etwas auf mich. Das Wesentliche meines Glaubens von heute wurde mir damals in jenem Halbdunkel geschenkt, aus dem die größte Liebe zu mir sprach.

Während es manchmal so traurig ist, die Jahre fliehen zu sehen, empfinde ich – ich weiß nicht, wieso – beim Zurücktauchen in meine Kindheit ein Glück ohne jede Spur von Wehmut. Der Tod existierte noch nicht. Wir waren alle für immer zusammen, so schien es, und was war schon Sterben? Ich hatte keine Ahnung davon.

Gewöhnlich ging und kam meine Mutter mit gedankenvoller Miene von einem Zimmer ins andere, und ich lief ihr bis in die Küche nach, wo sie mit einem großen Stück Marseiller Seife die Kinderwäsche wusch, nachdem sie den Trauring auf den Ausgußrand abgelegt hatte. Nur bei ihr fühlte ich mich wohl. Sie sprach mit sanfter Stimme, während sie unsere Hemdchen seifte, zu mir in ihrer mir damals noch unbekannten Sprache. Ich würde viel darum geben, zu wissen, was sie zu mir gesagt hat. Doch gab es auch düstere Tage, an denen sie in ihrem großen Messingbett liegenblieb. Die Fenstervorhänge wurden dann zugezogen, und meine Mutter sprach nur ein paar Worte mit einer fernen, schmerzhaft angestrengten Stimme.

Ich begriff, daß ich das Zimmer verlassen sollte, und ging Lina Gesellschaft leisten. Lina war launenhaft. In guten Momenten, wenn ihr nichts Besseres einfiel, sagte sie zu mir: »Ich werde dir mal zeigen, wie man bei uns zu Hause tanzt.« Sie stemmte die Arme in die Hüften, hob erst den einen, dann den anderen Fuß und sang dazu in ihrem Heimatdialekt. Ich verstand kein einziges Wort; sehr bald brach sie mit hochgeröteten Wangen in lautes Gelächter aus.

Ich schwankte zwischen Entzücken und Beunruhigung, denn wenn ich bei Lina war, befand ich mich in einer von der unseren weit verschiedenen Welt. Sie lachte nicht wie wir, und ihre Stimme hatte etwas Jähes, beinahe Wildes, das mein Ohr berührte wie ein Schlag ins Gesicht. Manchmal stürzte sie sich auf mich und gab mir einen ohrenbetäubenden Kuß.

Es lag etwas Heftiges in ihren Neckereien, zum Beispiel, wenn sie mich auf den Tisch setzte, mir verbot, mich zu rühren, und dann den Küchenboden schrubbte. Der Lärm des Wasserstrahls, der aus dem Hahn in den eisernen Eimer lief, das rasche Umherfahren mit dem in das Scheuertuch eingewickelten Besen nach allen Richtungen hin, vor allem jedoch in meine, so jedenfalls kam es mir vor, wobei diese Frau sich in meinen Augen in eine Kriegerin verwandelte, die über mein Entsetzen lachte – alles das ist mir erstaunlich gegenwärtig.

Eines Tages bereitete sie in ihrem Küchenherd ein paar kleine Kuchen, gab mir einen davon und schob mich dann bis in das Schlafzimmer meiner Mutter. Die Vorhänge waren zugezogen, man konnte kaum etwas sehen, aber ich erkannte doch auf dem weißen Kopfkissen inmitten der dunklen Flut des Haars Mamas blasses Gesicht. Mit meinem Kuchen in der Hand fing ich zu singen an:

J'aime la galette,
Y a du beurre dedans,
Quand elle est bien faite,
Y a du beurre dedans,
Y a du beurre dedans, du beurre dedans,
Du beurre!

»Was sagt er?« fragte meine Mutter eine meiner Schwestern, die in ihrer Nähe war.
Ich hielt meinen Kuchen hin, wie Lina es mich geheißen hatte. Mama murmelte daraufhin etwas mit ihrer leidenden Stimme, die mich traurig stimmte, weil es nicht ihre richtige Stimme war, worauf Lina mich wieder hinaus in die Küche führte.

Ich spielte mit einer Puppe aus Pappmaché, die ich über alle Maßen liebte, obwohl sie weder Arme noch Beine besaß. Sie hieß – ich weiß nicht mehr, weshalb – Agathe. Ich schloß sie leidenschaftlich in die Arme und hielt sie für eine Person, eine Person, die mich liebte.
Später, vielleicht ein Jahr darauf, bekam ich einen kleinen Tisch und ein Stühlchen geschenkt, beide rosa gestrichen. Im Schlafzimmer meiner Eltern am Fenster sitzend zeichnete ich, bevor ich noch lesen oder schreiben konnte, und möglicherweise haben die größten Schwierigkeiten, die mir jemals begegnet sind, mit diesen formlosen Kritzeleien begonnen, über denen ich stundenlang saß, ohne mich fortzurühren.
Hier breitet sich wieder dichtes Dunkel aus. Ich stelle fest,

daß ich nicht recht weiß, welches Wesen ich damals war. Der Zwischenfall mit dem Brotmesser gehörte schon der Vergangenheit an, und wenn Lisa, sobald sie mich zum Klo laufen sah, mir auch noch so laut nachrief: »Alkottetof!«, ich verstand sie nicht. Tatsächlich verstand ich beinahe nichts. Ich lebte in Träumen, die meinem Eindruck nach nie ein Ende nahmen, aber wenn ich schon das ›Örtchen‹ erwähne, scheint es mir an der Zeit, von dem Blinden von Saint-Cloud zu erzählen. Ich stellte mir nämlich vor, der Blinde von Saint-Cloud halte sich in dem winzigen Raum zwischen dem Holzdeckel, den ich hochheben mußte, und der Wand versteckt. Man muß dazu wissen, daß der fragliche Blinde wie Agathe arm- und beinlos war und daß er, auf dem Straßenpflaster hockend, den Vorübergehenden zwei leere Augenhöhlen von einem furchtbaren Rosa zuwendete. Vergebens drückte ich auf dem Pont de Saint-Cloud mein Gesicht in Linas weiße Schürze, ich konnte es nicht lassen, diesen Mann anzusehen. Er sang. Die Leute warfen Münzen in seine Schale. Und was sang er? Kann ich es jemals vergessen? Es war ein Liebeslied, von dem ich nur noch die ersten Worte weiß:

Oh, ma jolie,
Je t'en supplie,
Ne t'en va pas,
Reste avec moi!

Weshalb stellte ich mir, wenn ich mich an dem bewußten Ort niedersetzte – ja, weshalb, zum Teufel! stellte ich mir vor, er halte sich in meinem Rücken auf? Von woher steigen denn solche kindlichen Angstträume empor? Aus welchen Abgründen wohl?

Ich erinnere mich, daß uns meine Mutter in ihrem Schlafzimmer auf englisch aus der Bibel vorlas. Sie nahm dazu am Fenster Platz, und meine Schwestern gruppierten sich rings um sie her. Meine Schwestern, das heißt Anne, Retta und Lucy. Eleonore und Mary, die schon über zwanzig waren, hielten sich anderswo auf. Ich selbst war noch zu klein, um etwas zu verstehen, aber da ich bei Mama bleiben wollte, verlangten die anderen von mir nur, daß ich mich schön brav verhalte. Ich spielte also schweigend zu Füßen meiner Mutter und hörte natürlich diese Stimme, bei deren ruhigem Klang die geheimnisvollen Sätze über mich hinfluteten. Eines Tages überkam es mich wie eine Offenbarung, die mir eine Art Schock versetzte, daß ich ja den Sinn gewisser Worte verstand. Welche? Könnte ich es wissen, so würde ich vielleicht in dem Halbdunkel, in dem ich mich tastend bewege, etwas klarer sehen. Sicher aber ist, daß sich in diesem Augenblick in meinem Hirn etwas öffnete. Ich kann mich an nichts anderes erinnern außer daran, daß ich bei dieser Entdeckung eine jähe Aufregung in mir verspürte, daß ich aufstand und reden wollte, die anderen mich aber schweigen hießen.

Es muß im Jahre 1906 gewesen sein. Monate gingen dahin, vielleicht ein Jahr. Ich konnte schon ein wenig Englisch, als ich eines Abends in meinem Bett zu weinen begann, und meine Mutter, die sich im Salon aufhielt und mich hörte, herbeigeeilt kam. »Was hast du?« Ich stellte mich auf die Füße, schlang schluchzend die Arme um ihren Hals und fragte: »Mama, bin ich erlöst?« [Am I saved?] Diese Minute wird die Zeit mir niemals rauben können. Meine Mutter drückte mich an sich und sagte mit fester Stimme zu mir: »Höre mir gut zu. Du glaubst, daß Jesus Gott ist. Du hast den Glauben. Da bist du auch erlöst.« Leiser setzte sie hinzu: »Jetzt schlafe.« Sie küßte mich. Ich glaube, sie war betroffen über meine Frage, denn sie sprach zu meinem Vater davon.

Ich kann mich nicht erinnern, daß sie je gesagt hat, sie liebe mich, obwohl sie es mir täglich auf viele Arten bewies. Was mich selbst anbetraf, so war mir jede Gelegenheit recht, um ihr eine Liebeserklärung zu machen. Mit meinem ›I love you‹ verfolgte ich sie geradezu. Sie strich mir dann nur übers Haar und antwortete: »You're my little boy.« Manchmal nahm sie mich mit in ihren großen niederen Lehnstuhl hinein, umhüllte mich mit dem breiten grauen Schal, in den sie sich selber wickelte, und drückte mich wortlos an sich.

Von Zeit zu Zeit führte Lina mich ins Kasperletheater, das fünf Minuten von unserem Hause entfernte ›Guignol de la Muette‹. Das Theater befand sich nahe dem Bahnhof und dem hübschen La-Fontaine-Denkmal, das die Deutschen während der Besatzungszeit törichterweise vernichtet haben. Der Fabeldichter schaute lächelnd auf einige der Tiere herab, die er ein so reines Französisch hatte reden lassen, doch hielten wir, Lina und ich, uns nicht weiter bei ihm auf. Wir überquerten die breite Straße, die an der Bahnstrecke entlanglief, und stellten uns mit anderen Kindern und Kindermädchen vor die winzige Bühne. Wir warteten einen Augenblick, dann hob sich der Vorhang, der die Größe einer Serviette hatte, mit einer Plötzlichkeit, bei der wir zusammenschreckten. Darauf begann das Drama, das alle zum Lachen brachte, von dem ich aber nichts verstand, es sei denn den Schluß, bei dem unter dem Geschrei der Zuschauer eine Marionette erschien, die, unheimlicher als die anderen wirkend, schwarz gekleidet war und in den kleinen steifen Armen einen mörderischen Prügel trug, mit dem sie auf das wehrlose Opfer einen Hieb nach dem anderen niedersausen ließ. Dieses, das ihr den Rücken zukehrte, knickte dann zusammen und fiel über den Rand der Bühne. Mit offenem Munde, starr vor Schrecken erkannte ich, wenn ich so sagen darf, die Atmosphäre des häuslichen Wandschranks wieder. Rings um mich lachten die Kinder, ich aber hatte Angst vor der aus

den Tiefen des Theaters heraufdringenden Falsettstimme, weil sie keine richtige menschliche Stimme war, und auch das Geräusch der Schläge bereitete mir Unbehagen. Ich rührte mich nicht, doch ich glaubte zu sehen, wie die Tür des Wandschranks sich öffnete und der Teufel mit den Zügen dieser kleinen Figur erschien, die plötzlich zu Riesengröße emporwuchs. Was dann noch folgte, trug sich in größter Verwirrung zu. Ich kann nicht behaupten, daß ich den Faden verlor, denn ich hatte ihn nie gehabt, aber ich nahm von diesem Schauspiel den Eindruck eines Albtraums im kleinen mit mir fort, der sich plötzlich aus der Enge des Theaters hinaus der ganzen Luft mitteilte.
Lina war sehr befriedigt. »Der Schutzmann hat Prügel bekommen«, stellte sie mehrmals mit ihrer trompetenden Stimme fest. Ich erinnere mich, daß sie langsam und vorsichtig einherschritt und die Spitzen ihrer schwarzen Stiefelchen sorgsam nach außen setzte.

Solche Momente des Grauens wirkten damals kaum in mir nach. Ich war das glücklichste Kind, doch hatte ich keine Freunde. Ich gab mich ganz allein Spielen hin, die mich in der Erinnerung bedenklich stimmen, denn wie sollte ich nicht in diesen sonderbaren Vergnügungen einige der stärksten Tendenzen erkennen, die mein Leben beherrscht haben?
Meine Mutter lieh mir manchmal eine Bibel für Kinder, die sehr reich illustriert war. Ich verstand wenig von dem Text, betrachtete jedoch die Abbildungen mit leidenschaftlicher Aufmerksamkeit. Eine von ihnen übte auf meinen Geist ungewöhnliche Macht aus und hätte fast ein kleines Drama heraufbeschworen. Gar zu gern wäre ich nämlich der Hohepriester in Person gewesen, wie er dem Allerhöchsten ein Brandopfer darbringt. Die Abbildung, die diese Opferhandlung zum Gegenstand hatte, war von mustergültiger Genauigkeit, und ich bemühte mich, sie

mit sklavischem Nachahmungssinn in die Wirklichkeit umzusetzen. Als Bekleidung des Hohenpriesters mußte der rote Schlafrock meiner Mutter herhalten; ich knotete mir dazu ein Frottiertuch um die Hüften. Aus einem weiteren Handtuch machte ich mir eine Art Turban und richtete dann meine Gedanken auf den Hauptaltar, den ich ja unbedingt brauchte. Das Problem war schnell gelöst: auf meinen kleinen rosa Tisch stülpte ich den Deckel unserer Nähmaschine. Da dieser rechteckig und an allen Seiten ganz glatt war, eignete er sich trefflich für den Gebrauch, den ich von ihm machen wollte. Die Haarbürsten meines Vaters nahmen die Stelle der Schaubrote ein. Nachdem alles so weit gediehen war, brauchte ich nur noch vor dem Altar auf und ab zu schreiten und dabei eine Art Geheul der Verehrung auszustoßen. Doch war da noch ein Detail, das mir Kummer bereitete, denn auf der Abbildung sah man tatsächlich ein rauchendes Opfer auf dem Altar. Ich brauchte ein Opfer, und wenn auch nicht ein Kalb oder einen Hammel, so doch jedenfalls etwas Kostbares und Ansehnliches.

Nach kurzem Nachdenken lief ich auf den Flur hinaus. Dort, auf einem der Haken des Kleiderständers, erglänzte in sanftem Schimmer der Zylinderhut meines Vaters. Er setzte ihn nur sonntags zum Kirchgang oder zu offiziellen Besuchen auf, und ich erinnere mich, daß er sehr sorgfältig damit umging und immer mit einem kleinen Kissen aus braunem Samt leicht über ihn hinstrich, bevor er ihn aufsetzte, damit ja kein Stäubchen den Glanz dieser Kopfbedeckung beeinträchtige. Ich zögerte, wahrscheinlich durch die Kühnheit des Sakrilegs, das meinem Plan zugrunde lag, ein wenig erschreckt. Endlich aber faßte ich rasch den Entschluß, Papas Seidenhut auf dem Altar des Ewigen zu opfern. Nachdem ich auf einen Stuhl geklettert war, konnte ich den ehrfurchtgebietenden Gegenstand erreichen, der einen Augenblick später auch schon zwischen den beiden Schaubroten lag. Meine Liturgie stimmte offengestanden nicht recht, denn ich brachte die Hinweise aus den Unterschriften mehrerer Abbildungen durcheinander. Wie dem auch sei, der Hut jedenfalls nahm sich prächtig aus, und ich schwenkte meine Ärmel unter immer hemmungsloserem Geheul, worauf ich mich auf die Suche nach einer Schachtel Streichhölzer begab, denn die Abbildung wies ganz deutlich ein von Flammen verzehrtes Opfer auf.

Hätte ich mich minder geräuschvoll aufgeführt, wäre mein Unternehmen sicher erfolgreich verlaufen, doch mein aufgeregtes Gebaren veranlaßte meine Mutter und eine meiner Schwestern nachzusehen, was ich eigentlich treibe. »Was soll das alles heißen?« fragte Mama. »Ein Brandopfer [a burnt sacrifice]«, antwortete ich sofort. »A burnt sacrifice!« wiederholte sie lächelnd. Gleichwohl strafte sie mich, wenn auch nur mit leichter Hand.

Um mit dem Zylinderhut zu Ende zu kommen, möchte ich noch berichten, was sich eines Sonntagmorgens in der protestantischen Kirche der Rue Cortambert begab, obwohl diese peinliche Episode sich eigentlich erst zwei Jahre später, 1907, abgespielt hat. An jenem Sonntag nämlich hatte meine Mutter zu meinem Vater gesagt: »Wir lassen unsere Kinder wie die Heiden aufwachsen. Sie gehen nicht oft genug zur Kirche. Du solltest sie heute hinführen, ich selber fühle mich nicht wohl.« Tatsächlich lag sie zu Bett, und die Vorhänge im Schlafzimmer waren zugezogen, was immer ein schlechtes Zeichen, ein Zeichen des Leidens, der Trauer war. »Für die Kirche am Alma ist es zu spät«, stellte mein Vater fest. »Aber ich könnte mit ihnen in die Rue Cortambert gehen.«

Ich weiß nicht, was Mama sagte. Sie erzog uns im Glauben der sogenannten Episkopalkirche, die der Church of England entsprach. Mein Vater hingegen neigte zum Presbyterianismus, der, von Calvin herstammend, durch John

Knox nach Schottland gekommen war. Dabei war Papa so gar kein Calvinist! Aber im Glauben der sogenannten reformierten Kirche aufgewachsen, hielt er an dem fest, was er in seiner Jugend in sich aufgenommen hatte.
Jedenfalls zog er einen Augenblick später seinen Überrock an, griff zu seinem Stock und setzte den Zylinder auf, über den Anne zuvor noch einmal sorglich mit dem braunen Samtkissen fuhr; und alle, die drei Töchter und der Sohn, machten sich mit ihm auf den Weg!
Dieser Weg war einfach. Nachdem wir die Rue de Passy verlassen hatten, bogen wir in die Rue Guichard ein und gingen nach Überqueren der Place Possoz die Rue Cortambert hinauf. Es wurde schon gesungen, als wir die Kirche betraten, und mein Vater trieb uns wie der Hirt die Herde vor sich her, bis wir an einer langen Bank aus blankgebohnertem Holz angekommen waren, auf die wir uns in einer Reihe nebeneinander setzten. Erst kam Papa, dann ich, dann Lucy, Retta und Anne.

Oh, Canaan, divin séjour,
Oh, céleste patrie!

Die Kirche war weiträumig und kahl, schmucklos, ohne Buntglasfenster, streng. Ich fühlte mich durch soviel Kälte eingeschüchtert und verspürte Heimweh nach der Kirche der Avenue de l'Alma, von der ich noch sprechen werde; immerhin war es merkwürdig, hier unter Menschen zu sein, die die Choräle auf französisch sangen. Das vor allem kam mir ungewöhnlich vor. Die Religion meiner Mutter war englisch, und infolgedessen mußte die Religion schlechthin es sein.
Mein Vater hatte seinen Zylinder zwischen sich und mir, das heißt links neben sich abgelegt. Da ich nicht wußte, was ich mit meinem großen Matrosenhut machen sollte, legte ich ihn ebenfalls so, wie mein Vater es tat, zu meiner

Linken auf die Bank. Papa hielt ein Gesangbuch in den Händen und versuchte mitzusingen. Wir, die Kinder, hingegen hielten den Mund hermetisch geschlossen. Meine Schwestern verspürten gleich mir ein seltsames Gefühl der Befangenheit, als sie Gott auf französisch anrufen hörten, denn in unserem kleinen angelsächsischen Universum sprach man ja nicht so zu Ihm.

Gerade als der Choral zu Ende ging, erschien ein Herr, der sich noch mehr verspätet hatte als wir, am Ende unserer Bank und bat uns, freundlichst etwas zusammenzurücken, damit er noch Platz finden könne. Wir blickten einander zunächst mit wenig geistreicher Miene an wie Leute, die nicht wissen, was man von ihnen will, doch mein Vater, der die Situation erfaßte, bedeutete uns durch eine Bewegung mit dem Gesangbuch, näher an ihn heranzurücken. Zugleich tauschte er ein Lächeln und einen Gruß mit dem Neuankömmling aus. Nach Beendigung des Chorals saßen wir alle wieder, und der Pastor fing zu predigen an. Alles verhielt sich still. Die Stimme des Predigers hallte an den Wänden wider. Niemand rührte sich. Bei einem Seitenblick auf Lucy stellte ich fest, daß sie den Pastor mit der etwas mokanten Miene fixierte, die bei ihr ein Zeichen von Langeweile war, und außerdem, daß sie meinen großen Matrosenstrohhut auf den Knien hielt. Sie tat gut daran. Ich selbst hingegen stand Todesängste aus. Seit ein paar Sekunden nämlich wurde mir langsam klar, daß ich auf etwas Hartem saß, das unter meinem Gewicht jedoch nachgab, und daß dieses Harte der Zylinder meines Vaters war. Dieser übrigens lauschte mit sichtlichem Interesse und offenbar ahnungslos dem, was der Pastor zu sagen hatte. Noch war er glücklich, denn er wußte von nichts. Alle waren glücklich außer mir selbst. Was aber sollte ich tun?

Ich weiß nicht, wodurch Lucy auf die Katastrophe aufmerksam wurde. Unter Kichern fragte sie mich, wo eigentlich Papas Hut geblieben sei [Lucy neigte nämlich – wie

wir alle – zur Grausamkeit]. Dann wurde sie von einer so unbändigen Lachlust befallen, daß sie, um ihrer schrecklichen Heiterkeit Herr zu werden, ihr Taschentuch zusammenknäulte und es in den Mund steckte. Retta und Anne, zu denen die Neuigkeit noch nicht gedrungen war, fingen angesichts von Lucys Miene gleichfalls zu lachen an. Mein Vater strafte sie mit einem vernichtenden Blick. Vermutlich stellte er damit die Ruhe unter ihnen gleich wieder her. Ich auf alle Fälle verhielt mich musterhaft ernst.
Was erfolgte dann? Ich habe es fast vergessen. Wir verließen die Kirche, und in der Gegend der Rue de la Tour nahm mein Vater mich plötzlich bei der Hand, damit ich schneller gehe, denn auf einmal hatte er Eile, heimzukehren. Mit bloßem Haupt und dem Spazierstock in der Hand schritt er so mächtig aus, daß die Schöße seines Überrocks hinter ihm herflatterten. Da ich nicht ebenso schnell gehen konnte, wohl aber von ihm mit starker Hand festgehalten wurde, hüpfte, vielmehr flog ich wider Willen neben ihm her, so daß ich außer Atem geriet, während die drei Mädchen, von Lachanfällen geschüttelt, uns folgten, so gut sie eben konnten.
Zu Hause angekommen, lief ich ins Schlafzimmer meiner Mutter und flüchtete unter ihr Bett, ohne mir Zeit für eine Erklärung zu nehmen. Im übrigen folgte die Erklärung auf dem Fuße, sie betrat das Zimmer alsbald in Gestalt eines zornbebenden Herrn, der wissen wollte, wo ich sei. Ich sah seine Füße und die Zwinge seines Stocks, mit dem er wütend auf den Boden pochte, während er im gleichen Rhythmus die folgenden Sätze hervorstieß:
»Wo ist der Bengel? Wo ist er? Ich will es wissen.«
Zwischen meinem Vater und meiner Mutter erhob sich darauf ein Dialog, der an den zwischen dem Menschenfresser und seiner Frau in dem Perraultschen Märchen erinnerte. Mama fragte, was ich denn so Schlimmes verbrochen hätte. Papa stieß weiter mit dem Stockende auf

den Boden und blieb dabei, ich müsse hier im Zimmer verborgen sein. Ich kann beim besten Willen nicht mehr sagen, was darauf geschah, außer daß ich eine Strafe erhielt. Ich erinnere mich jedoch nicht, daß mich mein Vater geschlagen hat.

Im Winter, wenn es Abend wurde, setzten wir uns manchmal im Halbkreis um den Kamin, in dem die Scheite brannten. Hinter uns lag die ungeheure dunkle Masse des Salons, aber das Licht aus der Feuerstätte beleuchtete unsere Kindergesichter und das schöne, nachdenkliche Antlitz meiner Mutter; uns kam es dann vor, als sähen wir im Feuer den kaiserlichen Adler, der die gußeiserne Platte schmückte, mit den Flügeln schlagen. Ich glaubte, der Vogel lebe wirklich, und stellte absurde Fragen. Meine Mutter, die nur schlecht verstand, was ich sagen wollte, drückte mich fester an sich. Ihr langer grauer Schal umhüllte sie bis zu den Füßen, und sie streckte die Hände mit einer Bewegung, die ich noch heute vor mir sehe, nach dem Feuer zu aus. Niemand fror leichter als sie, und sie wollte wohlige Wärme für alle, denn sie kam aus Savannah, wo mitten im Winter die Rosen blühen. Manchmal schüttelte sie etwas spöttisch lächelnd den Kopf, sah uns an und sagte: »Ihr könnt mir glauben, Kinder, in der Hölle friert man.« Vor Kälte graute ihr. Ich glaube, sie sah in ihr ein Symbol der Verzweiflung.
Oft sprach sie zu uns von dem fernen Land, dem ›Süden‹, in dem sie ihre Jugend verbracht hatte, und wir wandelten dann mit ihr durch von Riesenmagnolien eingefaßte Alleen, in denen alles duftete und die Luft noch an Weihnachten lauwarm war. Ich nahm ein paar Worte in mich auf und fühlte mich glücklich, wenn ich die Wange an den grauen Schal schmiegen durfte und meine Mutter mich manchmal liebevoll um die Schulter faßte. Im Feuerschein sah ich die Strümpfe und Socken der ganzen Familie, die

zusammen mit der Flanellwäsche an den Stäben eines Handtuchhalters trockneten, und mit immer unaufmerksamerem Ohr lauschte ich den Sätzen, die sich über meinem Haupte wie lange Bänder entrollten. Das Wort, das am häufigsten wiederkehrte, war ›da unten‹; es wurde bald von einem Seufzer begleitet, bald in jäher Schwärmerei hervorgebracht. Ich fragte mich, was das alles bedeuten solle. Allmählich, so kam es mir vor, schlug der kaiserliche Adler schwächer mit den Flügeln, die Stimme meiner Mutter schien aus weiterer Ferne zu kommen, und wie durch Zauberschlag fand ich mich plötzlich im Bett.

Ist es nicht seltsam, daß ich sie erst heute gut verstehe, nachdem ich jetzt mehr Jahre gelebt habe, als sie im ganzen auf Erden zugebracht hat? Aus ihren Söhnen und Töchtern hatte sie Kinder eines Vaterlandes gemacht, das nicht mehr existierte, jedoch in ihrem Herzen lebendig war. Sie ließ über unseren Häuptern den Schatten einer Tragödie schweben, die ihren Flor auch über die lichtesten Stunden senkte. Wir waren für alle Zeiten in unser Schicksal nur widerwillig ergebene Besiegte und – um ein Wort zu gebrauchen, das ihr lieb war – Rebellen. An einer der Wände des Salons erblickten wir in goldenem Rahmen die Fahne des Südens, das große, mit dreizehn Sternen übersäte Sankt-Andreas-Kreuz auf blauem Grund. »Das ist deine Fahne«, sagte meine Mutter zu mir. »Denke immer daran. Diese und keine andere.« Und zu meinen Schwestern gewandt erklärte sie Dinge, die ich nicht begriff. Ich wußte kaum, was eine Fahne war und was das Wort ›Krieg‹ bedeutete.
Während ich diese Zeilen schreibe, stelle ich mir immer noch Fragen nach dieser schweren Erbschaft an Trauer, die meine Mutter uns hinterlassen hat, und frage mich, ob es klug ist, Kindern die Geschichte beizubringen, sie im voraus unter der Last von Siegen oder Niederlagen über-

mütig oder verzweifelt werden zu lassen. Die Südstaaten, deren Grenzen der Lauf der Geschichte verwischt hat, stellte Mama in uns mit ihren Grundsätzen, die keine Schwäche duldeten, mit ihrem Ideal, mit ihrer strenggearteten Religiosität wieder her. »Wir haben nicht für die Sklaverei gekämpft...« Wieviele Male habe ich von ihr diesen Satz gehört! »Die Befreiung der Neger wäre auch von selbst gekommen... Eure Großeltern hatten keine mehr, außer im Hause, und zudem wollten die ja um jeden Preis bleiben...« »Aber weshalb denn dann?« fragten meine Schwestern. Geduldig nahm meine Mutter ihre Erklärungen wieder auf: »Unser Wohlstand... die Eifersucht der anderen... Und dann, wir waren stolz...« Sie sah so traurig aus, daß ich Lust zu weinen bekam, aber wie groß auch die Bitternis ihrer Erinnerungen war, nie wurde sie darüber zur Fanatikerin. Jahre später zeigte sie mir die Photographie eines bärtigen Mannes: »Dieser Mann war gegen uns«, sagte sie. »Aber er war ein großer und ein sehr guter Mann. Du mußt dir seinen Namen merken. Er hieß Abraham Lincoln. Ein Wahnsinniger hat ihn ermordet. Das war der härteste Schlag, der den Süden getroffen hat.«

Ich kannte jetzt das Gesicht meiner Mutter genau. Sicherlich könnte ich es beschreiben, aber etwas würde stets dabei fehlen. Man kann die Farbe ihrer Augen als ein blaßblau getöntes Grau bezeichnen. Doch kann man mit Worten nicht die Zärtlichkeit eines Blicks wiedergeben. Ich aber hungerte nach dieser Zärtlichkeit. Mir scheint, das Wichtigste für uns auf dieser Welt ist, zu lieben; alles andere fällt dagegen kaum ins Gewicht. Meine Mutter verwöhnte mich nicht, aber sie behielt mich häufiger um sich als die anderen. Sie sprach mit sanfter Stimme zu mir, wobei ich nicht alles, was sie sagte, verstand. Dennoch formte ihre Stimme meinen Geist, so wie Hände im Dunkeln eine Tonmasse formen würden. Manchmal verdroß es sie, daß ich so lange brauchte, um ihre Sprache zu erler-

nen. Zu anderen Malen nannte sie mich lachend ihren ›kleinen Franzosen‹.
Ich sehe sie wieder vor mir, wie sie mit der Bibel auf den Knien am Fenster unseres Schlafzimmers saß, und während ich diese Dinge schreibe, gehen sie mir erst richtig hinter den Worten auf. »Und Jesus sprach... Da sagte Jesus und sprach...« Allmählich faßte ich Bruchstücke aus den Gleichnissen, oder, ängstlich gemacht durch die Traurigkeit, die die Stimme meiner Mutter durchzog, ein paar Einzelheiten der Leidensgeschichte auf. Es war mir unmöglich zu begreifen, weshalb Christus, der doch so gut war, so schlecht behandelt wurde. Manchmal drangen ganze Bibelverse bis zu mir wie ein Lichtstrahl, der jäh durch den dunklen Himmel zuckt: die furchtbare Krone auf dem heiligen Haupt, der Purpurmantel.
An manchen Tagen sagte sie immer wieder: »Kindlein, liebet einander.« Ich sah dann, wie sie sich über die Heilige Schrift hinweg näher zu uns neigte. Oft zeigte sie mir die Reproduktion eines Gemäldes von Murillo, das Maria darstellte, die das Jesuskind an sich drückt. Um sie her sah man nur Wolken, und die heilige Jungfrau hatte große schwarze Augen, die die Aufmerksamkeit fesselten.

Der Salon muß ein merkwürdiger Raum gewesen sein. Wenn ich an ihn denke, befinde ich mich dort, bin mitten darin, bin wieder sechs Jahre alt und laufe zwischen den Möbeln umher; den Eindruck wiederzugeben, den das alles machte, fällt mir jedoch nicht leicht. Es war wie ein Stück Wald mit seinem etwas geheimnisvollen Licht, seinen Schatten, seinen leicht bedrohlichen Regionen. Das Zimmer war groß und erhielt Licht nur durch ein einziges Fenster, das nicht ganz genügte, um den Raum zu erhellen. Wie Bäume um einen See standen auf dem Teppich Stühle und Sessel gruppiert, von denen das Kind, das auf allen Vieren umherkroch, nichts als die Füße sah. So bewegte ich mich von dem Flügel, der ziemlich dicht bei der Tür stand, bis zu den beiden Bücherregalen aus schwarzem Holz, die das Fenster umrahmten. Diese Tür aber hatte die Eigentümlichkeit, daß sie nicht flach war wie die meisten Türen, sondern mit Wölbungen versehen, so daß sie, wenn sie weit geöffnet war, nicht dicht an der Wand lag, sondern einen kleinen Hohlraum schuf, aus dem ich eines meiner Verstecke machte. Dort erwartete ich die Heimkehr meines Vaters, auf dessen Knie ich dann sprang und mir vorstellte, ich sei ein wildes Tier; doch auf meine schwachen Brüllversuche antwortete er nur mit seiner ruhigen Stimme, die aus höheren Regionen zu mir drang: »Sieh da, das ist ja Beaver. Guten Abend, Beaver, du bist noch nicht im Bett?«

Bei Tage gab es Augenblicke, in denen meine Schwester Mary sich ans Klavier setzte und Melodien spielte, die ich erst viel später wiedererkannte, die mich aber mein ganzes Leben lang begleitet haben. Auf dem Teppich sitzend preßte ich mein Ohr an die glatte Holzoberfläche und fühlte mich in einen Orkan von Tönen hineingerissen, der mich in einen außergewöhnlichen Zustand versetzte; eine an Überschwang grenzende Freude vermischte sich dabei mit angenehmem Schauder. Ich wünschte mir, dieser Zustand würde anhalten, der Ansturm der dröhnenden Akkorde nie ein Ende nehmen. Mit den Augen überwachte ich die Füße der Klavierspielerin, von denen bald der eine, bald der andere auf einem der Pedale ruhte, und ich bewahre in mir auch noch die Erinnerung an das herbstlaubfarbene Kleid, das über ihre Absätze fiel. Andere Male blieb ich etwas weiter von dem Instrument entfernt. Was ich dann hörte, war etwas ganz anderes. Alle diese Melodien beglückten, aber auf eine besondere Art, denn wenn man sie hörte, empfand man auch eine gewisse Trauer, die, ich weiß nicht wie, mit einem Gefühl tiefen Glückes verschmolz. Plötzlich kam dann der schmerzliche

Augenblick, in dem meine Schwester mitten in einem Takt auf Grund einer ihrer üblichen Launen aufstand und das Zimmer verließ. Ich blieb, furchtbar enttäuscht und den Kopf noch von Brausen erfüllt, auf dem Teppich hocken. Die einfachsten dieser Melodien blieben fest in meinem Gedächtnis haften, aus dem sie, glaube ich, nie wieder schwinden werden; ich sang sie mir, wenn ich allein zu sein glaubte, vor, um etwas von dem verlorengegangenen Entzücken wiederzufinden. »Hörst du, was er singt?« fragte Mary eines Tages ihre Schwester Eleonore. »Sing die kleine Stelle noch einmal! Singe, Joujou!« Gehorsam fing ich von vorne an. Sie stürzten sich auf mich, um mich abzuküssen, was ich mit Schreien beantwortete.
Was ich damals hörte – heute weiß ich es –, waren Sonaten von Mozart. Sie haben mir gegeben, was wenige Dinge auf dieser Welt mir gegeben haben, und das im denkbar günstigsten Augenblick. Fünfundzwanzig oder dreißig Jahre später habe ich Pianisten von Rang diese gleichen Sonaten spielen hören, und es kam dann vor, daß ich zu Anne, deren Erinnerungen die gleichen wie die meinen sind, sagte: »Das war sehr gut, aber Mary hat es anders gespielt.« »Du hast recht, sie spielen es nicht wie Mary.« Jahre kommen und gehen, und die großen Pianisten lösen einander ab. Langsam ist in meinem Herzen Zweifel eingekehrt. Mary hatte ihre eigene Art, Mozart zu spielen, eine Art, die nicht unbedingt die beste war, wie ich etwas traurig und mit einem Gefühl feststellen muß, als begehe ich an einer Sache oder an jemandem einen Verrat.

Jeden Morgen ging ich mit meinen Schwestern Retta und Lucy in die Privatschule Sainte-Cécile, die nur acht bis zehn Minuten von unserm Haus entfernt lag. Für mich aber war dies ein abenteuerreicher, faszinierender Weg, denn wir mußten erst bis zur Place de Passy hinaufgehen, wo immer zwei mit breitkruppigen Percherons bespannte gelbe Omnibusse warteten, deren Kondukteure sich mit rauher Stimme dröhnend laut unterhielten, um das tosende Geräusch der Wagen zu übertönen. Es kam mir vor, als ob hier alle Leute schrien und schneller gingen als sonst irgendwo und als ob dies ein Ort allgemeinen Tohuwabohus sei, an dem mit Körben beladene Frauen, Lieferanten, Passanten, die es eilig hatten, nach rechts zu gehen, und andere, beschleunigt nach links hinstrebende umherwogten – das alles in einer Atmosphäre von guter Laune und von Gefahr, unter den weitoffenen Augen alter Häuser, die mit ungerührter Miene und himmelwärts verschwimmenden Schultern auf das Treiben herunterblickten.

Darauf folgte die kleine Rue Duban und der phantastische, bis in seine dunklen Tiefen hinein mit Spielzeug vollgestopfte Basar, vor dem man aber nicht stehenbleiben durfte, da wir den Schulweg stets im Laufschritt zurücklegen mußten, dann die Place Chopin mit dem Postamt inmitten eines hübschen, mit Bäumen bestandenen Gartens: dies war die Lärmgrenze. Die Rue Singer, die dann noch folgte, war fast immer leer.

Man öffnete eine Gittertür und befand sich in einem kleinen Hof, auf dessen anderer Seite zwei Rocailletreppen, gerundeten Armen gleich, eine Grotte umfingen. Nach Belieben stieg man rechts oder links zu einem langgestreckten Garten empor, in dem Büsche und Bäume kalkgeweißte Mauern verdeckten. An einem Herbstmorgen fand ich mich dort ganz allein. Ich weiß nicht, weshalb mir dieser Morgen von allen meines Lebens am deutlichsten in Erinnerung geblieben ist. Die Luft war kühl, und einen Augenblick lang horchte ich absolut regungslos auf das Geräusch, das jemand in der Nachbarschaft beim Teppichklopfen vollführte. Im gleichen Moment ertönte von anderswoher ein Klavier, auf dem jemand eines von Marys Lieblingsstücken spielte. [Sehr viel später erkannte

ich darin den ›Türkischen Marsch‹ von Mozart.] Ich lauschte, vermutlich mit vor Aufmerksamkeit und Staunen geöffnetem Mund.
Wenn ich von diesen Dingen rede, kommt es mir vor, als ob die Zeit aufgehoben sei und ich mich wieder da drüben in jenem Garten befinde, der nicht mehr existiert. Ich spürte die kühle Luft auf meinen Wangen, und ein Gedanke, dem ich keine Form zu geben wußte, nistete sich in meinem Kopfe ein. Das Geräusch des Teppichklopfens und die beschwingte Musik, die gleichwohl ein wenig traurig stimmte und in der Ferne verhallte – wie gegenwärtig ist mir das alles noch, und wie merkwürdig war es –, ja, gerade das empfand ich, ohne daß ich es auszudrücken vermochte – wie merkwürdig war es, in diesem Garten zu sein mit der Erde unter den Füßen, dem kühlen Anhauch auf dem Gesicht, und im Herzen etwas Geheimnisvollem, dem Glück zu leben, damals, als man noch gar nicht wußte, was Leben hieß.
In den Zellen der Karmeliterinnen findet sich eine Inschrift mit den Worten: ›Meine Tochter, wozu bist du hergekommen?‹ Diese Frage, die Gott an die Seele der Nonnen richtet, stellte er auf seine Weise in aller Sanftmut und zärtlichen Liebe schon der Seele eines Kindes, das sie erst später verstehen sollte und dessen Zelle die Welt war.
Gott spricht mit äußerster Sanftmut zu den Kindern, er sagt ihnen oft ohne Worte, was er ihnen zu sagen hat. Die Schöpfung liefert ihm das Vokabular, das er braucht, in Gestalt der Blätter, der Wolken, des Wassers, das vorüberfließt, eines Lichtflecks irgendwo.
Es ist dies eine Geheimsprache, die man nicht aus Büchern erlernt, die aber von Kindern gut verstanden wird. Deshalb sieht man sie plötzlich mitten in ihrer Beschäftigung innehalten. Es heißt dann, sie seien zerstreut, sie träumten. Die Erziehung korrigiert das alles, indem sie dafür sorgt, daß wir es verlernen. Man kann die Kinder mit einem

großen Volk vergleichen, dem ein nicht mitteilbares Geheimnis anvertraut worden ist, das es, nachdem sein Geschick von sogenannten zivilisierten Nationen in die Hand genommen wurde, allmählich vollkommen vergißt. So mancher Mann stirbt mit lächerlichen Ehrungen überhäuft, vom Gewicht der Tage erdrückt, mit einem von eitlem Wissen angefüllten Kopf, nachdem er das Wesentliche vergessen hat, das ihm, als er fünf Jahre alt war, intuitiv vertraut war. Ich meinerseits habe gewußt, was Kinder wissen, und keine Logik der Welt hat dieses Unsägliche mir je völlig nehmen können. Worte vermögen es nicht zu beschreiben. Es verbirgt sich unter der Schwelle der Sprache und bleibt auf dieser Erde stumm.

Ich war noch kaum imstande, einen Satz von zehn Worten zu bilden, als auch schon der Böse seinen Schatten auf mich warf. Rechts und links vom Salonfenster befanden sich, wie ich bereits sagte, zwei Bücherregale, und im linken standen in einer Reihe große Bildbände. Sie anzuschauen, war mir nicht untersagt. Meine Mutter dachte gar nicht daran. Was konnte an diesen Bildern schon Schlimmes sein! Allenfalls wäre man auf den Gedanken gekommen, daß gewisse unter ihnen mir Angst einflößen könnten, doch hielt man mich offenbar für zu klein, um sie zu verstehen. Auf der Erde hockend betrachtete ich mit Augen, die von Staunen und einer Neugier geweitet waren, deren Natur ich gewiß nicht begriff, die leidenden, prachtvollen Körper, mit denen Gustave Doré die Dantesche Hölle bevölkert hat. Grauen, vermischt mit Bewunderung, ließ mich so aufmerksam werden, daß jede Einzelheit ihren Platz in meinem Gedächtnis erhielt, wo sich so ein Geheimnis an das andere fügte.
Eines Tages griff ich, von plötzlicher Bewunderung angesichts dieser Lawine von nackten Gestalten gepackt, nach einem Bleistift und zog ebenso ungeschickt wie kraftvoll

die Konturen eines Körpers nach, der mir von allen der schönste schien. Hätte ich alles das, was ich hier niedergeschrieben habe, geträumt, so könnte noch ein Zweifel in meinem Bewußtsein haften, aber ich habe das Album und den Stich ganz genau vor Augen. Der Bleistift hat das Papier durchbohrt, ohne es zu zerreißen, und die unkundige Hand ist dem Umriß dieser vollkommenen Formen, die für immer meine Neigungen bestimmten, nur sehr mangelhaft gefolgt. Hier kann ich nur innehalten und mich wieder einmal, seitdem ich an diese Dinge denke, in endlose Fragen verlieren. Ich war noch nicht sieben Jahre alt und meine Unschuld groß. Wo lag mein Vergehen? Welche Vorfahren führten mir die Hand und entschieden über meine Wahl? Während langer Minuten berauschte ich mich an der magischen Vision, die ich erfassen und besitzen wollte, indem ich sie mit dieser groben schwarzen Linie umriß, dieser ebenso vergeblichen wie heftigen Liebkosung, die sich für alle Zeiten in mich eingebrannt hat. Alles wird später einmal in der untrüglichen Waage gewogen werden, doch unter dem Blick der Liebe.

Ist es nicht sonderbar, daß im Jahre 1960 ein Mann sich fragt, ob er es wagen soll, das Geständnis eines Kindes von sechs Jahren abzulegen? Aber wir, die wir zu der Generation reden möchten, die auf uns folgt, sprechen nun einmal oft wie diejenige, die uns vorausgegangen ist und die uns ihre Sprache, ihre Tabus und ihre Verbote hinterlassen hat. Wie dem auch sei, ein wirkliches Bekenntnis gibt viel mehr Dinge preis, als der Beichtende glaubt. In Wahrheit kommt es gar nicht so sehr dabei auf den an, der es ablegt, ist er doch ein Nichts oder beinahe ein Nichts. Wichtig und allein des Versuches wert, erkannt und richtig nachgezeichnet zu werden, ist die Spur Gottes im Leben eines Menschen, und eben darin sehe ich auch immer mehr den Sinn des vorliegenden Buches. Ich muß es schreiben, um es zu verstehen und um zu wissen, was darin steht, doch vor der nächsten Seite, die jetzt kommen soll, befällt mich ein gewisses Zögern. Warum aber sollte ich mich nicht dazu bekennen?

An bestimmten Tagen führte meine Mutter uns in das Museum im Palais du Luxembourg, das heute nicht mehr existiert und dessen Statuen und Bilder anderwärts untergebracht worden sind. Es befand sich in einem Pavillon aus rosa Gestein am Rande des Parks. Man mußte zunächst einen Saal passieren, der dicht mit Marmorfiguren besetzt war, die mir sehr langweilig schienen. Mama blieb immer vor der Statue einer jungen Nonne mit gefalteten Händen stehen, deren Gewand aus grauem Stein bestand. Das Bildwerk hieß ›Fern von der Welt‹, und meine Mutter sagte jedesmal mit einem Anflug von Mitleid im Ton: »Wie traurig das ist!« Ich fragte sie, was das bedeute, und weshalb es so traurig sei, habe ihre Antwort jedoch nicht im Gedächtnis behalten. Wir gingen dann weiter zu den Gemälden, von denen mir einige noch gegenwärtig sind: der ›Kain‹ von Cormon, ›Hiob‹ von Bonnat, ein Bild, vor dem es mir graute. Da war ferner die ›Dame mit dem Handschuh‹ von Carolus Duran, dann aber befanden wir uns von einem Augenblick auf den anderen in einem kleineren Saal, in dem ein Gemälde die Aufmerksamkeit meiner Mutter besonders fesselte, weil man, wie sie sagte, sich gut in die Gefühle eines unmutigen Pharao hineinversetzen könne, der gerade zwei Sklaven, die ihm schlechte Nachrichten brachten, kurzerhand umgebracht hatte. Er lag wutschnaubend auf seinem Pfühl mit den im Todeskampf sich windenden Opfern zu seinen Füßen. Ein langes, blutiges Schwert kündete auf seine Art, was vorgefallen war. »Ja«, meinte Mama mit einem kurzen, amüsierten Lachen, »ich verstehe diesen Mann.« Zu ihren Töchtern gewendet setzte sie hinzu: »Nehmt aber bitte nicht ganz wörtlich, was ich da eben sagte. Dumm genug wäret ihr ja!« Im allgemeinen waren ihre sarkastischen Äußerungen für meine Schwestern bestimmt, sei es, daß sie mich für zu klein hielt, um sie zu verstehen, sei es, daß sie mich eben doch etwas mehr als die anderen liebte. Ach, sie wußte nicht, was sie tat, denn der böse Feind lieh mir einen Blick von erschreckender Klarheit, um dieses Bild zu betrachten. Ehrlich gesagt weiß ich nicht mehr, wann meine Augen zum erstenmal an ihm hängenblieben, aber vermutlich, bevor ich sechs Jahre alt war. Nach meinem elften Jahr habe ich es nie mehr wiedergesehen, aber in der Zwischenzeit wurde ich mehrmals zu ihm hingeführt, und in diesen Jahren richtete es in meiner Seele Verwüstungen an.

Das Wort ist nicht zu stark. Mein Leben wäre ohne dieses Bild vielleicht nicht das geworden, was es geworden ist. Ich stelle mir vor, daß ich beim ersten Anblick eine nur schwache Erregung verspürte – aber wer kann das sagen? Ist es nicht im Gegenteil möglich, daß mich damals schon ein Schock von entscheidender Heftigkeit traf? Jedenfalls gab es einen Tag, an dem ich mit aller Leidensfähigkeit, die einem Menschen gegeben sein kann, die Qual eines Hungers erlebte, der nie gestillt werden kann. Ich erinnere mich sehr gut, daß ich mir in einer Art Halluzination ausmalte, einer dieser großen, dunklen, zu Boden gefällten Körper liege wirklich vor mir hingestreckt, und es schien mir, als müsse ich mit Leib und Seele, mit meinem ganzen Sein mich auf ihn stürzen. Zu gleicher Zeit wußte ich, daß das nicht möglich war. Das Gefühl einer derart schmerzhaften Entziehung kann man nicht beschreiben. Es hat sich für alle Zeiten meinem Wesen aufgeprägt. Alles, was das Leben mich späterhin über den ›durus amor‹ lehren konnte, erlebte ich innerhalb von Sekunden in einem Alter, in dem ich noch nicht begreifen konnte, um was es sich handelte. Ich wußte nur, daß ich unglücklich war, erstmals unglücklich in meinem Leben, ahnte aber durch-

aus nicht, weshalb. Es kam mir nicht in den Sinn, daß die in Frage stehende Gestalt viele gemeinsame Züge mit dem Verdammten der ›Göttlichen Komödie‹ besaß. Diese Überlegungen stellte ich erst sehr viel später an.
Soweit ich mich erinnere, fand nach Verlassen des Museums meine Qual ein Ende. Nur ein unbestimmtes Gefühl der Traurigkeit blieb in mir zurück, oder, wenn man will, eine Mattigkeit, die mir an jenem Tage die Lust zum Spielen nahm. Dann aber wurde das alles durch den Klang eines Stückes, das meine Schwester Mary spielte, oder durch ein Scherzwort meiner Mutter verjagt. Meine Unschuld war, so glaube ich sagen zu können, geradezu einzigartig. Sollte ich nicht lieber sagen: meine Unwissenheit? Aber die beiden berühren sich, und es ist vielleicht ganz beachtenswert, daß das Wort Reinheit, das ich unter so vielen anderen hatte aussprechen hören, im Gedächtnis des Sechsjährigen festhaftete und einen Sinn zu bekommen begann. Welchen? Ich hätte es nicht sagen können. Ich liebte etwas, dessen Natur mir noch unbekannt war. Deswegen wird, was ich jetzt schreiben werde, eher merkwürdig scheinen. Ich erinnere mich sehr deutlich, daß ich eines Tages zwischen Beendung des Mittagessens und dem Augenblick, in dem Josephine mich zur Schule begleiten sollte, zeichnend an meinem Tischchen saß und derart in mein Treiben vertieft war, daß ich nicht hörte, wie in meinem Rücken eine meiner Kusinen ins Zimmer trat. Sie war sechzehn oder siebzehn Jahre alt, hieß Sarah und lebte eine Weile bei uns, wie ich gelegentlich noch berichten werde. Über meinen Kopf hinweggeneigt, stieß sie einen Schrei aus: »Aber was zeichnest du denn da? Das ist ja unerhört!«
Ich dachte nicht daran, etwas zu verbergen, denn ich war mir keines Unrechts bewußt, doch das empörte Staunen meiner Kusine machte mich betroffen und ist der Grund, weshalb ich diese Zeichnung vor mir sehe, als hätte ich sie

noch unmittelbar vor Augen. Sie stellte nackte Gestalten dar, Männer sowie Frauen, die ein Folterknecht mit Peitschenhieben vor sich hertrieb. Jetzt, nach so langer Zeit, frage ich mich, ob es sich nicht um eine Reminiszenz an die Dorésche Hölle handelte, aber in meinem Kopf lebte, glaube ich, die bizarre Idee, diese Leute würden für ihre Nacktheit gestraft. Ihr Verbrechen bestand darin, daß sie keine Kleider trugen.

Ich verwendete große Sorgfalt darauf, diese Körper zu zeichnen. Mir scheint, ich stürzte mich mit allem verfügbaren Eifer auf meine Tätigkeit, und unter der Wirkung einer Art von Halluzination wurde ich zu dem, was ich zeichnete, und zwar mit einer wilden, ja verbissenen Freude. Im Grunde kreiste die Erklärung, die ich mir selber über die Hölle gab, um das Problem der Nacktheit und – als unvermeidliche Folge davon – auch um das der Reinheit. Jedenfalls wurde mir die Zeichnung fortgenommen, aber sicher ist, daß meine Mutter kein Wort davon erfuhr, denn sie sprach niemals darüber zu mir. Sie wußte, daß ich mich ruhig verhielt, sobald man mich mit einem Blatt Papier und einem Bleistift versah, und das genügte ihr.

Häufig, doch nicht allzu häufig, erlaubte mir meine Schwester Eleonore, ihr eine Schlafzimmervisite zu machen. Ihr Zimmer war neben dem gelegen, in dem ich mit meinen Eltern schlief; die Tür war dicht neben meinem Bett. Nachts hörte ich manchmal, wie der Griff dieser Tür hin und her bewegt wurde, doch schlief ich immer gleich wieder ein, wie ich an anderer Stelle schon geschildert habe. Eleonore teilte ihr Schlafzimmer mit meiner jüngsten Schwester, Lucy, die auf einem Kanapee nächtigte, während meine älteste Schwester ein Bett an der Rückwand des Raumes innehatte. Tagsüber sah das Zimmer meiner Schwester Eleonore ganz reizend aus. Welch Vergnügen bedeutet es für mich, in der Erinnerung einen

Augenblick wieder darin zu verweilen! Ich befand mich dort in einer Welt, die von der, in der ich gewöhnlich lebte, sehr verschieden war, und ich hatte sehr viel Sinn für diese Art von Ortswechsel. Tatsächlich übte die Anwesenheit meiner ältesten Schwester eine unbeschreibliche Kraft der Verwandlung über alles aus, über die simpelsten Dinge, die Möbel und in gewisser Weise sogar die Beleuchtung. Denn Eleonore war strahlend schön, und ich selbst erlag unbewußt den Wirkungen dieser magischen Macht. Sie, die zwanzig Jahre älter war als ich, empfing mich stets mit einem Lächeln, in das sie soviel Wohlgelauntheit legte, daß ich vor Vergnügen lachte und sie mit bewunderndem Staunen betrachtete. Sie wünschte dann, daß ich mich brav in eine Ecke setzte, und ließ, sobald sie an ihrem Toilettentisch Platz genommen hatte, vor meinen staunengeweiteten Augen eine Haarpracht niederfallen, die mir wie eine schwere Flut dunklen Kupfers erschien und ihren Rücken sowie ihre Schultern bedeckte. Während sie darauf schmeichelnd den Kamm durch diese Masse von der Farbe eines schwärzlichgoldenen Rots gleiten ließ, summte sie halblaut Opernarien vor sich hin, die ich heute nicht mehr ohne Wehmut anhören kann, denn ich erinnere mich noch immer an den reinen, leichtbeschwingten Klang dieser geheimnisvollen Melodien, die sich damals in der Stille erhoben.

Oft wurde mir gesagt, Eleonore habe eine Stimme von außergewöhnlicher Qualität gehabt; tatsächlich wäre sie auch, wie ich weiß, gern Sängerin geworden. Jedenfalls lauschte ich voll Entzücken dem harmonischen Singsang, der aus dem kleinen Raum eine Zaubergrotte machte. Es kommt mir vor, als sei ich jetzt, in dem Augenblick, in dem ich diese Zeilen schreibe, dort und sähe wieder vor mir die japanischen Fächer auf dem Kamin, die Zweige von Judassilberlingen in einer Vase und an der Wand die Photographie von Emma Calvé als Nonne in ihrer Rolle

der ›Karmeliterin‹. Etwas weiter davon entfernt hing – gleichfalls als Photographie – ein Bild, das meine Phantasie ungemein lebhaft beschäftigte. »Weshalb sehen die alle so traurig aus?« fragte ich. Man sah den Rücken eines Mannes, der, hinter einem Pianisten stehend, Geige spielte, und ringsherum auf niederen Sitzbänken Zuhörende, die einen mit in die Hände gestütztem Haupt, als litten sie große Schmerzen, die anderen mit um die Knie geschlungenen Händen und ins Ungewisse gerichtetem Blick. Später erfuhr ich, daß dieses Bild ›Beethoven‹ hieß und von Balestrieri gemalt war. Eleonore, die trotz ihrer Lebhaftigkeit und ihrem roten Haar die Sanftmut in Person war, erklärte mir, die Leute seien traurig, weil sie schöne Musik anhörten, und setzte dann plötzlich hinzu: »Jetzt, kleiner Freund, mußt du fort.«
Nachts ließ sich eine Frau ohne Gesicht auf dem Fußende des Bettes nieder, in dem Lucy vor Grauen an allen Gliedern zitternd lag, und ›sah sie an‹.

In Eleonores Schlafzimmer befand sich ein Kruzifix aus Gips. Ich betrachtete diesen Gegenstand mit Interesse, verstand aber noch nicht recht den Sinn davon und fragte meine Schwester, was die Inschrift über dem Haupte des Erlösers – INRI – bedeute. »INRI«, wiederholte sie lächelnd, doch sie erklärte mir nichts. Vielleicht wußte sie es selber nicht. Sie war seit kurzer Zeit Katholikin, bekehrt durch eine Irin, die eine Freundin meiner Mutter war, und hier nun tauchen viele Fragen in meinem Bewußtsein auf. Was hielt meine Mutter von dieser Konversion? Ich habe es niemals erfahren. Eleonore war die einzige Katholikin der Familie, und ich kann mich nicht erinnern, daß während meiner Kindheit in meiner Umgebung von Katholizismus je die Rede war. Ich erinnere mich nur, daß Mama des öfteren zu Eleonore sagte: »Da du nun einmal Katholikin bist, wünsche ich, daß du eine gute Katholikin bist.« Sie gab

acht darauf, daß ihre Tochter, nachdem sie übergetreten war, kein einziges Mal die Sonntagsmesse versäumte.
Ich meinerseits hatte keine Vorstellung davon, was eine Messe war. Mit Anne, Retta und Lucy [aber nicht Mary] begleitete ich meine Eltern in die große amerikanische Kirche in der Avenue de l'Alma. In diesem weitläufigen Gebäude im reinsten neugotischen Stil wurde der protestantische Gottesdienst ungefähr so abgehalten, wie ihn die anglikanische Kirche kennt. Wie für alle amerikanischen Familien in Paris war auch für uns eine Eichenbank reserviert, wo jeder von uns – o Wunder! – auf einem großen Samtkissen sitzen durfte. Niederknien war ebenso angenehm, denn auch hier war man auf Samt gebettet; um zu beten versenkte ich den Kopf in die Hände, wie Papa es tat, aber es folgte daraus für mich keine religiöse Ergriffenheit. Ich wußte nicht, was man von mir wollte. Die Predigt, die sich fast immer übermäßig in die Länge zog, langweilte mich tödlich, weil ich nicht einmal den zehnten Teil davon verstand, aber bei den Psalmen und Chorälen wachte ich wieder auf. Der mächtige Hall der Stimmen trug mich wie ein Strom. Obwohl ich selber ein Gesangbuch in Händen hatte, war ich zu schüchtern zum Singen, zumal in englischer Sprache, aber es machte mir Vergnügen, die Sonne, den Mond, die Sterne, den Regen, ja den Hagel sogar, das Meer samt den Seeungeheuern, die es barg, ferner auch die Bäume, die Früchte, die Greise und die jungen Leute zum Lob des Ewigen aufzufordern, obwohl mir gerade hierbei eine Wendung dunkel blieb. [›Praise Him and magnify Him for ever‹ – dieses ›magnify‹ befremdete mich, denn ich kannte nur den Ausdruck ›magnifying glass‹, was soviel wie Lupe heißt, aber dieser Sprachgebrauch brachte mich in dem Fall nicht weiter.] Ebenso hatte ich von dem Ewigen nur verworrene Vorstellungen. Was die Choräle betraf, so begriff ich in unbestimmter Weise, daß es um etwas Ernstes ging, da man sich weder rühren noch

sprechen durfte, und daß alles sich auf englisch abspielte. Man hatte mir gesagt, daß ich mich hier im Hause Gottes befinde, und Gott sprach englisch. Er redete englisch auch in der Bibel, aus der uns meine Mutter vorlas, und wenn man mit Gott sprach, wie ich es allabendlich an Mamas Schulter ruhend tat, mußte man ebenfalls englisch mit ihm reden.

Etwas lastete auf Lucy, meiner jüngsten Schwester, und verdüsterte damals schon ihr Leben. In ihrem runden Gesicht, das weiß wie eine Kamelienblüte war, richteten sehr große grüne Augen auf die Welt ihren ernsthaften, fragenden Blick. Man hätte meinen können, auf dem Grunde dieser meerfarbenen Augensterne ruhe eine Frage, die sich nie in Worte kleiden würde. Ich glaube, daß sich im geheimsten Innern ihres großen, liebevollen Herzens der Kummer über eine geheime Ungerechtigkeit verbarg, als deren Opfer sie sich empfand, aber sie sagte nichts. Vielleicht wußte sie als Kind kaum etwas davon. Da sie nur wenig sprach, verschanzte sie sich gewöhnlich in einem Schweigen, in dem sie Zuflucht suchte wie in einer Festung, doch sang sie, wenn sie allein war, halblaut vor sich hin. Manchmal bekam sie große Heiterkeitsanfälle, sie lachte dann laut und wandte sich mir zu, in dem sie den ihr Nächststehenden sah. Allmählich schien sie tastend gewahr zu werden, daß sie nicht ganz wie die anderen, daß manches ihr unzugänglich war, und die Unruhe darüber prägte sich ihren Zügen auf. Wie wir alle, liebte sie meine Mutter mit blinder, bedingungsloser Liebe, aber sie hegte zärtlichste Gefühle auch für Papa, der sie – vielleicht aus einem dunklen Bedürfnis, irgendein Gleichgewicht wiederherzustellen – als seine Lieblingstochter bezeichnete, vermutlich, weil sie weniger hübsch als ihre Schwestern war und mein Vater die Vermutung hegte, daß sie darunter litt. Aber man konnte unmöglich wissen, was in ihrem

Kopfe vorging. Sie beobachtete, sie schwieg, und man hatte den Eindruck, daß sie aus allem, was sie sah, Schlüsse zog, die sie für sich behielt. Zwanzig Jahre später warf sie vor meinen Augen ein Heft ins Feuer, das offenbar ein intimes Tagebuch war. Mit schmerzbewegtem Gesicht schaute sie dem kleinen Brandopfer zu, dann ging sie aus dem Zimmer; ich aber las auf einer Ecke des Papiers, die die Flamme noch nicht aufgezehrt hatte, den kurzen Satz, der so gewichtig und so traurig klang: »Ich beklage mich nicht, ich stelle nur fest.«

Schon als sie zehn Jahre alt war, fühlte sie sich durch alles verletzt, was sie nicht verstand; sie neigte dann den Kopf und weinte still vor sich hin. In meiner Gegenwart umfing sie, so kam es mir vor, ein Gefühl der Sicherheit, wohl weil ich fünf Jahre jünger war als sie. »Zeichne mir etwas, Joujou«, sagte sie zu mir. Ich stellte dann für sie kleine Zeichnungen her, die ich mit einer Linie umrandete und einem selbsterfundenen Text beschriftete, der oft ein Teil einer langen Erzählung war, wie auf den Epinaler Bilderbogen, die ich so sehr liebte. Wenn ich das Blatt kaum vollendet hatte, riß es mir Lucy fast heftig aus der Hand und sah es mit gerunzelter Stirn aufmerksam und streng prüfend an. Das dauerte kaum eine Minute, und schon befahl sie erneut: »Zeichne etwas anderes!« Ich gehorchte. Die zweite Zeichnung wurde der gleichen aufmerksamen Prüfung unterzogen und fiel dann zu Boden. Darauf klatschte Lucy in die Hände und verließ mit zerstreuter Miene und vor sich hinsingend den Raum. Eine ihrer Lieblingsmelodien fällt mir dabei wieder ein; die Worte waren von Kipling:

On the road to Mandalay
Where the flying fishes play ...

Ich erinnere mich nur noch sehr schwach an das Gekritzel,

das ich meiner Schwester zeigte, aber nichts davon, dessen bin ich gewiß, wies den besonderen Charakter jener Zeichnungen auf, die ich, wenn ich ganz allein war, für mich selbst anfertigte und – ohne es zu wissen – für *den anderen.*

Wenn schon Lucy mir geheimnisvoll schien – was soll ich erst von meiner Schwester Retta sagen, die ein Jahr älter war als sie? Gerade dieses zusätzliche Jahr trennte sie von mir. Retta gehörte schon zu den Großen mit ihren Geheimnissen, ihrer speziellen Redeweise, während zwischen Lucy und mir eine stillschweigende Verschworenheit bestand, die bis zu ihrem Tode währte. Ich liebte Retta, ohne sie zu verstehen, aber wer verstand sie schon? Wenn sie auch schon weitgehend zu den Großen gehörte, trennte sie doch etwas von der übrigen Welt. Zunächst einmal war sie vollkommen. Man konnte ihr nichts vorwerfen, sie sagte immer die Wahrheit, sie war ernst und schön, mit schwarzem Haar, schwarzen Augen, rosigen Wangen, sie liebte uns alle, doch redete sie nicht davon und erledigte wie ein Engel alles, was ihr oblag. Ein Engel – das war das Wort, das einem unwiderstehlich auf die Lippen trat, wenn man sie nur sah. Ihre Schulhefte, die wir aufbewahrt haben, waren mit kleinen Landkarten geschmückt, die allen, die sie sahen, Bewunderungsrufe entlockten. Mit verschiedenfarbigen Tinten gab sie treu alles wieder, was sie aus dem Atlas von Schrader und Gallouédec zum Kopieren ausersah. Braune Strichelchen in Raupenform bezeichneten die Gebirge. Sie stickte Kragen und Taschentücher mit einer Geduld und Geschicklichkeit, über die Erwachsene nur den Kopf schütteln konnten. Mit der Zungenspitze zwischen den Zähnen schrieb sie Buchstabe für Buchstabe ihrer französischen Aufsätze nieder. Ich erinnere mich, daß ihr auf den Rücken niederfallendes Haar von einem großen runden Kamm gehalten wurde, wie das der ›Alice im Wunderland‹, und eine reine weiße

Stirn freilegte. Ob sie in der Bibel las oder Klavier spielte – in alles, was sie tat, legte sie einen an Fanatismus grenzenden Ernst. Es hatte keinen Zweck, sie uns als Beispiel vorzuhalten. Sie übertraf uns in allen Dingen mit allzu großer Leichtigkeit und, wie es schien, ohne es selbst zu wissen, denn niemand konnte bescheidener sein oder selbstverständlicher sich im Hintergrund halten, doch war sie unvorstellbar verschwiegen. Man hätte meinen können, das schottische Blut unserer Vorfahren habe sich ganz und gar in den Adern dieses erstaunlichen kleinen Mädchens konzentriert. In unseren Augen schienen die folgenden Jahre sie nur noch zu verschönen; dann aber kam der Tag, an dem sie vor uns mit der heiteren Gelassenheit einer Kaiserin erschien, während die unglaubliche Neuigkeit sich im Hause verbreitete: sie war aus dem Lycée Molière, ihrer Schule, verwiesen worden.

Mama wurde in das Amtszimmer der Schulleiterin bestellt, wo man ihr die Briefe unter die Augen hielt, die von einem Handschriftenexperten geprüft worden waren. Diese Briefe waren an ein Warenhaus auf der Rive Gauche gerichtet und enthielten Bestellungen der verschiedensten Art, von Kücheneinrichtungen bis zu Bettwäsche und Toilettenhandtüchern, vom Tafelservice bis zum Bürobedarf, das Ganze aber verteilte sich auf verschiedene Lehrer der Schule, die angesichts der umfassenden Lieferungen nur die Arme klagend gen Himmel erheben konnten. Man hielt ihnen ihre Briefe vor, natürlich Fälschungen von Rettas Hand. Sie hatte ihren Plan mit der Sorgfalt und dem Raffinement an Erfindungsgabe zur Ausführung gebracht, die sie an alles wendete. Das Bizarre lag hier dicht bei dem Komischen, doch hatte sie sich bemüht, das Banale zu meiden, so daß in der Wahl gewisser Gegenstände Absicht sowohl wie ein Anflug von grimmem Humor waltete, dessen man sie nie für fähig gehalten hätte. Weibliche Mitglieder des Lehrkörpers von untadeligem Ruf erhielten

Haufen von Babywäsche. Eine Badewanne wurde einem Professor übersandt, dessen Ansichten über Sauberkeit nicht ganz einwandfrei waren. Doch das in Frage stehende Warenhaus konnte nicht alles liefern. Weil meine Schwester sie nicht leiden konnte, mußte eine andere der Damen mitansehen, wie ein Sarg zu ihr hinaufgeschafft wurde. Dies war der düsterste Zug, wohl der schottischste. Ohne Tränen, ohne Reue, ohne irgendwelche Erregung gestand Retta alles ein, sie erkannte die Tatsache an, bewahrte jedoch tiefes Schweigen, was die Gründe ihres Handelns betraf. Sie wurde nicht gescholten. Wozu? Vor diesem verschlossenen Antlitz, dessen Schönheit geradezu etwas Einschüchterndes hatte, erstarben die Drohungen sogar auf den strengsten Lippen. Gefügig verließ sie das Lycée Molière und schloß ihre Bildung in einer Privatschule ab.

Ich war in der Christ Church getauft worden, einer kleinen anglikanischen Kirche, die nicht mehr existiert. Sie befand sich in Neuilly, Boulevard Bineau Nr. 81. Von den näheren Umständen dieser Taufe weiß ich fast nichts, außer daß ich zur Patin eine katholische Irin hatte, Agnes Farley, von der ich noch sprechen werde. Eines Tages sagte sie zu Mama: »Du wirst aus deinem Sohn nie einen Protestanten machen.« Leider weiß ich nicht, was meine Mutter ihr antwortete. Ich bedauere es sehr, denn wenn ich es wüßte, erklärte sich mir vermutlich etwas verborgen Gebliebenes. In der amerikanischen Kirche der Avenue de l'Alma hatte ich keines der Gefühle, die ich hätte haben sollen. Um es ganz schlicht zu sagen: Ich langweilte mich dort, außer wenn die Sonne, der Mond, die Sterne, der Regen, der Schnee und die Menschen aufgefordert wurden, den Ewigen zu preisen [oder, meiner privaten Auslegung nach, mit der Lupe zu vergrößern]. Manchmal zupfte ich meine Mutter am Ärmel, um ihr zuzuflüstern, daß eines der Fenster auf dem Kopf stehe, sie aber hieß mich schweigen.

Nach dem Gottesdienst, noch in der Avenue de l'Alma, stellte ich ihr weitere Fragen, die das beanstandete Fenster betrafen, doch sie, die nicht begriff, was ich meinte, scheuchte mich mit einer Bewegung fort, so wie man eine Schnake verjagt. Jahre nach ihrem Tod erst wurde mir klar, daß es sich hier um das Martyrium des heiligen Petrus handelte, der mit dem Kopf nach unten gekreuzigt worden ist. Ich versenkte mich damals in dieses Fenster mit der ganzen Intensität, die die Langeweile verleiht; das aber ist auch alles, was mir aus dieser Kirche geblieben ist, außer freilich, daß ich die roten Velourskissen bewunderte, auf denen wir niederknieten und von denen ich das meine gern mit nach Hause genommen hätte.
Ganz anders war mein Verhalten in der englischen Kirche in der Rue Auguste-Vacquerie, in die wir zuweilen gingen. Ich weiß nicht mehr, wie sie aussah, erinnere mich aber, daß, wenn Reverend Cardew vor dem Altar niederkniete und mit unsicherer Stimme, aber mit völlig sicherem Tonfall einen Choral anstimmte, der alsbald von den Gläubigen aufgenommen wurde, eine unbeschreibliche Ergriffenheit sich meiner bemächtigte. In diesem Manne lebte eine so tiefe Demut und ein so reiner Glaube, daß etwas davon auf mich überging, ohne daß ich auch nur erriet, wovon die Rede war. Um dieses Mannes willen liebte ich Gott. Ich selber wußte nichts davon, und erst recht nicht Reverend Cardew. Kürzlich sagte mir ein katholischer Priester, daß dieser Mann den Ruf eines makellosen Lebens hinterlassen habe, nachdem er lange Zeit der Seelsorger der Girls in den Folies-Bergères gewesen sei.

Inmitten des Waldes der Nummer 93 lag das Speisezimmer. Gewisse Wintertage kehren mir ins Gedächtnis zurück, doch ohne mich traurig zu stimmen. Wieder sitze ich mit den anderen zusammen bei Tisch, denn alle sind da, niemand fehlt. Es gibt noch keine Verstorbenen, und allem Augenschein nach ist auch jeder glücklich, mein Vater und meine Mutter, meine fünf Schwestern und ein junges Mädchen aus Philadelphia, Roselys, deren Heiterkeit und bezauberndes Mienenspiel uns alle zum Lachen bringen. Mein Vater tranchiert im Stehen den großen Rinderbraten. Bei dieser heiklen Operation runzelt er die Brauen und beißt sich auf die Lippen. »Recht dünne Scheiben, Edward«, mahnt Mama. »Madame, ich werde Ihnen Brüsseler Spitzen vorlegen«, antwortet mein Vater, während er sein langes Messer wie einen Windmühlenflügel in der Rechten kreisen läßt. Alles lacht, und ich lache auch, ohne recht zu verstehen. Die Karaffen aus granatfarbenem Glas, die mein Großvater einst aus Böhmen mitgebracht hatte, funkelten wie Rubine im Licht, und in einer Silberschüssel dampfte Reis von strahlender Weiße. Nun tritt Lina mit einer Schüssel voller Krapfen ein, wie ich niemals wieder welche gekostet habe, Krapfen aus Mais. Roselys klatscht in die Hände und ruft: »Ich schwärme für Maiskrapfen!« Zu unserer Belustigung lacht und spricht sie wie ein alter Neger. Man muß sie einfach lieben. Sie kann ja auch nichts dafür, daß sie aus dem Norden stammt. [»Kinder, bitte kein Wort über den Krieg«, hat Mama uns gerade erst vor dem Essen eingeschärft.] Es ist Weihnachten. Alles ist auf dem Tisch, was es an Schönstem gibt, das Damasttischtuch, das schwere Familiensilber, alles, was unsere Eltern durch die schwierigen Jahre haben hindurchretten wollen, weil es von weit dorther kam, aus der märchenhaften Heimat, an die Mama sich nicht ohne schwere Seufzer erinnern kann, den aus der Karte der Nationen ausradierten Südstaaten. In dem Pariser Eßzimmer ist gut sein. Der Ofen aus Fayence strömt eine betäubende Wärme aus und schon lange vor dem Nachtisch – leider! – höre ich nur noch undeutlich, wie Papa sagt: »Da seht mal, Beaver schläft ein.«

Manchmal komme ich mir wie ein Blinder vor, der sich an das Licht zurückerinnern will. Ich fragte meine Mutter, weshalb Gott die Welt erschaffen hat, aber ich weiß nicht mehr, was sie mir zur Antwort gab. Ich wollte auch von ihr wissen, wann Gott zu sein begonnen habe, und sie sagte mir, Er habe schon vor allem anderen existiert. Aber vorher? Vor dem Augenblick, in dem Er zu existieren begonnen hatte – was war da gewesen? »Er.« Und vor diesem Vorher? Und noch vorher? Immer nur Er. Er war vor allen erdenklichen Vorhers schon da. Für Ihn gab es kein Vorher. Und wann würde Er zu sein aufhören? Nie. Ein paar Sekunden lang hatte ich das Gefühl, in einen Abgrund zu stürzen. Ich mochte damals sechs Jahre alt sein, und die Wahrheit bahnte sich mit einer Heftigkeit, die mir Angst einflößte und die ich nicht vergessen habe, einen Weg in meinem Geist. Diese Erschütterung war so stark, daß sie in der Folge alle Vorstellungen beeinflußt hat, die ich mir je vom Schöpfer habe machen können. Ich verstehe sehr gut, daß die Juden ihm den Namen des Ewigen gaben und daß dieser Begriff der Ewigkeit dem Begriff von der Furcht Gottes als aller Weisheit Anfang vorausgegangen ist. Heute noch scheint es mir schwierig, ohne inneres Beben an die Liebe zu denken, die derjenige verströmt, der weder Anfang noch Ende hat. Meine Mutter, glaube ich, verspürte auch ihrerseits im Innern ein merkwürdiges Schwindelgefühl bei der Vorstellung, daß die Zeit sich in Gott vernichtigt. Die Worte Nie und Immer hatten für sie wie für mich einen magischen Klang.

Ich fing an, Englisch zu lernen, als sie mich den dreiundzwanzigsten Psalm in der unvergleichlichen King-James-Fassung auswendig lernen ließ. Diese so einfachen Sätze, diese kindlichen Wendungen blieben unschwer in meinem Gedächtnis haften, und so geheimnisvoll ihr Sinn auch war, dachte ich doch nicht daran, irgend etwas in Frage zu stellen, weder das auf mein Haupt ausgegossene

Öl, noch das für mich bereitete Mahl im Angesicht meiner Feinde. Ich glaubte, was meine Mutter glaubte, und soviel ich mich erinnere, erklärte sie mir nichts; sie ließ mich jeden Vers einzeln nachsprechen, dann den ganzen Psalm, und alles das formte in meinem Hirn wunderbare Bilder, von denen ich nur sagen kann, daß ich mich daran berauschte. Ich sah den Hirten, ich sah das finstere Tal des Todes und den für mich bereiteten Tisch. Mehr brauchte ich in jenem Alter nicht. Etwas ging damals in mir vor, was nie schwinden sollte, etwas wurde mir geschenkt, und ich stelle heute fest, daß ich darüber nicht viel mehr weiß als in den Minuten, in denen ich zum erstenmal diese Worte von so erhabener Vertrautheit wiederholte. Als ich sie – wenn auch noch mit stockender Stimme – hersagte, hatte ich das Gefühl, Schritt für Schritt jemandem nachzufolgen und mit ihm auf einen großen, in Licht getauchten Palast zuzugehen, den ich nie wieder verlassen würde; doch hieß es freilich zuvor, ohne Zittern die Region der Finsternis zu durchmessen. Es war das Evangelium im kleinen. Wie viele Male habe ich mich nicht in den Stunden der Angst jenes tröstlichen Stabes erinnert, der die Gefahr von uns abwehrt! Jeden Tag rezitierte ich diese prophetische kleine Dichtung, deren Reichtum ich niemals werde ausschöpfen können. Indessen machte meine Mutter hierbei nicht halt. Sie lehrte mich auch den ersten Psalm, den ich wegen des Baumes liebte, der an Wasserbächen gepflanzt ist und dessen Laub nicht verwelkt; doch meine Schwierigkeiten begannen dann mit dem folgenden Psalm, weil ich nicht verstand, was das Toben der Heiden gegen den Gesalbten des Herrn zu bedeuten habe. Ich zog eine andere Stelle vor, die ich auf ihren Wunsch meinem Gedächtnis einprägen sollte, das berühmte dreizehnte Kapitel des heiligen Paulus über die Liebe. Ich brauchte ein paar Minuten, um es zu lernen, und viele Jahre, um in seinen Sinn wahrhaft einzudringen, wobei ich noch glaube, daß ich bis zu meinem Tode nie damit zu Ende kommen werde.

Ich erreichte das ›âge de raison‹*, in dem meine Mutter mit meiner religiösen Erziehung begann. Zu diesem Zweck ließ sie mich auf englisch das Credo lernen, ungefähr in der Form, in der es in allen christlichen Kirchen gebetet wird. Ich hatte gewisse Schwierigkeiten im Verstehen dessen, was ich hersagen mußte, aber es war keine Rede davon, irgendwelche Fragen zu stellen, die ich ja auch gar nicht in Worte hätte fassen können. Alles war mir dunkel, erschien mir aber dennoch wahr, da meine Mutter es glaubte.
Hier endete aber auch mein Religionsunterricht. Es gab sonst nichts als die tägliche Bibellesung. Ganz verschieden davon war die Erziehung meiner Schwestern verlaufen, die alle den anglikanischen Katechismus auswendig gelernt hatten und eine wie die andere in der Kirche der Avenue de l'Alma konfirmiert worden waren. Ich für mein Teil kann sagen, daß der Protestantismus mich nur eben gestreift hat.
Was ging wohl im Geist meiner Mutter vor? Ich werde es in dieser Welt sicherlich nie erfahren und kann die Wahrheit nur ahnen. Ich erinnere mich, daß sie eines Tages mit ungewöhnlichem Ernst zu mir sagte: »Wenn du einmal groß bist, wirst du vielleicht Menschen begegnen, die versuchen werden, dich davon zu überzeugen, daß der Herr Jesus nicht Gott ist. In diesem Land, in dem wir sind, gibt es viele Leute, die so etwas sagen. Glaube ihnen nicht, glaube ihnen nicht!« Sie stand aufrecht vor mir und sah mich so traurig und so ganz von ihrer Rede durchdrungen an, daß

---

* Alter, in dem die Kinder als fähig betrachtet werden, sich in ihrem Alltagshandeln nach ihrem Gewissen zu richten, etwa mit sieben Jahren. (AM/CK)

ich stumm blieb; soviel ich mich erinnere, sagte auch sie kein weiteres Wort.

Die Sonntage folgten aufeinander, ohne daß sie uns wie früher zur Kirche geleitete, aber kein Abend verging, ohne daß sie mich das Vaterunser beten ließ. Daß sie glaubte und Christus liebte, unterliegt keinem Zweifel; sie sprach zu mir von Jesus so, daß ich mit fünf oder sechs Jahren meinte, sie habe Ihn gekannt; zu wissen, daß Er nun tot war, verdüsterte mein Gemüt. Sie selber sah ich tatsächlich jedesmal ganz verstört, wenn sie mir die letzten Kapitel des Evangeliums vorlas.

Ich bin mir klar darüber, daß meine Erzählung sehr lükkenhaft ist. Allzu viele Dinge sind mir wieder entfallen, und es mag sein, daß das Wesentliche mir verborgen bleibt. Sicher ist auf alle Fälle, daß ich unaufhörlich dieser Mutter, die an Gottes Stelle sprach, Fragen stellte, und zwar waren es stets dieselben Fragen: »Was kommt nach der Ewigkeit?« – »Nichts.« – »Und was war vorher?« – »Nichts.« – »Wie ist es möglich, daß nichts war? Was ist überhaupt nichts?« – »Es hat niemals einen Anfang gegeben und wird auch niemals ein Ende geben.« Ich saß mit offenem Munde da. Rein intellektuell empfinde ich noch immer dasselbe angesichts dieser beiden Abgründe des Vorher und des Nachher, die für uns der Zeit Verhaftete ewig offenbleiben.

Wenn meine Mutter von Religion sprach und bestimmte Dinge sagte, entstand eine große Stille rings um sie her. Sie sah mich an. Eines Tages sagte sie zu mir: »Solltest du je etwas Schlechtes tun, würde ich lieber sehen, du wärest tot, verstehst du mich? Tot zu meinen Füßen.« Sie achtete nicht sehr genau auf mich. Dafür hatte sie zu viele Kinder, zudem – so seltsam es scheinen mag – war diese Frau, die sich für uns in Stücke hätte reißen lassen, keineswegs mütterlich im herkömmlichen Sinn. Sie liebte uns von ganzem Herzen, doch man mußte es wissen, denn Zärtlichkeitsanwandlungen hatte sie, scheint mir, einzig mir gegenüber. Sie hatte mir den Namen ihres Vaters gegeben, wie man jemandem das Kostbarste schenkt, das man auf Erden besitzt. Ihre Ironie verwendete sie einzig im Umgang mit meinen Schwestern, niemals mir gegenüber. Ich sah sie gehen und kommen, immer etwas sorgenvoll. Manchmal indessen brach sie in helles Gelächter aus, wenn sie mit meinem Vater, und noch häufiger, wenn sie mit meiner Patin Agnes sprach.

Agnes war groß und kräftig gebaut, sie trug eine Kette um den Hals und hatte eine Stimme von so angenehmem Klang, daß man ihr mit Vergnügen lauschte, selbst wenn man sie nicht verstand, was bei mir häufig vorkam. Wenn sie uns besuchte, hatte ich den Eindruck, daß alles ringsum bebte, denn sie kam mit schnellen, wuchtigen Schritten einher. Ihre Augen waren hell, und wenn sie lachte, kannte sie kein Maß. Niemals sprach sie zu mir, wie man mit einem Kinde spricht. Gesprächsfetzen kommen mir, wenn auch nur vereinzelt, wieder in den Sinn. Zusammengesetzt ergeben sie etwa folgendes: »Was hältst du von der Politik, Julien? Nicht viel, ich sehe es dir an. Liebst du Ludwig XI.?« Ich wußte, daß ›Louis Zonze‹, wie ich ihn nannte, seine Feinde an Bäumen hatte aufhängen lassen. »Das stimmt«, bemerkte Agnes. »Ich habe immer für diesen Mann geschwärmt. Ich werde dir ein Buch über Ludwig XI. schenken. Zeig einmal deine Zeichnungen her.« Ich wies ihr solche vor, die eigens für sie bestimmt waren. »Was sind das alles für Leute mit Helmen?« – »Römer.« – »Ja, ich sehe. Leider kann ich die Römer nicht leiden, weil sie mich an die Engländer erinnern. Kannst du mir nicht lieber etwas anderes zeichnen?« – »O doch! Ich kann eine Zeichnung machen, die die Hölle darstellt.« – »Gut, dann also die Hölle. Du zeigst es mir wohl das nächste Mal.« Dann wendete sie sich zu Mama: »Mary, du finstere Protestantin [you black prot!], sprichst etwa du von der Hölle mit ihm?« Doch meine Mutter sagte zu uns fast nie etwas von der Hölle. »Aber nicht doch, Agnes. Ich versuche sogar, nicht an die Hölle zu denken. Sicher ist Judas dort – und vielleicht auch Napoleon Bonaparte, aber ich hoffe, daß Gott ihnen schließlich doch verzeiht.«

Die Geschichte von Judas machte Mama viel zu schaffen, wobei sicher auch die Fragen mitsprachen, die meine Schwestern ihr stellten. »Mama, da doch alles so kommen und auch ein Verräter sein mußte – warum wurde er dann verdammt?« – »Ja, ja, ich weiß schon. Es ist da etwas, was man nur schwer verstehen kann. Auf alle Fälle hätte er sich aber nicht erhängen dürfen.«

Ich erinnere mich, daß die Zeichnung, die die Hölle darstellte, mit besonderer Sorgfalt von mir ausgeführt wurde. Was Agnes darüber sagte, ist mir nicht mehr erinnerlich, doch deutlich ist mir noch eine Bemerkung gegenwärtig, die eine andere Freundin unserer Familie, eine sarkastische Engländerin – äußerlich ebenso hart wie weich von Herzen – machte, als sie durch ihr Lorgnon einen Blick auf mein Meisterwerk warf. Sie gratulierte mir zunächst, mußte dann aber lachen. Zu Mama gewendet erklärte sie: »Das sieht genau aus wie mein Zimmer, wenn ich beim Kofferpacken bin.«

Meine Mutter sprach französisch mit souveräner Verachtung aller grammatischen Regeln und bediente sich des Artikels, wie es gerade kam. Es schien ihr als reine Willkür, daß die Chaiselongue weiblich, der Fauteuil aber männlich sein sollte, doch verschlang sie alle französischen Bücher und hatte eine ausgesprochene Vorliebe für Maupassant. Ich glaube, man muß sich in die ersten Jahre des Jahrhunderts zurückversetzen, um zu begreifen, wie überraschend bei einer tief religiösen Frau die Wahl einer solchen Lektüre war. In den Augen vieler Angelsachsen von 1906 war Maupassant ein gewissermaßen indiskuta-

bler Schriftsteller, der die wirkliche oder angebliche Immoralität der französischen Rasse verkörperte, während die angelsächsische Immoralität den Augen der Beobachter schlechtweg verborgen blieb. Meine Mutter jedoch sah diese Dinge auf ihre eigene Art. So fühlte sie sich zum Beispiel weniger durch den Unglauben des Autors peinlich berührt als durch sein Mitleid mit der menschlichen Kreatur gerührt. Über seine Kühnheiten lächelte sie, ja, ich würde sogar richtiger sagen, daß sie ganz offen darüber lachte. Ohne auch nur im geringsten daran zu denken, es heimlich zu tun, lasen sie und Papa vor unseren Augen die Zeitschrift ›Le Rire‹, in die wir nicht hineinschauen durften, aber es waltete in alledem eine Art von Unschuld, die zu erklären ich mir versage. Es lag vielleicht an der damaligen Zeit. Ich erinnere mich, daß eines Tages ›Le Rire‹ beschlagnahmt wurde, weil die Zeitschrift etwas zu weit gegangen war. Die nächste Nummer brachte auf der ersten Seite eine Zeichnung, die – alle beide nackt – Adam und Eva darstellte. Adam aber trug immerhin um die Lenden geknüpft ein mit einem A geschmücktes großes Taschentuch. »Adam«, sagte Eva, »leih mir doch dein Taschentuch.« – »Kann nicht«, antwortete er, »sonst würde ›Le Rire‹ beschlagnahmt werden.« Meine Mutter amüsierte das sehr. »Wie spaßig diese Franzosen doch sind!«
Sie war das Gegenteil einer Fanatikerin, und ich muß unwillkürlich denken, daß sie mir gegenüber manchmal ratlos war. Freilich ist das nur ein Eindruck, aber er ist doch so stark, daß ich ihn nach mehr denn fünfzig Jahren noch nicht vergessen kann. Es bestand zwischen uns das Band des Glaubens, und sie war sich dessen bewußt, wenn sie zu mir sprach. Sie erriet, daß diese Dinge mir mehr am Herzen lagen als alles übrige. Daher der etwas befremdende Ernst in ihrem Blick und in ihrer Stimme, sobald es um ihren Letztgeborenen ging. Sie war mir gegenüber nicht ganz so wie zu den anderen, aber der Unterschied war

schwierig zu definieren. Ich hatte viel Sinn für ihre Art, doch stellte ich mir darüber keine Fragen.
Jahre nach ihrem Tode wurde mir von ihr ein Zug berichtet, der über ihre Auffassung von wahrer Nächstenliebe viel besagt. Sie saß mit meinem Vater im Café de la Paix, wohin sie nach dem Theater gegangen waren. Es muß so ungefähr gegen 1912 gewesen sein, denn damals war die Familie wieder zu einer Art von Wohlstand gelangt. Als sie auf die Tür zugingen, die auf den Boulevard führte, kam meine Mutter an einer Person vorbei, die ganz offenkundig eine Prostituierte war, und schob ihr rasch ein Goldstück in die Hand. »Warum hast du das getan?« fragte gleich darauf mit ruhiger Stimme mein Vater. »Sie war weniger hübsch als die anderen, und niemand beachtete sie: sie hatte keine Kunden ...«

Meine Schwestern liebkosten mich immerzu. Sie liefen hinter mir her, schlossen mich in die Arme und bedeckten mich mit Küssen. Ich entwand mich ihnen und lief zu meiner Mutter, um mich zu beklagen: »Die Mädchen küssen mich von früh bis spät!« In Anlehnung an eine Wendung, die häufig von ihren Lippen kam, setzte ich noch hinzu: »Sie machen mir das Leben zur Last!« [They make my life a burden!]

Am Nachmittag führten mich meine Schwestern, bald die eine, bald die andere, in den Bois und zuweilen auch in die Stadt. Von Zeit zu Zeit begleitete ich die schöne Eleonore auf ihren langsamen Wanderungen durch die alten Straßen von Passy. Sie wanderte gemessenen Schrittes dahin, blieb vor allen Schaufenstern stehen und beschleunigte ihre Gangart einzig vor dem düsteren Laden der Stickerin, die jeden Augenblick herauskommen und von ihr das Geld verlangen konnte, das meine Schwester Mary ihr seit langem schuldete.

Die Rue Bois-le-Vent, die Place de Passy, die Rue de l'Annonciation waren mir ebenso vertraut wie das Schlafzimmer meiner Eltern. Oft drangen wir bis Notre-Dame de Grâce de Passy vor und gingen sogar einen Augenblick hinein. Diese Kirche sah damals wie eine große Dorfkirche aus der Zeit des Ersten Kaiserreichs aus. Heute ist sie erweitert und hat in meinen Augen dadurch viel von ihrem Reiz verloren, doch um 1906 herum war ich von ihr entzückt. Düster und etwas geheimnisvoll, wie sie war, machte sie mir den Eindruck einer verzauberten Stätte, denn sobald man eintrat, ließ man die Alltagswelt, alles Gewohnte, alles das, was man täglich sah, hinter sich. Ich wußte nicht mehr recht, wo ich eigentlich war. Eleonore veranlaßte mich nur, meinen Hut in der Hand zu halten, und ich sah, daß sie selber niederkniete und das Zeichen des Kreuzes machte, stellte jedoch keine Fragen. Die goldenen Partien des Altars blitzten im Dämmerschein, ganz hinten in der Kirche aber befand sich eine Grotte aus wirklichem Felsgestein, über der die Statue einer weißgewandeten Frau sich geisterhaft erhob. Zu ihren Füßen brannten Kerzen von verschiedener Länge, die einen aufrecht, die anderen etwas geneigt, mit kleinen orangefarbenen Flammen, die im Luftzug flackerten. Dort blieb meine Schwester stehen, und ich tat das gleiche, um die Dame mit dem zur Wölbung hochgerichteten Blick zu betrachten. Ich habe nicht die geringste Erinnerung an eine religiöse Ergriffenheit, sondern einzig an ein unklar bewunderndes Staunen. Diese Grotte, diese Statue, diese Lichter – was hatte das zu bedeuten? Die Tatsache, daß ich es nicht verstand, vermehrte noch das sonderliche Vergnügen, an dieser Stätte zu sein. Eleonore erklärte mir nichts. Wartete sie auf jemanden oder auf irgend etwas? Offenbar nicht. Nach ganz kurzer Zeit machte sie wieder das seltsame Zeichen über Brust und Schultern hin, das mich mit vager Unruhe erfüllte, denn immerhin war dies meine Schwester

Eleonore, und niemals bewegte sie zu Hause die Hand in einer solchen Weise. Indessen fragte ich sie nach nichts, und auf der Straße wurde sie wieder nur die lächelnde, schöne Person, die ich liebte.

Die Möbel, zwischen denen ich meine Mutter habe hin und her gehen sehen, umgeben mich noch heute. Auf jenen Tisch dort hat sie sich gestützt, in jenen großen Schaukelstuhl sich gesetzt. Wenn sie wiederkäme, würde sie zweifellos das ›zu Hause‹ wiedererkennen, die Einrichtung, die ihr ganz allmählich lieb geworden war. Aber sie ist nicht mehr da, und alles, was mir außer einer Haarlocke und ihren kleinen Notizbüchern noch von ihr bleibt, ist ihre Bibel, in der viele Seiten fehlen, weil zu viele Kinder darin gelesen, die Psalmen daraus gelernt und mit ihren Fingern die Blätter gelockert haben. Ich wende mich fragend an dieses Buch, in dem sie die Stellen angestrichen hatte, die ihr zu leben halfen, und versuche, Schlüsse daraus zu ziehen, doch es gelingt mir nicht. Es gab einen Augenblick, in dem sie sich uns entzog. Lange vor ihrem Tode schon ging sie in eine große Stille ein. Daß ihr Glaube tief war, wußte ich, so jung ich noch war, doch es kam ein Zeitpunkt, von dem an sie kaum noch von dem sprach, was ihr am meisten am Herzen lag. Zweifellos eile ich zu rasch über die Dinge hinweg, denn in den schönen Tagen der Rue de Passy stand alles noch an seinem Platz, wir waren unserer Mutter noch nah. Das Glück war erreichbar, wir zählten darauf, aber da mir jetzt bekannt ist, was dann später folgte, sehe ich unwillkürlich das sorgenvolle Haupt meiner Mutter schon damals von den ersten leichten Schatten berührt. In den kleinen Notizbüchern, von denen ich eben sprach, markierte sie mit einem großen Zeichen in Sternform die schwierigen Tage, an denen sie leidend in das Dunkel ihres Schlafzimmers mit den dicht geschlossenen Jalousien flüchtete. Dann aber, als diese

Zeichen allzu häufig wurden, fand sie es einfacher, diejenigen Tage zu bezeichnen, an denen sie sich wohl befand. Was die kleinen Ereignisse ihres alltäglichen Lebens betraf, so unterschieden sie sich nicht sehr voneinander: ›Mit den Kindern auf dem Omnibusverdeck zum Luxembourg gefahren ... Lucy die Haare gewaschen ... Retta die Haare gewaschen. Agnes zum Tee bei mir ... Die Kohlenrechnung bezahlt ...‹ Weiter nichts. Mehr Auskunft gaben die kleinen Hefte über dieses so überlegte, so gute und so verschlossene Menschenwesen nicht.

Es kommt mir manchmal so vor, als ob ich nicht lebte, sondern nur zu leben träumte. Mein ganzes vergangenes Dasein erscheint mir dann wie eine Art von Nachtphantasie, aus der ich täglich erwache und die doch jeden Tag weitergeht. Vielleicht wird wirklich für uns der Tod das große Erwachen sein. Wir werden dann begreifen, daß wir uns unter Schatten bewegt haben, daß aber hinter alledem Gott war, so wie hinter einem Schleier, der uns den Himmel verbirgt, ein Schimmer von Licht aufzuckt.

Und mein Vater? Papa, soweit es sich beurteilen läßt, stellte sich keine Fragen. Morgens kniete er, völlig angekleidet und nach Kölnisch Wasser duftend, am Fußende seines Bettes nieder und verrichtete mit in den Händen verborgenem Kopf sein Gebet. Das Schlafzimmer meiner Eltern war ein Durchgangsort. Meine Schwestern liefen, schwebend wie Sylphen, in Pantoffeln an uns vorbei. Vergebens versuchte meine Mutter, sie anderswohin abzudrängen. »Still, still, Kinder! Euer Vater betet!« teilte sie ihnen in einem Flüstern mit, das bis auf die Korridore drang. Papa seufzte und hielt sich die gebräunten Hände vor die Ohren. Mama schloß daraufhin die Türen, und niemand mehr kam herein.

Mein Vater glaubte ganz einfach alles, was im Evangelium

stand, aber er glaubte es bis ins letzte und ohne auch nur den Schatten einer theologischen Komplikation. Er betete zu Gott wie ein Kind. Ich habe niemals einen Menschen gekannt, der aufrichtiger und schlichter in seinem Leben wie in seinem Glauben war. Mit welcher Freude kann ich heute sagen, daß ich ihm nicht ein einziges Mal ungehorsam gewesen bin, und ich erinnere mich auch nicht, daß ich es meiner Mutter gegenüber je gewesen wäre. Doch ist das meinerseits kein großes Verdienst, denn in meinen Augen waren die beiden vollkommen, und vielleicht sind sie es in der Tat gewesen. Was mich wundert, sind – bei Eltern wie den meinen! – die Inkohärenzen in meinem Leben. Offenbar habe ich Großeltern und vor allem Urgroßeltern gehabt, von deren Innenleben ich nichts weiß [der berühmte ›Piratengroßvater‹, von dem ich eines Tages noch sprechen werde!], aber zwischen ihnen und mir, zwischen ihnen und allen uns Kindern richtete sich eine Art von geistiger Barriere auf, die von meinen Eltern persönlich gebildet wurde. Sie standen zwischen uns und dem Bösen, wie sie auch zwischen uns und dem Unglück standen. Wir wußten, und meine Mutter wußte ebensogut wie wir, daß, solange mein Vater da war, nichts Schlimmes uns zustoßen konnte, die Mauern uns doppelt so fest umhegten und das Licht doppelt so schön war.
Dennoch kam es vor, daß im Verlauf einer Mahlzeit ein Gewitter losbrach, sei es wegen der Dreyfusaffäre, sei es auf Grund einer Meinungsverschiedenheit über den Sezessionskrieg. Der Kopf meiner Mutter steckte voll von trefflichen Argumenten, denn sie stammte aus einer Juristenfamilie, und dadurch artete jede Diskussion schnell in ein Wortgefecht aus. »There they go again!« jubelten meine Schwestern. [Da fangen sie wieder an!] Zwei- oder dreimal im Jahr geschah das Schreckliche: Mein Vater stand plötzlich auf, schleuderte seine Serviette mitten unter die Schüsseln und verließ das Zimmer. Mama lief

dann hinter ihm her und beruhigte ihn, wie man einen Bären beschwichtigt. »Please, Edward, please!« Ich höre sie noch heute. Papa stampfte mit dem Fuß auf, kam aber jedesmal zurück, und alle waren glücklich.

Ich durchlebte Augenblicke unerklärlicher Melancholie, in die sich jedoch ein seltsames Lustgefühl mischte. Kann man glücklich sein, weil man sich ein wenig unglücklich fühlt? Zumal, wenn man nicht weiß, warum man sich unglücklich fühlt...? Gegen sieben Uhr abends in der großen Küche, wenn die Nacht sich sanft herniedersenkte und durch das offene Fenster unbestimmtes Stimmengewirr aus der Nachbarschaft drang, befiel mich ein seltsames Vorgefühl, daß nun die Minute da sei, und tatsächlich war mit einemmal alles ringsum still. Diese Stille trat immer ein, wiewohl nicht für lange Zeit. Lina schwieg. Es kam mir vor, als schweige die ganze Erde. Da nun zog mein Herz sich jedesmal zusammen. Ich beglückwünschte mich, daß ich in der Küche und nicht ganz allein im Schlafzimmer meiner Eltern war. Linas Anwesenheit war ein Trost für mich, während da drüben im Zimmer, wo das Licht noch unheimlich trügerisch verweilte, aus den Mauern irgend jemand oder irgend etwas trat und Flüstern das Spukgemach erfüllte. In der Küche war das etwas ganz anderes. Die Traurigkeit stieg vom Himmel nieder. Man brauchte nichts zu fürchten, und doch herrschte eine wehmütige Unglücksatmosphäre, von der ich mein Teil abbekam, ohne zu wissen, um was es sich dabei handelte. Wenn ich meine Mutter den Schöpfungsbericht vorlesen hörte: »... und es ward Abend, und es ward Morgen...«, so hallte das Wort Abend in mir auf magisch eindringliche Weise nach. Ich stellte mir vor, Gott habe die Welt um sieben Uhr abends geschaffen, und noch jetzt hat diese Stunde des Tages für mich etwas Religiöses behalten, zumal an schönen Apriltagen, wenn langsam das Licht zwischen den

Bäumen versinkt und zu dem Glück, lebendig zu sein, der ganze Jammer tritt, sich dennoch sterblich zu wissen.
Mit sechs Jahren und noch später empfand ich ein unbeschreibliches Grauen vor der Dunkelheit. Wenn ich weiß, was Furcht ist, so ist dieses Gefühl mir von dorther gekommen. Das Köstlichste auf der Welt, wenn ich im Dunkeln im Bett lag, war das Auftauchen einer brennenden Kerze, die das Gesicht meiner Mutter erhellte. »Wie, du schläfst noch nicht?« – »Doch, Mama.« Und während ich die Augen vor der Lichtflut schloß, die ich durch meine Lider wahrnahm, ließ ich mich mit ruhigem Herzen tief in den Abgrund gleiten.
Könnte ich das Kind, das ich mit acht Jahren war, wiedersehen und aufmerksam beobachten, würde ich besser den Mann verstehen, der ich geworden bin, doch der Schleier, der sich zwischen uns und unserer Vergangenheit ausbreitet, besteht ganz zweifellos zu Recht. Würden wir uns an alles erinnern, verlören gewisse Momente von erlesenem Rang ihre Wichtigkeit und gingen im ganzen unter. Das Vergessen ist eine Wahl, dank der allein das Wesentliche übrigbleibt.
1908, im Gymnasium*, gehörte ich der Klasse von Monsieur Soyer an, einem Lehrer mit schwarzem Überrock und rotem Bart, erschreckend durch seine plötzlichen, launenhaften Zornanfälle. Ich weiß nicht, weshalb ich eine Rede von ihm im Gedächtnis behalten habe, die er uns eines Tages über die Krankheiten hielt: »Es hat keinen Zweck, daß ich zu euch von den grauenhaften Dingen spreche, die uns alle erwarten. Heute habt ihr noch Nieren, die brillant funktionieren...« Ich verstand nicht, was er damit sagen wollte, doch der Satz blieb mir stets in Erinnerung, während alles andere, was er uns gelehrt hat, mir wieder ab-

* Gemeint ist das Lycée Janson de Sailly, das eine Besonderheit, die Grundschulklassen (Petit Lycée), einschloß. (AM/CK)

handen gekommen ist. Wenn darin etwas wie eine Auswahl liegt, so muß ich anerkennen, daß sie recht geheimnisvoll ist.
Ich erinnere mich nur an zwei Kameraden aus dem Unterricht bei Monsieur Soyer. Der eine hieß Lantin. Er hatte das sanfte Gesicht eines Künstlers oder Märtyrers, langes, glatt herniederfallendes Haar, einen gestärkten Kragen über einer Lavallièrekrawatte und – eine Einzelheit, die mich vor Abscheu erschauern ließ – graugefärbte Zähne. Der andere hieß Brissaud. Er war ein jovialer Prahlhans, der zu mir trat, um mir unter unbändigem Lachen zu erzählen, daß sein Vater, ein Kavallerieoffizier, ihn, wenn er schlechte Noten nach Hause brachte, mit der Peitsche traktierte. Da ich oft das Gegenteil von dem tat, was ich eigentlich wollte, hielt ich mich von Brissaud fern und suchte die Gesellschaft Lantins, der mir eher Grauen einflößte. Ich sprach mit Lantin, ich hörte Lantin zu und lief vor Brissaud davon. Weshalb? Ich hätte es nicht sagen können, aber noch sehr viel später habe ich mich ganz entsprechend verhalten.
In jenem selben Jahr trug sich an einem Juninachmittag in mir etwas zu, was mir im Gedächtnis geblieben ist als einer der denkwürdigsten Momente meines ganzen Lebens. Ich saß in der Schule neben einem offenen Fenster, von dem aus ich ein kleines Blechdach über einer Reihe von eisernen Säulchen sehen konnte. Gleich dahinter erstreckte sich ein langes Gebäude aus braunen Ziegelsteinen, und man sah auch Platanenzweige mit ihren noch ganz jungen Blättern. Noch genauer aber erinnere ich mich an das Metalldach, weil mich bei seinem Anblick plötzlich das Gefühl überkam, mir selbst entrückt zu werden. Ein paar Minuten lang hatte ich die Gewißheit, daß eine andere Welt als diejenige, die ich rings um mich her erkannte, bestand und daß diese andere die wahre Welt sei. Ich empfand darüber ein Glück, das ich nicht beschreiben kann, denn es lag, so glaube ich, jenseits aller menschli-

chen Ausdrucksmöglichkeit. Alles Erfreuende, das ich bis dahin hatte erleben dürfen, war im Vergleich dazu nichts und auch nicht etwas Gleichartiges, es gehörte nicht derselben Ordnung an und war nicht auf dem gleichen Boden gewachsen ... Einen Augenblick später befand ich mich wieder inmitten meiner Kameraden, und Monsieur Soyers Stimme zog wie ein quälender Traum über mich hinweg. Traurig und niedergeschlagen wurde ich mir dessen bewußt, was man die Wirklichkeit nennt. Viele Male habe ich über diese einzigartige Minute nachgedacht, in der mir war, als stehe alles unbeweglich still, als habe die Zeit zu sein aufgehört, eine Minute, in der ich an nichts dachte, weder an mich, noch an sonst jemand, noch an Gott. Ich war ganz einfach da, und sogar noch das Wort ›Ich‹ ist in diesem Zusammenhang zuviel, doch je mehr ich davon spreche, desto weniger läßt das alles sich beschreiben. Als ich mir bewußt wurde, daß es aus war, hatte ich Lust zu weinen. Der Klassenraum, die Wände, die Köpfe meiner Kameraden, das Licht sogar, alles kam mir düster vor, und ich hatte den Eindruck, daß die Mauern auf uns drückten wie in einem Gefängnis.

Vielleicht ist das alles, was ich von der unsichtbaren Welt wissen sollte. Dieses war der zweite große Augenblick, der erste hatte seinen Platz in meinem fünften Jahr oder noch früher, als ich im Schlafzimmer meiner Eltern die Augen hob und durch die obere Scheibe des Fensters den nächtlichen Himmel sah. So wurde mir ein Gefühl für unermeßliche Abenteuer der Seele auf dieser Erde geschenkt.

Die Wohnung in der Rue de Passy war eine Welt, die ich niemals mehr wiederfinden sollte. Wir verließen sie im Oktober 1910, um in ein modernes Mietshaus in der Rue de la Pompe zu ziehen mit – o Wunder! – elektrischem Licht. Die wirtschaftliche Lage meines Vaters hatte sich verbessert.

Man mußte einen großen langweiligen Hof überqueren, der bei grauem Himmel trübselig war und geradezu finster aussah, wenn die Sonne vom blauen Himmel niederstrahlte, denn die benachbarten Häuser wirkten dann tiefschwarz. Nirgends eine Spur von Vegetation, nichts als Stein und Stille, eine Stille jedoch, die mir grauenhaft erschien, denn in meinen Ohren klang noch der fröhliche Lärm der Rue de Passy nach. Hier hingegen war, als eine Entweihung des bürgerlichen Friedens, auch noch das geringste Geräusch verbannt. Es war nicht das tiefe, aber lebendige Schweigen der Klöster, sondern eine bösartige, eine feindselige Stille, die Stille, die die Reichen verlangten. Wir würden fortan unter reichen Leuten wohnen. Das einzige Geräusch, an das ich mich noch erinnere, wenn ich an diese Stätte zurückdenke, ist das von Schritten, die auf dem leblosen Hof widerhallten. Man blickte dann durchs Fenster und hatte Lust zu sterben.
Eine pompöse, furchteinflößende Treppe rollte ihre großen, hochmütigen Spiralen empor bis zum zweiten Stock, den wir bewohnten. Nun kam die Treppe in der Rue de Passy mit ihren kleinlichen Windungen und schmalen Absätzen mir recht kümmerlich vor: dort hatte einmal ein junger Satyr, der zwei vor Entsetzen keuchende Mädchen, meine Schwestern Retta und Lucy, verfolgte, sein Wesen treiben können, bevor er von der Hausmeisterin mit Besenstößen verjagt wurde.
Nichts dergleichen hätte sich auf der Treppe der Rue de la Pompe zutragen können, nichts derart Skandalöses oder auch Interessantes. Ich will damit sagen, daß diese Treppe nichts Menschliches hatte und jeglicher Atmosphäre ermangelte. Vornehm und stupide, wies sie den bloßen Gedanken an zügellose Gesten und unordentliche Kleidung weit von sich, während die Treppe in der Rue de Passy mit ihrer schüchternen Beleuchtung zu Heftigkeiten förmlich aufforderte. Der Schock von damals war für

Retta, die über ein solides seelisches Gleichgewicht verfügte, nicht besonders schwer, doch bin ich immer der Meinung gewesen, daß er auf die arme Lucy eine bestimmende, auch unheilvolle Wirkung ausgeübt haben muß.

Wie dem auch sei, wenn man die Tür unserer Wohnung in der Rue de la Pompe durchschritten hatte, befand man sich wieder zu Hause, an jener magischen Stätte, an der meine Mutter und meine Schwestern, in stetem Kommen und Gehen, sich schwatzend und lachend innerhalb eines Dekors bewegten, das mir durch unsere Möbel vertraut und durch die Anwesenheit meines Vaters für uns alle mit der Garantie absoluter Sicherheit versehen war. Wenn er auch mit seiner hohen Gestalt alle anderen überragte und einen Schnurrbart trug wie ein Räuberhauptmann, so war doch seine Majestät diejenige eines Riesenbabys, was nicht wenig heißen soll. Wenn er mitten im Salon stand, schien er mit einem Lächeln wirtschaftlichen Ruin, Krieg, Revolution, Tod – kurz alles, was uns ewig bedrohen wird – von uns fernzuhalten.

Man muß sagen, daß trotz der bedrückenden Fassade von Anno 1905 unsere neue Wohnung, sobald man die Schwelle überschritten hatte, reines Glück atmete. Die großen hellen Zimmer schlossen die Möglichkeit von Gespenstern aus, wie unsere Wohnung in der Rue de Passy sie beherbergt hatte. Mary, die auf diesem Gebiet besonders sachverständig zu sein behauptete, erklärte, sie würden nachkommen und von einem Tag auf den andern unsere Adresse ermitteln. Eleonore meinte, das werde immerhin mehrere Jahre dauern. »Und wenn sie mit unseren Möbeln mitgekommen sind, he? ... und überhaupt schon hier sind?« Ich hörte aufmerksam zu. Meine Mutter jedoch legte mit einem Blick nach meiner Seite hin den Finger auf den Mund.

Vom Salonfenster aus sah man auf die Avenue Montespan, die sich zwischen Bäumen bis zur Avenue Victor-Hugo hinunterzog. Es lohnte sich, in der schönen Jahreszeit in dem Augenblick hinauszuschauen, in dem die Sonne unterging. Liegt es an der schönen Trugwelt der Kindheit? Niemals ist mir die sichtbare Welt unter einem Aspekt erschienen, der auf so seltsame Weise verlockend gewesen wäre wie gerade der, den sie, durch dieses Pariser Fenster hindurch betrachtet, zu dem Zeitpunkt bot, in dem smaragdgrüne Streifen sich über einen blaßgoldenen Himmel zogen. Wenn ich mich zu dem gloriosen Farbenspiel dieser Wolken zurückträume, meine ich sie als große, in einem Ozean von Licht dahintreibende Inseln zu erblicken, doch nur ein paar Minuten noch, und die breit wogende schwarze Flut der Dunkelheit ergießt sich über die wunderbare Vision. Erstaunt und enttäuscht wohnte ich dem Versinken dieses Paradieses bei, das die Finsternis zu verschlingen schien. Für mich konnte der Aufenthalt der Erwählten keinen herrlicheren Anblick bieten, denn ein Tag würde ja erscheinen, an dem wir für alle Zeit im Himmel wohnen würden. Meine Mutter hatte es mir viele Male gesagt, und ich rechnete fest darauf, wie ich es zuweilen heute noch tue, obwohl die Feenlandschaften, die sich seinerzeit meinem Glauben erschlossen, freilich einer anderen Auffassung haben weichen müssen.

In einer Ecke des Salons sah ich manchmal meine Mutter in ihren grauen, aus Schottland stammenden Schal gehüllt, in den Tiefen eines sehr breiten Sessels hingekauert sitzen, mit einem Buch, einem Roman von Hardy oder Maupassant in der Hand. Früher oder später glitt ihr das Buch aus den Fingern, und sie schlief mit aufmerksam gebliebener Miene ein. Zu der Stunde, in der ich diese Zeilen niederschreibe, habe ich keine Mühe, in meiner Erinnerung ihr zart gezeichnetes Profil vor dem geblümten Bezug des Sessels wiederzufinden. Ich frage mich dann, welche Träume sich hinter ihrer noch immer so glatten Stirn verbergen mögen. Sie sieht aus, als denke sie nach.

Man darf sie nicht aufwecken, denn sie schläft. Sie weiß nicht, daß sie fast am Ende ihres Lebens angelangt ist und daß unsere Welt schon bald für sie untergehen wird.

Zu viele Erinnerungen kehren mir ins Gedächtnis zurück, als daß ich die Absicht hätte, sie alle der Reihe nach aufzuführen; ich meine auch, eine strengere Chronologie würde jede Spontaneität meiner Erzählung zerstören, ich möchte lieber die Dinge so berichten, wie sie mir gerade durch den Kopf gehen.

Hinter dem Salon lagen die Schlafzimmer meiner Schwestern. Es standen je zwei Betten in einem Raum, also insgesamt vier in den beiden, denn Eleonore war zu jener Zeit nicht im Hause. Auf diesen Teil der Wohnung komme ich ein andermal zurück. In der gleichen Region, von der ich spreche, lag auch das Badezimmer. Es war schmal und lang und erhielt sein Licht durch ein Fenster, das so hoch gelegen war, daß man nichts als den von Geißblatt umrahmten Himmel darin sah. Aus vielen Gründen kann ich diesen Raum nicht vergessen, in dem die Stimme anders widerhallte als sonst irgendwo und in den das Licht nur gleichsam zaghaft und zurückhaltend eindrang. Dieser Raum war zuweilen der Schauplatz einer seltsamen Szene, deren Sinn mir völlig entging.

Meine Mutter badete mich selber, wobei sie mir mit einem Stück jener derben Marseiller Seife, an der sie immer festhielt, über Schultern und Rücken fuhr. Wenn die Operation beendet war, richtete sie sich auf, trat einen Schritt von der Badewanne zurück und betrachtete mich mit mißbilligenden Blicken. Hier freilich könnte nun jedes Wort zuviel sein, man müßte eigentlich andere finden, um zu beschreiben, was in den Augen dieser Frau, die ich so sehr liebte, sich damals abgespielt hat. Ich spürte, daß sie mich zugleich unzufrieden und aufmerksam musterte. »Der Hals«, sagte sie, »und dann die Ohren und die Stelle hinter den Ohren!« Ich gehorchte. »Nun der Körper... Unter den Armen und

vorne ...« Der Körper, ›the body‹ – sie sprach dieses Wort so aus, daß ich bis zum Alter von fünfzehn oder sechzehn Jahren Scheu empfand, es zu gebrauchen, ganz als bezeichnete es etwas, dessen man sich schämen müsse.
In der kaum durch das Plätschern des Wassers unterbrochenen Stille übertrug sich von meiner Mutter auf mich eine geheimnisvolle Vorstellung, die irgendwo fest haften blieb, um viele Jahre später in meinem Bewußtsein wieder aufzutauchen. Aus der Art, wie sie mich – gewiß nicht ohne Liebe, aber doch mit einem unbestimmten Mißtrauen – musterte, leite ich heute ab, daß die menschliche Nacktheit ihr suspekt erschien. Eines Tages entschlüpfte ihr ein Satz, den ich so genau behalten habe, weil ich ihn durchaus nicht verstand und er doch gleichzeitig allzu merkwürdig klang, als daß es mir möglich gewesen wäre, ihn jemals zu vergessen. Ich lag ausgestreckt in dem lauwarmen Wasser, und meine Mutter trocknete sich drei Schritte von mir entfernt die Hände, als plötzlich ihr Blick zu einem ganz bestimmten Teil meines Körpers hinabglitt. Im Tone jemandes, der mit sich selber spricht, murmelte sie: »Oh, wie häßlich das ist!« und wendete gleichsam schaudernd den Kopf. Ich sagte nichts, fühlte mich aber erröten, ohne zu wissen weshalb. Auf eine unbegreifliche Weise war etwas in mir getroffen. Ich mag damals elf Jahre alt gewesen sein und war noch vollkommen unschuldig. Meine Mutter sah mich traurig an, wie man einen Schuldigen anschaut, den man nicht strafen kann, weil man ihn zu sehr liebt, und als ich mich wieder angekleidet hatte, drückte sie mich an ihr Herz.

Ich brauchte Jahre, um das Geheimnis dessen zu erraten, was ich nur als Phobie bezeichnen kann. Bevor meine Mutter starb, enthüllte sie mir einen Teil davon, wie ich später berichten werde, doch sie begriff nicht den ganzen Sinn, geschweige denn die Tragweite dieser ihrer Eigenheit. Und bin ich selber denn ein halbes Jahrhundert später sicher, wirklich klarzusehen? Diese so menschliche und so liebevolle Frau, wie sehr zitterte sie für mich, und wie sehr ersehnte sie mein Heil! Ich verstand sie nicht immer. Sie kam mir zugleich geheimnisvoll und bewundernswürdig vor. Ich möchte nicht, daß man von ihr einen Eindruck erhält, als sei sie eine Puritanerin gewesen. Vor dem bloßen Wort schon hätte ihr gegraut, aber sie führte meinen Schwestern gegenüber eine andere Sprache als mit mir. Ich wußte, daß sie an mir mit jener nahezu fanatischen Liebe hing, die ich selber für sie empfand. Ohne es vielleicht zu wissen, errichtete sie rings um mich her abschreckende Tabus. Die Idee der Reinheit, die sie in mich senkte, erwuchs für mich aus ihrer Sorge um mich. Diese Idee hat mir teils geschadet, teils mich beschützt, und noch immer verdanke ich ihr viel, denn sie wird mich zweifellos bis zu meinem Tode begleiten. Der Körper war der Feind, aber er war zugleich die sichtbare Festung der Seele und vor allem der Tempel des Heiligen Geistes. Alles, was das Fleisch betraf, war zugleich gefährdend und sakrosankt. Der Körper mußte rein erhalten werden. Deshalb stürzte schon die geringste Bedrohung meine Mutter in unbegreifliche Ängste, sobald sie mich betraf. Die Unversehrtheit des Leibes verband sich bei ihr mit der Unversehrtheit der Seele. Man mußte sich unversehrt erhalten.

Aus der Distanz eines ganzen Menschenlebens sehe ich nicht ohne Ergriffenheit erneut diese Dinge vor mir. Ich erinnere mich, daß sie eines Tages, als sie mir mein Bad verabfolgte, jäh zurückwich und einen Schrei ausstieß: »Was sind das für rote Flecken?« Sie führte die Hände zum Kopf und sank neben der Badewanne auf die Knie nieder. »Aussatz!« sagte sie.

Das war die Krankheit, von der so oft in der Heiligen Schrift die Rede war. Ich schwieg entsetzt, und plötzlich schlang meine Mutter die Arme um meinen Körper, wie um mich zu beschützen.

»Ich werde dich nicht verlassen«, stammelte sie unter Tränen, »ich gehe mit dir nach Molokai.« Mit Herzklopfen fragte ich sie, was Molokai sei. »Eine Insel. Du kannst davon nichts wissen. Die Soldaten zwingen einen dort mit ihren Gewehren, vor ihnen herzugehen...«

Dieser Name Molokai, der für einen Pariser keinen Sinn haben konnte, hatte einen sehr eindeutigen für eine Frau, die in den Südstaaten aufgewachsen war, doch das Molokai, an das sie wirklich dachte, war ein anderes. Der Albdruck wohnte an anderer Stelle und war im Grunde ein anderer. Im Gedächtnis meiner Mutter gab es etwas, was sie nie vergessen konnte. Ich weinte mit ihr, ganz nackt und noch ganz naß, an ihrer Schulter.

Eine Stunde später war Doktor Brégi bei uns, ein würdiger alter Herr mit einem weißen Bart, dank dem er Coligny ähnlich sah. Wir alle liebten ihn, weil er immer so freundlich zu uns war und der gesunde Menschenverstand in Person. Er untersuchte mich von Kopf bis Fuß und fragte dann, zu meiner Mutter gewendet, was ich am Vortag gegessen hätte. »Gestern? Ich weiß nicht mehr. Doch, Muscheln.« – »Madame, geben Sie ihm heute abend ein oder zwei Tassen Kamillentee [das war das Hauptheilmittel, das er verordnete] und in Zukunft keine Muscheln mehr!«

Papa und meine Schwestern machten sich mitleidslos über sie lustig: »Bei dir wird alles dramatisch!« Sie lachte herzlich mit uns, und am folgenden Tage fand sich an meinem Körper keine Spur von Aussatz mehr. Nie aber werde ich das Entsetzen meiner Mutter vergessen.

Ich schlief im Schlafzimmer meiner Eltern, das auf den großen, düsteren Hof hinausging. Ihre eigenen Betten standen im Hintergrund dieses langgestreckten, mangelhaft erleuchteten Raums. Das meine befand sich, mit einem Tischchen am Fußende, in der Nähe des Fensters. An diesem Tischchen nun schwelgte ich auf Grund eines geheimnisvoll verwirrenden Vorganges in jenen seltsamen, immer präziseren und komplizierteren Zeichnungen, deren unschuldiger Urheber ich war. Diese Nuditäten, die ich rosa anmalte, nahmen mich derart in Anspruch, daß ich nicht mehr wußte, was rings um mich her geschah. Ich muß dazu bemerken, daß man kaum auf mich achtgab, war ich doch so brav! Ich lege jedoch Wert darauf festzustellen, daß viele meiner Zeichnungen historische Szenen, Schlachten, Aufstände, Plünderungen und Massaker darstellten, das heißt alles, was meine Phantasie entflammte, und um ihnen ein älteres und echteres Aussehen zu geben, zerriß ich sie, worauf ich sie dann wieder mit Streifen durchsichtigen Papiers zusammenklebte.

Tatsächlich gingen meine zeichnerischen Neigungen in zwei deutlich voneinander unterscheidbare Richtungen; zu der einen konnte ich mich offen bekennen, zu der anderen nicht. Ich war fast elf Jahre alt und begann mir darüber klarzuwerden, daß das, wozu man sich nicht bekennen konnte, auch von niemand gesehen werden durfte. Wahrscheinlich zeichnete ich diese Dinge dann heimlich, doch bin ich nicht ganz sicher. Ich glaube indessen, daß etwa zu dieser Zeit eine unerhört strenge Vorstellung von Reinheit sich in mir bildete. Woher kam sie mir? Von meiner Mutter? Aber auf welche Weise? In dieser Hinsicht gelingt es mir nicht, völlig klarzusehen. ›Rein‹ und ›Unrein‹ waren Worte, die nicht unserem alltäglichen Wortschatz angehörten. Ich stieß auf sie nur in der Bibel, dort aber nahmen sie eine hervorragende Stellung ein und standen in unmittelbarer Beziehung zum Heiligen. Hier liegt vielleicht der Ursprung der privaten Theologie, die sich in meinem Kopf allmählich herausbildete. Die Bibel war in sich selber heilig. Sie war zweifellos ein Buch, aber

ein Buch, über dem kein anderes seinen Platz finden durfte. So dachte meine Mutter, und wir alle faßten das ganz wörtlich auf. Man durfte auf eine Bibel eine andere Bibel legen, sonst aber nichts. Alle Seiten, alle Sätze und Worte der Heiligen Schrift enthielten die Wahrheit. Sie war die Religion. Nun aber kehrten darin ›Rein‹ und ›Unrein‹ unaufhörlich wieder, gleich Fackeln, die rings um ein Brandopfer lodern, und in meinem Geiste wurde ›Rein‹ das, wozu man sich bekennen kann, was man zeigen kann, ›Unrein‹ aber alles, was man heimlich tut. Durch welche abwegigen Folgerungen war ich wohl zu dieser Überzeugung gelangt? Ich habe darauf keine Antwort, weiß jedoch, daß mit der Zeit die Ausläufer dieser beiden Ideen immer weiterwucherten, so daß ich schließlich zwei unvereinbare Welten unterschied. Im Handumdrehen konnte man die eine verlassen, um alsbald in die andere einzugehen.
Meine rosa Nuditäten [es war ein Zahnpasta-Rosa] waren unrein in meinen Augen. Ebenso Dantes ›Hölle‹ und das Gemälde im Luxembourg-Museum. Alles das stand unter einem Bann, der noch viele andere Dinge erfaßte, so zum Beispiel die Pferde vor den Wagen an den Grands Magasins du Louvre. Sie waren so schön, so glänzend und hatten so wohlgerundete Kruppen... Unrein! Das ging schließlich so weit, daß sogar das Geräusch des Pferdegetrappels in der Rue de la Pompe, das bis in mein Zimmer drang, in meiner Einbildungskraft das riesige Phantom des Unreinen vor mir erstehen ließ. Ich versuchte, diese Tiere zu zeichnen, aber ich erinnere mich sehr genau, daß ich es mit Herzklopfen tat und daß ich, da ich allzu aufgeregt war, Angst bekam und mein Vorhaben wieder aufgab. Ein Gefühl der Beunruhigung schlich sich in meine Seele ein. Ich hatte den Eindruck, daß in meinem Kopf sich alles drehte. Man mußte das alles verbergen, alles Unreine verstek-

ken, und so zerriß ich meine Zeichnungen in lauter winzige Stückchen.

Wo war in diesen Dingen das Böse enthalten? Ich kann es selbst heute nicht deutlich erklären. Ich hatte keineswegs das Bewußtsein, etwas Böses zu tun. Gewissensbisse suchten mich nicht heim. Ich wußte noch nicht, was Reue war. Meinen Eltern war ich nie ungehorsam, und es bestand auch sehr selten Anlaß, mich zu bestrafen. Ich wußte nur, daß, wenn ich nackte Personen darstellte, anstatt zum Beispiel eine Militärparade mit Musik und Fahnen, ich mich aus der gewohnten Welt in eine geheime, die meine, hineinbegab, diejenige, die ich in meinem Kopf trug und auf dem Papier vor mir sehen wollte. Dann schob ich die Zunge zwischen die Zähne und faßte mit aller Macht den Buntstift, der langsam seinen Weg auf dem weißen Blatt beschrieb. Ich war dabei von einem sonderbaren, grenzenlosen Glück erfüllt. Auf eine Art, die ich selbst nicht begriff, identifizierte ich mich mit dem, was ich mit besessener Aufmerksamkeit zeichnete, und zugleich gehörte es mir. Ich fühlte mich in solchen Augenblicken nicht allein. Jemand war bei mir, dessen bin ich gewiß. Ich befriedigte durch das Zeichnen dieser Umrißlinien eine geheime Begierde. Nie wurde ich dabei überrascht. Seit dem Tage, an dem meine Kusine Sarah sich über meine Schulter gebeugt hatte, um zu sehen, was ich trieb, war niemand mehr auf den Gedanken gekommen, einen Blick auf das Werk der Finsternis zu werfen, dem ich mit so wütendem Eifer oblag. Dennoch wäre es leicht gewesen, alles zu entdecken. Die Tür stand immer offen, und ich war zu sehr in mein Tun vertieft, um mich in acht zu nehmen; dafür wäre ja zunächst nötig gewesen, daß ich mich schuldig fühlte, und das war nicht der Fall. Ich war gebannt. Ich bewegte mich in einer Art von teuflischer Fabelwelt, und irgend etwas warnte mich jeweils in dem Augenblick, in dem es besser war, meine Zeichnungen umzudrehen, ob sie nun vorweisbar waren oder nicht, denn das war die List desjenigen, der mich in meinem Bemühen unterstützte. Niemals erwischte man mich. »Zeichnest du immer noch?« fragte mich manchmal jemand ganz nebenbei. »Ja, ihr werdet sehen, es wird eine Überraschung.« Das war die Antwort, die mir eingegeben wurde, diejenige, die auf alle beruhigend wirken mußte, wofern einer von ihnen sich beunruhigte, was jedoch gar nicht der Fall war. Die Überraschung stellte sich dann zur rechten Zeit ein, sie wurde meiner Mutter, dann jeder einzelnen meiner Schwestern und schließlich meinem Vater vorgezeigt, wenn er aus dem Büro kam, endlich auch der Köchin, dem Zimmermädchen und sogar Sidonie, unserer Hausschneiderin, falls sie anwesend war. Ich brauchte Komplimente und Bewunderung... »Wo er das alles nur her hat? Da seht nur einmal diese Herren, die mit den Damen Walzer tanzen... Und die Mieter in der Etage darüber, die sich beklagen..., und in der Loge die Hausmeisterin...« Mein Vater und meine Mutter lachten herzlich darüber, in echt elterlicher Harmlosigkeit. Meine Schwestern küßten mich ab, so daß ich fast erstickte und mit meinem Blatt Papier in der Hand die Flucht ergriff: »Ihr küßt mich zuviel! Dieses Leben ist nicht mehr zu ertragen!«

Eines Nachts, gegen 1911, wurde ich durch das Gemurmel zwischen meinem Vater und meiner Mutter geweckt, die von einem Bett zum anderen miteinander sprachen. Ich begriff sehr bald, daß von mir die Rede war. »Er zeichnet unaufhörlich«, sagte mein Vater. »Hast du bemerkt, wie er immer die Zunge herausstreckt, wenn er damit beschäftigt ist? Was für ein komischer kleiner Kerl. Ich denke mir immer, er ist auf diesem Gebiet begabt.« »Er ist sehr brav«, sagte meine Mutter. – »Ja, aber seine Noten in Arithmetik sind furchtbar. Bist du dir klar darüber, daß er nicht einmal zwei Zahlen addieren kann?«

Ich weiß nicht mehr, was sie weiter sagten, offenbar war ich gleich darauf wieder eingeschlafen.
Ob meine Mutter wohl etwas ahnte? Ich vermute, nein, doch mißtraute sie offenbar dem, was der Böse anrichten könnte, denn eines Tages erklärte sie mir das Gleichnis von den vergrabenen Talenten und machte dabei eine sonderbare Bemerkung, die ich seither nicht habe vergessen können. »Man kann sehr verschiedenen Gebrauch von den Gaben machen, die Gott uns verleiht. Wenn zum Beispiel Julien einen schlechten Gebrauch von seinem Zeichentalent machte, würde Gott es ihm nehmen.« Ich verstand nicht sehr gut, doch blieben diese Worte in meinem Gedächtnis haften. Was mich verwirrte, war die Zweideutigkeit des Ausdrucks ›Talent‹. Was bedeutete das: sein Talent vergraben ... Wie das? Es kam mir nicht in den Sinn, meine Mutter könne den Argwohn hegen, ich zeichnete unreine Dinge; vielleicht war es bei ihr selbst nur eine Art von Intuition, der sie weiterhin keinen Wert beimaß.
Was das Geschlechtsleben anbelangt, so war ich völlig unwissend. Ich wußte absolut nichts von den Beziehungen zwischen Männern und Frauen. Im Hause fiel darüber nie auch nur ein andeutendes Wort, wenn ich aber in der Bibel auf einen Satz stieß, der sich auf irgend etwas Derartiges bezog, so fragte ich meine Mutter, was das heißen solle. Irgendein Patriarch ›erkannte‹ seine Frau. Ich stellte mir darunter Begrüßungsformeln und Verbeugungen vor, doch schien mir das nicht ausreichend. »Da mußt du deinen Vater fragen«, erklärte dann Mama. Seinerseits befragt, antwortete jedoch mein Vater eher verlegen: »Das muß dir deine Mutter erklären.« Ich wendete mich erneut an Mama. »Oh, später wirst du das schon verstehen«, war ihre ausweichende Antwort. »Im übrigen brauchst du es gar nicht zu wissen«, setzte sie hinzu.
Damit war die Frage entschieden. Wenn ich es nicht zu wissen brauchte, war es nicht weiter interessant. Meine

Mutter konnte sich nicht täuschen. Ich war sehr glücklich; im Vertrauen auf das, was Mama eines Tages in meiner Gegenwart lachend bemerkt hatte, glaubte ich, daß meine Schwestern in der Galerie Lafayette eingekauft worden seien, während ich selbst aus der Grande Maison de Blanc bezogen worden war. »Ein Gelegenheitskauf!« setzte Mama hinzu, indem sie mich an sich drückte.

Ich komme noch einmal auf die Zeichnungen zurück, von denen ich eben gesprochen habe, um erneut festzustellen, daß der Gedanke an eine mögliche Beziehung zwischen ihnen und dem Bösen mich nicht einmal streifte, dann aber auch, weil ich glaube, daß ich etwas von meinem Herzen in sie hineingelegt habe. Diese geheimnisvolle Welt war für mich ein Quell unerhörter Freuden, der zugleich meine Wünsche nährte, wobei diese niemals wahre Befriedigung fanden, denn sie lagen jenseits jeder menschlichen Möglichkeit. Es war der Traum des Leibes. Ich barg in mir einen maßlosen Hunger, von dem ich selbst nichts verstand. Ich wußte nicht, was ich wollte, noch auch, was diese Zeichnungen im Grunde bedeuteten. Ich wußte einzig, daß ich sie verstecken und zerstören mußte, wobei ich dennoch bereit war, unaufhörlich neue herzustellen. Davon, daß ich etwa meinen Körper berührte, wie ich es mit vier oder fünf Jahren getan hatte, war keine Rede mehr. Keinen Augenblick dachte ich daran, ich schaute mich nie an, und ich muß sagen, daß, bis ich vierzehn Jahre alt war, etwas Derartiges mir nie in den Sinn gekommen ist.

Ein Verbrechen war es, keine Kleider anzuhaben, ein Verbrechen, nackt einherzugehen. Demgemäß waren die Menschen, die ich zeichnete, samt und sonders Verbrecher. Auf der Straße und im Hause waren Männer und Frauen bekleidet; alle Menschen waren immer von Kopf bis Fuß angezogen. Ich lebte in einer bekleideten Welt. Die

Knaben trugen Strümpfe oder Socken, die so lang waren, daß man nur ihre Knie sah. Ich allein war, unter den Augen meiner Mutter, nackt in meinem Bad, schaute mich jedoch nicht an, denn ich mußte mich immer schleunigst anziehen, gleich wieder aufhören nackt zu sein. Was außer Händen und Gesicht nackt zu sehen war, konnte nur unanständig sein. Dieses Wort begann bei mir vielleicht nicht eigentlich einen Sinn anzunehmen, erhielt in meinem Kopf jedoch eine gewisse Bedeutung. ›Jungfräulich‹ war ebenfalls ein Wort, das mich stark berührte. ›Jungfräulich‹ lag ganz nahe bei ›rein‹, rein gehörte zu sauber; ›sauber‹ aber bekam bei mir in einer Art von verschrobener Logik den Sinn von jungfräulich beigelegt. Eines Tages, ein paar Minuten vor dem Mittagessen, fragte ich meine Schwester Eleonore, ob sie sich die Hände gewaschen habe. »Nein, weshalb«, fragte sie mit amüsiertem Lächeln, »das ist im Augenblick nicht nötig, ich hoffe es wenigstens.« Ich versetzte ihr einen leichten Stoß. »Du bist nicht jungfräulich!« rief ich ihr zu. Alle lachten, um so mehr, als sie seit kurzem verheiratet war. Die allgemeine Heiterkeit wirkte ansteckend auch auf mich. Offenbar hatte ich etwas ungemein Komisches gesagt, woraufhin ich erst recht wiederholte: »Sie ist nicht jungfräulich, Eleonore ist nicht jungfräulich!«
Von Zeit zu Zeit führte meine Mutter uns in den Louvre und schleppte uns manchmal auch durch die Skulpturensammlungen. Sie wußte nicht, was sie tat, und sie konnte nicht ahnen, daß ich diese Räume in einer Art von sexuellem Rausch verließ, unter dem ich um so mehr litt, als ich den tieferen Grund dieser Marter nicht kannte. Nacktheit, verbrecherische Nacktheit... Weshalb war es erlaubt, sie in dieser Weise verherrlicht und auf Postamente erhoben zu sehen, so daß wir selbst daneben zu verschwinden schienen? »Das sind Kunstwerke«, erklärte Mama, »Statuen von falschen Göttern und Götzen, die es niemals

gegeben hat. Los, geht jetzt weiter, bleibt nicht stehen. Wir nehmen den Omnibus Passy–Hotel de Ville zum Nachhausefahren. Wenn Platz ist, steigen wir oben aufs Verdeck.«
Weshalb werden Kinder in Museen geführt?
Ich begriff einfach nicht. Diese Worte, die mich bei vielen Menschen von heute in Mißkredit setzen würden, muß ich immer wieder gebrauchen, um die innere Verwirrung zu beschreiben, in der ich aufgewachsen bin. Und dennoch war ich glücklich, wie wenige Kinder es gewesen sind. Wenn es in meinem Leben Augenblicke düsterer Freuden gab, so glaube ich sagen zu können, daß ich selbst nichts dafür kann. Eine unwiderstehliche Macht ergriff dann von mir Besitz und lenkte meine Hand zu dem weißen Blatt Papier. Das kam nicht sehr häufig vor. Es gab Intervalle, die man für wohlberechnet hätte halten können und die mir zu sehen gestatteten, welche ›Fortschritte‹ ich inzwischen hatte machen können. Ich füge, bevor ich dieses Thema verlasse, hinzu, daß meinen Zeichnungen nicht die geringste Spur von Obszönität anhaftete. Ich hatte keine Ahnung davon, was das überhaupt war, noch von den Handlungen, durch die man ins Verderben gerät, vielmehr drang das Böse in weit subtilerer Art auf mich ein. Ich frage mich daher sogar, ob nicht meine Mutter letzten Endes doch Gelegenheit gefunden hatte, einen Blick auf eine meiner Zeichnungen zu werfen [ich war nämlich so sehr versunken in mein Tun, daß ich beim Zeichnen mit mir selber redete]. Zudem bestand bei meinen Darstellungen nackter Personen noch die Besonderheit, daß diese geschlechtslos waren.

Ich möchte den haarfeinen, ja hauchzarten Faden wiederfinden können, der sich von meiner Geburt bis zu meinem Tode, alles leitend, verbindend und erklärend, durch mein Leben zieht. War ich von anderen Kindern meines Alters sehr verschieden? Sicherlich wußte ich weniger vom Leben als sie, war weniger bewußt und ganz gewiß weniger gewitzt oder schlau als meine Schulkameraden. Indessen verspürte ich großes Verlangen, so zu sein wie sie, dasselbe zu tun wie sie, ihnen in allem zu gleichen; dennoch blieb ich allein. Was ich sagte, amüsierte keinen von ihnen und fesselte niemandes Aufmerksamkeit. Ich gab meine schweigsame Haltung nur auf, um Dinge zu sagen, die offenbar keinen Sinn besaßen, und das spöttische Lächeln, dem ich dann rundum begegnete, traf mich wie eine brennende Schmach. Ich war zugleich stolz und verwirrt.

Im Unterricht stürzte mich alles, was von nah oder fern an die Naturwissenschaften oder auch nur die einfachste Arithmetik rührte, in eine Beunruhigung, die sich sehr schnell zu Angst auswuchs, denn es war mir unmöglich zu erfassen, um was es sich handelte, noch weshalb es nötig war, die Wandtafel mit Ziffern zu bedecken. Was hatte das alles für einen Sinn? Hingegen faszinierte mich der Geschichtsunterricht. Aufstände, Kriege, Revolutionen, die großen klangvollen Aussprüche aus dem Munde berühmter Männer, die sonderbaren Gewandungen und Gebärden – wie viele Gegenstände für Zeichnungen gab das alles ab! Ich lernte fremde Sprachen mit einer Leichtigkeit, die meine Lehrer in Erstaunen setzte. Außerdem entzückte mich ein schöner Stil. Die Dichtkunst besaß über mich eine magische Gewalt, die einzig der Macht, die die Musik auf einen Wilden ausübt, zu vergleichen war. Ob ich den Sinn aller Worte verstand oder nicht, war dabei kaum von Bedeutung. Irgend etwas spielte sich ab, und ich lauschte mit staunend geöffnetem Mund.

Die Welt des Gymnasiums war sehr verschieden von der unsrigen daheim. Zu Hause lebte ich im Vaterland meiner Eltern. Im Gymnasium war ich in Frankreich, in einem Frankreich im kleinen, das von Gedankenströmen durchflutet war, die mir seltsam erschienen. Während des Aufstiegs von der vierten Schulklasse zur Sexta und von der Sexta zur Untertertia traten die Antipathien immer deutlicher und immer bösartiger hervor: der Judenhaß nahm Gestalt an. Ausländer wurden als Metöken bezeichnet. Von Religion war überhaupt keine Rede. Die Liebe zum Vaterland füllte die dadurch entstandene Leere aus, und diese Liebe erfaßte mich, sie durchdrang mein Herz.

Wenn ich nicht dauernd Ordnung in die Dinge hineinzubringen versuchte, würde dieses Buch zu einer reinen, einfachen Autobiographie ausarten. Im Grunde aber schwebt mir etwas ganz anderes vor. Ich will mich bemühen, dorthin zu schauen, wohin meine Blicke sonst nur zufällig gelangt sind, und versuchen, jene Regionen des Bewußtseins zu erforschen, die so oft, je mehr wir uns von unserer Kindheit entfernen, im Dunkel hinter uns bleiben. Der gute Same, den Gott mit vollen Händen ausgesät hat, und der böse, der vom Teufel stammt – auf welche Weise hat sich das alles entfaltet?

In der Sexta war ich zwölf Jahre alt. In dem großen Klassenzimmer, das auf die Straße ging, saßen, wie ich mich sehr wohl erinnere, so viele Schüler, daß wir auf den Bänken eng zusammenrücken mußten. Ich saß ständig traumverloren da und bemerkte nichts von den Vorgängen rings um mich her. Vielleicht geschah auch gar nichts, doch ich erinnere mich, daß manche von meinen Kameraden in meinen Augen Engel an Reinheit waren, während ein anderer mir als das leibhaftige Böse erschien.

Zwei Knaben waren berühmt wegen ihrer Frömmigkeit. Ich hörte sagen, daß sie in der Kapelle, in die ich, da ich ja protestantisch war, nie einen Fuß setzte, sich lange Minuten mit in die Hände vergrabenem Gesicht und ins Gebet versenkt aufzuhalten pflegten. Nie richteten sie das Wort an mich, doch ich sah sie als höhere Wesen an. Das Wort ›katholisch‹, das ich mit Bezug auf sie aussprechen hörte, hatte trotz Eleonores Konversion kaum einen Sinn für mich, so wenig wie der Begriff der Erstkommunion, von der ebenfalls die Rede war. Ich wußte nicht, was das war, und meine Mutter sagte mir darüber nichts. Ich begriff nur, daß diese beiden Jungen in einer geheimnisvollen Welt zu Hause waren, die nicht der unseren entsprach. Die Vorstellung, daß sie erwählt seien und das Zeichen trügen, nistete sich gleichwohl in meinem Kopfe ein; ich sah sie in einer Art von leuchtender Wolke schweben, und sicher ist, daß ich glaubte, sie stünden in unmittelbarer Kommunikation mit Gott. Etwas wurde mir durch sie zuteil, was ich nicht zu definieren vermag, vielleicht ein Gefühl für das Göttliche in der Seele des Menschen. Wie unbestimmt bleibt das alles jedoch! Ich hätte gern mit ihnen gesprochen, aber ich wagte es nicht. Sie waren ziemlich häßlich – vor allem der eine mit seiner Brille – und in allen Fächern die Ersten. Ich strich an ihnen lautlos in der Hoffnung vorbei, sie würden etwas zu mir sagen, doch nichts dergleichen geschah ...

Sehr verschieden von den beiden war derjenige, auf den ich vorhin schon einmal angespielt habe. Nach all diesen Jahren darf ich ihn bei Namen nennen. Bernstein war Jude, braun von Angesicht und bewundernswert schön, mit grünen Augen, von einer Klugheit und Härte, die, wenn man ihn nicht gesehen hat, fast unvorstellbar sind. Sein Siegerlächeln legte vollkommene Zähne frei, und bis in die Grübchen auf seinen runden Wangen atmete alles an ihm Anmaßung, ja noch mehr: er provozierte. Man konnte ihn nicht sehen, ohne sich gereizt zu fühlen, gleichwohl schaute man ihn an. Wo er vorüberging, teilte er nach beiden Seiten Püffe und mit lauter, hochmütiger Stimme beleidigende Reden aus. Klein, aber wohlgebaut, drahtig, beweglich, war er mit einer Eleganz gekleidet, die die weniger Bemittelten unwillkürlich einschüchterte. Wie dem auch sei, eines Tages, als wir alle schon in der Klasse saßen und auf die Ankunft des Lehrers warteten, stellte er sich dicht unter das Katheder und knöpfte sich in einer jähen Anwandlung mit lächelndem Mund und glühenden Augen von oben bis unten auf und bot sich so unseren Blicken dar.

Wir saßen noch nicht alle auf unseren Plätzen. Wie hätte ich eine Einzelheit dieser Szene vergessen können? Wir schwatzten in kleinen Gruppen, und Bernstein, der zwischen dem Katheder und der Wand nach der Straße zu stand, konnte von vielen von uns gesehen werden, jedoch nicht von dem etwa eintretenden Lehrer. Nichts vermag das ungeheure Glücksgefühl wiederzugeben, das ich in den Zügen dieses Burschen las, noch auch seine extreme Selbstgefälligkeit. Das vor allem fiel mir auf, viel mehr als das übrige, das ich nur halb wahrnahm, denn ich hatte sofort den Kopf heftig abgewendet und fühlte mich bis in die Ohren erröten. Noch heute steht mir in der Erinnerung der herrische Blick vor Augen, den er über uns hingleiten ließ, sowie die Art von teuflischem Triumph, den seine ganze Person ausstrahlte. Dieser Eindruck bleibt so stark, daß ich mich frage, ob ich jemals das Böse samt allem, was der Hochmut ihm an Brutalität und Verachtung hinzusetzen kann, in einem Wesen vollkommener verkörpert gesehen habe. Zwei oder drei Sekunden später tauchte der Lehrer auf, und alles kehrte in den Alltag zurück, mir aber pochte noch heftig das Herz unter dem dunkelblauen Trikot, der meinen Körper umschloß. Ich hatte gesehen, was man nicht sehen sollte und was sogar auf meinen Zeichnungen niemals zu sehen war.

Erstaunlicher als alles andere erscheint mir heute die Leichtigkeit, mit der diese Szene wieder aus meinem Bewußtsein entschwand. Sie hatte mir Furcht eingeflößt, doch ich vergaß sie, und zwar für viele Jahre.

Wochen, vielleicht Monate vergingen, ich weiß nicht mehr, wie lange es war. Ich sehe mich wieder in einer fast leeren Klasse sitzen, es war die Quinta. Sicherlich waren die Ferien schon nah. Mein Nachbar war ein Junge, dessen Name zu bekannt ist, als daß ich ihn hier niederschreiben könnte, ohne von meiner Erzählung allzusehr abzuschweifen. Es handelt sich um einen sogenannten glänzenden Schüler. Über sein Pult geneigt wendet er die Feder in seinem Tintenfaß hin und her, während er halblaut zu mir spricht. Seine etwas vorstehenden Augen, die Haarsträhne über seiner Stirn, sein feuchter, fülliger Mund, die breiten, flächigen Wangen – alles an ihm deutet auf die Neigung zu einem leichten, genüßlichen Leben hin. Mit seiner rundlichen Hand dreht er weiter die Feder hin und her und flüstert mir dabei zu: »Soll ich dir das Geheimnis deiner Geburt erklären?« Ich verstehe nicht recht, fühle mich aber durch diese Frage verstört. Ein Geheimnis? Ich reagiere nicht, und mein Nachbar schweigt einen Augenblick. Man hätte meinen können, es bestehe in mir oder um mich her etwas, was die Äußerung hemmt. Endlich dringt wieder die flüsternde Stimme zu mir: »Du bist im Leib deiner Mutter geboren, und dann hat man dich herausgeholt.« Ich antworte nicht, sondern beuge mich über mein Buch, als hätte ich nicht gehört; ich möchte fortgehen, diesen Burschen niemals wiedersehen. Was er mir da sagt, hat in meinen Augen eigentlich keinen Sinn, und dann klingt es auch so grob, aber etwas in mir ruft mir zu, daß es dennoch wahr ist. Weshalb auch wäre ich sonst so bewegt? Aber nein, meine Mutter... Nein, das ist nicht wahr. Es gilt nicht für sie, nicht für mich. Etwas so grauenhaft Unreines hat bei meiner Geburt sicher nicht stattgefunden. Aus dem Leibe seiner Mutter gezogen zu werden... Mein Nachbar schnüffelt. Er schnüffelt zu allen Zeiten, ja, im Sommer sogar. Nun wirft er seine Feder zur Seite und setzt noch hinzu: »Das übrige werde ich dir ein anderes Mal erklären.«

Mir ist, als betrachte ich mein vergangenes Leben durch

ein Teleskop. Das Bild ist klein, aber scharf. Das Klassenzimmer mit seinen hohen Fenstern aus Mattglas, durch die man nicht auf die Straße sehen konnte, und den kleinen Klappfenstern, die einmal stündlich geöffnet wurden, um den Mief zu vertreiben, steht mir wieder vor Augen! Warum konnte man nicht auch den Haß vertreiben, mit dem uns damals das Herz beschwert wurde... Mit Trauer stelle ich es fest: Dort im Gymnasium habe ich gefügig die Lehre befolgt, meinen Nächsten zu hassen. Der Deutschenhaß stand an erster Stelle. Er hatte als Innenfutter unseres Patriotismus fast offiziellen Charakter. Man konnte Frankreich nicht lieben, wenn man Deutschland nicht haßte. Was immer von jenseits des Rheines kam, erschien in verdächtigem Licht. Es ist mir wohlbekannt, was sich über die deutsche Politik sowie über die Früchte sagen ließe, die sie im Jahre 1914 und dann wieder 1939 getragen hat, aber es bleibt doch deshalb nicht weniger wahr, daß der Haß ein trauriges, kleinliches Gefühl ist und daß die Seele eines Kindes durch ihn vergiftet werden kann. Der Schatten von 1870 wirkte immer noch nach, er schwebte ausladend und düster wie eine schwarze Wolke über uns. Fast alle unsere Lehrer hatten die große Niederlage miterlebt und überlieferten uns getreulich grausige Kindheitserinnerungen, an denen sie festzuhalten schienen wie an einem Schatz. Der Deutschunterricht wurde so gestaltet, daß stets das trauernde Elsaß erneut vor uns zu erstehen schien. ›La dernière Classe‹ wurde mehrmals gelesen, wir vergossen darüber Tränen der Trauer, des Zorns, ich sowohl wie die anderen: und dennoch trug ich in mir mein persönliches ›schreckliches Jahr‹, das 1865 hieß und das Ende des Sezessionskrieges bezeichnete, doch ich nahm, heimlich vor Wut stöhnend, auch 1870 in meinen Bestand mit auf. Ich wünschte mir, das Deutsche Reich möge ganz schlicht und einfach ausgelöscht sein, vor allem freilich, wie ich gestehen muß, angesichts der in gotischer

Schrift gedruckten Deklinationsformen, die wir uns einprägen sollten.
Gleich danach kam, leider, der Judenhaß. Dieser gehörte zwar zu keinem Unterrichtsfach, war jedoch überall lebendig. Auf dem Gymnasium gab es viele Juden, Didisheim, Calmann, Cohen, Bloch und eine Menge andere! ... Fast alle trugen vor unseren Augen die Zeichen aggressiven Wohlstands zur Schau. Wie könnte ich vergessen, daß sie, während wir uns bei unseren Schularbeiten mit einer Feder Sergent-Major* abplagten, sich spielerisch eines Füllfederhalters Marke Onoto bedienten, wie ihn einzig reiche Leute besaßen, denn alles dies trug sich in nun schon sehr entlegenen Zeiten zu. Samstags saßen sie in lässiger Haltung da und sahen uns beim Schreiben zu, und wenn unüberlegterweise einer der Lehrer plötzlich fragte: »Nun, Cohen, machen Sie sich keine Notizen?« so zog er sich damit etwas wie eine Zurechtweisung zu, denn der Betreffende antwortete nur: »Nein, Herr Professor, ich bin Israelit.«
Ich sprach nie mit den Juden. Man muß dazu bemerken, daß ich überhaupt mit niemandem oder doch fast niemandem sprach. Unter all diesen lärmenden, streitlustigen Jungen vermißte ich die Atmosphäre sanfter Zärtlichkeit, die mich daheim erwartete. Da ich mich in der Schule fast immer schweigend verhielt, schien sich rings um mich her eine Bannzone zu erstrecken, die nur wenige zu durchbrechen versuchten. Ich litt darunter nicht eigentlich, bedauerte aber ein wenig, daß es mir nicht gelang, mich zwanglos unter die anderen zu mischen. Unglücklicherweise begriff ich die Regeln ihrer Spiele nicht und wußte auch nie, was ich hätte sagen müssen, um meine Kameraden zu amüsieren oder um ihnen nötigenfalls das Maul zu stopfen.

---

* Die klassische Schul-Stahlfeder, sprichwörtlich wie die deutsche Sütterlin. (AM/CK)

Was die Juden betraf, so waren meine Gefühle von besonderer Art. Wenn ich sie sah, war ich mir bewußt, weniger gut gekleidet und vor allem nicht so selbstsicher wie sie zu sein. Ich glaube, sie nahmen meine Anwesenheit, wenn ich ihnen über den Weg lief, überhaupt nicht wahr, denn in ihren Augen existierte ich einfach nicht. Manchmal erhob sich der Schrei: »Drecksjude!« von der einen bis zur anderen Ecke des Hofes, wovon Prügeleien die Folge waren. Ich hörte diesen abscheulichen Zusatz zu dem Namen ›Jude‹ so oft, daß er mir schließlich ganz natürlich erschien. So setzte das Gift in mir sich fest. Ich nahm zur Kenntnis, daß man die Juden ebensosehr wie die Deutschen hassen müsse, weil man sonst nicht französisch sei, und gerade das wollte ich doch sein! Bei uns zu Hause kehrte ich in eine andere Welt zurück, in die Welt meiner Mutter, eine Welt, die ganz von Wörtern einer fremden Sprache, von Erinnerungen und Anspielungen lebte, während ich mich in der Schule mitten in Frankreich befand, einem lebendig bewegten, militanten Frankreich, das ich liebte, das aber, wie ich sehr wohl sah, für das erwählte Volk nicht viel übrig hatte.
Mein Antisemitismus fand ein jähes Ende, als ich eines Tages mit meiner Mutter zusammen den großen düsteren Hof unseres Miethauses durchschritt. Die Hausbesitzerin war Jüdin. Sie hieß Madame Rothembourg, und meine Mutter, die mich an der Hand hielt, legte mir nahe, keinen Lärm zu machen, denn, so erklärte sie mir, Madame Rothembourg sei krank und leide große Schmerzen. »Aber Mama«, sagte ich darauf, »was kann denn das schon ausmachen, wo sie doch Jüdin ist?« So lautete der Satz, der mir, durch die Schule diktiert, auf die Lippen trat. Die Antwort war vernichtend. Meine Mutter ließ sofort meine Hand los und sah mich, zwei Schritte zurückweichend, schweigend an. Ich sehe noch den Ausdruck des Entsetzens in ihren grauen Augen. Ohne ein Wort zu sagen, ging

sie vor mir her und stieg rasch die Treppe hinauf. Ich folgte ihr, so gut ich konnte, mit pochendem Herzen. Zum erstenmal in meinem Leben hatte ich das Gefühl, das Mißfallen meiner Mutter erregt zu haben, und das war unerträglich für mich. Als wir an jenem Abend unser Gebet verrichteten, hieß sie mich Gott um Verzeihung bitten.

Ich war noch sehr kindlich. Gegen Ende Juni, in einer Ecke unserer Klasse, damals in der Quinta, vergoß ich lautlos Tränen über meinem Schreibheft, wenn ich an das Land dachte, an Andrésy, wo wir die Ferien zu verbringen pflegten. Ich sagte mir, daß zu dieser gleichen Stunde dort die Wiesen herrlich grünten und die Vögel in den Wäldern von L'Hautil sangen, ohne daß ich dabeisein konnte. Ein Blick in den Schulhof zeigte mir den strahlenden Sonnenschein auf dem Kies und dem düsteren Vordach, unter dem die Jungen Ball gegen die Mauer spielten. Ich konnte vor Traurigkeit kaum noch an mich halten, ich wollte gern anderswo sein. Schon lichteten sich unsere Reihen, und von den ersten Julitagen an war die Klasse beinahe leer. Unsere Kameraden waren schon abgereist, die einen nach Cabourg oder Trouville, die Reichen nach Biarritz mit dem Expreß, der, wie es hieß, eine tolle Geschwindigkeit entfaltete. Wir jedoch, die Greens, begaben uns nach Andrésy im Departement Seine-et-Oise vermittels einer Eisenbahn, die sehr langsam nach Conflans-Sainte-Honorine weiterfuhr und auf allen Bahnhöfen hielt, doch vor dieser Reise, die mich in Zuckungen des Glücks versetzte, fand noch die Preisverteilung statt.
Sie wurde in dem großen Saal des ehemaligen Trocadéro vorgenommen. Auf einer riesigen Estrade nahm der Lehrkörper in schwarzen, gelben und roten Roben Platz. Oder träume ich nur? Ich glaube eigentlich nicht. Es wird schon so gewesen sein. Zur Rechten befand sich ein langer Tisch, auf dem Berge von Büchern mit Goldschnitt lagen, und

über dem allen hingen zu beiden Seiten der Orgel himmelblaue Draperien, die offenbar dazu bestimmt waren, das berühmte Echo zu unterdrücken, das diesen Saal fast unbenutzbar machte. Doch dieses von der einen Stelle verjagte Echo flüchtete sich anderswohin und wiederholte Chöre und Reden mit größter Genauigkeit. Man konnte nur so tun, als höre man es nicht.

Ich weiß nicht, wie es kam, aber trotz der vorzeitigen Abreise so vieler Schüler war der Saal beinahe voll. Wir trugen alle weiße Baumwollhandschuhe. Eine Militärkapelle spielte die Marseillaise, und alle standen auf; dann betrat irgendein Minister die Estrade, und die erste Rede begann. »Meine Damen, meine Herren...«, darauf folgte, jovial herablassend: »...meine jungen Freunde!« Von Reden verstand ich nichts, ebensowenig Mama, die mich begleitete. Endlich wurde nach anderen tödlich langweiligen Ansprachen die Ehrenliste der guten Schüler verlesen. Das Echo wiederholte jeden Namen weithin hallend wie den eines Sieges, und man sah Knaben die mit rotem Plüsch belegten Stufen hinauf- und hinuntersteigen, die Stirn mit goldenen, silbernen oder auch nur schlicht grünen Zweigen umkränzt, je nach dem Verdienst der Erwählten, deren Arme mit rotleuchtenden Büchern beladen waren. Und ich? Und ich? Mein Herz begann zu klopfen. Endlich war meine Klasse an der Reihe. Ich blickte zu meiner Mutter auf, die mich mit einem belustigten Lächeln anschaute, denn mein Name wurde nie genannt. Oder vielmehr doch! Eines Tages wurde auch mein Name dem Echo überantwortet, das ihn in dem schwindelnd hohen Raum widerhallen ließ. Ein ›Accessit‹. Ich hatte ein Accessit! »Geh, hol dir dein Accessit!«, sagte Jean Simonin zu mir auf Grund der Einflüsterung irgendeines neckischen Teufelchens. Ich gehorchte, denn ich glaubte, was Jean mir sagte, der einer der fleißigsten meiner Kameraden und mir sehr zugetan war. Er selbst war im übrigen mehrmals genannt worden, und ich brauchte ihm nur auf den mit rotem Plüsch belegten Stufen bis oben hinauf zu folgen. Wie schwellend war dieser Teppich unter meinen Füßen. Vor Aufregung zitterte ich. Es war, muß ich sagen, das erste Mal, daß ich einen Preis errungen hatte. Meine Mutter traute ihren Ohren nicht. Der Name ihres Sohnes war gefallen ... Ein ›Accessit‹ im Französischen ... Mit einer kleinen, ermunternden Geste hieß sie mich gehen: »Aber natürlich, du Dummerchen, wenn man es dir doch sagt!« Sie hatte keine Vorstellung, was ein ›Accessit‹ war. Endlich stand ich auf der Estrade und nannte dem mit der Verteilung der Belohnungen beauftragten Lehrer meinen Namen. »Julien Green hast du gesagt?« – »Ja.« Ich setzte noch hinzu: »Es ist ein ausländischer Name.« – »Warte, bis ich mit den übrigen fertig bin.« Die andern erhielten denn auch ihre Preise. Jean bekam deren reichlich zugeteilt mitsamt einem Lorbeerkranz, dank dem er, da er fett und rosig war, wie ein zur Opferung bestimmtes Schwein aussah. »Also Julien hast du gesagt... Julien und wie weiter?« – »Green.« – »Ich kann den Namen nicht finden. Was für einen Preis hast du denn?« – »Ein Accessit im Französischen.« – »Willst du dich über mich lustig machen? Für ein Accessit gibt es keine Bücher.« Ich wurde so rot wie der Teppich zu meinen Füßen und stieg die Stufen wieder hinab. In diesem Moment stimmte die Militärkapelle eine Weise aus ›Carmen‹ an. Unter den Klängen von ›Auf in den Kampf, Torero‹, im dröhnenden Jubel des Siegesmarsches, der mir das Herz zermalmte, gelangte ich wieder an meinen Platz. Mein Hochmut war zutiefst verwundet. Meine Mutter sagte nichts, drückte jedoch sanft meinen Arm und führte mich, sobald die Zeremonie beendet war, auf die andere Seite der Place du Trocadéro zu einem Konditor namens Doidy, um mich etwas zu trösten. Ich erhielt zuerst einen ›Baba‹ und dann auch noch einen

Eclair unter der Bedingung, daß ich gleichwohl zum Mittagessen mein Fleisch und Gemüse verspeisen würde. Und was das Accessit betraf… »Das macht nichts«, sagte sie zu mir. »Wir sprechen zu niemand davon, nicht wahr? So etwas kommt eben vor… das Leben… nun, du wirst sehen. Waren die Kuchen auch gut?«

In Andrésy mieteten wir alljährlich eine andere Villa. Die erste im Jahre 1909 befand sich Boulevard de la Seine Nr. 36. Es war ein kleines möbliertes Haus, möbliert vor allem mit sehr viel Nippes, so kam es mir wenigstens vor; es gab sie überall, in Vitrinen, auf Konsolen oder sogar an den Wänden aufgehängt, doch durfte man nichts berühren. Die Zimmer waren dunkel, und ein langer Gemüsegarten trennte uns von dem Boulevard, auf dem nur selten Wagen vorüberfuhren. Überquerte man die Straße, so befand man sich, nach ein paar Schritten unter einer Doppelreihe von Linden hindurch, auf einer kleinen Rasenböschung, die sich bis zu den Ufern der Seine hinuntersenkte, auf der ich staunend meine Blicke ruhen ließ. Ihre ruhigen, machtvollen Fluten von einem manchmal ins Schwärzliche übergehenden Grün, spiegelten bisweilen so getreulich den Himmel wider, daß es aussah, als führten sie selbst die Wolken auf sich einher, welche unerhörte Anziehungskraft übten sie auf mich aus! Ich gab mich lange dem Anblick der Seine hin, als bestehe zwischen ihr und mir eine tiefe Verwandtschaft. So sehr das Meer mich verwirrt und mein Befinden stört, so lieb ist mir dieser Fluß, der mein Leben durchströmt hat. Er hatte in meiner Vorstellung freilich etwas Gefährliches, für das ich empfänglich war. Man brauchte ja nur einen Schritt zu weit zu gehen, und schon stürzte man in seine fühllosen Tiefen und fand darin den Tod. Ich konnte nämlich nicht schwimmen. »Tritt nicht zu nah ans Ufer«, sagte jedesmal meine Mutter zu mir. Und in dem träumerischen Ton, den leicht die magische Gegenwart des Wassers erzeugt, setzte sie hinzu: »Wenn du die großen Ströme bei uns sehen könntest ... Ich frage mich, ob dieser hier da drüben auch nur einen Namen haben würde.« – »Sind sie denn so viel breiter?« – »Ja, man kann kaum das andere Ufer erkennen.« An jene fernen Gegenden zu denken, die sie nicht wiedersehen würde, stimmte sie jedesmal traurig.

Von dem Ufer aus, an dem wir uns befanden, sah ich vor mir eine lange, mit prächtigen Bäumen bestandene Insel. Von Zeit zu Zeit kamen Vergnügungsboote vorbei, deren zahlreiche Passagiere bei unserem Anblick winkten. Andere Male kündete ein klagendes Muhen einen Schleppdampfer an. Noch jetzt kann ich diesen Ton nicht hören, ohne daß sich mir das Herz zusammenzieht. Man wartete ein paar Minuten, dann endlich erschien der Dampfer mit seiner langen Fahne von schwarzem Rauch, und da nicht weit davon die Schleuse gelegen war, stieß er einen dumpfen, melancholischen Schrei aus, vielmehr so viele Schreie, wie er Kähne schleppte. In meiner Phantasie wurde dieser Ruf zu der Stimme einer menschenfressenden Riesin, einer guten Riesin jedoch, die ihre Kinder zählte. Wir zählten jedesmal mit: »Zwei, drei, vier ... fünf!« Dann folgten am Ende eines Taues die herrlichen flachen Schiffe, die am Bug bezaubernde, geheimnisvolle Namen trugen: ›Marie-Jeanne‹, ›Fille du Nord‹, ›Malouine‹, ›Louise‹. Ich hatte den Eindruck, daß ein Teil meiner selbst sich an Bord dieser schwarzen Kähne schwang, die lautlos über das dunkle Wasser glitten. Ich schiffte anderswohin, zu Ländern, die ich nicht kannte, und sah in einer Art von beseligter Wehmut die breiten niederen Hecks entschwinden. Auf dem letzten der Kähne befand sich fast immer ein wütender kleiner Hund, der kläffend von einem Ende des Decks zum andern rannte.

In diesem Häuschen am Seineufer erreichte mich die

Nachricht von der Heirat meiner Schwester Eleonore. Sie hatte in Mombasa, in Britisch-Ostafrika, einen jungen Ingenieur mit Vornamen Kenneth geehelicht. Diese Nachricht machte keinen Eindruck auf mich. Tatsächlich frage ich mich, was mich in Andrésy überhaupt interessierte. Ich war so glücklich, dort zu sein, daß ich, so scheint es mir, in einer Art von ständigem Rauschzustand lebte. Man mußte mich bei der Hand nehmen und ein bißchen schütteln, um überhaupt von mir etwas zu erlangen, was mit Aufmerksamkeit zu vergleichen war. Ich lachte ganz allein vor mich hin. Eines Tages – und das war ein seltsamer Augenblick – befand ich mich im Zimmer unseres Mädchens. Weshalb? Ich weiß es nicht. Am Kopfende ihres Bettes sah ich auf einem Tischchen ein dickes Buch liegen, dessen Umschlag aus Glanzpapier mit einem so bizarren Bild geschmückt war, daß ich es niemals habe vergessen können. Man sah darauf, mit Stricken an einem Kreuz befestigt, eine junge blonde Frau von vollendeter Schönheit. Sie war mit einem langen weißen Hemd bekleidet und schien durchaus keine Schmerzen zu leiden. Rosen in ihrem Haar verliehen dieser Pseudotortur sogar etwas Festliches, gleichwohl verdrehte das Opfer die Augen wie eine Märtyrerin. Ich fragte das Mädchen, was für ein Buch das sei, und sie antwortete mir – ich sehe sie nicht mehr recht vor mir, höre jedoch ihre Stimme und erinnere mich auch der schmachtenden Pose, die sie sogleich annahm –: »Es heißt ›Fausta vaincue‹« [sie sprach den Namen ›Fosta‹ aus]. Sie wiederholte diesen Titel noch einmal mit ungemeinem Behagen. Natürlich begriff ich nicht das Geringste, sondern bemerkte nur noch, daß in einer Ecke unter den nackten Füßen der ›Fosta‹ inmitten eines Kreises der Preis des Bandes zu lesen war: fünfundsechzig Centimes. Weiter ist nichts davon bei mir haftengeblieben, außer vielleicht, daß ich in dem Bewußtsein, meine Mutter habe nicht gern, wenn ich mit dem Mädchen spreche, mich gleich darauf wieder

zurückzog. War es dennoch in diesem Zimmer oder in einem anderen Teil des Hauses, daß mir etwas vollkommen Ungewöhnliches widerfuhr? Ich kann mich an die Umstände nicht mehr erinnern, das Folgende jedoch ist mir im Gedächtnis geblieben. Ich stehe dicht vor einer in hellen Ockertönen gestrichenen Wand und gerate, während ich diese Wand betrachte, auf einmal in einen Zustand namenlosen Glücks, der mich in einer Weise über mich selbst erhebt, daß ich nicht mehr weiß, wo ich bin. Es ist nicht etwa das Glück, die Ferien in Andrésy zu verleben, oder auch nur einfach das Glück der Kindheit, es ist ein Glück ohne Anlaß, das aus unbekannten Regionen kommt und durch die Seele weht wie der Wind durch die Bäume. Wie lange Zeit hielt dieser Zustand wohl an? Ich weiß darüber nichts mehr, doch das Erlebnis war sehr stark.
Das Mädchen, von dem ich gesprochen habe, hieß Berthe. Auch wenn sie eine edelschlaffe Pose annahm, um zu mir von der besiegten ›Fosta‹ zu sprechen, war sie im Grunde eine eher derbe Person. Oft sah man sie besenschwingend aus ihrer Küche stürzen, um gegen einen großen schwarzen Hund mit Namen Pyramus vorzugehen, der mit Vorliebe das Bein über den Bohnen des Gemüsegartens hob. Bei ihren gewaltigen Sätzen zertrampelte Berthe das Gemüse, der Hund jedoch lief hinkend bis zum Boulevard de la Seine, wo er seine Freunde traf. Ich glaube, er gehörte Monsieur Nicole, dem Gastwirt, der am Wochenende kinematographische Vorstellungen in dem Saal veranstaltete, der sonst für Festessen diente oder genauer gesagt, für ›Hochzeiten und Festessen‹.

Mein Gott, noch einmal an die Quelle zurückkehren, das kühle Wasser trinken, die Tage von neuem durchleben, in denen man noch niemals wirklich gesündigt hatte ... Das irdische Paradies in dem seltsamen kleinen Universum, das ich mir selbst gezimmert hatte, war die Zeit, in der mich noch nicht die Begierde beherrschte. Das Fleischliche – das war die Anarchie, das Grauen, das seine düsteren Schatten auf die Züge der Menschen senkte. Wie sehr hasse ich heute noch diese unerbittliche Macht, die die Menschen ihren allmächtigen Launen unterwirft. Doch in Andrésy wußte ich noch von nichts. Ich hatte vergessen, was mein Klassenkamerad mir über die Art gesagt hatte, wie ich auf die Welt gekommen sei. Sicherlich glaubte ich, daß das alles nicht der Wahrheit entspreche, sondern nur eine von diesem Burschen, der mit seinem Geschnüffel bei mir Brechreiz auslöste, selbsterfundene, schmutzige Geschichte sei. In Andrésy war ich so glücklich, daß ich davon Zahnschmerzen bekam. Ich will damit sagen, daß ich in gewissen Momenten, in denen die Lebensfreude sich meiner um und um bemächtigte, in meinen Kiefern eine Art Kitzel verspürte, der zugleich schrecklich und köstlich war und den ich mir niemals habe erklären können. Ich wälzte mich wie ein Verrückter auf der Erde umher. Es war mir nicht möglich, auch nur hundert Schritte auf einem Feldweg zu machen, ohne zu hüpfen und zu singen.

Zwei- oder dreimal im Monat fand bei Nicole eine Kinovorführung statt. Die ganze Familie begab sich dann dorthin. Aus den Tiefen des in völligem Dunkel liegenden Saales drangen laute Lachsalven und unterdrückte Schreie zu uns, deren Sinn mir entging. Die Jugend des Dorfes trieb in jenen fernen Regionen ihr Wesen, während wir selbst sehr viel näher an der Leinwand saßen, auf der man zunächst nur etwas wie einen schwarzen Regen sah. Dann kündigte eine männliche Stimme den Titel des Filmes an und lieferte fortlaufend laute Kommentare zwecks Erklärung der Handlung. Man sah zum Beispiel Männer, die auf einer steilen Straße Kürbisse hinunterrollten und gleich darauf sie einzuholen versuchten. »Kriegt er ihn, oder kriegt er ihn nicht?« ließ sich in ernstem Ton die Stimme des Kommentators vernehmen. Ich sah nicht sehr gut, ich verstand nicht viel, aber alle lachten, hinten im Saal wurde sogar zu laut gelacht. Es folgte darauf ein anderer Film, der als dramatisch oder rührend bezeichnet wurde, denn jeder Titel war von einem beschreibenden Beiwort gefolgt! Eine Frau in einem Umhang stellte sich in einem Warenhaus vor, um Arbeit zu erhalten. Sie wurde versuchsweise eingestellt. Da sie ihre Arbeit schlecht verrichtete, erhielt sie am Ende des Tages ihren Abschied, freilich auch ihren Lohn. »Es war zugleich das erste und letzte Mal«, erklärte der Kommentator mit ungerührter Stimme. »Ich finde das sehr hart«, bemerkte Mama dazu in gedämpftem Ton. Ein paar Personen im Saal ließen ein leises Schniefen hören. Ich begriff von alledem nichts; ich hatte Lust zu schlafen.

An diese Vorführungen, die uns damals so wenig Bedeutung zu haben schienen, denke ich heute mit leisem Staunen zurück. Ahnten wir nicht, daß wir uns hier in Gegenwart von etwas ganz Neuem befanden? Ich glaube, nein. Keiner von uns nahm diese Bilder ernst, die sich da auf der weißen Leinwand vor unseren Augen bewegten. Alles in allem war es, so dachten wir, kaum etwas anderes als die Laterna magica in etwas anderer Form, eine Unterhaltung für Kinder.

Immerhin erinnere ich mich noch an eine Kinovorführung, die etwa 1911 oder 1912 unter freiem Himmel an der Muette auf dem Rasenplatz hinter dem La-Fontaine-Denkmal stattgefunden haben muß.

Die Luft ist lau, ein Leinwandschirm, der mir riesengroß erscheint, ist auf dem Rasen aufgestellt. Ich sitze mit meiner Mutter und meinen Schwestern mitten unter der Menge, und die Nacht schweigt tief. Wie seltsam ist es, zu dieser Stunde hier draußen zu sein! Und was zeigt man uns? Eine schreckliche Geschichte. Der Teufel persönlich tritt auf. Man sieht ihn in einem Salon, im Überrock, alles an ihm ist von höchster Eleganz. »Sieht so der Teufel aus,

Mama?« – »Ja.« – »Und man trifft ihn so in den Salons?« – »Ganz genau so«, gibt meine Mutter mit großer Bestimmtheit zurück. »Es ist alles ganz richtig.« Ich erinnere mich nicht mehr an die darauffolgenden Szenen, plötzlich aber läuft ein kleines Mädchen an einem Fluß entlang, an dessen Ufer zwei grausige alte Wäscherinnen mit Bleuelschlägen ihre Wäsche bearbeiten; als das Kind an ihnen vorüberläuft, wenden sie sich um und werfen ihm einen schreckenerregenden Blick nach. Das Kind läuft immer schneller. Sie richten sich auf. Ich packe den Arm meiner Mutter, denn ich habe Angst. Das Kind läuft, so schnell es kann, mit wehenden Haaren weiter, aber die Alten eilen in großen Sprüngen hinter ihm her, während ihre grauen Strähnen auf beiden Seiten die Teufelsfratzen umflattern. Darauf erscheint plötzlich eine lächelnde Dame. Sie trägt ein langes, faltenreiches Gewand mit einem Seidengürtel, den sie löst und über den Fluß hinwirft, wo er sich alsbald in einen kleinen hölzernen Steg verwandelt. Das kleine Mädchen hat gerade noch Zeit, das Brückchen zu betreten, als auch schon die Alten den Fuß darauf setzen, um die Verfolgung fortzusetzen, doch hinter den Schritten des kleinen Flüchtlings verschwindet jeweils der Steg, es bleibt nur gerade genug davon stehen, daß das Kind das andere Ufer erreicht, endlich gerettet.

Man kann sich nicht vorstellen, in welchem Ausmaß diese Bilder mich beeindruckt haben. Dunkel und verwirrend, haben sie sich für alle Zeiten in meinem Kopf festgesetzt. Meine Mutter erklärte mir, die Dame, die so plötzlich erschienen war, sei die heilige Jungfrau, aber ich kann mich nicht erinnern, daß sie sonst noch viel darüber sprach. Ich wußte nur, daß sie sie liebte. Manchmal lenkte sie meine Aufmerksamkeit auf eine Photographie nach einem Gemälde von Murillo, die eine Ecke unseres Schlafzimmers schmückte: Maria mit den Füßen auf einer Wolke und dem kleinen Judenkind im Arm, das sie an sich drückte, während sie den ängstlichen Blick ihrer großen schwarzen Augen auf uns richtete.

Zu viele Dinge dringen auf mein Bewußtsein ein, als daß ich mich nicht fragen müßte, wie das alles zu ordnen sei. Die großen Ferien ... In dem Jahr, nachdem wir am Boulevard de la Seine gewohnt hatten, mieteten wir ein etwas weiter abgelegenes Haus in der Grand-Rue Nr. 5. Wie sehe ich ihn heute noch deutlich vor mir, diesen quadratischen Bau mit den rosa verputzten Wänden, seinem Garten und der Terrasse, von der aus man die Landstraße längs des Flusses überblickte ... Die Sonne schien in unsere Fenster, das Glück wohnte unter unserem Dach, wir sangen, wir plauderten unaufhörlich. Doch des Nachts trug sich etwas zu. Ich begab mich schon um neun Uhr abends ins Schlafzimmer hinauf, und Grauen begleitete mich. Mit einem Kerzenleuchter in der Hand, auf der dunklen Treppe – es gab dort kein elektrisches Licht, nicht einmal Gas –, betrachtete ich angstvoll die ungeheuren Schatten, die die kleine Flamme auf die Wände warf und die zugleich mit mir sich wiegend bewegten. Sie begleiteten mich bis zur obersten Stufe, auf der ich mich niedersetzte, denn es konnte keine Rede davon sein, etwa noch weiterzugehen und jenen Ort des Schreckens zu betreten, zu dem das Zimmer für mich wurde. Ich stellte den Leuchter neben mich und schlug ein kleines Buch auf, das ich in der Hoffnung, darin Schutz vor dem Grauen zu finden, unter den Arm genommen hatte. Es waren die Fabeln von La Fontaine. An die Wand gelehnt las ich aufs Geratewohl, doch in der Dunkelheit verwandelten die kleinen Tiergeschichten sich in Phantasmagorien. Das Dunkel um mich her war voll von Dingen, die sich lautlos bewegten, und das Herz schlug mir heftig in der Brust.
Manchmal blieb die Salontür einen Spaltbreit offen, denn die Meinen wußten von meiner Angst, und Papa pflegte

zwar zu sagen, daß man mich abhärten müsse, doch meine Schwester Mary war gütig genug, hinsichtlich der erhaltenen Befehle ein kleines bißchen zu mogeln, und so sah ich denn an ein oder zwei Abenden in der Woche, wenn ich mich über das Geländer beugte, einen breiten Lichtstreifen in der Finsternis, und das beruhigende Gemurmel der Gespräche da unten drang herauf bis zu mir. Ich hörte die Stimme meiner Mutter heraus und fühlte mich tapferer werden, während ich die Seiten des kleinen Bandes mit dem wassergrünen Einband umwendete. Es gab auch Abende, an denen Mary sich ans Klavier setzte und italienische Weisen spielte, für die sie sich Noten aus Neapel und Amalfi mitgebracht hatte. Ich hörte dann ›Torna a Sorriento‹, ›Vedi'l mare quant è bello‹, ›Spira tanto sentimento‹ . . ., denn Mary sang zu ihrer eigenen Begleitung. Diese Melodien von schmachtender Traurigkeit kamen mir seltsam vor. Ich verstand die Worte, die ich gleichwohl behielt, im Grunde nur sehr ungenau. Meine Vorliebe galt einem kleinen Soldatenlied, das meine Schwester manchmal mit einer Heiterkeit anstimmte, die mir für ein paar Minuten den Seelenfrieden zurückgab. ›A Tripoli me ne vado‹ . . . Ich wußte damals nicht – woher denn auch wohl? –, wieviel Düsternis in diesen so beschwingten Worten lag, noch auch wie so manche Brust, aus der sie hervorgedrungen waren, von Kugeln zerfetzt werden sollte. Ich war in meine kleinen persönlichen Albtraumvorstellungen eingeschlossen. Wenn Mary schwieg und ich hörte, wie sie den Klavierdeckel zuschlug, setzte meine Angst von neuem ein. Ich hörte meine Schwester manchmal beim Musizieren husten und segnete diesen Husten, der mich mit der Welt vertrauter Dinge in Verbindung hielt. Ich wußte nichts davon, daß meine Schwester – nach den verhängnisvollen Methoden des neunzehnten Jahrhunderts – in Italien eine beginnende Tuberkulose kurieren sollte, die man jedoch nicht als Tuberkulose bezeichnete. Das war nämlich ein

Wort, das man nicht aussprechen durfte. Man redete ganz einfach nur von angegriffener Lunge. Arme Mary! Du warst die Piratin der Familie, die Kühne ... Du liebtest uns zwar sehr, doch waren wir dir im Grunde zu bürgerlich. Es kam vor, daß du auf französisch oder englisch die Worte nicht fandest und italienische Sätze dir auf die Lippen traten. Du warst die Reisefreudige, die Emanzipierte, die Künstlerin. Ich liebte dich damals mehr als meine anderen Schwestern, und du wußtest es, denn eben deshalb ließest du die Tür ein wenig offenstehen. Arme, liebe Piratin, die du so sehr gelitten hast, ich denke an dich. Italien war deine Wahlheimat, wie für so viele Angelsachsen deiner Zeit. Indessen gab es auch schreckliche Abende, an denen irgendein Atavismus in dir erwachte; anstelle von ›Tripoli‹ sangst du uns dann schottische Lieder vor, zum Beispiel: ›Drowned‹. ›Drowned‹ bedeutet ›Ertrunken‹. Es fing mit düsteren und so machtvoll hingesetzten Akkorden an, daß die Leuchter auf dem Klavier davon ins Zittern gerieten. Plötzlich meinte man, weit von Andrésy entfernt, an den Ufern eines nebelumwogten Sees in fernen Ländern zu sein, wo Männer mit nackten Beinen unter dem Kilt die Leiche eines jungen Mädchens aus dem Wasser zogen. Ein anderes Lied aus dem gleichen Album ›Songs of the North‹ versetzte uns in einen Wald, in dem man Vogelgezwitscher vernahm; nicht weit davon fand sich eine Kapelle, und zu ihr lenkten ›six braw gentlemen‹ ihre Schritte mit einem Sarg auf den Schultern, dem Sarge Maisies, die zu ihren Lebzeiten so stolz getan hatte, denn sie war hübsch; nun aber war sie es nicht mehr. Mit von Grauen untermischtem Vergnügen lauschte ich diesen Klängen. Im Grunde war das nicht unangenehm, solange es noch hell war und ich die Musik unten zusammen mit der Familie hörte, die sozusagen den ganzen Raum erfüllte. Die Schwierigkeiten begannen für mich erst dann, wenn ich mit meinem Messingleuchter nach oben steigen mußte und die Lieder mir in einer albdruckartigen Szenerie ins Bewußtsein drangen. Ich wartete auf der höchsten Stufe mit angsterfüllter Seele, bis endlich der Augenblick kam, in dem ein gewisses Stühlerücken im Salon mir ankündigte, daß auch die anderen schlafen gingen. Dann flüchtete ich mich mit meinem Leuchter bis in das Schlafzimmer meiner Eltern, in dem mein Bett aufgeschlagen war, und legte mich, nachdem ich meine Kerze ausgeblasen hatte, unter heftigem Herzklopfen hin, gänzlich in jenes erschreckende Element getaucht, das die Kinder das Dunkle nennen. Bald jedoch nahm ich durch meine halbgeschlossenen Lider die ersten Strahlen der Lampe wahr, die meine Mutter vor sich hertrug, und hörte ein Flüstern, das mir das Leben wiedergab. »Er schläft, Edward. Mach nur ja keinen Lärm.« Ich schlief nicht, ich hatte gerade noch Zeit, mir darüber klarzuwerden, daß das Glück wieder da war, daß es keine Gespenster mehr gab, und sank in einem von Geistern befreiten Dunkel in die Tiefen des Schlafes hinab.

Während der großen Ferien verbrachte Sidonie manchmal ein paar Tage bei uns. Es war dies eine Idee meiner Mutter, die Mitleid mit dem alten Fräulein hatte, dessen einförmiges, mühevolles Dasein unter den Dächern eines der finstersten Häuser der Rue des Archives verlief. Sidonie war klein, vertrocknet, gebeugt, mit krausem, grauem Haar, einer lebhaften Stimme, die sie ständig zu dämpfen bemüht war, und einem Kneifer auf der spitzen Neugiersnase. Manchmal nahm sie diesen Kneifer ab, um nachzudenken, und kratzte sich dann die Wange damit. Alles, was ich von ihr wußte, war, daß sie lange im Ausland gelebt und als ganz kleines Kind Paris zur Zeit der Kommune hatte in Flammen stehen sehen.
War sie an einem Sonntag in Andrésy, so nahm sie mich mit in die Messe. Weshalb? Ich werde es nie begreifen. Ich

vermute, daß in der Vorstellung meiner Mutter mir das nichts schaden konnte; ich war zwar protestantisch, doch gab es in Andrésy keine protestantische Kirche, und zudem bedeutete protestantisch in Frankreich soviel wie calvinistisch, diese Bezeichnung aber ließ uns erstarren. Kurz und gut, ich ging mit Sidonie zur Messe. Hand in Hand erklommen wir den Boulevard de la Seine bis zu dem reizenden Dorf, dessen kleine düstere Straßen noch etwas Mittelalterliches hatten. »Alt ist das hier, sehr alt...«, pflegte Sidonie zu sagen, während sie den Kopf nach hinten legte, um die Dächer durch ihren Kneifer zu mustern.
Die Kirche selbst erscheint mir in der Erinnerung, die ich von ihr bewahre, verehrungswürdig und schön. Die Steine von zartgelber Farbe waren oben an den Säulen mit sehr hübschen Steinmetzarbeiten versehen, der Altar strahlte golden, und die Flammen der Kerzen verbreiteten, in der Sonne fast unsichtbar, einen zuckenden Schein. Es waren viele Leute anwesend, die mehr laut als schön, wie mir schien, etwas Lateinisches sangen. Dann war da jenes seltsame Schweigen in dem Augenblick, da das Glöckchen mit einem Male atemlos klingelte, während alle Anwesenden sich tief verneigten. Ich hielt es wie Sidonie, ich senkte meine Stirn. Etwas später aber, o Wunder, reichte ein Chorknabe, der ein leuchtendrotes Gewand und ein darüberfallendes weißes, mit Spitze eingefaßtes Röcklein trug, in unseren Reihen einen Korb voll winziger, aber köstlicher Brioches umher. Ich muß in aller Demut eingestehen, daß von allen Teilen der Messe mir dieser am interessantesten schien. War das Körbchen endlich bei meiner Reihe angelangt, so verlor ich völlig den Kopf, da ich nicht wußte, wie ich in der Eile ein möglichst schönes Brötchen auswählen sollte. Ich hätte dafür Zeit und Überlegung gebraucht. Freilich waren alle schön und auch einander fast gleich – wie aber sollte ich so rasch das größte ausfindig machen? Schließlich erwischte Sidonie mit ihrer

kleinen runzligen Hand jedesmal zwei, und ich sah, wie sie damit vor ihrem Gesicht eine merkwürdige, kreisende Bewegung machte, bevor sie das ihre verzehrte, während sie mit der anderen Hand mir das meine hinhielt. Abgesehen von der geheimnisvollen Gebärde, die ich nicht verstehen konnte, tat ich es Sidonie in der Schnelligkeit nach, mit der sie den Brocken geweihten Brotes verschwinden ließ, das, so schien es mir, keinen Neid mehr auf das Manna der Israeliten aufkommen ließ.
Zu Hause angekommen, zog ich meinen Matrosenhut vom Kopf, den ein Gummiband, das mich an den Ohren peinigte, unter meinem Kinn festhielt, und meine Mutter fragte das alte Fräulein, ob ich auch brav gewesen sei. »Sehr brav, Madame», erklärte Sidonie mit einem kleinen stumpfen Lachen, »sehr brav sogar.« Was konnte Joujou schon von der Messe verstehen, nicht wahr, Sidonie? Und was stellte Madame, die Protestantin, sich wohl bei der ganzen Sache vor?
Denn es steckte in Sidonie ein kleines Stück Verschlagenheit. Sie liebte uns, doch mißbilligte sie uns auch. Sie fand sich nicht damit ab, daß sie arm war und so hart arbeiten mußte. Oft setzte sie ihren stahlgeränderten Kneifer ab und biß auf dem einen Ende mit ihren kleinen grauen Zähnen herum, wie ein Papagei wütend auf die Stange einhackt, auf welcher er sich wiegt. Die Reichen! Die Reichen! Wie sehr und von Herzen haßte sie sie! Wir waren freilich nicht reich, aber – wie sie unruhig um sich blickend und halblaut konstatierte – wir hatten genug zum Leben, ihr jedoch langte es nicht. Das Leben war ungerecht. Die arme Sidonie lehnte sich gegen das auf, was sie das Schicksal nannte; dennoch schätzte sie meine Mutter, von deren Güte sie wußte.

Ich frage mich, was meine Mutter sich dabei dachte, daß sie mich in die Messe gehen ließ, und wenn ich darauf zurückkomme, so deswegen, weil ich glaube, daß sie bereits seit Jahren eine innere Krise durchmachte, von der niemand etwas erfahren hat. Der Glaube ihrer Kindheit war vielleicht Anfechtungen ausgesetzt gewesen, und möglicherweise war sie sich nicht mehr ganz sicher, ob die Katholiken sich nicht vielleicht im Recht befänden. Infolgedessen blieb meine religiöse Erziehung etwas in der Schwebe. Die Bibel wurde mir in die Hände gelegt, und das Kind sollte allein mit diesen geheimnisvollen Texten zurechtkommen. Aber ich wünschte doch, ich könnte noch einmal jene Tage des Glücks durchleben, in denen die Begierde noch keinen Platz einnahm, in denen der Leib noch nichts wußte, wovon er nichts wissen sollte, wo das unversehrte Fleisch noch ohne den geringsten Aufwand sich rein erhielt, die Leidenschaften das Herz noch nicht verwüstet hatten, der Feind noch nicht den Fuß in die Tür gesetzt hatte, um sogleich mit seinem ganzen Brimborium an bedrängenden Phantasmagorien seinen Einzug zu halten.

Und die Zeichnungen? Nun, die geheimgehaltenen Zeichnungen existierten nicht mehr seit dem Tage, an dem der junge Bernstein sich vor uns in der Klasse entblößt hatte. Seine Gebärde hatte meiner Welt von zahnpastafarbenen Nuditäten ein Ende bereitet. Und soweit meine Mutter mich nicht in das Luxembourg-Museum führte und ich nicht in der Rue de la Pompe die glänzenden Pferde der Magasins du Louvre mit dem aufreizenden Geräusch ihrer kleinen Hufe einhertraben sah, war Friede in meiner Seele.

Immerhin gab es da Marceline Valador.

Ich weiß nicht mehr, auf welche Weise wir die Bekanntschaft der Valadors gemacht hatten, auf alle Fälle aber in Andrésy während der großen Ferien. Sie wohnten zu dritt, Vater, Mutter und Tochter, in einer ganz kleinen Villa, die ein schmales Gärtchen von der Landstraße trennte. Der Vater sah wie ein Dachs mit einem Strohhut aus. Die

Mutter, eine junonische Erscheinung, bewahrte das königliche Gebaren der schönen Frau, die sie jedoch leider nicht mehr war. Ihre Gesichtsfarbe kam dem Farbton einer Zigarre nahe. Ihre gesamte Würde schien sich in ein Doppelkinn geflüchtet zu haben, auf dem ein unbewegliches Gesicht mit schweren, von dunklen Schatten umrahmten Lidern ruhte. Aus Südamerika stammend, hatten diese beiden ein Mädchen in die Welt gesetzt, dessen Schönheit nicht ohne Gefahr für manchen Mann war, wie ich heute einsehen muß. Mit einer sinnlichen Unschuld bot sie jedermann Arme und Beine von makelloser Rundung dar zur Schau, in die sogar das Licht verliebt zu sein schien, denn sie glänzten wie Seide. Wie alt war sie damals wohl? Zehn, elf Jahre vielleicht. Ich liebte sie sehr, ich liebte sie zu sehr. Ich besuchte sie täglich. Sie hatte einen schwellenden Mund, große Augensterne von tiefem Schwarz und Haare, düster wie die Nacht, die ein bezauberndes dunkles Antlitz umwogten. Unter den Augen ihrer Mutter, die genau auf uns achtgab, setzte ich mich an Marcelines Seite, wenn sie in dem kleinen, mit Sesseln vollgestellten Salon mir auf dem Klavier das Stück vorspielte, das sie am besten beherrschte, die Ouvertüre zu den ›Voitures versées‹ von Boieldieu.

»Magst du gern französische Geschichte?« fragte sie unvermittelt. – »O ja, sehr gern!« – »Und die Geschichte Amerikas? Wo du doch Amerikaner bist?« – »Sie ist kurz, aber nobel«, erklärte darauf höflich Madame Valador, etwa dreiviertel Meter von uns entfernt mit einer Stickerei beschäftigt.

Ich sog den Duft Marcelines ein. Ihre Arme, ihr Haar, alles an ihr roch gut. Wenn ich mich vorbeugte, um das Notenblatt umzuwenden, verspürte ich an meiner Wange die Wärme der ihrigen. Ich denke mir, ich war in Marceline verliebt, ohne es zu wissen, denn ich wußte von nichts.

Eines Tages trat meine Schwester Mary mit der Miene

eines Reformators in das Zimmer meiner Mutter und sagte zu ihr auf englisch – was ich aber sehr gut verstand: »Ich glaube, es ist nicht wünschenswert, daß Julien weiter diese kleine Marceline besucht. An deiner Stelle würde ich diesem Mädchen mißtrauen.« Marceline, die du sicher genausowenig von allem wußtest wie ich, ich frage mich, was meine Schwester an dir beargwöhnt haben mag. Man muß zugeben, daß du schrecklich verwirrend warst. Wir blickten einander manchmal mit halboffenem Munde an und mußten dann haltlos lachen, weil wir nichts fanden, was wir einander hätten sagen können. Deine Frau Mama richtete sich dann hinter uns auf wie eine aztekische Mauer und schlug uns einen kleinen Spaziergang auf der Landstraße vor.

Ich weiß nicht mehr recht, was sich in der Folge begab. Mama, die immer den Kopf verlor, sobald sie meinte, auch nur einen Schatten des Bösen auf ihren Sohn fallen zu sehen, schrieb, so vermute ich, ein paar Worte an Madame Valador, und meine Besuche hörten auf. Ich erinnere mich, welche Melancholie mich jedesmal erfaßte, wenn ich an der häßlichen kleinen Villa vorbeiging, in der die hübsche Marceline die Kutschen Boieldieus umstürzen ließ.

In einem Winter jedoch bekam ich eine Einladung von den Valadors, die in Paris nicht weit vom Ostbahnhof in einem der tragisch düsteren Häuser wohnten, die man in diesem Viertel sieht. Die Wohnung war schlecht beleuchtet; in höhlenhafter Dunkelheit wurde uns ein Vesperbrot aufgetragen, bei dem eine Grenadine den ersten Platz einnahm. Dann setzte auf dem hinter einem Vorhang verborgenen Klavier ein mit Mut und Kraft gespielter Walzer ein. Marceline in einem Matrosenkleid mit Faltenrock und in schwarzen Strümpfen lächelte so, daß man alle ihre Zähne sah, die weißer als Reiskörner waren. Mit hochroten Wangen und blitzenden Augen tanzte sie unter den Augen der

Mütter. Ein Junge nach dem anderen legte seine in weißen Baumwollhandschuhen steckenden Hände um ihre Taille. Es waren viele Jungen und viele Mädchen da, die sich alle mit bezaubernder Unbeholfenheit auf einem übermäßig blankgebohnerten Parkett bewegten, und die dröhnenden Akkorde der Klaviermusik übertönten Gelächter und kleine Schreie. Ich selber tanzte leider nicht. »Du mußt«, sagte Mama zu mir, »dort in der Ecke stehenbleiben, damit du die Tänzer nicht störst.« Mir blieb nichts übrig als zu gehorchen, aber wie schön war Marceline! Ihre ganze Person strahlte Wärme aus. Ich fragte mich, ob sie mich damals überhaupt wiedererkannte; sie wirbelte einher wie eine Fee, und die Jungen sprangen um sie herum.

Als ich vom Lande wieder heimgekehrt war und mich wieder mit zwanzig oder dreißig Schülern meines Alters in einem großen Klassenzimmer eingeschlossen fand, das nach Tinte und schwarzen Schulschürzen roch, versank ich in eine Trauer, die sich mit Worten nicht ausdrücken läßt. Hier waren keine Fenster, durch die man wie in Andrésy auf die Felder blickte, es gab nur die kleinen Klappfenster mit den langen Schnüren daran, die ich mit trübem Stumpfsinn betrachtete; oder aber meine Aufmerksamkeit heftete sich auf mein Tintenfaß, von dem ich meine Blicke nicht zu lösen vermochte. Mein Kummer fand keinen Ausdruck. In mir hallten noch die Glücksschreie nach, die wir ausstießen, wenn wir im Wind durch die Wiesen liefen, meine Schwestern und ich, und das Herz schwoll mir in der Brust. Der Lehrer schüchterte mich ein. Ich hatte niemanden, zu dem ich etwas hätte sagen mögen. Glücklicherweise wußte ich, daß auf der anderen Straßenseite meine Mutter mich in jener Wohnung erwartete, die allmählich unser Heim, ein Zufluchtsort geworden war, an dem nichts Trauriges geschehen konnte.
Meine Mutter zog mich in dem Zimmer, das auf die Öde

des Hofes ging, beiseite und sagte mir, ich solle bei ihr bleiben. In ihren Händen erkannte ich das Buch mit dem braunen Umschlag, das mir, weil sie es war, die es hielt, keine Furcht einflößte. Aus ihm ließ sie mich eine Seite Englisch vorlesen. Die Tür war geschlossen, es war nicht nötig, daß meine Schwestern zuhörten und sich über meinen französischen Akzent lustig machten, den ich nicht so leicht abzulegen vermochte. Dann folgte eine Liste von Wörtern, die ich lernen sollte und auch wirklich gut lernte, weil meine Mutter voller Sanftmut zu mir sprach. Sie hatte Geduld mit mir und umgab mich mit einer vermutlich allzu großen Zärtlichkeit, denn diese Zärtlichkeit nahm völlig Besitz von mir und wurde mir zum Bedürfnis.
In anderen Augenblicken ließ sie mich Stellen aus der Bibel vorlesen und prägte mir Vers für Vers Sätze ein, die aus meinem Herzen niemals wieder entwichen sind. Ich war das Lamm, das dem Hirten folgte. Wenn ich müde war, ließ Er mich an herrlichen Wasserbächen ruhen, deren Kühle mein Antlitz wohlig benetzte. Dann plötzlich war ich ein Mann, und Er richtete für mich ein Festmahl in Gegenwart meiner Feinde, in ihrem Angesicht setzte ich mich an einen köstlich gedeckten Tisch, ich triumphierte. Er salbte mein Haupt mit Öl. Meine Mutter erklärte mir nichts von dieser wahrhaft königlichen Widersprüchlichkeit, und sie tat gut daran. Sie überlieferte mir einfach den Text und wollte, daß ich ihn hinnehme, wie sie selbst ihn einst hingenommen hatte. Ich stellte keine Frage. Die Bibel war eine Person, der man nicht mit zuviel Neugier begegnen durfte, die Bibel war eine Person, die anderen Bücher waren nur Bücher. Was in der Bibel stand, war Wahrheit, denn Gott selbst sprach aus ihr. Was in den Büchern stand, war auch manchmal wahr, doch auf andere Weise und im allgemeinen ohne große Wichtigkeit. Allmählich bildete sich in meinem Geiste das heraus, was ich als Stufenleiter der Realitäten bezeichnen möchte. Die

Religion war derart wahr, daß die Welt dadurch gleichsam mit Unwirklichkeit geschlagen schien. In der Bibel hieß es, die Gestalt dieser Welt werde vergehen. Alles war in Bewegung, alles zerrann, in diesem Wirbel und in diesem Spuk jedoch blieben die Worte der Schrift für alle Zeiten bestehen. Man konnte kein Jota daran ändern. Man konnte auch keinen Stern von seinem Platz am dunklen Himmel versetzen, den meine Mutter mich mit ihr zusammen anzuschauen lehrte. »Sieh die Sterne an«, sagte sie dann einfach zu mir, und ich fühlte, wie sie mir dabei den Arm um die Schultern legte. So standen wir lange Minuten, ohne ein Wort zu wechseln, und es kam mir vor, als befinde ich mich in einer anderen Welt.

Gab es viele glückliche Tage? Es kommt mir vor, als habe es überhaupt nur solche gegeben. Ein- oder zweimal jährlich führte meine Mutter mich ins Châtelet, doch übten die Vorstellungen dort auf mich eine so heftige Wirkung aus, daß sie sich deswegen, glaube ich, manchmal beunruhigte. ›Die Reise um die Welt in achtzig Tagen‹ und ›Michael Strogoff‹* versetzten mich in eine Art Fieber. Ich ließ mich durch das, was ich vor mir sah, zu vollkommen täuschen, als daß ich nicht noch tagelang erregt gewesen wäre. Beim Anblick der Schlangengrotte, in der man im Halbdunkel Reptilien sich winden sah, geriet ich vollkommen außer mir. Vergebens flüsterte meine Mutter mir zu, das alles sei ja nicht wirklich. Ich streckte die Arme mit einer Geste des Grauens über die Brüstung des zweiten Ranges hinweg nach der Bühne zu aus. Auch der im Feuer rotgeglühte Säbel, der vor Michael Strogoffs Augen vorbeifuhr, erregte entsetzliche Ängste in mir, und meine Mutter mußte mich beschwichtigen: »So beruhige dich doch! Es passiert ihm ja

---

* Nach Jules Vernes Roman gleichen Namens, deutsch ›Der Kurier des Zaren‹ (1876). (AM/CK)

nichts!« Am folgenden Morgen lief ich zu Madame Soudry, der Gemischtwarenhändlerin, und erzählte ihr das Stück von Anfang bis zu Ende. Madame Soudry war eine große Frau mit schwarzem, fest anliegendem Haar über der spitzbogenförmigen Stirn; mit einer Hand, die offenbar nie etwas anderes tat, als ganz gerade auf den Linien entlangzugleiten, machte sie Eintragungen in ihr großes Buch. Die Finger lagen dicht gepreßt auf einem Umsteck-Federhalter. Es waren dicke, vorn spitze Finger, die aus schwarzen Halbhandschuhen hervorsahen. Nachsichtig lächelnd hörte sie mir zu: »Aber bestimmt, Monsieur Julien, haben sie diesem Michael Strogoff die Augen nicht wirklich ausgebrannt; wie könnte er denn sonst am nächsten Tag wieder auf der Bühne erscheinen?« Ich zitterte vor Ungeduld. »Aber es kommt doch so in der Geschichte vor, Madame Soudry! Verstehen Sie denn nicht? Sie haben ihm die Augen nicht in Wirklichkeit ausgebrannt.« – »Der arme Schauspieler, na, ich kann nur hoffen, sie haben es nicht getan!« Es gelang mir nicht, ihr klarzumachen, was in meinem Kopfe vorging; mindestens gebärdete sie sich, um mich zu necken, ganz so, als verstehe sie nicht recht, während ihre Feder lautlos von links nach rechts hinüberglitt.

Wochenlang fühlte ich mich von den magischen Worten heimgesucht: ›Mit allen deinen Augen schau, schau hin!‹ Soweit es mich betraf, tat solch ein Rat nicht not: Ich schaute mit der gebannten Aufmerksamkeit eines Irren hin, und noch lange Zeit danach genügte das Wort Tatar, um in meiner Phantasie das ganze Schauspiel vor mir erstehen zu lassen mit seinen Tänzen, Verfolgungen, den Schüssen, bei denen meine Mutter zusammenfuhr, dem gewaltsamen Tod, dem das Opfer nur um Haaresbreite entging – und man wischte sich den Schweiß von der Stirn –, den Triumphschreien und dem Wutgeheul, den Dialogen, die ich falsch verstand, bei denen aber doch das Herz in mir heftiger schlug. Wenn ich aus dem Theater kam, war ich in einem Zustand, daß man mich erst einmal beruhigen mußte, indem man mir begreiflich zu machen versuchte, das alles sei gar nicht wahr. Niemand begriff, daß mir alles das wahrer als das Wahre erschien. Ich wollte sein, was ich auf der Bühne sah, und warf, nach Hause zurückgekehrt, einen mißbilligenden Blick auf mein Zimmer, dem ich nicht verzieh, daß es weder in Petersburg noch in Irkutsk oder Omsk, ja nicht einmal in Tomsk gelegen war. Auf meine Weise stand ich Qualen aus. Ich verlangte zugleich nach der Steppe mit einer Meute heulender Wölfe, die meinem Schlitten folgten, und den von gigantischen Kronleuchtern strahlenden Sälen im Palast des Zaren. Statt dessen hatte ich nur das Elternschlafzimmer mit meinem Bett in der Ecke.

Im allgemeinen kamen für mich nur die Nachmittagsvorstellungen in Betracht, doch gegen 1912 beschloß Mama, ich könne mit ihr ›Die Glocken von Corneville‹ hören. Sie war nicht im geringsten musikalisch und sang nur Choräle mit, aber mit Elan: ›Onward, Christian soldiers‹. Ich weiß nicht, weshalb es ihr notwendig erschien, mich eine Operette anhören zu lassen. Wie jedoch könnte ich vergessen, was mir erst viele Jahre später recht zum Bewußtsein kam, nämlich daß sie sogleich nach Betreten des Theaters der Gaîté-Lyrique von einem Unwohlsein befallen wurde, so daß man sie auf einen Stuhl im Büro des Billettkontrolleurs setzen mußte. Mit leidender Miene führte sie die Hand zur Stirn, und man verabfolgte ihr eine Pyramidontablette mit einem Glas Wasser. Bestürzt stand ich neben ihr. Zum ersten Male fuhr der Gedanke mir durch den Kopf, daß sie eigentlich niemandem auf Erden glich und, gleichsam ganz allein auf der Welt, auf diesem Stuhl hier saß. Gleich darauf stand sie wieder auf; wir gingen an unsere Plätze. »Es ist nichts weiter«, murmelte irgend jemand. Ein oder zwei Minuten lang hatte der Tod seinen

Finger auf Mamas Stirn gelegt, aber weder sie noch ich waren uns dessen bewußt.

Habe ich schon gesagt, daß neben dem Schlafzimmer meiner Eltern, in dem auch ich selber schlief, das Eßzimmer lag? Ich ging früh zu Bett, nachdem ich allen der Reihe nach einen Gutenachtkuß gegeben hatte – eine Zeremonie, die ich in die Länge zog, weil ich so ungern schlafen ging. Mein Vater und meine Mutter spielten Tricktrack, meine Schwestern lasen oder nähten. Eines Nachts verließ ich mein Zimmer, ging mit geschlossenen Augen und in tiefem Schweigen rings um den Tisch herum und legte mich dann wieder hin. Erst sehr viel später wurde mir diese Geschichte erzählt als eine durchaus nicht so ungewöhnliche Begebenheit, daß man ihr viel Gewicht hätte beilegen dürfen. Ich glaube, man tat recht daran, aber ich hatte auch noch viel merkwürdigere kleine Manien von fast ritueller Art, die ich jedoch für mich behielt. So wäre es mir, als ich etwa zwölf Jahre alt war, unmöglich gewesen, ins Gymnasium zu gehen, ohne daß ich zuvor alle Türgriffe des Hauses angerührt hatte. Ich eilte von einem Zimmer zum anderen und vollzog verstohlen diese Gebärde, die mir für meine Gemütsruhe unerläßlich schien. Da wir ziemlich viele Personen waren, blieben diese Bizarrerien unbemerkt. Sie bildeten einen Teil der geheimnisvollen Ordnung, die man in der Kindheit um sich her schafft, um irgendwelche bösen Gewalten zu beschwören. Selbstverständlich setzte ich auf der Straße nie den Fuß auf die Trennungslinien zwischen den großen, langen Steinplatten am Rande des Bürgersteigs. Wenn man schnell rannte, mußte man achtgeben, denn welches Unheil hätte man vielleicht sonst auf sich herabgezogen? Später war mein Erstaunen sehr groß, zu erfahren, daß alle kleinen Jungen der Welt, und ich glaube auch alle kleinen Mädchen, ganz das gleiche tun.

Bemerkenswerter, glaube ich, war das Unbehagen, das mir ein auch nur flüchtiger und zufälliger physischer Kontakt mit irgendeiner anderen Person als meiner Mutter bereitete. Wenn in der Schule einer meiner Kameraden meine Knie oder meinen Ellbogen berührte, verspürte ich Unbehagen und offen gestanden etwas wie Widerwillen; niemand durfte mich berühren. Das war ein Gesetz, das ich mir selbst gemacht hatte. Wenn die Hand eines Älteren sich meinem Gesicht näherte, um mir die Wange zu streicheln, so wich ich auf der Stelle zurück. In meinen Augen war der Körper etwas Heiliges und duldete keine Berührung. Ja, mein Körper war heilig. Diese Idee beherrschte mich mit einer solchen Macht, daß sie schließlich meine ganze Person erfaßte und ich alles gut fand, was ich tat, weil eben ich es vollführte. Was für eine schlechte Handlung konnte ich schon begehen? Nicht eine einzige. Die anderen mochten Böses tun, nicht jedoch ich. Ich war rein – ein Wort, das alles in sich einschloß, dessen Sinn mir aber entging. Um mich her bestand eine Verbotszone, die ich mir selbst geschaffen hatte, die aber schließlich spürbare Wirklichkeit wurde. Wie groß war der Anteil des Hochmuts an alledem? Riesengroß oder ganz unbedeutend. Ich wollte zu den anderen gehen, zu allen anderen, und konnte es doch nicht, denn da ich mich allein wähnte, war und blieb ich auch allein. Die Sünde erst hat sehr viel später diesen magischen Kreis durchbrochen. Durch die Sünde fand ich zur übrigen Menschheit zurück.

Ich weiß nicht, weshalb ich wiederum an den kleinen Bernstein denken muß. Seit jener unbeschreiblichen Geste kam er mir wie einer jener bösen Geister vor, von denen das Evangelium berichtet, daß sie die Menschen ins Feuer oder ins Wasser stürzen. Sein schönes safranfarbenes Gesicht hatte in meinen Augen etwas Unmenschliches; ich konnte mich dem Jungen nicht nähern oder vielmehr sehen, daß er seinerseits sich mir näherte, ohne von einer heftigen Erregung befallen zu werden, die ganz zweifellos Zorn war. Eines Tages flüsterte er mir Dinge ins Ohr, deren Sinn mir unklar blieb. Auf alle Fälle beschimpfte ich ihn; nur zu gut erinnere ich mich, was ich zu ihm sagte. Es war noch in der Zeit meines Antisemitismus: »Saujud!« rief ich ihm zu, dieses traurige Schimpfwort... Wir befanden uns allein auf der Schwelle des Klassenzimmers, das wir nach dem Deutschunterricht gerade verlassen wollten. Unser Lehrer stand dicht hinter uns. Er hieß Koessler. Er war ein ehemaliger Offizier von eleganter Gestalt, bekleidet mit einem gutgeschnittenen, an den Hüften ausgestellten Überrock, der seine Brust nachzeichnete. Er trug stets ein Monokel, und seine oft sarkastischen Bemerkungen trafen uns wie ein leichter Peitschenhieb. Als er hörte, was ich zu Bernstein sagte, hielt er uns beide im Klassenzimmer zurück, dessen Tür er schloß. Dann sagte er ganz einfach zu uns: »So, nun setzt euch auseinander.« Ich stürzte mich mit voller Wucht auf meinen Gegner, der mit mir am Fuße der Estrade auf den Boden stürzte. Wir waren beide derart von Wut erfüllt, daß wir nicht einmal daran dachten zu schreien, sondern in tiefem Schweigen unser Bestes taten, einander umzubringen. Heute, wo ich diese Dinge mit größerer Klarheit betrachte, scheint mir offen zutage zu liegen, daß wir uns, ohne es zu wissen, von einer Art Liebeswut befreiten, die freilich alle Züge des Hasses trug. Zweifellos wäre Herr Koessler sehr erstaunt gewesen, hätte man ihm diese Deutung unseres Handgemenges begreiflich zu machen versucht. Mit gespreizten Beinen und den Händen hinter dem Rücken überwachte er unseren Kampf von der Estrade aus – dem ›Podium‹, wie er es nannte –, und als er der Meinung war, wir hätten unseren Streit nunmehr ausgetragen, hieß er uns aufstehen, was wir mit flammenden Blicken und staubbedeckten Kleidern denn auch taten. Wir drückten einander nicht die Hand, und ich eilte heim, um zu verkünden, ich hätte den Judenbengel geschlagen, während er nach Hause lief, um zu berichten, er habe dem Christenbengel Prügel verpaßt. Mein Vater lächelte hinter seinem Schnurrbart, denn er hatte mehrmals Auseinandersetzungen mit jüdischen Geschäftsleuten gehabt, und meine Mutter, die selbst eher kriegerischer Natur war, lachte ungeniert über meinen Bericht. »Nicht etwa, daß ich irgend etwas gegen Juden hätte«, stellte sie gleichwohl abschließend fest. Der Wahrheit zuliebe muß ich gestehen, daß ich bei dieser Gelegenheit wahrscheinlich den kürzeren zog, denn ich erinnere mich noch daran, wie ein kleiner stämmiger Körper auf den meinen drückte und ein heißer Atem über mein Gesicht hinfuhr.

Gegen 1911 oder 1912 erzählte zuweilen mein Vater, er habe zeitunglesend den Boulevard überquert, und wir sahen dann, wie in den Augen meiner Mutter sich Besorgnis zeigte. Ein Unfall war immerhin möglich ... Es wurde der Fall eines Herrn angeführt, der von einem Omnibus angefahren und unter die Hufe der Pferde geraten war. Meine Mutter verbarg ihr Gesicht in den Händen mit einem unterdrückten Schrei, mein Vater aber, der gern andere neckte, sah uns augenzwinkernd an. Tatsächlich konnte man auf den Bürgersteigen noch immer gemütlich flanieren, ohne vom Lärm der Wagen betäubt oder den Ausdünstungen von Motoren vergiftet zu werden.
Ich suchte damals häufig eine Buchhandlung in der Rue de la Pompe auf, welche von zwei weiblichen Wesen geführt wurde, die mir ihr Wohlwollen schenkten und mir Bücher liehen. Mit einem Band der Sammlung Nelson unter dem Arm lief ich dann bis zum Square Lamartine und wendete dort auf einer Bank sitzend die Seiten mit einer Begierde um, die um so rätselhafter war, als ich nicht viel von dem verstand, was ich las; immerhin verstand ich etwas, und dieses wenige entflammte mich. Dumas père, Edmond

About, Victor Cherbuliez waren die drei Autoren, welche die Damen Chavanon für geeignet hielten, meinen geistigen Horizont zu weiten, ohne deshalb Gift in meine Seele zu träufeln. Buchtitel fallen mir wieder ein wie ›Le Comte Kostia‹, ›Miss Rovel‹, ›L'Aventure de Ladislav Bolski‹, ›Le Nez d'un Notaire‹, natürlich auch ›Les Trois Mousquetaires‹ mit der sonderbaren Geschichte von Mylady, deren Verbrechen ich nicht zu erraten vermochte, deren Exekution jedoch mein Interesse weckte. Ich las vor allem gern eine schöne Hinrichtungsszene.

Wenn es Abend wurde, brachte ich das Buch zurück; befragt, was ich davon halte, gab ich stets zur Antwort, es sei sehr gut, doch wäre jeder, der der Sache weiter nachgegangen wäre, höchst erstaunt gewesen, denn der Verlauf der Handlung blieb für mich regelmäßig im dunkeln, ich behielt nur Einzelheiten und Sätze im Gedächtnis, von denen mir einige manchmal wieder einfallen wie kleine Melodien. Was mich am meisten an diesen Romanen in Erstaunen setzte, war das hartnäckige Streben der Verliebten, etwas zu erlangen, was dennoch nirgends genauer beschrieben war. Sobald ich sah, daß sich ein Liebesdialog anzubahnen schien, überschlug ich die Seiten. Zweikämpfe, Gewalttaten, Racheakte zog ich bei weitem vor. Ich wurde dann selbst von einer Art Wut erfaßt, ohne zu wissen weshalb. Die Worte stiegen mir zu Kopf, und ich hatte Mühe, Schreie zu unterdrücken. Diese ganze innere Aufregung spielte sich in dem ruhigen Gärtchen ab, das von der Statue eines Mannes beherrscht war, der mit einem Hund zu seinen Füßen schräg auf seinem Bronzesessel saß. Neben mir gruben Kinder mit ihren Schaufeln im Sand, doch ich sah von alledem nichts, denn durch das Buch war ich mir selber entrückt.

Zu Hause erhielten wir von Zeit zu Zeit den Besuch einer zauberhaften Person, in die ich toll verliebt war, ohne es

freilich zu wissen, denn, mir selber unbewußt, glich ich jenen Männern und Frauen, die ich in den Liebesromanen immer so langweilig fand. Sie hieß Emily Grigsby und stammte, soviel ich weiß, aus Kentucky. Sie war eine Freundin meiner Schwester Eleonore. In meiner Erinnerung ist Emily eine in weiße Spitzen gekleidete Person, die mit einer zugleich sanften und etwas brüchigen Stimme zu mir redet. Nicht anders könnte ich den Klang beschreiben, der, vermutlich infolge einer Halserkrankung, ihren Lippen entströmte. Ich starrte sie immer nur mit offenem Munde an. Es war einfach nicht möglich, etwas anderes zu tun. Die Zartheit ihrer Haut, die Wölbung ihrer Wangen von kamelienhafter Weiße, ihr Lächeln endlich – das alles versetzte mich in eine Art von starrem Staunen wie ein Schauspiel, an das ich mich nie gewöhnte und das mich zugleich mit Glück und Traurigkeit erfüllte, denn ich hätte Emily gern geküßt, aber ebensogut hätte ich den Wunsch haben können, eine Wolke zu küssen. Sie war unerreichbar, weil sie schön war. Zwischen uns lagen weite Räume. Eines Tages, als sie uns gerade verlassen hatte, schlich ich hinter ihr die Treppe hinunter und preßte, als ich auf der Wand ihren Schatten erkannte, meine Lippen darauf. Sie merkte nichts davon, und als ich wieder in meinem Zimmer war, warf ich mich auf mein Kopfkissen, das ich an mein Gesicht drückte, denn ich mußte unbedingt etwas lieben, ob es nun ein Schatten oder ein Kopfkissen war, denn Emily war nicht mehr da. Ich litt um sie.
An einem andern Tage – aber das, glaube ich, war in der Rue de Passy – erschien sie von einem schwarzen Diener gefolgt, der sich in die Küche begab und dort ein Gericht herstellte. Ich weiß nicht, weshalb er da war, mit unserer Köchin, doch erinnere ich mich, daß ich ihm bewundernd zusah, während er mit einem Löffel in einer Schüssel rührte. Endlich fragte ich ihn auf englisch: »Weshalb haben Sie eine so schwarze Haut?« Schweigen. Der Löffel

fuhr weiter in der Schüssel umher. »Ich möchte auch so schwarz sein wie Sie«, setzte ich kurz darauf hinzu. Ein schönes Lächeln belohnte mich für dieses Kompliment.
Es fällt mir auch wieder ein, daß ich mich als kleines Kind in meinem Bett in der Rue de Passy fragte, weshalb ich nicht Gott, weshalb er dort oben und ich in meinem Zimmer war, während es doch meiner Meinung nach sich genausogut umgekehrt hätte verhalten können. Ich wagte diese Gedanken meiner Mutter nicht mitzuteilen, doch beschäftigten sie mich sehr. Ich war unzufrieden, als handle es sich um eine Ungerechtigkeit.

Um noch einmal auf 1912 zurückzukommen: In jenem Jahr, wenn ich mich nicht irre, trug sich in Rußland eine Begebenheit zu, die mir so tiefen Eindruck machte, daß ich nicht zögere, sie hier aufzuzeichnen. Der Zarewitsch hatte sich bei einem Unfall verletzt und Blut verloren, was große Beunruhigung seinetwegen hervorrief, denn er litt an Hämophilie. Sein Bild erschien in den Zeitungen, und dieses Kindergesicht verfolgte mich seither.
Ein Bittgottesdienst für seine Heilung wurde in der orthodoxen Kirche in der Rue Daru abgehalten. Eine englische Freundin von uns, Mrs. Gibson, führte mich dorthin. Weshalb? Das weiß ich nicht. Das Leben der Kinder und wie sie selbst es in der Erinnerung haben, ist voll von Fragezeichen. Es wird ihnen nicht alles erklärt, oder die auf später verschobene Erklärung wird nie nachgeliefert. Ich war glücklich, daß ich mich auf diese Weise unter die Russen mischen konnte, weil ich mich dadurch dem Zarewitsch näher fühlen durfte.
So finde ich mich denn also an der Seite von Mrs. Gibson in dieser Kirche, in der das Gold der Ikonen und der Ornamente schimmernd erstrahlt, der Weihrauch in dichten Windungen zur Wölbung aufsteigt und der Vorsänger den Raum mit seinem wunderbaren, dröhnenden Baß erfüllt,

auf den ein Chor aus Männern und Frauen mit klaren, hellen, gewaltigen Rufen Antwort gibt. Die Menge rings um uns her hört im übrigen schweigend zu. Einzelne knien auf dem Steinfußboden. Niemand sitzt.
Ich sehe und lausche, absolut unbeweglich, erschreckt und berauscht zugleich durch diesen gewaltigen Aufruhr von Stimmen, die den Himmel bestürmen. Niemals habe ich mich an einem Ort befunden, an dem der Unsichtbare so inbrünstig und beinahe gebieterisch zum Handeln aufgefordert wurde. Alles widerhallt in mir, in meinem Kopf, in meiner Brust, in meinen Eingeweiden. Der Weihrauch berauscht mich. Die goldenen Meßgewänder der Popen reden auf ihre Weise in einer neuen Sprache zu mir. Zugleich sehe ich unaufhörlich im Geist das schöne Antlitz des Kindes, von dem in diesen Gebeten gewiß die Rede ist, die zuweilen wie ein Stöhnen der Trauer und dann wiederum wie immer dringlichere Beschwörungen erklingen. Mir ist, als ob ich vor Müdigkeit umsinken müsse, denn die Zeremonie ist sehr lang, doch um nichts in der Welt würde ich gehen wollen; ich bin verzaubert, eine ganz neue Inbrunst trägt mich empor, eine seltsame, fesselnde Welt öffnet für mich ihre riesigen, goldenen Pforten. Dann kommt der Augenblick, in dem alles zu Ende ist, die Popen hinter der Ikonostase verschwinden, und die Menge sich schweigend nach dem Ausgang zu bewegt.
Auf der Straße angekommen, schiebt Mrs. Gibson ihren Kneifer wieder in das Etui und sagt zu mir:
»Interesting, wasn't it?« Und ich antworte: »Very«.
Dann ist es zu Ende, da alles ja enden muß, doch gerade das bringt mich zur Verzweiflung. Nun bin ich wieder auf der Straße, zwischen Droschken und Omnibussen, und eben noch war ich – wo? im Himmel?
Die Zeremonie in der Rue Daru prägte sich für alle Zeiten meinem Gedächtnis ein und wurde gleichsam zu einem Teil von mir selbst. Das Gold, die Gesänge, der Weihrauch

– alles das ging mir mit seiner Herrlichkeit nach. Jeden Augenblick konnte ich mir jede Einzelheit wieder deutlich vorstellen und mich ›anderswo‹ befinden, in einer herrlich tönenden Welt, in der die Gottheit im Unsichtbaren schwamm, auf mich zukam und rings um mich her gegenwärtig war, sich in mein Herz wie in einen Abgrund senkte, und in meinem Kopfe wie am Firmamente weilte. Ich schloß die Augen, ich versuchte die Stimme des Vorsängers mit ihrem ›Baoh! Baoh!‹ nachzuahmen. In Abwandlung des Psalms könnte ich sagen, daß ich wie ein Kalb vor dem Ewigen tanzte! Ich war trunken von Gott und wußte doch nichts davon.

Ich habe bisher sehr wenig von meiner irischen Patin, Agnes Farley, gesprochen. Sie hatte einen amerikanischen Zahnarzt geheiratet, der Julius Cäsar glich und den wir für wahnsinnig hielten. In gewissen Stunden wurde er zum Propheten, äußerte die Meinung, die ganze lateinische Rasse müsse ausgelöscht [wiped out] werden, nannte die Bibel ›a fool of a book‹, also ›ein närrisches Buch‹, bewunderte Wilhelm II. und dergleichen Unsinn. So war dieser Mr. Farley nun einmal, und niemand nahm besonders Notiz davon. Er war klein von Wuchs, schmal gebaut, ruhig und sachlich, hatte jedoch mitunter heftige Zornanfälle; es war der Zorn des Fanatikers, denn in seinem Innern besaß er einen Fond von Religion. Eines Tages, als er im Laufe einer Diskussion eine befreundete Dame zum äußersten getrieben hatte, rief diese ihm mit vor Wut erstickter Stimme zu, sie verfluche ihn. Daraufhin packte er sie beim Hals, würgte sie, während er sagte, er handle zum Besten ihrer Seele, derart heftig, daß sie fast erstickte, und schüttelte sie, bis sie schließlich, da sie noch nicht lebensmüde war, ihren Fluch zurücknahm. Bei uns gelang es ihm aus anderen Gründen und durch andere Mittel, uns zum Weinen zu bringen. Zu ihm zu gehen und sich auf seinen schreckenerregenden schwarzen Ledersessel zu setzen, war für jeden von uns eine Prüfung, die unsere Kräfte überstieg. Wir mußten von unseren Eltern dazu gezwungen werden, und die Operation fand immer nur unter Tränen und Schreien statt, denn er war noch von der alten Schule, das heißt, man tat aus Prinzip weh. Er kündigte einem die Tortur mit ruhiger Stimme an und bereitete seinen Bohrer mit der Sorgsamkeit eines Besessenen vor. Der Schweiß rann uns von der Stirn, ich selbst spuckte vor Entsetzen. »Open wider!« [Weiter aufmachen!] Diesen Satz kannten wir schon. Er allein war ein Albtraum für uns. Schreckliche, stöhnende Laute sowie nutzlose Schreie folgten ihm fast sogleich. »Es tut mir leid, mein Kind«, bemerkte Farley dann mit kühler, sachlicher Stimme, und die Fräse machte von neuem ›ssss‹, wie um deutlich zu zeigen, daß sie eben eine Fräs-s-se sei. Wenn die Qual beendet war, trocknete dieser merkwürdige Mann uns das Gesicht mit seinem Taschentuch ab. Er liebte Kinder und hegte für seine Opfer eine Art von Mitgefühl, das schlimmer als seine Grausamkeit war. Zu anderen Zeiten hätte er einen bewundernswerten Folterknecht abgegeben. Vielleicht war er sich dessen gar nicht bewußt. Ich besitze von ihm einen reizenden Brief aus dem Jahre 1912. Dieses Schreiben löscht jedoch die Erinnerung an Minuten des Leidens nicht aus, die die Engländer als ›exquisite‹ bezeichnen würden. Warum wurden wir ausgerechnet zu ihm geschickt? Um Agnes willen. »Alle Zahnärzte tun einem weh«, pflegte Mama zu sagen. »Farley ist nicht ärger als die anderen. Warum also nicht er?« Und dann, ich wiederhole, geschah es Agnes wegen.

Während Julius Cäsar seine Patienten peinigte, saß sie ein paar Meter von dieser Stätte entfernt in ihrem kleinen Salon mit Blick auf die Rue de la Paix und entzückte ihre Freunde durch ihr köstliches Plaudertalent. Ich erinnere mich an sie als an eine von zuviel Fett schwerfällig gewordene Frau, doch brauchte sie nur den Mund aufzutun, und schon vergaß man diesen Umstand ganz und gar. Sie verschlang Zola, Maupassant, Huysmans und Léon Bloy, und sprach von allem mit einer glücklichen Gabe sich auszudrücken, die wie ein Zaubertrunk wirkte. Man war verliebt in diese beleibte Scheherezade, die ihre ewigen ›Ninas‹ rauchte, und deren rundes Gesicht man immer nur durch eine bläuliche Wolke sah. Auf den Knien hielt sie ihren angebeteten Judy, einen havannabraunen Foxterrier, der nach Zigarren roch. So jedenfalls sehe ich diese Frau in der Erinnerung. Sie trug um den Hals eine lange Uhrkette, die man bei vielen meiner Heldinnen wiederfinden kann. Die Uhr verbarg sie in Taillenhöhe unter ihrem Rock, und ihre ganze Büste verschwand unter einer Bluse mit Jabot. Wie fern ist das alles! So wie sie uns erschien, mit ihrer Munterkeit, ihren scharfen Bemerkungen, hinter denen sich dennoch immer auch sehr viel Freundlichkeit verbarg, nahm Agnes uns alle gefangen. Sie war die Verfasserin zweier, mit träger aber begabter Hand hingeschriebener Bücher, die heute freilich vergessen sind. Im ganzen gesehen war alles falsch, was sie sagte, doch sie behauptete es jeweils auf eine so entschiedene Art, daß man Mut gebraucht hätte, um ihr entgegenzutreten. »Dein Französisch ist sehr mangelhaft«, erklärte sie Anne. »Man muß sagen: ›Cette armoire sent bonne‹, denn ›armoire‹ ist ein Femininum.« Einzig Sensationsnachrichten fanden Glauben bei ihr. Die Metro war die Ursache, daß Paris jeden Tag in den Abgrund sinken konnte. Ferner war ihrer Meinung nach das Ende aller Dinge nahe, es würde mit einem Generalstreik beginnen, in welcher Voraussicht es klug war, seine Badewanne mit Trinkwasser anzufüllen. Das Blutbad unter den Bürgerlichen würde alsbald darauf folgen.

Sie war katholisch und sehr gläubig, doch gab es in ihrem Leben einen dunklen Punkt, etwas, dessen Natur ich ahne, doch habe ich niemals Genaues darüber erfahren. Wie dem auch sei, um Ostern herum begann für sie das Drama der alljährlichen Beichte. Hier trat meine Mutter auf den Plan. Wenn sie auch Protestantin war, wollte sie doch durchaus, daß Agnes ihre Osterbeichte ablegte. Oft hat man mir erzählt, daß eines Tages die beiden Frauen eine Droschke nahmen und sich auf die Suche nach einem Priester machten, der sich bereit finden würde, ihr die unerläßliche Absolution zu erteilen. ›Ninas‹ ohne Zahl wurden dabei verbraucht. Die Droschke hielt vor einer Kirche, und die arme Sünderin lenkte ihren watschelnden Schritt zum Portal, während meine Mutter draußen im Wagen wartete. Nach einer ganzen Weile kam Agnes wieder heraus und schüttelte den Kopf. »Nichts zu machen! Versuchen wir es also anderswo.« So fuhren sie von Kirche zu Kirche, Mama geduldig und fest entschlossen, Agnes immer unruhiger. Schließlich sah meine Mutter sie mit entspannter Miene aus einer letzten Kirche treten. »Hier hatte ich es mit einem sehr klugen Priester zu tun«, sagte sie. »Er hat mir die Absolution erteilt.« – »Vielleicht war er schwerhörig«, murmelte Mama vor sich hin. – »Sei doch still, Mary. Du bist eine Ketzerin, du verstehst von diesen Dingen nichts.« Und dann zündete sie sich eine neue ›Nina‹ an.

Ich möchte das Haus in der Rue de la Paix Nummer 16 nicht verlassen, ohne mich noch einen Augenblick darin zu ergehen. Der Salon, der große Salon war finster, und die Louis-XV.-Fauteuils aus vergoldetem Holz schimmerten sanft durch die Dämmerung. Neben der Tür stand eine Büste von Napoleon als römischem Kaiser. Häufig nahm wie zufällig Farley Aufstellung neben diesem Cäsarenkopf, und manchmal fand sich dann jemand, der ausrief: »Oh! Aber... oh! Das ist ja fabelhaft! Mr. Farley, hat Ihnen noch niemand gesagt, daß Sie wie Napoleon Bonaparte aussehen?« Er lächelte bescheiden und kehrte dann wieder zu seinen Opfern zurück. Flehentliche Laute und Schreie ließen sich bald darauf hören. Eines Tages biß ich ihn, worauf er mir eine Ohrfeige gab. Er hatte einen Finger in meinen Mund gesteckt, um irgendeine empfindliche Stelle zu suchen, als meine Kiefer sich auch schon mit aller Macht über einem seiner Fingerglieder schlossen. Ich bedauere es nicht, ich habe dadurch viele andere mitgerächt.

Ich war noch immer unglaublich kindlich. Unter den Büchern, die die Damen Chavanon mir in die Hände gaben, befanden sich auch die Theaterstücke von Victor Hugo, von denen ich nur wenig verstand, die mich gleichwohl entflammten. Ich weiß nicht, weshalb, doch auf alle Fälle entfesselten sie etwas wie Wut in mir. ›Le Roi s'amuse‹ hatte noch mehr als die anderen diese Wirkung auf mich. Womit der König sich amüsieren mochte, blieb mir völlig im dunkeln. Er nahm eine Frau auf seine Knie und sagte: ›Welch schöne Anatomie!‹ Alles war dunkel, dunkel für mich ... Tief über das Buch gebeugt, murmelte ich dumpf vor mich hin: ›Welch schöne Anatomie‹ und wendete die Seite um. Ich wartete darauf, daß es zu Mord, zu extremen Gewaltakten käme. In diesem Augenblick mußte ich aufpassen, um nicht zu laut zu brüllen, denn ich war nicht allein am Square Lamartine, sobald ich jedoch zu Hause war, konnte ich mich frei gehenlassen, vor allem an den Tagen, an denen Sidonie anwesend war. Sie bildete in der Tat mein bestes Publikum. Ich eilte dann in die Küche und holte aus dem Wandschrank das Vier-Pfund-Brot hervor, das erst am nächsten Tag, wenn es nicht mehr ganz so frisch war, gegessen werden sollte. Ich weiß nicht, ob man derart riesengroße und schwere Brote überhaupt noch bäckt. Wie dem auch sei, ich hüllte dieses zur Hälfte in eine Serviette und stürzte mit einem Messer in der Hand in das Zimmer, in dem die Schneiderin arbeitete. »Meine

Tochter!« rief ich aus. »Jemand hat meine Tochter entehrt!« – »Wer denn, Monsieur Julien?« fragte Sidonie mit einem kleinen stillen Lächeln, denn sie kannte sich in diesen tragischen Situationen nachgerade aus. »Wer? Der König! Deshalb muß sie sterben!« – »Da hat sie allerdings nichts zu lachen. Erst entehrt, und dann auch noch tot..., was hat sie Ihnen denn getan?« – »Ich bin ihr Vater und sie muß sterben. Du mußt sterben, hast du gehört?« – »Kommen Sie mir nur mit dem Messer nicht zu nahe, Monsieur Julien!« – »Stirb! Stirb!« rief ich, während ich das Brot mit dem Messer durchbohrte. Darauf setzte das alte Fräulein ihren Kneifer ab und gab sich ganz offen ihrer Heiterkeit hin. »Was mögen Sie wohl wieder gelesen haben?« fragte sie, während sie den Kopf zurückwarf, um besser lachen zu können. Ich sah sie mit vernichtenden Blicken an. »Sie ist tot!« rief ich endlich, und während ich das Brot zu meinen Füßen niedergleiten ließ, hob ich die Hände zur Zimmerdecke. »Wenn ich Sie wäre«, meinte Sidonie, »würde ich den Leichnam in die Küche tragen.«
Ich brauchte immer etwas Zeit, um wieder zu mir zu kommen. In einem gewissen Ausmaß hatten die Messerstiche mich beruhigt. Aber die Aufregung klang noch angenehm ein bißchen in mir nach. Etwas in mir jedoch war zufriedengestellt.

Auf dem Eßzimmertisch befand sich ein fragwürdiger Gegenstand, den wir alle mit einer Mischung aus Neugier und angenehmem Gruseln zu betrachten pflegten. Es war eine kleine eiserne Glocke, die Papa eines Tages bei einem Antiquitätenhändler gefunden hatte und die ihm interessant vorgekommen war. Interessant war sie allerdings. Der Handgriff stellte niemand Geringeren dar als Satan – stehend, mit gekreuzten Armen, Hörnern an der Stirn und um die Füße gerolltem Schweif. Die kleine Glocke selbst wurde durch eine Art Klosterbau von heftig gotischen

Formen gebildet, zwischen dessen Pfeilern Teufel mit Fledermausflügeln umherflatterten. Alles war sehr schwarz mit ein paar bleifarbenen Reflexen. Setzte man Satan in Bewegung, so erschien das Mädchen. Meiner Mutter oblag es, das Glöckchen in Schwung zu bringen, was sie jedesmal mit einem merkwürdigen Gesichtsausdruck tat, in dem sich Entschlossenheit mit unüberwindlichem Abscheu mischte. Mein Vater hingegen bewunderte in kindlicher Naivität gerade das, was uns allmählich immer unheimlicher vorkam: die vollendete Ausführung der Schuppen, mit denen der Körper des Bösen bedeckt war, die winzigen Doppelpfeiler, die den Stil der Kirchen nachäfften, und schließlich den Ausdruck boshafter Freude auf den Gesichtern der Teufelchen. »Der reine Hexensabbat«, bemerkte eines Tages Mary, indem sie mit wissender Miene die Nasenflügel blähte. Agnes, der meine Mutter diese Teufelsglocke vorführte, nahm sie in die Hand, sah sie prüfend an und stellte sie endlich mit leisem Schaudern, das äußerst dramatisch wirkte, wieder auf den Tisch zurück. »My dear«, sagte sie, »das ist eine Glocke für schwarze Messen.« Sie mußte meiner Mutter erst erklären, was eine schwarze Messe sei, und wie bei solchen Anlässen unter Blasphemien und lästerlichen Handlungen der Böse mit lauten Rufen herbeizitiert und von den Gottlosen in abscheulicher Form angebetet wurde.

Ich weiß nicht, was meine Mutter an jenem Abend meinem Vater gegenüber bemerkte, doch am folgenden Tag hüllte sie den Gegenstand in Papier und begab sich damit zum Pont de Iéna, von wo aus sie die Glocke in die Seine versenkte. Vielleicht ruht sie noch immer dort. Sie wurde durch eine ehrliche, große, runde, gewichtige Schweizer Kuhglocke ersetzt, deren traulicher Ton etwas durchaus Beruhigendes hatte.

Im Salon befanden sich zu beiden Seiten des Kamins zwei

Bücherschränke aus schwarzem Holz, und unten in dem einen, in Fensternähe, die verbotenen Bücher. Verboten von wem? Von niemand. Von mir selbst. Da sie zu groß waren, um aufgestellt zu werden, lagen sie flach aufeinander. Um sie herauszuziehen, sie aufzuschlagen, sie zu betrachten, mußte man allein sein und auf dem beigefarbenen Teppich mit gekreuzten Beinen sitzen können – lauter Umstände, die offenbar sehr schwierig zu vereinen waren, denn ich erinnere mich nicht, daß ich die Seiten dieser Bände häufig umgewendet habe. Daß ich es jedoch tat, steht fest, und zwar nicht ohne echte Gewissenskämpfe, deren Bedeutung mir entging. Ich wußte nicht, wogegen ich kämpfte, noch ob ich wirklich kämpfte. Jedenfalls sah ich mir die von Doré illustrierte ›Hölle‹ Dantes an. Mit heftig klopfendem Herzen – daran zumal kann ich mich sehr deutlich erinnern – betrachtete ich immer wieder den Mann, der in den See mit den schwarzen Fluten tauchte. Ich hatte dann auf eine unbeschreibliche Weise das Gefühl der Gegenwart des Bösen. In der Stille, die in diesen Momenten rings um mich herrschte, fühlte ich mich von etwas umgeben, das stärker war als ich. Jeder Versuch, dagegen anzugehen, war von vornherein lahm, und später habe ich immer wieder, wenn ich darüber nachdachte, gestaunt, wie die Umstände mir zu Hilfe kamen: das Zimmer war leer, niemand störte mich. Ich konnte alles in Ruhe betrachten. Mein Leben konzentrierte sich dann in meinen Augen. Wie schön war dieser Verdammte! Aber wieso war er in der Hölle, wenn er doch so schön war? Unmerklich drang die Hölle in mich selber ein. Man konnte dieses Bild nicht anschauen, ohne sinnlos zu leiden. Sinnlos allerdings, denn was wollte ich schließlich? Ich hätte es nicht in Worte fassen können.

Unter den beiden Bänden der ›Göttlichen Komödie‹ [das farblose ›Purgatorium‹ und das in Nebeln verschwimmende ›Paradies‹ ließ ich aus] lag noch anderes, noch größere, schwerere, ja sehr schwere Bildbände. Trotz ihres Gewichtes gelang es mir, sie an mich heranzuziehen und die Seiten aus dickem Papier umzuwenden, die in der Unbeweglichkeit der Luft und der Dinge rings um mich her einen bedrohlichen Lärm vollführten. ›Die zeitgenössische Malerei‹ – dieser nüchterne Titel sagte mir nichts [die Bände stammten vom Ende des letzten Jahrhunderts], aber mit einem von Grauen untermischten Vergnügen [denn auch jetzt plagte mich mein Gewissen] wartete ich dann auf die faszinierende Seite, auf der ich die ›Unglücksboten‹ finden würde, jenes Bild des Luxembourg-Museums, das ich nun endlich, ganz allein in der erschrekkenden Einsamkeit, deren ungewöhnliche Natur ich auf unbestimmte Weise erriet, vor Augen haben sollte. Freilich fehlte hier die Magie der Farbe, der goldene Sandton der Haut, aber ich fand, mit heißen Wangen und halbgeöffnetem Mund, dieses quälende Bild wieder. Ich litt wie ein Erwachsener, nur mit dem Unterschied, daß ich mir über die Natur meines Leidens völlig im unklaren war, nicht wußte, was ich wollte, noch weshalb ich mich so unglücklich fühlte. Ich wußte nur, daß ich selbst, wäre ich an der Stelle des grausamen Tyrannen gewesen, den Boten geschont haben würde, hätte er mir selbst zwanzigmal schlechtere Nachrichten überbracht. Endlich schloß ich, verwirrt und mit von unerklärlicher Begierde verkrampftem Inneren zu mir selber sprechend, das große Album und legte es wieder an seinen Platz. Und dann vergaß ich alles. Zu jener Zeit vergaß ich tatsächlich mit erstaunlicher Leichtigkeit. Es gab keinerlei Obsession in meinem Leben. Es handelte sich immer nur um diese sehr seltsamen Augenblicke, die mein kühnes Tun auf wunderbare Weise begünstigten. Daraufhin bemächtigte sich meines Willens eine fixe Idee: Ich war in die Hände des Bösen gefallen. Mit einer Geschicklichkeit, die auch die Gewitztesten noch aus der Fassung gebracht hätte, hütete er sich, mir gefährliche Gesten nahezulegen, die mich besser über mich selbst hätten belehren können; er begnügte sich damit, in mir, in meinem Gedächtnis und in meinem ganzen Wesen Bilder aufzuspeichern, die das Kind faszinierten, um später den Mann ganz und gar zu beherrschen.

Im Jahre 1912 schickten meine Eltern uns, meine Schwestern und mich, für die Ferien nach Saint-Valéry-sur-Somme. Warum begleiteten sie uns nicht? Ich weiß es nicht. Vielleicht wurde mein Vater durch seine Geschäfte in Paris zurückgehalten, wo meine Mutter ihn nicht alleinlassen wollte. In Saint-Valéry bewohnten wir ein kleines Haus, hinter dem sich nichts als Felder breiteten. Zum Nachbarn hatten wir den Hufschmied, Monsieur Tirard, dessen Tochter unter epileptischen Anfällen litt. Ein- oder zweimal fiel sie auf der Landstraße hin, und ich erinnere mich zwar nicht, daß sie Schreie ausstieß, doch war sie sofort von einer kleinen Gruppe von Personen umringt, die, von irgendwoher herbeigeeilt, alles taten, was in diesem Fall angezeigt war. Ich empfand keine Furcht, sondern eher Neugier, unter die sich jene bewundernde Hochachtung mischte, wie man sie für Personen empfindet, die etwas Besonderes sind, die sich von der Allgemeinheit abheben.
Vor allem aber war da die Schmiede, ein magischer, geräumiger, finsterer Ort, wo der reine Klang des Hammers widerhallte, mit dem das Eisen auf dem Amboß bearbeitet wurde. Mit einer Lederschürze bekleidet, hielt Tirard mittels der Zange das blaßrosa Stück Metall gepackt, auf das sodann die furchtbare Wucht des Hammers niederfiel, aber aus all diesem Lärm ging nur ein Ton hervor, der eher einer Kinderstimme glich, und das war das, was mich am meisten überraschte, das und auch die Funkengarben, die sich auf dem Amboß festsetzten. Erschreckend schien mir das gedehnte, wie eine haßerfüllte Stimme klingende Pfei-

fen des Metalls, wenn es gleich darauf in einen Zuber voll Wasser getaucht wurde, sowie der weiße Dampf, der aus dem Dunkel aufstieg, denn wenn es auch draußen schön war, bildete doch die Schmiede für sich einen nachtdunklen Ort, den nur jäh eine rosa Flamme erhellte. Regungslos und aufmerksam stand ich da. Wenn ein Pferd zum Beschlagen hereingebracht wurde, ging ich ein wenig in der Schmiede umher, trat möglichst unbeobachtet an die Tür und lief plötzlich davon. Man durfte seine Blicke nicht auf einem Pferd ruhen lassen. Rein und Unrein reckten sich gleich zwei mächtigen Idolen vor mir auf.
Oft überschritt ich die an dieser Stelle nicht eben breite Straße, stieg auf der andern Seite die von Gesträuchen gekrönte Böschung hinan und dachte dort, verborgen im Gebüsch, das mich völlig von der Umwelt trennte, an den Zarewitsch. Ich tat das dort und nirgendwo sonst. Dies allein war der Ort dafür. Lange Minuten hindurch hockte ich unbeweglich da und träumte von dem Kinde, dessen Gesicht ich deutlich vor mir zu sehen meinte. In einer Art Halluzination malte ich mir aus, wie ich weit fort von Saint-Valéry, fern der Schmiede Monsieur Tirards, die Hand des als Soldat gekleideten kleinen Jungen ergriff und zu ihm sprach. Ein unsagbares Glück überkam mich dann, aber es war ein Glück, unter das sich bald danach große Traurigkeit mischte. Ich wußte nicht, was ich wollte, stellte mir aber vor, daß diese Büsche, in denen ich mich versteckte, mich anderswohin entführten. Nach einer ganzen Weile erst fand der Traum ein Ende. Mit schwerem Herzen kehrte ich in unser Haus zurück, wo jedoch rings um mich her meine Schwestern lachten, schwatzten oder sangen und meine Schwermut sich schnell verlor.
Manchmal dehnten wir unsere Spaziergänge bis zur Mündung der Somme aus, von wo aus man mir in der Ferne die Wanderdünen zeigte. Ich hörte dann von dem Tod der Unvorsichtigen, die sich in jene Regionen gewagt hatten,

und ein keineswegs unangenehmer Schauder lief mir über den Rücken. Jemand sagte zu mir: »Wenn du je in den Treibsand gerätst, so denke daran, die Arme kreuzförmig auszustrecken; das ist die einzige Möglichkeit, mit dem Leben davonzukommen.«

Ich betrachtete die vielfarbigen Häuser am gegenüberliegenden Flußufer, es waren Fischerhäuser mit roten, schwarzen oder mandelgrünen Mauern. In Saint-Valéry sah ich erstmals das Meer. Es flößte mir sofort Grauen ein. Es kam mir vor, als stürzten alle diese Wellen auf mich zu, und ich erschauerte in meinem Schwimmanzug. Der Sommer 1912 wird noch lange in aller Gedächtnis als einer der schlechtesten fortleben, die es jemals gegeben hat. Es wurde beschlossen, ich solle schwimmen lernen, weil ich, so erklärten mir meine Schwestern, wenn ich jemals in einen Schiffbruch geriete, sehr zufrieden sein würde, auf diese Weise zu entkommen. Schon sah ich den besagten Schiffbruch vor mir, und mein Haß auf das Meer verdoppelte sich. Dennoch gehorchte ich – ich gehorchte immer. Ein junger Mann, den man stets am Strande sah, gewiß der Bademeister, wurde damit betraut, mir die Schwimmbewegungen beizubringen, und weil ich außer Atem kam, sobald ich ins eisige Wasser tauchte, hieß man mich einen Angsthasen. Wie dem auch sei, der junge Mann, der neben mir mit einer Zigarette im Munde im Wasser stand, faßte mich an einem Gürtel, den er mir um den Leib geschlungen hatte, und unterwies mich, was ich mit Armen und Beinen anzustellen hatte. Ich erinnere mich, daß er ein gestreiftes Schwimmtrikot trug und nackte Oberschenkel hatte, was mir ausgesprochen unrein erschien, doch hatte ich keine Muße, mich mit diesen Erwägungen lange aufzuhalten. ›Wenn er mich losläßt‹, dachte ich, ›muß ich ertrinken.‹ Und als ob er erraten hätte, was mir durch den Kopf ging, ließ er mich tatsächlich los, um seine Zigarette, die unaufhörlich ausging, wieder anzuzünden. Auf der

Stelle sank ich unter. Erst als die Zigarette brannte, fischte der junge Mann mich wieder heraus. In dieser harten Schule lernte ich nur ein neues Grauen zu allen denen kennen, von denen ich mir eine Sammlung angelegt zu haben schien. Als ich aus dem Wasser kam, zitterte ich so stark, daß die andern meinten, ich sei krank, worauf der Unterricht unterbrochen wurde.

Gegen Mitte August kamen unsere Eltern für ein paar Tage zu uns nach Saint-Valéry. Meine Mutter bekam das Zimmer, das ich bisher bewohnt hatte. Ich selbst schlief in einem kleinen Bauernhaus, das am Rande der Landstraße etwas weiter nach dem Hafen zu lag, von dem aus Wilhelm der Eroberer sich nach England eingeschifft hatte. Mein neues Zimmer war sehr bescheiden. Die Wände waren mit Kalk geweißt, ein Bett stand in einer Ecke. Das ist alles, was ich davon in Erinnerung behalten habe, außer daß es mir in seiner Schlichtheit und Weiße von faszinierender Schönheit schien. Beim Erwachen hatte ich den Eindruck, ich hätte in Schnee geschlafen und weilte in einer Region, die nicht von dieser Welt war. Das war der Grund, weshalb ich mich glücklich fühlte, doch es vergingen keine zwei Tage, als wir die Nachricht von einem Unglück erhielten. Ich sehe noch meine Mutter mit einem blauen Papier in der Hand auf der Landstraße stehen und höre, wie Anne zu ihr sagt: »Vielleicht hat dieser blöde Farley nur wieder mal einen seiner unheimlichen Scherze machen wollen. Du weißt doch, er ist verrückt.« Aber das Telegramm besagte ein für allemal: »Agnes ist tot.«

Am gleichen Abend noch reisten unsere Eltern ab. Ich wußte durchaus nicht, was ›tot‹ bedeutete, und die verstörte Miene meiner Mutter verwirrte mich sehr. Ich hatte keinen Platz mehr in dem von Tragik erfüllten Blickfeld meiner Mutter, sie sah mich einfach nicht, sie sah niemanden, und sie schwieg. Ich erinnere mich, daß sie in ihrem Schneiderkostüm in dieser Landschaft und überhaupt der ländlichen Umwelt ganz aus dem Rahmen fiel. Ihr weißes Spitzenjabot entzückte mich, doch über diesem Jabot von festlicher Weiße nahm ich ihre verkrampften Züge, den Schmerz wahr.

Wie aber war Agnes gestorben? Sie war schon durch zwei Anfälle gewarnt worden, aber am 12. August dieses Jahres hatte ein Gehirnschlag ihrem Leben ein Ende gemacht. Sie fand noch Zeit, zu ihrem Mann zu sagen: »Hole einen Priester!« Ich glaube, sie war sechsundvierzig Jahre alt. Am Nachmittag des folgenden Tages fand sie sich an der Tür einer Freundin ein, bei der sie zum Tee geladen war. [Diese Freundin, Bibbidie Leonard, war die Geliebte Oscar Wildes gewesen und galt als deutsche Spionin, aber vielleicht war das nur eine von jenen sensationellen Geschichten, die Agnes so gern erzählte.] Das Mädchen öffnet die Tür. Agnes bleibt auf der Schwelle stehen, sie tritt nicht ein. Die Dienerin sucht ihre Herrin auf: »Madame, Mrs. Farley wartet vor der Tür.« Miß Leonard geht selber nachsehen, aber da ist niemand, und noch am gleichen Abend erhält sie eine kurze Nachricht von Farley, der ihr den am Tag zuvor eingetretenen Tod ihrer Freundin mitteilt.

Meine Schwestern veranlaßten mich, einen kleinen Kondolenzbrief an den armen Farley zu senden, von dem ich eine schöne, mit einer Gänsefeder auf blauem Papier geschriebene Antwort erhielt [ich habe sie in einer Schublade aufbewahrt]: »Du bist ein ›very nice darling‹, daß Du mir geschrieben hast..., zu Weihnachten bekommst Du dafür auch ein großes Bilderbuch von der Art, wie Deine Patin sie Dir immer geschenkt hat... Mögest Du Gott lieben und ihm Ehre machen...« So verrückt er sich gab, war er doch nicht ohne Herz; meinen Vater freilich trieb er zur Verzweiflung. Ich erinnere mich, daß Papa eines Tages gegen zwei Uhr morgens aufstand, sich anzog und quer durch Paris eilte, um Farley um Verzeihung zu bitten, mit dem er eine äußerst heftige Diskussion über Wilhelm II. geführt hatte. Mein Vater hatte dabei Dinge gesagt, die er bitter bereute. »Warte doch bis morgen«, rief meine Mutter ihm nach. Doch nein, sein Gewissen plagte ihn. Er verließ das Haus und suchte nach einem Wagen ... Ich war tief beeindruckt von dieser Geschichte, die mir keineswegs komisch schien, vielmehr geheimnisvoll und schön. Mitten in der Nacht aufstehen, um jemand um Verzeihung zu bitten ..., das klang wie aus der Bibel.

Am Ende der Ferien fuhren wir wieder nach Hause, und ich kehrte ins Gymnasium zurück, wo ich nunmehr die Quinta besuchte. Ich äußerte mich nicht und schloß mich keiner Seele an. Man setzte mich leicht in Verwirrung, wenn man in meiner Gegenwart Worte aussprach, deren Sinn mir nicht klar war. Manchmal rotteten meine Kameraden sich zu mehreren, zu sechs oder sieben, zusammen, drängten mich in eine Ecke – ich sehe noch die Mauer aus dunkelroten Ziegelsteinen vor mir – und stemmten sich mit aller Macht gegen mich. Voller Abscheu verspürte ich ihren heißen Atem auf Wangen, Lidern und Mund, aber noch fast am Ersticken lächelte ich, da dies offenbar ein Spiel war, bei dem man lächeln mußte. Der Atem versagte mir. Jedesmal trat schließlich ein Aufseher auf den Plan und trieb die Jungen auseinander. Ich begriff nicht, weshalb dieses Spiel sie derart amüsierte. Andere ertrugen das gleiche Schicksal mit demselben Gleichmut.

Ich weiß nicht, wer im Jahre 1912 beschloß, meine Erziehung sei nicht männlich genug, es seien zu viele weibliche Wesen um mich herum. Statt jeder Antwort sahen meine Schwestern nur meine Mutter an und sagten zu ihr: »Er ist eben dein ›darling‹, du bist daran schuld!« Mama erklärte sich schließlich einverstanden. Ich sollte also zum Manne erzogen werden. Man hatte soeben in Frankreich nach

dem Muster der ›Boy Scouts‹, die Lord Baden-Powell in England aufgestellt hatte, eine Organisation gegründet, die man ›Eclaireurs‹ nannte.
Einzelheiten über alle diese Dinge sind mir entfallen, doch weiß ich, daß wir zu jener Zeit noch die Rue de la Pompe bewohnten. Eines Tages fand ich mich ganz in Khaki gekleidet, und ich habe noch heute den Geruch dieses rauhen, ›männlichen‹ Stoffes in der Nase – alles mußte damals um jeden Preis ›männlich‹ sein. Dazu kamen ein rotes Halstuch, ein Hemd in der erwähnten abscheulichen Farbe, eine kurze, doch nicht allzu kurze Hose, derbe Schuhe – das war die Uniform, zu der auch noch ein Hut mit gerader, breiter Krempe gehörte. Wenn es regnete, weichte diese Krempe auf, und die gloriose Kopfbedekkung nahm das trübselige Aussehen eines formlosen Schlapphutes an. Ich mußte ihn dann zu Hause trocknen lassen und das Mädchen bitten, die Krempe aufzubügeln. Der Vollständigkeit halber möchte ich noch ein schweres, sehr kompliziertes Messer erwähnen, das in der linken Tasche, sowie eine Axt, die auf der rechten Hüfte getragen wurde, schließlich einen sehr langen eisenbeschlagenen Stock, den ich schüchtern auf der Schulter trug, wie eine Hellebarde. Meine Mutter fand diesen Aufzug zum Lachen. Tatsächlich vertrug sich die seltsame Mischung aus Stolz und Sanftmut in mir mit dieser kriegerischen Gewandung ziemlich schlecht. In meiner Miene lag nichts von Angreifertum. Ich mußte mir daher sagen lassen, ich sehe wie ein Tier aus dem Wald aus. Auf alle Fälle fand ich mich auf irgendeiner Station der Metro bei meiner Einheit ein, und zwar Sonntag für Sonntag, einen tödlichen Sonntag nach dem anderen. Wir waren die ersten Scouts des Landes, und mein Staunen war grenzenlos, mich unter diesen Pionieren zu finden, denn ich hatte eine nur sehr verschwommene Vorstellung davon, was ich eigentlich bei diesen Buben sollte. Auf den Straßen betrachtete man uns

teils mit Neugier, teils nachsichtig lächelnd. An unserer Spitze marschierte voller Entschlossenheit ein großer, schöner junger Mann mit Namen Lannes. Den spöttischen Mienen der Passanten Trotz bietend rief er uns mit kraftvoller Stimme zu: »Pfadfinder, Achtung, im Gleichschritt! Links, rechts!« Sein energisches, regelmäßiges Gesicht ist mir in Erinnerung geblieben. Eine Art Lawine aus schwarzen Locken fiel ihm in die Stirn, sobald er den Hut ablegte. Ich glaube, wir waren, ohne es zu wissen, alle in ihn verliebt. Er sprach oft mit mir, zwar immer in etwas rauhem Ton, aber ohne Bosheit, bald auf französisch, bald in perfektem Englisch, da er ein halber Engländer war. Von allen seinen Reden habe ich fast nichts behalten, außer daß er behauptete, alle Menschen seien Brüder und die Rivalität zwischen den Nationen gehöre einem abgelaufenen Zeitalter an. »Es ist sehr gut, wenn man aus dem Süden ist«, sagte er zu mir [ich hatte kein Hehl aus meiner Herkunft gemacht], »aber ebensogut ist, aus dem Norden zu sein.« Ich sah ihn schweigend an und dachte bei mir: ›Nein!‹ – »Du hast gehört, Green?« – »Ja, ich habe gehört.« Das war alles, was er aus mir herauszubringen vermochte.
Eines Abends befanden wir uns [ich weiß nicht mehr wieso und weshalb; wenn je ein ›Eclaireur‹ nötig hatte, aufgeklärt zu werden, so war ich es] in den Schluchten von Franchard in der Nähe von Fontainebleau. Das Zelt wurde auseinandergerollt und in die Erde gerammt, und nach einem Zeremoniell, bei dem Feuer und Gesang eine Rolle spielten, schlüpften wir unter unsere Decken. Im Morgengrauen erwachte ich und bewunderte starr vor Staunen das mit Tau beladene Gras. Von allem übrigen weiß ich nichts mehr. Wie zerschlagen kam ich nach Hause zurück. Alle fragten mich aus. Ich gab konfuse Auskunft. »Vage, vage, alles äußerst vage«, murmelte Papa.
Ein anderes Mal wurden wir in den Wald von Saint-Cucufa geführt [ich wagte diesen Namen nicht zu nennen,

sondern fingierte lieber eine Gedächtnislücke, als mein Vater mich fragte, wohin wir gegangen seien. »In den Wald, Papa«]. Eine Erinnerung taucht noch in mir auf, die denkwürdiger als alle anderen ist. Wir marschierten tief in den Wäldern mit dem Hellebardenstock über der Schulter auf einem prachtvollen breiten Weg zwischen Bäumen einher und hatten die Erlaubnis, miteinander zu sprechen. Es ergab sich, daß ich der letzte war, nicht weil ich es so wollte, sondern weil ein Junge mit Namen Muselli mich veranlaßt hatte, etwas zurückzubleiben, und halblaut auf mich einredete. Er hatte das hübscheste Gesicht, das man sich vorstellen kann, mit großen dunklen Augen und einem engelhaften Ausdruck, der mich zu ihm hinzog. Ich liebte ihn ganz einfach, ohne mir darüber klar zu sein, und zwar liebte ich ihn nicht nur, weil er besonders schön war, sondern weil er der eigenartigen Idee entsprach, die ich mir von der Reinheit machte. Ebenso entzückte mich auch der sanfte Tonfall, in dem er zu mir sprach, während die anderen Jungen alle höchst männlich röhrten oder dröhnend lachten. Einen Augenblick lang berührte seine Hand die meine, und ich warf ihm einen Blick zu, in den ich die ganze Zärtlichkeit legte, von der mein Herz erfüllt war, denn ich liebte die Liebe. Da aber drangen aus diesem makellosen Mund derart rohe Worte hervor, wie ich sie in meinem Leben noch niemals vernommen hatte. Es handelte sich dabei um eine naive Aufforderung zur Lust, von der ich kein einziges Wort verstand, die sich aber für immer in mein Gedächtnis eingrub. Angesichts meines starren Staunens ließ Muselli seine Hand sinken, und wir beeilten uns, wieder zu den anderen zu stoßen. Was mich heute noch überrascht, ist, daß ich nur eine sehr unbestimmte Vorstellung davon hatte, was er mit mir vorhatte, doch seine merkwürdig groben Worte trafen mich mit aller Heftigkeit. ›Unrein‹, dachte ich, ›er ist unrein!‹ Ich wußte dabei nicht, was ›unrein‹ eigentlich besagte.

Zu jenem Zeitpunkt etwa kehrte meine Schwester Eleonore mit ihrem Mann aus Afrika zurück. Ihn hatte eine jener Kolonialkrankheiten ereilt, deren Ursache immer ein wenig geheimnisvoll bleibt. Es war von einem Insektenstich die Rede. Er und seine Frau mieteten, um in unserer Nähe zu leben, eine Wohnung an der Ecke der Rue de la Pompe und der Avenue Henri-Martin. Muß ich erst daran erinnern, daß man in jener Zeit sich sein Stadtviertel, seine Straße und sein Haus noch aussuchen konnte und daß das eine Angelegenheit von nur wenigen Stunden war?
Ich erinnere mich an meinen Schwager, wie er auf dem Salonsofa lag, von dem aus man die Kastanienbäume der Avenue draußen sah. Er war ein schöner junger Mann mit regelmäßigen Zügen und Augen von kräftigem Blau, die an das Meer erinnerten. Sein Akzent, seine Manieren und sogar der Schnitt seiner Kleidungsstücke wiesen ihn für meine Begriffe als einen Mann englischer Rasse aus. In Wirklichkeit waren seine Sympathien für die Engländer nur gering; seine Familie war in Cornwall ansässig gewesen. Er war zugleich sehr höflich und sehr spottlustig, und ich sah ihn niemals ohne leichte Beunruhigung, denn ich konnte sicher sein, er werde jeden Augenblick mit sanfter Stimme die Art nachahmen, wie ich gewisse englische Worte aussprach. Oft aber sah er mich schweigsam an und lächelte mit amüsierter, grausamer Miene. Das Britische in ihm richtete zwischen ihm und dem Rest der Menschheit unübersehbare Schranken auf. Er sagte das zwar nicht, doch erriet ich es vage und zog deshalb vor, nicht mit ihm allein und damit jener gewissen stummen Heiterkeit ausgesetzt zu sein, die ich bei diesem Mann hervorzurufen schien. Eines Tages winkte er mich mit dem Zeigefinger zu sich heran und sagte, nachdem er mich sehr aufmerksam gemustert hatte, mit ernster Stimme zu mir: »Du bist ja wohl der häßlichste Junge, den je zu sehen mir vergönnt gewesen ist.« Ich ließ schweigend und tief niedergeschlagen

den mitleidlosen Blick dieser ultramarinblauen Augen über mich ergehen und verzog mich, ohne eine Erklärung abzuwarten, aus dem Salon.
Ich brauchte lange Jahre, um zu begreifen, daß er diese Worte in der Hoffnung ausgesprochen hatte, mich vor einer Eitelkeit zu bewahren, die mich zu jenem Zeitpunkt freilich keineswegs bedrohte, denn ich hatte damals überhaupt keine Meinung über mein Gesicht, doch die unmenschliche Bemerkung wirkte in mir nach und machte mich noch schüchterner, als ich es von Natur aus schon war. Ich sah in meinem marineblauen Trikot so schmächtig aus, daß mein Schwager mich das ›Würmchen‹ nannte [da er ja um jeden Preis meinen Hochmut dämpfen wollte, doch von dieser Art Hochmut wurde ich gar nicht geplagt; in dieser Hinsicht gab er sich einem Irrtum hin], und wenn ich meine Polomütze aufgesetzt hatte, erklärte er mir mit dem Lächeln eines höflichen Folterknechtes, ich sehe aus wie ein Fräulein. Darunter litt ich am meisten, doch was sollte ich dem entgegenhalten? Ich errötete nur. Noch verwirrender war für mich die Zuneigung meiner Mutter für Kennie [so wurde er genannt]. Wie konnte er unrecht haben, da sie ihn so sehr liebte? Ich lächelte also diesem Manne zu, vor dem ich innerlich erbebte, aber etwas in mir schwand dahin unter seinem Blick wie ein Blatt, das man an eine Flamme hält. Ich verlor allen Mut.
Doch mit welcher Freude entrann ich ihm, um im hinteren Teil der Wohnung zu seinem Sohn zu eilen! Für meinen Neffen Patrick schwärmte ich geradezu. Er war zwei Jahre alt und ich zwölf. Man nannte ihn wegen seines heiteren Lächelns den kleinen Gnom. Ich drückte ihn so heftig an mich, daß er fast erstickte, er aber lachte nur und rief mir unverständliche Dinge zu. Ich glaube, mich zu erinnern, daß ich Stunden um Stunden mit ihm in dem kleinen dunklen Zimmer verbrachte, das auf den Hof hinaus ging. Sein Kindermädchen führte ihn täglich in den Bois, wenig-

stens behauptete sie es. Eleonore hatte da ihre Zweifel. Eines Tages nämlich kam Patrick nach Hause und rief ihr unter lebhaftem Armeschwenken zu: »Ich darf nichts von Metro sagen!«

Im Gymnasium, im Hof der ›Großen‹, in den ich mich manchmal wagte, sah ich eines Tages eine Kreideschrift auf dem Pflaster eines Arkadenganges: ›Hoch die drei Jahre!‹* Ringsum aber standen die Großen, junge Herren, die wir ›Mittleren‹ von weitem bewunderten; sie pfiffen laut und machten: »Hu, hu!« Ich verstand von allem nichts, aber was verstand ich schon überhaupt? Mir scheint, daß damals die ganze Welt vor mir lag wie ein Rebus.

In jenem Jahr keimte im Geiste meines Schwagers eine Idee, die meinen Schwestern nur bedingt annehmbar, meiner Mutter hingegen sehr verlockend erschien: Wir sollten die Rue de la Pompe verlassen und alle zusammen nach draußen in einen der Vororte ziehen. In Le Vésinet fand sich eine Villa, reizlos, aber geräumig, ganz oben an der Avenue de la Princesse. Sie war von einem großen Garten umgeben, der auf der einen Seite an diese Avenue, im übrigen an den Boulevard Carnot und ein Stück der Avenue Scribe angrenzte. Prächtige Bäume, die Reste eines großen Waldes, warfen ihre Schatten auf die Rasenflächen. Eine ganze Seite des Hauses ging auf einen See, dessen Anblick mich entzückte. Sicherlich fehlte es auch nicht an Unzulänglichkeiten. Zum Beispiel kostete es viel Zeit, sich nach Paris zu begeben. Auf diesen Punkt komme ich noch zurück. Mein Schwager rühmte die gesunde Luft, zudem schien ein Leben auf dem Lande bei ihm irgendei-

---

* ›Vive les trois ans‹, patriotische Parole zur Wiederherstellung der von drei auf zwei Jahre heruntergesetzten Wehrpflicht, die im August 1913 auch beschlossen wurde. (AM/CK)

nem Traum oder gewissen Erinnerungen zu entsprechen, und meiner Mutter war nichts lieber, als alle Dinge mit seinen Augen zu sehen, obwohl sie selbst das Land gar nicht so sehr liebte. Ich möchte noch hinzufügen, daß er als Leidender ein Recht auf gewisse Rücksichten hatte. Auf alle Fälle war er selbst dieser Meinung. Zudem wußte er die Aufmerksamkeit meiner Eltern auf die Tatsache zu lenken, daß wir, wenn wir zusammen lebten, notwendigerweise Ersparnisse machen würden. Mein Vater ließ sich überzeugen, vermutlich aus Müdigkeit, vor allem aber, weil er sah, daß meine Mutter für diesen anfechtbaren Plan vollkommen gewonnen war.

Wie dem auch sei, zu Beginn des Jahres 1913 waren wir dort bereits installiert. Ich glaube, es war im Frühling. Es war beschlossen worden, ich solle weiterhin das Gymnasium besuchen, und damit setzten kleine Komplikationen ein, denn Morgen für Morgen mußte Mama mich zu sehr früher Stunde wecken und mir das Frühstück bereiten. Um Viertel vor sechs stand sie mit einer brennenden Kerze in der Hand an meinem Bett und rief mich mit leiser Stimme an. Ich tat, als höre ich nicht, sah aber zwischen den Lidern die Kerzenflamme wie ein Sternchen glitzern. »Du mußt aufstehen«, wiederholte sie mit leiser, sanfter Stimme. »Get up, my little boy.« Um des Vergnügens willen, diese Worte noch einmal von ihr zu hören, zögerte ich einen weiteren kurzen Augenblick, dann aber flüsterte ich ihr mit Verschwörerstimme zu: »Guten Morgen, Mama!« Ich fühlte, daß sie mich noch mehr liebte als zuvor, aber sie sah, daß ich allmählich heranwuchs, und aus mir damals völlig verborgenen Gründen zitterte sie für mich vor irgendwelchen Gefahren. Mit ernster, aufmerksamer Miene sah sie mir zu, wie ich im Eßzimmer an einer Tischecke meinen Morgentee trank. Das Haus lag noch im Schlaf. Plötzlich sagte dann meine Mutter zu mir: »Wenn dich je auf der Straße jemand anspricht, gib ihm keine

Antwort!« Ich schüttelte den Kopf, doch kam mir diese Bemerkung ziemlich sinnlos vor. Dennoch hatte sie einen bedeutsamen Sinn, wie man sehen wird. In der Stille dieser Halb-sieben-Uhr-Morgenstunde sagte meine Mutter auch noch: »Ich möchte nicht, daß die Jungen im Gymnasium dir häßliche Dinge beibringen.« Ich hob den Blick zu ihr und fragte sie, was sie damit meine. Sie sah mich daraufhin lange an, las in meinem Blick eine tiefe Unkenntnis alles dessen, was sie für mich fürchtete, und erklärte endlich: »Schon gut, mein Junge, denke nur daran, daß Gott dich immer sieht!« Nachdem ich mein Frühstück beendet hatte, küßte ich meine Mutter etwas schweren Herzens und verließ das Haus. Mit großen Schritten eilte ich die Avenue de la Princesse entlang dem Bahnhof zu. Eine Stunde später etwa hatte ich Saint-Lazare erreicht, wo, wie ich vermute, mein guter Engel über mich wachte [eines Tages freilich muß er wohl ein wenig zerstreut gewesen sein] und nahm dann die Ringbahn bis zur Avenue Henri-Martin. Diese ganze Fahrt machte ich allein und gerade das erschreckte meine Mutter.

Etwas später schenkte eines unserer Mädchen mir ein kleines Taschenmesser mit einem grob bemalten Holzgriff. Ich mußte es ihr wiedergeben und ihr [auf Anordnung meiner Mutter] sagen, daß ich ihr zwar danke, doch keine Geschenke annehmen dürfe. Die beleidigte Miene des armen Mädchens ist mir in Erinnerung geblieben, doch später begriff ich die Gründe, die meine Mutter bestimmten.

Im Gymnasium war ich noch auf den sogenannten Hof der ›Mittleren‹ beschränkt, aber jedes Jahr rückte mich näher an den Hof der ›Großen‹ heran. Eine Minute vor jeder neuen Stunde gab der Hausmeister in blauer Schürze, mit langem Schnauzbart wie ein alter Soldat und einer großen Trommel vor dem Bauch, bewundernswert präzis mit den Schlegeln sein Signal. Dieser kriegerische Klang gefiel mir

und störte mich zugleich. Ich fand ihn roh und grandios, doch gelang es mir nicht, ihm in der Welt der Dinge, die ich liebte, einen Platz einzuräumen. Er erinnerte an heroische Taten, an Schlachtengetümmel, aber er war nicht Musik und brach zudem jeweils so plötzlich ab, daß ich zusammenfuhr. Der letzte Trommelwirbel ließ hinter sich eine Leere, die mir wie ein Abgrund erschien.
Ich war Externer, aber ein ›beaufsichtigter Externer‹ [wenig beaufsichtigt freilich, glaube ich], was bedeutete, daß ich, ohne in der Schule zu schlafen, mit den Internatszöglingen in ihrer marineblauen Uniform die Mittagsmahlzeit im Refektorium einnahm und um fünf Uhr – dies war eine Sondererlaubnis – den Studiensaal verließ, um den Zug zur Heimfahrt zu erreichen. Im Refektorium benahm mir die Trauer darüber, daß ich mich so weit von zu Hause wußte, den Appetit, so daß ich die Gerichte, die uns in Aluminiumnäpfen vorgesetzt wurden, kaum anzurühren pflegte. Der Saal war hoch und finster, und der Lärm ringsum wirkte verwirrend auf mich. Durch Zufall hatte ich meinen Platz vis-à-vis von zwei Brüdern, Georges und Boni de Castellane, welch letzteren ich in stummer Bewunderung und mit starren Blicken betrachtete, ohne mir dessen bewußt zu sein. Er trug wie ich das Haar bürstenförmig gestutzt, doch während das meine braun war, hatte seines einen goldenen Ton. Seiner ganzen Person haftete etwas Energisches und Stolzes an, das mich faszinierte. Inmitten des Lärms der Stimmen, des Lachens und der auf den Marmortischen klappernden Metallschüsseln saß ich wie erstarrt ihm gegenüber, wie vor einem Schauspiel, dessen Sinn mir entging, das jedoch meine Aufmerksamkeit ganz und gar fesselte. Eines Tages stieg er am Ende der Mahlzeit über die Bank, ging dicht an mir vorbei und sagte dabei: »Du bist mir aber ein Stiller.« Ich gab keine Antwort, doch mein Herz zog sich heftig zusammen. Ich empfand beim Anblick dieses Jungen eine sonderbare

Freude, unter die sich aber gleich darauf das Gift unbeschreiblicher Schwermut mischte; dennoch dachte ich an ihn nur, wenn ich ihn gerade sah.

Dieses Jahr 1913 muß große Bedeutung für mich gehabt haben, doch es gelingt mir nicht, es klar von dem vorhergehenden und den ersten Monaten des folgenden zu unterscheiden, wenigstens, soweit es sich um jene kleinen seelischen Erlebnisse handelt, auf die ich meine Aufmerksamkeit vor allem richten will. Man wird mir sagen, daß das nicht wichtig ist, und ich wäre nur zu bereit, es zu glauben, wenn ich mich nicht gedrängt fühlte, um klarzusehen, in die Dinge tiefer einzudringen.

Ich hatte gute Noten nur in Französisch und in Geschichte. Eines Tages stellte uns Monsieur Mougeot für unseren französischen Aufsatz das Thema ›Unser Heim‹. »Was bedeutet dieses Wort in euren Augen?« So lautete die Frage, die sich daran knüpfte. Für mich war unser Heim die Villa du Lac mit meiner Mutter unter den Bäumen an einem schönen Frühlingsmorgen. So ganz hinten in der Klasse, überfiel mich die Lust, hemmungslos zu weinen, denn das alles lebte da draußen, und ich war hier, in diesem langweiligen Klassenzimmer, mit diesen Jungen, denen ich nichts zu sagen hatte und die mich wegen meiner unsäglichen Unschuld dämlich fanden. In dieser Stimmung brachte ich eine Arbeit zustande, die die beste Note erhielt, während ich gemeinhin von dem großen Jungen ausgestochen wurde, der mir seinerzeit unter Schnüffeln das Geheimnis meiner Geburt offenbart hatte. Als meine Mutter von meinem kleinen Sieg erfuhr, nahm sie mir den Aufsatz aus den Händen und hieß mich tiefgerührt [sie konnte nur schlecht ihre Gefühle verbergen] an ihrem Schreibtisch niedersitzen. »Du schreibst jetzt diese Arbeit ab, und dann schicke ich sie deinem Bruder Charles.« Ich weiß nicht, weshalb diese Aufgabe mich mit Grauen erfüllte. Die Vögel sangen im Garten, ich aber mußte ›Unser Heim‹ abschreiben. »Der Geschmack des Lorbeers ist bitter, wie Sie sehen werden«, sagte eines Tages André Gide zu mir. Ich kann nicht behaupten, daß ich in meinem Leben viel Lorbeer gekostet habe, doch an jenem Tage bekam ich den Vorgeschmack von diesem weit überschätzten Blattgewächs. Ich lernte Langeweile kennen, wie ich sie nie gekannt hatte. Weshalb? Es ist mir nicht recht klar, außer, daß mir wegen einer guten Note eine Stunde Freizeit gestohlen wurde. Zudem lebte mein Bruder Charles, den gesehen zu haben ich mich kaum erinnerte, so weit fort von uns in Amerika ... Ein andermal war ›Die Turmuhr‹ dran, die ich ebenfalls mit an Verzweiflung grenzenden Gefühlen nochmals abschreiben mußte. Ich lernte aus diesen Erlebnissen, mich bescheidener aufzuführen und die Bewohner der Villa du Lac nicht mehr davon in Kenntnis zu setzen, daß ich im Unterricht des Herrn Mougeot meine Mitschüler hinter mir gelassen hatte.

Der Winter führte eine Art Tragikomödie herauf, deren Geheimnis ich lange Jahre hindurch für mich behalten habe. Mein Schwager Kenneth, der sich immer so elegant, so überaus ›british‹ gerierte, besaß einen schwarzen Überzieher, dessen Kragen – ich werde es nie vergessen – aus Persianer bestand. Wie dick und glänzend wirkte dieses edle Pelzwerk! Nur die Wange daran zu lehnen verschaffte mir bereits ein sonderbares Glücksgefühl, denn die kleinen, dichten, schwarzen Locken fühlten sich nicht nur angenehm an, sondern sie rochen auch gut. Was ging wohl im Hirn des guten Mannes vor? Hatte er gesehen, wie ich den Pelzkragen streichelte? Eines Tages erklärte er meiner Mutter, der Mantel gefalle ihm nicht mehr, doch könne man gewiß, wenn man ihn kürze, daraus ein passendes Kleidungsstück für mich machen, und natürlich müsse der Kragen erhalten bleiben. Im Winter bei großer Kälte würde ich sicher glücklich darüber sein, wie trefflich dieser gute Pelz einem die Ohren wärmte. Meine Mutter, deren Vorstellungen von Kleidung, was mich betraf, manchmal sonderbar waren [oh! welche Qual für ein Kind, nicht angezogen zu sein wie alle anderen!], fand, ihr Schwiegersohn habe wie immer recht, und ich wurde zu einem Schneider geführt.

Ein paar Tage darauf begab ich mich, auf dem Arm den Überzieher, den ich sorgfältig so gefaltet hatte, daß der Impresariokragen ganz im Innern verschwand, ins Gymnasium. Es war kalt, doch mir machte das nichts aus. Ich klapperte lieber an allen Gliedern, als daß ich mich lächerlich machte, denn ich schämte mich tödlich wegen dieses Pelzkragens, und vom Bahnhof der Avenue Henri-Martin bis zu den Pforten des Gymnasiums konnte man mich immer nur mit dem Mantel über dem Arm einherkommen sehen, ganz als sei mir zu warm. Ich fürchtete besonders das Auge des kleinen Bernstein, der immer so elegant war – richtig elegant, wie es sich gehörte – und der mich ohnehin wegen meines ewigen marineblauen Trikots verachtete, der in den Augen dieses kleinen Reichen ein Armeleutekleidungsstück war. Was hätte er wohl von dieser riesigen, pompösen schwarzen Masse, in der mein Kopf fast verschwand, sobald ich sicher war, von niemand gesehen zu werden, gehalten und was dazu gesagt? Denn es gab schließlich doch beglückende Augenblicke, in denen ich meinen Schwager segnete, vor allen Dingen auf dem Wege vom Bahnhof von le Vésinet bis zur Villa du Lac, das heißt die ganze Avenue de la Princesse entlang, die ich in der eisigen Abendkälte zu erklimmen hatte. Dann wendete ich das Kinn von einer Seite zur anderen, um die schmeichelnde Weiche der kleinen schwarzen Löckchen an meinen Ohren zu spüren, doch im Gymnasium schlotterte ich. Ich hängte den Überzieher an einen Haken in einer dunklen Ecke des Studiensaals, nachdem ich ihn zuvor so umgedreht hatte, daß das luxuriöse Schrecknis, das niemand sehen sollte, im Innern verschwand. Tatsächlich hatte ich Glück, denn im Gymnasium hat es niemals jemand bemerkt.

Eines Tages – es muß wohl im Frühling gewesen sein, denn ich trug nicht mehr den schrecklichen Überzieher – forderte meine Mutter mich auf, sie ins Dorf zu begleiten, wie sie Le Vésinet zu bezeichnen pflegte. Es war für mich jedesmal ein Fest, mit ihr auszugehen. Ich frage mich, wovon wir sprachen oder vielmehr wovon ich wohl zu ihr redete, denn, wie immer in ihre Gedanken vertieft, hörte sie kaum, was ich zu sagen hatte, und warf nur dann und wann mit zerstreuter Miene ein »Ah« hin, doch hatte sie auch Augenblicke unerwarteter Aufmerksamkeit und richtete dann das Wort mit einem Ernst an mich, der mich tief berührte. Wie schade, daß ich nicht behalten habe, was sie mir damals sagte! Doch nein, kein Wort kommt mir ins Gedächtnis zurück, und ich bringe es nicht über mich, sie ›sprechen‹ zu lassen. Je mehr ich darüber nachdenke, desto kleiner erscheint mir die Zahl der Bemerkungen, an die ich mich erinnere. Was sie mir sagen wollte, gab sie mir oft auf andere Weise als durch Worte zu verstehen. Seit dem Tod meiner Patin war sie noch nachdenklicher und schweigsamer geworden.
An dem bewußten Tage nun – es war ein Donnerstag – führte sie mich zu der katholischen Kirche von Le Vésinet, einer ziemlich banalen Kirche, so schien es mir, die aussah wie eine Kinderzeichnung. Dort nun stehen wir alle beide, Mama und ich, im Kirchenschiff, genau dem Hauptaltar gegenüber. Eine lange Weile wirkt meine Mutter wie erstarrt; ich frage mich, woran sie denkt und weshalb wir da sind, aber ich rühre mich nicht und halte fest ihre Hand in der meinen. Offenbar sind wir beide in der Kirche ganz allein. Verstohlen blicke ich mich um, verschüchtert durch das tiefe Schweigen und erst recht durch die Reglosigkeit

meiner Mutter. Sie sagt kein Wort, ihre Lippen bewegen sich nicht, sie schaut nur einfach geradeaus. So stellte sich mir dieser Vorgang dar, den ich mit großer Bestimmtheit als wahr berichte, aus dem ich jedoch keinen Schluß ziehen kann.

Jahre nach ihrem Tod erfuhr ich in Paris, daß sie dort die Nonnen in der Rue Cortambert besucht hatte, bei denen unsere Freundin Roselys, ›die Amerikanerin‹, als Novizin lebte. Die eine Nonne hat mir viele Male versichert, meine Mutter habe ihr gesagt, sie bedauere, nicht als Katholikin geboren zu sein, und es ist gewiß, daß sie mindestens ein Gespräch über Religion mit einem Priester geführt hat, der damals der Beichtvater der Klosterinsassinnen war, doch starb sie als Protestantin.

Da ich schon von diesen Dingen spreche, scheint es mir angezeigt zu sagen, daß sie von 1913 an völlig darauf verzichtet zu haben schien, sich um meine religiöse Unterweisung zu bemühen, wie sie es bei allen meinen Schwestern getan hatte. Vom protestantischen Katechismus lernte ich nur die ersten Artikel auswendig, dann wurde das Buch zugeklappt, und zwar für alle Zeiten. Die tägliche Bibellesung indessen wurde nie aufgegeben. Was mir nachträglich am meisten auffällt, ist, daß, als ich dreizehn Jahre alt war, nie auch nur ein einziges Mal von Konfirmation die Rede war. Man hätte meinen können – oder täusche ich mich? –, daß meine Mutter sich nicht mehr für befugt hielt, mir die Erbschaft des Protestantismus zu hinterlassen, der ihr so sehr am Herzen gelegen hatte. Sie konnte einzig noch vom Evangelium sprechen.

Dieser Frühling 1913 ist mir als eine der berauschendsten Perioden meines Lebens im Gedächtnis geblieben. Wenn ich nach Hause kam, war es noch hell, und eine panische Freude bemächtigte sich meiner beim Anblick der Landschaft, die über und über zu grünen begann. An den

Donnerstagnachmittagen* wälzte ich mich in einer Art von schweigendem Delirium auf den Rasenflächen des Gartens; etwas ergriff mich im Innersten, und ich lachte, das Gesicht fest ins Gras gepreßt, ganz für mich allein. Ich wußte nicht, wohin vor lauter Glück. Ich ging dem auch nicht weiter nach, ich fragte mich nicht, weshalb ich glücklich war, sondern erlebte nur, wie mein ganzes Wesen einer unbekannten Macht erlag. Auf dem Rücken liegend, betrachtete ich den Himmel hinter den Millionen blaßgrüner Blättchen, durch die der Lichtschein drang. Ich kam mir vor, als sei ich nicht mehr ich selbst, sondern alles, was ich sah. Ich war die Luft, der Raum.

Eine recht lächerliche Naivität vermischte sich mit dieser Art von Ekstase. Auf irgendeine Weise war mir ein Band mit den Theaterstücken von Labiche in die Hände gekommen, und da ich alles las, verschlang ich auch drei Lustspiele, von denen ich wohl nicht sehr viel verstand. In einem von ihnen jedoch kam eine junge Frau mit Namen Prunette vor, in die mehrere Männer verliebt waren, woraufhin auch ich mich in sie verliebte. Mit in den Armen verborgenem Kopf lag ich auf dem Rasen hingestreckt und sprach unaufhörlich den Namen Prunette mit aller leidenschaftlichen Heftigkeit, deren ich fähig war, vor mich hin. Ich wollte irgend jemand oder irgend etwas lieben, ich hätte ein Tier mit dem gleichen törichten Überschwang geliebt, und da ich nicht wußte, zu welchen Gebärden ich meine Zuflucht nehmen sollte, preßte ich diesen kleinen weißen Band der Sammlung Nelson zärtlich an meine Wangen.

Muß ich sagen, daß niemand etwas von allen diesen Stimmungen wußte? Ich war nicht verschwiegen, aber stumm, und wem hätte ich diese Dinge auch anvertrauen sollen? Die jüngste meiner Schwestern, Lucy, war fünf Jahre älter

---

* In der schulischen Ganztagswoche blieb der Donnerstag unterrichtsfrei, neuerdings ist es der Mittwoch. (AM/CK)

als ich. Meine Mutter fand mich sehr brav. Einzig meine Schwester Mary ließ dann und wann den Blick ihrer großen schwarzen Augen auf mir ruhen, der manchmal ganz plötzlich aufmerksam wurde, während sie gewöhnlich fortwährend Ablenkungen ausgeliefert war. Ich weiß nicht weshalb, doch auf alle Fälle beobachtete sie mich insgeheim.

Mein Zimmer lag im obersten Stock. Zum erstenmal hatte ich eines für mich allein. Es war groß und durch ein kleines Fenster, von dem aus ich den See zwischen den Bäumen des Gartens und der Allee erblicken konnte, nur mangelhaft erhellt. Die Aussicht jedoch entzückte mich durch ihre Unbeweglichkeit und ihren etwas schwermütigen Charakter. Sie erschien mir schön wie ein Bahnhofsplakat. Auf dem Bahnhof von Le Vésinet nämlich befand sich eines, das eine Herbstlandschaft darstellte, auf der ein von goldenen Bäumen eingefaßter Teich zu sehen war. Aus Gründen, über die ich mir nicht im klaren bin, stimmte dieses Bild mich traurig, jedoch auf angenehme Art. Dasselbe Gefühl ergriff mich, wenn ich aus dem Fenster meines Zimmers blickte; ich sang dann für mich allein Melodien, die ich selbst erfand und in Gedanken an einen melancholischen See richtete, in dem sich die Wolken spiegelten.

Dieses Zimmer war für mich ein kleines Königreich, in dem ich mich damit unterhielt, mir selbst Geschichten zu erzählen. Niemand störte mich. Abends begab ich mich mit einer Lampe in der Hand hinauf, nachdem ich den andern allen einen Gutenachtkuß gegeben hatte: »Lies nicht mehr zu lange«, sagte jedesmal Mama in eher abwesendem Ton zu mir. Sie spielte gerade mit meinem Vater Tricktrack, und ihre Gedanken waren anderweitig beschäftigt. Und zudem: Was hieß schon ›zu lange‹? Ich stellte meine Lampe auf den Tisch am Kopfende meines Bettes, kleidete mich aus und glitt nach dem Abendgebet unter meine Decken. Dann schlug ich einen der Bände auf, nach denen ich ganz verrückt war. Es waren drei an der Zahl: ›Les Misérables‹ [das viele für mich dunkle Stellen enthielt], ›Notre-Dame de Paris‹ [für dieses Buch galt dasselbe, aber ich las nun einmal, wie ein Trinker Kognak schlürft], und endlich noch eine illustrierte Ausgabe der ›Mystères de Paris‹, die ich mir von Sidonie ausgeliehen hatte. Dieses letzte Buch entzückte mich ganz besonders. Ich erinnere mich, daß ich an den unerträglichsten dramatischen Stellen meine Spucke verschluckte und daß ich die Illustrationen mit weit aufgerissenen Augen betrachtete. Es gab darunter eine, auf der man ein kleines Mädchen sah, das mit Entsetzen einen menschlichen Fuß erblickte, der aus der Erde ragt. Ein lustvolles Grauen bewog mich alsdann, meinen Blick rundum schweifen zu lassen, aber alles wirkte so friedvoll in diesem ländlichen Zimmer: der große Schrank, in dem Mama die Wäsche des Haushalts verwahrte, das Tischchen, an dem ich schrieb, ein anderes, auf dem das Waschgeschirr stand – von allem strömte nur Ruhe auf mich ein. Ich fuhr in meiner Lektüre fort. Der furchtbare Schulmeister, Le Chourineur, La Chouette, die ›Tapis-francs des Champs-Elysées‹, die Prinzessin Sarah, Prinz Rudolf, Fleur-de-Marie, die Torturen [ich las diese Stellen mehrmals hintereinander aus Angst, auch nur ein einziges Wort davon zu verlieren], die Racheakte ... Plötzlich klopfte jemand an meine Tür, und das Buch entglitt meinen Händen. »Was treibst du denn da?« fragte Marys Stimme. »Wirst du wohl gleich das Licht ausmachen! Es ist schon halb elf!« Ich blies meine Lampe aus und zog die Decke über meine Ohren wegen der Gespenster, die sich rings um mein Bett ergehen mochten, doch ich fand kaum Zeit, mich noch länger zu fürchten. Knapp eine Minute darauf schlief ich.

Ich zeichnete viel in jener Zeit, aber alle meine Zeichnungen waren vorzeigbar. Die Lust zu der anderen Sorte war mir vergangen, seitdem der kleine Bernstein uns das gezeigt hatte, was man nach allgemeiner Übereinkunft als die Schamregionen des menschlichen Wesens bezeichnet. Man hätte meinen können, daß dieses an sich unbedeutende Ereignis für mich die Ära dunklen Verlangens gerade in dem Moment abgeschlossen hätte, in dem ich die Kindheit verließ, um ein Jüngling zu werden. Man müßte diese Dinge, die ich nur mangelhaft verstehe, erklären können, doch kann ich nur sagen, was war. Mit dreizehn Jahren war ich weit unschuldiger als mit zehn oder acht, das heißt zu dem Zeitpunkt, da die ›Unglücksboten‹ ein so tödliches Begehren in mir weckten.

Von allen Zeichnungen, die ich im Jahre 1913 verfertigt habe, besitze ich nur noch die Darstellung einer militärischen Szene, bei der man Wilhelm II. sieht, wie er die Parade eines Regiments von Pickelhauben abnimmt. Das verträgt sich überaus schlecht mit den Lehren des Deutschenhassers Monsieur Mougeot, doch ich vermute, daß diese gewissenhaft, wenn auch ungeschickt ausgeführte Zeichnung sich aus dem Mithören von Gesprächen ergab, in denen mit Bewunderung von diesem verkannten Monarchen die Rede war. Wie dem auch sei, meine Mutter beschloß angesichts meiner Neigung für die schönen Künste, mir einen Lehrer zu geben. Ein gewisser Monsieur Tisserand erschien eines Tages im Garten von le Vésinet. Er war ein graubärtiger Zwerg, der sich sehr aufrecht hielt und vorsichtig, auf einen Spazierstock aus Mahagoni mit silbernem Knauf gestützt, einherschritt. Sein Künstlerhut und seine äußerst würdevollen Manieren riefen hemmungslose Heiterkeit bei meinen Schwestern hervor. Ich weiß nicht, wo Mama ihn aufgetrieben hatte; jedenfalls war er arm, und sie wollte ihm helfen. Was sie nicht wußte, war, daß sie sich auf diese Weise eine ganze Familie auflud, wie ich späterhin noch berichten werde.

Monsieur Tisserand ließ mich Geranientöpfe, Messingleuchter, auf Tischen stehende Stühle [wegen der Perspektive], Baluster [wegen des Volumens] zeichnen. Er war es, der jeweils diese Schmierereien mit dem letzten Schliff versah, mit irgend etwas, was die Sache zugleich banal und korrekt erscheinen ließ; während der Arbeit sprach er mit mir über Literatur; er erschien häufig mit einem Band Zola unter dem Arm, »aber«, pflegte er dann zu sagen, »ich muß Ihnen Zola verbieten«. Ich dachte nicht daran. Rein und Unrein hatten sich mir gegenüber nie über Zola geäußert. Um mein bescheidenes Wissen ins rechte Licht zu rücken, zitierte ich schüchtern die Titel einiger Romane von Victor Hugo. »Ceci tuera cela«, ergänzte dann Monsieur Tisserand dröhnend, denn er hatte eine Stimme, die einem Riesen Ehre gemacht haben würde. Ich habe vergessen zu sagen, daß er von Haus aus Bildhauer war und eines Tages den Vorschlag machte, ein Porträtmedaillon von mir aus Terrakotta zu schaffen. Am folgenden Donnerstag erschien er also mit einem weißen Kittel und einem Klumpen Ton, und während er mir die sozialen Forderungen Zolas erklärte, mußte ich ihm stundenlang sitzen. Das fertiggestellte Medaillon bekam beim Brennen einen Riß, doch meine Mutter erwarb es trotzdem. Ich besitze es noch. Man sieht darauf ein naives kleines Profil und gerundete Wangen. Um die Struktur des Anzugstoffs wiederzugeben, hatte der Künstler den Ton mit einer Nagelbürste bearbeitet.

Von Zeit zu Zeit drangen zu meiner Mutter die Hilferufe von Madame Tisserand, der Frau meines Lehrers. Sie brauchte Geld und immer wieder Geld, oder die ganze Familie war dem Untergang geweiht. Eilpostanweisungen wanderten daraufhin von Le Vésinet nach Paris. Monsieur Tisserand gab sich niemals mit diesen Dingen ab. Er weilte weiterhin in den heiteren Regionen der Kunst und der Literatur, nie beschmutzte das Wort Geld seine Lippen. Eines Donnerstags kam mein Lehrer nicht. Statt dessen traktierte seine Frau meine Mutter mit einem Brief, der noch dramatischer als die früheren war. Die Großmutter sei gestorben – wie aber solle man sie ohne Geld unter die Erde bringen? »Da bleibt nur eins«, erklärte Mama. »Wir müssen Julien mit Kleidungsstücken und allem, was sonst not tut, zu den armen Leuten schicken. Ich bin sicher, sie haben nichts.« Ausgestattet mit allem, was geeignet schien, die Not der Familie Tisserand zu lindern, brach ich also auf. Es war dies keine sehr amüsante Art, meinen freien Donnerstag zu verbringen. Doch predigte Mama uns stets, man müsse sich daran gewöhnen, Barmherzigkeit zu üben. So murrte ich denn nicht. Beim Heim der Familie Tisserand angekommen, bat ich die Hausmeisterin, mir das Stockwerk zu bezeichnen. »Die sind aber alle auf dem Land«, sagte sie zu mir. – »Alle?« – »Nur die Großmutter ist daheim. Wenn Sie mit ihr reden wollen ...« Nach kurzem Zögern ging ich hinauf und wurde von einer liebenswürdigen alten Frau empfangen, die das Paket mit Kleidungsstücken und die Banknoten ganz unbefangen an sich nahm. Ich war äußerst zufrieden, alles losgeworden zu sein. Zu Hause erstattete ich dann Bericht. Mein Vater hielt sich die Rippen vor Lachen, und auch die Mädchen prusteten vor Vergnügen. Meine Mutter tat so, als wolle sie böse werden, dann aber lachte sie noch lauter als wir alle; am folgenden Donnerstag erschien Herr Tisserand wie gewöhnlich, um mir meinen Unterricht zu erteilen.

Ohne es zu wissen, übte dieser kleine Mann auf mich enormen Einfluß aus. Ich weiß sehr wohl, daß man nicht alles dem Bösen zur Last legen darf. Auch unsere Natur – dieses Mädchen für alles in den Diensten des Teufels – und unsere eigene Verderbtheit legen den Grundstein dazu. Doch kann man nicht ohne ein entsetztes Interesse beobachten, welchen Vorteil unser Erzfeind aus den Umständen und dem kunstvollen Mechanismus von Ursache und Wirkung zu ziehen imstande ist. Monsieur Tisserands Unterrichtsstunden trugen ihre vergifteten Früchte erst Jahre später und lenkten mich auf die verwegensten Pfade. Er ahnte wohl kaum, daß er mich dazu anhielt, die sinnlichen Halluzinationen des Neunzehnjährigen pfleglich auszugestalten. Für ihn blieb die vollkommenste Nachahmung des Modells der wahre Gipfel der Kunst. Doch brauchte er eben Modelle, ob nun aus Holz, aus Metall oder auch aus Fleisch. Was er nicht ahnte, war, daß meine Einbildungskraft mir im gegebenen Augenblick alles liefern würde, was ich nötig hätte. Zu jener Zeit wußte ich es selber noch nicht. Ich lernte gut, ich zeichnete Geranientöpfe und Papierkörbe und befleißigte mich, alle Rundungen deutlich hervorzuheben, denn das war die Hauptregel meines Lehrers: »Es muß alles rund hervortreten, junger Freund, ich verlange von Ihnen eine plastische Wirkung«. War ich eigentlich begabt? Es ist nicht meine Sache, ein Urteil darüber abzugeben. Jeder Schriftsteller ist ein wenig Zeichner, ich aber verwendete an das Zeichnen ein Feuer und eine Leidenschaft, die ungewöhnlich waren. Jedoch noch einmal, nichts von dem, was ich zeichnete, hätte irgend jemanden schockieren können. An die verbotenen dicken Bildbände dachte ich nicht mehr. Ich trat in eine Periode scheinbarer Kälte ein, und man hätte, um meine Lüste von einst zu wecken, zunächst eine Unwissenheit überwinden müssen, die trotz der Enthüllungen, die mir über das ›Geheimnis meiner Geburt‹ gemacht worden waren, wiedergekehrt war. Mit äußerst sorgsamer Hand zeichnete ich die Stiche meiner Geschichtsbücher ab. Ich schmückte damit meine Schulhefte und heimste Komplimente ein, nach denen es mich immer verlangte.

Eines Tages schickte mir meine Schwester Mary, die sich mit Mrs. Gibson, unserer englischen Freundin, für eine Weile in Rom niedergelassen hatte, von dort aus eine Farbpostkarte, die mir im Innersten einen Stoß versetzte, den ich bis heute nicht vergessen habe. Welche bizarre Eingebung mag wohl Mary bewogen haben, die Karte zu wählen, die den Kopf eines der ›Ignudi‹ der Sixtinischen Kapelle ›a destra del profeta Geremia‹ darstellte? Und was haben eigentlich diese großen nackten Burschen rechts und links von den Propheten zu tun? Ich habe es mich immer gefragt. Offenbar besteht die Aufgabe dieser jungen Titanen darin, an Tragbändern reliefgeschmückte Rundschilde zu halten oder ihre Trägheit durch edle Stellungen zu rechtfertigen, die eine übermenschliche Schönheit zur Geltung bringen sollen. Die Herrlichkeit des Leibes rühmt die Herrlichkeit Gottes, nicht anders als die Sterne es tun? Wohl möglich, alles ist möglich; ich diskutiere nicht, ich stelle nur voller Trauer fest, daß soviel Fleischespracht nicht unbedingt eine positive Wirkung ausübt. Natürlich gingen mir solche Gedanken nicht durch den Kopf, als ich die Karte meiner Schwester Mary erhielt, vielmehr holte ich eiligst mein Skizzenbuch, um dieses Profil von überlegener Gelassenheit unter dichten Büscheln unordentlicher Haare abzuzeichnen. Mit verzehrendem Eifer übertrug ich das Gesicht auf das Blatt cremefarbenen Papiers, ohne zu wissen, daß ich es gleichzeitig für immer meinem Inneren einprägte. Meine Schwestern neigten sich eine nach der andern über meine Schulter, auch Mama kam dazu. Alle gaben laut ihrer Bewunderung Ausdruck: »Für einen Buben von dreizehn Jahren wirklich gar nicht übel!« erklärte mein Vater auch seinerseits, indem er den Kneifer zurechtschob. »Sieh dir nur die Karte an«, sagte Mama. »Es stimmt alles ganz genau.« Das Herz schlug mir höher. Ich war stolz. Weshalb aber war ich auch traurig?

Im Gymnasium ging man in der Tertia vom Hof der ›Mittleren‹ in den Hof der ›Großen‹ über.

Rechts und links von dem freien Platz blühten große Fliederbüsche, hinter denen manche von den Jungen sich aus Gründen trafen, über die ich nichts wußte. Manchmal machte jemand den Versuch, auch mich dorthin zu locken, aber ich mißtraute allen Ansinnen dieser Art. Lieber umwandelte ich den Hof mit einem Kameraden, dem häßlichsten und dümmsten, den ich hatte entdecken können. Warum? Ich kann auf diese Frage unmöglich eine Antwort geben, obwohl ich sie mir häufig selbst gestellt habe. Ich floh vor dem, was mich am meisten anzog. Ich tat, was ich nicht tun wollte... Sobald jemand ein unschönes Gesicht und eine unterdurchschnittliche Intelligenz hatte, konnte er sicher sein, daß ich mich seiner annahm, obwohl ich mich im Innern gegen mich selbst und gegen diesen Gefährten auflehnte, den ich gleichwohl mit Sorgfalt ausgewählt hatte. Wie dem auch sei, ich wurde etwas gesitteter und promenierte schwatzend unter den traurigen Kolonnaden mit den metallenen Säulen.

Mein Vater hatte sein Büro in der Rue du Louvre Nr. 21, gegenüber der Hauptpost. Er war mit der Einfuhr von Baumwolle, die aus den Südstaaten kam, sowie insbesondere von Baumwollöl befaßt. ›Southern Cotton Seed Oil‹ – so lautete der Name der Gesellschaft, deren Sitz in Savannah war. Sein Büro, eine weitläufige und fast leere Wohnung im ersten Stock eines finsteren Mietshauses, ist mir noch gut erinnerlich, weil ich mehrmals mit meiner Mutter dorthin gegangen bin. Die Traurigkeit dieser großen Räume fiel mir auf. Es gab dort nur einige Möbel aus Pitchpine, ein paar Ledersessel und an den Wänden Photographien von Baumwollfeldern – was aber könnte wohl häßlicher sein als ein Baumwollfeld? Auf diesen Feldern arbeiteten Neger. Ich hatte bis dahin in meinem Leben nur zwei Neger gesehen: Emilys Koch und – wie alle kleinen Pariser – den schwarzen Chocolat, der in Gesellschaft des englischen Clowns Footit in seinem roten Frack alle Welt zum Lachen brachte. Dabei fällt mir ein, wie eines Tages Mama, als ich mit ihr den ›Nouveau Cirque‹ besuchte, sich zu Chocolat hinüberbeugte, der gerade dicht bei uns vorbeikam – wir saßen in der ersten Reihe –, und ihn fragte, aus welchem Staat er käme. »Aus Georgia, Madame.« – »Ich auch!« rief meine Mutter, und darauf drückten sie einander die Hand.

In den Büros der Rue du Louvre ließ ich meine Augen überall umherschweifen und hörte dem Gespräch meiner Eltern zu. In den fast leeren Räumen schienen ihre Stimmen verändert, und sobald mein Vater sich geschäftlicher Ausdrücke bediente, wurde alles vollends unverständlich. Baumwollballen, Leinöl – nichts von alledem hatte sehr viel Sinn für mich. Zur Unterstützung seiner Arbeit hatte er Sekretäre, an die ich mich noch sehr gut erinnere. Da war ein Engländer, Mr. Turner, mit einem Spitzbart, wie König Georg V. ihn trug, einem klugen, scharfsinnigen Blick hinter Brillengläsern [wie tragisch war das Leben dieses armen Mannes, aber wir wußten nichts davon], ferner der Russe Scherowski, der in seinem Vaterland während der Revolution Hungers sterben sollte, der Franzose Ebrard, der fröhlich und arbeitsam, doch vom Revanchegedanken besessen, in den ersten Monaten des Krieges fiel. Schließlich, als Jüngstangekommener, mein Schwager. Aus mir unbekannten Gründen war vorgesehen, daß er nicht in Paris bleiben, sondern das Büro in Triest übernehmen sollte. Da hatte es sich freilich auch gerade gelohnt, daß wir von der Rue de la Pompe nach Le Vésinet umgezogen waren! Auf alle Fälle hatten schon Ende 1913 Eleonore und Kennie die Villa am See verlassen. Außer meinen Eltern blieben dort nur Lucy, Retta, Anne und ich.

Meine Schwester Anne hatte im ersten Stock ein schönes Zimmer, das auf den See hinaus ging und von dichten, mit gleichfarbener Seide gefütterten roten Damastvorhängen abgedunkelt wurde. Ich bewunderte das Zimmer wegen dieser Vorhänge, die häufig in meinen Romanen vorkommen. Neben einer gewissen Zahl von Empiremöbeln verdankten wir ihren Besitz Roselys, unserer amerikanischen

Freundin, die zum Katholizismus übergetreten war und die Welt mit dem Kloster in der Rue Cortambert vertauscht hatte. Es ist Zeit, daß ich noch einmal von ihr spreche. Wir liebten sie alle sehr, obwohl sie aus dem Norden stammte, aber wie Papa zu sagen pflegte: »Liebe Kinder, der Krieg ist aus, jetzt also kein Wort mehr über die Greuel von Sherman. Auch das Wort Yankee will ich nicht mehr hören.«

Ohne hübsch zu sein, zeichnete Roselys sich durch bezaubernde Heiterkeit aus und brachte uns alle durch ihr Gesichterschneiden zum Lachen. Ein Clown hätte uns nicht trefflicher amüsieren können. Von Zeit zu Zeit erschien sie bei uns und hatte die Arme voll von Geschenken; mit Bemerkungen, die wir alle ungemein witzig fanden, teilte sie sie an uns aus. Sie liebte unsere Eltern abgöttisch und betrachtete uns alle als ihre Familie. Daß ihre Konversion meiner Mutter viel Kopfzerbrechen gemacht hat, steht für mich außer Frage. Sie hatte in der Avenue Jules-Janin, an der Stelle, wo diese eine scharfe Biegung macht, eine kleine Parterrewohnung inne, die sie mit einer alten Gesellschafterin, Mademoiselle Lainé, teilte, einem weißen Schaf, dessen Schultern ständig von einem langen cremefarbenen Schal bedeckt waren.

In den winzigen Zimmern der Avenue Jules-Janin standen alle die Möbel, die ich oben erwähnt habe. Mit blaßgrüner Seide bezogen, erschienen sie mir zugleich steif und pompös, und wenn man es mir erlaubte, machte ich mir ein Vergnügen daraus, mich abwechselnd auf den verschiedenen Sitzen niederzulassen, um dadurch den Salon jeweils verändert zu sehen. Im hinteren Teil der Wohnung waren in einem Schlafzimmer die roten Damastvorhänge angebracht. Ich bewunderte diese ganze Einrichtung, das Mahagoniholz, das wie Schildpatt glänzte, die Bilder in ihren goldenen Rahmen. Ach, aber auch hier gab es den unvermeidlichen Schatten. Mein unbegreifliches Versa-

gen in Mathematik hatte Roselys den fragwürdigen Gedanken eingegeben, Mademoiselle Lainé solle mir Privatunterricht erteilen. Das war noch in der Zeit, zu der wir die Rue de la Pompe bewohnten. Ein- oder zweimal in der Woche wurde diese friedlich lächelnde Szenerie für mich zu einem Purgatorium. Das in seinen großen Schal mit den langen, bis auf den Teppich reichenden Fransen eingehüllte Schaf versuchte, mich in das Mysterium der Zahlen einzuweihen. So geduldig sie war, mir wäre lieber gewesen, sie manchmal wütend zu sehen. Die langsame, ruhige Stimme, die aus lauter Wolle hervorzukommen schien und zwanzigmal die gleichbleibend dunklen Sachen wiederholte, machte mich schließlich rasend und ließ mich abwechselnd vor Furcht, vor Scham und vor Verzweiflung erröten. Ich verkrampfte die Hände zwischen den Beinen und preßte die Finger derart aneinander, daß bei meinem heftigen Bemühen, das Multiplikationssystem zu verstehen, die Gelenke hörbar knackten. Heute kann ich es sagen: Ich war der Prügelknabe des Pythagoras. Meine Dummheit war durch nichts zu überwinden. »Sieh einmal her, mein Kind, du hast zwei Äpfel. Nun multiplizierst du sie mit zwei ...« Zwei Äpfel, ich sah sie vor mir. Aber das half nichts, im Gegenteil. Weshalb zwei Äpfel? Ich hätte sie gern gegessen, wenn sie vorhanden gewesen wären.
Das Schaf ist seit langem tot. Roselys weilt fern von hier im Kloster. Die Möbel sind in Annes Zimmer und teilweise auch in dem meinen, in dem ich jetzt diese Worte niederschreibe.

Im Gymnasium wuchs also jenes neue Geschlecht heran, das man ›die Großen‹ nannte. Die Großen trugen lange Hosen und hatten politische Meinungen. Ihre Redeweise war nicht die unsere, nicht die von uns Kurzhosen. Die Großen rannten nicht mehr umher, sie blickten mit amüsierter Nichtachtung auf uns herab, denn in der Tertia war man noch kein Großer, sondern irgendein Mittelding zwischen Jüngling und Mann. Hier nun begannen die Schwierigkeiten für mich, denn so freundlich ich mit den Jungen meines Alters umging, so unverschämt betrug ich mich diesen Schülern gegenüber, die sich wie Erwachsene kleideten. Ich weiß nicht, weshalb ich sie derart frech musterte. Wenn sie mich anredeten, antwortete ich ihnen mit einem eisigen Hochmut, der mir gar nicht ähnlich sah. Sie waren sicherlich stärker als ich, doch ich selber hielt mich für unverletzlich, ich konnte mir nicht vorstellen, daß mir je etwas Böses zustoßen, zum Beispiel jemand gegen mich die Hand erheben könnte. Ich habe an anderer Stelle gesagt, daß ich mich sogar außerstande glaubte, etwa eine schwere Sünde zu begehen, und daß folglich meiner Meinung nach alles, was ich tat, nur gut sein konnte, da ich es war. Nur die anderen hatten unrecht, zumal die ›Großen‹, und zwar auf ganz spezielle Weise. Sicherlich lag es an ihrer Art, sich zu kleiden, die mir nun einmal nicht paßte. Ich weiß nicht, wieso sie sich nicht gegen mich verschworen haben, um mich zu verprügeln, was mir wahrscheinlich gut bekommen wäre, aber sie waren geduldig, und zudem bildete ich mir ein, ich sei unberührbar.

Unberührbar – das ist ein Wort, das mich nachdenklich stimmt. An einem Herbstabend im Jahre 1913 wartete ich auf dem Bahnsteig des kleinen Bahnhofs der Avenue Henri-Martin auf den Vorortzug, der mich zum Bahnhof Saint-Lazare bringen sollte, als ein Mann von etwa vierzig Jahren sich mir näherte. Er hatte ernste Züge und trug einen Regenmantel. Mit meiner Büchertasche unter dem Arm stand ich vollkommen bewegungslos da. Wir beide waren auf dem Bahnsteig allein. Der Mann fragte mich höflich, ob ich englisch spräche, und ich antwortete mit »Ja«, worauf er nur mit einem »Oh!« reagierte. Nach kurzem Schweigen wollte er von mir wissen, ob ich erster oder zweiter Klasse führe. [»Do you travel first or second?«]

– »Zweiter.« – Wieder trat Schweigen ein. Der Zug fuhr erst in fünf bis sechs Minuten ein. Plötzlich zog der Unbekannte mit einer heftigen Bewegung seine Brieftasche hervor, klappte sie auf und zeigte mir drei oder vier Photographien von nackten Männern und Frauen. Er hatte sie fächerförmig wie ein Kartenspiel gefaßt und hielt sie mir in Augenhöhe vor das Gesicht. Ich warf nur einen erstaunten Blick darauf und wendete dann sofort meinen Kopf zur Seite. Was sollte das bedeuten? Gewiß war es etwas Unreines. Wieder folgte ein diesmal kurzes Schweigen, dann steckte der Mann die Photos wieder in seine Brieftasche, die er in seinem Anzug verschwinden ließ. »Ich sehe«, sagte er sehr ruhig, »Sie sind offenbar zu jung für diese Dinge.« Ich gab keine Antwort, und als der Zug einfuhr, nahm ich an, der Unbekannte und ich würden uns nunmehr trennen. Doch zu meinem großen Staunen stieg er mit mir in ein Abteil zweiter Klasse ein. Ich sehe mich noch in einer Ecke sitzen, während er genau gegenüber von mir Platz genommen hatte. Verspürte ich wohl Angst? Keineswegs. Der Mann sagte nichts, und ich tat, als sähe ich ihn nicht, doch bemerkte ich unwillkürlich, daß er mit weit gespreizten Beinen und halb geschlossenen Augen dasaß und so tat als schlafe er. Ich fragte mich, was er wohl mache. Ohne eigentlich beunruhigt zu sein, fand ich doch die Zwischenräume zwischen den einzelnen Stationen etwas länger als sonst und wünschte bei jeder Haltestelle, es stiege ein weiterer Mitreisender in unser Abteil, doch niemand zeigte sich. Bis Saint-Lazare blieben wir allein. Kein Wort wurde zwischen uns gewechselt, und an der Endstation verschwand der Mann wie durch Zauberschlag in der Menge. Ich wendete den Kopf und schon war er nicht mehr da. Wie viele Jahre mag es gedauert haben, bis ich endlich den Sinn dieser Begegnung verstand? Wohl sechs bis acht, erst als ich schon die Universität besuchte und zum erstenmal die Bücher von Havelock Ellis las.

Dennoch ist mir die Erinnerung von etwas Unheimlichem geblieben: das von der Gaslampe schwach beleuchtete Abteil, der eher ärmlich gekleidete Mann, der heuchlerische Blick, den er zwischen halb geschlossenen Lidern zu mir hinübersandte.

Von dieser Geschichte hat damals niemand etwas erfahren. Ich erzählte nichts, und zudem, da ich nicht begriffen hatte, um was es sich handelte, vergaß ich den Zwischenfall, der mir völlig aus dem Bewußtsein schwand, um sich dennoch irgendwo in meinem Kopf festzusetzen, wo er gegen 1921 wieder auftauchen sollte. Seither habe ich oft an den Mann im Regenmantel gedacht und jetzt, nach so langer Zeit, verspüre ich großes Mitleid mit ihm.

In der Schule waren die anderen Jungen, offenbar durch meine Unschuld gereizt, ständig hinter mir her und raunten mir lachend Dinge zu, deren Sinn mir entging. Ihr Blick in solchen Momenten sowie der Ton ihrer Stimme schufen zwischen mir und ihnen eine gewisse Distanz. Ich war der Gegenstand einer Aufmerksamkeit, bei der ich mich unbehaglich fühlte; sie tauschten flüsternd hinter meinem Rücken Bemerkungen über mich aus.

Da ich meinen Zug erreichen mußte, hatte ich Erlaubnis, den Studiensaal lange vor der eigentlich genehmigten Zeit zu verlassen, wie ich schon oben berichtet habe, und lange war ich der einzige, der dieses Vorrecht genoß. Dann ergab es sich, daß eines Abends ein anderer Schüler zugleich mit mir aufbrechen durfte, ein Schweizer, den ich hier Koenig nennen will. Er war ein großer dicker Bursche mit vollen Wangen von einer rosa Tönung, die ins Violette spielte wie bei nicht durchgebratenem Fleisch. Er sagte zu mir, er werde mich bis zum Bahnhof begleiten. Und warum auch hätte ich das ablehnen sollen? Er redete ja so freundlich mit mir! Auf dem Bahnhof angekommen, schlug er mir flugs vor, mit ihm eine kleine Galerie zu erklimmen, die oben über die Schienen hinweglief. Eine große Uhr

beherrschte diese Galerie, und unter dieser Uhr umarmte er mich mit einemmal. Die Bahnsteige waren leer, sonst hätte man uns genausogut sehen können wie Schauspieler auf einer Bühne. Ich glaubte, Koenig wolle aus Spaß mit mir ringen, und lachte, doch sein Gesicht wurde dunkelrot, und seine blaßgrünen, etwas vorstehenden Augen schienen ihm vollends aus dem Kopf zu quellen. Ich drehte und wendete mich, um mich aus seinem Griff zu befreien, doch war er viel stärker als ich, so daß ich ihm nur zurufen konnte, er solle mich loslassen. Daraufhin packte ihn offenbar Furcht; er flüchtete mit drohenden Worten, die mir ebenso geheimnisvoll wie alles übrige schienen. »Du wirst schon sehen!« Was wollte er damit sagen? Was hatte ich dem dicken Koenig denn eigentlich angetan? Du wirst schon sehen? Ich sah im Gegenteil gar nichts. Koenig sprach fortan nicht mehr mit mir und blickte mich nur noch mit feindseliger Miene an.
Ein andermal trat zu meiner Überraschung Bernstein, der junge Jude, auf mich zu, aber wie anders betrug er sich diesmal als sonst! Ein weiß-strahlendes Lächeln verschönte sein dunkles Gesicht, und er sprach mit einer so freundlichen Stimme, daß die Entfremdung, die zwischen uns aufgekommen war, warmer Zuneigung wich – ich kann es nicht anders nennen. Eine starke Herzenswallung trug mich allen denen entgegen, die mit solcher Stimme und solchem Lächeln zu mir redeten. Wir waren nach dem Unterricht auf dem Hof, alle gingen fort außer dem kleinen Bernstein. Ich glaube, er sagte irgend etwas von Versöhnung und faßte mich bei der Hand. Nichts konnte mir lieber sein, als mich mit Bernstein zu versöhnen. Doch plötzlich hörte er zu lächeln auf und begann unbegreifliche Dinge zu murmeln, die mich in große Verwirrung stürzten. Er wollte mich mit sich ziehen, hinter die Fliederbüsche oder sonstwohin. Unruhe überfiel mich. Ich sagte ihm, ich verstehe ihn nicht. »Du tust ja nur so!« schleuderte er mir

halblaut und mit einem wütenden Ausdruck entgegen, der in meinen Augen seinen Zügen eine teuflische Schönheit verlieh. Dann ließ er mich einfach stehen und lief nach dem Ausgang zu. Was mich heute in Erstaunen setzt, ist die Schüchternheit, die sich bei ihm unter diesen aggressiven Manieren verbarg, aber er täuschte sich sehr, wenn er glaubte, ich tue nur so, denn ich ahnte buchstäblich nicht, was er mit mir im Sinne hatte. Einen Augenblick später dachte ich an das Ganze nicht mehr.

Ich sollte bald vierzehn werden. Mit zwei Schülern hatte ich mich damals aus verschiedenen Gründen angefreundet. Mit dem einen oder anderen machte ich jeweils nach dem Mittagessen einen Rundgang rings um den Hof. Der erste war ein großer, verständiger und immer wohlgelaunter Bursche, ziemlich häßlich und wenig begabt. Er war Protestant und führte niemals irgendwelche derben Reden. Aus diesem Grunde behagte mir der Umgang mit ihm. Wir führten blödsinnige und friedliche Gespräche, und es kam auch vor, daß ich ihm Vorträge über Religion hielt, so wie ich sie verstand. Schon damals brach in mir die Leidenschaft durch, andere zu bekehren, die Jahre später sich als so heftig erweisen sollte, doch frage ich mich, wozu ich diesen redlichen Burschen, der allsonntäglich in die Kirche ging und seine Bibel mit ebenso großem Ernst las wie ich, denn bekehren wollte. Aus mir unbekannten Gründen war er nicht sehr beliebt, fast niemand sprach mit ihm. Vielleicht war er ebenso unschuldig, wie ich selber es war.

Weit verschieden davon war der zweite. Klein und beinahe dürr, hatte er ein Gesicht von außerordentlicher Lebhaftigkeit [während der erste ganz Langsamkeit in Bewegung und Blick war]. Seine herrlichen schwarzen Augen strahlten von Intelligenz. Er stand in dem Ruf, alles verstehen zu können, und war auf keinem wissenschaftlichen Gebiet jemals zu schlagen, doch neidete er mir die Lorbeeren, die

ich im Französischen errang und die mir sehr nützlich waren, um meine aufkommende Eitelkeit zu kultivieren, ins rechte Licht zu setzen und ihr zu schmeicheln. Philippes Liebenswürdigkeit gewann mich ganz und gar. Er machte sich freilich dann und wann über mich lustig, doch ohne mich je zu kränken. Das, was er meine Jungfräulichkeit oder Reinheit nannte, reizte ihn zu einer Heiterkeit, deren Grund er mir nicht erklärte. Er bog sich buchstäblich vor Lachen, wenn er mit den Händen in den Taschen dastand und ich auf gewisse von seinen höchst hinterhältigen Fragen Anwort gab. Es hieß von ihm, er sei sehr lasterhaft und unglaublich gut über alles informiert, was verboten war. Er schuf sich dadurch einen höchst schmeichelhaften Ruf, der in Verbindung mit seiner Gescheitheit ihn vor sarkastischen Bemerkungen und Schlägen schützte. Er war sehr befreundet mit dem Burschen, der mir unter heftigem, sibyllinischem Schniefen das Geheimnis meiner Geburt enthüllt hatte. Dieser, ein dicklicher junger Mensch mit schönen, träumerischen Augen, hatte immer einen kleinen Hofstaat um sich, dessen Machenschaften ich nicht zu durchschauen vermochte, doch ahnte ich irgend etwas und hielt mich diesem Kreise fern. Was nun Philippe anbelangt, der Umgang mit mir suchte, so äußerte er niemals etwas Ungehöriges in meiner Gegenwart, und wenn er von Jungfräulichkeit und Reinheit sprach, so griff er damit nur die Ausdrücke auf, die ich selber sehr oft gebrauchte, ohne überhaupt zu wissen, was sie besagen wollten. »Du bist also immer noch jungfräulich?« fragte er mich, wobei er das letzte Wort besonders stark betonte und in die Länge zog. Ich bejahte, worauf er in lautes Gelächter ausbrach.
Eines Tages, ich weiß nicht mehr weshalb, kam er auf die Donau zu sprechen. Dieser Name entzückte ihn, denn, so erklärte er mir, er meinte, wenn er ihn aussprach, den Wind über an einer Leine aufgereihte Wäschestücke hin-

wegwehen und die Tücher vor dem Himmel flattern und sich blähen zu sehen. Es kam mir vor, als ob dieses Bild, das mir schön erschien, eine ganz neue Welt eröffne.

Im Herbst bedeckten goldene Platanenblätter den Boden, und ich wühlte beim Gehen mit den Füßen diesen herrlichen Teppich auf, um das Geräusch zu hören, das dabei entstand. Ich meinte, darin das Rauschen eines Gebirgsbaches wiederzuerkennen. Ständig träumte ich von allem möglichen, von Landschaften, die von Wasserläufen durchflutet waren, von Seen inmitten von Wäldern. In der Gesellschaft der ›Eclaireurs français‹ [nicht zu verwechseln mit den ›Eclaireurs de France‹, die, wie es hieß, sozialistisch orientiert waren] durchforschte ich wohl oder übel die Umgebung von Marly oder schlief in einem Zelt am Ufer der Seen von Saint-Cucufa. Eines Tages fand eine denkwürdige Reise nach Brüssel statt, wo wir uns mit unseren belgischen Kameraden treffen sollten. Man zeigte uns die Stadt und führte uns auch in einen Turm, in welchem einst Verbrecher gefoltert worden waren. Folter – dieses furchtbare Wort entflammte meine Phantasie. Ich wollte alles ganz genau wissen, doch beschränkte man sich darauf, uns rostige Eisenringe und, soviel ich mich erinnere, gewaltige Zangen zu zeigen. Ich nahm das Bild dieses unheimlichen Gerümpels in meinem Gedächtnis mit. Auf dem Rathausplatz fand das Treffen der belgischen und französischen Pfadfinder statt. Die belgischen Jungen zeigten sich von einer reizenden Seite, und einige wollten auch ein Gespräch mit mir anfangen, doch nichts zu machen: ich blieb stumm. In Wirklichkeit schüchterten diese Burschen mich aus einem Grunde ein, den ich nur mit einer gewissen Überwindung anführe, nämlich dadurch, daß sie alle weiße Baumwollhandschuhe trugen. Wie nahmen wir uns dagegen mit unseren nackten Händen aus? Auch noch über etwas anderes kam ich nicht aus dem Staunen heraus: sie waren fast alle blond, und ich fand nichts schöner auf der Welt, als blond zu sein. Auf dem Gymnasium waren die Blonden selten. Diese belgischen Jungen trugen Sonne im Haar. Frühzeitig am nächsten Morgen kam ich nach Hause zurück, nachdem ich die ganze Nacht in einem Abteil dritter Klasse gereist war. Aus irgendeinem Grunde ließ mich meine Mutter in ihr frisch gemachtes Bett schlüpfen. Ich erinnere mich noch heute an die Kühle der Bettücher, an das wohlige Hinübergleiten in den Schlaf... Als ich aufwachte, sah ich mich staunend um. Wo war ich? In Brüssel? Nein, hier in Le Vésinet, in Mamas Bett. Ich rief nach ihr. Sie kam und lächelte mir zu. »Mein kleiner Junge, es ist vier Uhr nachmittags!« Ich schlang die Arme um ihren Hals und sprang aus dem Bett. Heute blicke ich voller Verwunderung auf den, der ich zu jener Zeit war. Ich hielt diesen Jemand für unbedingt rein, und zweifellos war er es auch, aber doch schon nahe daran, all dem zum Opfer zu fallen, was er fürchtete... Auf Photographien von damals kann ich ihn noch sehen wie er war: resolut und zugleich zerbrechlich; stolz und einsam, mit einer grenzenlosen Unwissenheit behaftet, durch die er allen Gefahren preisgegeben war. Hat er sich nicht damals vielleicht mit der unbewußten Hilfe seiner Mutter Verbote aufgerichtet, die bis zum Himmel reichen und ihn von der Umwelt trennen?

Neben dem des vorhergehenden Jahres ist der Frühling 1914 einer der glücklichsten meines Lebens gewesen. Im Garten der Villa du Lac warf ich mich im Überschwang einer maßlosen Freude, die ich nun schon gut kannte, wiederum wild ins Gras, wälzte mich umher und schlug lachend mit den Armen um mich. Ohne es zu wissen, war ich verliebt – doch verliebt in wen? Mit wem hätte ich die verzehrende Leidenschaft teilen mögen, die mich fast zum Narren werden ließ? Ein panisches Verlangen nahm mich ganz und gar in Besitz, ein Verlangen, von dem ich nicht wußte, was ich mit ihm anfangen sollte, und das zugleich Qual und Entzücken war.

Niemand schien zu ahnen, was in mir vorging, und wie hätte man es auch wissen können? Ich sagte nichts, ich blieb stets reserviert, außer vielleicht meiner Mutter gegenüber, in deren Arme ich mich flüchtete und die solche Ausbrüche heftiger, jäher Zärtlichkeit ganz natürlich fand. Manchmal setzte sie sich auf das Sofa im Eßzimmer, zog mich dicht zu sich heran, umschlang mit einem Arm meine Schulter und drückte mich wortlos an sich. Ich weiß nur zu gut, woran sie dachte. Sie wollte mich vor etwas schützen, eingedenk einer Tragödie, die sich fünf oder sechs Jahre vor meiner Geburt zugetragen hatte und die sie mir erst einige Wochen vor ihrem Tod offenbarte. Wenn wir allein waren, sagte sie mit halblauter Stimme zu mir: »Denk immer daran, daß Gott dich liebt!«

Meine Schwestern machten sich ein wenig lustig über uns. »Da seht sie euch an!« pflegten sie zu sagen. »Mama und ihr Goldschatz!«

Die Zeit verging. Eines Tages, als wir alle bei Tische saßen, hörten wir, wie die kleine Gartenpforte aufging und sich wieder schloß; gleich darauf erschien Farley mit einem langen Pappkarton unter dem Arm. Anstatt, wie wir erwarteten, aufs Haus zuzugehen, betrat er einen kleinen Weg mit Bäumen, der zum Küchengarten führte. Dort angekommen, setzte er seine Schachtel mit großer Vorsicht auf den Boden und begab sich in ein Häuschen, in dem wir Fahrräder und Gartengeräte aufzubewahren pflegten. Hinter den Fenstervorhängen beobachteten wir mit wachsender Neugier dieses geheimnisvolle Kommen und Gehen, als Farley plötzlich mit einem Spaten wieder zum Vorschein kam und anfing, in einer Ecke des Küchengartens ein großes Loch zu graben, in das er, auf den Knien liegend und ganz gebeugt vor Traurigkeit, seine Schachtel

versenkte. Darauf deckte er dieses kleine Grab, denn ein solches war es, wieder zu, stellte den Spaten an seinen Platz und ging fort. Wir haben ihn nie mehr wiedergesehen. »Er hat seine Hündin Judy begraben«, sagte meine Mutter. »Der arme Willie!«
Ein paar Wochen später beschloß sie, ihm einen Besuch zu machen und mich nach Paris mitzunehmen. Wir erklommen beide die Treppen des Hauses Rue de la Paix 16. Es ist dies eine der exaktesten Erinnerungen, die mir aus jener Epoche verblieben sind. Es war so dunkel, daß wir Mühe hatten, die richtige Tür zu finden. Meine Mutter schellte. Anhaltendes Schweigen war die Antwort. Sie schellte von neuem mit ebensowenig Erfolg und klopfte dann, doch niemand war da.
Wochen vergingen, und ein Gerücht kam auf, mein Pate habe sich in ein Kloster zurückgezogen. Auf alle Fälle blieb er verschwunden. Mir wurde daraufhin erklärt, was ein Kloster sei.

An einem Sonntag im Juli 1914 saßen wir alle unter den Bäumen mit einem Gast, der bei uns zu Mittag gegessen hatte, und das Gespräch nahm ziemlich rasch eine Wendung, die mir unverständlich blieb, denn es ging dabei um Politik. Das Wort ›Krieg‹ kehrte ständig wieder, aber mein Vater war der Meinung, es werde keinen Krieg geben, da die deutschen Sozialisten Wilhelm II. niemals gestatten würden, sich auf ein so gefahrvolles Abenteuer einzulassen. Nichts konnte hübscher sein als das leichte Schattenspiel des Blattwerks ringsum. Alles war still. Zu jener Zeit fuhren auf der Landstraße noch wenige Autos, wir hörten nichts als das Flüstern des Windes in den Bäumen. Meine Mutter schien etwas besorgt, doch mein Vater beruhigte sie. Sie glaubte wie wir alle, daß Papa sich niemals täuschen könne, und doch, schon acht Tage darauf...
Als die Nachricht zu uns gelangte, brach eine meiner

Schwestern in Schluchzen aus, und Mama geriet derart aus der Fassung, daß sie in das kleine Notizbuch, in das sie alle Tagesausgaben eintrug, die folgenden Worte schrieb, ich habe sie vor Augen: »England erklärt Frankreich den Krieg.«

Ich begab mich höchst aufgeregt in mein Zimmer hinauf. Der Krieg war da! ›Revanche!‹ Monsieur Mougeots Traum erfüllte sich. Da mein Haß gegen Deutschland nunmehr keine Grenzen mehr kannte, stürzte ich mich auf meine deutsche Grammatik und zerfetzte sie. Bestimmt war es jetzt aus mit diesen teuflischen Deklinationen und den Verben, die gleichsam mit Fußtritten jeweils ans Ende des Satzes verwiesen wurden.

Am folgenden Tage kaufte ich Papierfähnchen, die ich auf eine Karte heftete, um den Vormarsch der französischen Truppen im südlichen Elsaß zu markieren; meine Mutter schaute mir dabei zu. Eines Tages sahen wir ein Regiment Infanterie in roten Hosen über den Boulevard Carnot marschieren, und acht Tage später trafen in umgekehrter Richtung die ersten Flüchtlinge ein. Meine Mutter eilte ihnen entgegen, gab ihnen alles, was sie bei sich trug, ihr Geld, ihre Jacke und sogar ihren Hut, mit dem sie bestimmt nichts anzufangen wußten, aber sie war vor Ergriffenheit vollkommen außer sich.

Ein paar Tage verstrichen noch. Dann sah ich eines Nachmittags, als ich in mein Zimmer hinaufging, Mama vor dem großen Schrank knien, in dem die Wäsche aufbewahrt wurde und dessen Türen beide offen standen. Dort, in einer Entfernung von nur wenigen Schritten, erkannte ich auch den Reisekorb, den wir für die Ferien benutzten und in den jetzt meine Mutter Stapel von Handtüchern warf. Ich fragte sie, was hier vorgehe. Sie aber hörte mich nicht. Von neuem stellte ich die gleiche Frage. Sie wehrte ungeduldig ab. »Die Deutschen kommen«, sagte sie. »Laß mich in Ruhe.«

Am gleichen Morgen hatte mein Vater in der Tat einen Anruf von unserem Freund, dem General Filloneau, bekommen, der ihm geraten hatte, Le Vésinet zu verlassen. »Sie wohnen genau zwischen zwei Forts«, hatte dieser Militär ihm erklärt. »Sie begeben sich besser anderswohin.« Ich weiß nicht, wohin wir seiner Meinung nach hätten flüchten sollen; mein Vater jedenfalls beschloß, uns einfach nach Paris zu verfrachten. »Denn nie«, so behauptete er, »werden die Deutschen Paris einnehmen.« Am nächsten Vormittag begaben wir uns also alle nach Paris. Die Stadt wirkte menschenleer. Es gab weder Träger noch, versteht sich, Taxis, die letzteren waren bekanntlich besetzt.* Jemand lieh uns einen Karren, auf den wir unsere Gepäckstücke türmten und den, von uns allen gefolgt, mein Vater bis zur Rue de la Tour vor sich herschob, wo er in einer Familienpension, der Pension Mouton, die auf uns tiefen Eindruck machen sollte, Zimmer gemietet hatte.
Diese Pension lag in der Rue de la Tour, Nummer dreiundvierzig. Ich habe sie in ›Epaves‹ so, wie sie aussah, ganz unverändert beschrieben. Wenn man die Tür aufmachte, trat man zur Rechten in einen kleinen Salon, in dem die Inhaberin, eine kleine Frau mit einem vom Leben ausgelöschten Gesicht, ihre sanfte, schüchterne Stimme erhob. Sie vermietete uns so viele Zimmer, wie wir benötigten. Meine Eltern zogen in den ersten Stock; ich erhielt ein Zimmer, das sich unmittelbar neben dem kleinen Salon befand und von dem aus man in einen tiefer gelegenen, langgestreckten Garten sah. Ein beträchtlicher Höhenunterschied bestand nämlich zwischen diesem Grundstück und der Straße; man mußte ein ganzes Stockwerk hinuntergehen, um in das Eßzimmer zu gelangen, einen dunklen Raum, der höchst unvollkommen durch ein Fenster

---

* Anspielung auf die in den Wochen vor der ersten Marne-Schlacht 1914 requirierten Taxis, die »taxis de la Marne«. (AM/CK)

erhellt wurde, das auf den erwähnten Garten ging – wofern man einen langen Streifen Erdreich, in dessen Hintergrund zwei oder drei Bäume sich melancholisch über einen Hühnerstall lehnten, als Garten bezeichnen kann. »Großer, schattiger Garten«, las man an der Eingangstür der Pension. Diese schmeichelhafte Beschreibung weckte ein Lächeln bei Mama, doch waren wir alle glücklich, hier untergekommen zu sein. Auch Lucy schlief in der Pension. Aus Gründen, an die ich mich nicht mehr erinnere, hatten Anne und Retta ihr Domizil ein paar Schritte von dort entfernt, fast gegenüber der Nummer dreiundvierzig, aufgeschlagen, und zwar in der – mit gutem Grund – leerstehenden Wohnung von André Filloneau, dem Sohn des Generals, der uns mit guten Ratschlägen zur Seite gestanden hatte. In dem gleichen Mietshaus wie André, zwei Stockwerke weiter unten, wohnte seine Großmutter, die Tante Kate genannt wurde. In ihrer Jugend war sie die allen Mallarmé-Spezialisten wohlbekannte ›dicke Kate Yapp‹ gewesen. Ich erinnere mich an sie als an eine korpulente, aber bewegliche alte Dame, deren tiefes Lachen genau wie das eines Mannes klang. Sie zeigte mir eines Tages alle Sächelchen, die in ihrer Wohnung aufgehängt oder aufgestellt waren. In ihrem Schlafzimmer hing an der Wand das Porträt eines jungen Mädchens, von Regnault gemalt, der, wie sie sagte, im Kriege gegen die Preußen gefallen war. »Und wer ist die Dame?« fragte ich unbedachterweise. Sie lachte dröhnend. »Your humble servant!« antwortete sie mir.

Von diesem ersten Aufenthalt [denn es folgte noch ein anderer, sehr viel längerer] in der Pension Mouton ist mir fast nichts im Gedächtnis geblieben. Ich erinnere mich nur, daß Monsieur Tisserand mir in meinem Zimmer Zeichenstunden gab. Eines Tages hatte ich vor der Ankunft meines Lehrers meinen Freund Philippe hereingelassen, mit dem ich bestimmt sehr harmlose Spiele trieb.

Als wir Monsieur Tisserand kommen hörten, verbarg ich Philippe hinter einem Vorhang, aber fast gleich darauf brachen wir beide in tolles Gelächter aus, und der Junge trat aus seinem Versteck hervor. »Jetzt werden Sie ihn porträtieren«, verlangte Monsieur Tisserand. Diese Zeichnung habe ich noch. Ein andermal zeichnete ich eine Pickelhaube, die Philippes Bruder auf dem Schlachtfeld erbeutet und an seine Eltern geschickt hatte. Ich zeigte den Helm meiner Mutter. »Mit Gott für Kaiser und Vaterland« – diese Devise, die darauf stand und die ich sofort übersetzte, veranlaßte meine Mutter, nachdenklich zu bemerken: »Wie ist es möglich, daß sie bei so schönen Grundsätzen sich so schlecht betragen?« Denn die Sage von den abgehackten Kinderhänden begann damals zu kursieren.
Philippes Eltern wohnten ganz nahe bei der Pension im obersten Stock eines Mietshauses, in dem ich sie eines Tages besuchte. Seine gute, schlichte Mama war sehr besorgt, nicht nur wegen des Vormarsches der deutschen Armee, sondern auch weil die Nachrichten von ihrem ältesten Sohn nicht so schnell eintrafen, wie sie es erhoffte. Er sollte ein paar Monate später fallen.
Ich beugte mich mit Philippe aus dem Fenster und blickte auf Paris; ich sah Dächer, so weit das Auge reichte, sah die Kuppeln und Türme. Ein verworrenes, machtvolles Liebesgefühl trug mich dieser Stadt entgegen, die meine Stadt war. Ich fühlte, daß ich sie liebte, wie man eine Person liebt, und lachte vor Glück. Philippe lachte mit mir. Der Ernst der Situation kam uns keineswegs zum Bewußtsein, zumal mein Vater ja gesagt hatte, die Franzosen würden den Vormarsch der Deutschen aufhalten und diese Frage in meinen Augen somit geregelt war. Ich weiß nicht, woher er seinen Optimismus bezog, doch als man ihm berichtete, daß viele Pariser fluchtartig die Stadt verlassen hätten, erklärte er nur einfach: »Sie haben

Furcht und haben unrecht damit. Ihr werdet schon sehen.« Ich kann nicht sagen wieso, doch diese Gewißheit teilte sich uns allen mit.

Heute frage ich mich, wovon Philippe und ich wohl damals geredet haben mögen. Ich bin nur einer Sache gewiß, nämlich dessen, daß er mir zu jener Zeit niemals etwas sagte, was mich hätte aufregen oder aufklären können. Wir spielten miteinander Schach. Mein Vater hatte mir die Regeln dieses Spiels beigebracht, Philippe jedoch machte mich mit seinen Finessen vertraut, denn er schlug mich jedesmal, als ob ich ein Kind von fünf Jahren sei. Mit hinterhältig spöttischer Miene nahm er mir nacheinander alle meine Figuren ab und sagte dabei jedesmal nur mit ruhiger Stimme: »Zack!«

Eines Tages, es war gerade mein Geburtstag, ging ich über die Straße, um meinen Schwestern guten Morgen zu sagen; sie begrüßten mich unter Schwenken eines Zeitungsblattes. Was lag noch an meinem Geburtstag! Es war der 6. September.* Papa hatte recht. Die Erleichterung war grenzenlos. Mama lächelte unter Tränen, denn sie wußte selber nicht mehr, ob sie glücklich oder unglücklich war. »I declare ...«, fing sie an, dann aber liefen ihr die Tränen aus den schönen grauen Augen. Papa murmelte leise: »Ich war ja sicher.« Ein paar Tage darauf kehrten wir nach Le Vésinet zurück.

Die Zeichenstunden in der Villa du Lac wurden wiederaufgenommen. Jeden Donnerstag hatte Monsieur Tisserand ein wachsames Auge auf meine Fortschritte im Reliefzeichnen. »Es muß alles rund heraustreten, junger Freund, rund!« Kohle, Spachtel, Elefantengummi, Wattmanpapier – alles trat in Aktion. Hier und dort wurden Schatten aufgesetzt, und endlich rundete sich wirklich

* 6. September 1914, Eröffnung der Marne-Offensive durch General Joffre, die den Deutschen den Weg nach Paris verlegte. (AM/CK)

alles, besonders nachdem der Lehrer mit seinem Künstlerdaumen das unerläßliche gewisse Etwas der Sache hinzugefügt hatte. Die Illusion des Reliefs entzückte mich. Sie erschien mir als Ziel und Gipfel der Kunst.
Während dieser ganzen Zeit wurden Schützengräben ausgehoben und alles richtete sich im Krieg ein. Meine Mutter war halb wahnsinnig vor Sorge wegen meiner Schwester Eleonore und Kennie, als sie eines Tages erfuhr, daß sie sich von Triest nach Venedig geflüchtet hatten. Bald darauf sahen wir sie mit Patrick, der ein ausgestopftes Männchen an sich drückte, auf dessen Bauch ›Onkel Zeppelin‹ stand und von dem er sich unter keinen Umständen zu trennen gedachte, wieder zu uns kommen. Hinter ihnen erschien koffertragend eine prächtige Bäuerin aus Friaul, eine große, starke Juno, die wie ein Mann gebaut war und Teresina hieß. Sie hatte ein Gesicht von makelloser Ebenmäßigkeit, große, helle Augen, riesige Hände und eine tönende Stimme; diese Frau, die die Zärtlichkeit selbst war, brauste durch die Zimmer wie ein Orkan. Sehr fromm gesinnt, ließ sie Patrick seine Gebete auf lateinisch sagen oder doch in einer Sprache, die sie für Latein hielt, so daß ich abends die beiden murmeln hörte: »Benne-dita tu in buniebus ...« Ich habe erst katholisch werden müssen, um zu verstehen, daß das ›Benedicta tu in mulieribus‹ heißen sollte.
Das schönste Zimmer, das nach Süden gelegene, bekamen Kennie und Eleonore [Patrick bezeichnete die beiden mit einem einzigen Wort: ›Kennenore‹]. Man muß wissen, daß mein Schwager noch immer fast ein Invalide und völlig dienstuntauglich war. Das Leben spielte sich ungefähr ebenso wie vor dem Kriege ab. Wieder erblaßte ich unter dem grausamen blauen Blick meines Schwagers, der mir gegenüber mit seinen leisen Sarkasmen nicht sparte. Er hatte die zweifellos ausgezeichnete Idee, mir jeweils donnerstags bei der Vervollkommnung meiner Englisch-

kenntnisse zu helfen. Ich schrieb die Tagesberichte der Times nach, die Kennie mir mit penetrant geduldiger Stimme diktierte. War diese Operation beendet, so nahm er mir das Papier aus den Händen, sah es prüfend an und reichte es mit teuflischem Schmunzeln einer meiner Schwestern, die alsbald in helles Gelächter ausbrach. Ich wechselte die Farbe und verbesserte, so gut es ging, meine Fehler. Doch zog ich die Methode meiner Mutter vor.

Beim Wiederbeginn des Unterrichts nach den Ferien machte ich auf dem Schulhof die Bekanntschaft von vier Jungen, die eine kleine Bande bildeten und von denen wenigstens drei sich in den Kopf gesetzt hatten, sich mit mir zu beschäftigen. Der vierte schien sich weniger für diese Art von Verschwörung zu interessieren, aber die drei andern redeten mit ironischer Hochachtung auf mich ein und tauschten bei meinen naiven Bemerkungen untereinander Blicke des Einverständnisses aus, die schließlich zu einem mir unverständlichen haltlosen Gelächter führten. Ich meine fast, sie alle vier in diesem Zimmer, in dem ich sitze und schreibe, vor mir zu sehen. Der erste – sehr redegewandte – war Protestant. Empfindlich und dafür bestimmt, viel zu leiden, flüchtete er bei der geringsten Bedrohung und kreuzte dabei die Hände oben auf der Brust, während er etwas übertrieben schrille Schreie ausstieß. Besonders befremdend schien mir die Tatsache, daß er einen Kneifer trug. Es sei fern von mir, rückblickend sein Verhalten, für das er ja nichts konnte, denn er war eher ein Mädchen als ein Junge, etwa belächeln zu wollen. Ohne ihn zu begreifen, sah ich seinem Treiben zu. Unter anderem sagte er zu uns: »Seht einmal, was für hübsche Hände ich habe. Ich pflege sie für den Tag meiner Konfirmation, wo ich dem Pastor die Hand geben muß.« Das Wort Pastor sprach er mit einer seltsamen Dehnung in der ersten Silbe aus. Ich wußte nicht, was Konfirmation war, betrachtete jedoch die Hände meines Kameraden und stellte fest, daß sie sehr weiß und leicht gerundet waren. »Oh, du bist ja derart sittens-treng!« sagte er, wieder mit seiner merkwürdig affektierten Aussprache, zu mir. Ich weiß nicht, bei welcher Gelegenheit er diese Bemerkung machte, doch kam er oft auf seine Behauptung zurück, und während er mit silberklarer Stimme hübsche Weisen sang, verschwand er doch auch von Zeit zu Zeit hinter den Fliederbüschen, wohin ich selbst mich nie vorwagte. Seine Gefährten folgten ihm dann mit langsamen Schritten, um nicht die Aufmerksamkeit der Aufseher auf sich zu ziehen, die, so scheint es mir heute, nicht viel Aufsicht ausüben konnten, da die Gabe der Allgegenwart ihnen nicht zuteil geworden war.

Der zweite der Jungen, gleichfalls ein Protestant, war ein farbloses Wesen, das mitlachte, wenn man lachte, und wenn die anderen schwiegen, ebenfalls nichts sagte. Er war schmal gebaut, eher häßlich und sehr blaß.

In Gedanken bezeichnete ich den dritten der Jungen als den ›Rohling‹. Es gab immer einen Klassenrohling. Dieser war ein vierschrötiger, kräftiger Bursche mit rötlichem Haar und grausam blickenden Augen. Er lächelte manchmal so, daß er dabei seine Zähne zeigte, die wie die eines jungen Menschenfressers wirkten, und obwohl er kaum sprach [der mit dem Kneifer sprach für vier], suchte man seine Gesellschaft. Das nun beschäftigte mich ein wenig – ich sage: ein wenig, denn im Grunde konnte nichts mich besonders beschäftigen. Der Rohling kam aus Noyon, das von den Deutschen besetzt war. Das gerade war der Grund, weshalb der Rohling bei uns das Gymnasium besuchte. Er war ein Flüchtling, im übrigen ein ziemlich eleganter, der immer grobgewebte Tweedanzüge trug. Ich war um das Schicksal der Stadt Noyon besorgt. Würde sie nicht endlich zurückerobert werden? Ich stellte mir nämlich vor, der

Rohling werde sofort nach Wiedereinnahme der Stadt nach Noyon zurückkehren, doch bestand in dieser Hinsicht nicht viel Hoffnung.
Nun folgt der vierte und letzte der kleinen Schar. Aus der Distanz kommt er mir weit interessanter als die anderen vor. Groß und mager, mit einem kleinen, tragischen Gesicht, in dem unaufhörlich ein Lachen aufzuckte, imponierte er mir aus verschiedenen Gründen. Zunächst einmal befand er sich unter denen, die Lateinisch und Griechisch lernten. Ich konnte kein Wort von diesen Sprachen, da ich zu meinem Unglück in die sogenannte naturwissenschaftliche Abteilung gesteckt worden war, in der ich fürchterlich ›schwamm‹, aber ich hegte eine instinktive Hochachtung vor der mir unbekannten klassischen Literatur. Doch war da noch etwas anderes: Dieser Junge war katholisch und machte kein Geheimnis daraus. Mit seiner schleppenden Stimme sagte er Dinge, die mich lebhaft anrührten. Er machte auf mich den Eindruck, sehr gelehrt zu sein, ganz verschieden von den anderen und auf seine Weise tief religiös. Wo mag er heute sein? Ich erinnere mich, daß seine Augen von einem malvenfarbenen Ring umgeben waren, der manchmal ins Violette spielte. »Er ist ein Verlorener«, sagte eines Tages zu uns der Kamerad mit dem Kneifer. Verloren? Weshalb? Ich verstand nicht, stellte jedoch keine Fragen und ließ meine Blicke auf dem Verlorenen ruhen, der mir freundlich zulächelte. Er sprach fast niemals mit mir und verhielt sich auch sonst mir gegenüber sehr reserviert. Wenn ihm meine Antworten manchmal Spaß bereiteten, lachte er doch weniger laut darüber als die anderen. Ich hätte ihn gern näher kennengelernt. Heute habe ich sogar seinen Namen vergessen.
Zweifellos sollte ich jetzt von der Dame sprechen, die Näschereien verkaufte und deren winziges Büdchen auf sonderbare Weise in die Mauer hineininstalliert worden war, welche die Schüler der Tertia und der Sekunda von

denen der beiden Primen trennte. Dieser kleine Laden sah eher wie ein Schilderhaus aus, und die Dame saß in einer Weise darin, daß man sie von beiden Höfen aus im Profil sehen konnte, da sie die rechte Seite ihres Gesichts Tertia und Sekunda zuwendete, während das linke Profil der Aufmerksamkeit von Unter- und Oberprima dargeboten wurde. Kräftig von Gestalt und rosigen Gesichts, sprach sie beinahe gar nicht, lächelte aber mit überlegener, heuchlerischer Miene, denn sie wußte, was sich rings um sie her zutrug und daß ihr Geschäft dabei blühte. Auf einem Brett vor dieser rätselhaften Person ausgebreitet reizten Bonbons und kleine Kuchen unsere Verschlecktheit. Ich allein gab dem nicht nach. Man mußte nämlich, um das Schilderhaus mit den guten Dingen zu erreichen, hinter den Fliederbüschen vorbei. Die Schar der vier Buben begab sich oft dahin. Ich sah dann, wie sie sich aneinander drängten und ungemessene Zeit benötigten, um ihre Bonbons am Stiel und Rumschnitten auszusuchen. Ich hörte auch das Gebell des Jungen mit dem Kneifer.

»Sei doch nicht immer so sittens-streng!« sagte er eines Tages zum hundertsten Male zu mir. »Wovor hast du denn Angst? Komm mit uns, suche dir etwas aus. Für zwei Sous zum Beispiel bekommst du schon eine Kokosmakrone.« Ich weiß nicht wieso, doch schließlich ging ich mit. Zum erstenmal sah ich aus der Nähe das lächelnde Profil der schweigsamen Dame und merkte auch, daß sie uns von der Seite her blinzelnd beobachtete. »Nimm dir nur ruhig Zeit«, empfahl mir der mit dem Kneifer. »Man braucht sich mit der Wahl nicht zu beeilen, nicht wahr, Ma-dame?« Die Dame antwortete nicht, lächelte jedoch unverwandt. Ich zögerte, ich war begierig auf das Zuckerzeug, und hier gab es so viel ... Als ich mich vorbeugte, fühlte ich plötzlich mehrere Hände zugleich über meinen Körper gleiten. Mit einer heftigen Bewegung machte ich mich frei und eilte schnell, mit pochendem Herzen, auf den Hof zurück. Ein paar Wochen hindurch ließ die kleine Bande mich daraufhin in Ruhe.

Von der sonderbaren Unordnung, welche das Fleischliche in den Alltag bringt, wußte ich noch nichts. Zu Hause gingen Dinge vor, deren Bedeutung mir gleichermaßen entging.
Die Küche war weiträumig und, obwohl im Souterrain gelegen, durch zwei große, einander gegenüber befindliche, vergitterte Fenster hinlänglich mit Licht versehen. Sie war häufig der Schauplatz heftiger, geheimnisvoller Szenen, deren Echo bis zu mir drang, ohne daß ich jedoch das geringste davon verstand; der Sinn von alledem wurde mir erst bedeutend später offenbar.
Das Zimmermädchen, mit Namen Gabrielle, war eine sehr schöne, muntere, lebhafte, rosige Person. Ich betone diese Tatsache, weil man bei ihrem Anblick tatsächlich an eine Rose dachte. Jeden Morgen nun – und aus diesem Grunde erinnere ich mich so gut an sie – pflegte dieses Mädchen eine Schale mit Blut zu leeren. Die Schale, die sie mit sichtlichem Vergnügen an ihre Lippen führte, war dickwandig und weiß, das Blut darin jedoch unheimlich schwarz, nur nach den Rändern zu rot. Es wurde mir erklärt, sie habe schwache Lungen, und diese Art der Kur sei ihr als unerläßlich verschrieben. Mit Grauen, doch auch fasziniert von dem Anblick, sah ich ihr beim Trinken zu. Mit flach auf die Hüfte gelegter Hand warf sie den Kopf zurück und labte sich.
Geheimnisvoller noch war die Köchin Berthe. Mit ihren etwas vorstehenden Augen, ihrem stets leicht zur Seite geneigten Kopf, ihrem ewigen Lächeln, in dem sich Bosheit und eine gewisse Hinterhältigkeit mischten, erinnerte sie an einen Engel der Kathedrale von Reims, doch an einen etwas fragwürdigen, vom rechten Weg abgeirrten Engel. Sehr intelligent, dabei schamlos diebisch, hatte sie

die Gabe, Personen, denen sie zu gefallen entschlossen war, völlig zu verzaubern. Wenn ich mich nicht täusche, stammte sie aus der Pikardie, und ich habe noch ihren Stimmklang, den einer pfiffigen Bäuerin, im Ohr.

Zwischen Gabrielle und jener fleischgewordenen antiken Statue, die Teresina war, verbrachte sie angenehme Tage, die zuweilen von schreckenerregenden Gewittern unterbrochen wurden, denn ihre Neigung trieb sie bald mehr zu der einen, bald zu der anderen, und ihre Launen beschworen furchtbare Eifersuchtsszenen herauf. Ich weiß nicht mehr, wo eigentlich diese drei Frauen schliefen. Ich habe die Anordnung eines ganzen Teils unserer Villa vergessen. Auf alle Fälle hatte ich keine Ahnung von ihren Liebesbeziehungen, und es hätte lange gebraucht, mir begreiflich zu machen, um was es sich überhaupt handelte.

Wenn ich allein war, erlebte ich Anfälle toller Freude. Ich tanzte in meinem Zimmer umher und sang dabei Melodien, die ich selbst erfand. Ich stellte mir vor, ich sei ein anderer und lebte in einem andern Jahrhundert. Die Worte, die ich hervorstieß, hatten keinen Sinn. Auf dem Bett, auf das ich mich atemlos warf, lachte ich ohne Grund. Ich fühlte mich so glücklich, am Leben zu sein, daß diese Gestikulationen und Schreie mich gleichsam von einer Last befreiten. Während ich mich von einer Seite auf die andere wälzte, empfand ich eine sonderbare, durch Müdigkeit bedingte Erleichterung. Darauf verfiel ich in größenwahnsinnige Träume, die ich stets von neuem aufgriff wie Fragmente einer fortlaufenden Geschichte, deren Faden ich niemals verlor. Ich war dann eine machtvolle Persönlichkeit, die ihren Sklaven Befehle erteilte. Mein Großvater hatte Sklaven gehabt, auch ich hatte die meinen. Sie knieten vor mir nieder. Ich war gut, mit gelegentlichen Anfällen mörderischer Wut, die niemand vorhersehen konnte; ich tötete und ließ töten. Diese Augenblicke halben Wahnsinns waren nicht selten in meiner Einsam-

keit, doch niemand wußte etwas davon, sie waren mein Geheimnis.
Von allen meinen Schwestern war Lucy, die niemand recht verstand, diejenige, die am meisten mir näherzukommen versuchte. Sie war scheu und sehr still, doch suchte sie mich zum Verbündeten gegen die anderen, die Großen, zu gewinnen, denn wenn sie auch fast neunzehn Jahre alt war, so war sie doch ein kleines Mädchen geblieben, etwas verstockt, ein wenig heimlichtuerisch, immer bemüht, ihre Gefühle zu verbergen. Während sie die Arme wie ein Mann verschränkte, sah sie mich manchmal mit einem Lächeln an, in das sie gern Zärtlichkeit hätte legen mögen, das aber gleichwohl dem Lächeln eines Tieres der Wildnis glich. Viel später – viel zu spät erst! – merkte ich, wieviel Güte sich im Herzen dieses seltsamen Mädchens verbarg, das allen Formen des Scheiterns und des Mißgeschicks preisgegeben sein sollte. Auch sie hatte ihre Welt für sich, von der sie zu niemandem sprach. Ihre Redeweise sogar war nur ihr selber eigen, mit sonderbaren Wörtern gespickt, in denen sich Französisch mit Englisch mischte. Ich glaube, daß sie sich für nahezu unverstehbar hielt und daß sie darunter litt. Ein von ihr erfundenes Wort war bei uns in den täglichen Sprachgebrauch eingegangen, und es kommt vor, daß ich es noch jetzt im Umgang mit meinen Schwestern verwende; es hieß ›Bunzeem‹ und wurde – mit einem langen i in der zweiten Silbe – englisch ausgesprochen. Ein ›Bunzeem‹ konnte alles bezeichnen, was nicht in Ordnung war, alles woran man sich stieß, alles was das Leben komplizierte, doch das Sonderbare bei der Sache war, daß dieses so bequeme Wort sowohl die unbedeutendsten Kleinigkeiten, wie auch Ereignisse von größter Bedeutung erfaßte. Eine Haarsträhne, die sich auf der Stirn immer von neuem widerspenstig hob, war bestimmt ein ›Bunzeem‹, denn man mußte irgendwie damit fertig werden. Eine überaus scharfe Diskussion zwischen Freun-

den: ›Bunzeem‹. Ein Generalstreik: ›Bunzeem‹. Die Bombe, die jemand in den Wagen eines Erzherzogs schleuderte – ein zweifellos erhebliches, aber doch ein ›Bunzeem‹. Ich sehe noch Lucy mit gerunzelter Stirn, großen, schönen, tragisch geweiteten Augen von der finstern Bläue des Meers und einem wütenden Achselzucken vor mir. »Aber was gibt es denn, Lucy?« Sie entfernte sich jäh und murmelte nur: »Bunzeems!« Und ohne daß man jemals erfuhr, warum, brach sie in Schluchzen aus und flüchtete sich in ihr Zimmer, wo sie sich einem geheimnisvollen Kummer überließ. Manchmal aber floh sie nicht, sondern tat noch etwas weit Traurigeres: wie ein kleines Mädchen preßte sie die Fäuste vor die Augen und weinte lautlos vor sich hin. Mögen die Toten ihre armen Geheimnisse behalten und den Lebenden verzeihen!

Ich sprach bereits von einer ›fortlaufenden Geschichte‹. Vielleicht ist der Augenblick gekommen, ein paar Worte darüber zu sagen. Sie war, ich weiß nicht wie, in den Tiefen meines Hirns entstanden und beschäftigte mich in meiner Einsamkeit. Ich fand die letzte Episode wieder in mir, sobald ich den Kopf aufs Kissen legte, um einzuschlafen, und ich nehme an, daß sie sich in meinem Schlaf nach unbekannten Gesetzen weiterentwickelte. Zu den Träumen von Größe und Allmacht traten Mordgeschichten hinzu. So war ich zum Beispiel der Letztgeborene einer sehr weitläufigen und über die ganze Erde verstreuten Familie. Um nacheinander alle nah oder entfernt mit mir verwandten Personen verschwinden zu lassen, unternahm ich lange, komplizierte Reisen. Allein meine Mutter blieb von diesem sorgfältig durchdachten Gemetzel verschont. Niemals wurde ich auf frischer Tat ertappt, denn unschätzbarerweise verfügte ich über die Gabe der Unsichtbarkeit. Ich bin mir darüber klar, daß meine natürliche Sanftmut mit der ausgeklügelten Roheit dieses geistigen Spiels

kaum in Einklang zu bringen ist, aber ich kann mir nicht verbergen, daß unter dieser scheinbaren Sanftmut offenbar eine übersteigerte Gewalttätigkeit tobte. Nach und nach ist das alles in meine Romane eingegangen.
Da alles gesagt werden muß [was hat es sonst für einen Zweck, ein Buch dieser Art zu schreiben?], sah ich nie einen Spiegel, ohne daß mein Herz vor Vergnügen höher schlug, und wann immer ich allein war, schaute ich lange mit leidenschaftlichem Interesse mich selber an. Die Sarkasmen meines Schwagers wirkten in solchen Momenten nicht mehr in mir nach; ich vergaß sie, fasziniert von dem Bild, das ich, so kam es mir vor, jedes Mal ganz neu entdeckte. Das war das Bizarre bei der Sache. Ich fand mich dann jemandem gegenüber, zu dem ich lautlos sprach, und beobachtete aufmerksam die Bewegung der Lippen, aus denen Worte strömten, die nicht behalten zu haben ich bedauere. War ich es, der da sprach? Ich versuchte mir vorzustellen, daß nicht ich, daß ein andrer es sei. Ich schwärmte für dieses Antlitz, das mir zulächelte, und wenn es dunkel war, führte ich die brennende Kerze rings um meinen Kopf herum, um meine Augen blitzen oder auf meiner Stirn und meinen Wangen unerwartete Schattenspiele entstehen zu sehen. Manchmal nahm ich eine drohende Miene an, runzelte die Brauen und öffnete halb den Mund, oder aber ich stand völlig unbeweglich da, ohne auch nur mit den Wimpern zu zucken, und wartete auf den Augenblick, in dem, dank diesem starren Fixieren, mir eine langsame Verdoppelung meines Spiegelbildes gelingen und es mir vorkommen würde, als löse sich hinter meinem Kopf eine zweite Person aus der Tiefe des Zimmers. Ich setzte dann den Leuchter ab und wandte mich schreiend um, natürlich war das Zimmer leer. Dieses Spiel erschien mir allerdings so gefährlich, daß ich mich ihm nicht häufig überließ. Lief ich nicht am Ende Gefahr, damit den Teufel herbeizuzitieren? Immerhin gab es

Abende, an denen ich mich durch etwas, das stärker war als ich, zu diesem geheimnisvollen Spiel hingezogen fühlte. Wer ahnte etwas von diesem seltsamen Zeitvertreib? Niemand, glaube ich, meine Mutter noch weniger als irgend jemand sonst.

Ich komme nun zu einer höchst sonderbaren Szene, die eines Donnerstags stattfand; die Erinnerung daran hat mich durch lange Jahre hindurch verfolgt. Sie berührte mich so stark, daß ich glaube, nicht die geringste Einzelheit davon vergessen zu haben. Es war eines schönen Morgens im Winter 1914 auf 15, ein paar Wochen, bevor meine Mutter starb. Sie war an dem Tage krank, sie litt an jenem Kopfschmerz, der so häufig in ihrem Leben auftrat. Ich wußte, daß man im Treppenhaus keinen Lärm machen durfte, und war in meinem Zimmer, als jemand mir sagen kam, sie wünsche mich zu sprechen.
Ihr Zimmer befand sich im ersten Stock, und die Sonne schien durch eines der drei Fenster, doch Mamas Bett war in eine Ecke geschoben worden, so daß das Licht sie nicht stören konnte, selbst wenn jemand die Vorhänge aufgezogen hätte. Dieses Messingbett mit den Stäben am Fuß- und am Kopfende sehe ich noch sehr deutlich vor mir. Meine Mutter lag darin auf dem Rücken ausgestreckt, und ihr Haar, das schon grau zu werden begann, fiel über die Weiße des Kissens. Mit einer Stimme, die ich gut kannte und die mich schmerzlich berührte, denn es war ihre ferne, ihre leidende Stimme, bat sie mich, die Tür hinter mir zuzumachen. Ich gehorchte und blieb stehen, wobei ich mit den Händen die Messingstäbe des Bettes umklammerte, denn schon erschreckte mich etwas Tragisches, das ich aus den Zügen meiner Mutter herauslas. Sie ließ ein paar Sekunden vergehen, dann fragte sie mich, ob Berthe, die Köchin, manchmal mit mir spräche, wenn ich mit ihr allein sei. Ich verneinte es. Mache sie mir wohl kleine

Geschenke? Nein. [Wie schwach war ihre Stimme, und aus wie weiter Entfernung drang sie bis zu mir! Dennoch lag zwischen uns nur die Länge dieses Bettes.] Noch ein paar Sekunden vergingen. Schließlich kündigte sie mir an, sie habe mir etwas zu sagen. Es handle sich um ihren Bruder, meinen Onkel Willie. »Er ist lange vor deiner Geburt gestorben. Ich habe dir niemals von ihm gesprochen, ich konnte es einfach nicht, ich liebte ihn zu sehr. Er war schöner als du.«
In diesem Augenblick zog sie sich das Bettuch über das Gesicht und ließ ein tiefes schmerzliches Stöhnen vernehmen, bei dem ich erbebte. »Mama«, sagte ich zu ihr, »du mußt nicht davon sprechen, wenn es dir so schwerfällt.« Plötzlich schlug sie das Leintuch wieder zurück, als ob sie sich meiner Feigheit schäme. »Doch«, erklärte sie mit verwandelter Stimme. »Du mußt alles wissen. Eine Frau hat sich in ihn verliebt. Verstehst du? Niemand wußte, daß die beiden sich sahen. Ihretwegen, durch diese Frau, verstehst du, ist er krank geworden. Er war nicht zu retten und starb ganz jung.«
Ich schwieg bestürzt. Was sollte diese Geschichte? Weshalb sprach meine Mutter auf solche Weise zu mir? Tränen blitzten auf ihren Wangen. Auf einmal hob sie den Kopf und schrie laut auf. Sie hatte sich ein paar Haare ausgerissen, die sich an den Messingstäben des Bettes verfangen hatten. Einen Augenblick sah sie mich an, dann sagte sie zu mir: «Du mußt mir versprechen, daß du niemals allein mit irgendeinem von den Dienstmädchen sprichst.« Ich versprach es, sie versuchte zu lächeln und hieß mich wieder gehen. Ich verließ das Zimmer in tiefer Verwirrung, ohne etwas verstanden zu haben, außer daß ich nicht mehr, wie ich es manchmal getan hatte, mit Berthe, Gabrielle oder Teresina lachen und schwatzen sollte.
Ich wußte nichts von meinem Onkel Willie. Sogar seine Existenz war mir erst an diesem Morgen offenbart worden.

Doch, sorglos von Natur, und da ich auch von dieser Geschichte im Grunde nichts begriff, vergaß ich sie sofort wieder über der bloßen Freude, zu leben. Erst sehr viel später kam mir der Gedanke, Erklärungen zu erbitten, erst, als meine Mutter schon seit langen Jahren tot war. Da erfuhr ich denn, daß mein Onkel Willie, der in Savannah gelebt hatte, tatsächlich außergewöhnlich schön gewesen war und daß eine Dienerin sich in ihn verliebt hatte. Von dieser Verbindung konnte man mir nichts sagen, außer daß die Verführerin an Syphilis erkrankt war. Als das Leiden sich auch bei meinem Onkel bemerkbar machte, ließ er sich nach den damaligen Methoden behandeln [das Ganze trug sich im Jahre 1892 oder 93 zu]. Hatte man in seiner Umgebung etwas von der Sache gewußt? Ich glaube es nicht. Immerhin war im Jahre 1895 seine Gesundheit bereits so betrüblich zerrüttet, daß beschlossen wurde [sonderbarer Beschluß!], er solle nach Europa reisen, da ihm das guttun würde. Niemand sollte wohl wissen ... Der Arme hatte gewiß über die Natur seines Leidens schweigen und lügen müssen.
Zu dieser Zeit wohnten meine Eltern mit ihren Kindern in Le Havre. Meine Mutter ging zum Hafen, um Willie in Empfang zu nehmen, doch war er schon so verändert, daß sie ihn kaum erkannte; das Erschreckendste war, daß er nahezu idiotisch geworden war.
Der Schlag war furchtbar, und meine Mutter erholte sich nie ganz davon. Sie ging damals schwanger mit meiner Schwester Lucy, an der sich die Folgen dieser nervlichen Erschütterung unzweifelhaft bemerkbar machten. Was wurde aus meinem Onkel? Ich weiß nichts darüber. Ich glaube, er wurde nach Amerika zurückgeschickt, wo er kurze Zeit darauf starb.
Nur mit tiefer Trauer kann ich mir vorstellen, welche Erschütterung dieses Drama, auf das sie durch nichts vorbereitet gewesen war, für meine Mutter bedeutete. Nie-

mand hatte ihr gesagt, daß ihr Bruder krank sei, sie aber liebte ihn mit einer heftigen, uneingeschränkten Liebe. Nie mehr sprach sie seinen Namen aus, außer an jenem Morgen im Jahre 1914, als sie das Bettuch über die Augen zog, um ihren Schmerz zu verbergen.

Jetzt ist mir alles freilich bedeutend klarer, ich verstehe besser diese durch eine unauslöschliche Erinnerung verstörte Mutter, die daraufhin über ihren Sohn wachte und mit Grauen die ersten Anzeichen der Sinnlichkeit auftreten sah, einer Sinnlichkeit, die Gott in der Person ihres Bruders so sichtbar mit seinem Fluch belegt hatte. Ohne Lächeln kann ich jetzt auch das Brotmesser verstehen, auch die gewisse Düsternis in der Natur meiner Schwester Lucy, auf die mit einem Schlage das ganze Gewicht dieser an Verzweiflung grenzenden Schwermut gefallen war.

Wenn ich sagte, daß die Worte meiner Mutter durch Lebensfreude schnell wieder in mir ausgelöscht wurden, bin ich nicht ganz bei der Wahrheit geblieben, denn eines davon hallte, wie ich zu meiner Beschämung gestehen muß, länger in mir nach: »Dein Onkel Willie war schöner als du.« Schöner als ich? Ich fragte mich ernstlich, ob das möglich sei, und befragte gleichfalls meinen Spiegel. Von welchem grotesken Hochmut war ich befallen, ganz ohne es zu wissen, und noch dazu unter dem Deckmantel großer Bescheidenheit ... Heute, wenn ich mir über diese nun so merkwürdig ferne Vergangenheit Rechenschaft abzulegen versuche, bin ich mir darüber klar, daß bei dieser Bewunderung meiner Person keine Spur von Sinnlichkeit im Spiel war, denn was ich in mir liebte, war ja gerade die Reinheit. Meine Mutter hatte mir ihr Grauen vor der Unreinheit und eine Art von Faszination vererbt, die dieses Grauen auf sie ausübte, sobald es sich um ihren Jüngsten handelte.

Mein Spiegel jedoch beruhigte mich. Ich war ebenso leicht zu beschwichtigen wie ein Verliebter im Hinblick auf die Liebe der geliebten Person. Ich glaube, daß viele junge

Burschen und Mädchen diese Dinge, die ich beschrieben habe und die etwas lächerlich scheinen mögen, an sich selbst erlebt haben und es nur nicht eingestehen oder aber sich nicht daran erinnern wollen. Die Jugend ist narzißtisch. Ich war es in solchem Maße, daß ich beim Anblick dieses Gesichts, das mich mit so ernster Aufmerksamkeit musterte, die Vorstellung hatte, es könne aus seinem Rahmen heraustreten und zu mir wie ein Wesen zu einem anderen reden, wobei ich vor Glück vermutlich gestorben wäre. Das ist die ganze Wahrheit.

Ich muß jedoch sagen, daß der alberne Kult, den ich mit mir selber trieb, in dem unbestimmten und gestaltlosen Zustand gewisser diesem Alter eigentümlichen Passionen blieb und daß meine gigantische Torheit mir keineswegs zum Bewußtsein kam. Ich füge hinzu, daß ich mich in Gegenwart meines Schwagers nach wie vor häßlich fühlte, aber keineswegs, wenn ich allein war. Ich sang und agierte ernsthaft vor meinem Spiegel zu Ehren jenes unerreichbaren anderen, der meine Mienen und meine Stimme nachahmte. Niemals schaute ich mich in meiner Nacktheit an, denn Nacktheit war ja unrein, und schließlich hatte ich die verworrene Vorstellung, daß ich mit meiner ganzen Person zu denen gehörte, die man nur bekleidet sehen und unter keinem Vorwand berühren dürfe. Meine Mutter allein hatte das Recht, mich zu küssen, und ich murrte ein wenig, wenn meine Schwestern die gewohnten Beweise ihrer Zuneigung an mich verschwendeten.

Von da bis zu der Idee, daß ich niemals etwas Böses tun könnte, war es nur ein Schritt. Ich war reif für viele Verfehlungen, da Hochmut ja vor dem Fall kommt, aber noch gefährlicher war etwas anderes, das nicht aus mir selbst kam, ein wahnwitziger Gedanke, der sich seit langem in mir festgesetzt hatte und mit den Jahren außerordentliche Macht über mich gewann: ›Das Böse hört auf, böse zu sein, sobald du es tust, eben *weil du es bist.*‹ ›Weil ich es bin‹, wie

oft habe ich mir diesen Satz wiederholt, der mich von Gott entfernte! Ich tat noch nicht, was man das Böse nennt, aber offenkundig ging ein gewisser Sinn für das Moralische mir ab. Zudem gab es zu viele Dinge, von denen ich nichts wußte. Seit mehr als zwei Jahren war meine religiöse Unterweisung ganz außer acht gelassen worden.
Ich weiß nicht, was in meiner armen Mutter vorgegangen sein mag. Ihre innere Not war gewiß sehr groß, doch woher sollte ich wissen, was eigentlich sie quälte? Sie sprach zwar immer noch häufig und auch mit dem ganzen Ernst von ehedem zu mir von Religion, aber doch auf eine etwas allgemeinere Art. Sie sagte mir, ich solle Gott lieben. Ich liebte ihn, da ja sie ihn liebte. Ich solle nichts Böses tun. Ich tat es nicht, ich wußte noch nicht einmal, was das Böse war. Ich solle niemals schlechte Gedanken hegen; ich ahnte nicht einmal, was ein schlechter Gedanke war. Unter Umarmungen wies sie mich an, ich solle Gott für alles danken, was ich empfangen hätte. Getreulich verrichtete ich denn auch meine Gebete.

Ich bemühe mich, so sehr ich kann, mich dieser letzten Wochen des Jahres 1914 zu erinnern, als gelte es, darin für mich ein Geheimnis zu entdecken, aber sie bleiben ganz unergiebig für mich mit Ausnahme der allerletzten, die furchtbar war.
Ich erinnere mich indessen, daß wir manchmal amerikanische Freunde besuchten, die eine bezaubernde, von großen altmodischen Gärten umgebene Villa bewohnten, Herrn und Frau Cauchois mit ihren beiden Kindern Natalie und George. Natalie, die ungefähr mein Alter hatte, war von frappierender Schönheit. Ständig kehrte mein Blick zu diesem Antlitz zurück, das mich Jahre hindurch als eines der vollkommensten verfolgt hat, die man sehen konnte. Diese Augen von äußerster Sanftmut, der Mund mit den vollen Lippen, die blütenweiße Haut – alles das kam mir

märchenhaft vor, und ich starrte sie hemmungslos an, weil ich mir nicht bewußt war, wie ungehörig meine Bewunderung war. Sie lächelte mich gutmütig und mit einer Art platter Unschuld an.
Ihr Bruder, dessen Klugheit allgemein auffiel und der vielleicht ein Jahr jünger oder älter war als ich, bot einen völlig anderen Anblick, denn er hätte zwar sehr schön sein können, doch als er noch klein war, war er von einem großen Hund umgeworfen und so unglücklich verletzt worden, daß er ein Krüppel geblieben war. Ein Apparat gestattete ihm, sich einigermaßen gerade zu halten; er bewegte sich vorwärts, so gut es eben ging. Ich konnte ihn nicht anschauen, ohne daß sich mir das Herz verkrampfte, und ich muß sagen, daß dieser arme entstellte Körper mich ein wenig erschreckte. Der Junge hatte den lebhaften Geist solcher körperbehinderten Menschen und diskutierte heftig mit mir. Stolz, wie ich war, verlangte ich danach, immer recht zu haben, und suchte, ohne recht zu wissen, was ich tat, denjenigen zu demütigen, der plötzlich mein Gegner wurde, weil er sich meinen Argumenten nicht zu beugen gedachte. Wovon sprachen wir beide eigentlich? Ich kann mich nicht mehr erinnern.
Ich besuchte ihn in seinem Zimmer. An seinem Tisch sitzend und sein schönes Gesicht, das von innerem Licht erstrahlte, in die Hand gestützt, sprach er zu mir – wie konnte ich es vergessen? – fast nur von Flugzeugen. Er zeichnete unaufhörlich welche und stellte aus Pappe und Papierstücken winzige Exemplare her. Weil seine unseligen Beine ihn im Stich ließen, lebte er über den Wolken. Die Erde, die ihm so übel mitgespielt hatte, hinter sich lassend, stieg er Tag und Nacht zum Himmel empor, denn alle seine Träume bestanden in wunderbaren Aufschwüngen, die ihn in den Äther trugen.
Ich erkannte damals nicht recht, wie fabelhaft seine Begeisterung war. Der Beweis dafür ist, daß ich vor ein paar

Augenblicken noch gar nicht daran dachte, sondern vielmehr meinte, alles vergessen zu haben. Jetzt erst verstehe ich die Schönheit dieses zum Unmöglichen hin ausgespannten Lebens. Beschämt gestehe ich ein, daß ich nachlässig von etwas sprach, das ich bei dem kleinen George für eine bloße Marotte hielt. Ich war zu jung und zu heftig in mich selbst verliebt, um zu erraten, daß der Verkrüppelte durch die Art, wie er sich von seinem Leiden befreite, weit über mich hinauswuchs. Er lachte vor Glück, und wenn ich, um ihn mein Übergewicht fühlen zu lassen, von Literatur zu sprechen begann, machte er sich auf nette Weise mit einem Lächeln, das ganz ohne Bosheit war, lustig über mich. Ich hätte dabei hundertmal verdient, daß er mir das Tintenfaß an den Kopf warf. Niemals beklagte er sich. Er starb ein paar Jahre später und nahm alle seine Träume, von denen ich nichts verstand, mit sich.
Wenn ich von ihm gesprochen habe, so weniger seiner ›Aeros‹ wegen, an die ich schon gar nicht mehr dachte, als weil ich ihn wie seine ganze Familie für protestantisch hielt. Niemals haben weder er noch ich an dieses Thema gerührt. Allem Anschein nach interessierte die Religion ihn kaum [kann man es aber wissen?]. Was mich betraf, so hatte allein meine Mutter das Recht, zu mir davon zu sprechen. Von seiten jedes anderen schien es mir unerträglich. Die Religion war Mamas Angelegenheit. Die Idee, darüber auch nur ein paar Worte mit meinem Vater oder meinen Schwestern zu wechseln, wäre mir schlechthin unmöglich erschienen. Ich hätte nie daran gedacht, zu George von dergleichen zu sprechen, aber ohne Zweifel war er im Grunde seines Herzens bei seinem Leiden und jenem Zustand demütigender Unterlegenheit, der ihm seine Jugend stahl und den er so tapfer ertrug, weit religiöser als ich.
Wie dem auch sei, meine Mutter sagte eines Tages etwas, was mich vor Grauen erbeben ließ. Ich erinnere mich, daß

wir, mein Vater, meine Schwestern und ich, unten an der Treppe standen und daß Mama mit einem ernsten Blick auf uns sich vernehmen ließ: »Edward, wir gehen nie in die Kirche, und jetzt naht das Weihnachtsfest. Ich finde, wir sollten die Kinder hier bei uns mit dem kleinen George und Natalie zusammen Choräle singen lassen.«
Mit dem kleinen George zusammen Choräle singen! Ich hätte es niemals gekonnt! Allein der Gedanke daran war mir entsetzlich peinlich. Ich weiß nicht, was mein Vater zur Antwort gab, mir ist nur noch der Einfall meiner Mutter erinnerlich. Sie litt an einer Leere in ihrem Leben. Wie ich schon anderswo gesagt zu haben glaube, gab es in Le Vésinet keine andere protestantische Kirche als eine calvinistische Kapelle. Wir alle sollten sie ganz gegen unseren Willen sehr bald darauf besuchen.
Zu meiner Erleichterung geriet jener fromme Plan in Vergessenheit.

Wenn ich schon über die Tatsache bestürzt bin, daß der kleine George sich für das Flugwesen interessierte und ich es wieder vergessen hatte, wie sollte ich es dann nicht erst durch den Verdacht sein, was sonst noch alles mir aus dem Sinn gekommen sein mag? Werde ich jemals erfahren, was in meiner Mutter am Ende ihres Lebens vorgegangen ist? Immer häufiger zitierte sie mir die Worte des heiligen Johannes über die Liebe Gottes. »Gott ist die Liebe ..., Kindlein, liebet einander.« Man hätte meinen können, daß für sie die ganze Religion allein in diesem Wort Liebe enthalten war, und wie hätte ich nicht glauben sollen, Mama habe damit recht? Dies war so etwas wie ein geistliches Testament, das sie mir hinterließ. »Und wären eure Sünden rot wie Scharlach, ich will sie weiß machen wie Schnee.« Diese Worte des Alten und des Neuen Testaments gab sie mir als eine Art Wegzehrung mit.
Ich habe schon gesagt, daß sie in der letzten Zeit immer

stiller geworden war. Der Gedanke an den Krieg war ihr unerträglich, und dazu kam noch etwas anderes, was sie vermutlich wußte, nämlich, daß mein Vater im Begriff stand, zum Katholizismus überzutreten. Sprachen sie untereinander darüber? Und was hielt sie davon? Ich habe weiter oben gesagt, daß sie Gespräche mit einem Mönch geführt und Aufklärung von ihm erbeten hatte, doch war nichts Endgültiges daraus erfolgt, und sicher werde ich niemals erfahren, in welcher Verfassung der Tod sie angetroffen hat.
Zwei Tage vor diesem Weihnachtsfest 1914 saß meine Schwester Retta auf dem Eßzimmersofa und schaute durch das Fenster; plötzlich rief sie meine Schwester Anne und sagte, sie solle doch einmal auf das große Gartentor blicken. Es seien Männer da, die es mit schwarzem Stoff bespannten. Der eine von ihnen, der auf einer Leiter stand, befestigte die schweren Draperien, ein anderer reichte sie ihm mit ausgestreckten Armen zu. »Du siehst es doch auch?« fragte Retta. Doch Anne hatte nichts vor Augen als den in winterlicher Starre daliegenden großen Garten. Niemand war da. »Aber doch, doch! Sieh doch nur hin!« Anne sah nichts, Retta hingegen sah.

Der erste Weihnachtsfeiertag fiel auf einen Sonntag. An diesem Tag setzte ich mich nach dem Mittagessen zu meiner Mutter auf das Eßzimmersofa und sagte ihr wieder einmal, wie sehr ich sie liebte. Ich hatte mich an sie geschmiegt, und ihr Arm lag auf meiner Schulter. So fühlte ich mich glücklich. »Je länger, desto mehr liebe ich dich«, sagte ich zu ihr. Sie antwortete mir mit einem Händedruck. Das war der letzte Austausch zwischen uns, der Abschied. In diesem großen Raum, in dem mir alles schön erschien, weil es unser Heim war, lehnte ich lachend meinen Kopf an die Brust meiner Mutter. Sie trug den großen grauen Wollschal, dessen Geruch ich so liebte; auf dem Tisch

lagen in einer silbernen Schale ein paar übriggebliebene Orangen, die an diesem etwas düsteren Wintertag besonders farbig wirkten. Das sind die letzten klaren Erinnerungen an ein tiefes Glück – so tief, daß ich mich frage, ob viele Kinder je ein gleiches erfahren haben.
Nicht ganz eine Stunde später hörte ich einen Schrei, der aus dem Salon kam, in dem meine Mutter sich befand. Fast gleich darauf spürte man im Hause eine neue, ungeheure, furchtbare Gegenwart. Es gab ein Kommen und Gehen. Jemand trug ein Becken dampfenden Wassers in den Salon. Ich wollte eintreten und sah meine Mutter zwischen zweien meiner Schwestern auf einem Sofa sitzen. Ihre nackten Füße steckten in dem Becken, und ein Ausdruck von Schmerz, der sie in meinen Augen beinahe unkenntlich machte, lag auf ihrem Gesicht. Mit einer Bewegung wies sie mich fort, und ich floh in mein Zimmer. Vom Fenster aus sah ich den See, der unter einem grauen Himmel unbeweglich zwischen den Bäumen lag. Nichts hatte sich verändert, alles war wie gewohnt, doch mein Herz pochte schwer in meiner Brust.
Ich weiß nicht mehr, was dann geschah, außer, daß ich in dieser Nacht auf einem Sofa in einem kleinen Bücherzimmer schlafen mußte, das an das Schlafzimmer meiner Mutter stieß. Ich erinnere mich auch, daß ich gegen neun Uhr, als ich gerade am Einschlafen war, durch die Zwischenwand einen furchtbaren Laut vernahm, der dem Röcheln eines Riesen glich.
Als der Morgen graute, kam eine meiner Schwestern herein, berührte mich an der Schulter und sagte zu mir, ich solle mich anziehen und den Arzt holen. Ich gehorchte, ohne zu begreifen, ich tat einfach alles, was man von mir verlangte; ich holte mein Fahrrad und schob es durch den Garten, wo ich in dem bleichen Licht die Rasenflächen und das Gitter kaum wahrnehmen konnte. Einen Augenblick später stand ich vor dem Hause des Arztes und

schellte an seiner Tür. Ein Fenster tat sich auf, er beugte sich heraus, erkannte mich und sagte: »Ich komme gleich.« Daß er keine Erklärungen von mir verlangte, kam mir unheimlicher vor als alles andere, aber ich lebte ohnehin in einem Albtraum, in dem ich nichts unterschied, weil ich tatsächlich in eine andere Welt eingetreten war.

Als ich mit dem Arzt zu Hause ankam, begab ich mich wieder in die kleine Bibliothek, um so nahe wie möglich bei meiner Mutter zu sein. Ich hatte keine genaue Vorstellung davon, was auf der anderen Seite der Zwischenwand sich zutragen mochte. Auf einem Gestell kreisten zwei oder drei Goldfische in ihrem Glas. Die Sonne ging über dem großen melancholischen Garten auf, an dessen anderer Seite man das Wasser des Sees schimmern sah. War nicht alles wie immer? Konnte man sich nicht an diesen Gedanken halten? Nach einem kurzen Augenblick ging ich dicht hinter dem Arzt, der aus dem Zimmer meiner Mutter getreten war, die Treppe hinunter. Als wir uns beide dem Gartentor näherten, erklärte er mir in einer zugleich freundlichen und brutalen Offenheit: »Du weißt ja, es ist aus. Es gibt keine Hoffnung mehr.«

Ich öffnete das Gartentor, er drückte mir die Hand. Ich hatte nichts von seiner Bemerkung verstanden. Von wem sprach er? Ich kehrte ins Haus zurück. Der Tisch war zum Frühstück gedeckt, doch das Speisezimmer war leer, obwohl es schon acht Uhr war. Was tun? In dieser Minute spürte ich, wie qualvoll es sein kann, einen Leib zu besitzen. Es fällt mir kein anderer Ausdruck ein. Es gibt tatsächlich Stunden, in denen man nicht weiß, was man mit seinem Körper anfangen, wo man mit ihm bleiben und was man aus ihm machen soll. Sich bewegen, gehen, kommen, sich setzen, aufstehen – anderes ist nicht möglich, und immer bleibt das Gewicht, das Gewicht dieser sonderbaren, bewohnten Masse –, bewohnt von etwas, das mehr denn alles andere wir selber ist und ein Leiden herannahen fühlt, das unsere Kräfte übersteigt.

Ich ging auf den Zehenspitzen bis an die Schwelle des Zimmers hinauf, in dem ich am Tage zuvor zur gleichen Stunde meiner Mutter guten Morgen gewünscht hatte. Die Tür stand spaltbreit offen. Ich wich zurück. Die Stimme meines Vaters drang bis zu mir, nicht seine alltägliche, sondern eine seltsam weiche Stimme, die eher einer Kinderstimme glich. »Hier ist Retta..., hier Lucy...« Man hätte meinen können, er stelle seine Kinder vor wie ehedem, wenn er uns irgendwelchen Gästen vorführte, aber die Stimme von damals war – ganz verschieden von dieser – heiter und glücklich gewesen.

Furcht erfaßte mich. Ich flüchtete mich in Annes Zimmer, in dem niemand war. Mit ein paar Schritten war ich bei den Fenstern mit den roten Vorhängen, und dort geschah es, daß mir Gott das Herz zerbrach. Zum erstenmal in meinem Leben erfuhr ich, was Leiden heißt. Ich begriff, und zwar alles. Ohne mich zu rühren, ohne Tränen, in tiefster Stille, erfuhr ich den Schock des Todes.

Ich erinnere mich, daß das Zimmer eher dunkel war, verschönt durch die blutroten Vorhänge. Draußen lag alles unbeweglich da, alles wirkte wie tot. Der Himmel, die Bäume, die Steine schienen zu frieren. Das Ganze glich einem Bild, auf dem nichts sich bewegt, und ich selber kam mir wie eine Figur auf einem Gemälde vor; ich machte keine Bewegung. Ich konnte nichts anderes tun als stehenbleiben, ohne irgend etwas von dem zu begreifen, was ich zunächst zu begreifen geglaubt hatte, was aber dennoch keinen Sinn ergab. Aus dieser seltsamen Minute ging ich als ein ganz anderer als der hervor, der ich noch am frühen Morgen gewesen war. In mir wurde jemand geboren, nicht unter Tränen, denn ich war jenseits der Tränen, vielmehr in Verzweiflung.

Mein Gott, wo warst du in diesem Augenblick? Ich fühlte

weder deine Gegenwart noch deine sanfte Güte, ich fand mich allein in furchtbarer Einsamkeit. Es kam mir vor, als schneide eine Teufelsmaschine rings um mich her die Luft ab, wie um mich ganz in mich selbst einzuschließen, denn ich erstickte fast vor Schmerz, weinte aber nicht.
Als ich den Bann des Schmerzes zu durchbrechen vermochte, ging ich wieder hinunter ins Eßzimmer, wo meine Schwester Retta auf dem Sofa saß. Lucy hockte ganz zusammengekrümmt und schluchzend neben ihr. Ich ließ mich zur Linken von Retta niedersinken, sie aber – die Geheimnisvolle, die Schweigerin – stieß plötzlich einen lauten Schrei aus und öffnete ihre Arme: »Kommt zu mir, meine armen Kleinen, meine Kinder!« Ich schmiegte mich an sie, doch Lucy wich zurück. Ich sah in Retta eine neue Person, die ich noch nicht kannte. Sie war sehr blaß, ihre Augen kamen mir riesig groß vor, und ihr langes schwarzes Haar fiel zu beiden Seiten ihres Gesichts herab. Niemals hatte sie mir wahre Zärtlichkeit gezeigt, aber plötzlich suchte ich an der Schulter dieses so verschwiegenen und so schönen Mädchens den Platz, den ich am Tage zuvor noch an der Schulter meiner Mutter gefunden hatte.
Eleonore trat wie ein Schatten ein, dann zog uns ein großes Stimmengewirr an den Fuß der Treppe, und ich sah meinen Vater in seinem grauen Morgenrock, wie er die Arme in einer Haltung hob, die ich nicht an ihm kannte. Denn alles an diesem Morgen war neu. Als er mich sah, eilte er rascher und hörbar stöhnend auf mich zu. »Sie war so stolz auf dich!« Er nahm mich in seine Arme und drückte mich an sein Herz.

Der Tag war einer der merkwürdigsten, die ich je erlebt habe. Das Haus kam mir leer vor. Ich weiß nicht, wo ich mich aufhielt, ich weiß nicht, wo mein Vater war, wo meine Schwestern waren. Ich wußte nur, wo meine Mutter lag, und mied ihr Zimmer, doch nur an dieses Zimmer dachte ich. Ich hörte, wie Türen aufgingen und sich allzu leise schlossen, ganz als fürchte man, die Tote aufzuwecken. Die Tote. Mama war eine Tote geworden, und am Tage zuvor noch hatte sie mit uns gelacht. Vom obersten Stockwerk aus, wohin ich mich geflüchtet hatte, lauschte ich den Geräuschen des Hauses und wartete. In mir war nichts als Schweigen und eine unaussprechliche Einsamkeit, die mir immer unvergeßlich bleiben wird. Einen Augenblick lang hatte ich verstanden, doch seit Stunden schon verstand ich nichts mehr. Ich wußte nicht, was eine Tote war. Ich wollte meine Mutter wieder sehen. Dieser Gedanke hatte sich in mir festgesetzt und ließ mich nicht mehr los. Nun wußte ich zwar, wo meine Mutter war, aber ich wollte sie für mich allein sehen.

Im obersten Stock des Hauses wartete ich, über das Treppengeländer gebeugt, die Augen starr auf die Tür meiner Mutter geheftet, den Gang der Dinge ab. In der Stille dröhnte mir der Kopf. Ich wartete, während das Holzgeländer sich in meinen Leib hineindrückte. Wie sind diese Minuten mir noch gegenwärtig mit allem Zukunftsträchtigen, das sie in sich bargen! Ich weiß nicht, wie lange Zeit ich dort blieb, aber ich sehe mich noch, wie ich den Türknauf vorsichtig wie ein Dieb umdrehte und in das Zimmer trat.

Es lag in heiterem Sonnenlicht da, und alles war in Ordnung. Auf dem größeren der beiden Betten, dem meines Vaters, sah ich ausgestreckt mit geschlossenen Augen meine Mutter liegen. Sofort verließ mich alle Furcht. Ich hatte, ich weiß nicht was, gefürchtet, und nun sah ich einfach vor mir die Person, die ich liebte. Eine ganze Weile stand ich neben ihr. Wenn etwas mich beunruhigte, so nicht ihre Unbeweglichkeit, sondern eher die meine. Weshalb rührte ich mich nicht? Sie und ich, wir waren wie Personen auf einem Gemälde – schon wieder hatte ich diesen seltsamen Eindruck –, und nichts schien wahr zu sein. Freilich sagte ich mir immer wieder, Mama sehe aus, als schlafe sie. Doch Schlafende pflegen zu atmen. Umsonst auch flüsterte ich vor mich hin: »Mama!« Sie hörte nicht, ich wußte es und war mir auch bewußt, daß sie jetzt eine andere Frau war als die, die noch vor kurzem zu mir gesprochen hatte. Sie dachte nicht mehr dieselben Dinge, sie sah mich nicht mehr, und je länger ich hinblickte, desto verwandelter erschien sie mir. Sie war majestätisch geworden wie eine Königin, getrennt von mir durch große Räume, in eine Meditation vertieft, die mir verborgen blieb. Noch einmal flüsterte ich: »Mama!« jedoch mit einer so leisen Stimme, daß sie mich sogar wachend nicht hätte hören können. Ich hatte Angst, sie zu stören. Das war es, ganz genau: ich hatte Angst, ein Wesen zu stören, das in Gedanken versunken dalag. Ich glaube, die Vorstellung, daß ich mich in Gegenwart einer Toten befände, streifte mich nicht einmal. Ich stand vor einer Unbekannten, die Mamas Züge trug und eine steinerne Unbeweglichkeit bewahrte, jedoch mir keine Furcht einflößte. Der Tod war ein paar Stunden vorher ins Haus getreten, war aber nun nicht mehr da. Nach kurzer Zeit drückte ich meine Lippen auf Mamas Stirn und ging.

Wo waren die Gebete, die man in solchen Fällen spricht? Wo war die Religion? Ich weiß es nicht. Ich dachte an das alles nicht, so scheint es mir. Ich war nicht mehr traurig, nur noch starr vor Verwunderung.

Ich kehrte in mein Zimmer zurück und warf einen Blick durch das Fenster. Was für ein schöner Tag, und wie ruhig war alles rings um mich her! Meine Mutter war nicht tot. Das war alles, was ich begriff.

Nach einer Viertelstunde ging ich noch einmal hinunter, um Mama zu sehen. Wie viele Male habe ich in der Erinnerung dieses Zimmer aufgesucht! Die Treppenstufen knarren unter meinen Schritten. Von neuem halte ich den Türknauf in der Hand, und wie sehr ich mich auch bemühe, immer gibt es ein Geräusch, das einem leisen Schrei ähnlich ist. Ich trete ein. Sie ist da. Sie denkt immer noch nach. Ihr Haar liegt über das Kissen gebreitet, niemand hat es gekämmt. Sie sieht strenger aus als gewöhnlich, doch zugleich jünger. Ihre Runzeln sind völlig verschwunden, sie ist sehr schön, ich wußte nicht, daß sie so schön war. Je länger ich sie anschaue, desto stärker wird der Eindruck in mir, daß sie von der Strömung eines unsichtbaren Flusses davongetragen wird, und dennoch rührt sie sich nicht. Ihre Hände liegen flach an ihrem Körper ausgestreckt, diese Hände, die Kinderwäsche wuschen und mir den Kopf streichelten. Alles ist so seltsam an diesem Morgen, es kann einfach nicht wahr sein. Was bedeutet Sterben? Mama ist nicht tot, ich habe doch recht gehabt. Sie ist erst Tage später gestorben. Dann freilich hat sich erwiesen, daß sie nicht mehr wiederkam.

Als meine Schwester Mary die Nachricht erhielt, kam sie sofort aus Italien zurück. Sie bekam das Zimmer, das ich im obersten Stock innehatte, und ich selbst schlief von diesem Tage an in dem Messingbett, in dem meine Mutter gestorben war. Für mich war das kein Quell des Grauens, vielmehr eine ungewöhnliche Tröstung. Ich weiß nicht, welche Worte ich brauchen soll, um diese Dinge zu sagen, aber es kam mir vor, als sei sie mir, wenn ich dort ausgestreckt lag, weniger fern. Ich sah dann, was sie gesehen hatte, ich wurde gewissermaßen sie selbst, und im Bann einer Traurigkeit, die ich nicht beschreiben kann, die mir jedoch nie eine Träne entlockte, fand ich zu ihr zurück. Eines Morgens wurde meine Aufmerksamkeit auf ein paar Haare gelenkt, die in den kugelförmigen, die Messingstäbe des Bettes krönenden Knäufen sich verfangen hatten. Sofort dachte ich an den Schmerzensschrei, den meine Mutter beim Heben des Kopfes ausgestoßen hatte, als sie damals zu mir von meinem Onkel Willie sprach. Mein

Herz klopfte stärker vor Rührung, ich löste die Haare heraus und wickelte sie um ein Papier, auf das ich das Datum des 27. Dezember schrieb. Das ist nahezu alles, was mir von ihr geblieben ist. Von der Person, die mich in ihre Arme schloß, deren Wange ich an der meinen fühlte, nur das – ein paar graue Haare.

Tage vergingen. Mein Vater schlief in demselben Zimmer wie ich, in dem großen Holzbett, das immer das seine gewesen war. Die Tür dieses Zimmers wurde offengelassen, damit er, wenn er eine Stunde später zu Bett ging als ich, mich nicht weckte. Eines Nachts war ich nahe am Einschlafen, hatte auch schon das Gesicht nach der Wand zugekehrt, als ich hörte, wie jemand eintrat und am Fußende meines Bettes sich auf die Knie niederließ. Es war meine Schwester Mary. Neben meinen leicht angezogenen Beinen spürte ich das Gewicht ihres Kopfes und ihrer Arme. Lange behielt sie diese Haltung bei, und ich fragte mich, was für Gebete sie sprechen mochte [die meinen waren immer kurz]. Ich hatte sagen hören, sie sei in Rom katholisch geworden, aber dieses Wort hatte für mich nicht viel Sinn, weckte vielmehr nur eine Vorstellung von Weihrauch und lateinischen Gesängen in mir. Nach einer ganzen Weile stand Mary wieder auf und beugte sich über mich. Ein paar Sekunden blieb sie in dieser Haltung stehen, dann entfernte sie sich.

Im Gymnasium fand ich alles wieder vor – die Schüler, den Hof, den Lärm der Stimmen. Alles das kam mir grauenhaft vor. Eines Tages, als ich in einer Reihe von Jungen vor der Tür des Refektoriums wartete und mich vor Schmerz nicht mehr zu retten wußte – dennoch weinte ich nicht –, wendete ich mich zu einem meiner Kameraden um und murmelte: »Mama ist tot.« Wie sehr bedauere ich, daß ich mich an den Namen und das Gesicht dieses Jungen nicht mehr erinnern kann! Er wich ein wenig zurück, als hätte ich ihn geschlagen, dann aber trat er wortlos näher zu mir heran, und mir ist, als hätte sein Mund meine Wange gestreift, doch vielleicht habe ich mir das auch nur gewünscht. Ich erinnere mich einzig an etwas wie eine tiefe Regung der Teilnahme, die ihn zu mir drängte.

Aus der Zeit zu Anfang des Jahres 1915 steigt eine Erinnerung in mir auf, die ich festhalten muß. Ich sitze mit meinem Schwager zusammen in einem mit Pferden bespannten Wagen. Der Wagen ist keine gewöhnliche Droschke. Er ist außen glänzend schwarz und im Innern [wie könnte ein Kind solche Dinge vergessen?] wundervoll gepolstert. Wir fahren den fast verlassen daliegenden Boulevard des Italiens entlang. Das Ganze ist wie ein Traum! Wohin fahren wir? In die Rue du Louvre, wo sich die Büros meines Vaters befinden. Aus welchem Grunde begeben wir uns dorthin? Ich habe es völlig vergessen. Mein Schwager spricht mit mir. Mein Gott, wie ›britisch‹ er doch ist! Sein schwarzer Überzieher ist fabelhaft geschnitten, dazu trägt er einen cremefarbenen Seidenschal und Velourslederhandschuhe... Ich wage ihn kaum anzublicken, so häßlich fühle ich mich neben ihm, so schlecht beschneidert, so minderwertig komme ich mir vor... Er spricht, ich weiß nicht wovon. Mama ist nicht mehr da. Alles ist verloren, und nichts hat mehr Bedeutung für mich. Plötzlich räuspert sich mein Schwager und blickt verlegen drein. Seine Worte kommen zögernd. »Ich weiß, daß du Kummer hast«, sagte er mit sanfter Stimme zu mir. »Auch ich bin sehr betrübt gewesen, als meine Mutter starb. Und die deine habe ich sehr geliebt...« Ist wirklich er es, der so zu mir spricht? Ich mache keine Bewegung. Er fährt zu reden fort und hüstelt von Zeit zu Zeit ein wenig, als müsse er um Entschuldigung bitten, weil er so peinliche Dinge zur Sprache bringt. Er stottert sogar ein bißchen, so, wie ich es bei vielen Leuten seiner Abstammung bemerkt habe, wenn es sich darum handelt, ein paar Schritte in die verbotenen Bezirke des Gefühls zu tun. Das ist nun die Mitteilung seines Beileids. Ich würde ihn gern küssen, wenn nicht die bloße Vorstellung schon für mich etwas Erschreckendes hätte. So rühre ich mich nicht und bewahre Schweigen, jedoch mit pochendem Herzen.

Wie ich schon gesagt zu haben glaube, legte ich die Strecke von Le Vésinet nach Paris in einem Abteil zweiter Klasse zurück. Es war fast immer voller Leute, die einen schlechten Geruch ausströmten, doch ich vergaß das ziemlich schnell, sobald ich mich in die Lektüre eines Buches versenkte. In diesem traurigen Januar 1915 las ich in einer billigen Ausgabe die Geschichte von ›Atala‹.* Ich weiß nicht, was heute ein Bub von vierzehn Jahren darüber denken würde, mich jedenfalls berauschte diese Erzählung. Die große Schönheit der Bilder versetzte mich in eine andere Welt, und bei den letzten Seiten weinte ich so heftig, wenn auch lautlos, daß die Tränen auf die Blätter meines Buches tropften. Man wird mir sagen, es sei nicht ganz zu verstehen, weshalb ich, der ich trockenen Auges an einem wirklichen Grab gestanden hatte, in welches das mir Kostbarste auf der Welt gesenkt wurde, so viel Kummer für einen nur erfundenen Tod aufbrachte. Ich kann nur berichten, was war. Erst ganz allmählich ging mir der Tod meiner Mutter auf, weil ich nicht ganz daran glaubte. Ich habe Monate gebraucht, um zu begreifen.

Nunc animi opus, Aeneas, nunc pectore firmo . . .
Hier und jetzt noch muß ich mir Fassung abringen, um meinen Bericht zu Ende zu führen, doch man muß eben schweigen oder alles sagen, wenn man verstanden werden will.
Zu Hause gab es niemanden mehr, der von Religion zu mir sprach. Meine Schwester Retta, die den Platz meiner Mut-

---

* Roman von Chateaubriand (1801). (AM/CK)

ter einzunehmen versuchte, sagte manchmal zu mir: »Ich hoffe, du liest deine Bibel!« Das war alles. Morgens kam sie mit dem Leuchter in der Hand mich wecken, und ihr schönes, etwas tragisches, von der Flamme erhelltes Gesicht war das erste, was ich zu Beginn jeden Tages sah. Wie Mama machte sie mir Tee und leistete mir Gesellschaft, ohne etwas zu sagen. In ihrer Gegenwart lag indessen etwas so Ernsthaftes und so Gutes, daß ich sie mit Zärtlichkeit anschauen mußte, und auch sie sah mich schweigend mit ihren großen schwarzen Augen an. »Ich hoffe, du paßt gut auf, wenn du über die Straße gehst«, pflegte sie zu sagen. Ebenso hatte es meine Mutter gesagt. Retta wollte diese Stimme, die für immer schwieg, weiterklingen lassen. Ich wagte nicht, sie zu küssen, und sie verlangte es nicht von mir. Am Abend wartete sie, bis ich zu Bett gegangen war, um mich gut zuzudecken. Sie zog das Bettuch über meine Schulter und berührte leicht mit der Hand meinen Kopf, mehr nicht. »Schlaf recht gut.«

Im Gymnasium trugen sich völlig andere Dinge zu. Nur ungern berichte ich, was man nun lesen wird, weil für mich damit eine Welt unterging, und zwar, da meine Mutter mir nicht mehr zur Seite stand, auf häßliche Weise. Die vier Jungen, von denen ich schon sprach, ließen mich nicht in Ruhe, mit Ausnahme desjenigen, von dem ich erzählt habe, daß man ihn mir gegenüber als einen »Verlorenen« bezeichnet hatte und der mich aus einer gewissen Entfernung mit seinen von violetten Ringen umgebenen Augen musterte. Der Schönredner der Bande, der mit dem Kneifer, zog mich eines Tages auf die Seite und fragte mich, ob ich wisse, was körperliche Lust sei. Ich verneinte, war mir aber nicht einmal klar darüber, was er meinte. Er erklärte es mir mit gekünstelt schamhaften Worten, dazwischen jedoch heftigen Lachanfällen. »Ich hoffe, ich schockiere dich nicht. Du bist ja so sittens-treng!«

Dies war einer der geheimnisvollsten Augenblicke meines Lebens. Der Junge schockierte mich nicht, vielmehr verstand ich nicht, was er sagen wollte. Die Idee, es könne Sünde sein, solche Dinge anzuhören, streifte mich nicht einmal. Rein und Unrein, die ihre Stimmen besonders laut hätten erheben sollen, schwiegen sich völlig aus. Weshalb? Auf diese Frage kann ich keine Antwort geben.

Mit großer Geduld nahm mein Kamerad seine Aufklärungsarbeit wieder auf. Die drei anderen Jungen hielten sich abseits, wußten aber recht gut, wovon zwischen uns die Rede war. Der, den ich bei mir selbst den ›Rohling‹ nannte, sah eher besorgt zu mir herüber.

Warum war niemand da und sprach in dieser Nacht zu mir – jemand, der mir sagte, ich solle auf der Hut sein? Wies mich nichts darauf hin, daß ich im Begriff stehe, eine Sünde zu begehen? Ich glaube sagen zu können, nein. Ich wußte nicht, was für eine Sünde dies war. Gewiß hatte man zu mir von Sünde, von Rein und Unrein gesprochen, doch niemals konkret. Meine Mutter glaubte, wie ich mit gutem Grund annehmen muß, ich wisse genug über diesen Punkt, um nichts Verbotenes zu tun; sie dachte, mir sei bekannt, was alle Jungen meines Alters wußten; erstaunlicherweise aber wußte ich nichts. Was den fraglichen Vorgang betraf, so brachte ich ihn mit keiner mir bekannten Verfehlung in Verbindung. »So machen es die Männer«, sagte mein Kamerad am folgenden Tage zu mir. »Jetzt bist du ein Mann.«

Das Sonderbarste an dieser ganzen Geschichte ist, daß ich, nachdem ich die Tat einmal begangen hatte, wochenlang nicht auf den Gedanken kam, sie zu wiederholen. Ich kann mir heute nicht erklären, warum. Es ist da irgend etwas, das sich mir entzieht. Nur eine dunkle Erinnerung an eine Minute der Erstarrung und des Schwindels blieb in mir zurück. Ich war weit von dem Gedanken entfernt, daß es von da an in meinem Leben ein Vorher und ein Hinterher gab und nunmehr das hinter mir lag, was ein Schriftsteller des siebzehnten Jahrhunderts das ›Verlorene Land‹* genannt hat. Was ich getan hatte, konnte nach menschlichen Begriffen unmöglich auf dies eine Mal beschränkt bleiben; die Wiederholung war nur eine Frage der Zeit. Der erste beste Priester hätte mich in wenigen Minuten über die Gefahr aufgeklärt, in die ich mich begab, doch lebte ich unter Christen, die schwiegen, weil man über gewisse Dinge mit einem Knaben nicht sprechen durfte. So dachte man nun einmal damals. Was wäre erfolgt, wenn jemand mich gewarnt hätte? Wäre mein Leben anders verlaufen? Ich nehme es beinahe an. Man kann mir natürlich entgegenhalten, daß ich Überlegungen über eine Sache anstelle, die sehr einfach ist und über kurz oder lang sowieso eingetreten wäre, doch daß sie spät und nicht früh eintrat, war das Wesentliche. Ich bin überzeugt, daß, solange meine Mutter lebte, ihre Gegenwart mich in einer Weise beschützte, wie weder sie noch ich es damals ahnen konnten.

Einer schlauen Eingebung folgend, die mich heute etwas überrascht, denn er war erst fünfzehn Jahre alt, wechselte der Kamerad mit dem Kneifer mir gegenüber den Ton; behutsam wußte er mich dazu zu bringen, die Welt ein wenig mit seinen Augen zu sehen. Der Ausdruck ›sittenstreng‹ verschwand aus seinem Wortschatz, und ich wurde nun mit Komplimenten bedacht, die mir um so mehr schmeichelten, als bislang mir niemals welche gemacht worden waren. Doch wurde mir das Gift nur tropfenweise verabfolgt, denn für den Umgang mit einem Neuling, wie ich einer war, hieß es Geduld aufwenden. Man lachte hinterhältig, und ich schwieg dazu. Der Rohling sagte

---

* »Pays Perdu«, Ausdruck des geistlichen Schriftstellers und Jesuitenpaters Jean Joseph Surin (1600–1665), zu dessen Korrespondenz J. G. 1966 ein Vorwort verfaßte. (AM/CK)

nicht viel. Ich glaubte, in seinen Blicken Zorn und sogar Haß zu lesen. Aus diesem Grunde fand ich, die Alliierten nähmen sich reichlich viel Zeit, Noyon zurückzuerobern. Wäre ich weniger harmlos gewesen, hätte ich erraten müssen, daß in dem Rohling Pläne reiften, über die er sich nur nicht zu äußern wagte.

Endlich kam – zu Beginn des Frühlings – ein Tag, an dem die drei Verschwörer mir vorschlugen, mich zum Bahnhof zu begleiten. Ich willigte ohne zu zögern ein. Nur der ›Verlorene‹ lehnte eine Beteiligung an diesem Unternehmen ab. Ich war ahnungslos – muß ich es erst sagen? Am Bahnhof der Avenue Henri-Martin warteten wir auf meinen Zug; als er eingelaufen war, entschied der mit dem Kneifer sich schnell für ein leeres Abteil. Meine Kameraden hatten, von mir unbemerkt, Fahrkarten genommen [es war nicht schwer, meine Aufmerksamkeit abzulenken, und schon hatten ihre Perronbilletts sich wie durch ein Wunder in Reisebilletts verwandelt]. Sobald wir auf unseren Plätzen saßen, benahmen sie sich höchst sonderbar. Zwei, die auf die Bänke gestiegen waren, warfen unaufhörlich Blicke durch die Fensterschlitze, durch die man in die Nachbarabteile sehen konnte, und alle drei oder vier Sekunden sprangen sie von den Bänken wieder zu mir herunter, um mich zu beruhigen. Das nun verstand ich nicht. Mich beruhigen? Weshalb? Ich rührte mich nicht, und von dem Platz gegenüber starrte der Rohling mich mit Augen an, die ihm förmlich aus dem Kopfe quollen. Die niedere, unbegreifliche Begierde, die aus seinen Zügen sprach, verwandelte ihn in meinen Augen . Der, den ich da vor mir hatte, war kein Gegner, sondern ein Sklave. »Schnell! Schnell!« riefen die beiden anderen, während sie aufgeregt von neuem auf die Bänke sprangen. Darauf schob der ›Rohling‹ mit einem demütig flehenden Lächeln seine Hand in meine Richtung vor. Ich blieb vollkommen unbeweglich, saß starr und leblos da wie ein Idol, denn zu irgend etwas derartigem war ich für diese Besessenen geworden.

Um sich diese Szene in ihrer ganzen traurigen Häßlichkeit auszumalen, muß man sich das durch einen Gasarm schlecht beleuchtete Abteil mit den dunkelblauen Bezügen auf den Bänken vorstellen, und dazu noch den Geruch nach kaltem Zigarrenrauch, der an den Wänden haftete, das Geräusch der Räder und das ängstliche Gebaren der Jungen, die fürchteten, jemand von den Leuten in den Nebenabteilen könnte einen Blick durch die Fensterchen werfen. Ich brauche keine Einzelheiten dessen zu beschreiben, was sich nun zutrug und in seiner Banalität etwas trostlos Mechanisches hatte.

Das Ganze dauerte nur drei oder vier Minuten, vielleicht sogar noch kürzere Zeit. Ich bilde mir ein, wir hätten uns bereits an der nächsten Station getrennt. Auf alle Fälle schienen die drei darauf aus zu sein, so schnell wie möglich zu verschwinden. Von diesem Tage an hörten sie auf, mich im Schulhof zu verfolgen. Sie machten mir fortan auch keine Komplimente mehr. Der Frühling kam, die Fliederbüsche blühten. Ich vergaß alles. Die Szene, die mir heute so ungewöhnlich vorkommt, verschwand aus meinem Gedächtnis für lange Zeit. Ich war mir durchaus nicht bewußt, etwas Schlechtes begangen zu haben, und das Bemerkenswerte daran ist, daß ich mir monatelang nichts Arges dabei dachte.

Da der Rohling sich nun nicht mehr um mich kümmerte, hörte ich auf, mich für das Schicksal von Noyon zu interessieren. In gewisser Weise war ich jetzt wieder ganz der, der ich vor dem Tode meiner Mutter gewesen war. Sinnlichkeit spielte in meinem Dasein überhaupt keine Rolle mehr. Zu dieser Zeit ungefähr freundete ich mich mit einem ebenso ernsten wie geistlosen Jungen an, den ich dann und wann gern demütigte, denn ich war der Meinung, daß er mir in jeder Hinsicht unterlegen sei. Seine Belanglosigkeit schmeichelte meinem Selbstgefühl, das so auf billige Weise sein Genüge fand. Zugleich [solche Widersprüche sind nicht leicht zu erklären] gab ich mir Mühe, vor diesem Kameraden den Narren zu spielen, so zu reden wie er, Geschichten von schwerfälliger Pointelosigkeit zu erzählen, einfältig zu lachen und wenn ich unsicher war, gleich ihm eine Haarsträhne um meinen Zeigefinger zu rollen. Warum? Geheimnis. Es kam mir nicht in den Sinn, daß ich vielleicht weder so verführerisch noch so begabt sein könnte, wie ich mir einzubilden begann. Ich glaube, daß das, was mich an diesem Jungen anzog, seine Unschuld war, die tiefer reichte, als die meine es je gewesen ist. Wieder trieben die Worte Rein und Unrein ihr Wesen auf meinen Lippen. Wenn ich von diesen Dingen rede, die belanglos erscheinen mögen, so deshalb, weil sie noch vor Ende des Jahres eine außergewöhnliche Bedeutung bekommen sollten.

Als es Mai wurde, machte ich eine jähe Wandlung durch.

Im Hause herrschte große Stille. Mein Schwager und meine Schwester waren abgereist, um sich in Genua niederzulassen, wo sie bis 1940 bleiben sollten. Anne und Retta betätigten sich als Krankenpflegerinnen beim Roten Kreuz in Saint-Germain en Laye. Lebte meine Schwester Mary bei uns? Ich vermag mich nicht daran zu erinnern. Auf alle Fälle waren meine Schwester Lucy, die seit dem Tode meiner Mutter fast kein Wort mehr sprach, und mein Vater, den wir nur abends bei der Mahlzeit sahen, noch da. Auch er hüllte sich fast völlig in Schweigen, das er nur manchmal mit seiner sanften Stimme zu durchbrechen versuchte, um uns Geschichten aus dem anderen Krieg, dem seiner Kinderzeit, zu erzählen. Mit Lucy spielte er dann und wann Karten, oder aber er versenkte sich mit dem Kopf in den Händen in die Lektüre eines Buches, das auf dem Eßzimmertisch vor ihm lag. Welches Buch? Vermutlich ein Werk, in dem bewiesen wurde, daß wir recht gehabt hatten, uns im Jahre 1861 von den Nordstaaten zu trennen [es gab ganze Reihen solcher Schriften in unserem Bücherschrank]. Daß meine Mutter nicht mehr da war, schuf eine erschreckende Leere. Ich spürte es mehr und mehr und floh vor dem Schmerz, der fast täglich um so stärker in mir wurde, je mehr ich selber heranwuchs. Ich war mir klar darüber, daß, auf eine Rückkehr derjenigen zu warten, die uns verlassen hatte, ein Kindertraum war. Sie würde nie wiederkommen, das war alles. Und dennoch kam sie wieder, doch das konnte ich nicht voraussehen, ebensowenig die Weise, in der diese Rückkehr sich vollzog.

Im Glanz des Frühlings lustwandelte ich unter Bäumen. Die Sonne drang durch die Blätter, und die Vögel sangen, doch auf Erden gab es für mich keine Freude mehr. Ich fragte mich, wie ich mich jemals vor Glück im Grase hatte wälzen können. Herr Tisserand kam jeden Donnerstag, um mir meine Stunde zu geben, und am gleichen Tage erschien auch die Schneiderin, denn beiden mußte weiterhin geholfen werden wie zu Lebzeiten meiner Mutter, doch alles kam mir sinnlos vor. Falls Mary bei uns wohnte – ich bin dessen nicht ganz gewiß –, verbrachte sie offenbar die Tage vor ihrer Rückkehr nach Italien in Paris. Unser Leben war wüst und leer, weil die Gestalt der einen Erwachsenen fehlte, die – ich weiß nicht, auf welche Weise – immer vermocht hatte, daß alles sich um sie sammelte. Ich meinerseits glaubte sie überall zu sehen, in dem Sessel, in dem sie so häufig eingeschlummert war, an dem Fenster, aus dem sie sich beugte, wobei sie wegen der Sonne, die ihr wehtat, ihre Augen mit der Hand bedeckte; immer aber blieb es für mich bei der traurigen Illusion. Ich beneidete meinen kleinen Neffen, der sie mit seinen vier Jahren eines Tages, als er zu schnell die Treppe hinunterging und sie ihm auf einer Stufe mit den lächelnd vorgebrachten Worten: »Vorsicht, mein Kleiner!« erschienen war, wirklich gesehen hatte.

Ich schlief nun nicht mehr in dem Zimmer, in dem sie gestorben war, sondern bewohnte erneut das meine im obersten Stock. Hier war mein Reich, die Stätte meiner Träume und der ›fortlaufenden Geschichte‹. Selbst an den schönsten Tagen war das Licht dort schwach, aber von dem kleinen Fenster aus überblickte ich den See, und alle möglichen Gedanken, die ich nicht in Worte zu fassen vermochte, kamen mir in den Sinn. Die Wasserfläche zwischen den Bäumen hatte für mich etwas magisch Anziehendes, weil sie mir auf irgendeine Weise dazu verhalf, den Anschluß an meine Kindheit wiederzufinden. Ich stellte mir dann vor, daß alles von neuem wie vor dem Unglück sei. Ich las Gedichte von Ronsard und sagte sie mir unaufhörlich halblaut auf, bis zur Betäubung, doch Langeweile schlich sich in mein Leben ein...
Was mein religiöses Leben betraf, so beschränkte es sich auf das Abendgebet, die tägliche Lesung eines Kapitels der Bibel und dann noch auf etwas, was ich nur zögernd bekenne. Meine Schwester Elenore hatte mir ihr gipsernes Kruzifix geschenkt, das ich, obgleich Protestant, in meinem Zimmer aufhängte; doch wenn der Moment der Sünde kam, deren Tyrannei ich allmählich haßte, nahm ich es jeweils von der Wand. In dieser geheimen Verurteilung meines Verhaltens lag der Keim von etwas, was ich nicht ahnte; aus diesem Grunde spreche ich hier davon. Sicher ist, daß ich Christus liebte wie eine lebende und gegenwärtige Person. Ich glaubte fest, daß er das sei; wenn ich jedoch, wie ein Ermordeter auf mein Bett hingestreckt, das Böse tat, so unterlag ich einer Art von Zauber, der von dem schwarzen Engel ausging. Wie

trübselig kam mir hinterher alles vor, das Zimmer, der leere Ablauf der Tage …

Indessen vollzog sich in mir eine innere Wandlung, die mir auch zum Bewußtsein kam. Ich fühlte mich klüger und stärker. Das Verlangen zu schreiben ließ mir keine Ruhe, aber was nur konnte ich verfassen? Eine Geschichte Frankreichs, ein großes Buch, das alle Bücher übertreffen würde. Es ging für mich darum, mich hervorzutun, der Erste zu sein, die anderen hinter mir zu lassen, alle Welt zu verblüffen. Da meine Naivität meinem Stolz die Waage hielt, fing ich gleich mit Gallien an. Die Stätte meiner Arbeit war nicht mein eigenes Zimmer, dieser Raum war für mich zu sehr vom Bösen heimgesucht. Ich begab mich anderswohin, ich ging hinunter in das Zimmer meiner Mutter. Dank den drei Fenstern, durch die es Licht erhielt, war es von Sonne durchflutet. Hier fühlte ich mich sicher vor mir selbst und verbrachte den ganzen Nachmittag mit Schreiben.

Ich habe vergessen zu sagen, daß ich in diesem Sommer erstmals lange Hosen trug, das heißt für alle Zeiten die halblangen Beinkleider abgelegt hatte, die bis unter die Knie reichten. In meinen eigenen Augen war ich damit zum Manne geworden. Ich trug das Haar auch nicht mehr bürstenförmig geschnitten, sondern glatt am Kopf anliegend, ohne Scheitel, nach einer Mode, die vor dem Krieg aus Südamerika zu uns gekommen war. Ich war zurückhaltend, schweigsam, verschlossen und überdies verdüstert durch meine Verfehlungen, die so wenig mit Lust zu tun hatten, denn ich war kalt von Temperament. Keinerlei Verlangen streifte mich beim Anblick eines menschlichen Gesichts. Die Welt war leer für mich. Ich machte mir nicht klar, daß mein Egoismus es war, der sie entleerte. Der Nächste blieb für mich etwas Unvorstellbares. Zweifellos störte mich das Leiden des Nächsten, es entsetzte mich sogar, wenn ich Zeuge davon war, aber ich stand ihm äußerlich unbewegt gegenüber. Und doch ... Eine Erinnerung kehrt mir ins Bewußtsein zurück. Da damals alle Krankenhäuser von Paris überfüllt waren, waren manche Gymnasien teilweise beschlagnahmt worden. So mußte auch der erste Stock des unseren Verwundete aufnehmen, die man anderswo nicht unterbringen konnte. Die weniger schwer Verletzten sah man in ihren horizontblauen Uniformen auf dem Hof spazierengehen, und wir hatten Befehl, sie zu grüßen, was ihnen übrigens sichtlich peinlich war. Über unseren Köpfen herrschte, während wir Unterricht hatten, ein ständiges Kommen und Gehen. Eines Tages erstarrte ich vor Grauen, infolge eines furchtbaren Schreis, auf den eine Art von Galoppade folgte. Keinerlei Erklärung wurde uns gegeben, doch auf alle Fälle hatte sich über uns etwas zugetragen. Dieser Schrei war für mich der Krieg. Ich vermutete, daß ein Verwundeter, der seine Schmerzen nicht mehr ertragen konnte, aus seinem Bett gesprungen war und zu fliehen versuchte. Ich bekam Angst, die Welt tat sich vor mir auf, ich konnte ihre Existenz nicht mehr leugnen, sie war da wie die Hölle. Das war im Herbst 1915. Wenn ich donnerstags wieder daheim war, schrieb ich mit Hilfe von Seignobos und dem kleinen Larousse weiter an meiner dummen Geschichte Frankreichs.

Ich glaube, es war im Oktober 1915, als eines der merkwürdigsten Ereignisse meines Lebens eintrat.
Man muß dazu wissen, daß an das Zimmer meiner Mutter [ich nannte es noch immer so, obwohl mein Vater es weiter bewohnte] ein Badezimmer grenzte, das auf den Boulevard Carnot ging. Es war ein kleiner, sehr sonniger Raum, in dessen einer Ecke eine Kommode mit Messinggriffen stand; auf dieser Kommode aber befand sich ein seltsames Möbel, eine Art Kasten, der auf einer Seite offen und mit grün und rot gestreiften Vorhängen versehen war. Wenn

man diese Vorhänge zur Seite schob, sah man, sorgfältig aufeinandergeschichtet, mit ihren gut gestärkten Manschetten dort die weißen Hemden meines Vaters liegen. Ich brauche gewiß nicht zu sagen, daß in meinen Augen diese Hemden nicht das geringste Interesse besaßen. Mein Vater lebte in einer der meinen vollkommen fremden Welt. Ich hegte große Achtung für ihn, doch hatte ich ihm nichts zu sagen. Wir sprachen manchmal davon, wie das Wetter wohl würde, oder er faßte mit ein paar Worten seine Meinung über den Tagesbericht vom gleichen Morgen zusammen; von Zeit zu Zeit kam ihm irgendeine Erinnerung an Amerika, das Amerika seiner Jugend. Ich lauschte schweigend dieser sanften Stimme, die infolge von Alter und Traurigkeit sich etwas zu verschleiern begann und ließ auch meinerseits zwei oder drei Worte vernehmen, um zu zeigen, daß ich zugehört hatte, doch bestand zwischen uns wenn auch nicht gerade etwas wie Befangenheit, so doch ein Mangel an Intimität, der mir unbehaglich war. Daß er mich liebte, bezweifelte ich nicht, auch war ich empfänglich für seine Güte, dank der er so anders wirkte als andere Männer. Tatsache ist indessen, daß wir einander nichts zu sagen hatten. War es der Abstand von dreiundvierzig Jahren, der uns trennte? Ich fühlte mich anders als er, und er hatte keinen Zugang zu mir. Es ist mir von ihm nur die Erinnerung an eine etwas linkische Zuneigung und eine gewisse Schüchternheit von seiner Seite wie von der meinen geblieben. »Hallo, boy!« sagte er jedesmal zu mir, wenn er mich zu Gesicht bekam, und lächelte dabei, doch seine großen kastanienbraunen Augen hatten seit dem Tod meiner Mutter ihre Heiterkeit eingebüßt. Auf meine merkwürdige Art liebte ich ihn, vor allem wünschte ich ihn in keiner Weise zu kränken und allen Erwartungen zu entsprechen, die er auf mich setzte. Wie weit war indessen der Weg von dieser respektvollen und ein klein wenig gekünstelten Freundlichkeit bis zu dem Überschwang, mit dem ich einst meiner Mutter entgegengeflogen war! Zu meiner Mutter sagte ich täglich zehnmal: »I love you!« Hätte ich je ›I love you‹ zu meinem Vater zu sagen vermocht? Wir standen einander fast wie zwei Fremde gegenüber.

Eines Donnerstagnachmittags, als ich in seinem Zimmer mit irgend etwas beschäftigt war – vielleicht mit meiner Geschichte Frankreichs –, kam mir plötzlich der Gedanke, aufzustehen und ins Badezimmer zu gehen. Ich mußte an meine Mutter denken, auf eine unerklärliche Weise schien sie mir anwesend zu sein. Wie soll ich diese Erlebnisse beschreiben, die sich durch Worte nur ganz stümperhaft wiedergeben lassen? Sobald man davon zu sprechen versucht, scheinen sie in einer Art Nebel zu verschwinden, in den die Sprache nicht vorzudringen vermag. Ich stand einen Augenblick abwartend vor dem Möbel, in das mein Vater seine Hemden einzuordnen pflegte, dann zog ich in einer plötzlichen Eingebung einen der rotgrünen Vorhänge zurück. Unter einem der Hemden lag, halbverborgen, hineingeschoben wie ein Gegenstand, den man ganz für sich behalten will, ein Buch, das meine Aufmerksamkeit auf sich zog.

Es war ein kurzer Abriß der gesamten katholischen Lehre für den Gebrauch Neukonvertierter, von Kardinal Gibbons aus Baltimore. Ich begann zu lesen. Sofort? Ich weiß es nicht, ich kann mich nicht mehr erinnern, doch was ich behaupten kann ist, daß ich in zehn oder vierzehn Tagen das ganze Buch verschlungen hatte. Vom ersten bis zum letzten Wort glaubte ich alles, was diese Seiten enthielten, ich glaubte es mit aller Kraft und Freudigkeit. Es kam mir vor, als werde mir in dem Augenblick, da ich am Verschmachten war, ein kühles Wasser aus unversieglicher Quelle gespendet, ein köstliches Naß, das mich mit Freude durchströmte. Was ich wissen wollte, wußte ich nunmehr, was ich glauben wollte, wurde mir in Fülle dargeboten; ich bedauerte nur, daß es nicht noch mehr davon gab. Dieses Wasser, berauschender als Wein, verwandelte mich mit einem Schlage, ich wurde Katholik dem Verlangen nach, ohne irgendwelchen inneren Widerstand, in einem ungeheuren Aufschwung zu Gott.

Als ich das Buch beendet hatte, las ich es, glaube ich, mehrmals von neuem durch, dann aber hatte ich das Bedürfnis, meinem Vater von der neuen Verfassung, in der ich mich befand, Kenntnis zu geben. Ich muß wohl nicht lange geschwankt haben. Ich fühlte mich in der Stimmung eines Neophyten, der bereit ist, einem römischen Präfekten die Stirn zu bieten. Weshalb hätte ich vor meinem Vater Angst haben sollen? Ich suchte ihn auf und sagte ihm unter Überwindung meiner Schüchternheit und meiner Eigenliebe, ich hätte dieses Buch unter seinen Hemden gefunden und wolle katholisch werden. Er lächelte und legte mir seine Hand auf die Schulter: »Ich bin seit dem 15. August dieses Jahres katholisch«, sagte er zu mir. »In Paris werde ich dich mit einem Ordensgeistlichen bekannt machen, der deine Unterweisung in die Hand nehmen soll.«

Meine Unterweisung! ›Aber ich weiß doch alles!‹ begehrte in meinem Innern der Hochmut auf. ›Ich habe doch Kardinal Gibbons gelesen!‹ Doch wagte ich nicht, mit meinem Vater zu streiten. In meinen Augen konnte er nicht unrecht haben. Er sagte an diesem Tage nichts mehr, aber ich spürte, daß er bewegt war. Doch da er ebenso geschamig war wie ich, sprachen wir nicht weiter von Religion.

Ich ging in mein Zimmer hinauf. Der Engel der Einsamkeit löste sich in Nichts auf wie ein Phantom. Ich sank auf die Knie und barg meinen Kopf auf dem Bett. Gott war da, ich wußte nicht, welches Gebet ich zu ihm senden sollte, doch glaube ich, daß ich lachte. Gedenke Herr, dieser Minute, in der du dich zu mir herabgeneigt hast. Du siehst nur zu gut, was ich bin. Gib mir diese Minute zurück und schaffe daraus meine Ewigkeit.

Im Monat September dieses Jahres wurde, da unser Mietvertrag ablief, der Beschluß gefaßt, daß wir wieder in Paris leben wollten. Die Villa du Lac zu verlassen, an die wir so grausame Erinnerungen hatten, kam uns nicht schwierig vor; dennoch erinnere ich mich, daß ich in den letzten Tagen traurig im Garten umherirrte, wo Schatten und Sonne von Krieg und Tod nichts wußten und nur von Glück zu mir sprachen. Der Frieden der Stille, das Licht auf meinen Händen und Füßen – was gab es Wahreres auf der Welt als all dies, das mir der Augenblick schenkte? Es fiel mir schwer, mir etwas anderes vorzustellen, ich konnte mir keine Idee von einer Welt machen, in der ich nicht gegenwärtig war. Hier gerade lag die Eigenart meiner Natur, die dem Bösen dazu dienen sollte, mich von neuem in mich selbst einzuschließen. Durch Gottes Gnade kannte ich meinen Schöpfer und kannte auch mich selbst, aber noch war mir vorbehalten, jenes andere Ich zu entdecken, das der Nächste war. Am Vorabend eines großen Kampfes jedoch, der noch nicht zuende ist, verleugnete ich die äußere Welt, deren Wirklichkeit mir zweifelhaft zu werden begann, und mit der Welt auch alle Stimmen, die zu mir redeten, alle Gesichter, die sich mir zuwendeten, alle Stimmen des Leidens in der Ferne, den ganzen Schmerz, das ganze Kreuz.

Blitzartig steigen gewisse Minuten in meinem Gedächtnis auf. Die Umzugsleute hatten alles hinausgetragen, das Haus war leer, wir mußten gehen. Dann ging ich in einer Art von Kopflosigkeit auf der steinernen Wendeltreppe bis in die Tiefen der schweigend daliegenden Küche hinab. Ich weiß nicht, was ich wollte oder suchte. Ich fühlte, daß ich mich bei diesem Aufbruch von irgend etwas losriß. Diese Stufen war meine Mutter hinauf- und hinuntergegangen, es gab auch eine Stelle, an der sie einmal hingefallen war.

Bis wir in Paris eine geeignete Wohnung gefunden hatten, wohnten wir von neuem in der Pension Mouton, da das für uns alle das Bequemste war. Das Gymnasium lag nur ein paar Minuten entfernt, und um zur Rue du Louvre zu gelangen, nahm mein Vater an der Place du Trocadéro die Metro. Ich erinnere mich an das Geräusch unserer Schritte auf der kleinen Treppe mit dem roten Belag. Alles kam mir ärmlich und düster in diesem uns von früher her bekannten Hause vor, das jetzt mit Leuten angefüllt war, die, durch den Zufall des Krieges zusammengewürfelt, auf irgend etwas warteten, wahrscheinlich auf das Ende der Kampfhandlungen.

Im Eßzimmer versammelten sich jeweils zehn oder zwölf Personen; unter ihnen war eine sehr alte Dame in Schwarz, deren Gedanken sich etwas zu verwirren begannen, die aber unentwegt ihre guten Manieren beibehielt. »Eine gut bürgerliche Familienpension«, nannte sie das düstere Etablissement, in dem wir gestrandet waren – Worte, über die wir trotz unserer im Augenblick eher traurigen Stimmung in lautes Gelächter ausbrachen. Neben ihr saß ein ellenlanger normannischer Edelmann, der wegen finanzieller Schwierigkeiten aus seiner normannischen Heimat hatte verschwinden müssen, ein kalter, zynischer, jedoch überaus höflicher Greis. Adlernasig und mit rosigen Wangen, setzte er sich schräg an den Tisch, kreuzte seine unendlich langen Beine, warf die Serviette über ein Knie und hielt sein Glas Calvados in der Hand. Seine Ansichten waren pessimistisch, und er hatte eine besondere Art, schweigend vor sich hinzukichern, wenn in der Unterhaltung das Wort Sieg vorkam. Der Blick, mit dem er die armselige, zitternde, schwarze Masse bedachte, die seine Nachbarin war, berührte mich merkwürdig durch die Stärke der Verachtung, die er in den Ausdruck seiner Raubvogelaugen zu legen wußte. Weiter hinten in dem Zimmer saßen zwei sehr bleiche Damen mit etwas gedun-

senen Gesichtern und weiß gepuderten Wangen, zwei Schwestern, die mit gedämpfter Stimme unpassende Bemerkungen austauschten. Jede von ihnen hatte einen Sohn, der eine hieß Hubert, der andere Gaston. Hubert war affenähnlich, Gaston glich einem schönen Unschuldsengel mit großen blauen Augen. Wenn er seinen durchscheinenden Blick auf einen richtete, schien einem hier oder nirgends der Ort zu sein, von Reinheit zu sprechen, doch war dabei eine Illusion im Spiel, die mir ziemlich bald genommen werden sollte. Noch etwas weiter von uns entfernt, ganz im Hintergrund, sprach eine üppige Südamerikanerin in einem spinatgrünen Pullover, der ihre Formen stark betonte, Französisch, Englisch, Spanisch, alles was man wollte, wofern die Unterhaltung nur gepfeffert war. Ich sehe noch die schwarze Franse, die über ihrer Stirn hin und her pendelte, und die lange Zigarettenspitze aus grüner Jade, von der sie sich nur trennte, solange sie beim Essen war. Ich muß hinzufügen, daß bei Tisch die Unterhaltung sich erst dann in Zweideutigkeiten verirrte, wenn sie im Flüsterton zwischen den bleichen Damen und der Südamerikanerin, ihrer Verbündeten, geführt wurde. Die Jungen pflegten hinterhältig zu lachen. Mein Vater, der sich ganz seiner Trauer überließ, hörte überhaupt nicht zu. Wenn Anne und Retta am Donnerstagabend, dem Hähnchentag, mit uns aßen, hoben sie von Zeit zu Zeit die Brauen, sagten aber nichts. Sie arbeiteten jetzt als Krankenschwestern im Hotel Ritz und erschienen mir in ihrer weißen Kleidung sehr schön.
Man sah auch noch eine andere, sehr schweigsame, sehr bescheidene junge und hübsche Dame, die stets in Trauer gekleidet und deren Mann an der Front war. Sie hatte oft gerötete Augen. Ich erfuhr, daß sie Bretonin war. Zuweilen sah sie mich mit ernster Miene an. Ich erinnere mich, daß ich sie eines Abends, weil ich an diesem Tage irgendwelche Klosterfrauen besucht und mich mit ihnen unterhalten

hatte, aus Zerstreuung mit »ma soeur« anredete, anstatt mit Madame; sie sah mein Erröten und sagte darauf mit sanfter Stimme zu mir: »Wir sind alle Brüder und Schwestern.« Das waren die einzigen Worte, die sie jemals an mich gerichtet hat.

Manchmal hatten wir auch Durchgangsgäste, zum Beispiel einen Soldaten auf Urlaub, einen kleinen, stillen, enttäuschten Mann, mit einem Kneifer auf der Nase und einem kleinen schwarzen Schnurrbart. Selbst seine horizontblaue Uniform konnte ihm kein martialisches Aussehen geben. Eines Tages sagte er, ohne mich anzusehen – einzig sein Profil war ganz sprechend –, zu mir: »Sie sind noch jung. Ich aber werde bald die Radieschen von unten wachsen sehen.« Zwei oder drei Monate darauf war es Wahrheit geworden. Wir tauchten damals in den Abgrund des Jahres 1916 ein.

Ein andermal erschien ein Engländer in Khakiuniform mit blitzenden Kinnbacken. Er betrachtete uns mit einem undefinierbaren Ausdruck, der jenseits von Verachtung war und an das amüsierte Interesse denken ließ, mit dem man etwa einer Affenfütterung zusieht.

Diese Pension kommt mir, je weiter die Zeit zurückliegt, wie ein Kessel vor, in dem unaufhörlich etwas Trübes, Vergiftetes brodelte. Im Parterre öffnete sich [und schloß sich gleich darauf wieder] die Tür eines Zimmers, in dem eine der Damen mit bleichem Gesicht hauste. Von dorther, hinter einer Portiere hervor, drangen ständig Lachsalven inmitten von dickem Zigarettendunst. Eines Abends, als ich mich zum Schlafengehen nach oben begab, erschien plötzlich einer der Jungen auf der Schwelle des geheimnisvollen Gemaches und forderte mich zum Eintreten auf, doch ich zögerte und blieb einen Augenblick im Türrahmen stehen. »Er soll ruhig hereinkommen!« ließ sich auf spanisch die Dame im grünen Pullover vernehmen. Ich aber entschuldigte mich und verschwand. Ich weiß nicht, was sich in diesem Parterrezimmer zutrug, hatte aber den Eindruck, daß es darin zum Ersticken war. »Draußen steht es sehr schlimm, müssen Sie wissen!« hörte ich eben noch eine der bleichen Schwestern sagen, als die Tür wieder zuging. ›Draußen‹, das war an der Front. Pessimistische Gerüchte kursierten überall im Hause. Wir waren die einzigen, die daran nicht glaubten, und zwar meines Vaters wegen nicht.

Anfang Oktober stellte er mich einem Ordensgeistlichen vor, mit dem auf Bitten ihrer katholischen Freunde meine Mutter sich ehedem unterhalten hatte. Ich erfuhr erst sehr viel später, daß ein langes Gespräch stattgefunden und schließlich der Pater meiner Mutter gesagt hatte, da sie sich innerhalb der protestantischen Religion glücklich und geborgen fühle, solle sie dabei bleiben. Im übrigen hatte sie sich einer der Schwestern der Rue Cortambert gegenüber dahin geäußert, daß sie gern als Katholikin auf die Welt gekommen wäre, jedoch, da sie nun einmal als Protestantin geboren sei, auch als Protestantin zu sterben gedenke. Das sind die einzigen Bemerkungen von ihr, die ich in Erfahrung bringen konnte. Sie lassen freilich einen Aspekt der inneren Krise, die sie in der letzten Zeit ihres Lebens durchgemacht hat, derart im Dunkel, daß ich ehrlicherweise nicht einmal eine Vermutung wagen darf. Ihr offenbarer Verzicht darauf, meine religiöse Unterweisung zu Ende zu führen, bleibt für mich ein Rätsel. Sie liebte mich, das weiß ich. Sie liebte mich mit der wilden, stummen Liebe des Muttertiers für ihr Junges. Sicherlich verunglimpfe ich durch den Vergleich ihr Andenken nicht. Zudem wollte sie ja, daß ich Christ sei, daß ich erlöst werde. Woher kam also dieses Schweigen über Dinge, die ihr so sehr am Herzen lagen, über den protestantischen Glauben, in dem sie zu sterben wünschte?

Es versteht sich von selbst, daß ich mir keine dieser Fragen stellte, als ich zum ersten Male das Zimmer des Pater Crété weit draußen in Passy betrat. Das Haus war grau und eher trist, im Innern aber blitzte alles von Sauberkeit. Man stieg eine Treppe hinauf, die nach Bohnerwachs roch; im dritten Stock, glaube ich, wohnte der Pater. Das Zimmer kam mir sehr groß vor, herrlich dabei die Aussicht über einen ganz großen Teil von Paris, von den Höhen von Saint-Cloud bis zum Invalidendom, unter einem unendlich weitgespannten Himmel, über den Wolken dahinsegelten. Das fiel mir als erstes auf, sodann der Mann in Schwarz, vor allem jedoch seine Stimme, eine gedämpfte, etwas rauhe Stimme, die sanft zu klingen bestrebt war.

Zu eingeschüchtert, um ihn ungeniert zu mustern, wurde ich mir, als ich ihn zum ersten Male sah, nur seiner ungewöhnlich großen Höflichkeit bewußt und – von dem Rohrstuhl aus gesehen, auf dem ich nicht sehr weit entfernt von ihm saß – zudem der gewissen Art, wie er mit über der Brust gekreuzten Armen sich so gerade hielt, daß er nicht einmal die Rückenlehne seines Sitzes berührte. Schmal und mit sehr hellem Blick, kam er mir betagt und ehrwürdig vor, wiewohl er vermutlich nur etwas mehr als vierzig Jahre alt war. Sein Haar wurde über den Ohren grau und deckte oben kaum den Kopf. Sein Mund war feingezeichnet und immer zum Lächeln bereit. Ich weiß nicht, von welcher Herkunft er war, doch lag auf seinem Gesicht jene natürliche Distinktion, die man bei gewissen Menschen aus bäuerlichem Stamm antrifft. Ich erfuhr von ihm, daß er Bretone war. Das war alles, was er jemals über sich und seine Geschichte verlauten ließ.

Ich hielt die Hände unter dem Stuhl und zupfte aus Nervosität von unten her das Stroh heraus; das ist die einzige Erinnerung, die mir von jener ersten Unterhaltung geblieben ist. Viele weitere folgten. Ich besorgte mir den Katechismus von Audollent und Duplessis und arbeitete das ganze Buch in einem Zeitraum von fünf bis sechs Monaten durch. Wir lasen es jeweils Donnerstagsnachmittags Seite für Seite zusammen. Ich habe von diesen Stunden nur eine dunkle, jedoch von starker Ergriffenheit bestimmte Erinnerung bewahrt. Zum ersten Male sprach jemand in dieser Weise zu mir von den großen Mysterien, auf denen der Glaube beruht, und ich geriet dabei in eine Art von innerer Verzückung, von der wohl in meinem Blick etwas zu spüren sein mußte, denn der Pater sah mich prüfend an, und wir schwiegen oft eine lange Weile.

Ich glaube heute sagen zu können, daß, wenn je ein Mensch mich mit völlig übernatürlicher Liebe geliebt hat, dieser Mann es war. Wie verhielt er sich anderen gegenüber? Ich weiß darüber nichts, doch hegte er für mich die zärtliche Zuneigung einer Seele für eine andere, und die Stunden, die ich mit ihm verbrachte, waren nicht von dieser Welt. Wenn er von der Ewigkeit zu mir sprach, kam es mir vor, als ob wir uns nicht mehr zwischen diesen Wänden, sondern in unbeschreiblichen Regionen befänden, in denen ein Glück ohne Grenzen herrschte. Hinterher fand ich grauenhaft, wieder hinunter auf die Straße zu gehen, erneut die schlecht beleuchtete Stadt zu durchmessen, doch gab es Tage, an denen ich unmittelbar aus dem Zimmer des Ordensmanns zur Pension lief, um mich auf die Knie zu werfen, das Gesicht auf mein Bett zu pressen und mich einer übermächtigen Freude zu überlassen, von der ich manchmal befreit zu werden ersehnte, denn sie zermalmte mich wie eine zu schwere Last.

Unseren Gesprächen gingen stets Gebete voraus, die wir, auf dem Fußboden kniend, gemeinsam verrichteten: ein Pater Noster und ein Ave Maria. In diesem Augenblick beobachtete ich ihn fast immer heimlich, um den erstaunlichen Ausdruck auf seinem Gesicht zu erspähen. Man hätte tatsächlich meinen können, daß er etwas sähe. Seine Augen füllten sich mit Licht, seine Stirn und seine Wangen wurden über und über rosig, als liege auf ihnen ein Abglanz der Abendröte.

Aus seiner Unterweisung stammt ungefähr alles, was ich von der Religion weiß. Seine Erklärungen kreisten stets um die Liebe Gottes zu den Seelen, vor allem der meinen, von der er immer häufiger zu mir sprach. Kann man seine Unschuld wiederfinden? Ich würde es beinahe meinen, soweit es mich in meinem damaligen Alter betrifft. Über mich schien die Sünde keinerlei Macht gehabt zu haben. Darin täuschte sich der Pater, der sich von mir eine ganz falsche Vorstellung machte; denn wenn ich auch eine neue Seele in mir fühlte, vermochte ich doch nicht zu erwirken, daß ich nicht zuvor gesündigt hatte. Aber da ich mich über diesen Punkt in keiner Weise erforschte, kam ich auch nicht auf den Gedanken, darüber zu sprechen. So vertiefte sich unausbleiblich das Mißverständnis von einem Donnerstag zum anderen, zumal ich niemals Gewissensbisse wegen meiner Verfehlungen verspürt hatte und vollkommen ahnungslos war, daß es sich um schwere Sünden handelte.

Der Pater tadelte an mir eine übertriebene Gefühlsseligkeit, unmäßige Liebe zur Literatur und zur Musik, eine Liebe, die er für gefährlich hielt. »Loti!« rief er traurig aus. »Sie lesen Loti, mein Sohn? Aber was kann es für Sie bedeuten, daß es einen Schriftsteller gibt, der Julien Viaud* heißt?« Auch Hugo, an dem ich mich seit langem berauschte, erfüllte ihn mit Sorge. »Warten Sie«, erklärte er eines Tages, »auch ich lese Victor Hugo.« Er stand auf und holte aus einem Wandschrank die bei Delagrave erschienene Anthologie. Schnell fand er die folgenden Verse, die er mir langsam vorlas, um sie meinem Gedächtnis auf immer einzuprägen:

---

* Bürgerlicher Name des Schriftstellers Pierre Loti. (AM/CK)

Soyez comme l'oiseau, posé pour un instant
Sur des rameaux trop frêles,
Qui sent ployer la branche et qui chante pourtant,
Sachant qu'il a des ailes!

Er hatte seine Hand auf die meine gelegt und schaute mich lächelnd an. Von neuem sprach er von meiner Seele zu mir, von der Schönheit der Seele. Ich war zu eingeschüchtert, um Antwort zu geben, und zupfte wiederum mit meiner freien Hand unten aus dem Stuhl ein paar Strohhalme heraus. Eines Tages stellte er die kleinen Schäden fest, deren Urheber ich war, und rief lachend aus: »Wie! Sie sind das gewesen! Mein Julien richtet meinen Stuhl zugrunde! Und ich fragte mich schon, was das heißen soll, diese Strohhalme am Boden jedesmal, wenn Sie gegangen sind ...«
Zwischen uns wuchs eine Intimität, die ich bezaubernd fand. Auf dem Umweg über den Katechismus versuchte er mir Ideen praktischer Art näherzubringen. So schlug er mir zum Beispiel, als er mein erschreckendes, bislang durch nichts zu behebendes Versagen in Mathematik erkannt hatte, vor, ich solle mich lieber auf Latein verlegen und überredete meinen Vater, mich aus dem naturwissenschaftlichen in den lateinischen Zweig versetzen zu lassen, was eine Art von tollkühner Wette darstellte, doch machte er seine Sache so gut, daß er mir genug Latein beibrachte, um den Übergang als möglich erscheinen zu lassen. Tatsächlich holte ich innerhalb einiger Wochen, nachdem ich von einem Zweig in den anderen versetzt worden war, die Lateinschüler ein, die immerhin über einen Vorsprung von drei Jahren verfügten. Alles erschien mir leicht und natürlich in dieser Sprache, in die ich mich auf der Stelle verliebte. Zudem war Lateinisch ja auch die Sprache der Kirche! Die Kirche aber, das fühlte ich, errichtete um mich eine unsichtbare Burg, die mich dem Ansturm der Welt

entzog. Die lateinische Sprache zirkulierte in mir wie ein Zustrom frischen Blutes. Mit Entzücken lernte ich das Sechste Buch der Aeneis auswendig. Als die Ferien da waren, erhielt ich von dem Pater lateinische Briefe, auf die ich in der gleichen Sprache antworten mußte. ›Cur non scriberem tibi lingua latina?‹

Über wie lange Zeit man aber auch die Lektüre des Katechismus von Audollent und Duplessis hinzieht, einmal muß man doch zu dem schrecklichen Sechsten und Neunten Gebot gelangen. Ich kann nicht umhin zu glauben, daß dem langsamen Fortschreiten des Paters eine Absicht zugrunde lag, denn wenn je ein Mensch mich beobachtet hat, so war er es. Er lauerte mir bei den Geboten auf, die die Reinheit betrafen, doch wollte er erst nach einer bis ins einzelne gehenden Vorbereitung zu ihnen übergehen. Durch alle diese Schwierigkeiten lavierte ich mich mit ruhiger Seele und klarem Blick hindurch. »Denken Sie nur«, sagte er zu mir, »es gibt auf den höheren Gymnasien Jungen, die sich gegenseitig nicht respektieren.« Ich hörte zu, ohne recht zu verstehen. Jungen, die einander respektieren ... Ich stellte mir wohlerzogene Knaben vor, die sich tief voreinander verneigten, und dann andere, Flegel, die nichts dergleichen taten. Der Pater erzählte mir, eines Tages sei in einer katholischen Schule ein Junge auf einen anderen zugegangen und habe ihm ins Gesicht gesagt: »Du bist nichts weiter als ein Schwein!« Ich lauschte aufmerksam und zuckte nicht mit der Wimper. Was hatte dieses Schwein wohl vorgehabt? Ich wußte es nicht. Zudem interessierte es mich nicht sehr. Im wahrsten Sinne des Wortes ließ die Sache mich kalt.

Ich habe keine Ahnung, was der Pater meinem Schweigen und meinem Blick entnahm. Vielleicht glaubte er zu erraten, daß ich nicht viel von dem verstand, was er zu mir sagte, und das stimmte sogar. Man hätte in einer viel direkteren Weise zu mir sprechen und mir unverblümt eindeutige Fragen stellen müssen. Ich hätte wahrheitsgemäß darauf Antwort gegeben. »Bedenken Sie«, sagte er eines Tages zu mir, »daß man keine Lüge sagen darf, *selbst nicht, um die Welt zu retten.*« Er brauchte es mir nicht erst zu sagen. Meine Mutter hatte es mich schon vor ihm gelehrt. Ein andermal, als er sich über die Gefahren übertriebener Empfindsamkeit ausließ, sagte er folgendes zu mir, was ich offengestanden für eher unklug halte: »Aus Empfindsamkeit geraten die Mädchen ins Verderben, die Knaben aus Sinnlichkeit.« Verderben stand hier für Verdammnis. Ich hörte zu, ohne Antwort zu geben. Ich hatte mir unter Sinnlichkeit nie etwas Rechtes vorgestellt, doch war ich gewiß, für meine Person frei davon zu sein. Was mich interessierte, war einzig das Paradies, auf Erden aber Musik und Literatur, die Verse Ronsards über den Wald von Gâtine zum Beispiel, sowie die ›Nocturnes‹ von Chopin, die eine Freundin meiner Kusine Sarah manchmal für mich spielte.

Ich muß einen Augenblick meinen Ordensmann verlassen, um ein paar Worte über diese Freundin zu sagen, da das alles zusammenhängt. Ich werde ihr hier den Namen ›Mademoiselle Jeanne‹ geben. Sie stammte aus einem Teil Frankreichs, in dem man ein klein wenig singend spricht. Auf Schloß Groslay, in der Nähe von Paris, hatte sie ausländischen jungen Mädchen, die dort in Pension lebten, Unterricht in Literatur gegeben. Ich hätte oben sagen sollen, daß meine Eltern meine Kusine Sarah nach Groslay geschickt hatten, wo sie dann mehrere Jahre verbrachte; durch diese Kusine jedenfalls machte ich die Bekanntschaft des gewissen Fräulein Jeanne. Aus mir unbekannten Gründen hatte sie zu Beginn des Krieges ihre Lehrtätigkeit aufgegeben und in Paris eine Wohnung in der Rue du Ranelagh bezogen.
Das Haus befand sich in einem großen Garten gegenüber,

auf dessen anderer Seite man die Behausung des Père Janvier liegen sah, eines Dominikaners, der, wie ich glaube, eine Zeitlang sich einer gewissen Berühmtheit erfreute, doch in Mademoiselle Jeannes Salon dachten weder sie noch ich an Père Janivier. Sie sprach zu mir von schönen, gefährlichen Dingen – Gedichten, Romanen, Reisen – und spielte mir manchmal abends am Flügel die Nocturnes von Chopin vor. Kostbare Stunden! Ich litt. Eine große Traurigkeit überfiel mich, Tränen stiegen in meinen Augen auf, ich bedauerte, in meinem Leben keine großen tragischen Gefühlserlebnisse verzeichnen zu können gleich denen, die ich aus diesen prachtvoll rollenden Akkorden erriet. Es war atemberaubend. Ich weinte, vermochte kein Wort hervorzubringen und hoffte, die Klavierspielerin werde mein verstörtes Gesicht nicht bemerken, das ich denn auch in den Händen verbarg; gleichzeitig wünschte ich, ohne es mir einzugestehen, sie werde mich in dieser interessanten Pose unerwartet ertappen. Wie romantisch erschien ich mir selbst! Mein Herz zerbrach ganz einfach. Eines Abends sagte sie mir auf den Kopf zu, sie finde mich schön. Diese Bemerkung berauschte mich. Ich errötete natürlich. Sie bot mir an, noch ein Nocturne zu spielen. Mein Vater hatte mir nur gesagt: »Komm nicht zu spät heim, boy.« Er kannte Mademoiselle Jeanne und sah nichts Ungehöriges in diesen Besuchen, die ich ihr nach dem Nachtessen machte. Es folgte also ein weiteres Nocturne, das zwölfte, ein todtrauriges. Ich stand bislang, vor Rührung und Müdigkeit mußte ich mich setzen. Die Dame brach in dramatischer Weise mitten im Takte ab und fragte mich, ob ich etwas trinken wolle, um wieder zu Kräften zu kommen, doch ich versicherte, während ich mit der Hand über meine Stirn hinstrich, ich fühle mich wohl, es werde gleich besser werden. Sie sah mich voller Sorge an und ließ mich nach Hause gehen.

Arme Mademoiselle Jeanne! Ich begriff nichts von ihrer

Fürsorge, nichts von ihrem Lächeln. Sie war weder schön noch geradezu jung. Lebhaft, mit großer, keck vorspringender Nase, machte sie sich über alles lustig, was nicht Musik oder Liebe war. In meiner derzeitigen Unschuld [wo war der junge Mann, der ich im letzten Sommer gewesen war?] sprach ich zu ihr von Religion, sogar mit einem gewissen Überschwang, denn ich begann Geschmack an solchem Parlieren zu finden. Die Worte berauschten mich. Sie hörte zu, während ihre eine Braue sich hob, erklärte, sie sei Voltairianerin, und brauchte und mißbrauchte dann, indem sie sich wieder an den Flügel setzte, die unzulässige Waffe, die mich auf köstliche Weise versehrte. Ich glaube, mit etwas mehr Kühnheit hätte sie mich verführt, doch fühlte sie sich vermutlich durch meinen beginnenden Fanatismus gehemmt.

Der Frühling kam, ich war zugleich ganz von Lyrismus und ganz von Mystizismus beherrscht, ich konnte mich dem einen wie dem anderen überlassen. Wenn ich das Zimmer des Paters Crété verließ, war ich bereit, für meinen neuen Glauben die Folter auf mich zu nehmen. Dieser auffallende Gefühlsüberschwang mit seiner Sprunghaftigkeit beunruhigte Pater Crété ein wenig. Er fürchtete nicht ohne Grund die Verletzlichkeit meiner Natur, die er erriet. Dabei wußte er noch immer nicht alles, denn ich sagte nicht alles; von dem Bedenklichsten sagte ich ihm nichts, da ich mir seiner Gefährlichkeit selber nicht bewußt war, ja, überhaupt von nichts wußte, zum Beispiel auch mir nicht klar darüber war, daß ich in einen meiner Schulkameraden, mit dem ich nie ein Wort gewechselt hatte, verliebt war.
Was wußte ich von mir? Fast nichts. Ich hielt mich nur für sehr schön und für sehr begabt. Es waren sogar Gewißheiten, die ich unter dem Mantel der Bescheidenheit verbarg; und etwas brachte alles wie mutwillig durcheinander,

nämlich meine Berauschtheit von der Religion. Eines Tages gestand ich dem Pater, daß ich traurig sei. »Traurig«, sagte er. Er stand auf und holte aus seinem Wandschrank ein Buch. Es war eine Bibelkonkordanz. »Wir wollen sehen, was die Heilige Schrift von der Traurigkeit sagt«, erklärte er mit seiner brüchigen Stimme und begann die Seiten umzuwenden. »Tristitia sicut tinea«, las er schließlich vor und setzte hinzu: »Sie sind von dieser Räude befallen.« Ich blickte ihn ernsthaft an. Es war mir nicht eben lieb, daß er meine schöne Trauer mit dieser schmutzigen Krankheit verglich...Mit verschränkten Armen und ungerührtem Blick wiederholte er: »Einer Räude.« Von neuem warnte er mich vor dem Teufelswerk der Gefühlsseligkeit. »Ihre Lektüre, Ihre Liebe zur Musik...« Ich hielt es für überflüssig, etwas von Mademoiselle Jeanne zu sagen, nicht aus Unaufrichtigkeit, sondern weil ich dachte, es werde ihm uninteressant erscheinen. Das hieß einen Ordensmann schlecht kennen. Ich erzählte ihm ebensowenig von meinem Schulkameraden Frédéric, den ich umschwärmte und der seinerseits von meiner Existenz überhaupt nichts zu ahnen schien, denn er hatte mich nicht ein einziges Mal angesehen.

Wie dem auch sei, am folgenden Donnerstag horchte mich Pater Crété ein wenig über diese Traurigkeit aus, die er nun nicht mehr mit einer Räude verglich. Vielleicht war ich traurig, weil ich Gott nicht lieben konnte, wie ich eigentlich wollte? Bei dieser Unterstellung sah ich ihn höchst verwundert an und hatte zum ersten Male im Leben das Gefühl, mich einem Erwachsenen gegenüberzufinden, der mich nicht verstand. Ich war darüber derart verblüfft, daß ich mich fragte, ob der Pater nicht am Ende recht habe, denn schließlich, wie könnte ein Priester sich täuschen? Es gab da zweifellos etwas, was ich nicht recht erfaßte. Ganz gewiß liebte ich Gott und glaubte auch, ihn mit allen Kräften zu lieben. Gab es eine Art, ihn noch mehr zu

lieben? Ich schwieg. Ich erinnere mich sehr gut, daß ich plötzlich schwer zu atmen begann und daß meine Brust sich zusammenschnürte. Ich hatte Angst vor dem, was der Pater sagen würde, aber er äußerte nichts Alarmierendes, sondern fragte mich nur, ob ich mir vorstellen könnte, daß ich in einer Zelle lebte.
Eine Zelle? Nie in meinem Leben hatte ich daran gedacht. Meine Phantasie stellte mir einen reizvollen kleinen Raum mit kalkgeweißten Wänden vor Augen, dessen Fenster auf eine bezaubernde Landschaft von der Art etwa ging, wie Pierre Loti sie beschrieben hat. Warum nicht eine Zelle? Der Pater schien Wert darauf zu legen. Eine Klosterzelle... Was konnte es Romantischeres als ein Kloster geben? Ich sah mich in eine Kutte gehüllt. Welchen Effekt würde das machen! Julien hat sich ins Kloster zurückgezogen... Ich versuchte nachzudenken, ernsthaft zu überlegen. Ich würde Gott in einer Zelle lieben. »Ja«, antwortete ich. Darauf erhob sich der Pater zu meinem großen Staunen, und ich tat das gleiche. Er schlang die Arme um meinen Hals und lehnte seine Wange leicht an die meine. »Ich habe es gewußt«, sagte er zu mir.
Wir setzten uns wieder, und er fing an, von der besonders großen Gnade zu sprechen, die Gott mir damit erwies, daß er mich der Welt entrückte. Ich hatte plötzlich den Eindruck, mich auf unerklärliche Weise festgelegt zu haben, denn ich war auf eine solche Rede sowie die tiefe Ergriffenheit, die ich in den Augen dieses so ernsten und so heiligen Mannes las, nicht im geringsten gefaßt. Seiner Meinung nach wiesen meine starke Sensibilität und meine Neigung zu Studium und Kunst auf eine Berufung zum Benediktiner hin. Mein guter Pater, wog Ihre Ahnungslosigkeit nicht die meine auf? Dieser Ordensmann ging sogar soweit, mir das Kloster zu bezeichnen, in dem ich am besten für mein Seelenheil aufgehoben sein würde. Die Insel Wight wurde ausgewählt, da ich von Geburt Angelsachse war. Er

beschrieb mir die Stätte in sehr verlockender Weise, legte aber vor allem den Ton auf das Glück eines ganz und gar Gott geweihten Lebens, auf das Paradies, das auf dieses irdische Paradies folgen würde. Ich fühlte, wie ich den Kopf verlor. Weshalb war mir nicht früher bewußt geworden, daß ich zum Ordensleben berufen war? Seit fünf Minuten schien mir diese Tatsache offenkundig zu sein, und ich geriet förmlich außer mir vor Freude. Der Pater war der Meinung, ich solle noch warten, bevor ich meine Familie von dem in Kenntnis setzte, was er als meine Entscheidung bezeichnete; ich aber bedauerte, nicht noch am gleichen Abend meinen Angehörigen und später meinen Freunden eine so interessante Neuigkeit mitteilen zu können.

So hatte Gott mich erwählt. Ich eilte nach Hause, um mich vor dem Kruzifix, das Eleonore mir geschenkt hatte, auf die Knie zu werfen. Ich war trunken von Liebe. Ich war gleichermaßen trunken von Hochmut, aber das wußte ich nicht. Bei all diesem Gefühlsüberschwang, den Exaltationen eines Herzens, das von übernatürlicher Leidenschaft erbebte, kam die Eigenliebe nicht zu kurz. Meiner Eitelkeit wurde eine erlesene Nahrung dargereicht. Dennoch liebte ich Gott. Darin lag das Geheimnis. Ich liebte Gott mit einer Liebe, die mich berauschte und mich augenblicksweise mein eigenes Sein vergessen ließ. Doch diese Augenblicke waren nur kurz. Alles führte mich zu mir selbst zurück, sogar Gott.

Heute, da diese Dinge so weit hinter mir liegen, finde ich es bestürzend, daß ein so kluger und in geistlichen Dingen so erfahrener Ordensmann sich in bezug auf mich in solchem Ausmaß hat täuschen können. Er muß wohl gute Gründe gehabt haben, mir diese Idee einer Berufung zum Mönchtum in den Kopf zu setzen. Vielleicht dachte er, daß ich mich nicht anderswo als in einem Kloster würde retten können, vielleicht sah er mich – in einer Intuition, von der ich aus tiefstem Herzen hoffe, daß sie falsch gewesen ist – verloren, wofern ich weltlich blieb. Die Empfindsamkeit, die ihn so tief erschreckte – sah er in ihr vielleicht den Keim unüberwindlicher Leidenschaften? Ahnte er einen großen religiösen Zusammenbruch, die Fallstricke der Liebe, des Fleisches, des Erfolges? Jetzt, da ich diese Zeilen niederschreibe, neige ich zu der Annahme, daß er das Schlimmste für möglich hielt und die Verantwortung auf sich nahm, mir, um mich dem ewigen Verderben zu entreißen, eine Berufung zu suggerieren. Was habe ich da eben von Ahnungslosigkeit gesagt? Er sah klar, sehr klar sogar. Nur der Ausgang des Kampfes freilich blieb ihm verborgen. Wer ist gerettet? Wer ist verloren? Das ist Gottes Geheimnis.

Wie kommt es, daß jene Tage, die ich einst in meinem Gedächtnis hegte wie einen Schatz, den niemand mir rauben konnte, heute bei näherer Betrachtung mir nicht ganz so schön erscheinen? Bei allem meinem Alter fast unangemessenen Ernst war ich zugleich leichtsinnig. In mir war geistiger Hochmut, und in gewisser Weise blieb mir der Sinn des ganzen Evangeliums verschlossen. Ich wußte nicht, wovon die Rede war, denn der Hochmut verblendete mich, und so ist es, scheint mir, bei uns allen.

Ich erinnere mich, daß ich eines Tages in dem kleinen Salon der Pension Mouton nahe beim Fenster saß und höchst ernsthaft in einem Buche las. In welchem Buch? Es war die ›Nachfolge Christi‹. Ich hatte nicht den Wunsch, mich zu zeigen noch mich zu verbergen, ich war allein und wollte es bleiben. Doch war ich es nicht sehr lange. Bald traten die beiden Jungen ein, von denen ich schon gesprochen habe, Hubert und Gaston. Hubert, der kleine Affe, und Gaston, der schöne Unschuldsengel. Sie fragten mich, was ich lese, und ich nannte ihnen den Titel des Buches mit einer Schlichtheit, die mir selbst bewundernswert schien. »Was für ein Poseur«, rief Gaston lachend. »Du tätest besser, dich mit uns zu amüsieren«, sagte Hubert. Ich antwortete nicht und las ruhig weiter, während die beiden sich in einer Ecke auf den Teppich setzten, wo sie hinter dem Flügel halb verborgen waren, so daß jemand, der plötzlich eintrat, sie erst nach einigen Sekunden entdecken konnte.

Ich hörte sie flüstern und stellte mit einem Seitenblick fest, daß sie nach Schneiderart einander gegenüber saßen, und daß Gaston, der mir den Rücken kehrte, mir fast vollkommen seinen Kumpan verdeckte. Was sie trieben, wußte ich nicht, es interessierte mich auch nicht; ich wollte nur Stille, um mich zu neuen Höhen emporzuschwingen. Eine ganze Weile verging, ich hatte die Gegenwart der beiden schon vergessen, als Huberts Stimme klar und provozierend zu mir drang, doch stieß er Worte hervor, die ich nicht kannte und die sich daraufhin um so tiefer in mein Bewußtsein eingruben.

Kann man wirklich glauben, daß ich nicht verstanden habe, was die beiden in dem dunklen Winkel des kleinen Salons miteinander trieben? Alles, was ich sagen kann, ist, daß ich ruhig die Lektüre meines Kapitels beendete, dann aber aufstand und mit meiner schönen Seele lautlos das kleine Zimmer verließ.

Vielleicht urteile ich zu streng über mich, doch suche ich nur die Wahrheit so wiederzugeben, wie sie sich mir heute in der Erinnerung präsentiert. Ich glaubte mich nicht anderen überlegen, doch hielt ich mich für anders als sie. In meinen Augen gehörte ich keiner Gruppe an. Über mir waltete, einem wachsamen Engel gleich, meine Mutter. Danach folgte der Ordensmann, der sich meine Unterweisung angelegen sein ließ und den ich verehrte. Allmählich verstrickte ich mich in eine Art von Traum, der an die Stelle des Lebens trat. Es hätte jemand dasein müssen, der mich wachrüttelte. Ich war wie ein Schlafwandler in Träumen von mystischem Größenwahn verloren.

Eines Tages sprach im Verlaufe einer Unterhaltung der

Pater den Namen Jaurès aus; ich erinnere mich nicht mehr, was er in diesem Zusammenhang sagte, außer daß dieser Politiker einst eine Doktorarbeit vorgelegt habe, welche die Wirklichkeit der äußeren Welt demonstrierte. »Er muß von Sinnen gewesen sein!« rief ich aus. »Als ob die äußere Welt etwa nichtexistent sein könnte!« – »Von Sinnen gewiß«, sagte der Pater, der das Thema gleich wieder fallenließ. Er ahnte sicherlich nicht, welchen Keim er in mein Bewußtsein eingepflanzt hatte und welche Ernte später daraus werden sollte, denn die Vorstellung, daß die Welt möglicherweise nicht existiere, setzte sich, mir unbewußt, in mir fest.

Zweifellos war ich nicht durchgehend so, wie ich mich beschreibe, das heißt, es gibt immer auf dem Grunde von uns selbst ein verborgenes Wesen, von dessen Dasein wir nichts ahnen, zu dem wir nie vordringen können, das Gott aber liebt. Dieses Wesen, das unser wahres ist, kann zu Gott in Beziehung treten und mit ihm reden. Mein Irrtum bestand darin, daß ich mich für den hielt, den ich täglich in meinem Spiegel sah. Ich war nicht der stolze und auf höfliche Art herablassende junge Mann, der eine gewisse Distanz zwischen sich und seine Umwelt legte, ich war es so wenig, wie ich die Kleidung war, die meinen Körper bedeckte. Tatsächlich wußte ich nicht, wer ich war, und lebte alle Tage meines Lebens neben mir selbst her, ohne mich zu sehen. Vielleicht wird im Augenblick meines Todes der Unbekannte vor mich treten, mir meine Verblendung vorwerfen und mich richten. In meinen schlechten Handlungen erkennt er sich nicht wieder. Habe ich ihm jemals erlaubt, sich zu manifestieren und in dieser Welt zu leben, in die Gott ihn geschickt hatte, um zu den Menschen in der großen Sprache des Unsichtbaren zu reden? Es gab freilich in meinem sechzehnten Jahr Ausnahmeminuten, deren Sinn mir nie deutlich geworden ist,

in denen aber, wie ich ganz sicher bin, etwas sich zugetragen hat.
Ich teilte in der Pension ein Zimmer mit meinem Vater. Es war ein ziemlich großer Raum, dessen Fenster auf den langgestreckten Garten gingen, in welchem unter zwei kleinen struppigen Akazien ein paar Hühner trübselig gackerten. Ich erinnere mich, daß das Bett meines Vaters in eine Art von Alkoven hineingeschoben war, während das meine in der Weise am anderen Ende des Zimmers stand, daß wir einander, sobald wir schlafen gegangen waren, unmöglich sehen konnten. Als es Winter geworden war, brannte von morgens bis abends ein gutes Holzfeuer im Kamin [Anfang 1916 war noch Holz aufzutreiben], und in diesem Raum machte ich in Gesellschaft meiner Schwester Lucy meine Schularbeiten. An Waschtagen trocknete das Unterzeug der Familie vor den Flammen auf Handtuchständern, und aus dem feuchten Flanell stieg ein Geruch auf, den ich noch in der letzten Minute vor meinem Hinscheiden wiedererkennen würde.
Nun müssen unsere Hunde ins Bild kommen. Wir besaßen deren drei, die wir nicht hatten aufgeben wollen: zwei Foxterrier, Loustalou und Hannibal, und einen ziemlich großen grauen, griffonähnlichen Hund, der auf den Namen Fox hörte, sofern ihm gerade der Sinn danach stand. Diese Tiere liebten über alles das Zimmer meines Vaters, und an sehr kalten Tagen war ihnen sogar gestattet, sich auf das Bett zu legen. Doch gab es zwischen ihnen Eifersüchteleien, die sich zu Kämpfen auswuchsen. Unwahrscheinliche Verfolgungen fanden mitten zwischen den Möbeln unter wüstem Bellen statt. Ihre Fangzähne leuchteten beängstigend, und mehr als ein Ohr blutete. Eines Nachmittags, als wir ausgegangen waren und die Wäsche vor dem Feuer trocknete, geschah es, daß bei einer solchen Galoppade das ganze Zimmer in eine Unordnung geriet, die wir hätten voraussehen können. Bei unserer

Rückkehr wurden wir von Rauchschwaden empfangen, die von unserer Flanellunterwäsche in Spiralen zur Zimmerdecke wogten. Durch die Gefahr geeint, hatten die Hunde sich auf das Bett meines Vaters verkrochen und sahen von dort aus schweigend zu, wie das Feuer langsam den Handtuchständer mitsamt unseren Unterhemden und -hosen Marke ›Jaeger‹ verzehrte.

Diese scheinbar belanglose Szene ist mir in Erinnerung geblieben, weil sie über jene nun schon so fernen Tage viel besagt. Wir lebten ärmlich, und an gesundem Menschenverstand fehlte es uns allem Anschein nach selbst im bescheidensten Maße. Das alles grenzte schon ein bißchen an Verrücktheit. Mein Vater, der der Vernünftigste von uns allen war, schalt uns niemals, sondern begnügte sich damit, den Kopf zu schütteln und ein wenig die Arme zu heben, die er dann unter tiefen, zu Herzen gehenden Seufzern wieder schlaff am Körper herunterfallen ließ.

Seit dem Tode meiner Mutter sprach er fast gar nicht mehr mit uns. Er lächelte, erkundigte sich nach unserer Gesundheit, doch das war auch fast alles. Niemals sah ich eine so stumme Verzweiflung, so darauf bedacht, niemandem lästigzufallen. Abends kniete er in seinem grauen Hausmantel vor seinem Bett nieder und las in einem kleinen schwarzen Buch seine Gebete, dann setzte er seinen Kneifer ab; ich aber in meiner Ecke hörte gut genug, um zu erraten, daß er weinte, jedoch so leise, daß schon ein Ohr wie meines nötig war, um etwas davon zu vernehmen. Gegen zehn Uhr löschte er das Licht, und seine etwas gedämpfte Stimme gelangte dann bis zu mir, um mir in einem wohlgelaunten Ton, der immer unverändert blieb, gute Nacht zu wünschen.

Ich meinerseits hatte meine Gebete gesprochen und mich hingelegt. Der Schlaf kam gewöhnlich schnell. Eines Nachts jedoch konnte ich ihn nicht finden. Ob ich es je vergessen kann? Ich lag auf dem Rücken ausgestreckt, als plötzlich ein Gefühl unbeschreiblichen Glücks mein ganzes Wesen erfaßte. Es kam mir vor, als ob die Drohungen, die auf der Welt lasteten, nicht mehr existierten, als ob alle Trauer plötzlich zu Ende sei und in einer tiefen, umfassenden Sicherheit sich alles in Freude auflöste. Ich kann mich nicht mehr erinnern, wie lange dieser Zustand angedauert hat. Ich dachte nicht an Gott, ich dachte an nichts, in Wahrheit dachte ich überhaupt nicht, ich hatte vergessen, wer ich war.

Als ich allmählich wieder zu mir kam [gibt es etwas Melancholischeres, als wieder zu sich zu kommen, nachdem man sich von sich selbst hat lösen können?], hörte ich meinen Vater in seinem Alkoven traurig seufzen. Sicherlich dachte er gerade an meine Mutter. Das Herz zog sich mir zusammen. Das Leben auf Erden machte mir Angst. Von allen Seiten her war der Mensch bedroht.

Pater Crété gegenüber erwähnte ich nicht, was mir widerfahren war, und tat zweifellos unrecht daran, aber ich war der Meinung, daß dies ein mir allein gehörendes Geheimnis sei, und zudem – wie sollte ich diese Dinge mit der Religion in Beziehung setzen? Wieder einmal hatte ich nichts begriffen. Sehr viel später habe ich mir die folgende Frage gestellt: Wenn Gott es war, hätte ich es dann nicht irgendwie wissen müssen? Wenn Gott es war, weshalb hat Er es mir dann nicht zu verstehen gegeben? Heute noch frage ich mich. Eine Täuschung ist immer möglich. Auf alle Fälle sind die Beziehungen zwischen Gott und seinem Geschöpf in menschlicher Sprache nicht ausdrückbar. Alles spielt sich in Regionen ab, die uns unbekannt bleiben.

In der Schule ahnte niemand etwas von der Wandlung, die sich in meinem Leben vollzog, außer Philippe, zu dem ich ein paar Worte darüber gesagt hatte und der zu lachen aufhörte, um aufmerksam meinen Reden zu lauschen. Ich weiß nicht, was mich dazu trieb, mich ihm anzuvertrauen. Nicht ohne Grund hielt ich ihn für klüger als uns alle, denn ich war nicht so dumm, daß es mir nicht möglich gewesen wäre, die Überlegenheit anderer über mich zu erkennen. Mein Hochmut war von anderer Art. Doch hätte der Ruf der Lasterhaftigkeit, die man Philippe nachsagte, mich von ihm entfernen sollen. Ich habe ja aber schon früher gesagt, daß er sich mir gegenüber niemals gehen ließ.

Ich hatte ihn zum Vertrauten einer Leidenschaft gemacht, die ebenso rein wie heftig war und einem unserer Kameraden galt, den ich Frédéric genannt habe. Dieser zeichnete sich im Grunde genommen nicht besonders vor den anderen Schülern aus, es sei denn durch Augen von einem wunderschönen Blau, die immer in die Ferne zu blicken schienen. Dazu kam ein angenehmes Gesicht, ein kräftig gebauter Körper, ein Gang jedoch, der ohne Anmut war, den ich aber unbewußt nachzuahmen versuchte. Er ging ein wenig wie eine Ente, und ich bemühte mich, ohne daß es mir recht gelang, es ihm gleichzutun. Anderthalb Jahre sagte ich nie ein Wort zu ihm, ich blickte ihn nur im Vorbeigehen mit heftig pochendem Herzen an, während der Gegenstand meiner aufgewühlten Empfindungen mich überhaupt nicht sah. Schließlich [ich kürze ab, doch wie soll man auch jemals alles sagen?] schluckte ich, nachdem ich – wie alles und jedes – ›Madame Bovary‹ gelesen hatte, eine Handvoll Mehl hinunter und versuchte mir dabei vorzustellen, daß es Arsenik sei. Dieser Schein-Selbstmord wird vielen Lesern komisch vorkommen. Andere werden aus Erfahrung wissen, wieviel wahre Verzweiflung sich hinter solchen seltsamen Gesten verbergen kann. Viel merkwürdiger erscheint mir im Rückblick nach so langer Zeit die Tatsache, daß diese unsinnige Liebe unaufhörlich neben meiner Konversion bestand, doch fühle ich mich außerstande, diese Dinge zu erklären, ich kann sie nur berichten. Im Zimmer des Paters Crété kam ich mit einem um Frédérics willen schmerzdurchbohrten Herzen an, der Geistliche aber glaubte, die Schwermut, die er aus meinen Zügen las, rühre daher, daß ich Gott nicht dienen und ihn lieben könne, wie ich es gern wollte.

Man wird mir sagen, ich hätte offen von dem Grund meines Leidens sprechen sollen, aber ich begriff ja nichts von meiner Leidenschaft. Wenn jemand mir gesagt hätte, ich sei verliebt, so hätte ich sicher zur Antwort gegeben, das sei ja gar nicht möglich, da es sich doch um einen Jungen handle. Andererseits genügte es, daß der Pater von Gott zu mir sprach, damit ich erneut von jener viel geheimnisvolleren Liebe erglühte, die mich von der Erde losriß. Dann empfand ich lebhaft die Nichtigkeit alles dessen, was nicht der Himmel war; ich wollte sterben, sterben jedoch ohne Schmerz, sterben ohne Kreuz. Das Kreuz war für die anderen, und was zudem war das Kreuz? Ich wollte das Glück, so wie ich es in jener Wundernacht kennengelernt hatte, doch am folgenden Morgen, als ich wieder die Schule betrat, lief ich Frédéric über den Weg, und mein Herz wurde schwer wie ein Stein.

Kein fleischliches Verlangen quälte mich. Wenn das Herz brannte, so schlummerten doch meine Sinne, ich war ungewöhnlich kalt. Die Idee, Frédéric anzurühren, wäre mir einfach grauenhaft erschienen, weil nichts mir schön dünkte, was nicht rein war; dieses Wort nämlich hatte seine alte Macht über meinen Geist zurückgewonnen, die es um ein Haar schon verloren hatte.

Bei dieser Gelegenheit ist es Zeit, einen anderen Jungen zu erwähnen, den ich Roger nennen möchte, obwohl das nicht sein richtiger Name ist. Alle, glaube ich, waren wir für seine Schönheit empfänglich, die etwas Strahlendes hatte, nicht ein einziger unter uns konnte sich mit ihm messen. Wenn ich berichte, daß er eine sehr weiße Haut und sehr schmalgeschnittene, tiefschwarze Augen hatte, habe ich bereits das Wesentliche gesagt, denn Schönheit

kann man kaum beschreiben; Tatsache ist jedenfalls, daß man ihn anzuschauen niemals müde wurde. Die Nase, der Mund, das Oval des Gesichts, alles weckte die Vorstellung von einer Vollkommenheit, die durch keine Phantasie übertroffen werden konnte. Auf dem ›Begräbnis des Grafen Orgaz‹ hat der sich niederbeugende Diakon mich oft an ihn erinnert; das ist ungefähr alles, was ich sagen kann.
Wie hätte ich Träumer ahnen können, daß dieser junge Mensch mit den so reinen Zügen seiner Veranlagung nach die Lüsternheit in Person war? Nichts davon zeigte sich zunächst. Mir gegenüber legte er eine eher förmliche Höflichkeit an den Tag. Ich erinnere mich, daß er ständig schwarz gekleidet war. Gleich am ersten Tage nach Schulbeginn sagte er in entschiedenem Ton zu mir: »Ich setze mich neben dich.« Ich war viel zu sehr eingeschüchtert durch dieses Engelsgesicht, um etwa nein zu sagen, und zudem – weshalb auch hätte ich ablehnen sollen? Er nahm also den Platz zu meiner Linken ein und warf alsbald seine Netze aus. Wäre ich weniger unschuldig und dumm gewesen, hätte ich schnell begriffen. Während er sein bezauberndes Profil über sein Heft neigte, flüsterte er mir die schmeichelhaftesten Dinge zu, die mir jemals gesagt worden waren. Mein Hochmut berauschte sich daran, doch ließen sie mich nicht eigentlich die Absichten meines Nachbarn erkennen. Da dieser daraufhin wohl den Eindruck bekam, meine Unschuld überschreite alle Grenzen des Menschenmöglichen, nahm er meine Erziehung in Angriff, indem er mir unter dem Pult die Bücher zuschob, die er für gleichermaßen erregend wie auch belehrend hielt. Ich nahm sie nach Hause mit und las, vor Langeweile seufzend, ›L' Orgie latine‹ von Félicien Champsaur oder ›Saint-Cendre‹ von Maindron, doch ödeten diese Geschichten mich schrecklich an. Darauf setzte Roger alles auf eine Karte, indem er mir ›Les Civilisés‹ von Claude Farrière überließ. Ich las gefügig das Buch und gab es seinem Eigentümer zurück.

»Was hältst du von der Ausschweifung von Saigon?« fragte er mich, indem er mir von der Seite her einen Blick zuwarf. »Nicht übel«, antwortete ich. Ich wußte nicht einmal, was der Ausdruck ›Ausschweifung‹ bedeutete. Schüchtern schob er seine rechte Hand auf mein linkes Knie. Ich rührte mich überhaupt nicht, da ich weder Staunen noch Erregung verspürte. Nach ein paar Sekunden zog er seine Hand ebenso sacht zurück, wie er sie hingelegt hatte.

Am folgenden Tage [um mit dieser dummen Geschichte zu Ende zu kommen] war der Platz zu meiner Linken leer; ich suchte Roger mit dem Blick, ohne ihn zu finden. Erst gegen Ende des Unterrichts entdeckte ich ihn ganz hinten in der Klasse auf der letzten Bank. Seit diesem Tage fing er damit an, jedesmal, wenn die Klasse sich füllte, den Platz zu wechseln, auf diese Weise machte er systematisch von einem zum anderen die Runde. Ich war zu langsam von Begriff, um den Grund dieser launenhaften Wanderungen zu begreifen, und unser Lehrer, ein sehr kurzsichtiger alter Mann, sah nichts oder wollte nichts sehen. Eines Tages jedoch mochte er wohl finden, die Sache gehe etwas zu weit, denn er redete Roger barsch an: »Ich habe den Eindruck, als gingen da bei Ihnen Dinge vor, die mir nicht ganz katholisch* scheinen.« – »Aber nicht doch, Herr Professor«, beteuerte Roger mit sanfter Stimme, indem er dem Katheder ein von Reinheit strahlendes Gesicht zuwendete. Wenn ich diesen Zwischenfall behalten habe, so wegen des Wortes ›katholisch‹, dessen Silben für mich eine schwerbeschreibliche Qualität besaßen.

Von alledem sagte ich nichts zu Pater Crété. Um mit ihm darüber zu sprechen, hätte ich begreifen müssen, davon jedoch war ich weit entfernt. Tatsächlich war ich ungefähr wieder so geworden, wie meine Mutter mich gekannt

---

* *Pas très catholique*, nicht ganz einwandfrei, im Sinne von nicht koscher. (AM/CK)

hatte, denn ich hatte auch das Wenige vergessen, was ich entdeckt hatte. Gerade das aber erscheint mir an jener Periode meines Lebens am allersonderbarsten. Die Sexualität war von neuem gänzlich abwesend oder derart versteckt, daß ich von ihrer Gegenwart nichts ahnte. Das Böse existierte nicht mehr für mich.

Zu Beginn des Frühlings hielt Pater Crété mich für hinlänglich unterrichtet und schrieb an das Erzbischöfliche Ordinariat, um die notwendige Erlaubnis zu erhalten. Mein Übertritt wurde auf den 29. April 1916 festgelegt, meine erste Kommunion sollte am folgenden Tag stattfinden, der ein Sonntag war. Eine Frage tauchte noch auf, zu deren Beantwortung ich mich außerstande fühlte. Als Protestant mußte ich je nachdem der calvinistischen oder der lutherischen Häresie abschwören. Schüchtern brachte ich den Namen Heinrichs VIII. vor und versuchte, nicht ohne fürchterlich ins Stottern zu geraten, geltend zu machen, daß die anglikanische Kirche weder reformiert noch lutherisch, ja nicht einmal, wie mir gesagt worden war, protestantisch sei. Diese Gründe wurden als zu spitzfindig und von der kirchlichen Obrigkeit nicht vorgesehen abgelehnt: »Mein Sohn, wir werden einfach Luther hinschreiben.«

Am 29. April fand ich mich also in der Krypta der Kapelle der Weißen Schwestern, Rue Cortambert Nr. 20, ein, doch stelle ich eben fest, daß ich zu rasch vorauseile und noch nichts von einem Ereignis ganz anderer Art berichtet habe, das einen Monat vorher stattgefunden hatte.

Mein Vater hatte in eben dieser Rue Cortambert, im Hause Nr. 16, also nur zwei Schritte von den Schwestern entfernt und der protestantischen Kirche genau gegenüber, eine Wohnung gefunden. Diese ruhige Straße verfügte damals über den Zauber einer Straße in der Provinz. Die Sonne, so kommt es mir vor, schien dort heller als irgendwo sonst, und man konnte auf beiden Seiten Häuser mit nur ein oder zwei Stockwerken sehen, die noch Gärten hatten wie im vorigen Jahrhundert. Unsere Wohnung im Zwischenstock reichte über die ganze Breite der Sechs-Fenster-Front. Das Eßzimmer, der große und kleine Salon bildeten eine Zimmerflucht, die uns sehr entzückte. Die Schlafzimmer gingen auf einen Hof, auf dem tiefe Stille herrschte. Mein Vater beauftragte mich damit, einen Plan dieser Räume aufzuzeichnen, und als wir im März 1916 umzogen, kannten wir im voraus den Platz jedes einzelnen Möbels.

Dort, zwischen jenen Wänden, habe ich einige der glücklichsten Jahre meines Lebens verbracht, und ich erinnere mich nicht ohne eine gewisse Traurigkeit daran, denn was bleibt im Grunde von alledem? Jetzt schon gibt es allzu viele der Menschen von damals nicht mehr, und mein Vater war zu jener Zeit so alt, wie ich heute bin.

Wie dem auch sei, wir sahen mit Staunen unter unseren Augen unser Heim wiedererstehen, das Heim, so, wie wir es immer geliebt hatten, das der Rue de Passy und das von Le Vésinet, mit seinen eigenartigen entzückenden Stühlen, einem Kanapee, wie man es nirgends sonst in Frankreich finden konnte, den Familienporträts und den Büchern, die uns noch heute umgeben. Die magische Szenerie erstand von neuem rings um uns her. Wie schön uns das alles erschien! Wie polierten wir Mahagoniholz und Marmor, um den Dingen das zurückzugeben, was wir naiverweise für prachtvoll hielten!

Innerhalb weniger Tage waren die letzten Strohhalme verschwunden, überall herrschte Ordnung, unsere ganz spezielle Ordnung, in einem Maße sogar, daß man hätte meinen können, wir wohnten dort bereits seit unseren Kindertagen, und mein Vater sandte einen nachdenklichen Blick in die Runde, als ob er traurig jemanden suche. Er sprach fast gar nicht, lächelte jedoch; seine Gegenwart hatte etwas unerhört Beruhigendes für uns. Dieses Gefühl

der Sicherheit schenkte er uns zugleich mit einer stummen und ein wenig distanzierten Zärtlichkeit. Von Zeit zu Zeit hörten wir ihn Melodien aus seiner Jugendzeit vor sich hin summen, und manchmal sprach er auch zu uns von unserer Familie, doch da mich das nicht interessierte, hörte ich ihm leider nicht zu, obwohl ich Aufmerksamkeit heuchelte. Nach dem Abendessen saß er mit dem Kopf in den Händen da, in die Lektüre eines frommen Buches, zumeist ›Das bittere Leiden unseres Herrn Jesu Christi nach den Betrachtungen der gottseligen Anna Katharina Emmerich‹, vertieft.
Jahre später erfuhr ich, auf welche Weise seine Konversion zustande gekommen war. Sein Büro in der Rue du Louvre lag nicht weit entfernt von der Kirche Notre-Dame des Victoires, die er seit Mamas Tod aus Gründen, die er selbst nicht kannte, zuweilen betrat. Er erklärte nur, irgend etwas in dieser Kirche ziehe ihn jedesmal beim Vorübergehen an der etwas banalen Fassade an, die sich über dem kleinen Platz erhebt. Eines Tages war er gerade zur Austeilung der heiligen Kommunion gekommen. Viele Gläubige schritten zum Altar; obwohl Protestant, schloß er sich ihnen an, kniete nieder und kommunizierte. Der Gedanke, daß dieser Akt mindestens regelwidrig war, kam ihm nicht von ferne. Er war nahezu ahnungslos in bezug auf die katholische Religion und überließ sich nur einfach der Anziehung, die sie ausübt. Einige Zeit danach suchte er einen Priester auf und teilte ihm seine Absicht zu konvertieren mit. Auf diese Weise nahm Gott ihn bei der Hand und leitete ihn zur Wahrheit.

Die Krypta der Kapelle der Weißen Schwestern ist niedrig und ziemlich düster, besonders auf der Seite des Altars, der dicht an der Wand im Hintergrund steht. Vor diesem Altar, mit der rechten Hand auf der heiligen Schrift, las ich mit überlauter Stimme, der Stimme des Schüchternen, das

Glaubensbekenntnis Pius' V. vor, durch das ich der Lehre Luthers und jeglicher Ketzerei entsagte, wobei ich, wie zu erwarten, bei dem Wort Transsubstantiation ins Stolpern geriet. Darauf machte Pater Crété mit seinem in Weihwasser getauchten Daumen das Kreuzeszeichen über meiner Stirn und sprach dabei die Taufformel. Das Wasser floß, obwohl das Ritual es eigentlich so verlangte, nicht über meine Stirn, und im Bewußtsein von Pater Crété fügte diese ›sub conditione‹ erteilte Taufe derjenigen nichts hinzu, die ich in der anglikanischen Kirche empfangen hatte. Ich hätte lieber gesehen, es wäre anders gewesen, und da der Pater sehr schlecht schrieb, bemühte ich mich denn auch, als in dem Taufschein noch einmal das ›sub conditione‹ wiederkehrte, ›sine conditione‹ herauszulesen. Eine neue Taufe, die die Kraft der ersten Taufe gehabt hätte, würde mich nämlich von allen meinen Sünden gereinigt haben. Ein wahrhaft berauschender Gedanke! Ich hätte dann absolut rein und frei von jeder Verfehlung vor Gott gestanden. Ich überlegte mir nicht, daß eben dieser berauschende Gedanke in sich selbst schon eine Hochmutssünde war, wollte ich mich doch genau wie ein Engel sehen.

Fünf oder sechs Nonnen wohnten dieser Zeremonie zugleich mit meiner Schwester Anne und einer französischen Freundin meiner Kusine Sarah bei. Außerdem war eine sehr fromme Dame zugegen, deren Sohn erst kürzlich an der Front gefallen war. Sie brachte ihre Trauer in langen schwarzen Schleiern zum Ausdruck und schaute mich mit einer Miene voller Kummer und Sanftmut an, die mir das Herz zerriß.

Am Nachmittag dieses gleichen Tages legte ich Pater Crété eine umfassende Beichte aller meiner Sünden ab. »Ich fürchte«, sagte er, während er mir zuhörte, »daß Sie sich zu sehr anklagen... oder nicht genug.« Ich klagte mich an, so sehr ich konnte, und da die Verfehlungen gegen die Reinheit im Katechismus eindeutig aufgeführt waren, beschuldigte ich mich nun auch dieser Sünden mit aller Gewissenhaftigkeit, die ich aufzubringen vermochte. Zu meiner großen Überraschung schien der Pater niedergeschmettert; er gestand mir später, daß er nichts dergleichen erwartet, mich vielmehr frei von jeder Verfehlung dieser Art geglaubt habe. ›Das ist‹, dachte ich, ›viel Aufregung wegen einer Kleinigkeit.‹ Er mußte mir erklären, daß ich ernstlich Gott beleidigt hätte, doch die Idee, Gott zu beleidigen, lag mir an diesem Tage so fern, daß ich mich anstrengen mußte, mich an mein Grauen von früher zu erinnern und mich zu überzeugen, daß der Priester mit seiner Meinung im Recht sei. Ich sah, daß ihn ein geheimnisvoller Kummer bewegte und daß mein Geständnis der Grund dazu war. Bald fühlte ich mich von einer Unruhe erfaßt, die schnell in Schaudern überging. Von alledem mußte sich wohl etwas in meinen Augen zeigen, denn der Pater faßte sich wieder und spendete mir reichliche Worte der Ermutigung. Sobald ich die Absolution erhalten hatte, ging ich mit leichtem Herzen davon, und das war auch, glaube ich, das Beste, was ich tun konnte. Ich vergaß alles und dachte nur noch an die erste Kommunion, die auf die Taufe folgen sollte, an die heilige Messe von morgen.

An jenem Nachmittag war es schön. Nach der Absolution kam der Pater zusammen mit Anne zu mir in unsere Wohnung und unterzeichnete, im kleinen Salon am Sekretär, der Mama gehört hatte, die Akte meines Übertritts. Was aber tat ich unterdessen? Ganz leise sprach ich mit meiner Schwester. Und was sagte ich ihr? Es wird immer irgendwie beschämend für mich bleiben, aber schließlich war ich erst fünfzehn Jahre alt und zudem leichtlebig von Natur. Ich fragte also meine Schwester, ob sie glaube, ich könne mit meinem Freund Jean nachher ins Kino gehen. Ich weiß nicht, ob sie die Zeit zu einer Antwort fand, ich weiß auch nicht [und werde es niemals wissen], ob der Pater mich hörte. Auf alle Fälle stand er auf und machte Platz. Ich unterschrieb, und darauf Anne. Es gab keine Kommentare. Es wurden noch einige höfliche Worte gewechselt, dann zog sich der Pater zurück.

Was tut man, wenn man soeben katholisch getauft und von seinen Sünden losgesprochen worden ist? Heute würde ich wohl antworten, daß man eine kleine Weile in der Kirche verbringt. Im April 1916 war ich ahnungslos. Dazu fiel mir nichts ein. Gleichwohl schien es mir besser, den Kinobesuch auf einen anderen Tag zu verschieben, und aus diesem Grund begab ich mich zu meinem Freunde Jean Simonin, der zwei Schritte von uns entfernt in der Rue Greuze zu Hause war. Ich führte ihm meine Gründe an, ich sagte ihm alles, denn ich wollte immer alles sagen, wie auch heute noch. Er kicherte. Nicht, daß er sich mokierte, aber er konnte nicht lachen, er kicherte aus Verlegenheit. Er war ein sehr guter Junge, etwas dicklich, lockig, pausbäckig, laut. Wir kannten uns seit unserer Kinderzeit, seit der Rue de Passy [er wohnte damals fast genau gegenüber von uns]. Kein ernsthaftes Gespräch kam je mit ihm zustande, aber ich liebte ihn sehr. Stärker als ich, neckte und puffte er mich immer gern ein bißchen, stellte mir ein Bein und lachte unaufhörlich. Wir hörten auf, uns zu sehen, wie man aufhört, Kreisel zu spielen, ohne darüber nachzudenken.

Der Tag, der auf diesen Nachmittag folgte, war, um mich einer hierfür üblichen Formel zu bedienen, der ›große Tag‹. Was aber beschäftigte mich am meisten? Das, was ich jetzt sagen werde, wird von seiten eines Neophyten sehr enttäuschend klingen, doch was Tatsache ist, muß auch Tatsache bleiben. Es war abgemacht, daß ich der heiligen Messe im Chor bei den Ordensschwestern beiwohnen würde, eine große Ehre. Natürlich würde ich von allen Gläubigen gesehen werden, die sich ihrerseits auf der anderen Seite des Chorgitters in der Kapelle aufhielten. Doch ich würde sehr bescheiden gekleidet sein, denn ich besaß nur einen Anzug aus marineblauem Serge, der in meinen Augen leicht abgetragen, stellenweise glänzend und fast formlos geworden war. Mehrere Wochen zuvor hatte ich mit Anne darüber gesprochen und sie gefragt, ob man mir nicht für meine Erstkommunion einen neuen kaufen könne; doch fehlte es im Hause an Geld, oder mindestens war nur gerade das Nötigste da. In aller Sanftmut bestand ich auf meinem Verlangen, und in aller Sanftmut wurde es mir abgelehnt. Das also war das Thema meiner tiefen Meditationen unmittelbar vor dem Tag unter allen Tagen: ein neuer Anzug. Ich wagte das Gleichnis von dem Gast anzuführen, der, weil er kein hochzeitliches Gewand trug, aus dem Hause gewiesen wurde. Vergebliche Liebesmüh. Die anderen wollten nicht einsehen, daß da eine Beziehung bestand. Zudem – das hätte ich schon früher sagen sollen – war mein Vater nicht zu Hause, sondern in Kopenhagen, wohin seine Geschäfte ihn gerufen hatten. Nur er hätte die notwendige Summe zur Verfügung stellen können. Ich litt. Wohl bemühte ich mich, an Gott zu denken und besonders an die Eucharistie. Ich glaube, daß ich von dieser Seite her etwas wie ein Wunder erwartete, ein ganz außergewöhnliches Erleben, eine Art von Verzückung. Was mir alles verdarb, war mein alter Anzug. Werde ich ihn jemals vergessen können? Er bestand aus einem Rock von undefinierbar militärischem Schnitt mit großen Taschen auf jeder Seite, sowie einer etwas überfallenden Hose, die unterhalb des Knies in eine Art von Wickelgamaschen überging – eine zarte Anspielung auf die Zeiten, in denen wir lebten. Kurz und gut, ich schämte mich fast zu Tode, als die Oberin, Mutter Maria-Adolphine, und ihre Stellvertreterin, Mutter Maria-Joachim, mich in den Chor eintreten ließen, wo mich auf der Epistelseite ein mit rotem Samt bezogener Betstuhl erwartete.

Ich begab mich an meinen Platz und stand von Anfang bis

zu Ende dieser Messe stolz und verzweifelt da. Da ich nicht wußte, was ich tun sollte und mich von allen Leuten belauert glaubte, fühlte ich mich grauenhaft unbehaglich. Auffallend ist, daß der Pater mir nichts darüber gesagt hatte, wie ich mich zu verhalten habe, offenbar hatte er nicht daran gedacht. Mein Stolz blutete aus allen Wunden wegen dieses unseligen Anzugs, wozu noch das dunkle Bewußtsein trat, daß ich nicht stehen bleiben, sondern niederknien müßte. Ich wagte es nicht, ich hatte Angst, in Augenblicken niederzuknien, wo es angebracht war, zu stehen. Könnte man vor Scham sterben, wäre ich längst unter der Erde.

Im Augenblick der heiligen Kommunion machte eine der Ordensschwestern mir armem Tölpel ein Zeichen, und durch ein wahres Wunder erfaßte ich, daß ich diesmal auf der ersten Stufe des Altars niederknien mußte. Das Herz klopfte mir fürchterlich, mein Kopf war von Schwindel erfaßt. Ich meinte ohnmächtig zu werden, gab mir einen Ruck, um mich zu erinnern, was der Pater mir über die Eucharistie gesagt hatte, die ich empfangen sollte; ich empfing die Kommunion in einem Schwindel.

Ich entsinne mich, daß ich mich, an meinen Platz zurückgekehrt, auf die Knie niederließ und mein glühendes Antlitz in den Händen verbarg. Diese Haltung behielt ich, als sei ich in Stein verwandelt, bis zum Schluß. Der Pater mußte sogar erst zu mir treten, bis ich begriff, daß die Messe vorüber war und ich mich zurückziehen mußte. Was aber hatte ich verspürt? Nichts. Keinen Aufschwung, keine Sekunde des Glücks? Nein, nichts. Ich hatte nur den einen Gedanken, mich zu verbergen, wo auch immer es sei. Aber von Sichverstecken konnte keine Rede sein. Die Ordensschwester machte mir ein Zeichen, daß ich ihr folgen solle. Sie führte mich in ein dunkles Sprechzimmer, in dem die Oberin und ihre Stellvertreterin auf mich warteten. Mir zu Ehren waren die Holzschranken der Klausur geöffnet worden, und auf einem Tisch bot sich ein Frühstück, das aus

Schokolade und Hörnchen bestand, zur Stärkung meines inneren Menschen gedacht, meinen gierigen Blicken dar. Die Nonnen richteten ein paar reizende Worte mit so heiterer Miene an mich, daß auch ich meine tragische Miene ablegte und, allein geblieben, andächtig dieses Frühstück verzehrte, von dem auch nicht ein Tropfen oder ein Krümchen übrigblieb.

Von dem, was Gott an diesem 30. April 1916 an mir wirkte, ahnte ich nichts, denn Er bleibt der verborgene Gott, dessen Licht für uns fast völlige Dunkelheit ist. Ich konnte Ihm seither aber nicht mehr entkommen. Der zerstreute, oberflächliche kleine Gymnasiast war Seine Beute geworden. War ich jemals zuvor etwas anderes gewesen?

Heute kann ich nur sagen, daß ich in einem Zustand idiotischer Verwirrung kommuniziert habe und, was mir noch trauriger scheint, in einem Zustand vollkommener Kälte. Aber so war ich nun einmal. Auf eine Periode der Inbrunst, die mehrere Monate angehalten hatte, folgte eine Periode der Kälte. Es gab Jahreszeiten in meinem inneren Leben. Ich konnte mir nicht erklären, weshalb es so war. Offenbar war auch niemand da, der mich auf diese Absonderlichkeiten hingewiesen hätte. Der Glaube stand bei mir gewiß nicht auf dem Spiel, doch es kam vor, daß plötzlich für mich über eine Seite des Evangeliums etwas wie ein Schleier gebreitet war. Die Worte drangen nicht mehr bis zu mir, sie erreichten mich nicht. In religiöser Hinsicht stumpfte ich dann gleichsam ab, das aber trug sich leider gerade bei großen Festen und Gelegenheiten wie der des 30. April zu, an denen ich höchster Gnade bedurft hätte. Was ich nicht wußte, war, daß ich am Beginn einer Reihe zuweilen heftiger religiöser Krisen stand, die Jahrzehnte hindurch anhalten sollten, doch davon wußte ich noch nichts.

Am Tage nach dem 30. April stellte der Pater vermutlich die Überlegung an, daß der Hauptteil seiner Aufgabe nunmehr erledigt und es jetzt nur noch notwendig sei, mich ruhig auf den Weg zum Kloster zu führen. Fehlte es ihm an Einfühlung in die Seelen? Ich weiß nicht, welche Antwort ich darauf geben soll. Man wird im folgenden sehen, was davon zu halten ist. Jedenfalls fragte er mich, ob ich mich weiter seiner Führung anvertrauen wolle, denn es war ja unerläßlich für mich, einen geistlichen Lenker zu haben. Wie hätte ich nein sagen können? Ich konnte mir nichts Besseres wünschen, als dem Pater zu beichten. Die Beichte fiel mir nicht schwer. Ich tat nichts, was mir böse erschien. Das war in meines Beichtvaters Augen das Wichtige, die Hauptsache. Rein und Unrein wurden wieder lebendig, jetzt aber mit Eisen gepanzert wie Ritter, von denen der eine engelhaft, der andere höllisch war, beide jedoch von übermenschlicher Größe. In ihrem Schatten forschten der Pater und ich, welche Sünden ich begangen haben mochte. Ich entdeckte nichts. Er seinerseits glaubte, nicht ohne Grund, Hochmut zu erkennen und hatte es auf meine Schwermut abgesehen. »Weshalb sind Sie denn traurig, mein Sohn? Nur wer ohne Hoffnung ist, trauert... ›ceteri qui spem non habent...‹« Ich konnte ihm nicht sagen, daß ich traurig war, weil Frédéric mich übersah. Er hätte das, glaube ich, idiotisch gefunden. Etwas dem Ähnliches gab es im Katalog der Sünden nicht. »Heimweh nach dem Kloster?« murmelte er, während er den fernen Blick seiner schönen Augen zu den Höhen von Saint-Cloud erhob. Ich wußte nicht, was ich sagen sollte, und riß wieder kleine Strohtuffs aus der Unterseite meines Stuhls. So bahnte sich zwischen diesem Mann und mir ein irreparables Mißverständnis an.

Ich konnte nicht voraussehen, daß eines Tages die Dinge sich verschlimmern würden. Ich war viel zu sorglos dazu. Was die Stunde mir jeweils an Freude zutrug, genügte mir, und abgesehen von den Qualen, die ich Frédérics wegen

litt, konnte ich mich glücklich nennen, oft närrisch glücklich. Wenn ich allein war, sang ich laut. Ich erfand Melodien, und diese Melodien waren mir manchmal sehr nützlich. Während ich nämlich die Wörter eines Satzes, den ich auswendig lernen sollte, nur ungenau behielt, war das musikalische Gedächtnis bei mir ganz ungewöhnlich treu. Um mich zum Beispiel meiner lateinischen Konjugationen zu erinnern, sang ich sie mir auf selbstkomponierte Melodien vor, und so noch mit anderem. Was ich mir am nachhaltigsten eingeprägt hatte, ist in meinem Geiste mit kleinen Melodien verknüpft, die ich auch heute noch im Kopfe habe. Diese Einzelheiten wären von nur geringem Interesse, denke ich mir, wofern sie nicht eine optimistische Natur und eine unbesiegbare Liebe zum Leben verrieten.
Ich weiß wohl, daß damals Krieg war, aber es gelang mir nicht, mir den Krieg vorzustellen. In dem dunklen Schlafzimmer, das ich mit meinem Vater teilte und in dem ich meine Schularbeiten machte, summte ich meine Liedchen vor mich hin, die mir überaus hübsch erschienen. Bis dahin hatte ich noch nie ein Orchester gehört, und da meine Schwester Mary abwesend war, blieb der Flügel geschlossen, doch stand mir ja der Ausweg offen, mich an Musik, an Trauer und Unglück bei Mademoiselle Jeanne zu berauschen. Die bewegenden Klagen Chopins drückten vollkommen alles aus, was ich bereits verspürte, wenn ich auch nur den Namen Frédéric hörte: ›Er wird sterben ... oder vielmehr, nein, ich selber werde sterben ... ich bin tot. Man begräbt mich. Dann wird man mein Geheimnis erfahren. Er wird es erfahren, und er wird weinen, aber dann ist es zu spät ...‹ Heute kann ich diese Dinge belächeln. Vor einigen Jahren jedoch habe ich meinen Freund Philippe wiedergesehen, der damals der Vertraute meiner großen Leidenschaft war. Wir tauschten Erinnerungen aus, und da fiel im Gespräch denn auch der Name Frédé-

ric, worauf Philippe sagte: »Ich bin nicht mehr jung, ich kenne das Leben, aber jetzt kann ich dir ja sagen, daß ich nie ein menschliches Wesen ein anderes so sehr habe lieben sehen, wie du zu jener Zeit Frédéric liebtest.«

Wenn ich ihn sah, erbebte ich. »Sprich ihn doch an«, sagte Philippe zu mir. »Er wird dich nicht fressen.« Doch mir fehlte der Mut. Und was zudem hätte ich ihm auch sagen sollen? Die Monate vergingen, ich aber bewahrte ein Schweigen, an dem in mir eine Schwermut erwuchs, die mit Heimweh nach dem Kloster nichts zu tun hatte. In einem Roman würde diese Melancholie, unausweichlich fortschreitend, alles überfluten, aber wie ich schon sagte, es gab auch Stunden unbegreiflicher Freude, in denen sich alles in mir dem Licht entgegenschwang. Ich schreibe hier keinen Roman, doch das Leben kümmert sich nicht um die Logik der Romanschriftsteller. Es schreibt Romane auf seine Weise, zuweilen sehr schlechte, doch gelegentlich auch mit Geistesblitzen durchsetzt, die einen neidisch machen könnten.

»Eine reiche Natur«, sagte der Pater eines Tages zu mir, während er seine Hand auf die meine legte, »aber Vorsicht vor zu viel Empfindsamkeit!« Jetzt, da der Katechismus beendet war, wendeten sich unsere Gespräche der Literatur zu und erlaubten meinem geistlichen Berater, einen aufmerksamen Blick in die Tiefen meines Herzens zu werfen, doch weiß ich nicht, was er dort entdeckte. Meine Begeisterungsanfälle schienen ihm, zumal für einen künftigen Benediktiner, nicht immer ganz das Richtige zu sein. ›Les Désenchantées‹ von Pierre Loti flößten ihm ein gewisses Mißtrauen ein, obwohl er das Werk nicht gelesen hatte. Ich meinerseits schwelgte in diesen berauschenden Seiten. »Herr Pater, wenn Sie wüßten, wie schön das ist!« Er hob die Brauen. Eines Tages kam ich ihm mit den ›Martyrs‹ von Chateaubriand. Dieses Buch kannte der Pater. Er mißbilligte es gewiß nicht, »aber« sagte er, »da ist doch diese Episode mit Velleda, mein Sohn, das sind gefährliche Dinge.« Gefährlich? Weshalb, die schöne Priesterin kam mir völlig harmlos vor. Ich wäre sehr gern Cymodocée's Gefährte* gewesen. Für den christlichen Glauben vor einem so zahlreichen Publikum und in so edler Haltung zu sterben, o ja ... ich spürte in mir ganz und gar die Seele eines Bühnenmärtyrers. Dementsprechend genügte schon ein Wort, um mir all meinen Glaubenseifer zurückzugeben, und unter Absingen von Chorälen, denen meiner Kindheit, protestantischen Chorälen, kehrte ich nach Hause zurück. ›Onward, Christian Soldiers!‹ So war es, vorwärts, vorwärts! Wo sind eure Marterwerkzeuge, eure Löwen, eure Leoparden? Ach, am folgenden Tage sah ich Frédéric, der an mir vorbeiging, ohne auch nur im geringsten von mir Notiz zu nehmen, und alles schmolz dahin, ich wollte sterben, mir das Leben nehmen.

Als ich wieder in meinem Zimmer war, sang ich mir halblaut die Verse des Sechsten Buches der Aeneis vor. Was konnte ein Priester schon von solch einem Chaos erraten? Meine Samstagsbeichten waren harmlos. Sie wirkten auf meinen Beichtvater hingegen nicht unbedingt beruhigend. Um in seiner etwas altmodischen Sprache zu reden: er konnte ›sich nicht enthalten, sich dieserhalb Sorge zu machen‹. Es war, wenn ich so sagen darf, der Kontext, der ihm bizarr erschien. Ich erinnere mich, daß wir beide an einem schönen Sommertag zusammen am Quai Debilly spazieren gingen. Was taten wir dort? Ich weiß es nicht, aber als wir bei einer prächtigen Zeder angekommen waren, die seither verschwunden ist, damals aber einen neben der Place de l'Alma gelegenen Garten zierte, sagte ich zu dem Pater: »Wissen Sie, was ich später werden möchte?« – »Nun, auf was für einen ausgefallenen

---

* Eudore, Gefährte der Cymodocée, der Heldin des Prosa-Epos »Les Martyrs« (1809). (AM/CK)

Gedanken wird unser Julien denn nun gekommen sein?« – »Ich wäre am liebsten der Heilige Franz von Assisi.« [Das nämlich war der Schutzpatron, den ich mir bei meiner Taufe erwählt hatte.] »Utinam, mein Sohn! Aber beeilen Sie sich. Festina!« – »Aber, Herr Pater«, fuhr ich gleich darauf fort, »wenn ich nicht der Heilige Franz sein kann, möchte ich Aladin sein, ja Aladin, damit ich niemals einen Wunsch verspüre, der mir nicht auf der Stelle erfüllt wird.« Der Pater blieb einen Augenblick stehen und sah mich an. Ich erinnere mich nicht mehr, was er zu mir sagte, doch er lächelte traurig. Er konnte sich nicht enthalten, sich Sorgen zu machen, der arme Pater.
Wahrlich mit gutem Grund. Der Frühling, dann der Sommer brachten mich zum Sieden. Das jedenfalls ist das einzige Wort, das den ungewöhnlichen Zustand ausdrückt, in dem ich mich seit einigen Wochen befand. Eines Tages nahm ich das Kruzifix, das über meinem Bett hing, ab, und tat, mit einem Herzen, das an meine Rippen pochte wie der Widder gegen die Festungsmauer, das Verbotene, das mich, wie mir jetzt bewußt war, in die Hölle stürzen konnte, wofern ich in diesem Augenblick starb. Ich starb nicht, doch verspürte ich nach geschehener Tat ein Grauen, von dem mir das Blut in den Ohren brauste.
In den darauffolgenden Minuten verlor ich wahrscheinlich vollends den Kopf. Ich tat auf alle Fälle etwas Sonderbares, nachdem ich meine Ruhe wiedergefunden hatte: ich nahm das Bild der Mutter Gottes ab, das meine Mutter so sehr geliebt hatte, und verzeichnete an der Wand in winzigen, von einem Kreuz eingeleiteten Lettern das Datum dieser meiner großen Sünde. Endlich hängte ich die Photographie wieder an ihren Platz, ebenso das Gipskruzifix, betete aber nicht. »Unrein, unwürdig zu beten«, sagte ich zu mir selbst.
Eine Riesenschwierigkeit war die Folge: Wie sollte ich meine Verfehlung meinem Seelenführer beichten? Ich

konnte es nicht. Das Bild, das er sich von mir machte, im Geiste dieses Mannes zerstören – nein. Eudore wich vor den Löwen und Leoparden des Hochmuts zurück. In diesem Augenblick fragte mich eine sanfte, vernünftige Stimme, die ich noch häufig hören sollte, weshalb es denn notwendig sei, bei meinem geistlichen Berater zu beichten. Vergaß ich denn ganz, was dieser selbst mir gesagt hatte? »Ich werde Ihr Beichtvater immer nur dann sein, wenn Sie selber es wollen. Sobald es Ihnen peinlich ist, bei jemand zu beichten, den Sie kennen, sind Sie vollkommen frei, sich an einen anderen Priester zu wenden.«

Welches Gewicht fiel damit sofort von mir ab! In meiner Verblendung erkannte ich nicht die Gefährlichkeit dieses Rates, der aus mir nicht mehr und nicht weniger als einen Heuchler machte. Ohne zu warten, lief ich in die Kirche Saint-Honoré-d'Eylau und bekannte dort, hinter einem etwas verschossenen olivgrünen Vorhang, meine Sünde, eine Sünde, die ich im übrigen bitter bereute, jedoch, wie ich fürchte, aus recht menschlichen Gründen, bei denen die Eigenliebe eine Rolle spielte. Ich war wieder unrein geworden. Ich war kein Engel mehr! Wie traurig, wie banal und erbärmlich das alles ist!

Am nächsten Samstag erklärte ich Pater Crété, ich hätte nachgedacht, und es sei wohl besser, daß ich in Zukunft – ich drückte mich so höflich wie irgend möglich aus – bei einem Priester, der mich nicht kenne, meine Beichte ablegte, weil ich bei diesem mich unbefangener würde aussprechen können. Diesen einleuchtenden Grund hatte der Pater selbst mir an die Hand gegeben. Er richtete den Blick seiner schönen hellen Augen auf mich und sagte ohne Zögern zu mir: »Gut, mein Sohn.« So nahm eine Seelenführung ein Ende, dank der ich sicher sehr großen Irrtümern aus dem Wege gegangen wäre, doch ich wußte nicht, was ich tat. Das war meine einzige Entschuldigung, und im Grunde ist es ja auch die Entschuldigung fast aller

Menschen, wie es schon Christus am Kreuz gesagt hat. Ich habe mich oft gefragt, was der Pater von meinem Entschluß gehalten haben mag und ob er etwas ahnte. Ein anderer als er hätte vielleicht mit mir gerungen, doch wie ich vermute, hielt er sich dazu nicht für berechtigt, sondern vielmehr verpflichtet, meine Freiheit zu respektieren, so wie Gott selber es tat. ›Das Geheimnis der menschlichen Freiheit‹, sollte er mir eines Tages, in einer noch ernsteren Situation, schreiben.

Nachdem mir meine Schuld vergeben war, stellte sich das schmeichelhafte Bild, das ich mir von mir selber machte, fast sofort wieder her, denn ich hatte durchaus nicht das Gefühl, unredlich gehandelt zu haben. Am Nachmittag ging ich regelmäßig zur Andacht bei den Weißen Schwestern, unseren Nachbarinnen. Sie hatten mir am Tage meiner ersten Kommunion einen schönen Lilienstrauß geschickt, und als diese Blumen zu welken begannen, hatte ich eine davon zwischen die Seiten der ›Göttlichen Komödie‹ [ich hoffe, innerhalb des ›Paradiso‹, aber ich bin nicht ganz sicher] gelegt. Niemals mehr sah ich die furchtbaren Bilder von Doré an, die mich jetzt ganz kalt ließen, während sie dem Sechsjährigen so sehr den Kopf erhitzt hatten; dennoch dachte ich an die Hölle, aber sie jagte mir Schrekken nur um der anderen willen ein, denn was hatte ich noch zu fürchten, nachdem ich mit reingewaschener, sauberer, geretteter Seele aus dem Beichtstuhl getreten war? Wenn ich die Nonnen in der Rue Cortambert singen hörte, tat sich etwas in mir auf; wie aber soll ich eine innere Bewegung von dieser Art beschreiben? Ich war dann ganz bei ihnen, fern von der Welt. Ich wurde, was sie sangen. Das besagt nichts und doch alles. Diese ruhigen Melodien stiegen aus der Tiefe der Jahrhunderte auf. Kriege und Revolutionen änderten an ihnen nichts. Man konnte Soldaten mit Maschinengewehren niederkartätschen, Köpfe abschlagen, Regierungen stürzen – diese Gesänge in ihrer

so schlichten und so reinen Schönheit stiegen immer und ewig wieder zum Himmel auf. Ich war besonders empfänglich für ›Jesu dulcis memoria‹, das mich die Erde vergessen ließ, und noch heute höre ich es mit dem gleichen Glücksgefühl an. All meine Inbrunst wurde mir beim bloßen Anblick des Allerheiligsten wiedergeschenkt.
Wie soll man das mit allem übrigen in Einklang bringen? Ich weiß es selber nicht. Denn dieses Übrige gab es immerhin. Mein Gedächtnis läßt in dieser Hinsicht nicht mit sich handeln. Dem äußeren Anschein nach verlief mein Leben ohne Schuld, vielleicht sogar mehr noch als nur dem äußeren Anschein nach. Ich hegte keine bösen Begierden, ich war gefügig, meine Noten in der Schule waren gut. Ich hatte meinem Vater einen Brief geschrieben, in dem ich ihm eine schöne Beschreibung von den Geschehnissen des 29. und 30. April gab. Die Ferien nahten heran, doch von einem Aufenthalt auf dem Land war diesmal keine Rede. Dazu fehlte uns das Geld; doch Paris war leer und so still, daß man hätte meinen können, man lebe in einer Provinzstadt. Im übrigen würde ich nicht allein sein. Mein Kamerad Philippe sollte seine Ferien gleichermaßen in Paris verbringen. Hierdurch ergaben sich neue Schwierigkeiten.
Philippes Eltern wohnten nicht weit von uns entfernt, ich besuchte ihn bisweilen. Ganz im Hintergrund eines sehr düsteren Raumes spielten wir, auf dem Fußboden sitzend – das war seine Idee, und ich widersprach ihm nie –, Schach. Diese dunkle Ecke stand für mein Gefühl in direkter Verbindung mit der Hölle. Dessen war ich gewiß. Wie hätte man sonst den Zwang erklären können, dem wir beide erlagen? Wie wird man je erfahren, auf welche Weise das alles angefangen hat? Hier breitet sich ein Dunkel aus, das nichts zu erhellen vermag. Ich wurde von einem wütenden Verlangen erfaßt, das ich nicht in Worte kleidete und das ich auch gar nicht erst zu formulieren

brauchte. Hatten wir von diesen Dingen je gesprochen? Ich glaube nicht. Weshalb aber sagte dann Philippe zu mir: »Wollen wir noch warten, bis die Partie zu Ende ist?« Ich aber sagte zu ihm: »Du hast ja doch schon gewonnen...« Was ich auf einmal insgeheim wünschte, wußte er nur zu gut. Er sah mich mit seinen schwarzen Augen an, die plötzlich die eines Mannes waren, und begann leise zwischen den Zähnen zu pfeifen wie ein Apache. Das war das Signal, auf das ich in einer mit Grauen gemischten Ungeduld wartete. Mein Herz klopfte heftig, mir schwindelte. Ich hatte den Eindruck, die Luft werde dicker und die Möbel wirkten noch häßlicher als sonst. Das gehörte zu dieser erschreckenden Lust, von der ich erzitterte und verstummte. Endlich erhob ich mich und stürzte davon. In meinem Zimmer lief ich vor den Spiegel und suchte nach dem verräterischen Schatten rings um die Augenlider. Ich wagte nicht, den Blick zu dem Kruzifix aus Gips emporzuheben. Wenn Christus mich gesehen hätte... Ich konnte die Vorstellung nicht ertragen. Ich hoffte, er habe sein Haupt abgewandt. In meiner sonderbaren Verwirrung liebte ich ihn gleichwohl. Ich warf mich flach auf mein Bett, um mein Gesicht zu verbergen, und versuchte mir einzubilden, ich sei tot; dann folgten endlich die Schläge meines Herzens langsamer aufeinander, und ich wartete auf den Augenblick, da ich in Saint-Honoré-d'Eylau hinter dem olivgrünen Vorhang niederknien könnte.
Wenn ich, von meinen Sünden befreit, die Kirche wieder verließ, schnellte ich gleichsam empor wie ein Gummiball, der den Boden berührt hat. Alles lächelte mir neu. Victor Hugo auf seinem Felsen kam mir zauberhaft vor. Ich sang. In jenen Momenten, so glaube ich, gab es auf Erden keinen glücklicheren Knaben als mich. Die Verfehlungen, die ich mit Philippe beging, kamen nur selten vor und bewahrten zudem einen so rudimentären Charakter, daß sie mir heute nur bedingt schwerwiegend erscheinen, doch hatten

sie damals in mir einen gewaltigen Widerhall. Eines Tages, nach einer Beichte in Saint-Honoré-d'Eylau, als ich in dem glücklichen Gefühl, Verzeihung erlangt zu haben, die Rue Mesnil entlanglief und -sprang, mußte ich plötzlich an Philippe denken und blieb wie angewurzelt stehen. ›Philippe ist verdammt.‹

Ich stand völlig starr da. ›Philippe ist durch meine Schuld verdammt.‹ Da gab es nur eins. Ich lief zu ihm hin. Er war gerade mit seinen Schulaufgaben beschäftigt. »Komm mit.« – »Was ist denn in dich gefahren?« Ich blieb hartnäkkig, bis er gehorchte.

Auf der Straße erklärte ich ihm, daß er in Gefahr sei, da er mit mir eine schwere Sünde begangen habe, auf ewig verdammt zu werden, wofern er nicht beichtete. Ich habe noch seinen Protest im Ohr. »Ich habe Ostern gebeichtet. Und außerdem geht dich das gar nichts an.« – »Philippe, wenn du heute nacht stirbst, kommst du auf ewig in die Hölle.« Ich hatte ihn beim Arm gefaßt. Er lachte: »Was hast du denn bloß? Macht dich die Religion verrückt?« Mit einer Heftigkeit, an die ich mich noch heute erinnere, malte ich meinem Kameraden, während ich ihn zur Rue Cortambert schleppte, die Qualen der Verdammten aus. Brauche ich zu sagen, daß die Illustrationen Gustave Dorés meine hauptsächliche Informationsquelle bildeten? Ich schritt mit meiner Schilderung von einem Schrecknis zum anderen in einer Art von Fieber fort, von dem meine Wangen erglühten. Philippe sperrte sich erst ein bißchen, fand aber dann die Sache amüsant und hörte mir schließlich zu. Manches, was ich ihm erzählte, kam ihm gar zu scheußlich vor; als er mit seiner Geduld am Ende war, sagte er es mir, ich aber schloß ihm mit Argumenten den Mund, auf die ihm nichts mehr zu erwidern blieb. »Du bist also sicher, daß du morgen noch lebst?« Immer weiter mit ihm diskutierend, zerrte ich ihn in Richtung auf Saint-Honoré-d'Eylau mit mir fort, und irgendwie gelang es mir tatsächlich, in diesen so kalt und logisch denkenden Kopf eine Beunruhigung zu pflanzen, die ich mit Lust zu wirklichem Grauen anwachsen ließ. Ich erinnere mich nicht mehr, was ich zu ihm sagte, außer an den einen Satz an der Ecke der Rue Scheffer und der Rue Cortambert« »Jetzt ist es Viertel vor sieben. Du hast noch Zeit, doch auch nur gerade eben noch Zeit.« Ich packte ihn beim Arm und zwang ihn, mit mir zur Kirche zu laufen, zu der wir außer Atem gelangten. Mit namenloser Befriedigung sah ich ihn hinter dem olivgrünen Vorhang verschwinden. Ich selber wartete auf ihn bei dem Weihwasserbecken neben der Eingangstür.

Sehr bald darauf kam Philippe wieder zum Vorschein und schloß sich mir an. Ich begleitete ihn zurück zu seiner Wohnung. Auf eine Frage des Priesters, so gestand er mir, hatte er erklärt, daß er zur Beichte gekommen sei, weil ein Kamerad von ihm darauf bestanden habe. »Sie haben keinen besseren Freund als diesen«, hatte der Priester zu ihm gesagt. Mir schwoll das Herz vor Stolz. Von neuem war ich ein Engel. Wahrlich, welch eine schöne Seele!

Ich machte mir von Christus eine zugleich machtvolle und verworrene Vorstellung. Er war zunächst und vor allem eine lebende Person, die mich unaufhörlich sah, mich nicht verließ und der ich gehörte. So wie er in der Heiligen Schrift erschien, so war er auch heute, sehr gegenwärtig und doch im Unsichtbaren verborgen. Wenn ich laut zu ihm sprach, so hörte er mich, die Antwort aber, die aus dem Unsichtbaren kam, war Schweigen, und dieses Schweigen war in sich selbst eine Sprache, die Sprache Gottes, nicht ein gewöhnliches Schweigen, das heißt nur ein Verstummen des Sprechgeräusches, sondern tatsächlich ein Wort, das dem Herzen vernehmlich war.

Diesen selben Christus fand ich in der Hostie. Da jedoch war er zugleich sichtbar und unsichtbar. Er zeigte sich mir

hinter dem Schleier einer äußeren Erscheinung, diese Erscheinung aber war eine solche nur, weil meine leiblichen Augen nicht weiter zu sehen vermochten. Eine sehr reine Seele hätte ihn vielleicht erblickt, den eucharistischen Christus. Rings um ihn aber herrschte ein ungeheures Schweigen, das für mich nicht länger ein vernehmbares Schweigen war. Ich konnte Christus nur anschauen und hatte vor ihm das Gefühl, nicht mehr auf die gleiche Weise zu existieren wie zum Beispiel zu Hause oder auf der Straße. Wenn ich mit ihm sprechen konnte, so jedenfalls nicht dort, wo die Ehrfurcht an Furcht grenzte.
Die Kommunion ließ mich daher erbeben. Vorher und nachher verspürte ich den flatternden Schlag meines Herzens, jedoch verschaffte sie mir nicht die Beglückung, von der ich in den Büchern las, noch jenes Gefühl der Vertrautheit mit Gott, das die Lektüre der Bibel mir häufig schenkte. Das ungeheure, furchtbare Schweigen trat an mich heran und umhüllte mich, dieses Schweigen Gottes. Ich fragte mich dann, ob ich nicht sterben würde, doch sagte ich von alledem nichts. Zu wem auch hätte ich sprechen sollen und in welchen Worten? Der Pater fragte mich nie danach. Er liebte mich innig, der gute Pater Crété, aber ich hatte ihn enttäuscht; er interessierte sich für eine Seele, die weit höher stand als die meine und von der er andeutend zu mir sprach. In ihr bewunderte er Gott. Mir gegenüber zeigte er sich zerstreut, geistesabwesend, dann jedoch ganz plötzlich aufmerksam wie aus Pflichtgefühl, denn in meiner Gegenwart fiel er ja nur in die Kindereien der Eitelkeit und der Literatur zurück; wenn ich zu ihm von Victor Hugo sprach, stieß er fast grob mit verschränkten Armen hervor: »Der Ruhm, der nackte Ruhm, das war es, was er wollte. Lesen Sie Biré, mein Sohn.« Warum hat er nicht verstanden, alles in mir beiseite zu räumen, was oberflächlich war, um darunter auf das zu stoßen, was an Ernst in mir wohnte, von dessen Vorhandensein ich selbst

jedoch nichts wußte? In seinen Augen war ich unrein, auf einer gewissen geistlichen Ebene war die Partie verloren; man mußte mit mir ins Banale hinabsteigen, sich in die Sphäre ordinärer ›Befleckung‹ begeben, die ihn mit Abscheu erfüllte. Vage spürte ich das alles, weil ich ja selber diesen Abscheu hegte, doch der Böse hatte sich in mir häuslich niedergelassen oder jedenfalls den Fuß in meine Tür geschoben.

Von Zeit zu Zeit fragte mich der Pater, ob ich immer noch an die Isle of Wight dächte. Sie verschwand tatsächlich häufig an meinem Horizont wie eine ›Ultima Thule‹, kehrte aber manchmal während der Andacht ganz weiß, von singenden Mönchen bevölkert, in mein Bewußtsein zurück. Ich sagte mir in solchen Augenblicken, daß dort sich alles zum Guten wenden und daß ich selbst, wenn ich erst einmal die schwarze Kutte trüge, heilig und rein sein würde. Dieser Traum aber schwand, wie von düsterem Hohngelächter hinweggefegt, an den Tagen jählings dahin, an denen ich, den Tod in der Seele, mit winzigen Buchstaben ein Datum hinter die ›Heilige Jungfrau‹ von Murillo schrieb. Lieber sterben, als es noch einmal tun! In solcher Verfassung befand ich mich, wenn ich in die Kirche Saint-Honoré-d'Eylau eilte. Daraus erwuchsen dann die Glücksräusche, die mich befielen, sobald ich entsühnt nach Hause kam. Es war vorbei, für alle Zeiten vorbei – das heißt für drei Wochen oder einen Monat. Ich zog keine Lehre aus meinen Erfahrungen. Aus der Demütigung hätte etwas der Demut Verwandtes entspringen müssen. Doch einzig Hochmut sproßte daraus, und aus dem Hochmut beschleunigter Fall. Es gelang mir tatsächlich nicht einzusehen, welches Band zwischen Hochmut und Unreinheit bestand. Immer noch wiegte ich mich in der Erwartung, ein Heiliger zu werden.

Im Laufe des Jahres 1915 besuchte ich zuweilen Anne und

Retta, die als Krankenschwestern im Hotel Ritz tätig waren. Niemand freilich ermutigte mich dazu, vermutlich wegen der schrecklichen Dinge, die ich dort sehen könnte. Zweifellos war dies eine der Stätten von Paris, an denen am meisten gelitten wurde, und ich gehe nie durch die Rue Cambon, ohne daran zu denken. Meist traf ich meine Schwestern in den Korridoren. Sie waren alle beide sehr schön und sprachen heiter mit mir, doch ihr Leben war, wie ich wohl wußte, hart, und infolge der ständigen Nähe menschlichen Leidens verlief ihre Jugend auf eine befremdliche Art. Meine Schwester Retta sollte in Erfüllung ihrer Pflicht im Januar 1918 sterben. Anne, die robuster war, hielt bis zum Ende des Krieges durch. Alle beide erhielten die Epidemienmedaille, die man nicht leicht bekam.

Manchmal wurde mir gestattet, ein oder zwei in Rekonvaleszenz befindliche Verwundete zu besuchen, doch verließ ich sie jedesmal voll des Schreckens. Sie waren jung, sie lächelten mich wortlos an und reichten mir, sofern sie es konnten, die Hand. Ohne daß es mir gelang, versuchte ich mir vorzustellen, ich könne eines Tages in der gleichen Lage sein. Der Krieg blieb für mich etwas Unbegreifliches, weil ich aus meiner Kindheit her an der absurden Vorstellung festhielt, die Älteren hätten unbedingt recht; der Krieg aber war ihr Werk; man kann sogar sagen, daß er von jeher das Meisterwerk der menschlichen Dummheit war und noch ist.

Ich erinnere mich, daß ich eines Tages in Erwartung meiner Schwestern an einem Fenster des Ritz stand. Es war herrliches Wetter. Der blendende Himmel in seinem reinen Blau sprach nur von Glück, als ich plötzlich das leichte Surren eines Flugzeugs über der Stadt vernahm. Dieses ferne Dröhnen war der immer gegenwärtige Krieg. Ich fühlte mich daraufhin von einer Traurigkeit erfaßt, wie ich sie seit dem Tode meiner Mutter nicht mehr empfunden hatte. Der Mensch machte die Welt zur Hölle. Er mußte töten, töten um jeden Preis und mit allen Mitteln, wie ein Wahnsinniger. Darauf lief alle Politik früher oder später hinaus. Ich glaube, daß diese Minute überwältigender Schwermut eine von denen war, die mich am stärksten geformt und mich am nachdrücklichsten über die unheilbare Roheit des Menschengeschlechts unterrichtet haben. Freilich verwischte dieser Eindruck sich wieder in meinem Geist, aber er ließ etwas zurück, was ich späterhin wiederfand.

Meine Schwester Lucy war für ein paar Monate nach Amerika gegangen, zu unseren Verwandten in Virginia. Ich kann nicht an sie denken, ohne daß sich mir das Herz verkrampft, denn ich weiß, daß sie drüben ebenso unglücklich war wie bei uns, doch waltete über ihr ein Geschick, das wir nun einmal nicht aufzuhalten vermochten. Unter einer stolzen, fast aggressiven Außenseite verbarg sich bei ihr ein Herz von einem außergewöhnlichen Liebesbedürfnis, dessen Geheimnis uns niemals völlig bekannt geworden ist. Für meine Schwester Retta hegte sie eine Art von stummer Schwärmerei, die aus ihren großen meerfarbenen Augen sprach. Über Anne und mich amüsierte sie sich eher, sogar über meinen Vater, doch war das ihre Art, uns ihre Liebe auszudrücken. Hingegen stritt sie sich leidenschaftlich mit meiner Schwester Mary, vor der wir alle etwas zitterten und einzig Lucy sich nicht fürchtete. »Ich sehe den Teufel neben dir stehen!« rief Mary, die Seherin. Doch Lucy war der Teufel ganz egal. Die Luft war von den fürchterlichen Reden und Gegenreden der beiden erfüllt, wir lauschten entsetzt, aber doch auch gespannt, denn alle beide hatten Stil.

Aber nun war Lucy in Amerika, Mary in Rom, wo eine beginnende Tuberkulose sich, ohne daß sie es wußte, verschlimmerte. Da zwei andere meiner Schwestern sich im Ritz aufhielten, lebte ich zu Haus allein mit meinem aus Dänemark zurückgekehrten Vater. Ich langweilte mich nicht. In jedem Zimmer gab es französische und englische Bücher, und ich las einfach alles, was mir in die Hände kam. In jenem Jahr begann ich Baudelaire aufmerksam zu lesen, wodurch die Welt für meine Augen sich zu verwandeln schien. Die große Traurigkeit der Erde ging mir auf, doch derart drapiert, daß sie verlockend wurde. Die Schönheit regierte in diesen Versen wie eine trauernde Herrscherin. Ich begriff nicht alles, ich übersprang die Blasphemien, doch alle diese so schlichten Worte berauschten mich mit schwermutvoller Lust. Ich war unglücklich, ohne es zu wissen, und genoß dieses Unglück zugleich. Die fleischlichen Passionen, von denen hier die Rede war, bewahrten für mich etwas Geheimnisvolles, das sie entgiftete, doch die Vollkommenheit dieser Verse und selbst noch ihre Unvollkommenheiten bekamen in meinem Geiste eine magische Kraft und hatten die Besonderheit, daß ich jedesmal meinte, zum erstenmal auf sie zu stoßen, weil sie auf unerklärliche Weise von einer Lektüre zur anderen ihr Wesen wandelten. Wahrscheinlich lag das an der Schwäche meines Gedächtnisses, das die Worte nur mangelhaft behielt, oder aber an einer für mich unerklärlichen Zauberkunst des Dichters. Nicht einen Augenblick lang hatte ich den Eindruck, etwas Unreines auf mich wirken zu lassen. Ich muß freilich bemerken, daß unsere Ausgabe die [mit einem schönen Stahlstichporträt versehen] bei Calmann-Lévy erschienene und daß das gewagteste dieser Gedichte ausgelassen war. Der Gedanke, mit Pater Crété über meine Lektüre zu sprechen, kam mir nicht einmal von ferne.

Zu Beginn der Ferien wurde ich krank. Es handelte sich nur um eine leichte Leberkrise, doch mußte ich im Bett bleiben. Philippe besuchte mich, und von der Höhe meines Krankenbetts aus hielt ich ihm wie von einer Kanzel herab

Vorträge über die Religion, während die Bibel von Crampon mir aufgeschlagen zur Seite lag, oder sprach zu ihm mit einer Inkonsequenz, deren ich mir nicht bewußt war, von Frédéric, den ich nun vor Oktober nicht wiedersehen würde. Wie sehr ich mich aber auch bemühe, gelingt es mir doch nicht, mich zu erinnern, was ich eigentlich über diesen Jungen mit den blauen Augen bemerkte, dessen Name bereits mich leiden machte.

Als ich fast wieder gesund war, beschloß mein Vater, mich zu meiner Schwester Eleonore nach Genua zu schicken, wo ich den August verleben sollte. Am Tage vor meiner Abreise machte meine Kusine Sarah mir ein Tütchen Salzbiskuits für die Reise. Sie war ein schlankes, zierliches junges Mädchen, das man fast niemals sah, denn Sarah lebte auf Schloß Groslay, wo sie ihr Französisch vervollkommnete. Sie hatte bestimmt ein gutes Herz, doch sie reizte einen, ich weiß nicht, weshalb. Mit ihrem Dreispitz auf dem Kopf und Röcken, die wie bei Ballerinen an der Taille ausgestellt waren, verdrehte sie den jungen Burschen beim amerikanischen Roten Kreuz spielend den Kopf. »Was meine Beine anbelangt«, erklärte sie, »brauche ich niemand zu fürchten.« Goldblonde Ponyfransen verdeckten ihre Stirn, und mit ihren hellen Augen und ihrer kecken Miene hatte sie alles, womit man gefällt; jedenfalls liefen die Männer ihr nach. Sie war die Enkelin eines protestantischen Erzbischofs, sehr gläubig, entsetzt über meine Konversion, zugleich jedoch liebevoll und geneigt, Schmeicheleien zu sagen. Eines Tages, als sie gerade Karamellen machte – mitten im Kriege, als alles rationiert war, aber irgendwie hatte sie sich das, was sie die ›Ingredienzien‹ nannte, beschafft –, sprach sie vom Glück der Jugend zu mir. Ich sehe sie noch, wie sie sich über ihre Kasserolle beugte und mit einem Holzlöffel in einer Substanz von betörendem Schokoladenduft rührte. Ich hörte ernsthaft an, was sie mir zu sagen hatte, dann aber erinnerte ich sie [alle wußten es bereits] mit der ganzen Ernsthaftigkeit meiner Jahre daran, daß ich eines Tages ins Kloster gehen würde. »Schade«, meinte sie. Auf alle Fälle schenkte sie mir am Tage vor meiner Abreise die bewußten Salzbiskuits und entfernte sich dann mit den Worten: »Verzeih, aber ich habe eine Verabredung.«

Am übernächsten Tag kam ich in Genua an. Es war das erste Mal, daß ich Frankreich verließ, und meines Staunens war kein Ende. Ich glaube, was mir in Italien am meisten auffiel, war, daß dort so viele Häuser in verschiedenen Farben angestrichen waren, sodann die Hügel um Genua, die mir, so kahl sie auch wirkten, aufregend schön erschienen. In dieser für mich ganz neuen Landschaft fühlte ich selbst mich anders, befähigt zu großen Dingen, zu großen Dichtungen. Ich hatte den Eindruck, eine herrliche Zukunft eröffne sich vor mir und die Erde lächle mir zu. Es war der Anfang eines seltsamen Rausches, der meine ganze Jugend über vorhalten sollte.

Genua aber war eine Stadt, die wenig lächelte. Meine Schwester und mein Schwager bewohnten ein Haus hoch oben in einer kleinen Straße, von der aus man die ganze Stadt einschließlich der Umgebung überblickte. Von der Piazza Corvetto aus stieg man die unendlich lange Via Assarotti hinauf, an deren Ende sich eine Treppe befand, über die man auf eine Brücke gelangte. Nach Überquerung der Brücke bog man in eine Gasse, die Via della Crocetta hieß, ein. Meinen Koffer voll Bücher schleppend schellte ich am Hause Nr. 17. In der obersten Etage erwartete mich Eleonore.

Die Wohnung war weiträumig und mit Marmorfußböden versehen, die Wände waren weiß gekalkt. Grüne Fensterläden wachten eifersüchtig über Halbdunkel und Kühle, die man von den ersten Morgenstunden an hütete wie einen Schatz. Ich erhielt ein Zimmer zugewiesen, das mich entzückte, denn ich brauchte nur einen Blick durch die

Spalten der Läden zu werfen, um zu sehen, daß die ganze Stadt mir zu Füßen lag; in dieses Zimmer vergrub ich mich. War man einmal dort angekommen, fiel es einem schwer, sich wieder wegzurühren. Bis zum Hafen hinab- und wieder hinaufzusteigen bedeutete selbst für einen Jungen meines Alters eine gewisse Anstrengung, zumal ich über kein Taschengeld verfügte. An Taschengeld hatte niemand gedacht. Mein Schwager gab mir, was ich für die Trambahn brauchte, doch ging ich nicht alle Tage aus.

Wenn ich an jene Wochen in Genua denke, so kommen sie mir wie die merkwürdigsten meines Lebens vor, doch habe ich zuviel darüber zu sagen, um zu wissen wo überhaupt ich anfangen soll. Meine Schwester war die Freundlichkeit selbst, sie lachte und lächelte unaufhörlich und ließ mir jede Freiheit. Mein Schwager war bis zum Abend abwesend. Ich war mein eigener Herr. In meinem Koffer befanden sich zwei Hemden, Unterwäsche und eine Zahnbürste. Es war einer der Koffer, die meinem Vater gehörten, gewichtig, riesengroß, aus dickem Leder gefertigt, mit den Hoteletiketten verschiedener Länder, von Rußland bis zur Türkei, von Italien bis Schweden, beklebt. Außer den genannten Gegenständen enthielt er meine sämtlichen Schulbücher, darunter ein lateinisches Wörterbuch, Romane und Gedichtbände. Als Eleonore das alles sah, lachte sie leise vor sich hin, sagte aber nichts. Ich schrieb auf lateinisch an Pater Crété, um ihm meine Reise und meine Begeisterung zu schildern, was mir eine umgehende Antwort eintrug samt einer kompletten Liste der grammatischen Fehler, die ich gemacht hatte, sowie nützlichen Ratschlägen hinsichtlich meiner gefährlichen Neigung zur Gefühlsseligkeit. ›Me juvat te delectare Italiam...‹ Er wußte nicht, welche Fallstricke meiner dort harrten, der arme Pater. Ganz unten auf der Briefseite, auf französisch und gleichsam mit halblauter Stimme, fragte er mich, ob ich auch kommuniziere. Um zur Kommunion zu gehen, hätte ich jedoch beichten müssen, wie aber sollte ich auf italienisch beichten? Ich hielt damit das Problem für gelöst. Italien war mir zu Kopfe gestiegen. Ich war nicht mehr derselbe. Hügel zu sehen, die riesig wie Gigantenschultern sich zum blauen Himmel reckten, erfüllte mich mit einer außergewöhnlichen Erregung, durch die ich völlig außer mir geriet. Ich muß dazu sagen, daß ich in meinem Leben noch nichts anderes als Paris und das Departement Seine-et-Oise gesehen hatte. Wie dem auch sei, ich glaube, ich befand mich mehrere Tage hindurch in einem an Wahnsinn grenzenden Zustand, doch war ich ein nach außen hin äußerst ruhiger Wahnsinniger und sang nur laut, wenn ich sicher war, daß niemand mich hören konnte. Es ging jetzt nicht mehr darum, lateinische Konjugationen zu singen. Ich selber wurde zum Thema meiner Lyrik, oder aber Frédéric mit seinem entenähnlichen Gang erschien mir auf Grund einer etwas gewaltsamen Metamorphose wie ein italienischer Fürst der Renaissance. Ich schrieb an Philippe einen Brief, von dem ich nur einen Satz behalten habe, weil er ihn mir Jahre hindurch unter immer neuen, ununterdrückbaren Lachanfällen vorgehalten hat: »Ich bin besessen von Frédéric.« Doch wußte ich nicht, was ich wollte. Ich war zugleich unglücklich und vor Freude außer mir, und ganz berauscht von mir selbst. Ich schrieb Erzählungen, die in Genua spielten. Der Held, der kein anderer war als ich, stürzte sich an einem Gewittertag von der Terrasse meiner Schwester in den Campo Santo hinab.

Am Abend speiste ich unter dem stählernen Blick meines Schwagers, der mich von der Seite her beobachtete, um zu sehen, ob ich das Messer richtig am äußersten Ende des Griffes hielt, ohne den Zeigefinger zu weit nach vorn zu schieben, doch in dieser Hinsicht hatte ich nichts zu fürchten, ich wußte Bescheid. Er war im übrigen sehr liebenswürdig zu mir, da ich ja sein Gast war, und ich hatte auch endlich gelernt, Englisch auf eine Art zu sprechen, die er annehmbar fand. Das Silber schimmerte im Licht der Kerzen, und die Unterhaltung bewegte sich in denkbar einfachen Bahnen. Weder mein Schwager noch Eleonore ahnten etwas von dem, was in meinem Innern vorging.

Da meine Bücher mir nicht genügten, fing ich die zu lesen an, die ich im Hause vorfand. Auf diese Weise war eine Übersetzung des Boccaccio mir in die Hände gefallen. Wenn das ›Decamerone‹ ein schlechtes Buch ist, so war es das erste, das mir vor Augen kam. Was es in mir anrichtete, läßt sich fast nicht ermessen. Die Darstellung der Fleischeslust als das Wünschenswerteste auf der Welt fand in mir ein jähes Echo, das die Stimme der Religion übertönte. Die Isle of Wight verschwand aus meinem Horizont und wurde durch einen verworrenen Traum ersetzt, in dem nach der Mode des fünfzehnten Jahrhunderts gekleidete Burschen und Mädchen sich im Gras der Rebengärten wälzten. Die Wollust! Dieses Wort, das so häufig in jenen Erzählungen wiederkehrte, trieb mir das Blut immer von neuem in die Wangen.

In Wahrheit wußte ich nicht, was man mit Wollust bezeichnete, aber etwas in mir mußte wohl doch die Gegenwart einer Gefahr erkennen, denn zugleich mit der Freude, die mein Blut in Wallung versetzte, wurde mir auch die Nähe der Sünde bewußt. Jetzt setzte die bewußte Verfehlung sich mit der Trunkenheit nicht der Lust, sondern der Vorstellung von der Lust in mir fest, so wie der große Italiener sie malte. Wie schön kam mir mein Leben jetzt vor! Wie hatte ich nur je mich ihm versagen wollen? Die Gefahr blendete mich.

Von alledem zeigte sich nach außenhin nichts, denn noch trugen diese Dinge sich ausschließlich in meinem Hirn zu, doch dauerte es nicht lange, bis ich mit der Trambahn zur Piazza De Ferrari hinunterfuhr, an der das Theater lag. Dort hätte ich mich mit meinem wirren Kopf um ein Haar von einer in scharfem Trab vorbeibrausenden Kutsche totfahren lassen. Der Kutscher brachte seine Pferde knapp einen Meter vor mir zum Stehen und warf mir nur, ohne etwas zu sagen, einen furchtbaren Blick zu. Ich lief hinter meinem steifen Strohhut her, der wie eine verlorene Aureole bis an den Eingang eines ›vico‹ rollte, wo ich ihn zu fassen bekam, glücklich, in diesem kühlen dunklen Gäßchen, das von Stimmen, Gelächter und Liedern tönte, mich verstecken zu können. Zur Rechten und zur Linken stiegen die Häuser, Fenster geöffnet, zum makellos blauen Himmel empor. Rings um mich das Genueser Volk mit seinen Liedern, seinen Rufen, seiner etwas derben Ausgelassenheit, den gutturalen Ausrufen der Obst- und Gemüsehändler im dortigen Dialekt, von dem ich kein Wort verstand. Mich überkam ein Gefühl des In-die-Fremde-Verschlagenseins, und sicher sah ich auch in meinem Anzug mit den kleinen schwarzweißen Karos, der meinem Schwager gehört hatte und im vorigen Jahr für meinen Gebrauch geändert worden war, rat- und hilflos aus. Dazu dieser Strohhut ... Die Straße war eng, ich wurde leicht hin und her gestoßen, denn ich ging wie ein Schlafwandler vor mich hin. Was war dagegen das ›Decamerone‹! Von Gäßchen zu Gäßchen verirrte ich mich mehr und mußte nicht ein-, sondern zwanzigmal meinen Weg zur Via Assarotti erfragen. Man lächelte mir zu, man nahm mich beim Arm, ich traf überall auf bezauberndste Liebenswürdigkeit und sank mit vor Müdigkeit schlotternden Knien [ich hatte nämlich unbedingt zu Fuß nach Hause gehen wollen] eine Stunde danach auf mein Bett. In meinem Kopfe brauste es wie in einer Muschel. Das Leben, die Erde, das Glück ... Wie fern schien mir Paris mit seinen schwarzgekleideten Frauen und seinen Hospitälern! Ebenso auch die Rue Cortambert in ihrer ruhigen Alltäglichkeit, dazu Philippe und sogar Frédéric und das traurige Gymnasium. Ich schrieb dem Pater: ›Genua quae nominatur superba ...‹

Doch mein Herz war nicht ganz dabei, und ich antwortete auch nicht auf das Postscriptum des so vollendet formulierten Briefes, den der Ordensmann an mich geschrieben hatte. Am Freitag dieser Woche und alle folgenden Freitage nahmen meine Schwester und mein Schwager mich nach Nervi mit, wohin eine ihrer Freundinnen uns einlud. Ich erinnere mich nur undeutlich an Mrs. Kreyer, doch erschien sie mir recht betagt, obwohl sie sicher kaum mehr als fünfzig Jahre alt war. Sie war dick, etwas schwammig und lächelte alle Welt mit ihren zahllosen Runzeln an. Trotz ihres deutschen Namens war sie Engländerin. Ihr Mann ... Ich weiß nicht, wo er war, doch hatte man seiner Frau den Nießbrauch der sehr schönen Villa gelassen, deren Eigentümer er war. Ein einziges Zimmer mußte wie in Blaubarts Schloß stets verschlossen bleiben. Die italienische Regierung hatte es unter Siegel gestellt.
Von dem Hause sind mir, wie ich später erklären werde, einige sehr präzise und viele vage Erinnerungen geblieben, doch von dem riesigen Garten, der bis ans Meer herunterreichte, habe ich einen ganz unvergeßlichen Eindruck bewahrt. Durch Düfte hindurch, die die Sinne umnebelten, schritt man unter sonnendurchsickerten, schattigen Laubengängen einher. Die Wölbungen aus dichtem Laubwerk öffneten sich hier und da, um einen Durchblick auf den Himmel zu gewähren, und an der Wendung eines mit Oleanderbäumen eingefaßten Fußwegs sah ich in einer von schwärzlichen Streifen durchzogenen Bläue vor mir das Mittelmeer. Ich dachte auf der Stelle an das Irdische Paradies, behielt jedoch meine Überlegungen für mich, denn mein Schwager begleitete mich, und ich wußte, daß man seiner Meinung nach seinen Gefühlen nie Ausdruck geben durfte. Wir durchwanderten also diese bezaubernden Stätten. »How pretty!« bemerkte ich in sehr gehaltenem Ton. »Very«. Am Ende des Gartens angelangt, öffneten wir ein kleines Gittertor. Dort ragten herrliche,

wie aus Bronze gegossene Felsen über dem Meer empor, dem ich unwillkürlich mit einem Blick voller Feindseligkeit begegnete.
Als ob er meine Gedanken errate, lächelte mein Schwager auf etwas grausame Art. »Jetzt nehmen wir ein Bad«, erklärte er mir. »Aber ich kann nicht schwimmen.« – »Das tut nichts. Mach nur alles wie ich. Zieh dich aus!« Ich hatte keine Badehose, aber auch das machte nichts. Ich gehorchte. Mein Schwager legte gleichfalls seine Kleider ab, doch trug er darunter eine schwarze Badehose, während ich vollkommen nackt war. Darauf nahm er mich bei der Hand, ging mit mir bis zum Rand des Felsens und sagte zu mir: »Halt dir die Nase zu und schließe fest den Mund. Laß meine Hand nicht los. Wir springen pfeilgerade hinunter.« Das Wasser lag durchschimmernd klar etwa drei Meter unter uns und ließ Tiefen erkennen, bei deren Anblick mir der Atem stockte. ›Auf alle Fälle‹, sagte ich mir, ›soll er nicht merken, wenn ich mich fürchte; komme ich aber um, dann ist es seine Schuld.‹ Wir machten einen Satz nach vorn und stürzten ins Leere hinein. Ich hatte das Gefühl, durch einen kostbaren Stein zu stoßen, denn alles rings um mich her hatte eine unsagbar schöne, durchsichtig klare Farbe. Einen Moment lang wähnte ich mich in einer anderen Welt. Die Idee einer etwaigen Gefahr verließ mich mit einem Schlag, doch hatte ich nicht lange Zeit, darüber nachzudenken. Schon zog die kräftige Hand meines Schwagers mich an die Oberfläche zurück und ließ mich auf einem Felsen landen. Es war ganz leicht, von dort aus nach oben zu klimmen. »Zieh dich wieder an«, sagte er. »Ich schwimme noch ein bißchen hinaus.« Darauf entfernte er sich, während ich mich in der Sonne trocknen ließ. Zweifellos hatte er sehen wollen, aus welchem Stoff ich gemacht war und ob ich im letzten Augenblick nicht doch vielleicht kneifen würde. Da kannte er mich schlecht.

Das Haus war groß und kühl. Wir tranken Tee in einem Salon, durch dessen übermäßig große, mit Chintz bezogene Sofas und Sessel man sich nach England versetzt fühlte.
Ein großes, geheimnisvoll wirkendes junges Mädchen leistete uns Gesellschaft. Sie hieß Stella, malte Aquarelle, die ich entzückend fand, und sprach zu mir mit einer Mischung aus Kälte und Liebenswürdigkeit, die mir gut gefiel. Am folgenden Morgen wollte sie, wiewohl sie Protestantin war, mit mir zu der Messe gehen, die nicht weit von unserer Villa entfernt in der kleinen Dorfkirche gelesen wurde. Die in Umschlagtücher gehüllten Bäuerinnen sangen mit ihren schönen kehligen Stimmen, und der Messe schloß sich noch eine Andacht an, der, soviel ich mich erinnere, Litaneien zur Jungfrau Maria vorausgingen. Diese Litaneien habe ich immer noch im Ohr. Sie wirkten auf mich zugleich so beschwingt und so fremdartig... Man hätte sie für ein Marschlied halten können, und ihre Melodie weckte eine in mir schlummernde Mystik. Ich war stolz darauf, katholisch zu sein. Als ich in die Villa zurückkam, riskierte Mrs. Kreyer, glaube ich, eine Äußerung, in der ein ganz klein wenig Herablassung gegenüber Rom lag. Bei diesen Worten rief Stella mit schneidend heller Stimme: »Das mag sein, aber wir haben uns in wer weiß wie viele Kirchen zersplittert; die Katholiken bringen es wenigstens fertig, zusammenzuhalten [they stick together].«
Ich komme nun zu einem der merkwürdigsten Abschnitte meines Berichtes. Eleonore hatte mich durch das ganze Haus geführt – Mrs. Kreyer fand es zu ermüdend, die Stockwerke hinaufzusteigen – und mir das Zimmer gezeigt, in dem ich wohnen sollte. Auf der anderen Seite des Flurs, meinem Zimmer fast gegenüber, befand sich eine Tür, der – meine Schwester machte mich lachend darauf aufmerksam – man Siegel angelegt hatte, von denen

jedoch nur Reste geblieben waren. Offenbar hatte jemand die Kühnheit besessen, trotz allem dort einzudringen. Im übrigen ... Sie öffnete die Tür, und ich hatte einen dunklen Raum vor mir, in dem auf Regalen und Tischen viele Bücher standen oder lagen. »Dort hat er gearbeitet«, sagte sie und machte die Tür wieder zu. Ich fragte mich, weshalb sie gelacht hatte.

Als ich an jenem Abend zu Bett gegangen war, konnte ich nicht schlafen; die Geschichte mit den Siegeln kam mir nicht aus dem Sinn; ich verspürte eine so übermächtige Neugier, daß ich nach einer Weile leise aufstand und über den Korridor ging.

Vor der verbotenen Tür begann mir das Herz zu pochen. Ich trat jedoch ein und knipste das elektrische Licht an. Welche Mengen von Büchern gab es hier! Ein Gemälde an der Wand gleich hinter der Tür stellte die Umarmung einer Frau und eines Fauns dar, die mir den Atem benahm. Ich hatte noch nie erotische Bilder gesehen. Bei dem Anblick von diesem hier erriet ich auf der Stelle, in was für eine Art von Bibliothek ich geraten war. Ein Buch, das ich aufs Geratewohl herausgriff, enthielt, wie ich mich erinnere [wie hätte ich es jemals vergessen können?], Stiche von Francesco Albani, die nichts im Dunkel ließen, was Männer und Frauen miteinander vornehmen können. Ein anderes enthielt die Zeichnungen von Giulio Romano [ich kann mich nicht entschließen, ihn auf französisch Jules Romain* zu nennen]. Ein weiteres, pedantischer angelegtes bot meinen verdutzten Blicken Reproduktionen von Bildern und Statuen dar, die alle mit einer Genauigkeit des Details, die mich tief verwirrte, die physische Liebe priesen. Ich begann zu zittern. Wenn mich jemand hier über-

* J. G. will eine Verwechslung des italienischen Malers, der nach französischer Gepflogenheit Jules Romain genannt wird, mit dem Schriftsteller Jules Romains (1885–1972) vermeiden. (AM/CK)

raschte, wäre es grauenhaft. Ich durchblätterte noch eines oder zwei dieser Bücher – das Thema war stets das gleiche – und stellte sie dann widerstrebend zurück an ihren Platz. Als ich wieder in meinem Zimmer angelangt und in mein Bett geschlüpft war, kam es mir vor, als ob das Blut mir in den Adern kochte. Wie hätte ich jetzt schlafen können!

Man täte unrecht daran, zu denken, daß ich diese Dinge belächle. Obwohl ich von der Vorstellung einer Lust berauscht war, die ich nicht kannte, wurde das Gefühl, nicht mehr *allein in meiner Einsamkeit* zu sein, nunmehr deutlicher in mir. Aus meiner frühen Kindheit hervortretend nahte, so kam es mir vor, jemand sich mir und legte mir Gedanken nahe, die sich dank allem, was ich in dem verbotenen Zimmer gelernt hatte, alsbald zu Bildern formten. Denn wann immer wir wieder in Nervi waren, fand ich einen Augenblick, der meinen Forschungen günstig schien, und schlich mich mitten in der Nacht in die Bibliothek. Niemals blieb ich lange dort. Ich hatte Angst. Was mich nachträglich verwundert, ist, daß ich stets bei denselben Werken verweilte, offenbar in der Befürchtung, die anderen könnten am Ende weniger interessant sein.

Sooft ich den Raum verließ, zitterte ich. Verlangen mischte sich mit einem Grauen, das ich mir nicht zu erklären vermochte. Die Stiche zeigten mir nur Besessene in sinnverwirrenden Stellungen. Die sonst gemeinhin bekleideten, vernünftig sich gebärdenden Erwachsenen entdeckte ich hier, wie sie plötzlich ganz nackt sich wie Geisteskranke in Irrenhäusern betrugen. Ich hätte es selber gern getrieben wie sie und das schien mir demütigend, da ich mich ja anders als alle anderen geglaubt hatte, nun aber erkennen mußte, daß ich dieser außer Rand und Band geratenen Menschheit ähnlich war. Doch wieder wurde ich mir alles dessen nur auf sehr unklare Weise bewußt.

In Genua ging ich häufig allein aus. Der Zufall eines Spaziergangs führte mich eines Tages nach San Lorenzo, der Kathedrale aus weißem, mit schwarzen Streifen durchzogenen Stein im Sarazenenstil. Marmorlöwen bewachten das Portal. Ich trat ein. In dieser riesigen Kirche, die düster war wie ein Wald, empfand ich plötzlich alles, was am christlichen Glauben geheimnisvoll und schreckenerregend war. Ich schritt unter diesen Gewölben weiter, als ob Gott mich in der dunklen Apsis erwarte. Ich sah ihn nicht, doch wendete er nirgends seinen Blick von mir. Nach einer kurzen Weile blieb ich stehen, von einer großen Unruhe erfaßt. Es kam mir der Gedanke, daß Gott mich in Mr. Kreyers Bibliothek gesehen haben mußte, und zum erstenmal war ich mir selbst zum Abscheu. Zu beten vermochte ich nicht, doch machte ich ein großes Kreuzzeichen und verließ die Kirche.

Ist es nicht sonderbar zu denken, daß ich in den kleinen, von Menschen wimmelnden Gassen, in denen ich umherzulaufen pflegte, nie einen Menschen ansah? Dabei gab es ja in der Menge bestimmt viele schöne Gesichter, doch ich sah sie nicht oder war vielleicht für italienische Grazie nicht empfänglich. Um es offen zu sagen, niemand erregte mein Begehren. Ich wußte nicht einmal, was Begehren bedeutete, und als ich auf diesen Ausdruck in einem Buche stieß, las ich darüber hinweg, ohne mich danach zu fragen. Ich verlangte nach der Wollust, von der Boccaccio sprach, aber wo fand man sie?

In mein Zimmer zurückgekehrt, wurde ich die Beute und gleichsam der Spielball des Bösen. Er belehrte mich über alles, was er mich zu lehren für richtig hielt. Sicher, nicht gestört zu werden, legte ich auf einem Tisch, den ich dicht an das Fenster geschoben hatte, ein weißes Blatt Papier vor mich hin und begann zu zeichnen. Lange Stunden vergingen so, allein von den Mahlzeiten unterbrochen. »Julien hält sich in seinem Zimmer hermetisch abgeschlossen«, erklärte lachend Eleonore. Wenn sie gewußt hätte, was ich dort tat! Doch wahrscheinlich hätte sie sogar dann gelacht, da sie über alles lachte.

Diese Zeichnungen sind mir sämtlich aus dem Gedächtnis geschwunden, außer einer einzigen. Hatte ich die Inspiration dazu aus dem genommen, was mir in Mr. Kreyers Bibliothek vor Augen gekommen war? Ich vermute, ja. Mit der Zeit werde ich vielleicht manche von den schönsten Bildern vergessen, die ich in den Museen Europas und Amerikas gesehen habe, doch diese armselige kleine Zeichnung nie. Sie war wirklich grauenhaft, zeugte jedoch bei aller Obszönität von einer gewissen Arglosigkeit.

Wie traurig ist es zu denken, daß ich, ohne es zu wissen, mit Bleistift und Papier den seit unausdenklichen Zeiten bestehenden Traum der gefallenen Menschheit zu verwirklichen suchte, die Wollust, die den Menschen so weit über die Erde emporträgt, daß er nicht wiederum auf sie herunterstürzen muß ... Ich hing diesem Traume nach, so gut ich es vermochte, ohne zu wissen, worauf ich meine Begierde richten sollte. Was ich nicht wiedergeben kann, ist dieser Schwebezustand, in den ich während dieser langwierigen Arbeit verfiel. Ich glaube, man hätte mich schlagen können, ohne daß ich es spürte; dabei aber spielte sich alles in meinem Kopfe ab. Äußerlich blieb ich ruhig. Man würde sich in der Annahme täuschen, daß ich mich irgendwelchen Exzessen sinnlicher Art hingab. Vielleicht wäre das in gewisser Weise sogar besser gewesen. Tatsächlich vollzog sich alles in meinem Hirn.

Während der Nacht verbarg ich diese Zeichnung in meiner Schublade; als ich am nächsten Morgen wieder eilig danach griff, glaubte ich festzustellen, daß sie sich verändert hatte. Ich erkannte sie nicht sofort. Hatte ich sie während ich schlief, vergessen? Eine Art von Magie war am Werk. Sie hielt sich nicht so unbeweglich und tot in ihrer Schublade auf wie die Illustrationen in den Büchern, sie verwandelte sich, so schien mir. Eines Tages packte mich Angst, und ich zerriß das Blatt in so kleine Stücke, daß man Wochen gebraucht hätte, um sie wieder zusammenzusetzen. Ich zitterte, als hätte ich etwas Lebendiges vernichtet, und ein ganzer Teil meines Selbst trauerte meinem Werke nach. Die Schatten waren so gut hingesetzt, das Volumen so treulich wiedergegeben... ich hatte mir die Lektionen Monsieur Tisserands zunutze gemacht. Er würde gefunden haben, daß alles trefflich gerundet sei. Zugleich war ich mir meiner Gefährdung bewußt. Aus diesem Grunde schrieb ich an Pater Crété einen Brief, von dem ich mir einbildete, er sei lateinisch verfaßt. Im übrigen war ich derart sorglos und leichtherzig von Natur, daß ich, als ich an jenem Abend wie gewöhnlich gebetet hatte, beschwingt ein neues Piedestal bestieg, da ich mich schon wieder vollkommen sauber und rein fühlte.

Was ich von dieser Geschichte behalten habe, ist, daß ein intellektueller Automatismus in mir erschreckende Fortschritte machte. Die Halluzination wurde zum System. In Wahrheit war jede Zeichnung unnötig, da sich in meinem Geiste eine im wahrsten Sinne des Wortes faszinierende Vorstellung vollzog. Was ich mir ausmalte, sah ich vor mir wie ein Seher seine Vision.

Von diesem Tage an gab es eine geraume Weile keine Zeichnungen mehr. Ich ging brav meinem Studium nach und begann einen Roman zu schreiben, dessen Schauplatz Nervi war. Eines Tages nahm meine Schwester mich mit auf den Gipfel eines Hügels, den man mit einer Drahtseilbahn erreichte. Eine ziemlich geheimnisvolle junge Dame begleitete uns. Sie war weiß gekleidet, trug einen weißen Sonnenschirm, und hatte um ihren großen Hut einen weißen Schleier geschlungen, der ihr Gesicht verbarg. Ihr Name war Signorina Schiavone; es hieß, sie sei sehr schön, doch wie sollte man das wissen? Alle drei begaben wir uns in ein reizendes Café, das sich in der Nähe befand, und aßen schneeweiße Sorbets. Ich sah, wie die Signorina Schiavone den Rand ihres Schleiers hob, um eine kleine Portion ihres Sorbets zu verspeisen, wobei sie ein reizendes Mündchen enthüllte, bei dessen Anblick man an eine Kirsche dachte. Sobald das Sorbet beendet und der Schleier wieder gesenkt war – weshalb wohl dieser Schleier? Um einen zarten Teint zu schützen? –, sprach und lachte das Fräulein mit etwas gedämpfter Stimme. Ich stellte mir vor, ich könne mit ihr tun, was die jungen Burschen bei Boccaccio mit ihren Liebsten trieben, doch war sie von allen diesen Schleiern wie von Wolken dicht umhüllt. Ich fragte Eleonore, ob die Signorina Schiavone ebenso hübsch sei wie Emily. »Auf andere Weise«, sagte sie zu mir, »aber auf alle Fälle hübsch.«

Gegen Ende des Monats bestieg ich in Genua den Zug, um nach Paris zurückzukehren. Wir kamen bis Modena, wo es aus einem mir unbekannten Grund, der aber zweifellos mit dem Krieg zu tun hatte, einen Aufenthalt von mehreren Stunden gab. Ich machte ihn mir zunutze, um auf den Berg zu steigen, und je höher ich stieg, desto stolzer fühlte ich mich. Ich sang. Auf einer Wiese angekommen, von der aus ich, so schien es mir, alle Reiche der Welt zu meinen Füßen liegen sah, hatte ich das Gefühl, der Herr der Schöpfung oder ein König, jedenfalls etwas ganz Außergewöhnliches zu sein. Auf dem Rücken ausgestreckt, berauschte ich mich an der Himmelsbläue, die mir durch die Augen in den Kopf eindrang. War ich von Sinnen? Der Gedanke kam mir, dem Himmel Trotz zu bieten.

›Dem Himmel Trotz bieten‹ drückt nur schlecht aus, was ich damals wollte. Dem Unendlichen die Stirn bieten, würde, wenn diese Worte einen Sinn besäßen, der Wahrheit näherkommen. Ich wollte mich den Wolken, den Felsen zeigen, der ganzen Natur, in dieser unendlichen Einsamkeit voll des Lichts. Ich fühlte mich eins mit der Erde, der Luft, der Sonne, ich war frei.

Erst als ich wieder nach Modena hinunterstieg, erschrak ich vor mir selbst. Es kam mir vor, als sei ich wieder zum Heiden geworden. Diese Stunde ist mir im Gedächtnis geblieben; aber wie viele andere, die mir erlauben würden, das Rätsel meines Lebens zu lösen, mögen mir wohl entfallen sein? Ich jage einem Phantom nach.

Vom Ende dieses Sommers in Paris ist mir fast nichts erinnerlich, außer daß ich bestimmte Kirchen aufsuchte, vor allem Saint-Séverin und Saint-Julien-le-Pauvre, für welche beide ich noch heute eine besondere Vorliebe habe. Ohne es zu wissen, führte ich vor mir selbst mit meiner Person eine Art von Parade auf. In Saint-Séverin war ich gotisch, romantisch und mystisch. Ich betete hier genußvoll, vor allem, wenn ich allein war. Dieser Palmenhain aus Stein schenkte mir eine Verzückung, bei der die Kunst der Frömmigkeit zu Hilfe kam. Wenn ich diese Gewölbe und das herrliche Farbenspiel der Glasfenster anschaute, war ich glücklich im Glauben und beschloß, ein Heiliger zu werden. Meine Seele löste sich voller Lust vom Leibe; ich sage mit Absicht voller Lust, denn sie erging sich jetzt in einer Art spiritueller Wollust. Wie deutlich kehrt mir alles zurück, wenn ich daran denke! Fern und abscheuerregend schien mir alle Sinnlichkeit. Diese Dinge ließ ich anderen, denen, die danach verlangten. Ich selbst war von anderer Art. Zunächst einmal hatte ich eine religiöse Berufung. Pater Crété hatte es mir ja gesagt.

Wenn ich Saint-Séverin verließ, begab ich mich nach Saint-Julien-le-Pauvre, das nur zwei Schritte entfernt davon liegt. Hier öffnete ich mich, hier war ich zu Hause, bei meinem Namenspatron. Ich bewunderte als Kenner das Kapitell, an dem Sirenen spielten, ich sprach lange Gebete, machte mit besonderer Sorgfalt die Kniebeugen und bewunderte unbewußt meine schönen Posen in dieser so vollkommenen Kirche. Wäre ein Spiegel dagewesen, hätte ich mich wahrscheinlich darin angeschaut. Vielleicht bin ich zu streng, am Ende strenger, als Gott in jener Stunde es mir gegenüber war. Wie soll ich es wissen? Ich wünschte, ich könnte noch einmal die törichte kleine Seele von damals haben.

Als ich die Kirche verließ, irrte ich in dem bezaubernden freien Gelände einher, das sie damals umgab. Ich schaute zu der fernen Notre-Dame hinüber und dachte: ›Dies ist meine Stadt, sie gehört mir, ich bin von hier!‹ Ich kehrte nach Hause zurück, wie ich gekommen war, zu Fuß, denn ich hatte kein Geld. Aber was machte das schon? In meinem Zimmer angelangt, schrieb ich Verse, ein Sonett über Saint-Julien-le-Pauvre [auch er hatte ja offenbar kein Geld gehabt, sein Name verriet es – eine Ähnlichkeit mehr mit dem Heiligen. Er hatte seinem Vater und seiner Mutter die Kehlen durchgeschnitten, doch war das eine Einzelheit, von der ich nicht gewußt hatte]. Das Sonett wurde später gedruckt, niemand wird jemals erfahren, wo; ich schnappte fast über vor Stolz, doch ich greife den Ereignissen vor.

Ich ging in den alten Straßen von Paris spazieren und stellte mir vor, ich lebte in einer anderen Zeit. In der Kapelle der Weißen Schwestern in der Rue Cortambert, die ihre farblosen Stimmen zu so schönem Gesang erhoben, war ich ein Katholik des Mittelalters, und in mein Zimmer zurückgekehrt, sang ich bis zur Betäubung das ›Jesu dulcis memoria‹. Jeden Morgen ging ich zur Kommunion. Alle meine Sünden waren hinter dem etwas verschlossenen olivgrünen Vorhang von Saint-Honoré-d'Eylau dahingeschwunden. Vom christlichen Leben war mir einzig die Süße, der Gewissensfrieden, die Freude auf das Heil, das man vernünftigerweise erhoffen durfte, bekannt. So ging der Monat September dieses Jahres hin, in dem so viele Tränen geflossen sind.

Ich habe an anderer Stelle gesagt, daß der Krieg mich wenig berührte. Schließlich erfaßte er uns aber doch.

Freilich hatten wir noch keine Verwandten an der Front, doch meine Schwester Retta hielt, bei all ihrer Tapferkeit, den Anstrengungen des Schwesterndaseins auf die Dauer nicht stand. Im Jahre 1915 erkrankte sie. Damals begann für sie ein langer Leidensweg. Da ihre Lunge versagte, wurde sie entsprechend den Ideen jener Zeit in den Süden geschickt, und auf vorübergehende Besserungen folgten erschreckende Rückfälle. Sie wurde operiert, doch es half alles nichts. Als es ihr besser zu gehen schien, ließ man sie wieder nach Paris zurückkommen. So sah ich sie damals, immer ebenso ernst, und, wie es mir schien, schöner denn je mit ihren riesengroßen Augen in einem ruhigen, aufmerksam blickenden Engelsgesicht. Nie kam eine Klage aus ihrem Mund. Sie lächelte mich an und neckte mich auf eine freundliche Art, wobei sie mir Ratschläge gab wie einem Kind, denn in ihrem Geiste hatte sich die Idee festgesetzt, sie müsse in meinem Leben ein wenig die Stelle meiner Mutter einnehmen. Mit Schrecken ermaß ich die Distanz, die mich von ihr trennte, denn in meinen Augen war sie vollkommen, und ich mochte mir noch so sehr einreden, daß ich selber rein sei – in ihrer Gegenwart fühlte ich, daß ich es nicht war. Was mir am meisten in ihrem Antlitz auffiel, war der Gegensatz zwischen ihrem schwarzen Haar und ihren, ach, allzurosigen Wangen. Sie war die einzige Person, die mich einschüchterte. Als sie von meinem Übertritt erfuhr, sagte sie nichts weiter, als daß es sehr gut so sei. Ihre eigene Religion beschränkte sich – soweit ich das beurteilen kann, denn sie behielt diese Dinge für sich – auf die Lektüre der Bibel, doch offenbarten ihre letzten Augenblicke ihre tiefe Gläubigkeit. Ich glaube, in ihr, hinter ihrer Sanftmut und Güte, zeigte sich die unbeugsame Natur unseres schottischen Erbes am deutlichsten. Ich denke an sie mit einer Art von staunender Bewunderung, denn wenn ich je auf Erden ein Wesen gekannt habe, das der Idee nahekommt, die wir uns von der Heiligkeit

machen, so war es dieses lächelnde, schwer heimgesuchte junge Mädchen, das meine Schwester war.
Im Gymnasium, in das ich im Oktober zurückkehrte, fand ich die gleichen düsteren Höfe, die ein wenig sorgenvolleren Schüler sowie Verwundete in größerer Zahl als früher vor. Wir stiegen in den dritten Kriegswinter hinab wie in ein immer dunkler werdendes Tal. Schlimme Gerüchte liefen um. Schließlich trat ich aus der Art von Wachtraum heraus, in dem ich bisher gelebt hatte. Roger, der seinen Platz neben mir wieder eingenommen hatte, gab mir eines Tages ›Le Feu‹ von Barbusse zu lesen, und ich erfuhr bei dieser Lektüre einen Schock, der mich im übrigen nur stärker auf mich selbst zurückwarf. Die Geschichte war in meinen Augen nichts anderes als einer der Aspekte der Hölle. Auch wenn ich ihr die Heilige Schrift gegenüberstellte, wurde doch in diesem Augenblick die Stimme Christi von dem langhallenden Dröhnen der Kanonen übertönt. Vergebens schoben die letzten Platanenblätter ihren goldgleichen Schimmer vor einen immer noch blauen Himmel, vergebens waren wir fünfzehn, sechzehn und siebzehn Jahre alt, die Menschheit war verdammt. Noch keine hundert Kilometer entfernt von diesen Räumen, in denen wir studierten, nahm zu jeder Stunde des Tages und der Nacht die Schlächterei ihren Fortgang. Ein bestimmtes Frankreich sank in den Tod. Ich gab das Buch wortlos an Roger zurück. Er zitierte mir manchmal einige der krassesten Bemerkungen, die die Soldaten auf diesen Seiten miteinander austauschten, er zitierte sie mir, um einmal zu sehen …
Um was zu sehen? Wieder denke ich an diesen merkwürdigen Burschen, an das Vergnügen, das er darin fand, gewisse Worte zu sagen, die, aus einem Mund von so reiner Zeichnung kommend, um so unglaublicher klangen. Man hätte blind sein müssen, um nicht zu sehen, daß er während der Ferien noch schöner geworden war. Sein Antlitz

bewirkte Staunen wie vor einem Wunderbild. Wenn er die Augen senkte und seine langen schwarzen Wimpern auf die blassen Wangen einen Schatten warfen, wirkte er wie ein junges Mädchen. Aber trotz seines leicht effeminierten Äußeren war er ein derber, herrischer Junge, auch ungeachtet der Höflichkeit, mit der er mir zu begegnen beliebte. Ich bewunderte ihn, ich fand mich selber weniger gutaussehend, als er es war, doch wenn wir nebeneinander saßen, dachte ich nur wenig an ihn. Eine Wandlung ging in mir vor, von deren Sinn ich nichts ahnte. Vor der Welt, deren teuflisches Wesen mir offen zutage zu liegen schien, sah ich keine andere Zuflucht, als das innere Königreich, von dem das Evangelium spricht. Alles das – muß ich es erst sagen? – zeichnete sich nicht deutlich in meinem Geiste ab, aber ich spürte die Kraft der Worte Christi, wenn er uns offenbart, daß das Reich Gottes in uns selber ist. Hier war der Hort gegen alles Ungemach, gegen die Trauer, gegen die Unreinheit. Ich sagte möglichst andächtig alle Morgen- und Abendgebete her und fand darin das Glück, denn ich suchte das Glück, während ich Gott zu suchen glaubte. Die Messen, die die Weißen Schwestern sangen, befreiten mich von aller Furcht, sie sprachen mir von einer zugleich gegenwärtigen und doch fernen Welt, von der Heimat der Seelen, gegen die die Bosheit der Menschen nichts vermag. In den ruhigen, endlos langgezogenen Melodien des gregorianischen Gesangs lag etwas wie ein Zauber, der mich ganz sanft mir selber enthob. Die stillen Messen hatten nicht annähernd die gleiche Wirkung auf mich. Man kann daran erkennen, auf welchem religiösen Niveau ich mich damals befand. Ich sah für mich im voraus einen guten Platz im katholischen Himmel, da sich alles so gut anließ. Die Ketzerei war ein Greuel für mich. Ich legte die protestantische Bibel meiner Mutter zur Seite und hielt mich an Crampon. Der Fanatiker erwachte in mir, wenn auch zunächst noch schüchtern, denn es gab viele Protestanten in meiner Familie, und ich fragte mich, wie es wohl um ihr Heil bestellt wäre. Unter diese Sorgen mischte sich eine durchaus unbewußte Arroganz. Bescheiden in den Augen der Welt, war ich doch ganz von mir selbst erfüllt; ich hatte in mein Leben die anspruchsvolle Rolle des militanten Katholiken neu aufgenommen, der darauf ausgeht, Proselyten zu machen. Mit ein wenig mehr Kühnheit hätte ich das Gymnasium zu bekehren versucht, doch eine natürliche Schüchternheit schloß mir angesichts gewisser, ein wenig hinterhältiger Blicke den Mund; ich wurde gesprächig nur gegenüber Philippe, aus dem ich einen Heiligen gleich mir zu machen entschlossen war, und jenem armen Calvinisten; den letzteren erschlug ich förmlich mit meinem Wissen, und ich beteuerte ihm, daß Gott in seiner Kirche, in dem, ›was ihr eure Tempel nennt‹, nicht zu finden sei. Er warf mir einen traurigen Blick zu, anstatt mir einen kräftigen Faustschlag zu verpassen, durch den er meine Theologie einigermaßen hätte zurechtrücken können. Offen gesagt bin ich nicht sehr stolz auf die Rolle, die ich damals spielte, die eines frommen Dummkopfs.

Der Winter jenes Jahres war einer der rauhesten des ganzen Krieges. Bei uns zu Hause hatten wir gerade genügend Kohlen, um im Eßzimmer ein mehr dekoratives als nutzbringendes Feuer zu unterhalten. Wir schlotterten in unseren Überziehern. Meine Finger waren geschwollen von Frostbeulen, die aufplatzten und kleine Wunden schufen, deren Spuren noch nach Jahren sichtbar waren. Andere brachten es fertig, sich normal zu ernähren und zu heizen, doch dafür brauchte man Mittel, die wir nicht besaßen. Ich kann mich nicht erinnern, unter diesen Verhältnissen sehr gelitten zu haben. Die Religion trug mich über das alles hinweg. Auch die Heiligen hatten ja Entbehrungen auf sich nehmen müssen! Ich hungerte und fror, das war nach dem heiligen Franz von Assisi alles, dessen man zum Glück bedurfte. Gut tat man freilich daran, nicht auch noch krank zu werden. Eines Tages kam Anne mit einem großen Paket unter dem Arm nach Hause. »Ich habe Steinkohlen besorgen können«, erklärte sie glückstrahlend zu Papa. Der Inhalt des Pakets wurde gleich hinter das Kamingitter geschüttet, wo schon bescheiden ein paar Eierbriketts glosten. Wir warteten. Gleich darauf quoll Rauch aus dem Kamin. »Sie brennen an.« Ja, sie brannten an, und wir streckten die Hände aus, doch unsere Freude war nur von kurzer Dauer. Was da jemand Anne verkauft hatte, waren mit Kohlenstaub überzogene Steine. »Ihr armen Kinder«, sagte mein Vater, sonst nichts.

Zweifellos war dieser mühselige Winter daran schuld, daß im darauffolgenden Frühling die Welt in eine Art von Taumel geriet, der freilich etwas gedämpft blieb, denn es war ja immer noch Krieg. Der Glaubensritter, der Martyriumsaspirant hatte ebenfalls seinen kleinen Anteil an der allgemeinen Lockerung, die im Gymnasium aufkam. Die jungen Sprossen schimmerten in der Sonne, und die mildere Luft berauschte uns wie junge Tiere. Eines Tages begann mein Kamerad Roger mit mir etwas freier zu reden, und auf einmal weckte, was er mir zu sagen hatte, meine Neugier. Er riet mir, ein Bordell aufzusuchen. Ich wußte nicht, was das war. Er erklärte es mir und gab mir eine Adresse in der Nähe der Börse. Er sagte, es koste zwanzig Francs, »aber«, setzte er hinzu, »du wirst es nicht bereuen; außerdem ist man kein Mann, wenn man nie in einem Bordell war. Natürlich, wenn du mit Mademoiselle C. schlafen willst [er nannte eine berühmte Sängerin], kostet es etwas mehr«.

Völlig verdutzt von dieser Empfehlung, kam ich nach Hause. Wenn man schon dorthin gehen mußte, wollte ich es mir doch einmal überlegen. Noch heute frage ich mich, wie ich das mit meinen religiösen Anschauungen in Einklang brachte. Vielleicht habe ich – bei der mangelnden Konsequenz meines damaligen Alters und meiner Natur könnte ich es mir vorstellen – gar nicht darüber nachgedacht. Jedenfalls kann ich keine Erklärung für die Tatsache geben, daß ich zu sparen gebann, um buchstäblich Sou für Sou die erforderliche Summe zusammenzutragen.

Endlich hatte ich zwanzig Francs beisammen und ging am nächsten darauffolgenden Donnerstag mit glühendem Kopf und zusammengeschnürter Kehle den Boulevard des Italiens entlang, denn die verheißungsvollen Reden Rogers [ich hatte ihm gesagt, heute noch werde die Sache steigen] klangen mir im Ohr. Doch ich hatte Angst. Ich litt. Jeder Schritt brachte mich der durch ihre Freudenhäuser berühmten Straße näher, und ich spürte, daß nichts mich mehr würde hindern können, mich ›dorthin‹ zu begeben, als vor der Auslage eines ziemlich luxuriösen Geschäfts mein Blick plötzlich von bestimmten Handschuhen angezogen wurde. Nie hatte ich schönere erblickt. Kein Vergleich mit den Wollhandschuhen, die ich trug, es waren feinste Handschuhe aus Veloursleder. Für zwanzig Francs konnte ich mir ein Paar leisten. Doch ein neuer Zwiespalt entstand: würde ich je wagen, in dieses von Lichtern strahlende Geschäft hineinzugehen? ›Aber‹, dachte ich, ›wenn du dich schon nicht in einen Laden traust, wie wirst du dich in ein Bordell wagen?‹

Habe ich diese Handschuhe in den ›Trois Quartiers‹ gekauft? Und wie lange mag mein Schwanken angedauert haben? Ich kann es nicht sagen. Ich weiß nur, daß, als ich an diesem Nachmittag nach Hause kam, meine Hände in Handschuhen steckten, die mir so schön erschienen, daß ich nicht müde wurde, sie zu betrachten, die Finger spreizte, den Arm ausstreckte, in meinem Zimmer alle möglichen Posen annahm und an dem Leder roch, dessen Duft nach Tierhaut mich berauschte.

Am folgenden Tag zog ich sie an, um zur Schule zu gehen;

auch während des Unterrichts behielt ich sie in der Tasche. Roger fragte mich sofort, ob ich ›dorthin‹ gegangen sei. Ich sagte nein, ich hätte keine Lust gehabt. Er antwortete nicht, doch nahm sein Profil einen äußerst hinterhältigen Ausdruck an. Ich konnte dem Verlangen nicht widerstehen, ihm meine Handschuhe vorzuführen. Hatte ich sie nicht gerade zu diesem Zweck in die Tasche gesteckt? Er war so elegant, und ich so bescheiden gekleidet... Jetzt sollte er einmal sehen. »Da schau, was ich gestern erstanden habe.« Er nahm die Handschuhe, sah sie prüfend an und führte sie unter der Schulbank ans Gesicht, um daran wie an einer Blume zu riechen; dann reichte er sie mir wortlos zurück.

Einige Zeit darauf traf ich Roger auf einem Hof, der nicht der unsere war und auf dem wir keinen Menschen kannten. Ich hatte den Eindruck, er warte auf mich. Er trug einen Regenmantel aus grauem Gabardine, der in der Taille durch einen Gürtel zusammengehalten wurde, und an den Händen ebenso schöne Handschuhe wie die meinigen. Ich weiß nicht, was er zu mir sagte, doch redete er sanft und mit einer Art von Unterwürfigkeit, die mich wunderte, auf mich ein. Wie man eine Gunst erbittet, forderte er mich auf, mit ihm nach dem Unterricht einen kurzen Spaziergang durch eine kleine Avenue zu machen. Ich kannte diese Straße recht gut. Sie war wunderhübsch. Mit ihren Gärten und ihren Bäumen konnte sie einen glauben machen, man befinde sich in der Provinz, und es gab dort eine Stelle, bis zu der die Geräusche der Stadt fast gar nicht mehr gelangten. Ich füge hinzu, da ich ja alles sagen will, daß sie einen etwas zweifelhaften Ruf genoß, ohne daß ich recht wußte, um was es sich dabei handelte. Die Jungen hielten sich gern dort auf. Mehr war mir nicht bekannt. Roger sah mich an, während er auf meine Antwort wartete. Damals war ich für Schönheit noch nicht so sehr empfänglich, überdies hatte dieser Junge irgend etwas Überhebliches an sich, das mich von ihm fernhielt; doch an diesem Tage war er nicht mehr der gleiche, er wollte mir gefallen, seine Augen blickten mich sprechend und mit einer lächelnden Zärtlichkeit an, wie ich sie bei einem männlichen Wesen noch nie angetroffen hatte. Ich erinnere mich heute deutlich des Gefühls, das ich damals hatte: es war, als würde ich von irgend etwas, das ich nicht kannte, behext, von einer dunklen Macht, die um so faszinierender schien, als sie gefährlich war. Ich stand vor etwas Neuem. Fast ohne zu zögern, sagte ich ja.

Um vier Uhr fünf erwartete er mich vor dem großen Eingangstor des Gymnasiums [wir waren uns an jenem Tage nicht im Unterricht begegnet], und in einer Weise, die mich etwas einschüchterte, schob er seine Fingerspitzen unter meinen Arm. Wie glücklich schien er zu sein! Er sagte ein paar Worte auf spanisch zu mir, einer Sprache, die fabelhaft bei ihm klang; ich verstand nicht recht, was er sagte, fühlte mich aber geschmeichelt. Da aber trug sich etwas zu, was mir bis heute unerklärlich geblieben ist. Wir befanden uns fast der kleinen Avenue gegenüber, als ein Schüler, den ich kaum kannte und dem ich gewöhnlich aus dem Wege ging, weil ich ihn langweilig fand, auf mich zugestürzt kam, ungefähr so, wie ein Hund einem vor die Füße läuft. Es war ein Bursche von kleiner Gestalt, ziemlich häßlich, aber stämmig gebaut, der seine Schultasche immer mit beiden Armen *hinter seinem Rücken* trug. Er sprang an meine Seite und rief: »Nein! Ich gehe mit dir nach Hause!« Ich wich ihm aus, doch er stieß mich an das Gitter, von dem die Schule umgeben war. Roger, der unbeweglich am Randstein stehengeblieben war, wurde rot vor Wut im Gesicht. »Mit mir!« rief nochmals der Junge. »Du gehst mit mir nach Hause!« Ich stieß ihn fort, er aber begann, mich mit größter Heftigkeit anzuflehen. Er sah so merkwürdig aus mit seinen Armen hinter dem

Rücken, seiner Heftigkeit und dem ängstlichen kleinen Gesicht, aus dem in fast bellendem Ton diese Worte kamen, daß ich eine Art Schock empfand. Roger machte eine Bewegung der Ungeduld und ging ohne mich über die Straße. Ich hatte ein sonderbares Gefühl der Erleichterung, als ich ihn verschwinden sah. Der, der sich eingedrängt hatte, begleitete mich schweigend bis in die Rue Cortambert. Ich habe mich oft gefragt, was in seinem Kopfe vorgegangen sein mag. Als wir an meiner Haustür ankamen, sagte er mir auf Wiedersehen und entfernte sich.

War es etwa um diese Zeit? Ich denke es. In diesem Jahr erhielt ich jedenfalls einen Besuch, der mir besonderen Eindruck machte, obwohl ich seinen Sinn erst begriff, als es zu spät war. Eines Abends machte ich meine Schularbeiten im Eßzimmer beim Licht einer Lampe, die auf dem großen Mitteltisch stand. Wie gut erkenne ich das alles noch durch das kleinere Ende des Teleskops! Ich wandte den Rücken den beiden Fenstern zu, deren Vorhänge zugezogen waren; das übrige Zimmer kam mir dunkel vor, doch lag auf dem Tisch, da, wo meine Hände die Seiten des Buches umblätterten, ein vollkommen gerundeter, schimmernder See von Licht. Es schellte. Ich war allein im Haus mit dem Mädchen, das an die Tür ging. Einen Augenblick später trat eine Frau ins Zimmer.
Ich erkannte sie sofort. Es war Jeanne, Jeanne Lepêcheur, meine Jeanne. Das Herz hüpfte mir im Leib. Ich hörte die sanfte, geliebte, ein wenig heisere Stimme mich Joujou nennen. Habe ich Jeanne geküßt? Oh, ich hoffe doch, aber sicher bin ich nicht. Ich war von krankhafter Schüchternheit. Ich erinnere mich, daß sie sich mir gegenüber an den Tisch setzte und zu mir sagte: »Also, Joujou, Sie sind ja jetzt ein Herr geworden ...« Sie war noch die gleiche, genau die gleiche, mit ihrem hübschen Lächeln und ihrem Band um

den Hals und ihrem schönen, schleppenden Tonfall, wie man ihn in der Vorstadt hat – aber sie sagte Sie zu mir... Ich sah sie voller Liebe an und brachte kaum etwas heraus. Zwischen uns lag die Zeit. Die Breite des Tisches trennte uns voneinander, dieser Tisch aber war aus vielen Dingen gemacht. Die ernsten Bücher, die Stille, der Krieg um uns her... Nichts war uns mehr geblieben von der Welt der Rue Raynouard. Der ungeschickte, unwissende Junge, die Frau, die in ihrem Leben kaum etwas anderes verstanden hatte als zu lieben – vergebens schauten sie jetzt einander in die Augen, sie fanden einander nur wieder, um sich erneut zu verlieren. »Ihre Mama, Joujou...« Ich schüttelte den Kopf, und Jeanne begriff sofort, sie lächelte mich traurig an. Wie war sie zu unserer Adresse gekommen? Ich weiß es nicht. Sie blieb ein paar Minuten und ging dann wieder fort. Unfähig weiterzulesen, klappte ich meine Bücher zu. Ich sah sie niemals wieder.

Wie viele Male habe ich nicht an sie in meinem Leben gedacht! Ich versuche, sie so zu sehen, wie sie gewesen ist. Sie liebte so sehr die Liebe, ohne Maßen vielleicht. Gut, gut, um so schlimmer, oder auch um so besser – wie man will. Auf alle Fälle war ihr Herz frei von Arg. Sie war gut, und ich liebte sie. Wenn ich alles noch einmal tun, noch einmal sechzehn Jahre alt sein und mit ihr zusammensein könnte, wie würde ich sie in meine Arme schließen.

Wer aus meiner Generation wird je den Frühling des Jahres 1917 vergessen? Der Abfall Rußlands, dann der Kriegseintritt der Vereinigten Staaten – vernünftige Deutsche begriffen damals, daß für sie die Partie verloren war, als sie weißes Brot in den Tornistern der französischen Gefangenen fanden; aber in dieser Hinsicht kann ich nur auf die Geschichtsbücher verweisen.

Gegen den Monat Mai hin keimte im Hirn meines Vaters eine sonderbare Idee. Ferne sei es von mir, Kritik an ihm zu

üben. Ich billigte immer sofort, was er beschloß. Mit seiner ruhigen, etwas verschleierten Stimme kündigte er mir eines Tages an, ich müsse jetzt, da ich bald siebzehn sein würde, etwas für das Allgemeinwohl tun. Ich begriff nicht gleich. »Für die Sache der Alliierten«, präzisierte er. »Du könntest dich zum Beispiel zum Sanitätsdienst melden.« Er erklärte mir, daß Amerika nicht gezögert habe, in den Krieg einzutreten und viele junge Burschen nach Frankreich zu schicken, die sich mit Lazarettwagen an die Front begäben. Was er nicht wußte, war, daß grundsätzlich niemand unter achtzehn Jahren angenommen wurde, und ich war noch nicht einmal siebzehn. Ich wußte es ebensowenig und dachte im übrigen nicht daran, mich zu widersetzen. Weshalb nicht an die Front? Ich versetzte mich sofort in meine neue Rolle hinein. Ein Held. Wovor hatte ich Angst? Vor nichts. »Vor nichts«, sagte ich ganz laut vor dem Spiegel zu mir selbst. Ich fand mich fabelhaft.
Heute frage ich mich, warum mein Vater nicht wartete, bis ich mein siebzehntes Jahr vollendet hatte. Zweifellos lebte in ihm noch die Erinnerung an den Sezessionskrieg, in dessen Verlauf Südstaaten wie Nordstaaten fünfzehnjährige Knaben ins Feuer geschickt hatten. Zudem kam ja für mich nur in Betracht, einen Sanitätswagen zu fahren, und mein Vater glaubte, daß ein solcher Dienst mit einem nur sehr geringen Risiko verbunden sei.
Ich behielt den Beschluß meines Vaters hinsichtlich meiner Person für mich. Zunächst einmal gefiel ich mir darin, ein Geheimnis zu haben, aber sicher hielt mich auch Eigenliebe von Äußerungen zurück, denn ich fürchtete, man könne sich über mich lustig machen und am Ende meinen Vater unvernünftig finden. Dennoch glaubte ich mich verpflichtet, ein Wort darüber zu Pater Crété zu sagen, der zunächst seiner Verwunderung Ausdruck gab, dann aber mit gekreuzten Armen mich skeptisch musterte. »Sie werden als Besiegter wiederkommen«, sagte er zu

mir. Ich antwortete darauf nicht, doch es war nicht schwer zu sehen, daß der Plan ihm katastrophal erschien. Wenn ich so früh die Schule verließ, verlor ich ein ganzes Jahr, ganz zu schweigen von den Gefahren, denen ich möglicherweise ausgesetzt sein würde, und es ist tatsächlich so, daß dieses Philosophiejahr* mir späterhin stets gefehlt hat. Was die Gefahren anbetrifft, so war ich vollkommen ahnungslos.

Wir hatten damals April, und mit meiner gewohnten Sorglosigkeit dachte ich an diese Dinge nicht mehr. Eines Tages jedoch flüsterte ich Roger zu, daß ich abgehen und er im nächsten Jahr mich nicht mehr sehen würde. »Ah?« machte er nur. »Wohin gehst du denn? Nach Amerika?« – »Nein, noch weiter«, gab ich ihm bizarrerweise zur Antwort. Er aber stellte mir darüber hinaus keine Frage, denn er nahm kaum noch Interesse an mir.

Um die Wahrheit zu sagen, nicht ihm wollte ich meinen Aufbruch ankündigen, sondern Frédéric. Mit diesem hatte ich immer noch kein einziges Wort gesprochen und litt darunter derart, daß es schließlich auffiel. Sicherlich hatte auch Philippe etwas gesagt. Es sprach sich also herum, daß ich verliebt war und in wen. Niemand mokierte sich über mich, im Gegenteil, ich bemerkte bei meinen Kameraden Herzlichkeit und eine Neigung, sich mit mir abzugeben. Keiner spielte auf Dinge an, die neuerdings jedermann von mir wußte. Intoleranz und Grausamkeit, die unter Männern so häufig sind, waren keineswegs die Sache dieser Sechzehnjährigen; alle lächelten mir freundlich zu. Sicher war es zu jenem Zeitpunkt, daß ich mir in so törichter Weise einbildete, wenn ich etwas Mehl verschluckte, würde ich sterben wie Madame

---

* Letztes Schuljahr im Gymnasium (Oberprima), nach dem das zweite *Baccalauréat* abgelegt wurde, heute *classe terminale*. (AM/CK)

Bovary mit ihrem Arsenik. Ich wußte genau, daß ich nicht sterben würde, aber Frédérics wegen wollte ich gern sterben.
Eines Tages sah ich, wie er auf mich zukam; ich wäre davongelaufen, hätte ich es fertiggebracht, doch starr vor Staunen blieb ich wie angewurzelt stehen. Mit der etwas mürrischen Miene, die er stets beibehielt, drückte er mir die Hand und bat mich, ihn nach Hause zu begleiten, bis an die Porte Maillot. Ich nickte und schloß mich ihm an. Bestimmt hatte man ihm alles gesagt, und ich fühlte mich in verschämtem Glück vergehen. Und wenn es mein Leben gälte, könnte ich mich doch nicht auf die Worte besinnen, die wir miteinander tauschten. Er war nicht gesprächig, ich selbst blieb so gut wie stumm. Ich erinnere mich nur, daß ich während des ganzen Spaziergangs sein kleines kämpferisches Profil mit den Augen verschlang. Mit etwas mehr Überlegung hätte ich begriffen, daß er aus reiner Großmut handelte, denn ich übte auf ihn keinerlei Anziehung aus. Alle Tage jedoch und bis zu den großen Ferien erlaubte er mir, fortan die paar hundert Meter, die uns vom Haus seiner Eltern trennten, gemeinsam mit ihm zurückzulegen. Niemals sagte ich ihm ein Wort über die Gefühle, die er in mir weckte, unsere Unterhaltung verlief musterhaft, freilich auch sehr langweilig, da wir keinerlei gemeinsame Neigungen hatten. Eines Tages erkühnte ich mich, ihn zu fragen, ob er Gespenstergeschichten liebe, er aber antwortete mir in sanftem Ton, er interessiere sich für so etwas nicht. Er sagte mir auch – vielmehr würde ich besser schreiben, sein Profil sagte es mir, weil ich nur dieses sah –, daß er, was die Religion betreffe, zwar an Gott glaube, das aber sei auch alles, denn alles übrige halte er für Unfug.
Mit Schaudern betrachtete ich ihn. Er war also nicht Katholik! Ich hatte es mit einem Deisten, einem Voltairianer vielleicht, zu tun. Der Schlag war heftig für mich, doch dann verfiel ich wieder in die bloße geisttötende Anschau-

ung dieses schönen blauen Auges, das mich nicht sehen wollte, und fühlte mich glücklich, wiewohl ich litt. Das nämlich schenkte er mir, ohne es zu wissen: Glück im Leiden und zugleich eine Art von Ruhe. Er war nun nicht länger unerreichbar für mich. Ich rief ihn, und – o Rausch! – er antwortete. Was wollte ich noch mehr? Ich hatte keine sogenannten bösen Begierden, weder in bezug auf ihn noch auf einen anderen. Ich glaube, wenn ich ihm hätte sagen können, daß ich ihn liebte, wäre ich von einer großen Last befreit gewesen, doch dafür hätte man mir zuerst einmal erklären müssen, daß ich verliebt war, was ich nämlich nicht wußte. Er wußte es, ich nicht. Alle Jungen meiner Klasse begriffen es, ich als einziger war mir darüber nicht klar. Wie dem auch sei, er hat mir aus Herzensgüte heraus den Frieden zurückgegeben. Ich habe noch die Photographie, die er mir schenkte, als wir uns in jenem Jahr zum letzten Male sahen. Sie zeigt mir ein reizendes Gesicht, weniger vollkommen vielleicht, als ich mir einbildete, doch mit einem rechtschaffenen, glücklichen Blick.

Schon seit mehr als einem Jahr arbeitete Sidonie nicht mehr bei uns. Für wen auch hätte sie arbeiten sollen? Da zwei meiner Schwestern Krankenpflegerinnen, die anderen im Ausland waren, bedurften wir ihrer Dienste nicht mehr, doch wenn ich mich nicht sehr täusche, unterstützte mein Vater sie im Rahmen seiner Mittel. Ich besuchte sie dann und wann. Sie wohnte im obersten Stock eines alten Hauses in der Rue des Archives, und das Fenster ihres Kämmerchens, das sie in einer zugleich absurden und irgendwie gespenstischen Weise mit der Kammer Mimi Pinsons* verglich, blickte auf ein Dächermeer. Ich beugte mich gern über die Dachrinne hinweg, meine Eingeweide

* Heldin der gleichnamigen Erzählung von Alfred de Musset (1845). (AM/CK)

zogen sich beim Anblick der winzigen Passanten auf den nur bandbreiten Bürgersteigen zusammen, aber ich hob dann gleich wieder den Kopf und schaute den Himmel an. »Wie schön das ist, Mademoiselle Sidonie!« rief ich aus. Darauf ertönte dann aus der Tiefe des Zimmers ihre stets etwas spöttische Stimme: »Ach ja, das ist Paris, mein schönes Paris!« Wenn ich mich umdrehte, sah ich alles ein paar Sekunden lang schwarz, dann aber entdeckte ich wieder das alte Fräulein, wie es mit einem großen Stück Stoff auf den Knien, an dem es gerade arbeitete, auf dem niederen Stuhl saß.

Ein Eisenbett, ein paar Sitzmöbel, ein Tisch mit einer Waschschüssel darauf hinter einem Wandschirm – das war alles, was man zunächst innerhalb dieser Wände sah, deren Tapete kaum noch Farbe oder ein Muster aufwies, doch auf dem Tischeck erwartete mich eine Vespermahlzeit: zwei Bäckerkuchen auf einer Untertasse und in einer Tasse blasser Tee. In weniger als drei Minuten waren Tasse und Untertasse leer. Wir schwatzten und lachten über alles mögliche. Ich glaube, sie fand mich etwas einfältig für meine Jahre, aber sie liebte mich sehr und machte sich nur ganz sacht ein wenig über mich lustig, während sie mit ihrer Nadel bis über den grauen Kopf fuhr: »Soso, Monsieur Julien, also in der ›Maison de Blanc‹ hat Ihre Mama Sie gekauft?« Sie setzte ihren stahlgefaßten Kneifer ab, um ungehemmter lachen zu können. »Auf alle Fälle«, sagte sie zu mir, »sind Sie nicht stolz. Sie vergessen Ihre alte Freundin nicht.« Dann sprach sie zu mir vom Volk. Das war ein Wort, das sie immer im Munde führte. »Das Volk, das sind wir hier, wir sind das Volk von Paris, Monsieur Julien, Sie brauchen nur aus dem Fenster zu schauen, dann sehen Sie, das alles ist das Volk.« Ich weiß nicht, welcher uneingestandene Groll aus ihr hervorbrach, während sie das sagte, doch glaube ich, daß sie ganz im allgemeinen allen, die nicht so ärmlich wie sie unterm

Dach hausten, dies übelnahm. Ich achtete nicht auf ihre Tiraden, deren Sinn ich nicht verstand, sondern bat sie, mir etwas vorzuspielen, denn sie besaß einen Phonographen, dessen riesiger, malvenfarben angestrichener Trichter sich im Halbdunkel öffnete wie eine monströse Blüte. Man befestigte die Nadel, man setzte den Arm auf, und die Garde républicaine durchdröhnte die Luft mit ihren hallenden Blasinstrumenten. Auf ›Sambre-et-Meuse‹ folgte die ›Marche des Allobroges‹. Doch gab es auch ein Lied, in dem vorwiegend von Liebe die Rede war. Die Melodie habe ich von einem Ende bis zum anderen noch im Kopf, und ich höre auch noch immer die zugleich schmachtende und näselnde Stimme des Tenors, wie er den Schlußvers in ein gekonntes Decrescendo überleitete:

... ›Et confondre le rêve et la réalité!‹

»Hübsch, nicht wahr?« – »O ja, Mademoiselle!«
Manchmal sprach sie von den Frauen. Auch da hatte sie mit dem Schicksal offenbar eine Rechnung zu begleichen. Sie legte dann ihre Arbeit nieder, rückte den Kneifer zurecht und blickte mir gerade in die Augen. »Wissen Sie, womit sie die Männer halten, Monsieur Julien? Ich werde es Ihnen sagen. Die Weiber sind lasterhaft.« Ich wußte nicht, was sie damit meinte, und verharrte in Schweigen. »Lasterhaft«, wiederholte sie fast wütend, indem sie heftig mit ihren kleinen dürren Armen gestikulierte. Arme Mademoiselle Sidonie! Was für Enttäuschungen hatte sie wohl erlebt? Ich ließ den geheimnisvollen Wutanfall vorübergehen, dann bat ich sie, mir aus ihren Erinnerungen etwas zu erzählen. Sie kannte Holland, alle holländischen Städte, aber noch lieber war mir, wenn sie von der Kommune sprach, dem rotglühenden Himmel, der Seine, die zwischen Feuermauern dahinströmte. »Ein Geschoßregen ging auf die Straßen nieder. Wir hatten uns in einen Keller

geflüchtet, die ganze Nacht über hörte man das Dröhnen der Kanonen. Ich war damals sechs Jahre alt.« Ich verließ sie nur ungern, ich hatte bei ihr einen schönen Nachmittag verbracht. Auf der Straße versuchte ich zu singen wie der Tenor und Traum und Wirklichkeit miteinander zu vermischen. Habe ich im Grunde jemals anderes getan?

An unserem Gymnasium wirkte ein Lehrer, von dem es allgemein hieß, er habe eine Geliebte. Er trug einen schwarzen Überrock und gestreifte Hosen, und der Ansatz zu seinem Schmerbauch ließ sich nicht übersehen. Ich stellte mir vor, er treffe einmal im Jahr eine Frau irgendwo im hintersten Auteuil und sie trieben dann jene geheimnisvollen Dinge, die Giulio Romano geschildert hat. Nur einmal im Jahr. Ich weiß nicht, woher ich diese Vorstellung nahm, die nicht einmal Boccaccio hatte berichtigen können, bei der ich mich im übrigen aber auch nicht weiter aufhielt, da mich die Angelegenheit nicht mehr interessierte. Eher beschäftigte mich die Tatsache, daß die Burschen und Mädchen in Mr. Kreyers Bibliothek jung, schlank und ideal schön gewesen waren. Sie nahmen Stellungen an, die manchmal an Akrobatik grenzten. War es möglich, sich den besagten Lehrer vorzustellen, wie er sich unreinen Dingen auf eine Weise überließ, die körperliche Gewandtheit und geschmeidige Glieder verlangte? Ach was, das ging nur ihn selber an. Persönlich führte ich ein völlig ruhiges Leben, ganz ohne Begierde, oder doch fast.

Ich habe niemals genau in Erfahrung gebracht, was meine Kameraden von mir dachten. Zweifellos beurteilten sie mich mit einer Art Nachsicht, denn sie hänselten mich nicht. Sie wußten, daß ich frisch konvertiert war. Einer von ihnen sagte eines Tages, als von mir die Rede war: »Er darf nicht den Glauben verlieren, sonst würde er alles verlieren.« Dieser Junge hieß Juillard. Wo mag er heute sein? Er rivalisierte mit mir im Französischen, doch war ich ihm immer voraus. In allen übrigen Fächern außer der

Mathematik war ich mittelmäßig, ich glänzte keineswegs. Texte, die wir auswendig lernen mußten, blieben nur schlecht in meinem Gedächtnis haften. Eines Tages schlug unser Lehrer vor, ein Gedicht nach eigener Wahl zu lernen und auf der Estrade vorzutragen. Ich wählte etwa zwanzig Verse von Henri de Régnier, weil ich fand, diese Länge sei annehmbar. Manche Schüler zeichneten sich dadurch aus, daß sie mit viel Ausdruck rezitierten, was jedoch unaussprechliche Verlegenheit und einige Lachanfälle hervorrief. Einer von ihnen traktierte uns mit ›Le Coeur de Hialmar‹ unter Verwendung stimmlicher Effekte, die einem Lust machten, sich unter dem Pult zu verstecken. Dann war ich an der Reihe. Ich bestieg die Estrade und begann:

›Cette colline est belle, inclinée et pensive . . .‹

Als ich an dieser Stelle angelangt war, stockte ich bereits. Mein Gedächtnis lieferte mir kein einziges weiteres Wort. »Ich habe alles vergessen«, sagte ich. »Und dabei habe ich es doch eben noch gewußt.« Nachdem ich diesen Satz ausgesprochen hatte, sah ich meinen Kameraden ins Auge, als wolle ich sie warnen, sich über mich lustig zu machen, doch keiner von ihnen lachte. Zum ersten Male, zweifellos etwas spät – denn wir standen schon unmittelbar vor den großen Ferien, und ich sollte sie nicht mehr wiedersehen –, spürte ich, daß sie mich sehr gern mochten. »Vorübergehender Gedächtnisschwund«, brummte der Lehrer. »Kommt oft vor. Ich gebe Ihnen eine Fünfzehn*.« Unter tiefstem Schweigen ging ich an meinen Platz. In einem törichten Anfall von Rührung pochte mir das Herz, als ob es mir fast die Brust sprengen wollte, doch ließ ich mir nichts anmerken; ich kreuzte die Arme auf der Brust und blickte starr

* Im französischen Benotungssystem, das von zwanzig bis eins reicht, ein guter Wert. (AM/CK)

vor mich hin. Die Vorstellung, daß ich in ein paar Wochen fortgehen sollte, erfüllte mich mit jäher Traurigkeit.

Mein Gott, ich sehe wohl den Weg, den du genommen hast, um mir zu begegnen, aber ich sehe nicht den, auf dem ich selbst dir entgegengegangen bin. Habe ich mich denn gar nicht bewegt? Mir ist, als hätte ich vergessen, was ich in Genua an Schlechtem erfahren hatte, so daß oberhalb der kleinen, fragmentarischen Vorstellungen, die mir die sinnliche Liebe nur unter ihrem jammervollsten Aspekt gezeigt hatten, eine Art von Unwissenheit sich wiederherstellte. Hier wohnte für mich die Sünde, die Sünde schlechthin. Man mußte sie meiden, weil einen sonst ewige Verdammung traf; doch ich hielt mich für gerettet, daher meine Sorglosigkeit. Ich war meines Heils gewiß. Diese Sicherheit trug mich, wie das Meer den Kahn trägt.
In dem traumartigen Zustand, in dem ich lebte, fand ich mich im Juli 1917 an der Sorbonne ein, um den ersten Teil* meines Abiturs abzulegen. Die Furcht, durchzufallen, berührte mich nicht einmal von fern, obwohl ich allen Grund zum Zittern hatte, da ich nichts in Physik wußte, nichts in Chemie und weniger als nichts in der Mathematik. Vermutlich wurden mir leichte Fragen gestellt. Auf alle Fälle bestand ich mit dem Prädikat ›Gut‹, und zwar auf Grund meiner französischen und englischen Aufsätze, jedenfalls vermute ich das. Ich war sicher, daß ich durchkommen würde, nicht weil ich glaubte, mehr zu wissen als ein anderer, sondern weil ich mir eingeredet hatte, daß nichts Widriges mir passieren könne. Woher nahm ich dieses Vertrauen? Es gibt nichts Undurchdringlicheres als

* Die Prüfungen wurden damals wie heute nicht in den besuchten Gymnasien vorgenommen. In diesem Fall war die Sorbonne der Prüfungsort. Das erste *Baccalauréat* wurde am Ende des Rhetorikjahrs (Unterprima) abgelegt. (AM/CK)

dies in meinem ganzen Leben. Ich hatte die Vorstellung, daß ich, wenn ich Gott treu bliebe, ein Anrecht auf einen totalen, allumfassenden Schutz auch in den irdischen Dingen besäße. Man konnte nicht an mich rühren, mir keinen Schaden zufügen, da ich in jedem Sinne ein Kind Gottes war. Das war mein Geheimnis, von dem ich, wie ich glaube, zu niemandem ein Wort gesagt habe.
Am Tage nach meinem Abitur führte mein Vater mich in der Rue Raynouard zu einem reizenden Haus im Directoirestil, das heute nicht mehr existiert und dessen Gärten sich bis zur Seine hinunter erstreckten. Große Bäume neigten sich über lange, gewundene Alleen, die, Armen gleich, weitläufige Rasenflächen umschlangen, auf denen am Ende eines schönen Tages sich niederzulassen köstlich gewesen wäre. Alles sprach von glücklicheren Zeiten als die unsere eine war. Ich war empfänglich für die Melancholie dieser Stätte, deren Spuren man im gegenwärtigen Paris vergebens suchen würde. Am unteren Rande der Gärten standen an einem Gitter, das sich auf den Quai de Passy öffnete, aufgereiht eisengraue und mit einem Roten Kreuz geschmückte Lazarettwagen. Der letzte dieser Wagen war mir zugedacht. Ich hatte chauffieren gelernt, und mein Vater hatte mir eine Khakiuniform machen lassen. Nun erst begann ich zu glauben, daß ich einrücken würde, daß alles in gewisser Weise Wahrheit sei – mit vielen Vorbehalten freilich, doch hier läßt mein Gedächtnis mich im Stich. Ich glaube, daß ich im Augenblick nur gehalten war, mich zu einer bestimmten Stunde täglich in der Rue Raynouard einzufinden. Man wartete vielleicht noch ab, bis der Kompaniezug vollständig war. Ich kann mich nicht mehr erinnern, womit ich meine Zeit verbrachte, doch etwas kehrt mir ins Gedächtnis, was mir denkwürdig scheint. In dem Haus der Rue Raynouard gab es viel Kommen und Gehen; man sah dort auch junge Leute, die bei anderen Dienststellen als der meinen

beschäftigt waren, alle trugen Uniform. Eines Tages trat einer dieser jungen Burschen an mich heran und fragte mich, ob ich in einem benachbarten Café etwas mit ihm trinken wolle. Ich hatte niemals einen Fuß in ein Café gesetzt und zögerte ein oder zwei Sekunden, bevor ich die Einladung annahm, aber der junge Mann faßte mich unter den Arm, und wir gingen zum Quai hinab. Es hat keinen Zweck, nach der Stelle zu suchen, an der sich das Café befand. Alles ist seither von Grund auf verändert, dieser Teil von Paris hat keine Beziehung mehr zu dem, was er vor dem Kriege 1914 war. Das Café sah aus wie ein Provinzcafé und bestand aus einem niederen, düsteren, mit Lederbänken ausgestatteten Raum. Mein Begleiter ließ mich den Platz gegenüber der Tür einnehmen und setzte sich selbst an die andere Seite des Tisches. Die folgenden Minuten verliefen sonderbar, soweit es mich selbst betrifft, auf eine vollkommen unvergeßliche Weise. Ich saß sehr aufrecht da und verhielt mich schweigend. Wenn es ohne Unhöflichkeit hätte geschehen können, wäre ich wieder gegangen, doch der Blick des jungen Amerikaners hielt mich an meinem Platze fest, und wahrscheinlich aus Hochmut vermied ich, die Augen abzuwenden. Er sagte nichts zu mir, schob das Getränk zurück, das vor ihn hingestellt worden war, und brachte, während er die gekreuzten Arme auf den Tisch vor sich legte, sein Gesicht ein klein wenig näher an das meine heran. Ich begann eine große Befangenheit zu verspüren, und da ich nichts von diesem Schweigen verstand, versuchte ich irgend etwas zu sagen, doch meine banalen Reden fielen völlig ins Leere. Die Schönheit des stummen Gesichts frappierte mich. Man hätte meinen können, es wolle sich meinem Geist für alle Zeiten einprägen, denn es blieb vollkommen starr. Lebendig waren allein die blauen Augen, in denen ich plötzlich eine innere Not und eine Art von Appell an mich las, die mich mit tiefem Unbehagen erfüllten. Vielleicht war etwas davon in meinen Zügen zu sehen, der junge Mann jedenfalls stand unvermittelt auf, zahlte und verließ mit mir das Lokal. Auf dem Quai angekommen, warf er mir ein »So long!« [Auf Wiedersehen] hin und verschwand. Ich sah ihn nicht wieder, habe aber sehr häufig an ihn gedacht.

Eines Julimorgens um acht Uhr machte sich mein Kompaniezug auf den Weg zu einem Bestimmungsort, der einzig unserem Chef, Mr. Ware, bekannt war. Mr. Ware war ein schlanker, lebhafter junger Mann mit einem Gesicht wie eine Tigerkatze und einem kleinen, grauen Schnurrbart. Als er mich das erste Mal sah, flüsterte er seinem Vorgesetzten, Mr. Galatti, einem Amerikaner mit olivenfarbener Haut und schwarzen Augen, etwas ins Ohr. »Ich weiß, aber Sie *müssen* ihn nehmen«, antwortete dieser nur. Diese Anspielung auf mein Alter verwirrte mich. Auf alle Fälle war an diesem Julimorgen der ganze Zug zur Stelle, und die Lazarettwagen fuhren einer nach dem andern aus, nur nicht der letzte, der der meine war.
Ich habe gesagt, ich hätte chauffieren gelernt. Das war übertrieben. Ich verstand, einen Wagen in Bewegung zu setzen, doch ihn zweckentsprechend zu lenken, war eine ganz andere Sache. Rechts und links von dem großen Gittertor waren zwei Prellsteine angebracht. Ich wählte den linken, um ihn mit dem Vorderrad zu rammen. Mein Erröten besserte nichts. Man machte mir keinen Vorwurf, doch erhielt ich den Befehl, abzusteigen. Ich wäre am liebsten bis zum Mittelpunkt der Erde hinuntergestiegen. Nach einer halben Stunde war der Schaden behoben, und ich kletterte in meinen Lazarettwagen zurück, diesmal auf den Sitz neben einem jungen Soldaten in horizontblauer Uniform, der sich aufs Fahren verstand. Nach einer gewissen Zeit stießen wir in einem Dorf, das Moulin-de-Meaux hieß, wieder zu der Abteilung.

Mehrmals in der folgenden Zeit mußte ich an den Unbekannten vom Quai de Passy denken, weil in seinem Blick etwas lag, was ich in den Augen eines Menschen zuvor nie gesehen hatte. Ich fragte mich sogar, ob ich bis dahin jemals darauf geachtet hatte, was in den Tiefen menschlicher Augensterne vor sich gehen kann. Es war ein wenig, als öffne sich in einem dunklen Raum ein Fenster. Ich selbst war in diesem Raum und blickte nach draußen, sah aber nichts als den Himmel der menschlichen Not. Weshalb hatte dieser junge Bursche eine so traurige Miene? Auf diese Frage fand ich keine Antwort. Ich wollte, ich hätte mit dem geheimnisvollen Wesen zu sprechen vermocht, das nichts hatte sagen können. Heute bin ich fast sicher, daß er der erste war, der mich dazu gebracht hat, aus mir selbst herauszutreten, und mich gelehrt hat, daß jener Unbekannte, den man *›den Andern‹* nennt, auch seinerseits existiert, genausogut wie ich. Es handelt sich gleichsam um das erste Auftreten des *›Nächsten‹* in meinem Leben. ›Erinnere dich an mich!‹ hatte nachdrücklich dieses unbewegliche, stumme Antlitz zu mir gesagt. ›Sieh mich an, sieh mich an!‹

Von alledem habe ich zu niemandem gesprochen. Zu wem im übrigen hätte ich davon reden sollen? Meine neuen Gefährten hatten nichts als dummes Zeug im Kopf. Sie glichen schönen, großen, etwas spöttischen Kindern, waren jedoch immer bereit, sich gegenseitig zu helfen. Wir waren auf einem großen Bauernhof untergebracht, dessen Speicher in einen Schlafsaal umgewandelt war, in dem jeder sein Feldbett hatte. Tagsüber wurden wir aufs Feld hinausgeführt, um uns in der Kunst zu vervollkommnen, einen Ford zu fahren. Der Ausbilder, der sich meiner annahm, war ein junger Mann aus New York, der mich mit ironischen Blicken überwachte, während er an einem Grashalm kaute. Er konnte Französisch, wußte aber nicht, daß ich es auch konnte. Ich fuhr vor seinen Augen hin und

her, zwischen zwei Reihen senkrecht in den Boden gesteckter Stäbe, die man nicht umfahren durfte; natürlich verpaßte ich nicht einen einzigen. Bauern standen herum und schauten uns bei diesem Unternehmen zu. »Meinst du, daß der da es jemals lernt?« fragte einer von ihnen. »Niemals«, antwortete mein Lehrer mit einem grausamen Lächeln. »Der bestimmt nicht.«
Ich lernte jedoch genug, um hinter dem Wagen des Vordermanns herzufahren, als wir Moulin-de-Meaux verließen. Wohin fuhren wir? Unser Chef sagte es uns nicht. Am ersten Tag hielten wir in Vitry-le-François, um dort die Nacht in unseren am Wegrand aufgestellten Wagen zu verbringen. Es fand sich, daß ein Haufen Eisenzeug, das man vergessen hatte, anderswo abzuladen, in meinen Wagen geworfen worden war. Ich wußte so wenig, was tun, war auch so schüchtern und sogar so dumm, daß ich, anstatt mich zu beklagen, diesen Haufen Werkzeug nur mit einer Plane bedeckte und mich darauf zum Schlafen niederlegte. Wunderbarerweise verfiel ich fast auf der Stelle in tiefen Schlaf, aus dem ich erst am folgenden Morgen um sechs Uhr gerissen wurde.
Am nächsten Tag wurde wieder eine ziemlich bedeutende Strecke geschafft. Ich lernte fahren, da nichts anderes nötig war, als dem vorausfahrenden Wagen in der Weise zu folgen, daß der Abstand, der einen von ihm trennte, sich nie veränderte. Wir rollten langsam dahin. Gegen Abend erreichten wir Triaucourt. Das war eine reizende kleine Stadt, die vom Kriege verschont geblieben war, jedoch völlig verödet schien. Freilich hatten wir den Befehl erhalten, uns über eine gewisse Straße nicht hinauszubewegen, und die wenigen Bewohner, die uns begegneten, wahrten ein mißtrauisches Schweigen. »Morgen geht es an die Front«, sagten die Kameraden ...

Tausend offene Wege

Morgen geht es an die Front! Das Gerücht machte einen Tag lang die Runde, um am folgenden dementiert zu werden. Wir verspürten Herzklopfen, hatten wir doch nicht die leiseste Ahnung, was die Front sein mochte, und das ergab zwanzig Briefe, in denen zwanzig junge Burschen aus Amerika ihren Familien die große Neuigkeit ankündigten, die die Zensur zwanzigmal schwarz übermalte. Unsere Sanitätswagen warteten geduldig längs der Hauptstraße von Triaucourt, und Langeweile drückte allmählich auf unsere Stimmung.

Diese Tage zählten in meinem Leben. Ich hatte meine Kameraden vom letzten Schuljahr verlassen, um mich nun in einer neuen Gruppe von jungen Leuten wiederzufinden, die kaum älter, doch von jenen recht verschieden waren. Ihre Sprache war nicht die gleiche. Sie redeten ungeniert über ihre Pariser Liebesabenteuer oder ihre Heimatstädte, nach denen sie unaufhörlich Heimweh verspürten. Nun interessierten mich die Frauen nicht, die sie gehabt hatten, und ich wußte fast nichts von den Gegenden, deren Reize und vor allem, wie ich gestehen muß, behagliche Lebensverhältnisse sie rühmten. Sie kamen nämlich alle aus dem Norden oder Westen, nur ich konnte von mir behaupten, daß ich aus dem Süden war. Zudem war ich der einzige Katholik. Als sie nach einigem Fragen schließlich herausbekamen, daß ich in Paris, der Stadt des Vergnügens, der Sündenmetropole, geboren war und nie einen Fuß in die USA gesetzt hatte, verschärften sie ihr Verhör. Doch begriff ich ihre Neugier nicht, denn was ihnen an meinem Fall als nicht normal erschien, kam mir so natürlich vor, daß ich keinen Gedanken daran verlor.

Fast alle kamen von großen Universitäten und hatten eine korrekte Redeweise, wenn auch nicht den mir vertrauten Akzent, und da sie als Uniformträger, die sie nun einmal waren, auch in ihren eigenen Augen Soldaten sein wollten, glaubten sie sich zum Fluchen verpflichtet – wovor ich auf der Stelle ein Grauen empfand, das noch heute anhält. Ein einziger unter ihnen machte eine Ausnahme. Er hatte vor, Geistlicher der presbyterianischen Kirche zu werden. Er war ein großer, schlanker Bursche mit ernstem Gesicht, der Phinney hieß. An einem Regentag traf er mich an, wie ich gerade in meinem Sanitätswagen saß und in meiner Cramponbibel las. Er rauchte eine amerikanische Zigarette, deren köstlicher Duft mich in eine Welt versetzte, in der es nur Champagner trinkende Leute gab. ›Der Teufel…‹ war meine unbestimmte Idee. »Was liest du da, Green?« – »Die Heilige Schrift.« – »Auf französisch?« – »Jawohl, auf französisch.« – »Du bist wohl katholisch?« Statt jeder Antwort wies ich stolz dem Ketzer die kleine Aluminiumplakette vor, die ich am Handgelenk trug und auf der ich mit der Spitze meines Taschenmessers die Worte ›Julien Green, römisch-katholisch‹ eingeritzt hatte. Eine solche Plakette hatten wir alle in der Rue Raynouard erhalten, »denn«, so hatte man uns gesagt, »wenn ihr fallt, müßt ihr ja identifiziert werden können.« – ›Wenn ihr fallt…‹ – was für ein Riesenunsinn! Daß ich fiele, war ganz unmöglich, dennoch wollte ich wissen lassen, daß ich katholisch sei. Phinney lächelte nachsichtig. In einer Viertelstunde hatte er alles erfahren, was er wissen wollte, das heißt, daß ich gläubig, ein künftiger Ordensmann und obendrein noch jungfräulich war. Das konnte er nicht fassen. Niemand verstand es, denn allen wurde es schließlich bekannt. Ein Pariser, der noch keine Frau berührt hatte – das war kaum zu glauben. Und Montmartre? Und die sattsam bekannte Verderbtheit der Bewohner des großen Sündenbabel? Ich sah sie staunend an. »Das ist doch nicht möglich«, meinte einer von ihnen. »Du weißt ja nicht, was gut ist, Boy.« Mit einem heftigen Ellbogenstoß brachte ihn Phinney zum Schweigen.

Dieser Dinge, die nach so vielen Jahren noch mir derart deutlich wieder ins Bewußtsein treten, erinnere ich mich nicht ohne Betrübnis. Wie könnte mir verborgen bleiben, daß ich damals besser war?

Ich hatte vergessen, was ich in Genua getan hatte. Meine ganze Religiosität war von neuem erwacht, die Inbrunst, die Aufschwünge, der Haß auf das Böse, das heißt die Unreinheit. Es kommt mir vor, als seien mir damals in der Berührung mit den Protestanten alle meine Schätze mit einem Schlage wiedergegeben worden. Es wäre mir lieb gewesen, sie hätten mich um des Glaubens willen erwürgt. Ich bildete mir unsinnige Dinge ein, denn sie hatten nicht die geringste Lust, mir den Hals umzudrehen. Ganz im Gegenteil bezeugten sie mir eine entwaffnende Freundschaft und sahen über alles hinweg: meine Herkunft aus den Südstaaten, die römische Kirche, meine skandalöse Unkenntnis der Tatsachen des Lebens. Sie betrachteten mich als ein Kind, das sich unter erwachsene Männer, in eine Sanitätskompanie, in die es nicht hineingehörte, verirrt hatte. Ich sprach wenig, gab jedoch auf alle Fragen Antwort, und zwar mit einer gewissen Unbefangenheit, die, wie mir nicht entging, verblüffend wirkte. Ich war, da ich der lutherischen Häresie abgeschworen hatte, seit einem Jahr katholisch, dazu durch und durch Südstaatler, hatte keinen Tropfen nördlichen Bluts in mir, »und den Sezessionskrieg hätten wir gewinnen müssen, denn unsere Generäle waren mindestens so gut wie eure und unsere Truppen ebenso tapfer, ihr wart uns nur zahlenmäßig überlegen«. Eines Tages nahm ein jüdischer Kamerad mich auf die Seite. Er hieß Heiden. »Wer hat dir das alles über den Krieg erzählt?« – »Meine Mutter.« – »Das hätte sie nicht tun sollen. Du mußt vergessen.« – »Wir werden es niemals vergessen. Es ist nicht wahr, daß wir für die Erhaltung der Sklaverei gekämpft haben. Wir waren im Recht.« – »Du mußt es vergessen. Wir alle sind Amerikaner.« – »Ja, aber wir hatten recht und hätten gewinnen müssen.« Heiden schüttelte den Kopf. »Eines Tages, wenn du zu uns kommst, wirst du sehen, daß wir alles haben, was gut auf dieser Erde ist.« Ich hörte ihm schweigend, ein wenig ungläubig zu, doch solange er nicht vom Kriege sprach, war ich ganz beruhigt.

In Triaucourt liebte ich Gott. Ich hatte das Gefühl, mich an ihn anzuschmiegen. Wenn diese Worte nichts zu sagen scheinen, so deshalb, weil ich Dinge auszudrücken versuche, die vielleicht nicht erklärbar sind. Ich erinnere mich nicht, zur Messe gegangen zu sein; vermutlich deshalb nicht, weil es uns nicht erlaubt war, einen gewissen Umkreis zu überschreiten, außerhalb dessen die Kirche stand. Doch da wir uns beschäftigen konnten, wie es uns gerade gefiel, während wir auf Befehle warteten, die nicht kamen, ging ich bis zu einer kleinen Wiese, auf der ein schöner Baum stand, und kletterte in die untersten Zweige. Dort verbrachte ich wie auf einem etwas harten Lehnstuhl lange Stunden mit Nachdenken. Die Kirche war offenbar nicht weit, denn am Sonntag hörte ich deutlich den Vespergesang. Niemals werde ich einen Sommertag vergessen, an dem das ›Dixit Dominus‹ in einem strahlend blauen Himmel über Obstgärten hin zu mir drang. ›... sede a dextris meis ...‹ Es lag soviel Gewißheit und soviel Beschwingtheit in diesen Worten und in dieser Musik, daß ich mir vorkam, als sei ich der Welt entrückt. In den Händen hielt ich ein kleines Taschengebetbuch, das mein Vater mir am Tage meiner Abreise gegeben hatte, und das Herz schlug mir höher von einer geheimnisvollen Freude. War es wirklich eine christliche Freude? Ich weiß es nicht. Ich war maßlos glücklich, am Leben zu sein, und irgend etwas hob mich empor, wie eine kraftvolle Hand ein Kätzchen in die Höhe hebt. Das Bild mag seltsam klingen. Dennoch besagt es durchaus, was ich ausdrücken will. Ich bin niemals betrunken gewesen, aber ich stelle mir diesen Zustand ganz ähnlich vor.

Einige Tage darauf verließen wir Triaucourt in Richtung eines Dorfs, dessen Namen ich vergessen habe. Wir waren auf einem großen Bauernhof einquartiert, wo wir uns langweilten, aber wir mußten die Befehle abwarten. Warten – mir scheint, dieses Wort gehört zu allen Zeiten schlechthin zum Krieg und Warten kann eine Art Folter sein. Ich erinnere mich, daß ich morgens und abends mit meinem Sanitätswagen zwischen zwei Stangenreihen in beiden Richtungen hin und her fahren mußte wie in Moulin-de-Meaux, und so wenig begabt ich auch war, ich lernte schließlich fahren.
Ich habe mich manchmal gefragt, weshalb man uns dorthin geschickt hat, während unser endgültiger Bestimmungsort doch Clermont-en-Argonne war, aber ich habe den Eindruck, daß man mit uns nichts anzufangen wußte und uns bald hierhin, bald dorthin in der Hoffnung verfrachtete, irgend jemandem werde schon etwas einfallen. Wie dem auch sei, gegen Ende August fanden wir uns in dem großen, schönen Haus eines Notars in Clermont einquartiert. Ich weiß nicht, wo der Notar war, das Haus jedenfalls war leer. Unser Schlafsaal im ersten Stock ging auf eine herrliche, mit Bäumen bestandene Terrasse, und nichts konnte friedlicher sein als der Blick aus unseren großen Fenstern. Jenseits des Tales schaute man auf bewaldete Hügel, die am Abend blau wurden. Unser Chef hatte uns gesagt, wir seien nicht mehr sehr weit von der

Front entfernt, hier aber merkte man nichts von der Nähe des Krieges.
Doch waren ein paar französische Soldaten in horizontblauer Uniform zu unserer Abteilung abkommandiert, und man hätte blind sein müssen, um nicht zu bemerken, daß ihnen diese Versetzung höchst willkommen war. Der eine von ihnen ist mir wegen einer bestimmten Bemerkung in Erinnerung geblieben. Er war ein derber Bursche mit sanften Augen, der vor dem Krieg in einer Fabrik gearbeitet hatte. Er sprach mit manchen meiner Kameraden von Frauen und ließ sich zu Enthüllungen verleiten, die ich abscheulich fand. Ich setzte mir in den Kopf, er glaube nicht an Gott. Eines Abends, als ich in einer Ecke des Speisezimmers meine Bibel las, setzte er sich neben mich und fragte höflich, ob er »das schöne Buch wohl sehen« dürfe. Ich hielt es ihm eifrig unter die Nase, und er blätterte die Seiten mit enttäuschter Miene um. »Da sind ja keine Bilder drin«, sagte er lächelnd zu mir. Ich machte mich auf Lästerungen gefaßt und legte mir bereits eine Antwort darauf zurecht. Seine Bemerkung aber brachte mich in Verlegenheit, und ich bewahrte ein Schweigen, das ich mir später zum Vorwurf machte. Denn ich sagte mir, ich hätte ihm gegenüber klarstellen sollen, was ich glaubte, doch Scham und Kleinmut hatten mir die Zunge gelähmt. Ich empfand darüber eine Art von Schmerz wie über eine echte Sünde, und es kam mir vor, als hätte ich Christus verleugnet wie Petrus damals der Magd gegenüber. Als ich sicher war, daß niemand sich im Schlafsaal befand, begab ich mich nach oben, denn mich verlangte nach Einsamkeit.

Wir hatten unsere Sanitätswagen unter den Bäumen der großen Terrasse so aufgestellt, daß sie dem Feind verborgen bleiben sollten, aber schließlich entdeckte er sie doch, und so wurden eines Tags über Clermont feindliche Flugzeuge gemeldet. Es war kurz vor dem Mittagessen, und ich

war gerade damit beschäftigt, oben im Schlafsaal allein für mich zu lesen. Ich hörte jemanden rufen: »Alles in den Keller!« und warf einen Blick durchs Fenster. Von da an wird mein Verhalten unerklärlich. »Alles in den Keller!« kam mir unfaßbar vor. Wenn es ein Befehl war, konnte er sich nicht an mich richten. Mir saß zwar der Gehorsam im Blut, aber hinunterzugehen kam mir schlechterdings unmöglich vor. Wenn ich es tat, glaubte ich nicht an Gott, denn ich wußte ja, daß er mich beschützte und daß nichts auf der Welt mir widerfahren konnte. Ich hatte in dem leeren Schlafsaal sogar ein solches Gefühl der Sicherheit, daß ich dem Himmel zu trotzen geglaubt hätte, wofern ich mich von dort wegbegäbe. Dumpfe Detonationen waren nicht weit vom Hause zu hören. Ich kniete nieder, sprach ein Gebet und setzte mich auf mein Bett. Etwa zehn Minuten darauf hörte ich die Stimmen meiner Kameraden auf der Terrasse, entnahm daraus, daß der Alarm vorüber sei, und ging hinunter.
Keine Frage wurde mir gestellt. Niemand achtete auf mich. Ich erfuhr, daß etwas Übles sich zugetragen habe und daß deswegen alle verstört waren. Ein junger Bursche aus Chicago hatte während des Alarms einen Nervenanfall gehabt, und man hatte ihn in einem extra tiefen Keller isolieren müssen. »Er hat Angst gehabt«, murmelte einer, »wir können ihn nicht behalten.« Am gleichen Tag kam der Chef zu mir und sagte, während er seine Schnurrbartspitzen zwirbelte, mit grimmiger Stimme: »Sie werden mir einen Gefallen tun, nämlich Soundso in Ihren Sanitätswagen setzen und zum Bahnhof fahren. Dann kommen Sie wieder hierher zurück.«
Ich kannte den fraglichen Burschen kaum. Es hieß von ihm, er rauche zuviel. Es war ein kleiner Dunkler mit flackernden Augen und blau ausrasiertem Kinn. Seine Kameraden verabschiedeten sich mit verlegener Miene von ihm, und er stieg neben mir in den Sanitätswagen. Ich

sprach zu ihm, er jedoch antwortete mir nicht, sondern schien dem Schluchzen nahe zu sein. Auf dem Bahnhof – ich weiß nicht mehr, ob er mit einem Zug oder einem Lastwagen abfuhr – blieb ich noch einen Augenblick mit dem Burschen zusammen. Er wich meinen Blicken aus, und ich sagte irgend etwas ganz Belangloses zu ihm, etwas, was wahrscheinlich besonders schlecht für den Augenblick paßte, denn das Leben ist boshaft und grausam, aber ich schämte mich wegen der Art, wie man ihm den Laufpaß gegeben hatte. Ich hätte ihn vor den dort umherstehenden Soldaten in die Arme schließen sollen, doch ich war schüchtern. Als der Moment der Trennung kam, drückte ich ihm lächelnd die Hand – zu mehr reichte meine Menschenliebe nicht aus.

Als ich zurückkehrte, traf ich auf unseren Chef, Mr. Ware [die Franzosen sagten ›Mistaire Ouaire‹], der seitlich an einem Ende des Tisches im Speisesaal saß. Fast alle meine Kameraden waren ebenfalls da, doch saßen sie weiter hinten im Raum; ich hatte den Eindruck, er habe zu ihnen gesprochen. Er fragte mich, ob ich Soundso am Bahnhof abgeliefert habe; als ich bejahte, sah er mich mit einem kleinen Raubtierlächeln an, und in etwas affektiertem Englisch brachte er darauf die folgenden Worte hervor, die ich nicht vergessen habe: »Erlauben Sie mir, Ihnen meine besten Glückwünsche auszusprechen.«

Da stellte sich in meinem Geist ein Satz ein und begann gleichsam in brennenden Lettern vor meinen Augen zu tanzen, während zugleich eine innere Stimme mir zurief: ›Sage es! Sage es diesem Mann!‹ Ich hätte Zeit gehabt, es zu sagen, denn Mr. Ware schien auf etwas zu warten. ›Ich habe nichts getan, wofür ich Ihre Glückwünsche verdient hätte.‹ Ich sprach diesen Satz jedoch nicht aus. Er blieb mir im Halse stecken, denn ich hatte Angst. Plötzlich wurde es mir offenbar: Ich hatte keine Angst vor den Bomben der deutschen Rumplertaube, weil ich sicher war, daß nichts

auf der Welt mir geschehen könne, ich hatte Angst vor den Menschen, Angst, ihren Zorn zu reizen, Angst vor unserem Chef. Ohne zu antworten, grüßte ich ihn und ging in tiefstem Schweigen zu meinen Kameraden. Nach einer oder zwei Sekunden vollkommener Reglosigkeit zerriß die nüchterne Stimme Mr. Wares die Luft: »Es ist gut. Sie können jetzt alle gehen.«
Es fiel mir sehr schwer, mich an den Gedanken zu gewöhnen, daß ich in meinem Innern vor einem Menschen gezittert hatte, während Gott – so stellte ich mir vor – mich unerschrocken reden hieß. Nach außen hin hatte sich nichts geändert. In aller Augen war ich der gleiche Mensch, ein etwas naiver, etwas wehrloser Bursche, auf den man unbemerkt ein wenig achtgeben mußte, aber in mir selbst war etwas vorgegangen. Ich hatte erneut das Gefühl, Christus verleugnet zu haben, weil Christus mit dem Burschen war, den ich zum Bahnhof gebracht hatte. Darunter litt ich, und – so eigenartig es erscheinen mag – noch heute leide ich darunter, sobald ich daran denke. Niemand sprach mehr von dem Abwesenden, der entehrt in seine Heimat zurückgekehrt war. Sein Wagen wurde irgendwo abgestellt. Er sollte kurz darauf benötigt werden.

Abwechselnd wurden wir zu den ein wenig hinter der Front gelegenen Verbandplätzen geschickt. Dort brachten wir die Nacht und den folgenden Tag damit zu, etwaige Verwundete zu erwarten, die wir dem nächstgelegenen Lazarett zuleiteten. Im allgemeinen kamen keine, denn der Abschnitt, in dem wir uns befanden, war vergleichsweise ruhig. Als ich an die Reihe kam, vermochte ich kaum meine Ungeduld zu bezähmen. Ich stellte mir vor, wir würden endlich die Schützengräben sehen, von denen wir nun schon so lange hatten reden hören, und was für einen schönen Brief könnte ich dann meinem Vater schicken! Doch nichts dergleichen geschah.

Wir waren je zwei Mann auf einem Sanitätswagen. Der eine chauffierte, der andere löste ihn bei der Rückfahrt ab. Bei dieser Gelegenheit nun wurde ich für den Wagen eines Kameraden eingeteilt, den ich Earle nennen werde. Wir hatten noch nie miteinander gesprochen. Nicht, daß ich keine Lust gehabt hätte, aber er schüchterte mich ein. Er hatte ein schönes Gesicht, aus dem nichts als Langeweile sprach, und über die Natur dieser Langeweile bestand bei niemandem ein Zweifel, nicht einmal bei mir. Ich wußte nämlich wie alle anderen auch, daß Earle mit seinen Gedanken einzig und allein bei den Pariser Schönen war. Er stand im Rufe, ein großer Lebemann und unwiderstehlicher Verführer zu sein, was ihm einen gewissen respekteinflößenden Nimbus schuf. Ich meinerseits wußte nicht, was ich von ihm halten sollte. Zweifellos war er ein Sünder auf dem Weg ins Verderben. Im übrigen konnte ich ihn nicht ansehen, ohne an Boccaccio und Herrn Kreyers Bibliothek zu denken. Ich wäre ein großer Heuchler, wenn ich nicht berichtete, daß mir das eher angenehm war. Earle hatte um sich eine Atmosphäre von Verworfenheit und Verführertum, und diesem fremdartigen Zauber vermochte ich mich nicht zu entziehen. ›Vielleicht‹, sagte ich mir, ›wird er von Paris erzählen. Dann höre ich natürlich nicht zu, aber am Ende spricht er zu mir davon, auch ohne daß ich es will.‹
Er mußte auf dem Hinweg fahren. Als ich mich zu seiner Linken niederließ [unsere Wagen waren so eingerichtet] und er den ihm zugeteilten Mitfahrer sah, das Abteilungsküken und – rundheraus gesagt – den unschuldigen Jüngling, warf er mir einen unbeschreiblichen Blick zu, der etwa zu besagen schien: ›Das hat gerade noch gefehlt!‹
Wir verließen Clermont und fuhren schweigend durch verlassene Dörfer, dann Wälder, und kamen am Spätnachmittag in einen der schönsten Wälder, die man sich denken kann. Der Weg war sehr schlecht, der Wagen rumpelte.

Ohne den Mund aufzutun, beobachtete ich das Schmollprofil meines Kameraden unter dem blauen Stahlhelm, den wir ja genauso wie die Soldaten trugen. Earle brachte die Zähne nicht auseinander und schaute starr vor sich hin.

Von der Verbandstelle habe ich nur eine dunkle Erinnerung bewahrt. Ich kann mir nur noch ins Gedächtnis rufen, daß eine ziemlich große Zahl von Soldaten auf Knüppeldämmen zwischen riesigen Bäumen marschierte. Überall sah man Granatlöcher und Schlamm, und doch erschien diese Stätte mir märchenhaft schön. Ich bedauerte nur, daß so viele Bäume wie durch einen Axthieb in der Mitte gekappt waren. Ein Unteroffizier, der uns entgegenkam, sagte uns, daß von Zeit zu Zeit Granaten einschlügen und daß wir uns dann am besten, sofern wir gerade im Freien wären, flach auf den Boden werfen sollten. Er zeigte uns auch den Unterstand, in dem wir die Nacht verbringen sollten. Es war eine Art Keller, der im Erdboden ausgehoben war, mit zwei hölzernen Pfeilern zum Stützen der Decke und zwei Betten, auf denen Strohsäcke lagen. Auf dem Boden zwischen den beiden Betten war eine Laterne aufgestellt.

Nach dem Abendessen legten wir uns hin. Ich hatte die Cramponbibel aus meinem Tornister geholt und versuchte zu lesen, was sich jedoch als unmöglich erwies. Die Laterne gab kaum Licht, man hätte sie auf den Tisch stellen müssen, es gab aber keinen Tisch. Da gab der Böse mir ein, ich sollte mit Earle, der gerade unter seine Decke geschlüpft war, ein Gespräch anfangen. »Sag, Earle, du bist doch gern in Paris?« Ein kurzes Grunzen war die einzige Antwort. »Du weißt ja«, fuhr ich fort, »ich bin in Paris geboren, ich habe dort mein ganzes Leben verbracht.« – »O Kid«, antwortete er, »so sei doch still. Sieh lieber zu, daß du schläfst.« Ich biß mir auf die Lippen. »Wenn wir schlafen wollen, machen wir besser die

Laterne aus.« – »Ah, nein, auf keinen Fall.« – »Weshalb nicht?« – »Das wirst du noch früh genug sehen. Schlaf!«
Ich schlüpfte nun ebenfalls unter die Decke, zog sie hoch über mein linkes Ohr hinauf und sprach ganz leise mein Nachtgebet, denn auf den Knien und laut vor Earle zu beten, brachte ich nicht fertig. Fast auf der Stelle schlief ich ein, und es dauerte nicht lange, da hörte ich es laut krachen und Earle fürchterlich fluchen. »Jetzt ist es passiert«, rief er aus, »diese Mistviecher haben die Laterne umgeworfen. Mein Gott, was für ein Land!« Ich machte die Augen auf. Wir waren von tiefer Dunkelheit umgeben. Gleichzeitig vernahm ich rings um mein Bett das Geräusch einer wütenden Galoppade und unangenehmes Quietschen. Ich schlief sofort wieder ein, aber im Morgengrauen weckten mich die quietschenden Töne und das Galoppieren; in dem Lichtstreif unter der Tür erkannte ich vier oder fünf einander jagende Ratten. Sie kamen mir fast so groß wie kleine Hunde vor, und ich begriff jetzt, daß man die Laterne eigens hatte brennen lassen, um diese Tiere in Schach zu halten, doch da kannte man die Argonnenratten schlecht. Mit welcher Verachtung hatten sie unsere Laterne umgeworfen! Rasch zog ich mir die Bettdecke über den Kopf und schlief wieder ein.
Am Tag darauf, der ohne weiteren Zwischenfall verlief, waren wir wiederum in Clermont.

Ich bekam Briefe aus Paris, einen von meinem Vater voll von guten Ratschlägen [»sei schön gehorsam«], einen von meiner armen Schwester Retta, die gerade operiert worden war und die Zeit fand, mir alle kleinen Familiennachrichten in einem scherzhaften Ton mitzuteilen, der mich aufheitern sollte; als Postskriptum fügte sie ihrem Brief einen Satz hinzu, der mir unverständlich erschien: »Ich bin überzeugt, Du wirst tapfer sein.« Sie wußte nicht wie ich, daß nichts mich berühren konnte und daß nicht einmal physische Angst, wie zum Beispiel die des Burschen, der im Keller einen Nervenzusammenbruch hatte, für mich vorstellbar war. Meine Angst war von anderer Art. Ich erbebte vor Gott, daher dieser Schrecken angesichts der Sünde und ich zitterte auch, wie man gesehen hat, vor bestimmten Menschen. Warum? Weil auf eine Weise, die mir einleuchtete, diese Menschen den Willen Gottes ausdrückten, sei es, daß man ihnen gehorchen, sei es, daß man im Gegenteil ihnen entgegentreten und sie bekämpfen sollte. Da aber begannen meine Schwierigkeiten, denn ich hätte mich lieber auf sie gestürzt und sie nach Kräften verprügelt, als ihnen nur zu widersprechen und zu streiten, war ich doch so heftig von Natur, daß die Worte, die ich hätte aussprechen sollen, mir im Munde steckenblieben. Da ich mich meiner selbst dann nicht mehr mächtig fühlte, verspürte ich Angst vor dem, was meine Zunge etwa hervorbringen möchte. Ich verfügte nicht über die nötige Geistesgegenwart, um mit einem Anschein von Höflichkeit Sätze von mir zu geben, die zugleich verletzend und endgültig waren. Ich fühlte mich denen unterlegen, die ich gleichwohl aus Stolz als weit unter mir stehend betrachtete. Sie hatten eine Antwort zur Hand, ich nicht. Ich hatte Furcht vor ihnen und vor mir. Ein Mörder schlummert in uns. Vor ihm verspürte ich Angst. Meine Sanftmut war nicht anders zu erklären, als daß ich meinen Zorn einfach hinunterschluckte. Die Wut, die häufig in mir kochte, hing zweifellos mit einem sexuellen Hunger zusammen, der sich erst sehr viel später bekunden sollte – aber da bin ich nun freilich weit von den Briefen abgekommen, die ich erhielt. Es waren auch solche von Pater Crété dabei, voll rührender Sorge, dessen bin ich gewiß, aber leider unlesbar. Immerhin entzifferte ich die Worte: »Gehen Sie zur hl. Kommunion?« Das aber tat ich nicht. Sofern es einen Feldgeistlichen gab, bekam ich ihn nicht zu Gesicht. Dort, wo wir waren, blieben die Kirchen, die oft nach dem Himmel

zu offenstanden, leer. Schließlich war da auch noch ein Briefchen von Frédéric, der in markiger Handschrift nationalistischen Gefühlen Ausdruck gab. Immer wieder las ich diese Zeilen. Er nannte mich Julien.
Eines Abends nach dem Essen nahm Heiden, der Jude, mich auf die Seite und bat mich, ihm auf die Terrasse zu folgen. Es war eine herrliche Nacht, noch voll von den Düften des Sommers, und ich war froh darüber, daß mein Kamerad diesen Einfall gehabt hatte, da sagte er zu mir: »Horch.« Wir waren einen Moment lang still. »Ein Gewitter«, murmelte ich. »Nein. Dann würde der Donner von Zeit zu Zeit wieder schweigen, doch dieses Geräusch setzt überhaupt nicht aus.« Es handelte sich tatsächlich um ein dumpfes, fernes Grollen, das nie innehielt. »Das ist Verdun«, sagte Heiden. Dieser zugleich unheilträchtige und faszinierende Name ließ mich schaudern. Dort, das wußte ich, hätte ich Angst gehabt, dort wären meine Eingeweide zerflossen wie die König Davids im Psalm. Verdun – das war die Hölle, und was ich von ferne vernahm, war das grausige Getöse des Todes, des Todes beinahe aller, das große schwarze Loch, das die Kräfte zweier Länder verschlang. Ich brachte kein Wort hervor, und gleich darauf gingen wir wieder zurück. Wer war mutig auf dieser Erde? Die Menschen, die taten, als seien sie es, und sich dabei im Grunde fürchteten. Wenn dieses Geräusch nur einmal eine Stunde schwiege... Aber noch mehrere Tage hindurch hielt es unaufhörlich an.

Eines Abends, als wir in den ›Islettes‹ lagen [so hieß dieser Teil des Argonner Waldes], schlugen rings um uns Granaten ein. Ich war im Freien zusammen mit meinem Kamerad, und ich warf mich flach hin ins Laub sobald ich das Geräusch vernahm, mit dem sie sich ankündigten. Ich hatte gelernt, die Art von Klangspirale, die die Einhundertfünfziger-Granate beschrieb, herauszuerkennen und das leise, grausam vergnügte Pfeifen einer anderen, die, wie es hieß, noch mörderischer war. Wie dem auch sei, ohne Zeit zu verlieren, krochen wir in unseren Unterstand und schliefen bereits, als ein Soldat uns melden kam, wir müßten sofort zu einem andern Verbandplatz fahren, um dort einen Verwundeten abzuholen. Das Bombardement hatte beinahe aufgehört, und ich lief zu der Stelle, an der wir unseren Wagen zurückgelassen hatten.

Am Morgen noch hatte ich ihn von oben bis unten abgeschwemmt und ihn damit von dem Schlammüberzug befreit, der ihn unförmig machte. Mit einem elektrischen Lämpchen in der Hand ging ich zwischen den Bäumen hin und her. »Wo steht er?« fragte ich laut rufend meinen Kameraden. »Ich weiß nicht. Es muß ihn jemand weggeholt haben.« Plötzlich stieß er einen Schrei aus, und mit dem Finger auf die Bäume weisend zeigte er mir, was von unserem Wagen übriggeblieben war. Von einer Granate getroffen, war er in Trümmer gegangen, und die waren da und dort in den Zweigen plaziert. »Und dabei hatte ich ihn doch gerade erst gewaschen!« rief ich – als sei das ein Grund.

Mein Kamerad – diesmal nicht Earle – war ein vorsichtiger, zurückhaltender und, wie ich glaube, eher schüchterner Mensch. Für ihn stand außer Frage, daß wir zu unserem Unterstand zurückkehren mußten, und ich selbst hätte ebenso gedacht, wäre mir nicht in einiger Entfernung von uns ein Lazarettwagen gleichen Typs wie der unsere in die Augen gefallen. Die Furcht, einen Befehl nicht zu befolgen, gab mir den Gedanken ein, wir sollten diesen Wagen nehmen und uns damit zu dem uns benannten Ort begeben. »Du mußt fahren«, erklärte ich meinem Gefährten.

Auf der Landstraße erwartete uns eine Überraschung. Fast überall rundum waren Granaten explodiert und hatten da, wo wir hätten fahren sollen, Trichter ausgehöhlt. Von Zeit zu Zeit hörten wir noch, ziemlich weit von uns entfernt, Geschoßeinschläge. Ich hatte das Gefühl, die Gefahr sei fast gleich Null, aber mein Kamerad litt offenbar unter beträchtlicher Unruhe; um so mehr bewunderte ich ihn, denn er schloß sich auf der Stelle meiner Meinung an. Wir machten aus, daß ich zu Fuß gehen und jeweils durch ein Pfeifsignal das Vorhandensein von Granattrichtern melden sollte. Sie zu umgehen war nicht immer leicht. Diese Operation währte fast eine Viertelstunde, nach der wir dann auf eine nahezu normale Landstraße gelangten.

Wegen der Vorstellung, die ich mir von dem besonderen Schutze Gottes machte, der niemals erlauben würde, daß irgend etwas mich träfe, hatte ich mich nicht aufgeregt. Heute bin ich mir meiner damaligen riesengroßen Anmaßung bewußt. Ich glaubte wirklich, Gott werde mich vor jedem Übel bewahren, und es bestehe für mich in den Argonnen keine größere Gefahr als in Passy. Vielleicht ist Anmaßung ein zu starker Ausdruck. Dieses Vertrauen war eben meine ganze Religion; ich verdankte sie meiner Mutter sowie der Tatsache, daß sie den 23. Psalm, den sie mich hatte auswendig lernen lassen, wörtlich nahm. Gott, dachte ich, habe mir sein Wort gegeben, und ich zählte darauf. Ich konnte mir freilich nicht erklären, weshalb andere fielen oder verwundet wurden. Beschützte Gott sie denn nicht?

Mich auf alle Fälle durfte niemand auch nur mit den Fingerspitzen berühren. Es ist mir beinahe peinlich, hier zu gestehen, daß, wenn zufällig jemand meine Schulter streifte, ich fast voller Abscheu zurückwich. Das Wort ›berühren‹ im Sinne des Katechismus hatte sicherlich etwas mit dieser krankhaften Absonderlichkeit zu tun. Ich setzte mich nie auf einen Platz, den ein anderer gerade verlassen und auf dem er noch seine Körperwärme zurückgelassen hatte, denn diese Wärme verursachte mir Unbehagen.

Ganz verschieden von mir, weit menschlicher jedenfalls,

war mein Kamerad, dessen erbärmlich bleiches Gesicht Furcht verriet. Ungeachtet seiner Angst hatte er jedoch wacker seine Pflicht getan. Ich aber tat die meine wie ein Schlafwandler oder ein Narr... Der Mutigere von uns beiden war er. Ich habe seinen Namen vergessen. Ich habe auch vergessen, in welchem Zustand sich der Verwundete befand, den wir holen sollten, und wohin wir ihn brachten. Ich erinnere mich nur an das, was ich berichtet habe.

Ich erinnere mich, daß eines Tages, als ich vor dem Hause des Notars in der Sonne saß, vier oder fünf meiner Kameraden zu mir herüberkamen und mir Fragen stellten, wohl ein wenig, um mich zu necken, denn meine Antworten kamen ihnen befremdlich vor, so daß sie nicht recht wußten, ob ich verrückt oder dumm oder aber gescheit sei, denn die drei Hypothesen boten sich an. Ich ließ mich diesem Verhör unterziehen, weil es frei von Bosheit verlief, doch ein- oder zweimal verschlug es mir dennoch die Rede. Einer der Burschen sagte endlich mit bewußt vulgärem Lächeln zu mir: »Mach doch die Liebe. Das täte dir gut.« Ich sah ihn an und dachte: ›Da meldet sich wieder der Böse.‹ Doch was sollte ich sagen? Ich schwieg. »Du schokkierst ihn sicher«, meinte ein anderer. »Er weiß überhaupt nicht, wovon du sprichst.« Ich dachte an Mr. Kreyers Bibliothek und war versucht zu bemerken, ich wisse sehr wohl Bescheid, doch ich fürchtete, in weitere Diskussionen verstrickt zu werden, und schwieg, nicht ohne eine gewisse Verlegenheit, denn auf unbestimmte Art kam ich mir wie ein Heuchler vor und wünschte mir auch im Grunde, daß sich jemand mit mir über diese Dinge unterhalte. Trotz allem aber fürchtete ich die Sünde.
Ich weiß nicht mehr, auf welchem Umweg das Gespräch auf das Gebiet der Religion geriet, wo ich mich weitaus beredter zeigte. »Wer hat dir gesagt, es gibt ein Fegefeuer? Deine Kirche? Der Papst?« Ich fühlte mein Herz heftig

schlagen. »Wenn ihr die Bibel in einer vollständigen Ausgabe läset, würdet ihr auf das Fegefeuer stoßen.« – »Ah? Und wo denn?« – »Im Buch der Makkabäer, an der Stelle, wo die Mutter der Makkabäer für die Seele ihrer im Kriege gefallenen Söhne betet.« – »Was ist das, das ›Buch der Makkabäer‹?« – »Laß ihn doch in Ruhe«, meinte darauf ein anderer. »Du wirst ihn nie überzeugen.« Sie neckten mich noch ein bißchen, bevor sie gingen. »Auf alle Fälle«, sagte einer von ihnen, »wenn du einmal Bischof wirst, siehst du in Violett sicher fabelhaft aus.« Anstatt violett wurde ich zunächst einmal rot, weil ich mich erneut meiner fleischlichen Sünden erinnerte; ich hätte gern diesen Männern gesagt, daß ich nicht so unschuldig sei, wie sie vermuteten.

Als ich allein war, kam Phinney zu mir und sagte: »Ich sehe, du liest regelmäßig die Bibel. Erinnerst du dich an die Stelle, an der der Herr zu seinen Jüngern sagt: ›Ihr seid das Salz der Erde‹?« – »O ja, genau.« – »Das Salz der Erde. Was wollte er damit sagen?« – Ohne zu zögern, antwortete ich: »Das Salz verhindert, daß das Fleisch verdirbt.« Phinney hob die Brauen. »Ich sehe, ihr werdet gut geschult«, sagte er und zog an seiner Zigarette. ›Er raucht‹, dachte ich bei mir, ›ein wahrer Christ raucht doch nicht‹ – wahrscheinlich, weil im Neuen Testament niemand rauchte.

Manchmal, wenn die Reihe an mir war, wurde ich an einen Platz mit Namen Neuvilly geschickt. Ich spreche von einem Platz, denn von dem Dorf war kaum etwas anderes übrig als ein Haufen Steine sowie die Ecke eines Hauses, von dem einzig das Erdgeschoß noch stand. Neben dieser Ruine befand sich eine kleine Scheune. Mindestens ist das alles, was ich gesehen habe, denn wir hatten Befehl, uns über eine gewisse, durch einen Pfahl bezeichnete Grenze nicht hinauszuwagen. Das erste Mal stand ich wie erstarrt vor dieser trostlosen Landschaft. Aus einem Grunde, den ich vergessen habe, war ich, als ich hielt, allein in meinem Wagen. Ich glaube, was mich am stärksten traf, war die spezifische Art von Stille, der Ausdruck ›Totenstille‹ kam mir in den Sinn. Hier war alles Leben fern. Es gab überhaupt nichts. Der graue Himmel war leer, die Erde nackt, nirgends sang ein Vogel.

Im Innern der Ruine, die als Verbandstelle diente, ging es ganz anders zu. Vom gesamten Krieg ist dies meine sonderbarste Erinnerung. Nachdem man an einem Keller vorbeigegangen war, von dem ich noch reden werde, stieg man drei Stufen hinauf bis zu einer Tür, die sich wie von selber auftat. Ich sah mich einem Franzosen in horizontblauer Uniform gegenüber, der mir die Hand mit besonderer Herzlichkeit drückte. Ich bin nicht sicher, daß er Offizier war, glaube es jedoch. Es war Oberleutnant Jabin. Als er begriff, daß ich seine Sprache ebenso gut sprach wie er, äußerte sich seine Freude in ausgesprochen literarischer Form. Nachdem er sich in wenigen Worten erkundigt hatte, was ich vor dem Krieg getan hatte [das war schnell gesagt], nahm er von einem Bücherbrett ein Exemplar der Gedichte Samains und traktierte mich eine Viertelstunde lang mit einer von ausdrucksvollen Gesten begleiteten Lesung. Er war, soweit ich mich erinnere, ein Mann von etwa vierzig Jahren, sehr bleich und zugleich dick und mager, dick am Körper, mager im Gesicht. Wenn er nicht sprach, summte er vor sich hin. Man erriet, daß er beschlossen hatte, den Krieg zu ignorieren, zumindest im Rahmen des kleinen Raumes, in dem wir uns befanden. Nichts von dem Mobiliar ist mir erinnerlich geblieben außer einem Lehnstuhl, ein paar mit rotem Plüsch bezogenen Stühlen und einem ziemlich langen Tisch, der für mich ganz kurz darauf ein Gegenstand großen Staunens sein sollte.

Eine kleine Pause nutzend fragte ich den Oberleutnant, wo ich meinen Sanitätswagen abstellen sollte. »Ach richtig«, sagte er. »Daran habe ich nicht mehr gedacht. In der

Scheune. Machen Sie sowenig Lärm wie möglich.« Ich habe allerdings vergessen zu sagen, daß man uns das ohnehin geraten hatte. Ich verließ also den Unterstand und fand meinen Wagen auf der Landstraße wieder vor. Der Tag ging zur Neige, doch sah man noch gut, und nach dem lebhaften Wortschwall, den ich noch im Ohr hatte, schien mir die Stille der Erde und des Himmels von furchtbaren Dingen erfüllt zu sein. So leise ich konnte, lenkte ich also meinen Wagen zur Scheune.

Dort nun war bereits jemand. Vor mir, fast zu meinen Füßen, auf einer Tragbahre, lag ein Soldat. Über seinen Kopf und seine Brust hatte man seinen Militärmantel gebreitet, aus dem zwei weiße, junge, brav zu beiden Seiten des Körpers anliegende Hände hervorsahen. Auch Beine und Füße waren ganz gerade ausgerichtet. Ich stellte mein Fahrzeug hinten in der Scheune ein und kehrte zu dem Soldaten zurück. Was in jener Minute in mir vorging, läßt sich einfach nicht sagen. Trauer mit Wut gemischt, auch Liebe – das alles empfand ich mit einemmal. Die Hände waren fast die eines kleinen Jungen mit ihren feingliedrigen Fingern, die ein Gewehr wohl nur schlecht halten konnten. Was aber mochte unter dem horizontblauen Mantel sein? Ich wollte es nicht wissen, ich sah nur diesen etwas schmächtigen, friedlichen Körper an, der von ungewöhnlicher Stille und einer Einsamkeit umgeben war, die selbst meine Anwesenheit nicht durchbrach. Das Herz zog sich mir vor Grauen zusammen, und ich schäme mich nicht zu sagen, daß Tränen mir über die Wangen liefen, wohl Tränen des Mitleids, die aber den Tränen der Liebe sehr ähnlich waren; damals hat Haß gegen den Krieg in meinem Herzen Wurzel gefaßt. Ich tat das Gelübde, niemals zu töten, nicht einmal zu meiner Verteidigung, und nahm für dieses Versprechen Gott zum Zeugen.

Als ich wieder in die seltsame kleine Unterkunft von Oberleutnant Jabin zurückkehrte, sah ich mit Erstaunen, daß während meiner Abwesenheit jemand den Tisch für das Abendessen gedeckt hatte, denn ich glaubte nicht so lange draußen gewesen zu sein. Doch was mich noch weit mehr verwunderte, ja entzückte, war das weiße Tischtuch, das aufgelegt worden war. Ein weißes Tischtuch, das war der Frieden, war das Elternhaus.

Fast gleich darauf wurde serviert. Der Bursche des Leutnants hatte das Essen bereitet, an das ich mich jedoch nicht erinnere. Der Koch hingegen ist mir im Gedächtnis geblieben, und jetzt, da ich von ihm rede, ist mir, als sehe ich ihn wieder leibhaftig vor mir. Er war groß, rot von Gesicht, und lachte einfältig. Die Amerikaner unserer Sektion nannten ihn nie anders als ›Doucement‹ [›Sachte!‹], denn ›Sachte! Sachte!‹ war der Ruf, den er fortwährend ausstieß, wenn sie ihn in ihren Sanitätswagen mitnahmen – ein Ruf, der sich durch das unglaubliche Tempo erklärte, mit dem sie die Landstraßen durchrasten. Dieser Mann, der sich an der Front tapfer geschlagen hatte, zitterte in unseren Fahrzeugen. Er war äußerst beliebt, zudem allerdings ein unheilbarer Säufer. ›Doucement‹ reichte uns also die Schüsseln und verschwand darauf im Keller. Mein Gastgeber rezitierte von neuem Gedichte und schwelgte in Erinnerungen an die Avenue Victor-Hugo, in der er vor dem Krieg gewohnt hatte. Das war nicht weit von meiner Gegend, und so sagte ich ein paar Worte, die freilich ungehört verhallten, über die Rue Cortambert. Sie schien mir so fern und so schön!

Gegen das Ende der Mahlzeit konnte ich mich nicht enthalten, meinem Gast über die Weiße und Feinheit seines Tischtuchs Komplimente zu machen. »Ja«, sagte er, »ich habe auch Bettücher von der gleichen Qualität, und das aus gutem Grund: es sind die Leichentücher, die mir zu liefern die Regierung für nötig hält, um die armen Kerle, die in dieser Kante ihren Geist aufgeben, darin zu bestatten. Ich frage Sie, was haben denn die davon. Damit also nichts umkommt... Ich habe eine ganze Menge. Wollen Sie eins oder zwei für die Nacht? Nein? Ganz wie Sie wollen.«

Ich dachte an den Jungen, der dort unten auf seiner Bahre schlief, und senkte unwillkürlich den Kopf. Der Gedanke streifte mich, daß am Ende Oberleutnant Jabin verrückt sei, daß der Krieg ihn verrückt gemacht habe, und die Verse von Samain, die er in dieser abscheulichen kleinen Ruine auf den Lippen führte, bekamen mit einemmal für mich einen düsteren Klang. Als ich lange genug geblieben zu sein glaubte, bat ich den Leutnant, mich zu entschuldigen und ging schlafen, das heißt, ich zog mich in den Keller zurück. Beim Lichtschein meiner Taschenlampe sah ich Decken auf einer Bahre liegen – meine Lagerstatt. Ich dachte nicht daran, mich auszuziehen. Ich legte mich hin und deckte mich so gut wie möglich zu. Kaum hatte ich die Augen geschlossen, als ein lauter Schrei mich auffahren ließ: »Sachte! Immer sachte!«

Meine Kameraden hatten mich gewarnt. Doucement teilte den Keller mit mir, und seine durch den täglichen Rausch noch gesteigerten Albträume machten sich in diesem stets gleichen Ausruf Luft. Glaubte er sich in einem Sanitätswagen, der nur auf zwei Rädern über eine zuvor bombardierte Straße sauste? So etwas vermutete ich. Nachdem ich mir die Decke hoch übers linke Ohr gezogen hatte, schlief ich wieder ein.

Ich hatte eine ziemlich unruhige Nacht, teils durch Verschulden Doucements, dessen Stimme mich im Schlaf zusammenfahren ließ, teils aber auch, weil ich von Zeit zu Zeit auf meinen Schultern und dem ganzen Körper ein Gewicht verspürte, das sich rasch verschob, dann aber wiederkehrte; nicht lange, so stellte sich zwischen den Schreien meines Gefährten und dieser geheimnisvollen Last eine dunkle Verbindung her. Im Morgengrauen hob

ich die Lider, und erkannte – sogar ohne vor Schreck zusammenzufahren, dazu war ich zu müde – Ratten von fabelhaftem Format, die sich rings um uns tummelten. Wahrscheinlich schliefen sie bei Tag. Nachts jedenfalls vergnügten sie sich in diesem Keller und liefen furchtlos über unsere Körper hinweg. Also bedeckte ich völlig meinen Kopf, zog die Füße an und bewegte mich nur, wenn ich spürte, wie eines dieser Tiere sich auf meinem Rücken niederließ. Keines hat mich gebissen. Oberleutnant Jabin wird, denke ich mir, im Eßzimmer unter seinem Leichentuch komfortabler geschlafen haben.
Ich traf ihn erneut ein paar Stunden darauf. Er strömte über von Literatur, wünschte mir gute Heimkehr und äußerte den Wunsch, mich recht oft wiederzusehen.

Einmal, ich weiß nicht mehr weshalb, wurde ich allein in das Marktstädtchen Souilly geschickt. Ich erinnere mich, daß es dort viele Eisenbahnzüge gab sowie ein großes Lazarett, und vor dem Lazarett, mit roten Steinchen in einen Grund aus weißen Steinen eingelegt – alles das in ein riesiges Rund eingeschlossen –, ein großes rotes Kreuz, das sicherlich aus großer Höhe sichtbar war. Dort, unter einem grauen Himmel, durchlebte ich einige jener Minuten, die mich am nachhaltigsten geprägt haben. Es kam mir vor, als sei alle Traurigkeit der Welt an dieser Stelle vereint. Was ich im Jahr zuvor im Lazarett im Ritz verspürt hatte, war nichts, verglichen mit dem, was ich in diesem Augenblick empfand, in dem ich die Nichtigkeit aller Dinge dieser Erde erkannte. Es schien mir einfach keine Möglichkeit menschlichen Glücks mehr zu geben. Haß und Verzweiflung herrschten überall. Etwas in mir erstarrte, und eine Weile lang, deren Dauer ich nicht ermessen kann, war ich außerstande, mich zu rühren. Ich war gebannt durch diese Art innerer Offenbarung. Grauen erfaßte mich. Wie soll ich es anders sagen? Eine panische

Furcht vor der Erde, vor dem Reich dieser Welt, vor der Menschheit überwältigte mich. Ich hatte den Eindruck, von mir selber getrennt zu sein, getrennt von jedem Vertrauen auf die Zukunft, von aller Freude, und der Gedanke, daß alles verloren sei, nahm von mir Besitz, so wie der Feind, der sich soeben ergeben hat, einen Platz besetzt. Heute noch frage ich mich, welchen Sinn ein so sonderbares Erlebnis wohl haben konnte. Woher kam mir diese Traurigkeit? Nicht von Gott, gewiß nicht, denn Gott flößt denjenigen keine Furcht ein, denen er naht, aber unbestreitbar ist, daß diese Erfahrung mich von vielen Dingen entfernte und mich ganz auf mein Inneres zurückwarf als auf die einzige Statt, an der ich vor dieser ungeheuerlichen Bedrohung sicher sein würde, der Bedrohung durch alles, was uns umgibt, die Feindschaft der Menschen und den lauernden Tod. Ich legte die Hand auf den Rosenkranz, den ich in der Tasche bei mir trug, doch Beten kam nicht in Frage, ich war nicht imstande dazu. Es ist seltsam festzustellen, daß das Gebet uns häufig gerade dann nicht möglich ist, wenn es uns am meisten nottut.

In Clermont stieß ich wieder auf gutgelaunte Kameraden. Eines Tages sagte einer von ihnen augenzwinkernd zu mir: »A. Piatt ist im Anzug.« Ich erfuhr, daß A. Piatt ein Offizier der amerikanischen Armee sei, der den Auftrag habe, die Sanitätseinheiten zu inspizieren und festzustellen, ob nicht irgendwelche unseligen Drückeberger sich unter uns eingeschlichen hatten. Das wenigstens vermuteten manche, ich aber glaube, es handelte sich einzig darum, alle Freiwilligenverbände der amerikanischen Armee einzugliedern. Wie dem auch sei, A. Piatt bereiste in einem Automobil einen großen Teil der Front auf der Suche nach unseren Sanitätsabteilungen.

An diesem Morgen hielt nun tatsächlich ein Wagen vor unserem Hause, und jemand rief: »That's A. Piatt coming

for Green!« [Da kommt A. Piatt und holt Green.] Die amerikanische Armee nahm nämlich niemanden unter achtzehn Jahren auf, ich aber war erst gerade siebzehn geworden.
A. Piatt wirkte spindeldürr in seiner Uniform und mit seinen kleinen, wie Krebsaugen vorstehenden schwarzen Augen hinter Kneifergläsern. Ich erschien vor ihm, und mit einer stark näselnden Stimme fragte er mich nach meinem Geburtsdatum, das ich ihm daraufhin nannte. »Packen Sie Ihre Sachen«, sagte er zu mir. »Sie reisen morgen ab, und zwar nach Hause.«

Von dieser Abreise ist mir nichts im Gedächtnis geblieben. Ich weiß nicht einmal, ob ich erfreut war oder nicht, aber ich erinnere mich an das Zugabteil, in dem ich mich am nächsten Morgen befand. Wir saßen dicht aneinandergedrängt, und alle meine Reisegefährten lachten, sangen oder schwatzten, denn sie trugen die horizontblaue Uniform und kamen von der Front bei Verdun. Der Gedanke, daß sie in wenigen Stunden in Paris sein würden, gab ihrer Lustigkeit etwas Erschreckendes, wie zum Tode Verurteilte, die man im letzten Augenblick hatte laufenlassen. Sie lachten hemmungslos wie Kinder und amüsierten sich über alles und jedes auf eine maßlose Art, wie sie der Rausch mit sich bringt. Vielleicht kann man nicht genauer ihr Verhalten beschreiben, als wenn man sagt: sie waren trunken vor Glück.
Wahrscheinlich hatte ich den Zug in Clermont genommen, sie aber waren in Dombasle eingestiegen. Sie sahen mich zunächst verwundert an. Meine Jugend [ich wirkte noch wie ein Kind], meine Khakiuniform, alles das verlangte viele Erklärungen. Ich war der erste Amerikaner, dem sie begegneten, und dennoch sprach ich französisch wie sie. Als ich ihnen auf ihre Fragen berichtete, ich hätte mich freiwillig gemeldet, bevor ich siebzehn Jahre alt war,

wechselten sie, laut herausplatzend, Blicke miteinander, und der Jüngste, besonders zum Spott aufgelegt, tippte mit dem Finger an die Stirn. Er war ein sehr hübscher Junge, der mit dem Akzent und dem ganzen Mutterwitz des Pariser Volkes sprach. Genau mir gegenübersitzend spielte er den Hanswurst, um seine Kameraden zu amüsieren, auf die er erstaunlichen Einfluß zu haben schien. Mit weit gespreizten Knien und Ellbogen, die Fingerspitzen auf die Schenkel aufgesetzt, fragte er mich, ob ich ihn nicht ›tipptopp‹ fände in seiner Uniform, die wirklich mit Sorgfalt gebürstet war. Er schüchterte mich schrecklich ein, besaß er doch in meinen Augen das Prestige eines Burschen, der an der Front gekämpft hatte. Ich habe keine Erinnerung mehr daran, was ich ihm zur Antwort gab – wahrscheinlich nichts. Auf einem Bahnhof, auf dem der Zug anhielt, beugte er sich aus der Wagentür und fragte eine Zeitungsverkäuferin: »Entschuldigen Sie, Sie haben wohl nicht die Zeitung ›La Croix‹?« Diese Frage trug ihm einen neuen Lacherfolg ein, der mich traf, ohne daß ich mir klar war, weshalb. Dann aber kam mir der Gedanke, daß dieser junge Mann vielleicht ungläubig sei, und bei aller Sympathie für ihn – er lächelte mich freundlich an – ließ ich doch meine Augen recht besorgt auf ihm ruhen, da ich mich wahrscheinlich fragte, wie er es anstellen wollte, dennoch gerettet zu werden. Ich hätte, beiläufig bemerkt, viel von dieser Besorgnis an mich selbst wenden können, doch ich kam gar nicht auf den Gedanken, es könne für mich kein Platz im Paradies sein. Einzig das Heil der andern lag mir am Herzen.

Wieder heimgekehrt, fand ich das Haus sehr traurig. Mein Vater hatte weißes Haar bekommen, der Kummer hatte ihn alt gemacht. Er erzählte mir, ein amerikanischer Offizier habe ihn meinetwegen aufgesucht und ihm gesagt, ich brauche, wenn ich bei der Sanitätsabteilung bleiben wolle, nur zu sagen, ich sei achtzehn und nicht siebzehn Jahre alt. Mein Vater hatte sich darauf erhoben und zu ihm gesagt: »Mein Junge ist kein Lügner, mein Herr. Wenn Sie ihn nicht haben wollen, schicken Sie ihn mir zurück. Und jetzt verlassen Sie mein Haus!«

Ich fragte mich, was ich nun anfangen solle. Wir standen am Anfang des Winters, und unsere Wohnung war bereits eiskalt. Ich schlug wieder, am Eßzimmertisch sitzend, meine Schulbücher auf, darunter die Philosophiebücher, um zu lernen, was man auf dem Gymnasium lernt. Aber es gelang mir nicht, wieder der zu werden, der ich vor dem Aufbruch gewesen war. Nicht ohne Staunen stellte ich fest, daß meine Kameraden mir fehlten, ihre Jugend, ihre ungeheure Unbekümmertheit, ja sogar die schmutzigen Reden, die sie führten und deren Sinn ich nicht recht verstand; sie waren immerhin von einer Heiterkeit begleitet, die etwas Erquickendes hatte. Ich langweilte mich jedoch nicht. Die Kapelle der Weißen Schwestern, unserer Nachbarinnen, an deren Psalmodien ich mich nicht satt hören konnte, erschien mir wunderbar schön. In einer teuflisch gewordenen Welt fuhren sie fort, mit ihrem Gesang die Ehre Gottes zu künden. Bei ihnen fühlte ich mich gerettet und begann auch wieder, wenn ich nicht irre, allmorgens zur Kommunion zu gehen.

War es zu diesem Zeitpunkt? Ich glaube wohl. Jedenfalls erinnere ich mich, daß ich hinten in der Wohnung, in einem sehr dunklen Zimmer, das man mit ein paar Holzscheiten im Kamin zu heizen versuchte, meine Schwester Retta zum letzten Male sah. Sie lag im Bett und schien mir sehr abgemagert, aber immer noch ebenso schön mit ihrem langen schwarzen Haar zu beiden Seiten der Wangen, die rosig geblieben waren. »Komm her«, sagte sie zu mir. »Dreh' dich zum Licht.« Sie sah mich lange aufmerksam an und machte dann ein paar Scherze, die ich vergessen habe. Sie trug ein Morgenkleid aus blaßrosa Wolle, und ihre Bewegungen waren schon die einer Person, die zu zerbrechen fürchtet, aber sie lachte und schenkte mir in aller Unschuld ein Buch, das sie für mich hatte kaufen lassen – kein frommes Buch, da sie mich eher zu ernst fand. Es war eine Sammlung von Erzählungen Maupassants, die sie sicherlich nicht gelesen hatte und die sie offenbar für Jagdgeschichten, also für harmlos hielt: es waren die ›Contes de la Bécasse‹.

Ich kann an diese Dinge nicht denken, ohne daß sich mir das Herz zusammenkrampft. ›Warum ist sie krank?‹ fragte ich mich. ›Warum sie? Sie ist so jung, so schön und so gut ...‹ Einige Wochen später mußte sie wiederum in die Klinik von Neuilly, wo neue Operationen sie erwarteten, aber ich selber war damals schon fort.

Mein Vater hatte in Erfahrung gebracht, daß an der italienischen Front dank der Initiative der New Yorker Morgan-Harjes-Bank ein Sanitätsdienst eingerichtet wurde. Diese von der Armee unabhängige Organisation war bereit, meine Dienste in Anspruch zu nehmen, und so begab ich mich – ich dachte nicht eine Sekunde daran, mich zu sträuben – zu deren Büros in der Rue François-Premier. Ich bekam dort eine Uniform ähnlich derjenigen, die ich soeben abgelegt hatte, und gegen Mitte Dezember des Jahres fand ich mich in einem kleinen Hotelzimmer in Mailand.

Dieser Bericht gleicht ein wenig einer Anklageschrift gegen den jungen Mann, der ich damals war, aber sie ist in Reaktion auf gewisse Autobiographien geschrieben, die mir nichts als Lügen zu enthalten scheinen. Die Beichte ist abgelegt, nicht ohne beträchtliche Auslassungen, und der Autor selbst erteilt sich denkbar großherzig Absolution. Ich will nicht behaupten, daß er sich zu Unrecht absolviert, im Gegenteil, doch tut er unrecht, wenn er gewisse kleine Schandbarkeiten verschweigt, und ich hätte gern, wenn er in seinen eigenen Augen etwas weniger ehrenhaft dastände. Was mich betrifft, so könnte ich wohl einiges zu meiner Rechtfertigung vorbringen, das heißt, den völligen Mangel an Führung in diesen entscheidenden Jahren betonen, doch ich denke, der Leser wird das selbst erkennen, ohne daß ich ihn durch unaufhörliche Hinweise darauf ermüde.

Doch ich merke jetzt, daß ich zu rasch voraneile, und daß ich noch einmal ein paar Wochen zurückgreifen muß. An einem Novemberabend 1917 saß ich im Eßzimmer zwischen Stapeln von Büchern [ich brauchte immer viele Bücher] und arbeitete, als ich schellen hörte und sofort an den Besuch von Jeanne Lepêcheur ein Jahr zuvor denken mußte, doch diesmal war es nicht Jeanne, sondern Mr. Ware.

Mit katzenhaftem Schritt betrat er das Zimmer und schnitt eine leichte Grimasse, die man für ein Lächeln halten konnte. Er nahm mir gegenüber Platz und hielt mir mit einer leichten Schärfe in der Stimme und sorgfältiger Wortwahl, die ein wenig den Akademiker merken ließ – denn dieser machtvolle Mann war nicht frei von einer gewissen Koketterie – eine kleine Rede. Ich erinnere mich, daß er auf den Tisch zwischen uns seine Mütze geworfen hatte, die sorgfältig in der Weise zerknüllt war, daß sie aussah, als habe der Sturm der Schlachten sie nach der einen Seite verweht, und ich glaube, er führte auch eine Reitpeitsche bei sich. Das alles schüchterte mich nicht mehr ein. Ich war jetzt Zivilist, und Mr. Ware befand sich bei mir zu Hause. »Es bestand die Absicht, Ihnen eine Auszeichnung zu verleihen«, sagte er zu mir. Ich sah ihn staunend mit offenem Munde an. Eine Auszeichnung? Wieso? »Oh«, meinte Mr. Ware, »es war wegen der Geschichte mit dem Sanitätswagen, den sie an Stelle des Ihren genommen haben. Das war nur normal.« Ich war völlig seiner Meinung und sagte es ihm auch mit Nachdruck. Er zeigte wieder sein Raubtierlächeln. »Im übrigen«, fuhr er fort, »habe ich die Sache nicht weiter verfolgt.« »Daran haben Sie recht getan!« rief ich. Mit welcher Freude sprach ich diese Worte aus, die mich in meinen Augen rehabilitierten! Ich erriet freilich, daß er eine andere Reaktion von mir erwartet hatte, und wünschte ihn innerlich mitsamt seiner Auszeichnung zum Teufel. Er hob die Brauen und fuhr fort: »Ich brauche Sie ja im übrigen nicht daran zu erinnern, daß wir im allgemeinen keine ausländischen Orden annehmen. [Das stimmte wahrscheinlich zu diesem Zeitpunkt, doch wurde diese Bestimmung bald darauf abgeändert.] Außerdem«, schloß er mit männlichem Ernst, »brauchen wir keine Ordensspange auf unserer Uniform, weil wir unsere Pflicht getan haben, nicht wahr?« Auch da stimmte ich ihm mit Wärme bei, und da die Unterhaltung beendet war, stand er auf und ging. Wieder allein, sagte ich mir, daß es doch wirklich etwas lächerlich gewesen wäre, mir eine Auszeichnung zu verleihen, zumal ich sicher war, nichts getan zu haben, was eine solche verdiente, aber die Vereinigten Staaten waren erst seit ziemlich kurzer Zeit im Kriege, und man suchte nach Leuten, an deren Brust man eine Medaille heften konnte. Es war das, was man eine Geste nennt, und hatte nur symbolische Bedeutung. Zu guter Letzt muß ich freilich gestehen, daß ich, wäre mir – wiewohl zu Unrecht – eine Auszeichnung zuteil geworden, vor Stolz geplatzt wäre. Trotz allem verspürte ich aber ein merkliches Vergnügen, ›Mistaire Ouaire‹ enttäuscht zu haben, falls er, wie ich überzeugt war, von mir ein langes Gesicht erwartet haben sollte. Andererseits war mir bekannt, daß er aus dem Norden kam und sehr wohl wußte, daß ich aus den Südstaaten stammte [und nicht wenig stolz darauf war]. Wenn er mich hatte demütigen wollen, so nahm er die Gewißheit mit, nicht auf seine Kosten gekommen zu sein. Doch aus Furcht, es könne sich jemand lustig über mich machen, bewahrte ich Schweigen über diese Auszeichnungsangelegenheit.

In Mailand fand ich mich also im Dezember 1917 allein in einem der traurigsten kleinen Hotelzimmer, die es auf der Welt geben kann. Es war nicht einmal so ärmlich, aber winzig und mit dunklen Möbeln vollgestellt, deren Dimensionen mir beachtlich schienen. Eine trübselige kleine Lampe mit rosa Schirm kämpfte vergebens gegen diese Massen von Dunkelheit an. In einer solchen Kulisse der Hoffnungslosigkeit legte ich mich nieder und gab ohne Vergnügen, vielmehr aus einer Art von Notwendigkeit, die ich mir nicht erklären konnte, meinen Trieben nach. Ich glaube, allein die Tatsache, daß ich mich in Italien wußte, drängte mich dazu, eine Sünde zu begehen, an die ich fast nicht mehr gedacht hatte. Ich zögere, diese Worte niederzuschreiben, aber der Klang der italienischen Stimmen hatte über mich eine verderbliche Macht. Es kam mir vor, als sprächen sie nur vom Glück der Sinne. Wie dem auch sei, mein Treiben erfüllte mich mit Trauer, und dem Rate Baudelaires folgend löschte ich rasch die kleine Lampe aus und versteckte mich in der Finsternis.
Schon vor Morgengrauen durchirrte ich am folgenden Tage mit aufgeschnalltem Rucksack die düsteren Straßen dieser riesigen Stadt. Da ich nie über den geringsten Orientierungssinn verfügt habe, hatte ich mich verirrt, doch war ich um fast eine Stunde zu früh dran, und aus purer Daseinsfreude sang ich halblaut, während ich aufs Geratewohl dahinmarschierte. An einer Straßenecke sprach ich einen bäurisch gekleideten Alten an und fragte ihn nach der Via Solferino. »Die Via Schulferino?« wiederholte er. Er wies mich mit Gebärden, die ich weit besser als seine Rede verstand, auf den rechten Weg, und ich traf noch weitaus als erster an unserem Sammelpunkt ein.

Im Schein der elektrischen Beleuchtung einer riesigen, mit Sanitätswagen angefüllten Garage fand ich mich bald darauf inmitten von etwa zwanzig jungen Leuten, die ich nicht kannte und deren verschlafene Gesichter noch von Träumen verquollen schienen. Die Frage: »Woher kommst du?« oder vielmehr: »Aus welchem Staate bist du?« wanderte von Mund zu Mund. Viele Burschen rühmten sich einer vergnügten Nacht nach einem Abendessen bei Covas. Ich wußte nicht, was Covas war, stellte mir aber einen von Licht durchfluteten Ort und Szenen in der komplizierten Art der Zeichnungen von Giulio Romano und Albani vor. Fast alle diese Jungen hatten Sünden begangen, aber ich auch. Als ich einem nach dem anderen erklären mußte, daß ich, wiewohl in Paris geboren, Amerikaner sei, fühlte ich mich mit jedem Mal etwas isolierter.

Endlich erschien ein kleiner rundlicher, wohl ausgepolsterter Mann, der in seinem Mantel mit Pelzkragen fröstelte. Unser Chef, Mr. Ware, dachte ich, hätte ihn mit Verachtung betrachtet. Das sollte ein Chef sein! Eher eine Dame. Er erklärte uns, die Wagen in der Garage seien nicht für uns bestimmt. Es waren ›Fiats‹ – ein Name, den ich wegen des ›Fiat voluntas tua‹ im Gedächtnis behielt. Die für uns bestimmten Fahrzeuge erwarteten uns in Varese. Lastwagen brachten uns dorthin.

Was sich dort abspielte, ist mir für immer entfallen. Ich erinnere mich nur, daß ich mich in jener Nacht mit meinem kleinen grauen Sanitätswagen, der genauso aussah wie der, den ich in den Argonnen gefahren hatte, auf einer lombardischen Landstraße verirrte. Es regnete in Strömen, doch ich erkannte im Scheinwerferlicht die schönen, senkrecht aufgestellten Steine, die die Gräben auf beiden Seiten der Straße begrenzten, aber wo war ich? Wohin fuhr ich denn? Nichts von alledem ist mir im Gedächtnis geblieben, doch sehe ich mich an der Tür eines langgestreckten,

rosa gestrichenen Hauses halten, das mir ein Bauernhof zu sein schien.
Man öffnete, und ich trat in einen großen Saal, in dem zwei oder drei Männer und eine Frau sich um ein Feuer drängten. Ich sage ausdrücklich: um das Feuer, denn das Feuer brannte auf einem sehr großen Stein in Mühlsteinform, der mitten im Raume lag. Der Rauch stieg zur Decke empor und zog unter dem Dach durch eine Art von Ziegelsteintrichter ab. Hätte ich bessere Kenntnis vom römischen Altertum gehabt, so hätte ich darin sofort die Esse des ›Atriums‹ erkannt. Jedenfalls erklärte ich in meinem italienischen Kauderwelsch, daß ich Amerikaner und von meinem Wege abgekommen sei. Sie fragten mich sofort, ob ich zur Nacht gegessen habe, was ich verneinte. Ich war halbtot vor Hunger.
Ich bekam darauf an dem einen Ende einer langen Tafel ein Mahl aufgetragen, das eines der besten meines Lebens war, denn es bestand aus den allereinfachsten Gerichten, und ich hatte den Appetit meiner jungen Jahre. Ich erinnere mich noch des ›Osso buco‹ und des Maisfladens, vor allem aber der Heiterkeit und Herzlichkeit dieser Leute, die, ohne mich einen Augenblick zuvor gekannt zu haben, mich nun wie einen Bruder oder einen Sohn behandelten. Sie saßen etwas entfernt vor mir, wie um mich nicht zu stören, und hinter ihnen sah ich in diesem großen, etwas dunklen Raum das Feuer, dessen magische Gegenwart gleichsam das Symbol ihrer Brüderlichkeit war.
Alles übrige ist mir entfallen. Sie zeigten mir den Weg, und ich fand zu meiner Dienststelle zurück – aber wo und wann? Zwei Tage später durchfuhren wir Padua und trafen am darauffolgenden in dem in Venetien gelegenen Dolo ein. Villen, zum Teil sehr prächtige, säumten die Straße. Eine davon wurde uns als Unterkunft für achtundvierzig Stunden zugewiesen, die ›Villa Mira‹, ein langgestreckter Bau von halb ländlichem, halb städtischem Cha-

rakter. Mit Staunen stellten wir fest, daß wir uns in Räumen mit Marmorfußböden bewegten.
Ich war noch weit entzückter von allem als meine Kameraden, hatte ich mich doch in Italien verliebt. Ich berührte die Wände, ich hätte am liebsten den Boden geküßt, doch ich ließ mir diesen Rausch sowenig wie möglich anmerken, um mich nicht lächerlich zu machen. Eine wilde Lebenslust überfiel mich, ein Hunger nach Glück, der mich zum Lachen wie zum Weinen reizte. Ich erinnere mich, daß im Erdgeschoß dieser Villa, in einem Salon im Stil des 19. Jahrhunderts, ein Flügel stand, auf dem zwei meiner Kameraden vierhändig ein Stück von Mendelssohn spielten, das mich entzückte, weil es meinem Drang in die Zukunft Ausdruck zu geben schien. Der Krieg existierte nicht mehr, alles ringsum lächelte. In alledem lag viel Sinnlichkeit, doch davon ahnte ich nichts.
Venedig war nicht weit. Leider aber wurden wir nicht in Venedig stationiert, sondern unser Bestimmungsort hieß Roncade, zwischen Mestre und Treviso. Ich sollte dort fünf Monate verleben, die in meinem Dasein eine Rolle spielten.

Der Romanschriftsteller, der seine Memoiren schreibt [wofern dieses Wort hier angebracht ist], gerät leicht in Versuchung, in die Abfolge seiner Erinnerungen einen klareren Zusammenhang zu bringen, als die Ehrlichkeit ihm erlaubt, ich will sagen, er findet sich nicht gern mit den leeren Stellen ab, die er in seinem Leben entdeckt und die er daraufhin auszufüllen sucht. Ich für meine Person muß gestehen, daß ich aus meiner Jugendzeit nur vereinzelte Bruchstücke festgehalten habe, die ich nicht immer lükkenlos miteinander zu verknüpfen vermag. Ich habe kein Tagebuch geführt. Vieles ist mir entfallen, nur das nicht, hoffe ich, was wirklich zählt. Und doch, wer sagt mir, daß dieses Wesentliche nicht im Gegenteil gerade das ist, was sich mir verbirgt? Manchmal, wenn mir solche Gedanken kommen, frage ich mich, ob man nicht einen Irrtum begeht, wenn man registriert, was man Tag für Tag tut, und ob es nicht viel klüger wäre, man ließe das Vergessen sein Werk verrichten, das darin besteht, das eine aufzubewahren und das andere – alles andere – mit sich hinwegzunehmen.

Wenn ich auch noch so sehr mein Gedächtnis zermartere, erinnere ich mich doch fast gar nicht mehr an Roncade, und was wirklich merkwürdig ist, nicht einmal an die Kirche dort. Wir hatten allerdings strengsten Befehl, welche Grenzlinien wir nicht überschreiten durften und wie wir mit der Bevölkerung umgehen sollten. Sicherlich hatte man uns das Betreten der kleinen Stadt untersagt. Ich sehe keinen anderen möglichen Grund dafür, daß ich diesen ganzen ausgehenden Winter und darauffolgenden Frühling nicht ein einziges Mal in der Kirche gewesen bin. Die Parole war, daß wir in keiner Weise die Einheimischen stören sollten. Ich vermute, daß man Streitigkeiten, andererseits aber auch ›sentimentalen‹ Verflechtungen aus dem Wege gehen wollte. Kurz und gut, wir hielten uns fern und wohnten in Häusern, die weiter draußen an der Landstraße standen.
Ich sehe noch sehr deutlich die kleine Villa vor mir, in der ich mit einigen Amerikanern bis zum Frühjahr 1918 hauste. Sie erschien mir so banal wie nur möglich: quadratisch, mit einer kleinen Terrasse und einem einzigen Oberstock, solide, bürgerlich, zu einfach, als daß man sie hübsch oder häßlich hätte finden können. So wie sie war, wurde sie von unserem Chef bezogen. Einmal nur hatte ich bei halbgeöffneter Tür Gelegenheit, einen sehr raschen Blick in das Zimmer zu werfen, das er im Erdgeschoß bewohnte. Wie zu erwarten, war es recht behaglich. Ein Feuer flackerte im Kamin, und auf dem Bett lag ein gelbliches Fell. Große

Sessel luden zum Ausruhen ein, und Zeitschriftenstapel halfen, die Zeit zu vertreiben. Bis zu mir drang der berauschende Duft von Luxuszigaretten – dann ging die Tür wieder zu.

Aus Gründen, die ich heute erahne, befand mein Zimmer sich genau über dem unseres Chefs, aber es versteht sich von selbst, daß ihm jenes gewisse Etwas von Üppigkeit abging, das man in dem seinen verspürte. Mein Zimmer war geräumig und hell und, wie ich zugeben muß, auch schön. Die Wände waren in ganz zartem Blau gehalten. Eine Eisenbettstelle, ein Spiegelschrank und ein gerader Stuhl waren die ganze Ausstattung. Ich fand es prächtig, weil dies Italien war. Außerdem gehörte es mir. Ich hatte es mit keinem anderen zu teilen. Hier kommt mir ein Verdacht in bezug auf etwas, das mir monatelang vollkommen entging. Die anderen jungen Burschen schliefen zu zweit oder zu dritt in anderen, weit kleineren Zimmern, doch deswegen eine Frage zu stellen, kam mir nicht in den Sinn. Ich gehorchte, ohne mich lange zu wehren. Um eine Einzelheit zu nennen, die eine gewisse Bedeutung hat, füge ich hinzu, daß mein Zimmer auf die kleine Terrasse führte, die ich schon erwähnte und durch die es angenehm vergrößert wurde.

Es würde sich also die Frage ergeben, weshalb dieses Zimmer mir zugewiesen wurde und weshalb ich allein darin schlief. Zwei Antworten sind hier möglich:

Erstens: Niemand legte auf meine Gesellschaft Wert... Das ist möglich. Ich war für alle diese Burschen der Fremde, der aus keinem der Staaten Amerikas kam und mit dem Tonfall des Südens sprach. Alle anderen stammten nämlich aus dem Norden oder Westen. Sie brauchten Zeit, um sich an mich zu gewöhnen.

Zweitens: Der Chef hatte Befehl gegeben, man solle auf mich achtgeben, weil ich jünger und seiner Meinung nach

leichter als die anderen zu verführen war [worin er mich freilich schlecht kannte]. Deswegen wurde ich so abgesondert, daß alles Gehen und Kommen in meinem Zimmer für ihn kontrollierbar war.
Ich erinnere mich nicht mehr, ob das Zimmer geheizt war oder nicht. Der Winter war ziemlich milde, und ich entsinne mich nicht, unter Kälte gelitten zu haben.
In einem anderen Zimmer, das nicht auf die Landstraße, sondern auf eine aus Feldern und Bäumen bestehende Landschaft ging, schliefen zwei Burschen, von denen der eine in den andern verliebt war, und zwar anscheinend hoffnungslos. Der Verehrer, den ich James nennen möchte, war ein gutmütiger Schlaks mit Brille, der mir seine Qualen anvertraute, für die er bei mir Verständnis fand, denn mit plötzlicher Rührung erinnerte ich mich an Frédéric, doch niemals fiel das Wort Liebe. James hatte einen kultivierten Geschmack und war ein Jane-Austen-Leser. Wir alle waren weit davon entfernt zu ahnen, welches seltsame Ende ihm beschieden sein sollte. Wie dem auch sei, das Objekt seiner unerwiderten Leidenschaft war ein spitznasiger rosiger Bursche, lächelnd und wohlerzogen, der sich mir gegenüber ein klein wenig herablassend gab, weil ich nicht auf amerikanischem Boden zur Welt gekommen war. Das jedoch wurde mir erst später bewußt. Zudem, was von alledem, was mich nicht interessierte, verstand ich schon? »Er ist ein bißchen langweilig, dein Freund Dick«, sagte ich zu James. »Und wenn er auch von Yale kommt, hat er doch fast nichts gelesen.« – »Ach, ich weiß das alles«, sagte James, »aber man ist eben nicht Herr über seine Gefühle.« Viele andere Gespräche noch bewegten sich auf diesem Gebiet; es gelang mir jedoch nicht zu erraten, worauf James hinaus wollte. Er teilte das Zimmer mit Dick. Was verlangte er mehr? »Du verstehst nicht«, pflegte er dann zu sagen. Nein, wirklich, ich verstand nicht. »Du hast doch schließlich in Paris gelebt?« – »Ja. Aber was

hat das damit zu tun?« Er schüttelte verzweifelt den Kopf. Zu guter Letzt fand ich auch ihn ein klein wenig ermüdend. Wenn ich recht darüber nachdenke, frage ich mich, was auf der Welt langweiliger sein kann als ein Verliebter, es sei denn in Romanen oder auf der Bühne, und selbst da...

In dem Zimmer, das dem meinigen auf der anderen Seite einer marmorverkleideten Galerie gegenüberlag, wohnten andere junge Burschen, von denen ich später sprechen werde, um zu zeigen, welche bizarre Wesensart ich unter meiner scheinbaren Gutartigkeit verbarg. Ich war stolz, linkisch, insgeheim zutiefst geringschätzig und mit einem sehr wachen Sinn für jede Lächerlichkeit bei meinem Nächsten begabt, den ich dann nicht schonte. Heute scheint es mir unerklärlich, daß mich damals nicht irgend jemand einmal tüchtig verprügelt hat, aber meine unglaubliche Unschuld, die man ziemlich schnell erkannte, schützte mich gewissermaßen vor Tätlichkeiten, so wie man ja auch seine Hand nicht gegen ein Kind erhebt. Man hielt mich für etwas närrisch, doch auf eine ganz allgemeine Art schob man das auf die Tatsache, daß ich in Europa geboren war. Da sie im übrigen sämtlich gutmütige Burschen waren, amüsierten sie sich über meine Nekkereien, und meine Heiterkeit brachte sie zum Lachen. Ich war nicht mehr so verschlossen, wie ich es in Frankreich gewesen war. Anscheinend war mir die italienische Luft zu Kopfe gestiegen und hatte in mir gewisse Dinge zum Brodeln gebracht, von denen ich nichts ahnte.

Wir nahmen unsere Mahlzeiten in einem Hause ein, das etwa hundert Meter von demjenigen entfernt lag, von dem ich soeben sprach. Es war groß, schön, flach und von Wiesen, Obstpflanzungen sowie Gärten umgeben; sein ländliches Aussehen entzückte mich. Die Küche, die riesig war wie eine Küche des Mittelalters, duftete nach brennen-

dem Holz und frischgebackenem Brot. Man sah dort häufig italienische Soldaten, die mit der Köchin plauderten, einer imposanten Person, die mich aufmerksam betrachtete, wenn ich mich zufällig dorthin wagte. Eines Tages, als ich eintrat, um sie um irgend etwas zu bitten, entspann sich etwas wie ein Gespräch zwischen uns, und die schwatzenden Männer ringsum schwiegen. Sie saßen auf Bänken, und in dem Halbdunkel dieses Spätnachmittags sah ich sie kaum. Plötzlich machte mir die Köchin in der allgemeinen Stille, die mir peinlich zu werden begann, mit einer so überlauten Stimme, wie man sie den Schwerhörigen und den Ausländern vorbehält, ein Kompliment. Ich fühlte, wie ich bis in die Ohren errötete, nicht aus Bescheidenheit, sondern weil ich glaubte, sie mache sich vor diesen Soldaten über mich lustig. Noch heute, nach so langer Zeit, seufze ich zuweilen, wenn ich an diese Szene denke. Niemand rührte sich, niemand sagte ein Wort. Ich selbst stand unbeweglich da wie ein Trottel, stammelte einen unverständlichen Satz und brachte mich in Sicherheit. Draußen verbarg ich mein Gesicht in den Händen. Diese Frau sah so ernsthaft aus, als sie zu mir sprach, und auch die Soldaten hatten nicht gelacht... Ich lief einen Augenblick lang in den Wiesen umher, die von kleinen Kanälen durchzogen waren, in denen die untergehende Sonne sich blitzend spiegelte, und mein Herz schlug so heftig, daß ich mich hinlegen mußte. Ich litt aus Angst, mich lächerlich gemacht zu haben. Ein Junge, der weniger dumm gewesen wäre als ich, hätte dieser Frau durch ein Lächeln gedankt und etwas Amüsantes zu sagen gewußt; ich aber lief davon. Ich hatte Angst bekommen.
In dem Speisesaal, in dem wir alle – abgesehen von dem Chef, der die Mahlzeiten auf seinem Zimmer einnahm – uns dreimal täglich zusammenfanden, hatte ich meinen Platz neben dem ältesten meiner Abteilung. Er hatte ganz weißes Haar und hieß Clarke. Er war ein sehr guter, sehr

sanftmütiger Mann, der nur traurig den Kopf schüttelte, wenn die jungen Leute allzu heftig lärmten. Sie schrieen nämlich bei jedem Anlaß, so daß wir unter einem Heidenlärm unsere Mahlzeiten einnahmen. Der Anführer der Bande war ein großer, schöner Bursche, der wie ein Fußballspieler aussah und ein halbes Jahr später in Frankreich dadurch zu Tode kommen sollte, daß er in einem Tankwagen bei lebendigem Leibe verbrannte. Er hieß Dresser, und seine Fanfarenstimme beherrschte den gesamten Tumult. Ich meinerseits verhielt mich still an der Seite des alten Clarke und bemerkte sehr wohl, daß dieses geräuschvolle Treiben bei den italienischen Soldaten, die uns ernst und mit dem Ausdruck stummer Empörung bedienten, Anstoß erregte, denn oft warfen die jungen Leute einander Stücke Brot an den Kopf, und gerade an Brot fehlte es in vielen Häusern des Landes. Ich schämte mich vor den kleinen Soldaten in graugrüner Uniform, ich schämte mich für unsere Aufführung. Eines Tages schließlich erhob sich in plötzlich erwachender Tatkraft unser Chef von seinem Pelzlager und gab [schriftlich] Befehl, mit dieser Toberei Schluß zu machen.

Der kahle Speiseraum hatte einen Marmorfußboden, zwei Fenster und enthielt einen sehr langen Fichtenholztisch, an dem wir alle auf der einen Seite mit dem Rücken zur Wand Platz zu nehmen pflegten. Ich erinnere mich noch des Lärms, der großen Näpfe mit Makkaroni und auch der Weiße des Brotes. Tatsächlich war es so weiß wie eine Hostie, und ich berührte es mit entsprechender Achtung. Wenn etwas auf eine unbegreifliche Weise auf mich Eindruck machte, so war es eben das: dieses weiße Brot. Es mißachtet, zu Kügelchen gedreht und auf den Boden geworfen zu sehen, erfüllte mich mit starkem Unbehagen. Der alte Clarke wachte über mich und sprach leise mit mir. Nicht zufällig hatte ich meinen Platz neben ihm, und ich schäme mich, das Folgende zu berichten. Eines Abends,

ich weiß nicht mehr, bei welcher Gelegenheit [vielleicht war es am Silvesterabend], wurden wir mit Champagner traktiert, und viele der Burschen taten so, als seien sie betrunken, um desto lauter schreien zu können. Ich meinerseits hatte nicht mehr getrunken als einen winzigen Becher voll, so daß ich gar nichts verspürte, und ebensowenig mein Nachbar zur Linken, der mir ein gutes neues Jahr wünschte und mich mit seinen schönen, regelmäßigen weißen Zähnen anlächelte. Was ging in diesem Augenblick in meinem Kopfe vor? Um es ebenso toll zu treiben wie die anderen, um zu zeigen, daß ich war *wie die* anderen, nutzte ich den Moment, in dem mein Nachbar sein weißes Haupt hinunterbeugte, um die paar Tropfen Champagner, die noch in meinem Becher waren, ihm in den Nacken zu gießen. Ich sah, wie die Tropfen in seine Kragenöffnung rannen. Er fuhr zusammen, hob den Kopf und wandte sich mir zu. »Weshalb haben Sie das getan?« fragte er mit halblauter Stimme. Sein Blick wirkte so traurig, daß ich ganz bestürzt war. Rasch antwortete ich: »Ich weiß nicht, Mister Clarke. Ich bitte Sie um Verzeihung.« Er trocknete sich ab und sagte mit heiterer Miene, es habe nichts ausgemacht, ich aber war doch betroffen über meine Albernheit. Offenbar hatte ich mir selbst beweisen wollen, daß auch ich ein toller Bursche sein konnte, aber in Wirklichkeit hatte niemand meine Geste bemerkt, niemand mich beachtet. Für alle diese auf Liebesabenteuer ausgehenden jungen Leute blieb ich ›the kid‹. Jedenfalls war das mein Eindruck, und ich fühlte mich dadurch gedemütigt. Ich war durchaus bereit, schlimme Sachen zu tun, doch ich sprach nicht davon, irgend etwas verschloß mir den Mund.
Mehrmals in der Woche wurden wir, wie auch schon in Frankreich, einzeln oder zu zweien auf die Verbandplätze oder in die Lazarette geschickt, wo man uns hätte brauchen können, doch damals fanden an der italienischen

Front keine Kampfhandlungen statt. Der große Vorstoß der Österreicher und Deutschen war aufgehalten worden und seit dem Herbst war alles ruhig geblieben. Während der fünf Monate, die ich in Venetien verlebte, hatte ich in meinem Sanitätswagen einzig einen italienischen Soldaten zu transportieren, der an nervösen Störungen litt.

An einem Abend im Januar 1918 wurde mir, als ich den Speisesaal betrat, meine Post übergeben: zwei Briefe aus Paris. Ich erkannte die Schrift meines Vaters und zog mich in einen anderen Raum zurück. Diese lebensklugen, traurigen, resignierten Briefe mit ihren ganz geraden Linien und sorgsam gewählten Worten besitze ich heute noch. Retta war tot, im Krankenhaus in Neuilly gestorben. Sie hatte sehr gelitten, aber niemals geklagt. Ihre letzten Worte waren ein vertrauensvolles kleines Gebet, wie ein Kind es vor dem Einschlafen spricht. Weil sie im Dienste Frankreichs gestorben war, hatte man sie mit militärischen Ehren beigesetzt. Französische Soldaten in der protestantischen Kirche der Avenue de l'Alma …

Ich ging ins Freie und machte einen Rundgang um das Haus, wobei ich die anderen Burschen im Speisesaal lachen und schreien hörte; ein paar Minuten lang schien das Leben mir keinen Sinn zu haben. Retta war zweiundzwanzig Jahre alt gewesen. Warum war sie gestorben? Warum sie, die doch immer nur Gutes getan hatte? Warum war sie auf die Welt gekommen, wenn nur, um sie so schnell wieder zu verlassen? Diese Fragen kreisten in meinem Kopf und versetzten mich in einen Zustand schmerzlicher Ratlosigkeit. Wo war die Gerechtigkeit? Wo die Güte? Ich wagte nicht, die Vorsehung anzuklagen, aber ich spürte, wie etwas in mir ins Wanken geriet. Ich litt. Ins Haus zurückgekehrt, schrieb ich an meinen Vater. Erst allmählich wurde mir das Ausmaß meines Kummers bewußt. Vergebens sagte ich mir, die Nachricht sei gewiß falsch, Papa habe sich geirrt. Sie stimmte und kam mir empörend vor, jawohl empörend, denn dies war nicht gerecht. Ich wußte noch nicht, daß jeder Tod für uns ein Ärgernis ist, und so groß auch mein Schmerz war, vergoß ich doch keine Träne.

Diese Nacht, in der ich erfuhr, daß meine Schwester tot war, glich einer Frühlingsnacht, obwohl es noch Winter war. Eine Luft voller Süße strich über mein Antlitz und meine Hände, und sogar in der Tiefe meines Leides verspürte ich ein körperliches Glück. Mit diesem furchtbaren Brief in den Händen war ich glücklich, am Leben zu sein. Wenn ich es nicht ausspräche, wäre ich sehr unaufrichtig oder sehr blind, aber ich gehe noch weiter; es lag in jener Nacht etwas Lustvolles, das meine Trauer sogar merkwürdig rauschhaft machte. Das ist schwer zu schildern, und ich klagte mich heftig der Herzlosigkeit an, denn ich wußte noch nicht, daß der wahre Kummer erst folgen würde, nachdem diese Nachricht in ihrem vollen Ausmaß mir zum Bewußtsein gekommen wäre. Dann erst würde sie mich richtig treffen, doch läßt sich sicherlich nicht bestreiten, daß die Entfernung, die mich von Neuilly trennte, meinen Schmerz ein wenig linderte. Als ich nach Paris zurückkam und dort meine Schwester nicht mehr fand, glaubte ich erst wirklich und begriff in tiefster Seele, daß sie tot war, und erst da verspürte ich den größten Schmerz. Denn was war schließlich ein Brief, ein kleiner Brief auf blaßblauem Papier? Das konnte der Tod nicht sein. Der Tod war Abwesenheit, diese Abwesenheit jedoch mußte ich fühlen und sehen, um daran zu glauben. Ein Brief machte meine arme Schwester nicht abwesender für mich, als sie es schon am Vortag gewesen war. Sie war gestern nicht bei mir gewesen und war es heute nicht weniger und nicht mehr. Hier hatte sich nichts geändert. Die anderen Burschen lachten wie sonst. Wo war da der Tod? Der Tod war unvorstellbar. Ich trug

meine Trauer in Schweigen. Mehrere Tage lang tat ich den Mund nicht auf.
Niemand wußte, was mir widerfahren war. Wem hätte ich es erzählen sollen? Ich konnte mich keinem dieser jungen Menschen anvertrauen, nicht einmal dem ganz an seine unglückliche Liebe hingegebenen James. Was konnte es irgend jemandem bedeuten, daß meine Schwester gestorben war? Ich schrieb jedoch an Pater Crété, um ihm zu sagen, Retta sei nunmehr im Paradies, doch seine Antwort, auf die ich nicht lange zu warten brauchte, ließ mich zu Eis erstarren: man könne ›hoffen, daß sie gerettet sei‹. Der Brief glitt mir aus den Fingern.

Einmal wöchentlich wurde ich mit meinem Sanitätswagen an einen Ort namens Monastier di Treviso geschickt. Wie der Name besagt, war dies ein ehemaliges Kloster, dessen Mönche, solange sie noch diese Stätte bewohnten, einem Gerücht zufolge sich nicht immer einwandfrei aufgeführt hatten. Ich erinnere mich noch an große, finstere Gebäude, die an eine befestigte Burg im Walde denken ließen. Der recht geräumige Hof war sehr imposant, wirkte aber streng; es gab hier einen großen Saal, der so hoch und so dunkel war, daß man nur dicht am Fenster etwas sehen konnte. Zum Kaffeetrinken hier an diesem Fenster wurde ich von italienischen Offizieren eingeladen, die äußerst höflich waren. Einer von ihnen, groß, mager, mit blau ausrasiertem Kinn, klatschte in seine langen Hände und rief: »Fiordelmondo!« Dieser glanzvolle Name widerhallte von den hohen Hofmauern, und zu gegebener Zeit erschien ein Soldat, der ein Tablett mit einer Kaffeekanne und sechs oder acht Tassen trug. Wovon sprachen wir? Sicherlich nicht vom Krieg, den sie verabscheuten. Der große magere Offizier berichtete mir eines Tages auf französisch, was die Mönche getrieben hatten, und wie gewöhnlich verstand ich zunächst einmal nichts, sagte mir aber dann, es werde wohl so etwas gewesen sein wie in den italienischen Erzählungen, und war dem Offizier eher böse, denn immer noch bestand irgendwo in meinem Inneren die Idee, auch ich werde einmal Mönch werden, und ich hatte vor, ein guter Mönch zu sein.

Eines Nachmittags, als ich mich auf dem Hof mit einem Soldaten unterhielt, trat ein dicker, unelegant gekleideter Offizier auf mich zu. Sein Gesicht war schlaff und grünlichgelb, sein Ausdruck eher brummig, doch in seinen Augen lag etwas so Aufmerksames, daß ich bei seinem Anblick schwieg und ein paar Schritte zurücktrat. Mit den Händen in den Taschen kam er mir jedoch nach. Aus irgendeiner Einzelheit erriet ich, daß er der Feldgeistliche war. Unvermittelt sagte er zu mir: »Lei è buono.«

Ist es nicht peinlich für mich, hier niederzuschreiben, daß ich tat, als verstehe ich nicht? Ich wollte in Wirklichkeit nur, daß er weiterspreche. Komplimente, ja, ich brauchte sie, meine Eitelkeit bekam niemals genug davon. Er zuckte ungeduldig die Achseln und wiederholte: »Buono«, wobei er sein Herz und seine Stirn berührte. Darauf blickte ich ihn mit höflichem Erstaunen an und sagte nichts. Ich war ja so bescheiden... Wie sehr jedoch reute mich meine Falschheit einen Augenblick darauf! Dieser Mann täuschte sich über mich, er wußte nicht, daß ich nicht rein war, daß ich über meine Kameraden lachte und daß ich nicht einmal Tränen vergossen hatte, als meine Schwester starb. ›Buono‹... stimmte das? Ich habe das Gesicht dieses alten Priesters noch sehr oft vor mir gesehen wie das eines Abgesandten.

Wenn man Monastier di Treviso verließ, fuhr man, wenn ich mich nicht irre, an einer Reihe von Pappeln entlang, wie ich solche anderswo nie gesehen habe, sowohl was die Dicke der Stämme wie auch die fabelhafte Höhe betrifft, zu der sie sich gen Himmel reckten. Der Winter muß wohl sehr milde gewesen sein, denn sie hatten ihre Blätter

behalten. Ihre herbstgelbe Farbe ließ diese Bäume, von denen es, glaube ich, dreißig gab, wie riesige Messingleuchter erscheinen.
So stark war die Lebensfreude in mir, daß sie meine Traurigkeit überwand und daß ich nicht allein sein konnte, ohne Lust zum Singen zu bekommen, wie in meiner Kindheit. Auf den Landstraßen, in meinem Krankenwagen gab ich mich diesem Vergnügen derart ausgiebig hin, daß ich heiser wurde. Eines Tages, nachdem es schon lange geregnet hatte, wurde ich zu irgendeiner Verbandstation geschickt und entdeckte mit Entzücken, daß das Land ringsum so stark überschwemmt war, daß eine dünne Wasserschicht sogar die Landstraßen überzog. Die Erde wurde zu einem gewaltigen Spiegel, der den Himmel reflektierte. Mir war, als bewege ich mich in einem Traum, aus dem ich noch nicht aufgewacht sei. Ich weiß nicht, worin die Lust besteht, im Wasser zu planschen, wenn man sich auf festem Boden befindet, doch dieses Erlebnis berauschte mich, und mehrmals im Lauf der Jahre habe ich geträumt, ich laufe über ein klares, durchsichtiges Wasser hin. Ich hätte laut schreien können vor Glück, als ob ich, von der Last meines Leibes befreit, in einen Geist verwandelt sei, der von seiner Körperlichkeit nur noch den äußeren Schein an sich trug. Natürlich begrüßte ich diese Flut mit allen Liedern, die mir gerade in den Sinn kommen wollten.

Zwei- oder dreimal in der Woche erhielt ich die Erlaubnis oder den Befehl, mich nach Mestre zu begeben, doch ist von dieser Stadt mir nichts in der Erinnerung geblieben [das Vergessen hat sie wie durch Bombeneinwirkung ausradiert], außer dem Bahnhof, von dem ich später noch sprechen werde, und einem großen Platz, an dessen Ende sich ein Zeitungskiosk befand. Wenn ich mich an diesen Kiosk erinnere, so deshalb, weil ich mir dort packenweise –

vier oder fünf auf einmal – französische Romane in einer illustrierten Ausgabe zu 95 Centimes zu erstehen pflegte. Ich las davon einen am Tag, nicht weniger und nicht mehr. Heute frage ich mich, was ich daran so spannend fand. Hauptsächlich, vermute ich, Gründe, um nicht länger an die Sünde zu glauben. Darin bestand für mich die ganze Lehre der Vertreter des Naturalismus und der Romanschriftsteller, die auf sie folgten. Aus allen diesen Geschichten von Ehebruch, Liebschaften und flüchtigen Affären, die ich im übrigen falsch verstand, zog ich den Schluß, die körperliche Liebe sei das Hauptanliegen des Lebens, der Katechismus aber sei – nach der Meinung höchst gescheiter und hochbegabter Herren – nur für Frauen, Kinder und geistig Zurückgebliebene da. »Wenn du nicht Röcke trügest, gäbe es ein paar saftige Backenstreiche für dein geistliches Haupt.« So sagte jemand bei Maupassant zu einem Geistlichen, der ihn um eine Verabredung mit einer hübschen Frau gebracht hatte. Dieser Satz ließ mich zusammenzucken und ich vergaß ihn auch nicht. Anderswo spielten die Frommen die Rolle von Idioten. Man konnte sie nur bedauern und mitleidig lächeln, wenn man von ihnen sprach. So sah die Religion in den Augen einer Welt aus, für die Lust und Erfolg die einzigen wirklich wichtigen Dinge waren; von beiden aber hatte ich eine nur verworrene Vorstellung. Dort nämlich, wo man zum Beispiel nützliche Belehrungen über die Fleischeslust erwartete, schwieg der Verfasser sich aus, als verstehe es sich von selbst, daß alle Welt Bescheid wisse, ich jedoch wußte nichts. Die erotischen Zeichnungen, die ich 1916 gesehen hatte, schienen nicht dem gleichen Universum anzugehören wie dem Maupassants, der Brüder Goncourt oder Zolas. Wenn einer von ihnen – ich weiß nicht mehr welcher – schrieb: »Und er besaß sie auf dem Fußboden«, fragte ich mich, was dieses ›Besitzen‹ bedeuten sollte. Es half mir auch nicht weiter, als ich bei Claude Farrère auf

das Wort Ausschweifung stieß. Diese feinsinnigen Schweinereien blieben mir dunkel. Ich fühlte mich enttäuscht und ein wenig traurig. Ich wurde mir bewußt, daß ich noch kein Mann war, da ich solche Dinge ja bislang nie betrieben hatte.
Von dem Zimmer aus, in dem ich diese Bücher las, sah ich die Landstraße, auf der manchmal Frauen in riesigen schwarzen Umschlagtüchern einherkamen, deren Fransen ihnen bis auf die Knöchel reichten. ›Sind die wohl, was man schöne Frauen nennt?‹ fragte ich mich. Sie schritten dahin wie Statuen in einem Traum und blieben niemals stehen. Ob sie Schlechtes taten? Wo aber hatte denn hier die Lust ihren Platz, da sie ja schließlich so würdig und so streng aussahen, daß der Gedanke an unerlaubte Freuden bei ihrem Anblick nicht aufkam? Stürzte man diese Bildwerke, um sie auf dem Fußboden zu ›besitzen‹? Vielleicht würden weitere Romane mir verraten, wie das alles sich zutrug, doch wenn ich mir auch diesen und jenen und immer noch einen verschaffte – Signora, sie alle blieben gleichermaßen dunkel für mich!

In meinem Zimmer fehlte ein Tisch. Ich kaufte mir einen in Mestre. Er war groß genug, um einem Buch und beiden Ellbogen Platz zu bieten. Ich aber gewöhnte mir an, in meinen Lesepausen in dieses Möbel mit meinem Taschenmesser Kerben zu schneiden. Das Holz war weich und gab schnell nach. Ich ruinierte den kleinen Tisch. Einer meiner Kameraden machte mich darauf aufmerksam, ich aber gab ihm kurz zur Antwort, er gehöre ja schließlich mir. Ich konnte sogar sagen, daß ich ihn ›besitze‹. Warum tat ich das? Diese Kerben flößten mir Grauen ein. Es sah aus, als habe ein Tier die eine ganze Seite des Tisches benagt, doch in mir war etwas, was mich unwiderstehlich zu diesem Verstümmeln trieb. Mit der Zunge zwischen den Zähnen schaffte ich in wütender Lust daran, daß die Späne flogen.

Die Romane mit ihren öden Illustrationen verstaute ich, glaube ich, in den Tiefen meines Spiegelschrankes. Von diesem Schrank zu reden scheint es mir jetzt an der Zeit.
Ich denke, es war im Februar. Jedenfalls stellten sich zu jenem Zeitpunkt ein paar Tage von frühlingshafter Süße ein. Als ich eines Nachts nach dem Abendessen wieder in mein Zimmer kam, befiel mich auf einmal die sonderbare Idee, mich nackt in der Spiegelscheibe dieses Schrankes zu betrachten. Nie zuvor hatte ich das getan. Es ist kaum zu glauben, doch mit siebzehn Jahren hatte ich eine nur sehr vage Vorstellung davon, wie ich ›in puris naturalibus‹ aussehen mochte. Ich kannte das Detail, aber nicht das Ganze. Gerade dies zeigt mir die Macht, die meine frühe Erziehung auf mich ausübte, denn ihr zufolge war der Anblick der Nacktheit gleichbedeutend mit Unreinheit. Nun, man kann sich nur sehen, wenn man etwas zurücktritt, da man sonst von sich selbst nur einen Eindruck hätte wie ein Maler von seinem Modell, wenn dieses sich ihm auf die Knie setzt! Man wird mir sagen, ich sei nicht eben neugierig gewesen, und das stimmt allerdings; neugierig war ich einzig auf mein Gesicht. Der menschliche Körper interessierte mich nicht. Ich hatte meinen Schwager nicht angeschaut, als er mich gezwungen hatte, mit ihm ins Meer zu tauchen, weil man nackte Leute nicht anschauen sollte. Hinzu kam, daß ich dazu gar keine Lust verspürte. Von den Gruppen des Albano und des Giulio Romano hatte ich vor allem den Ausdruck der Gesichter behalten, der im übrigen, wenn ich mich recht erinnere, außer leichter Langeweile überhaupt nichts enthielt. Wie dem auch sei, ich war hier einer plötzlichen Eingebung gefolgt und hatte das Gefühl, mit dem Ablegen meiner Kleidung etwas Unrechtes zu tun.
Ich hatte heftiges Herzklopfen, und einer jener Listen zufolge, die wir uns selbst gegenüber anwenden, fragte ich mich, weshalb, als habe ich von meinem Vorhaben nichts

gewußt. Kleidete ich mich denn nicht Abend für Abend aus? Diesmal aber hatte ich vor jeder meiner Bewegungen Angst.

Als ich vollkommen nackt war, schaute ich kühn in den Spiegel, und meine Ängste schwanden dahin. War ich erst von einem gewissen Grauen erfaßt, so folgte nun eine merkwürdig tiefe Ruhe. Zum erstenmal in meinem Leben sah ich ein menschliches Wesen in seiner Nacktheit vor mir, dieses Wesen aber war ich. Eine seltsame Freude ergriff mich ganz, ich sah, daß ich schlank und kräftig war, jedoch blitzartig nur, denn eine unwiderstehliche Macht drängte mich nach vorn, bis ich fast mit meinem ganzen Körper dicht an den Spiegel gepreßt dastand.

Die Kälte dieser großen Oberfläche hatte auf mich die gleiche Wirkung, als gieße jemand mir einen Eimer Wasser ins Gesicht, und ich zog mich sofort zurück, nunmehr erschrocken über mein Tun, und zwar nicht mehr wegen der Sünde, die ich begangen zu haben glaubte, sondern weil es mir vorkam, als habe ich wie ein Verrückter gehandelt, und vielleicht auch war ich verrückt wie mein Onkel Willie. Ich schlüpfte unter meine Decken und löschte das Licht, als könne ich mit der Dunkelheit diese beunruhigende Szene auslöschen. Was mich am meisten verwirrte und was ich aus meinem Gedächtnis nicht fortzuwischen vermochte, war, daß ich meine Lippen auf meine Lippen gedrückt hatte, und wenn ich mir auch noch so sehr vorhielt, daß das nicht stimmte, ich wußte doch, ich hatte es getan.

Nach so vielen Jahren kommt mir mein Verhalten an jenem Abend nicht mehr so sonderbar vor. Welches menschliche Wesen hat nicht im einen oder anderen Augenblick seines Lebens gehandelt wie ich, wenn auch vielleicht nicht auf die gleiche, so doch auf ähnliche Art? Ich erinnere mich, daß ich, als ich mich nackt sah, ein oder zwei Sekunden lang vor Bestürzung den Mund öffnete. Bei

einem Siebzehnjährigen ist der Körper ungefähr so, wie er sein soll, ich aber hatte niemals einen Gleichaltrigen unbekleidet gesehen. Ich erinnerte mich wieder der Bildwerke des Louvre, die meine Mutter mir zeigte und deren Schönheit für mich so verderblich sein sollte. Doch handelte es sich dort nur um Stein, während hier dieser soviel geheimnisvollere Stoff, das Fleisch, sich meiner Bewunderung darbot, mein Fleisch, an das niemand jemals rühren sollte. Mischte sich unter das alles auch etwas Gutes? Ich weiß es nicht, doch ich glaube wohl. In unbestimmter Weise ging mir auf, daß das Fleisch nicht verflucht war, sondern daß auf ihm eine fürchterliche Segnung lag, welche die Begierde ausschloß.
Freilich wußte ich nicht recht, was Begierde war. Ich hatte sie seit meiner Kindheit vergessen. Zu jener Zeit hatte ich sie schmerzlich verspürt, wie ich an anderer Stelle berichtet habe, aber im Februar 1918 bemerkte ich kaum, was eine Person von einer anderen unterschied, und kein Wesen war imstande, mir Sinnesleiden zu bereiten. Von der Wollust, der Herrin der Welt, kannte ich außer der schwindelnden Minute im Januar 1915 und jener überwältigenden Freude, die ich nicht mehr wiedererlebt hatte, nichts, als was darüber die Romanschriftsteller berichten, diese erfinderische Sippschaft.

Etwa um diese Zeit erteilte man uns die Erlaubnis, in kleinen Gruppen zu dreien oder vieren einen Tag in Venedig zu verbringen. Ich richtete mich so ein, daß ich allein blieb, und sobald ich einen Fuß auf den Markusplatz gesetzt hatte, war mir, als verliere ich den Kopf. Nichts auf der Welt war mir je so wunderbar schön erschienen wie diese Stadt, die eines Tages zerstört werden wird, einfach weil sie zu schön ist. Die Luft war lau, und alles zeigte sich mir von sieghaftem Sonnenlicht überstäubt. Wie geistesabwesend ging ich durch die Straßen, einen Plan in den

Händen, den ich nicht benutzte, denn ich irrte lieber ziellos umher. Von allen diesen Kreuz-und-Quer-Wanderungen habe ich nur die Erinnerung an einen Zustand der Benommenheit bewahrt. Zwölf Jahre später sollte ich Venedig wiedersehen, doch war es nicht mehr die gleiche Stadt, da ich selbst nicht mehr der gleiche war. Mit acht- oder neunundzwanzig Jahren konnte ich bleiben, solange ich wollte, in Stadtführern blättern und bis zum Überdruß Gondel fahren. Leider aber war ich nicht mehr ein junger Tor und arm, noch gezwungen, unter Androhung einer Ordnungsstrafe bis zum Einbruch der Dunkelheit zu Hause zu sein. An jenem Tage im Jahr 1918 berauschte ich mich an allem, was meine Augen sahen, außer an den Gesichtern, die ich gar nicht beachtete. In der goldenen Dämmerung von San Marco fand ich auch meine Inbrunst von einst ganz plötzlich für ein paar Minuten wieder, draußen aber fühlte ich mich erneut der Magie dieser Welt ausgesetzt. Die Welt war nicht der unselige und gefahrvolle Ort, von dem die *Nachfolge Christi* sprach: in Venedig kündete die Welt den Ruhm der Welt, und das Herz schlug darob nur vor Glück.
Als ich an jenem Abend in mein Zimmer zurückgelangt war, hatte ich keinen Blick für den Spiegelschrank. Ich warf mich flach auf mein Bett und vergrub mein Gesicht in den Armen, um auf dem Grunde meiner geschlossenen Augen den verlorenen Glanz noch einmal zu entdecken. Aber er war für immer dahin. Niemals mehr würde es so sein wie im ersten Augenblick. Ich wußte es nicht, ich wußte nichts.

So geblendet ich von Venedig und so trunken ich auch von Kunst und Dichtung war, ich mußte doch von Zeit zu Zeit die Nase in den einen oder anderen Laden stecken, und kam – wie Pater Crété gesagt hätte – nicht umhin, in eine Buchhandlung zu treten und mir dort eine englische Übersetzung des ›Decamerone‹ zu erstehen. Immer dieser Boccaccio. Merkwürdig aber ist an dieser nebensächlichen Begebenheit, daß ich sie nicht mehr glauben und vergessen haben würde, hätte ich nicht das fragliche Exemplar vor Augen. Es ist die Ausgabe von Chatto & Windus, in rotes Leder gebunden [ich war nicht eben arm, aber freilich ging meine gesamte Löhnung für Bücher drauf; war dieses Geld ausgegeben, hatte ich nichts mehr]. Auf dem Vorsatzblatt sehe ich noch meine damalige große, etwas liederliche, selbstgefällige – wenn ich allein an die großen Buchstaben denke! – aggressive Schrift: Julian Green, Venedig 1918.

Der Eindruck, den auf mich eine neuerliche Lektüre dieses Buches machte, ist mir nicht in Erinnerung geblieben, außer daß ich die Geschichte der geduldigen Griselda, mit der diese Sammlung schließt, ziemlich langweilig fand; aber ich erinnere mich sehr gut, daß eines Tages George Dresser, als er mich mit dem Band unter dem Arm sah und erfuhr, daß es sich um Boccaccio handle, sich den fraglichen Band von mir ausbat und unseren Kameraden ankündigte, er werde ihnen eine der aufregendsten Stellen dieses Meisterwerkes vorlesen, das er sehr gut kannte.

Hier nun trat die berühmte angelsächsische Heuchelei auf den Plan. Die Seiten wurden mit fiebernder Hand umgewendet. Endlich kamen die, die uns zur Ergötzung dargeboten werden sollten. Doch Wut und Enttäuschung: Der schockierte Übersetzer hatte hier den italienischen Text stehenlassen. Ich selbst hatte ihn gelesen, als ob es französisch sei, denn wenn ich das Italienische auch nur unvollkommen sprach, so las ich es ungemein leicht, doch hütete ich mich, es zu sagen; Dresser gab mir das Buch mit dem Bemerken zurück, diese Übersetzung sei nichts wert.

Was ihn am meisten empörte, war eine Fußnote, welche besagte, Boccaccio beschreibe hier eine Zauberhandlung, die zu kompliziert sei, um den englischen Leser zu interessieren, weshalb er vorziehe, diese Stelle im Originaltext zu bringen. »Zauberhandlung!« brüllte Dresser. »Es handelt sich darum, den ›Teufel in die Hölle zu bringen‹ – und wißt ihr, was er damit meint?« Er erklärte es uns, und ich errötete, denn jetzt war nicht länger möglich, daß ich nicht verstand. Der arme Dresser! Wie lachte er trotz seines Mißgeschicks! Ich hätte mich dieser Dinge nicht erinnert, wenn jener Band sie mir nicht ins Gedächtnis zurückgerufen hätte. Nun sehe ich den großen, sieghaften, rosigen Burschen wieder vor mir mit seinen blaublitzenden Augen und seinem kampflustig gesträubten goldenen Lockenhaar über der kurzen, eigensinnigen Stirn. Noch drei oder vier Monate der guten Laune, des Lachens, der Lieder, der kräftigen Fausthiebe auf den Tisch, der Trinkgelage, der Liebschaften – und er würde an der Somme in den Flammen sterben.

Gegen Anfang März bekamen wir alle einen zehntägigen Urlaub. Wir konnten ihn verbringen, wo es uns gefiel. Die italienische Regierung bezahlte uns die Eisenbahnfahrt. Ich entschied mich dafür, meine Schwester Eleonore in Genua zu besuchen und fuhr dorthin, mit dem aufgefrischten Boccacciogift in mir.

In Genua war es kalt, und die weitgestreckte, tragische Landschaft, die man von der Wohnung meiner Schwester aus sah, kam mir noch schöner vor als das letztemal, zumal sie völlig zu meiner grandiosen, romantischen Stimmung paßte. Die dunklen, windzerfetzten Wolken über den schwarzen Hügeln verglich ich mit meiner seelischen inneren Qual. Was aber quälte mich denn? Nichts, um die Wahrheit zu sagen. Eine gewisse Neugier auf die Lust, die ich noch nicht kannte, packte mich zuweilen, wenn ich davon sprechen hörte oder ein schlechtes Buch las, aber für gewöhnlich blieb meine Natur ruhig. In gewissen Augenblicken wollte ich unbedingt *wissen*, doch litt ich darunter nicht. Alles schlief noch in mir. Indessen bedurfte ich einer

inneren Qual, um mich in meinen eigenen Augen zu erhöhen. Ich träumte von edler Trauer. Die Erinnerung an die Nocturnes, die Mademoiselle Jeanne mir vorgespielt hatte, pflegte aufs beste in mir eine Melancholie, die mich mit Stolz erfüllte. Ach, die Torheit der Jugend! Pater Crété schrieb an mich etwa um diese Zeit: »Um der Liebe Gottes willen, mein Freund, machen Sie Schluß mit diesem finsteren Brüten!« Er machte sich nicht klar, daß ich ein unglücklicher großer Dichter sein wollte. Das schloß übrigens jähe, sehr viel ehrlichere Heiterkeitsausbrüche nicht aus. Ich schrieb viel, ich fing Romane an, die ich nicht zu beenden vermochte, wobei sich Zärtlichkeit, Lust und Herzeleid das Werk teilten. Ich hätschelte die Hoffnungslosigkeit. Man warf sich unter Lokomotiven wie in ›Anna Karenina‹, oder man schwelgte in Gift wie in ›Madame Bovary‹. Man sank sich auch in die Arme wie bei Maupassant, doch drückte ich mich hier eher verschwommen aus, zumal ich mich, wie ich gestehen muß, durch ein unüberwindliches Grauen davon abgehalten fühlte, unpassende Dinge zu schildern. Ein unberührter Jüngling ist etwas Kompliziertes.
Ich frage mich, ob ich diese Dinge nicht nur berichte, um den heikelsten Moment dieses Bekenntnisses noch etwas hinauszuschieben. Doch muß es schließlich einmal sein. Aus Gründen, die ich vergessen habe, mußte meine Schwester ein oder zwei Tage verreisen, so daß ich mit meinem Schwager, den ich nur zu den Stunden der Mahlzeiten sah, allein in dem großen Hause blieb. Noch dazu kehrte er nicht immer zum Abendessen heim, woraufhin ich dann also allein speisen mußte. Die schöne Teresina bediente mich bei Tisch, und der ›Signorino‹, wie sie mich nannte, trat bei dieser Gelegenheit entsprechend würdevoll auf. Ich bedauerte zuweilen, daß ich nicht nach Nervi fahren und dort von neuem einen Blick

in die Bibliothek von Mr. Kreyer werfen konnte, doch die Besitzerin der Villa hielt sich nur im Sommer dort auf.

Nun stimmt es nicht ganz, wenn ich behaupte, ganz allein im Hause gewesen zu sein. Außer Teresina und der Köchin, die sich beide früh zur Ruhe begaben, war noch ein weiteres Wesen im Haus, ein Fräulein namens Lola.

Ich bin mir klar darüber, daß diese Erzählung ein wenig an Casanova erinnern wird, aber ich kann nichts dafür. Ein merkwürdiger Casanova, wie man sehen wird. Die fragliche junge Dame war die Sekretärin meines Schwagers. Eines Abends wurde – ich weiß nicht, weshalb – beschlossen, daß sie die Nacht bei uns verbringen solle, anstatt zu ihren Eltern zurückzukehren, wie es offenbar hätte geschehen sollen, doch vielleicht waren diese verreist. Irgendein Grund dafür muß vorhanden gewesen sein. Wie dem auch sei, sie aß mit mir zu Abend [wovon mir keine genauere Erinnerung geblieben ist], und sie bekam ein Bett in einem Raum gerichtet, der an das Eßzimmer stieß. Mein Schwager wurde erst später wieder zu Hause erwartet. Lola war ein anständiges Mädchen, und jeder wußte, daß auch der Signorino anständig war – allzu anständig vielleicht sogar.

Ich weiß nicht, weshalb man anständigen Leuten sein Vertrauen schenkt. Sie sind zuweilen gefährlicher als die anderen. Häufig sind sie Besessene. Lola war hübsch, wiewohl sehr blaß, mit rundem Gesicht und hatte schöne Augen. Offenbar war sie so alt wie ich oder ein Jahr älter. Plötzlich kam mir der Einfall, mit ihr zu machen, was die Personen bei Boccaccio taten, und schlug wie ein Lustblitz ein. Es war nach dem Nachtessen, glaube ich. Ich war entzückt, daß alles sich so günstig ergab. Die Dienstboten waren nicht mehr da, Lola hatte sich in das bewußte Gemach zurückgezogen. Ich mußte nur abwarten, bis sie im Bett war, um in ihr Zimmer zu gehen und zu tun, was ich im Sinne hatte.

Ich horchte an ihrer Tür, dann, als der Augenblick mir gekommen schien, klopfte ich an, ohne zu zögern. Sie glaubte wohl, es sei Teresina, und rief »Herein!« doch als sie mich dann sah, zitterte sie, wie mir schien, vor Schreck, denn sie lag tatsächlich schon zu Bett und zog das Laken über ihre Brust. Ich setzte mich gleich so auf den Bettrand, daß ich mich, um sie zu küssen, nur hinunterzubeugen brauchte. Muß ich daran erinnern, daß ich in Uniform war? Die Uniform machte damals stets einen gewissen Eindruck, und darauf eben rechnete ich. Im übrigen war meine Eitelkeit so stark, daß ich mir nicht eine Sekunde vorstellte, das junge Mädchen könne sich mir versagen.
Sie warf mir vor, daß ich einfach bei ihr eindrang, doch auf nicht sehr überzeugende Art. Ich machte ihr Komplimente und fragte sie, ob es ihr denn so sehr mißfalle, mich neben sich zu sehen. Nein? Und warum nicht? Sie antwortete mir, indem sie ihre Hand über meine Wange gleiten ließ: »Perchè ti voglio bene.« [»Weil ich dich gern mag.«] Die Zärtlichkeit, mit der sie diese und noch andere Worte zu mir sagte, hätten mich zur Besinnung bringen sollen, aber ich war brutal, egoistisch und hochmütig. Ich faßte das Bettuch, das sie mit beiden Händen, jedoch nicht sehr hoch, nicht hoch genug, festhielt, und sagte ihr, ich wolle sie ganz nackt vor mir sehen. Sie sträubte sich ein wenig. Ich war gewiß, daß sie schließlich nachgeben und alles genau wie in den Büchern ausgehen werde wie bei Boccaccio. Doch es geschah nun etwas, was ich nicht vorhergesehen hatte. Wir hörten plötzlich ein Geräusch, das uns vor Schrecken erstarren ließ: die Tür des Vorzimmers ging. Mein Schwager kehrte heim. Ich konnte gerade noch zu Lola sagen: »Ich komme gleich wieder, sobald er schlafen gegangen ist.« Sie hielt den Finger an die Lippen, und ich verschwand.
Ich verschwand mit fabelhafter Geschwindigkeit. Heute noch frage ich mich, wie ich Zeit fand, in mein Zimmer zu

gelangen, mir die Kleider vom Leibe zu reißen und so schnell ins Bett zu schlüpfen, daß ich, als mein Schwager ein paar Sekunden später die Tür einen Spaltbreit öffnete, unter meiner Decke zusammengerollt und offenbar schlafend dalag.
Nachdem er die Tür wieder zugemacht hatte, suchte er sein Zimmer auf, das neben dem meinen gelegen war, und ich hörte, wie er dort noch einen Augenblick auf und ab ging. Dem Geräusch, das er beim Schuheausziehen machte, entnahm ich, daß ich nicht mehr lange würde warten müssen, bis ich zu Lola zurückkehren könnte, doch mit einem Male, wie unter der Wirkung einer Droge, fiel ich in tiefen Schlaf, aus dem ich erst am nächsten Morgen gegen acht Uhr erwachte.

Ich kann mich meiner Gefühle beim Erwachen an jenem Tage nicht erinnern, doch ich glaube, sie bestanden in völliger Gleichgültigkeit. Es wäre mir angenehm, wenn ich jetzt schreiben könnte, ich sei von namenloser Wut verzehrt gewesen, denn damit hätte ich in mir ein natürliches, menschliches Gefühl zugegeben; aber es war mit meiner Menschlichkeit nicht weit her. Von meiner eigenen Person fasziniert, brachte ich es nicht fertig, dem Gefängnis zu entrinnen, das ich mir geschaffen hatte, ohne es zu wissen. Ich kann nicht darin schweigen, daß dieser tiefe Schlaf, in den ich verfiel, wahrscheinlich den Lauf meines Lebens änderte. Es scheint mir heute klar, daß, wenn ich mit Lola nach meinem Willen hätte umgehen können, ich vielleicht ein anderer Mensch geworden wäre. Doch es ist noch nicht Zeit, von diesen Dingen zu sprechen, die sich erst sechs Jahre später entscheiden sollten. War Lola noch Jungfrau? Ich habe Gründe anzunehmen, daß sie es nicht war. Sie hätte mir eine Welt erschlossen, die ich noch nicht kannte. Stattdessen wurde ich für einen ganzen Teil meiner Jugend auf mich selbst zurückgeworfen.

Was aber dachte Lola von mir? Sie ist gestorben. Ich werde es niemals erfahren. Am nächsten oder übernächsten Tage begegnete ich ihr in einer Straße, die sich unterhalb der Via Assarotti hinzog. Offenbar hatte das junge Mädchen mich recht keck gefunden und vermutete vielleicht, ich habe schon viele Abenteuer gehabt. Wie erstaunt wäre sie gewesen, hätte sie die Wahrheit gewußt! Ich ging geradewegs auf sie zu und machte ihr Komplimente: »Come sei bella oggi!« [»Wie schön du heute bist!«] Viel mehr Italienisch konnte ich nicht. Sie hielt mir sanft mein Verhalten von gestern oder vorgestern abend vor und sagte, daran erinnere ich mich noch, ich denke nur an ›cose indecente‹. Ich gab offen zu, sie habe recht. Darauf lachte sie und hieß mich einen ›cattivo‹ [›schlimmen Burschen‹], aber ich merkte deutlich, daß sie mir nicht böse war, denn sie fragte mich, ob wir uns wiedersehen würden. »Gewiß«, antwortete der kleine Kriegsmann, der ich war, »und dann tun wir das, wovon Sie eben sprachen.« Von der übrigen Unterhaltung ist mir nichts im Gedächtnis geblieben. Ich kann nicht einmal sagen, ob sie mich gefragt hat, weshalb ich nicht zurückgekommen war, um ihr Gesellschaft zu leisten [das nämlich war der Ausdruck, den sie gebraucht hatte, als ich auf ihrem Bettrand saß], aber ich sehe noch die Straße der Unterstadt, das Mädchen mit dem milchigen Teint vor mir und werde sie auf meinem Sterbebett wiedersehen, wofern es stimmt, daß unser ganzes Leben noch einmal an uns vorüberzieht, bevor wir diese Erde verlassen.
Doch sollte ich Lola niemals wiederbegegnen. Ich nehme an, mein Urlaub ging zu Ende. Ein paar Monate später erfuhr ich beiläufig von meiner Schwester Eleonore, die junge Person komme nicht mehr ins Haus, sie suche eine andere Stellung. »Weshalb ist sie gegangen?« fragte ich. »Sie hat eine seltsame Antwort gegeben. Sie hat gesagt, sie finde bei uns nicht genügend Liebe.« ›Also verliebt in mich‹, sagte ich mir in gewohnter Bescheidenheit.

Hier möchte ich etwas in Parenthese einfügen. Der alte Träumer, der diese Erinnerungen schreibt, hat mehr als einmal zu verstehen gegeben, er sei schön gewesen und habe in so manchem Herz kleine Verwirrungen angestiftet. Ich habe ausdrücklich gesagt ›zu verstehen gegeben‹, weil er doch immerhin ermißt, wie lächerlich es wäre, sich selbst als einen Don Juan darzustellen. Eine Richtigstellung scheint mir hier am Platze. Ich habe mehrmals junge Leute meines Alters kennengelernt, die mir entschieden besser auszusehen schienen als ich, zum Beispiel Roger in Paris. Mich selber fand ich schön von vorn und häßlich im Profil. Zudem waren meine Haare schwarz. In mir aber hatte sich nun einmal die Idee festgesetzt, nur ein Blonder sei wirklich schön. Roger war eine strahlende Ausnahme. Jedoch betrachtete ich mit Entzücken meine Augen, die ich für bewundernswert hielt, und meinen wohlgezeichneten Mund, obwohl er fleischig war und ich schöne, asketisch geformte Lippen vorgezogen hätte. Unmöglich kann man solche närrischen Widersprüche erklären: ich wollte zugleich ein griechischer Gott und ein katholischer Heiliger sein. Obwohl ich vernünftig und ernsthaft wirkte, war ich im Grunde etwas verrückt. Schließlich hatte ich, dem Himmel sei Dank, einen angenehmen Teint und einen gesunden, kraftvollen Körper, aber meine Beine waren nicht ganz gerade, was mich oft befangen machte. Jedenfalls wurden mir Komplimente zuteil, die ich sehr wohl vermerkte. Soweit diese Lächerlichkeiten, auf die ich nun nicht mehr zurückkommen werde. Ich glaube, es ist weniger heuchlerisch, diese Dinge offen zu sagen, als etwas vorzugeben, was überhaupt nicht stimmt. Ohne ein Apollo zu sein, übte ich eine gewisse Anziehung aus, das ist alles.

Ich übte sie aus, weil ich jung war und noch jünger schien, aber nur in der Erinnerung werde ich mir dieser Anziehung bewußt, die ich auf gewisse Personen ausübte, wie ich später erklären werde. Was meine Augen betrifft, so kann ich, wenn sie schön waren, dasselbe von vielen anderen sagen. Wo gibt es ein Gesicht von siebzehn Jahren, wie banal es auch sein mag, dessen Mängel nicht durch das Wunder, das das menschliche Auge ist, ausgeglichen werden? Ich frage mich, ob es auf Erden etwas gibt, was diesem Wunder gleichkommt, welche Blume, welcher Ozean? Das Meisterwerk der Schöpfung liegt vielleicht in dem Glanz dieser unnachahmlichen Farben beschlossen. Das Meer ist nicht tiefer. Aus diesem winzigen Abgrund strahlt hervor, was das Geheimnisvollste von der Welt ist, eine Seele, und keine Seele gleicht vollkommen einer anderen. In diesem Sinne ist jede Seele einzigartig. Daher kommt die Faszination, die ein Augenstern ausüben kann, in dem sich so viele Dinge lesen lassen und in dem so viele andere für immer verborgen bleiben.

Ich vergaß Lola mit einer Leichtigkeit, die mich selbst verwundert, denn sobald ich sie nicht mehr sah, existierte sie nicht mehr für mich, sie hätte ebensogut nie gelebt haben können, und doch hatte ich zweifellos mit ihr die schwerste meiner Verfehlungen begangen. Doch offenbar war mein Gewissen nicht eben zart, denn ich brauchte lange Jahre, um über mein Verhalten Reue zu empfinden.

Ein leidenschaftlicherer Bursche als ich hätte anders reagiert, aber mein Temperament war sonderbar: einen Augenblick hitzig und dann wieder kalt; ich wußte nichts von meiner wahren Natur. Am Abend vor meiner Abreise aus Genua nahm mein Schwager mich mit ins Theater, um die ›Bohème‹ zu hören. Seine Wahl erschien mir eher primitiv, und ich verachtete insgeheim diesen Mann, wie ich unter der Miene friedlichen Wohlwollens so viele andere verachtete. Ich hörte also höflich zu. In der Pause gingen wir hinaus. Es war eine milde Nacht, und Prostituierte wandelten vor dem Theater auf und ab. Mein Schwager zwinkerte mir zu, und als eine von ihnen dicht an uns vorbeikam, sagte er zu ihr: »Guten Abend, Mimi.« [›Mimi‹,

wie in der ›Bohème‹.] ›Er kennt sie also‹, dachte ich in meinem naiven Gemüt. Der Gedanke fuhr mir durch den Kopf, daß er, da er meine Unberührtheit erriet, eine Gelegenheit bieten wollte, sie loszuwerden. Da mein Geist ungewöhnlich rasch arbeitete, stellte ich mir vor, ich sei vielleicht damals mit Lola nicht durch Zufall allein im Hause gewesen. Dieser Einfall war so stark, daß ich ihn noch heute nur mit Mühe aus meinem Bewußtsein verbanne. Hatte möglicherweise er das alles arrangiert? Ich kann nur die Frage aufwerfen. Wie dem auch sei, ich tat, als bemerke ich die glühenden Blicke nicht, die mir die Peripatetikerin zuwarf. Wahrscheinlich dachte ich dabei an meinen Onkel Willie. Ich wollte nicht so enden wie er. Mit einem faunischen Lächeln und dem leichten Stottern, das ihm eigentümlich war, erklärte mein Schwager dann schließlich, es sei für uns an der Zeit, unsere Plätze wieder einzunehmen, wenn wir sehen wollten, wie Mimi, die andere, die richtige, ›an der Brust‹ dahinsiechte.
Was für ein sonderbarer Mensch schien mir dieser Schwager zu sein. Je größer ich wurde, desto höflicher behandelte er mich. Er machte sich nicht länger lustig über mein Gesicht und hatte keine Veranlassung mehr, mir mein Englisch vorzuhalten, aber ich glaube heute zu erraten, daß meine lange währende Unschuld ihm nichts Gutes zu verheißen schien und daß er mich gern auf diskrete Weise einer Frau in die Arme getrieben hätte. Ich verstand nicht und hatte zudem die Idee, daß alle Straßenmädchen den Keim einer Krankheit in sich trügen, die ich mich zu nennen scheute: die Krankheit meines Onkels.

Betete ich? Ging ich zur Messe? Las ich in der Bibel? Auf keine dieser Fragen kann ich mit Sicherheit Antwort geben. Ich habe vergessen. Als ich nach Roncade zurückkam, brach gerade der Frühling in ganz Venetien aus, die Büsche grünten, die Luft war lau, und man hörte nachts

die Frösche quaken. Man hätte meinen können, daß durch diesen Teil der Welt das Glück wehe, und ich hatte teil daran. Jede Stunde brachte mir ihre besondere Freude, ich sang auf den Landstraßen. Was aber sang ich? Habe ich es vergessen können? Es waren die alten katholischen Hymnen, an denen ich mich einst in der Rue Cortambert berauschte, das ›Jesu dulcis memoria‹ und auch, daran zweifle ich nicht, die protestantischen Choräle, die meine Mutter uns mit unsicherer Stimme vorsang, während sie mit dem Fuße den Takt angab. Ich schmeichelte mir, richtig und sogar gut zu singen. Machte ich denn nicht alles gut? Meine Eitelkeit war enorm, und das Laster wartete nur darauf, sich in meinem Leben einzunisten, wahr aber bleibt auf alle Fälle, daß ich Hymnen und Choräle sang.
Ich habe zu sagen vergessen, daß ich bei meiner Rückkehr aus Genua auf dem Bahnhof Mestre mitten in der Nacht ankam und bis zum nächsten Morgen auf den Wagen warten mußte, der mich nach Roncade brachte. Da ich nicht wußte, was ich mit meiner Zeit anfangen sollte, streckte ich mich auf einer Holzbank im Bahnhofsgebäude aus, deckte mich mit meinem Mantel zu und fiel in tiefen Schlaf. Als ich aufwachte, vernahm ich das Lachen eines Angestellten, der mich fragte, ob ich eine gute Nacht verbracht hätte. »Gewiß.« – »Und Sie haben nichts gehört?« – »Nein, nichts.« Darauf erfuhr ich von ihm, daß österreichische Flieger versucht hatten, den Bahnhof durch Bomben zu zerstören, jedoch nur die etwa dreißig Meter entfernt verlaufende Bahnstrecke getroffen hätten. Ich aber hatte so gut geschlafen wie nie. Wenn ich sage, daß ein Kanonenschuß mich nicht aufgeweckt hätte, übertreibe ich nicht.
Niemals habe ich das Glück zu leben so deutlich verspürt wie im April und im Mai 1918. Es war Krieg. Dafür konnte ich nichts. Ich lachte ganz allein vor Glück. Ich war zwar durch schlechte Lektüre überreizt, doch glaube ich keine Sünde des Fleisches begangen zu haben. Über diesen

Punkt würde mein Gedächtnis mich nicht täuschen. Alles trug sich, so scheint es mir, in meinem Kopfe zu und war dadurch nur um so gefährlicher. Ich erinnere mich, daß ich eines Tages eilends an meinen Schreibtisch trat, um ein paar Seiten von krankhafter Obszönität niederzuschreiben. Es handelte sich um eine Erzählung, von der ein einziger Satz mir in Erinnerung geblieben ist. Dieser Satz knüpfte an nichts an, was ich jemals gelesen hatte, und ich weiß nicht, wieso er mir plötzlich unter die Feder kam, doch war er so wohlstilisiert und so sinnvoll, ja, erschien mir sogar so schön, daß ich in Lachen ausbrach. Ich lief vor den Spiegel, um mich selbst anzuschauen, und berührte mein Gesicht. An meinem Kinn zeigte sich kein einziges Härchen, ich war glatt wie die Statuen in den Museen. Ich wiederholte meinen Satz und beobachtete dabei die Bewegung meiner Lippen: so also war es, wenn man solche Worte aussprach, in dieser Weise bewegte sich der Mund. Nie hatte ich derartige Dinge gesagt, und ich hatte den Eindruck, daß in der Stille, in die diese Laute fielen, eine vibrierende Bewegung rings um meinen Kopf her entstand. Wo aber hatte ich diese Worte gehört, die ich so bewundernswürdig aneinandergefügt zu haben glaubte? Im Gymnasium, nehme ich an. Ich fühlte, wie eine Art Rausch mich befiel. Mit Worten vermochte ich zu tun, was andere nicht tun konnten. Ich schrieb Sätze hin, und etwas begann um mich her zu leben. Mr. Kreyers magische Bibliothek war in meiner Einsamkeit zu neuem Dasein erwacht, jetzt ging es nicht mehr um Stiche auf Papier: Blut strömte unter der Haut dahin, und das Fleisch war lebendig. In Sekundenschnelle war ich zu den Halluzinationen zurückgekehrt, die ich als Sechsjähriger hatte, und das Böse schlich sich in mein Gehirn wie durch die Korridore eines Schlosses, auf denen es seinen Weg wieder gefunden hatte. Vielleicht hat es keine entscheidendere Minute in meinem Leben gegeben. Ich ließ mich zu keiner der Handlungen herbei, die man hätte erwarten können. Die erschreckende Freude blieb ganz auf mein Inneres beschränkt.

An jenem Tage hatte ich den Eindruck, daß beim Niederschreiben des bewußten Satzes jemand, der stärker war als ich, mir die Hand geführt hatte, doch ich verspürte keine Furcht. Ganz im Gegenteil, ich war hochgestimmt und empfand jene geheimnisvolle Befriedigung, die das Gefühl der Macht einem gibt. Nach so vielen Jahren sehe ich mich wieder, wie ich ganz allein mit dem Kopf auf dem Tisch vor mich hinlachte. Hätte ich gewußt, was um mich her vorging, würde ich mich auf die Knie geworfen haben, doch davon war keine Rede. Ich war wieder ein Heide geworden.

In dem Haus, das ich in Roncade mit fünf oder sechs Kameraden bewohnte, hatte sich während meiner Abwesenheit eine leichte Veränderung vollzogen. Ich hatte noch immer für mich ganz allein das gleiche Zimmer inne, doch das auf der anderen Seite der Galerie [ich kann sie nicht als Korridor bezeichnen, da sie dafür zu geräumig war] beherbergte jetzt nicht zwei Mann, sondern drei, was einen Eindruck der Überfüllung hervorrief. Ein Grund, den man mir nicht nannte, erklärte diesen Zustand. Der Neuankömmling hieß Jack, und ich erfuhr fast gleich darauf, daß er der Sohn eines presbyterianischen Geistlichen sei.

Wiewohl ein ganzes Jahr jünger, war er weit größer als ich, und die ungewöhnliche Schönheit seines Körpers, die man unter seinen Kleidern erriet, fiel mir sofort auf. Seine langen Beine ließen sich, wie ich mir später klarmachte, sowohl an Eleganz wie an Kraft nur mit denen vergleichen, die den Gestalten der Fontainebleauer Schule zueigen sind. Seine ganze zugleich schlanke und kraftvolle Erscheinung weckte Bewunderung, und er wäre vollkommen gewesen, so schien es mir, wofern sein Kopf um ein geringes umfangreicher gewesen wäre. Dunkelblondes Haar reichte ihm bis tief in die Stirn, so daß davon nur ein schmaler weißer Reif übrigblieb, der ein rosiges Engelsgesicht mit vollen Lippen krönte. Soweit das Positive. Der Schatten auf einem so schönen Bilde bestand darin, daß dieser junge Mensch, der seine Engelsflügel in irgendeinem Wandschrank abgelegt zu haben schien, sich auf die abscheulichste Weise auszudrücken pflegte. Jede Gelegenheit war ihm recht, um Schmutzereien zu äußern, die, wie mir heute klar ist, eine der meinen mindestens ebenbürtige Unschuld bewiesen, denn sie hielten sich nur, wenn ich so sagen darf, an den Begriffsbestand der Kleinkinderskatologie. Ich weiß nicht, wovon er sich befreien wollte, indem er in dieser Weise sprach. Ein Psychoanalytiker hätte es sagen können, ich aber hörte mit Grauen diese Reden an, die meiner Einbildungskraft Dinge boten, die mir unerträglich waren, woraufhin ich Jack aus dem Wege ging. Er war bezaubernd und abscheulich. Es war wirklich ein seltsamer Fall. Eines Tages aber trug sich etwas zu. Ich befand mich mit ihm allein in seinem Zimmer. Er saß auf dem Feldbett, das quer in den Raum gestellt worden war, und las in einem kleinen schwarzen Buch. Als er mich sah, stand er auf. Ich bin nicht sicher, daß er mich besonders sympathisch fand. Er wußte jedenfalls, daß ich katholisch, also ein komischer Vogel sei. Noch dazu war ich aus dem Süden und er wie die übrigen Kameraden dieser Sektion aus dem Norden. Alle waren Yankees außer mir. Ich fragte ihn, was er lese, und er zeigte mir den Buchdeckel, auf dem ich Buchstaben sah, die ich nicht lesen konnte. »*Hé kainé diathéké*«, verkündete er mit heller, etwas näselnder Stimme. Er schlug das Buch auf und fuhr fort: »*To kata Mathaion euangelion*« [das vermute ich wenigstens, denn er fing vorne an]. Ich stand verdutzt da, und er merkte, daß ich nicht verstand. »The Gospel of Our Lord Jesus Christ«, setzte er auf englisch hinzu. »Du kannst Griechisch lesen, Jack?« – »Wie Englisch. Mein

Vater hat es mir beigebracht.« – »Du kannst dieses Buch an einer beliebigen Stelle aufschlagen und es lesen, als läsest du Englisch?« – Anstelle einer Antwort schlug er das Evangelium auf und las mir ein paar Verse auf englisch vor, worauf er mir das Buch, so wie ein Taschenspieler seine Karten vorweist, hinhielt, um mir zu beweisen, daß er sich nicht mit einer Übersetzung half. Ich muß vor Staunen mit offenem Munde dagestanden haben. ›Ein Engel‹, dachte ich und wich einen Schritt zurück.

An diesem Tage sagte ich nichts mehr zu ihm, sondern verzog mich schweigend in mein Zimmer. Könnte ich mir nur die Überlegungen zurückrufen, die ich damals anstellte! Aber alles, außer dem, was ich hier soeben berichtet habe, hat sich verflüchtigt.

Es gab aber noch einen anderen Tag. Als ich wie gewöhnlich früh aufgestanden war, sah ich, daß Jacks Tür offen stand, und warf einen Blick in sein Zimmer. Ich fand ihn allein und im Schlaf. Seine Kameraden wuschen sich gerade. Jack aber schimpfte jedesmal unflätig, wenn er zu früh geweckt wurde, und wusch sich immer erst nach allen anderen. Ich stand regungslos auf der Schwelle und fühlte mein Herz heftig pochen. War es nicht ein sonderbares Verlangen, das mich da erfaßte, dieser Wunsch, mich zu dem Schläfer hinabzubeugen und meine Wange an seine Wange zu legen, die vom Schlafe noch rosiger war als sonst? Mit dem Gold seines Haars, das auf das Kissen fiel, und der kraftvollen Linie seines langen, gewundenen Körpers kam er mir so schön vor, daß ich bei diesem Anblick eine mit Schrecken gemischte Freude empfand, doch konnte ich mir weder die Freude noch den Schrecken erklären. Gewiß, er war schöner als ich, denn er war ja blond. Von ganzem Herzen bewunderte ich ihn. Kein schlechter Gedanke kam mir, doch kostete es mich eine furchtbare Anstrengung, mich von diesem Zimmer loszureißen und das Haus zu verlassen. Der Rausch der Sinne war mir noch fremd, denn ich hegte in dieser Hinsicht einen unüberwindlichen Abscheu. Darüber ließe sich vieles sagen. Ich sah eine Schmach der Menschheit in allem, was unterhalb des Nabels lag, ich versuchte zu vergessen, daß es existierte, aber die Schönheit eines Gesichts traf mich wie ein Blitz. Ich war mir ebensowenig bewußt, daß ich offenbar in Jack verliebt und von dieser Leidenschaft ein für allemal durch seine schmutzigen Reden geheilt war; doch an diesem Morgen schwieg er, meinen Blicken und jener keuschen, glühenden Gier preisgegeben, von der ich nichts begriff. Ein paar Minuten lang litt ich, ja, ich litt sogar sehr, denn ich wußte nicht, was ich wollte; etwas aber wollte ich mit einer Art von Raserei. Es war eine sonderbare Qual, in der ich mich am liebsten auf dem Boden herumgerollt hätte.

Von jenem Morgen an bis zu meinem Aufbruch aus Venetien habe ich, glaube ich, keine vier Worte mehr zu diesem Burschen gesagt. Wir drückten einander vielleicht am letzten Tage die Hand, aber ich sah ihn nie wieder, und so blieb es, wie Pascal sagen würde, für jetzt und immerdar.

Drei Monate darauf wurde Jack an der französischen Front durch einen Granatsplitter der Kiefer weggerissen.

Kurze Zeit nach meiner Rückkehr aus Genua suchte ein Priester, ein kleiner, uniformierter italienischer Feldgeistlicher, mich in meinem Zimmer auf. Ich weiß nicht, warum er mich sehen wollte. Alles, was ich darüber sagen kann, ist, daß wir ein paar Minuten lang am offenen Fenster stehend miteinander sprachen und daß er mir, bevor er ging, zwei kleine Broschüren gab, von denen die eine ›Confessatevi!‹ die andere ›Communicatevi!‹ betitelt war. Ich blätterte einen Augenblick darin und legte sie dann zur Seite. Sie hatten mir in meiner damaligen Verfassung nur sehr wenig zu sagen.

Etwas indessen machte mich betroffen, als ich eines Tages

zwei meiner Kameraden untereinander von ihrem Urlaub sprechen hörte, den sie in Rom verlebt hatten. Der eine war in den Petersdom gegangen. Er war Protestant. All der Prunk dort war ihm barbarisch und unchristlich erschienen, da seiner Meinung nach der Weihrauch und die Gesänge nur auf das Gefühl, nicht jedoch auf Herz und Seele wirkten. Diese Vorwürfe kannte ich, und zu anderer Zeit hätte ich darauf geantwortet, jetzt aber wartete ich das Weitere ab. »Es standen viele Leute um einen Beichtstuhl herum, jeder wartete, bis er an die Reihe kam. Sobald der eine heraustrat, wurde sein Platz von einem anderen eingenommen. Plötzlich sah ich Lodge, wie er hinter dem Vorhang hervorkam.« Lodge war ein großer, bebrillter Bursche, der schweigsamste unserer Sektion, mit dem ich nie mehr als zwei Worte gewechselt hatte. Die Geschichte interessierte mich. »Junge, Junge, den hättest du einfach nicht wiedererkannt. Er ging dicht an mir vorbei, ohne mich zu sehen, mit einem Gesicht, das vor Freude strahlte.«

Ich verspürte innerlich einen Schock, stand lautlos auf und ging fort. Warum nicht die Dinge sagen, wie ich sie damals sah? Ich war furchtbar eifersüchtig auf Lodge, den Katholiken. ›Neidisch‹ wäre ein noch treffenderer Ausdruck. Nicht neidisch auf eine lobenswerte Art, sondern häßlich neidisch wie ein Kind, das in den Händen eines anderen eine Sache sieht, die es selber nicht hat. Jenen wunderbaren Frieden, den die Beichte schenkt, hätte ich *auch noch* haben mögen, ohne indessen auf das übrige zu verzichten. Verzichten – auf was? Auf die Lust? Ich hatte sie nicht erlebt. Dann also auf das Verlangen nach Lust, auf alles, was der Böse mir in das Herz gesenkt hatte. Ich wollte alles zugleich, die Welt und den Himmel. Meine Seele gierte nach allen möglichen Gütern, und dennoch glaube ich, daß es möglich gewesen wäre, zu meiner unglücklichen Seele zu sprechen, doch niemand war da, es zu tun. Der

italienische Feldgeistliche hatte es nicht verstanden, sondern sich damit begnügt, mir seine Broschüren dazulassen. Wahrscheinlich hätte der mürrische Pfarrer von Monastier di Treviso die richtigen Worte gefunden, tatsächlich aber lebte ich in religiöser Hinsicht in völliger Einsamkeit, während vielleicht ein Satz genügt hätte, um den Bannkreis zu durchbrechen, in dem ich mich befand.
Ich muß dazu bemerken, daß meine natürliche Scheu nicht ermutigend war. Wenn ich mich heiter gab, lächelte jedermann mir zu. Oft aber vergrub ich mich in mein Zimmer und mischte mich nicht freiwillig unter die Gruppe, die wir bildeten. Meine Schroffheit verstimmte. Eines Tages lieh ich einem Kameraden, der mich darum bat, eine silberne Uhr, an der ich sehr hing. Am nächsten Tage erschien er mit der Uhr in der Hand bei mir. »Ich weiß nicht, was sie hat. Sie geht nicht mehr.« Ich saß an meinem Tisch. »Gib mir die Uhr«, sagte ich. Ich nahm sie entgegen, warf einen Blick darauf und warf sie mit einer jähen Bewegung zum Fenster hinaus. »Du hast sie zerbrochen, ich mag sie nicht mehr.« Mein Kamerad sperrte den Mund auf vor Staunen und ging.

Ich hatte zuweilen Gelegenheit, eine kleine Stadt mit Namen Mogliano zu besuchen, in der es viele Soldaten gab, und sah dort eines Tages einen Leutnant, der vor dem Kriege im Büro meines Vaters gearbeitet hatte. Er war Venetianer und wäre mir in seiner Uniform sehr schön erschienen, hätte er nicht Säcke unter den Augen gehabt. Ich vermutete, er habe gerade mit einer Frau geschlafen, und beneidete ihn infolgedessen ein wenig, wiewohl mir diese Schwellung des Fleisches wie eine Strafe des Himmels erschien, ebenso wie die Schatten, die ich um die Lider hatte. Er sprach freundlich, aber eilig mit mir, denn ganz offensichtlich machte es ihm keinen Spaß, sich mit mir zu unterhalten. Er hatte anderes zu tun, zum Beispiel,

sagte ich mir ›in petto‹, zu jener Frau zurückzukehren. Ich wünschte, er würde mich mit ihr bekannt machen, und stellte mir innerhalb von Sekunden tausend angenehme, aber unmögliche Dinge vor. Er ließ mich mitten auf der Straße stehen; ich war darüber sehr enttäuscht.
In dieser Stadt, in der ich spazierenging und durch meine Uniform die Blicke auf mich zog, hatte ich mehrere Male einen jungen Soldaten mit einem wunderschönen Gesicht bemerkt, der fast immer in Gesellschaft einer jungen Frau auftrat, die ebenso hübsch wie er schön war. Ich verspürte bei dem Anblick der beiden ein überaus lebhaftes Vergnügen, dem jedoch jede Sinnlichkeit fehlte, weil ich noch nicht wußte, daß – wiewohl nur auf abstrakte Weise – die Macht der Sinne im Spiel war, wenn ich einen französischen Roman las oder verschwommen von Wollust träumte. Dazu kam in meinem Fall noch das Besondere, daß, wenn ich mich unmittelbar einem menschlichen Wesen gegenüber befand, nach dem mich hätte verlangen können, meine Phantasie mich im Stich zu lassen pflegte. Wie dem auch sei, die beiden jungen Leute hatten bald bemerkt, daß ich ihnen mit den Blicken folgte, und eines Tages trat der Soldat auf mich zu und bat mich, mit ihnen eine Tasse Kaffee zu trinken.
So saß ich denn also einen Augenblick darauf dem jungen Mann und der Frau an einem langen Tisch gegenüber. Alles das sehe ich deutlich vor mir. Gegen das Licht sitzend betrachtete ich sie voller Bewunderung, während sie, die Ellenbogen auf den Tisch gestützt und Schulter an Schulter, sich so weit zu mir vorbeugten, daß unsere Gesichter sich um ein Haar berührten. Wie weiß waren ihre Zähne, und wie lebhaft blitzten ihre Augen! »Findest du uns nett?« fragte der Soldat; errötend bejahte ich. Er sagte noch verschiedenes anderes, was ich vergessen habe, während die Signorina mich strahlend anlächelte und der Gedanke kam mir, daß sie ein Liebespaar seien. Ich verspürte bei

dieser Vorstellung ein sonderbares Rauschgefühl, als ich plötzlich, durch eine blitzartige Eingebung, begriff, daß sie wünschten, ich beteiligte mich an ihren Vergnügungen. Von diesem Augenblick an erschienen sie mir wie eine einzige Person. Sie sahen einander tatsächlich ähnlich wie Geschwister, ich aber fühlte mich von einer unvorstellbaren Verwirrung erfaßt, in der Schrecken und Freude sich zu gleichen Teilen mischten. In diesem Augenblick tat der Soldat etwas, was ich nicht begriff. Nachdem er einen raschen Blick mit seiner Gefährtin gewechselt hatte, erklärte er mir lachend: »Du mußt wissen, sie und ich, wir beide, sind verlobt.« Später begriff ich, daß es sich dabei um einen Scherz handelte, doch im damaligen Augenblick nahm ich diesen Satz wörtlich, und eine Schranke erhob sich sogleich zwischen dem Paar und mir. Ich glaubte, sie wollten mir auf freundliche Weise den Vorwurf machen, ich sei ihnen allzu interessiert mit den Blicken gefolgt, und fühlte mich schuldig. Das Wort Ehebruch stellte sich mir vor Augen. Ich dankte daraufhin dem jungen Mann und dem Mädchen für ihre Liebenswürdigkeit, erhob mich und ging. Niemals wieder hielt ich in Mogliano. Das Erstaunlichste aber an dieser Geschichte ist, daß ich fast auf der Stelle meine Liebenden vergaß; erst Jahre später dachte ich wieder an den Zauber ihrer dunklen lachenden und wachen Augen. Verpaßte Gelegenheit.

Einige Zeit darauf, an einem warmen, strahlenden Nachmittag, forderten fünf oder sechs meiner Kameraden mich auf, mich ihnen zu einer kurzen Wanderung längs der kleinen Kanäle anzuschließen, die die Wiesen durchzogen. Man konnte sich keine reizvollere Landschaft erträumen. Baumreihen spiegelten sich im unbeweglichen Wasser, und wir setzten uns ins Gras, um zu schwatzen. Einer schlug vor, im Kanal zu baden, und dieser Einfall schien allen trefflich außer mir, da ich nicht schwimmen konnte.

»Das macht doch nichts«, sagten sie zu mir, während sie schon ihre Kleider ablegten. »Zieh dich nur ruhig aus, du bleibst dann eben einfach im Wasser stehen.« Ich wollte nicht als Schwachmatikus dastehen und gehorchte. Einen Augenblick später stand ich nackt im Gras in einer gewissen Entfernung von den anderen, die mich beobachteten. Ohne zu wissen weshalb, empfand ich tödliche Scham. Ich vermied, in ihre Richtung zu sehen, weil sie nackt waren, aber ich spürte ihre Blicke auf meinem Körper und sagte schließlich: »Worauf wartet ihr denn noch?« Da stand einer von ihnen auf, löste sich von der Gruppe und machte ein paar Schritte auf mich zu. Er war sehr blond und hatte eine gebogene Nase, und ich verglich ihn in Gedanken mit einem goldenen Raben. Als ich ihn dicht neben mir sah, wich ich schnell zurück, denn er streckte die Hand aus, und ich glaubte, er wolle mich berühren. Auf einmal war mir klar, daß sie mich zum Auskleiden nur veranlaßt hatten, um zu sehen, wie ich beschaffen sei. Das Blut schoß mir ins Gesicht. »Du brauchst dich nicht zu schämen«, sagte der Bursche lächelnd zu mir. »Du bist gebaut wie ein Boxer.« Wofern er das als Kompliment gemeint hatte, bereitete er mir kein Vergnügen damit, denn nach meinen damaligen Vorstellungen war ein Boxer ungefähr das Bescheidenste, was es auf der menschlichen Stufenleiter gab. Alles blieb stumm, dann stürzten die Jungen sich lachend ins Wasser, und sehr gedemütigt stieg auch ich hinein. Ich hatte es eilig, den Badeakt zu beenden. Was ich unwillkürlich von allen diesen Leibern wahrnahm, rief in mir einen Widerwillen hervor, den ich mir nicht zu erklären vermochte. Man durfte nicht nackt sein, einander nicht anschauen noch einander so nahekommen, daß man Gefahr lief, sich zu berühren. Alles das war schlecht. Ich stieg aus dem Wasser, trocknete mich in der Sonne und zog mich wieder an, sobald es irgend anging. Als wir unsere Kleider anhatten, war die Ordnung wieder hergestellt. Ich konnte mit meinen Kameraden wieder schwatzen, ich erkannte sie wieder, während ihre Nacktheit mir ein ähnliches Unbehagen bereitet hatte, wie man es von Haustieren in Gegenwart ihres Herrn kennt, wenn dieser ins Bad steigt. Die Gestalten Gustave Dorés gehörten in einen anderen Bereich, ebenso die von Albani oder Giulio Romano. In meinem Geiste bildete sich da eine Unterscheidung heraus, die klarzustellen mir große Mühe bereitet hätte.

Ein paar Tage später hielt ich mich im Zimmer eines Kameraden auf, als ich, an einem Fenster sitzend, durch das sich eine Lichtflut ins Innere ergoß, ein Buch mit dem Titel ›Three Weeks‹ liegen sah. Mehrere meiner Kameraden waren da. Sie schwatzten und lachten, und ich fragte sie, was dieses ›Three Weeks‹ denn sei. »Das ist ein Buch, das man in Bordellen liest«, sagte einer von ihnen. Ich zögerte eine Sekunde und schlug es dann an irgendeiner Stelle auf, besorgt erregt, denn ich war mir bewußt, daß ich unrecht tat. Meine Blicke fielen auf einen dem Anschein nach harmlosen Satz, der sich aber so fest in mein Gedächtnis einprägte, daß er mir nie entfallen ist. Ich verstand ihn nicht recht; offengestanden verstand ich ihn überhaupt nicht, doch fiel er mir später angereichert an Sinn und Gift, wieder ein. Mit einer Bewegung, über die ich nicht Herr war und die ich unwillkürlich ausführte, als hätte ich einen Befehl erhalten, klappte ich das Buch zu und machte es nicht wieder auf. Dieser kleine Umstand erscheint mir geheimnisvoller als viele Handlungen, die im Bereich des Religiösen bedeutsamer scheinen könnten.

Noch eine andere Erinnerung öffnet mir die Augen darüber, was ich damals war. Es gab in unserer Abteilung einen großen Burschen, der sich mit okkulten Wissenschaften beschäftigte. Seine unvorteilhafte Erscheinung, seine zugleich joviale und herablassende Art, mit allen zu

reden, außer mit mir, fiel jedermann auf die Nerven. Eines Tages wurde beschlosssen, ihn in feierlichem Aufzug in den Kanal zu werfen. Ich hatte nichts gegen den jungen Mann, jedoch aus Feigheit nahm ich an dieser abscheulichen kleinen Veranstaltung teil. Sie wurde in der Nacht abgehalten. Das Opfer wurde aus dem Bett gezerrt und auf eine Bahre gelegt, die an einen der Kanäle hinter dem Haus getragen wurde. Acht bis zehn Burschen schritten singend hinterher, als handele es sich um ein Begräbnis. Nun aber kommt das Schmählichste. Einer von ihnen drückte mir ein Buch in die Hand und sagte dabei zu mir: »Du machst den Pfarrer.« Ich lachte, nahm das Buch und warf es fast sogleich ins Gras, aber ich hatte mich nicht geweigert, es erst einmal zu nehmen. Ich erinnere mich, daß trotz meines Lachens, das ein Lachen der Furcht war, mein Gewissen heftig schlug. Es machte mir kein Vergnügen, den Burschen ins Wasser geworfen zu sehen – sie kippten einfach die Bahre um –, und als ich allein in meinem Zimmer war, brannten mir Stirn und Wangen. Immer noch höre ich den Satz, der mir mehr Pein bereitete als alles übrige: »Du machst den Pfarrer.« Sie mußten also etwas wissen. Hatte ich selber von meiner Berufung gesprochen? Keine Erinnerung. Nur die Tatsache selbst steht noch in ihrer Nacktheit vor mir.
Zum erstenmal in meinem Leben schämte ich mich, ich selbst zu sein. Am folgenden Tage ging ich das Opfer besuchen. Ich sehe die Szene noch vor mir. Der arme Junge hatte Augen wie eine Schlange, wofür er gewiß nichts konnte, doch innerlich nahm ich ihm übel, daß er so häßlich war. Mit seinen Schlangenaugen also warf er mir einen Blick voll schweren Vorwurfs zu. »Du warst dabei«, sagte er. Ich erklärte, es tue mir leid.

Etwas viel Schlimmeres trug sich acht oder zehn Tage später zu. Wir hatten unter uns einen Franzosen um die dreißig, den man, ich weiß nicht warum, den Grafen nannte. Klein, mager und sehr geschwätzig, blendete er meine naiven Kameraden durch seine Schlagfertigkeit, zudem wußte er alles, hatte alles gelesen, fällte unanfechtbare Urteile über Leute, über Nationen, über den Krieg. Ich hatte wenig mit ihm zu tun, wenn sich aber die Gelegenheit dazu ergab, versuchte ich eine Unterhaltung anzufangen, aus Vergnügen, französisch zu sprechen. Als ich eines Tages zu ihm sagte, ich habe mit Interesse ›*La Guerre en dentelles*‹ von Georges d'Esparbès gelesen, antwortete er mit überlegenem Ton: »Hundert Seiten von Georges d'Esparbès sind nicht eine Seite von Anatole France wert.« Ich widersprach nicht, schwieg und ging fort. Mir schien klar, daß er sich nichts aus mir machte.

Sehr viel mehr machte er sich aus bestimmten Sanitätswagenfahrern unserer Abteilung, aus einem vor allem, einem blendend aussehenden Burschen namens Jeffries, der nach allgemeiner Meinung vollkommen gewesen wäre, wäre sein Augenabstand eine Spur größer gewesen. Ich sehe ihn noch sieghaft stolzierend und das große Wort führend vor mir, seines Charmes sehr bewußt.

Eines Abends, als ich mit ihm und einigen anderen auf das Nachtmahl wartete, hörte ich ihn unter heftigem und ebenso spöttischem wie befangenem Gelache eine Geschichte mit Einzelheiten von einer zotigen Genauigkeit erzählen, die ich grauenerregend fand. Nichtsdestoweniger hörte ich aufmerksam zu. Tags zuvor hatte er, dem heftigen Drängen des Grafen nachgebend, diesem gewährt, wonach er so sehr verlangte. So erfuhr ich, wie *das* manchmal vor sich ging, und wurde sofort von einem äußerst heftigen Widerwillen erfaßt. Der Bericht wurde mit allgemeiner Heiterkeit aufgenommen, untermischt von einer mehr oder weniger aufrichtigen Entrüstung, denn mir schienen diese Beteuerungen falsch zu klingen.

Vermutlich hätte es mit dem Vorgang sein Bewenden gehabt, hätte sich nicht einer durch Tugendhaftigkeit hervorgetan und unseren Vorgesetzten von dieser nach seinen Worten schändlichen Unordnung unterrichtet – denn es gibt nun einmal in irgendeinem Eck immer einen Verräter. Zum Unglück für den Grafen erschienen am übernächsten Tage nach dem Vorfall Offiziere der amerikanischen Armee, um bei jedem von uns seinen militärischen Status zu überprüfen. Man machte nämlich Jagd auf Druckpostengewinnler, und jedermann wußte, daß sich viele junge Kriegsdienstpflichtige in die Organisationen des Roten Kreuzes geflüchtet hatten, wo man ohne große Gefahr das Ende der Kampfhandlungen abwarten konnte.

In dem langen Speisesaal mit dem Marmorfußboden wurde angetreten. Der Tisch wurde so gegen die Wand geschoben, daß genügend Platz für die Inszenierung blieb, die dazu diente, uns das unvergeßliche Drama ins Gedächtnis zu heften. Alle Männer der Abteilung stellten sich im hinteren Teil des Saales auf, während einer der Offiziere etwas entfernt von uns an einem kleinen Tisch Platz nahm, wo er eine Kladde öffnete. Es war ein trockener und ziemlich häßlicher Mann, eingeschnürt in seine Uniform mit auffälligem Lederzeug.

Einer nach dem andern aufgerufen, traten wir einige Schritte nach vorn und salutierten. Was mich anging, so hatte ich noch nicht das dienstpflichtige Alter und wurde mit einem Wink zurückgeschickt, andere aber erhielten Befehl, nach Paris zurückzufahren und sich den amerikanischen Militärbehörden zu stellen. Es gab betroffene Gesichter, und unser Chef, der neben dem Offizier geradestand, schwitzte dicke Tropfen, weil er nur zu gut wußte, was sich zusammenbraute.

Nun war also der Graf an der Reihe. Aus der Angst, die ich auf dem Gesicht unseres Chefs sah, las ich ab, daß er die ›schändliche Unordnung‹ gemeldet hatte. Warum? Hatte man ihm gedroht, alles zu sagen, wenn er nicht seinen Bericht mache, und welche Strafen trafen ihn dann? Er war kein übler Mensch, aber schwach, und seine Depressionskrisen waren bekannt.

Als der Franzose zur Saalmitte vortrat, herrschte tiefes Schweigen. Ich bemerkte, daß sein Gesicht grau geworden war, als zirkuliere das Blut nicht mehr unter der Haut. Mit tiefer, vibrierender Stimme fragte ihn der Offizier, wie es komme, daß er nicht in der Armee seines Landes diene, und der Graf murmelte einen Satz, worin etwas von Gesundheit vorkam, und tatsächlich wirkte er ziemlich schwächlich.

Nunmehr begann der Offizier, der sich etwas von seinem Sitz erhoben hatte, ihn mit eifernder Wut zu beschimpfen, die mir Herzklopfen machte. Ich hörte Wörter, die ich nicht kannte, deren Sinn ich aber sofort erriet. Sie klangen wie Tierschreie in der schrecklichen Stille, denn es war in dieser ganzen Heftigkeit noch etwas mehr als nur Zorn. Es sah aus, als keuche dieser Mann, so viel hatte er über das schlimmste aller Laster zu sagen. Ich brauchte Jahre, bis ich begriff, daß ein gutes Teil Neid sich in seine Wut mischte, und daß er durch sein Schreien sich von der Last seiner eigenen Gier befreite. Es war die Frustration, die brüllte. Ohne es zu merken, verriet sich der Mann, indem er Jeffries, in dessen Wangenrot die Schönheit erstrahlte, für unschuldig erklärte. Schließlich kam die Anklagerede mit einem Satz zu einem Ende, der uns wie eine Kugel traf: »Sie werden jetzt nachhause fahren«, schrie er den Angeklagten an, »und ich wünsche Ihnen, daß man Sie an die Front schickt, wo Sie alles finden werden, was Sie brauchen.«

Für uns alle war damals das Wort Front gleichbedeutend mit Tod, und eine Minute lang standen wir starr und stumm, wie Figuren in einem Wachsmuseum. Der Graf schien versteinert vor Schreck, und einer von uns mußte

ihn am Arm fassen, damit er auf seinen Platz zurückging. Halboffenen Munds, brachte er keinen Ton heraus. Wo waren seine Redseligkeit, seine Witzworte, sein Spott, sein flottes Mundwerk? Nichts kam aus dem Schädel des Verurteilten, der seinen Richtspruch zu begreifen versuchte. Man bekam ihn nicht mehr zu sehen. Noch am selben Abend brachte ihn ein Wagen zum Bahnhof von Padua.
Ist die Geschichte hier zuende? Keineswegs. Tags darauf ließ mich der Zufall, den teuflisch zu nennen ich gute Gründe hätte, im Sanitätswagen, der uns an irgendeinen Außenposten bringen sollte, neben Jeffries Platz nehmen. Das ›Opfer‹ des ausländischen Verführers verhielt sich recht eigenartig. Ich weiß nicht, was in seinem Kopf oder in seinem Gewissen vorging, aber er brachte während der ganzen Zeit, während der wir unterwegs waren, die Zähne nicht auseinander. Ich meinerseits konnte nicht ruhig bleiben. Irgend etwas regte mich auf, was ich nicht recht verstand. Gewisse Dinge an der Geschichte von Jeffries schienen mir widerlich, aber eben deswegen wollte ich mit ihm reden. Zum erstenmal in meinem Leben verspürte ich die Gegenwart des Bösen, und daß der Teufel sich in mich einschlich, geschah durch die Versuchung des Bösen; nicht durch die Liebe – das kam nicht infrage –, sondern durch das Laster, das mir ebenso Angst machte wie es mich fesselte. Ich saß neben einem Menschen, der das Böse getan hatte, und er war in meinen Augen deswegen nur umso schöner. Doch machte er mir Angst, als ob der Teufel selbst seine Gestalt, seine Gesichtszüge und seinen ganzen Leib angenommen habe. Mit dem Gefühl, jemand fasse mich an der Gurgel, versuchte ich, mich nur ganz sacht an ihn zu lehnen, doch er stieß mich, nicht ohne Schroffheit, mit den Ellenbogen weg. Das seltsame Manöver ging noch eine Weile fort, bis ich, müde und verwirrt, von meinem Kameraden abrückte.
Ich möchte meinen Bericht nicht zum Roman machen und

den Eindruck erwecken, als sei ich des Vorzugsplatzes gewahr geworden, der mich in der Hölle erwartet, falls ich mich aufgäbe, aber es ist sicher, daß ich an diesem Nachmittag auf einer Landstraße im Venetischen das Gefühl hatte, ganz plötzlich ein Opfer geworden zu sein, das Opfer von jemand, den ich nicht sah. Durch irgendeine Laune meines Gedächtnisses erinnerte ich mich, daß meine Kusine Sarah eines Tages vor mir den Namen Jeffries aussprach, und daß er vermutlich zu uns gekommen war, während ich in den Argonnen war. Nach langem Zögern fragte ich Jeffries, ob er meine Kusine kenne. Er warf mir einen Blick zu und deutete mit einer Kopfbewegung ein Ja an. Das war alles. Ein anderer hätte vielleicht aus diesem mageren Anfang einer Unterhaltung weiteren Ertrag gezogen, ich aber mußte damit vorliebnehmen. Ganz offensichtlich interessierte ich meinen Begleiter nicht. Ich war ein Kind. Offenbar ging alles daneben. Ich weiß nicht, was dann geschah. Jahre später erfuhr ich, daß Jeffries an der Front gefallen war. Seine Stimme, sein Gesicht, seine ganze Person kamen mir zurück, und wie eine Erscheinung stellte er sich mir vor Augen. Ich empfand etwas wie eine Aufwallung gegenüber diesem Schatten. Das Mitleid ließ ihn mich als eine Seele sehen, welche durch die Erinnerung an einen Verrat umgetrieben war. Doch wer kann in solchen Geheimnissen klar sehen?

Das Leben ging weiter. Eines Tages verkündete unser Chef, daß drei Kameraden, die tagsüber in Venedig gewesen waren, heimgeschickt werden sollten. Der eine von ihnen war James, der unglücklich Liebende. Er kam zu mir und sagte: »Greeno [so wurde ich genannt], der Chef wirft uns hinaus. Bleibst du da?« – »Nein«, gab ich unbesonnen und ohne Grund zur Antwort, »wenn ihr gehen müßt, gehe ich auch.« Warum hatte ich das gesagt? Offenbar hatte ich das Gefühl, daß hier etwas Ungerechtes geschah, doch welche ungewöhnliche Art, dagegen zu protestieren...! Das Scheiden der Schuldigen hätte mir keinen wirklichen Kummer bereitet. Jedenfalls blieben sie. In dieser Nacht bekam der Chef nämlich einen Weinkrampf, er schluchzte in seine Kissen und nahm seinen Entschluß zurück.

Ich hatte mich auf sechs Monate verpflichtet, und das Ende meiner Dienstzeit rückte heran. Man fragte mich, wo ich hingehen wolle. Ich sagte, nach Rom, und man schenkte mir eine Fahrkarte nach Rom.
Bevor ich Roncade verließ, führte ich noch ein paar Gespräche mit James über seine unglückliche Liebe, die ernst zu nehmen mir nicht gelang, da es sich ja, wie ich ihm sagte, um einen Mann handelte, wobei es mir ebensosehr an Gedächtnis wie an Herz gebrach – hatte ich denn schließlich Frédéric ganz vergessen? Zunächst jedoch, so seltsam es scheinen mag, hatte ich mich nie für verliebt gehalten, eben weil ich nicht wußte, daß Liebe zwischen Personen des gleichen Geschlechts bestehen kann – daher wußte ich denn auch nicht, welchen Namen ich meinen damaligen Gefühlen für meinen Mitschüler geben sollte –, zudem aber kamen, wie ich sagen muß, James und der Mann, den er anschmachtete, mir so häßlich vor, daß diese Geschichte mich nicht interessierte. Ich wäre zweifellos viel aufmerksamer gewesen, wofern sie beide schön gewesen wären; ihre Häßlichkeit aber war der Grund, weshalb ich nichts verstand. Ach leider, es kam vor, daß ich lachte, ohne zu ahnen, daß ich dieses Lachen einmal mit vielen Tränen würde bezahlen müssen.

Ich traf also Anfang Juli 1918 in Rom ein und begab mich sofort ins Hotel ›Elysée‹, in dem meine Schwester Mary ein Appartement bewohnte. Ob sie sich verändert hatte? Keineswegs. Sie schien mir bei guter Gesundheit, hatte die gleiche Stimme, die gleiche gute Laune, mit irgend etwas undefinierbar Überlegenem und Bestechendem zugleich, das auf uns alle wirkte. Sie war von italienischen, belgischen und französischen Freunden umgeben, unter denen ich mich sofort unbehaglich fühlte, denn sie bildeten eine kleine Welt für sich mit eigener Sprache, eigenen Scherzen und Anspielungen, von denen ich nichts verstand. Zudem hatte ich ein wenig Angst vor ihren leicht maliziösen Blikken. Ich hatte nichts Geistreiches vorzubringen. Mit einer großen Handbewegung wies meine Schwester mich auf das Fenster hin, von dem aus man eine wunderbare Aussicht auf den Petersdom hatte. Wie in einem Traum sah ich zum erstenmal die ferne Kuppel vor einem wolkenlosen Himmel und wurde im selben Augenblick von einem tiefen Gefühl der Freude erfaßt, unter die sich jedoch dunkles Mißtrauen mischte. Die Freude war katholisch, das Mißtrauen kam, ich weiß nicht woher, vielleicht aus einem protestantischen Atavismus. Jedenfalls blieb ich stumm. Was kann man Treffendes über die Kuppel von Sankt Peter vor einem Publikum von eher spöttischen Italienern sagen? Frivole Bemerkungen wurden ausgetauscht, die mich tief schockierten, denn schließlich war Sankt Peter der Inbegriff des Glaubens. Etwas wurde mir in dieser Sekunde gegeben, etwas wie die Lösung eines inneren Widerstreits. Was rings um mich her gesagt wurde, machte mir nichts aus, ich war stolz, Katholik zu sein, ich dankte Gott aus tiefstem Herzen dafür, jener schmähliche Argwohn war verschwunden, alles in mir sagte ja, es war mein erstes Gebet, verworren, formlos, aber voll der Freude. Mir war, als gebe Gott mir das, was mir an anderer Stelle genommen worden war, in Heiterkeit zurück, in einer göttlichen Heiterkeit, die bewirkte, daß alles im schönsten Lichte der Welt vor Gück zu lachen schien. Ich wage zu schreiben, daß ich den Eindruck eines Willkomms hatte. Wäre ich allein gewesen, ich hätte mich auf die Knie

geworfen, doch ich war von diesen geistvollen, blasierten Personen umgeben, für die solche Dinge keinen Sinn besaßen, und auf meine Verzückung folgten Trauer und Befangenheit.
Es bereitet mir gewisse Schwierigkeit, das, was nun folgt, zu berichten. Der falsche Luxus der Hotels war etwas Neues für mich. Bei uns in Paris war alles schlicht und gediegen. Hier nun fand ich Pelzwerk und Brokatkissen auf einem Diwan. Einzelheiten, die mich fast ebenso einschüchterten wie die Konversation und das Gelächle, denn amüsant sein und lächeln mußte man hier um jeden Preis. Man erzählte kleine Geschichten von Personen, die ich nicht kannte und deren Stimmen und komische Eigenheiten man nachmachte. Es schien als komisch zu gelten, wenn man mich ›Militär‹ rief und, nachdem man mir Kaffee in einem vergoldeten Täßchen angeboten hatte, meine Anwesenheit vollkommen vergaß [wozu ich mich beglückwünschte], um das letzte in Rom erschienene Buch ›Quaresimale‹ zu diskutieren. Dieser Teil fällt mir gerade wieder ein. Alle sprachen italienisch, meine Schwester so gut wie die anderen, und zwar so schnell, daß ich fast nichts verstand. Auf einer Tischecke entdeckte ich einen Rosenkranz aus Buchsbaumholz, der, so vermutete ich, Mary gehörte, und fühlte mich beruhigt. Sie wenigstens glaubte noch. Man mußte glauben. Arme Mary! Sie bildete sich ein, sie habe mir, indem sie mir mit großer Geste die Kuppel von St. Peter zeigte, die ganze Stadt zum Geschenk gemacht, und ich habe alles gesehen, denn davon, mir anderes zu zeigen, war an jenem Tag keine Rede.
In Wirklichkeit war dieses Zimmer mit der schönen Aussicht auf Sankt Peter nicht das Appartement meiner Schwester, sondern das eines jungen Mannes, den ich Giulio nennen will, und der Schauspieler war. Täglich trafen wir uns bei ihm zur Stunde des Kaffees auf einen Augenblick. Man fand ihn schön, ich jedoch nicht. Er hatte

Augen von einem herrlichen Blau, doch weder das übrige Gesicht noch das, was man von seinem Körper erriet, schien mir dem griechischen Ideal zu entsprechen, außerhalb dessen nach meinen damaligen Vorstellungen keine Hoffnung auf Heil im ästhetischen Bereich bestand. Natürlich behielt ich meine Meinung für mich. Giulio verfügte über Rundungen, die mir bei einem Mann grauenhaft erschienen. Daß er spezielle Neigungen hatte, war jedermann bekannt, außer mir, dem das nichts besagte. Der Mann, dessen Leben er teilte, war ebenfalls bei diesen kleinen Zusammenkünften zugegen. Er lebt nicht mehr. Ich werde ihn Enzio nennen. Ich kann nicht ohne Traurigkeit an ihn denken, denn ich habe selten einen Italiener kennengelernt, der ernsthafter, zartfühlender, noch auf seine Art christlicher gewesen wäre. Er mochte vierzig Jahre alt sein, Giulio kaum mehr als zwanzig, zwischen beiden aber lag eine Welt. Man kann sich keine verschiedeneren zwei Personen denken, und als die Wahrheit über die Natur ihrer Beziehungen mir fünf oder sechs Jahre später enthüllt wurde, fiel es mir schwer, daran zu glauben. Enzio betrachtete mich mit ernstem Blick und sprach manchmal zu mir mit tiefer, sanfter Stimme. Sein abgezehrtes Gesicht mit den so fein wie mit einer Bleistiftspitze gezeichneten Zügen hätte das eines Mönchs sein können. Ich wußte nicht, was ich zu ihm sagen sollte, aber ich liebte sein Schweigen, während ich mich vor den indezenten Neckereien Giulios fürchtete.

Zu diesen beiden Personen kamen noch zwei reizende Belgier, von denen ich aus Sorge, man könnte sie wiedererkennen, hier nicht sprechen kann, und eine gleichfalls belgische Dame von bewundernswerter Schönheit, die von ihrem Sohn begleitet war. Er litt unter nervösen Ticks, die für mich etwas Beunruhigendes hatten, da ich, wie von irgendeiner Ansteckung erfaßt, ganz bereit war, sie nachzuahmen. Mehr kann ich über diese kleine Welt nicht

sagen, die zweifellos ganz malerisch war, in der ich mich aber nicht wohl fühlte.
Auch meine Schwester Anne war da, sagte aber fast nichts. Sie hatte das Lazarett im ›Ritz‹ nach Rettas Tode verlassen, um sich um Mary zu kümmern, deren Zustand meinem Vater Sorge bereitete, doch da nicht genug Geld da war, arbeitete Anne einen Teil des Tages in einem amerikanischen Rot-Kreuz-Büro. Alle die Prüfungen, die ihr in Paris auferlegt worden waren, hatten in ihr tiefe Spuren zurückgelassen, doch stand sie noch im vollen Glanz ihrer Schönheit und überging mit Schweigen viele Dinge, die sie bestimmt schockierten. Ich sah sie nicht sehr oft. Im Grunde wußte keiner mit mir etwas anzufangen. Nichts stört mehr als jemand, der nichts sagt. Am dritten Tag verließ ich das Hotel und eilte auf die Straße. Ich hielt einen Wagen an und bat den ›vetturino‹, mich zur Kirche der Jesuiten zu fahren, dem berühmten ›Gesù‹, berühmt durch den Prunk seiner Ornamente und seine unnachahmliche, in trompe-l'œil ausgemalte Kuppel. Unglücklicherweise gelang es mir nicht, dem ›vetturino‹ begreiflich zu machen, was ich wollte. Vergebens rief ich immerzu »Gesù!« Er hielt mich offenbar für einen Menschen, der von religiösem Wahn besessen war, und hieb unter leichtem Achselzucken auf sein Pferd ein, das denn auch lostrottete.
Dieser kleinen Geschichte entnehme ich, daß ich eine Kirche aufsuchen wollte und ganz bereit war für das Wirken der Gnade. Der Gedanke, in Rom zu leben, rührte an die beste Seite meines Herzens. Alles das sage ich nicht ohne Melancholie.

Eines Nachts, als ich gerade beim Zubettgehen war, vernahm ich aus dem Nachbarzimmer ein Geräusch, das über die Vorgänge nebenan mir keinen Zweifel hätte lassen sollen. Ich sehe mich mit dem Ohr dicht an einer Tür stehen, die für einen Burschen mit meinem guten Gehör ein Blatt Papier zu sein schien. Eine oder zwei Sekunden lang glaubte ich, meine Nachbarn seien krank, doch davon war keine Rede! Der Schmerz hatte nichts mit jenen stöhnenden Lauten zu tun, und bald behob denn auch die Unverblümtheit der gestammelten Worte jeden Zweifel in mir.

Ich weiß nicht, welcher Schriftsteller gesagt hat, daß man in einem solchen Fall mit den Ohren sieht. Mit brennendem Kopf, doch völlig ruhigem Körper [wird jemals einer mir dieses Geheimnis erklären?] wohnte ich in der Phantasie dem mir unbekannten Vorgang bei, der zugleich erschreckend und faszinierend für mich war und den ich im Geiste mit allen möglichen Reizen umkleidete. Das, gerade das war es, was ich mehr als irgend etwas auf der Welt in dieser Minute wollte. Da ich nicht wußte, was tun, und dabei vergaß, daß ich ganz oder doch beinahe nackt war, lief ich an meine Zimmertür und merkte mir die Form der sehr ordentlich vor der Tür des Nachbarzimmers aufgestellten Schuhe. Wenn ich Schuhe sage, drücke ich mich nicht richtig aus: es handelte sich um ein Paar Offiziersstiefel und ein Paar Damenschuhe, die beide so ruhig und brav aussahen, daß ich, wäre ich nicht derart außer mir gewesen, hätte lachen müssen. Das Außerordentlichste dieser Geschichte liegt aber nicht in diesem Detail. In mein Zimmer zurückgekehrt, verbot ich mir, weiter hinzuhören, legte mich wieder zu Bett und schlief auf der Stelle ein.

Als ich am folgenden Tage im Speisesaal mit Mouser, unserer alten englischen Freundin, die ebenfalls im Hotel wohnte, zu Mittag aß, schaute ich allen Eintretenden aufmerksam auf die Füße. Da gab es Stiefel ohne Zahl, und fast alle Damenschuhe sahen einander sonderbar ähnlich. Ich hatte mich darauf gefaßt gemacht, mit *meinen* Stiefeln und *meinen* Schuhen an den Füßen Apoll und Aphrodite eintreten zu sehen, doch es erschienen nur untersetzte Herren und ganz belanglose Frauen. Weil ich aber allen auf die Füße starrte, erregte ich schließlich Mousers Aufmerksamkeit, woraufhin sie mich fragte, ob ich etwas verloren hätte. Ich errötete. Wenn sie gewußt hätte... Ach, wenn sie gewußt hätte, sie hätte Tränen gelacht!

Liebe alte Mouser, versprengter Fels aus dem unerbittlichen, so schwer zu begreifenden Albion – es wird Zeit, daß ich von ihr spreche. Sie hieß in Wirklichkeit Florence Carew-Gibbson. Mein Vater, dessen Gedächtnis nachließ, nannte sie unbeirrbar Mrs. Webster, und was den Spitznamen Mouser anbelangt, so weiß ich nicht, wie sie dazu kam. ›Mouser‹ nennt man im Englischen Mäuse fangende Kater, aber Mouser hatte von einer Katze nichts an sich. Sie hatte ein etwas derbes, von den Widerwärtigkeiten des Lebens gezeichnetes Gesicht, männliche Züge, helle Augen, deren Blick allem standhielt und deren Lider höchstens einmal infolge des Rauches einer nie erlöschenden Zigarette ins Zwinkern gerieten. Protestantin bis ins Mark, sprach sie von den Katholiken mit einem Takt und einer Höflichkeit, die einen unverbrüchlichen Antipapismus verrieten. Ihre Art sich zu kleiden, war sprichwörtlich in unserer Familie. Ketten, Ringe, kostbare Steine, Kameen, Federn und Spitzen unterstrichen, was der Zeitgeschmack, der sie geprägt hatte, an Banalem enthielt, und schmückten eine Person, die, wie sie als erste zugab, täglich häßlicher wurde und die das nahende Alter mit wachsendem Grauen erfüllte. Ihre resolute, beißende Redeweise machte Gespräche mit ihr zu einem Vergnügen, das nicht ganz frei von Beunruhigung war, denn Sarkasmen erblühten auf ihren schmalen Lippen, freilich durch Höflichkeit und eine natürliche Menschenfreundlichkeit – in ihren Augen zweifellos eine Schwäche, die sie nur schlecht überwand – gemilderte Sarkasmen. Wie hart sie auch erscheinen wollte, sie kam doch nicht dagegen auf, daß sie im Grunde gut war. Man behandelte sie mit Respekt. Sie entbehrte Liebe. Dennoch verspürte sie bei uns allen eine mit Schrecken versetzte Zuneigung, für die sie im Grunde auch empfänglich war. Nachdem sie sich mit der Tatsache unseres Nicht-Britischseins abgefunden hatte, die allerdings schwer ins Gewicht fiel, gewährte sie uns allen nacheinander Einlaß in die Art von Panzerfestung, die ihr Herz war, zumal wir aus englischem Stamm erwachsen waren, was in ihren Augen als mildernder Umstand galt, sprachen wir doch auch nicht so wie die Amerikaner. Als ich noch ein Kind war, hatte ich Gelegenheit, ihr aus Paris zu schreiben, als sie mit Mary in Italien war. Ich unterschrieb meine Briefe: »Ihr respektabler Freund«, wobei mir ›respektvoll‹ vorschwebte. Dieses Versehen entzückte sie. Später, als ich zwanzig Jahre alt war und sie mir, ohne es mir im geringsten zum Vorwurf zu machen, ein Leben voll galanter Abenteuer zutraute, schrieb sie mir manchmal und unterzeichnete sich als »Your one respectable friend« [»Ihre einzige respektable Freundin«]. Bei der Kunde von meiner Konversion im Jahre 1916 hatte sie sicher die Brauen gehoben, doch Mary und noch vor ihr Eleonore waren mir ja darin bereits vorangegangen. Ob es sich um einen Milieueinfluß auf eine rückgratlose Familie handelte? Ihrerseits hielt sie sich tapfer. Hätte man ihr von der Gefahr einer Ansteckung durch den Katholizismus in einer Stadt wie Rom gesprochen, so hätte sie sicher ihren in Silber gefaßten Kneifer abgesetzt, um behaglicher lachen zu können. Doch sie verachtete uns nicht. Unsere Familie besaß eine Gabe der Zähigkeit, die sie schätzte, und eines Tages, als einigen von uns eine nicht leichte Prüfung auferlegt war, beobachtete sie uns und ließ das Wort ›thoroughbreds‹ [Vollblut] fallen. Sie nahm nämlich häufig auf die Pferdewelt Bezug [in ihrer Jugend war sie geritten], und dieses Kompliment von ihrer Seite war nicht gering zu bewerten. Ehedem verheiratet, dann getrennt, jedoch nicht geschieden, erging sie sich zuweilen in vitriolhaltigen Anspielungen auf ihren Gatten, den sie niemals anders als ihren ›Legitimen‹ nannte, und zwar mit einem lautlosen Lachen, das etwas Gruseliges hatte. Stolz und aufrecht trotz quälender rheumatischer Schmerzen, war sie in unser Leben eingetreten wie ein Mann, mit einer ruhigen Autorität. Ich hing nicht an ihr wie einst an unserer guten, dicken, spitzbübischen Agnes, aber ich hatte sie gern und bewunderte sie. Sie sprach zu mir mit jenem leichten Einschlag von Respekt, den sie trotz allem für mein Geschlecht bewahrte – das Füllhorn ihrer Verachtung behielt sie den Frauen vor –, aber sie beherrschte mich doch auf eine höfliche Art. Die Italiener kamen ihr komisch vor, sie fand sie charmant an Sitten und Intelligenz, jedoch eher den Affen verwandt. Auf Grund einer, mir nicht deutbaren paradoxen britischen Haltung graute es ihr vor ihren Landsleuten, obwohl sie der Meinung war, daß zwischen ihnen und der übrigen Menschheit ungefähr der gleiche Unterschied bestehe, wie zwischen den Menschen und dem Tierreich. Doch – darin vielen Engländern gleich – lebte sie lieber bei den Affen als zu Hause, weil die Affen jedenfalls amüsanter waren.

Es gab damals in meinem Leben zwei einander entgegengesetzte Kräfte, wie ich sehr wohl erkenne, von denen die eine die andere in Schach hielt. Mary fühlte sich nicht kräftig genug, um mit mir im Speisesaal zu Mittag zu essen, weshalb ich meine Mahlzeiten mit Mouser einzunehmen pflegte. Eines Tages kündigte diese mir an, wir würden heute den Sohn eines italienischen Offiziers an unserem Tisch haben, und tatsächlich sah ich mir gegenüber einen jungen Mann meines Alters Platz nehmen, der in seinem dunkelblauen Anzug recht elegant aussah. Zunächst fiel mir in seiner Physiognomie nichts auf, es sei denn eine gewisse Heiterkeit, die an Ungeduld grenzte, doch war er sehr höflich und zeigte gute Manieren. Nach kurzer Zeit indessen bemerkte ich, wie angenehm er aussah, wie schön seine Haut war, wie schwarz sein Haar und wie weiß seine Zähne schimmerten. Er sprach nur italienisch, und zwar mit atemberaubender Schnelligkeit, so daß ich mich der Langsamkeit schämte, mit der ich selbst mich in dieser Sprache ausdrückte; aus diesem Grunde sagte ich fast nichts, doch waren meine Blicke, fürchte ich, sehr viel beredter, als ich selber ahnte. Ich erinnere mich, daß Mouser den jungen Mann fragte, wie man den Namen der Stadt Pontedera ausspreche, das heißt, ob man Pontédera oder Pontedéra sagen müsse. »Pontédera, Signora. Es ist die Stadt, in der Torquato Tasso den Sommer zu verbringen pflegte.« – »Und was hat er da gemacht?« – »Geschlafen«, antwortete der Bursche mit hinterhältigem Lächeln. Ich bewunderte im stillen alles, was er sagte. Ich liebte ihn, es war ganz einfach das, aber ich wußte nichts davon, kein böser Gedanke streifte mich. Später erfuhr ich, daß er sich im obersten Stock an die Treppe stellte, um den Heraufsteigenden Wasser auf den Kopf zu gießen. Es kamen Klagen, sein Vater bestrafte ihn. Ein- oder zweimal sah ich ihn noch flüchtig, bald aber dachte ich nicht mehr an ihn.

Da ich gerade von diesen Dingen rede, deren Sinn ich nicht im geringsten erfaßte, die mir aber doch von Zeit zu Zeit schmerzlich zu schaffen machten, möchte ich auch noch ein Wort über den jungen Offizier namens Galeazzo sagen, der wegen der eigenartigen Schönheit seines Gesichts und seiner ganzen Person viel Bewunderung fand. Heute noch frage ich mich, weshalb solche Gaben im Überfluß den einen zugeteilt werden und den anderen nicht. Wenn ich mich schön gefunden hatte, so brauchte ich nur Leutnant Galeazzo anzuschauen, um beschämt das Haupt zu senken. Ich sah diesen jungen Mann nur ein- oder zweimal und immer nur auf Minuten. Indessen gingen die Jahre dahin, bevor daraus etwas Böses entstand, gibt es doch eine geheimnisvoll unterirdisch keimende Saat, die schließlich einmal sproßt.

Eines Morgens, als ich in meinem Zimmer war, wurde an meine Tür geklopft, die sich darauf nur einen Spaltbreit öffnete und einer Hand Durchlaß bot, die auf der Ecke meines Nachttischs ein broschiertes Buch mit gelbem Umschlag ablegte. Zugleich vernahm ich Mousers Stimme: »Good morning. Behalten Sie dieses Buch. Offenbar hat es ein Narr geschrieben, aber es sind ein paar ziemlich komische Stellen darin.« Auf dem Umschlag las ich den Titel ›Mon Journal‹, und darüber einen Namen, der mir vollkommen unbekannt war: Léon Bloy. Mehr Mouser zuliebe als aus eigentlicher Neugier wendete ich die Seiten um, ohne etwas zu finden, was meine Aufmerksamkeit fesselte. Der Verfasser war wütend, das war ganz allgemein der Eindruck, den dieses Buch mir machte. Er liebte die Kirche. Oder haßte er sie vielleicht? Man wußte es nicht genau. Er spielte auf lauter Dinge an, die mir unbekannt waren. ›Mon Journal‹ blieb monatelang wieder zugeklappt liegen.

Dieser Aufenthalt in Rom dauerte nicht länger als drei Wochen. Eines Abends nahm man mich mit in eine Music-Hall, in der ein Komiker mit Namen Petrolini Triumphe feierte. Man mußte ihn um jeden Preis komisch finden, mir jedoch verekelte er die Welt weniger durch seine Malice, als weil er mir dumm vorkam. Der gutherzige Enzio führte mich aufs Forum, und Mouser nahm mich ins Colosseum mit. Inmitten dieser gigantischen Architektur sah sie aus, als biete sie irgendeiner Sache Trotz. Aus Pflichtgefühl zeigte sie mir eine Reihe von Kirchen, zum Beispiel San Pietro in Vincoli, wo sie der Moses von Michelangelo wegen seiner Hörner amüsierte, die nur die Strahlen um sein Haupt andeuten sollen; sie jedoch zog eine komische, bizarre Einzelheit, die sie unweigerlich entdeckte, immer dem Ganzen vor, das sie langweilig fand. Ihr Antipapismus hinderte sie nicht, mich auch in die Peterskirche zu führen, vielleicht wollte sie sie mir zeigen, um festzustellen, wie sie auf mich wirkte. Sie wandelte mit trutzigem Haupt unter den stolzen Wölbungen, deren Größe mich überwältigte. Ich tat, wie meine Schwester mir geraten hatte, das heißt, ich hob eine Hand, um sie mit den Händen der marmornen Cherubim zu vergleichen, die in einer Kapelle wogten. Sie kamen mir klein vor, während sie viermal so umfangreich waren wie ich, was ich mir auf diese Weise klarmachte. Mouser entdeckte einen Papst mit besonders finsterer Miene und versuchte mich auf ihn hinzuweisen, doch war ich zu sehr geblendet, um auf ihre Bemerkungen achtzugeben. Ich war mit dem Wunsch zu bewundern hergekommen und, wenn ich so sagen darf, schon vorweg ganz ergriffen, doch kaum hatte ich die Bronzetüren durchschritten, als ich mich auch schon von tiefer Verwirrung befallen fühlte. Die Religion! Wo war sie? Vor Beunruhigung pochte mir das Herz. ›Du bist in Sankt Peter‹, sprach ich mir immer wieder vor, ›in Sankt Peter in Rom ...‹ In meiner Kopflosigkeit sah ich mich nach allen Seiten um. Ich glaube, daß ich, wenn ich allein gewesen wäre, die Flucht ergriffen hätte. So etwas ist traurig zu sagen. Ich sehnte mich nach dem Dämmerlicht von Notre-Dame, nach jenem hohen steinernen Wald zurück, in dem der alte Glaube zu Hause war; hier zu beten, ich hätte es nicht gekonnt. Man könnte mir leicht beweisen, daß ich unrecht hatte, und ich gebe es gern zu. Aber ich kann nur sagen, was ist. Ich verließ Sankt Peter in Herzensnot.

Ich weiß, daß bei manchen die Seite, die ich soeben niedergeschrieben habe, den Eindruck erwecken wird, ich sei damals recht protestantisch gewesen und hätte dem triumphierenden Rom des 16. Jahrhunderts gegenüber nicht reagiert wie ein Katholik. Vielleicht trifft das zu, sofern man sich an das rein Gefühlsmäßige und Oberflächliche hält. Ich fühlte mich durch eine gewaltige Machtdemonstration verwirrt und zurückgestoßen, während ich davon träumte, mich in das Reich Gottes zu stehlen. Etwas bedrängte mich seit acht oder zehn Tagen, und ich wußte nicht, wie ich es benennen sollte. So banal auch die Kapelle in der Rue Cortambert war, konnte ich doch nicht an sie denken ohne ein großes Verlangen, sie wiederzusehen und die Schwestern mit ihren unirdischen Stimmen singen zu hören. Und doch war ich glücklich, in Rom zu sein. Ich bewunderte alles, was man mich bewundern hieß, die staunenerregende Höhe der Wölbungen, das Gold, von dem die Decken der Basiliken gleißten, das Erlesene und das Gigantische, alles. Als ich Sankt Peter mit Mouser zuammen verließ, sagte sie lächelnd zu mir: »Ich werde Ihnen jetzt zitieren, was eine meiner Freundinnen nach jeder Besichtigung einer Sehenswürdigkeit der Stadt gesagt hat: ›Da müssen wir jedenfalls nie wieder hin.‹« Ich mußte unwillkürlich lachen, behielt jedoch meine Betrachtungen für mich, denn sie hätten der Ketzerin zuviel Vergnügen bereitet.

Ich war vor gewissen Gefahren bewahrt geblieben, und das lag daran, daß ich gesagt hatte – ich sagte ja alles –, ich habe mich dem geistlichen Stand verschrieben. Aus diesem Grunde ließen alle mich in Ruhe, die mich zum Bösen hätten verlocken können. Freilich wäre es dennoch sehr leicht gewesen, in mir das Feuer zu schüren, das in mir schlummerte, und mich in einem Alter, in dem ich mich nicht hätte wehren können, ins Verderben zu stürzen. Ohne es zu wissen, verzehrte ich mich vor Verlangen nach Lust. Daher kamen auch die plötzlichen Schwermutsanfälle, die mich plagten.

Gegen Ende meines Aufenthalts nahm meine Schwester

Mary es auf sich, mir einige ihrer Lieblingskirchen zu zeigen. Sie kleidete sich mit Sorgfalt und fragte mich mit ihrem reizenden Lächeln, ob ich fertig sei. Ich sah bei ihrem Anblick mit einem Schlage wieder die Rue de Passy vor mir, den Salon, in dem sie mir auf dem Klavier vorspielte, mir ganz allein, wie sie sagte. Ohne hübsch zu sein, verfügte sie über eine besondere Anmut, eine Art, die Dinge zu sagen, die einen heiter stimmte. Man wurde ihrer Gesellschaft nie müde, wenn sie zu gefallen entschlossen war, und wir fanden die Tage schrecklich, an denen sie, um uns für irgendeine Kränkung zu strafen, uns ankündigte, sie werde eine Woche lang nicht mehr mit uns reden. [Es gab jedoch zuweilen einen Waffenstillstand während dieser düsteren Wochen, zum Beispiel, wenn sie das Bedürfnis verspürte, sich von Anne die Karten legen zu lassen; dann wurde für eine Stunde alles wieder normal, doch wenn das große Spiel zu Ende war, sank wieder das grauenhafte Schweigen auf uns herab, begleitet von einem abwesenden Blick, der niemanden sah.] Wie dem auch sei, in Rom zeigte sie sich so liebenswürdig, wie man es nur wünschen konnte, und ich werde mich immer des Nachmittags erinnern, an dem sie mit mir in einer Kutsche nach Sant' Agnese fuori le mura fuhr. In dieser alten, wunderbar schönen Kirche fühlte ich mich von einer Freude erfaßt, die jedes Wort auf meinen Lippen verstummen ließ. Rings um mich breitete sich das offene Land, und zwischen diesen Mauern herrschte eine Stille, die aus den Zeiten der Apostel herzurühren schien. Ich meinte den Glauben greifbar zu spüren, er war wie ein Luftstrom, ich atmete ihn ein; ich hätte mir gewünscht, an ihm zu sterben, um für immer zu leben. Was Sankt Peter mir nicht gegeben hatte, das schenkte mir im Überfluß diese kleine, zwischen Gras und Bäumen verlorene Kirche. In ihr lebte sicherlich noch die Erinnerung an die ersten Martyrerpäpste, sie umhüllte den Besucher mit einem stummen Gebet, das ihn sanft dieser Welt entrückte. Diese Art Verzückung hielt einige Minuten an, und ich schied schweren Herzens, da man ja immer von neuem aufbrechen muß, denn immer muß alles enden. Eine Zeitlang sagten weder Mary noch ich ein Wort, dann kam uns die Sprache wieder und führte den Alltag mit sich, aber es war diese schöne Stille gewesen.

Bevor ich Rom verließ, um nach Paris zurückzukehren, suchte ich vorsorglich einen Fotografen auf, um meine kostbare Birne der Nachwelt zu erhalten. Wie zu erwarten war, machte der Fotograf aus mir einen jungen Italiener. Ich verschlang dieses etwas absurde Porträt mit den Augen. Immer wieder zog ich es aus seiner Umhüllung, um es erneut zu bewundern, und ich hatte dabei den Eindruck, daß es von Stunde zu Stunde an Schönheit gewann. Zweifellos verblaßte ich neben Leutnant Galeazzo, aber ich war doch der Meinung, ich könne mich immerhin sehen lassen. Doch was hast Du davon? fragte ich mich. Du bist in niemanden verliebt, und niemand ist verliebt in dich. Wie macht man es, um jemanden zu finden? Seufzend erinnerte ich mich an einen Satz, den ich ein Jahr zuvor in einem Buch gefunden hatte, das von dem handelte, was man schamhaft als Frühlingserwachen bezeichnet: ›Wie sollte er diesem Anruf widerstehen? Entzückende junge Mädchen schwirren um ihn her...‹ Kein junges Mädchen umschwirrte mich. Gewiß war da »der Krieg, Madame«, wie Gérald gesagt hat. In meinem Leben wurde das ›schöne Geschlecht‹ durch Mademoiselle Jeanne repräsentiert. Sie glich in keiner Weise den Gestalten auf den gewagten Stichen, die ich in Nervi gesehen hatte. Irgend etwas stimmte nicht. Ich muß sagen, daß ich gewöhnlich kalt war wie ein Fisch und nicht besonders litt, doch diese körperliche Unerregbarkeit verhinderte nicht, daß meine Phantasie arbeitete. Alles vollzog sich in meinem Hirn, das nichts anderes als eine Lasterhöhle wurde.

Dennoch wandelte ich mich, ohne es selber zu merken. Als ich nach Paris zurückkam, war ich nicht mehr derselbe. In Sant'Agnese, in San Clemente, in der Kirche der Santi Quatro Coronati hatte ich zu starke Eindrücke empfangen, als daß ich die Welt mit den gleichen Augen wie früher hätte anschauen können; allmählich trat an die Stelle des Verlangens nach fleischlicher Lust ein Drang zum Unsichtbaren. Daheim fand ich ein tragisches Frankreich vor, Kirchen voller Frauen in Trauerkleidern, horizontblaue Soldaten, die den Himmel gezwungen zu haben schienen, ihre Schultern zu bedecken und ihre Beine zu umhüllen. Das goldene Italien schien so fern. Hier sprach der rauhe französische Ernst mir nur von schweren Prüfungen. Als ich die Pforte der unserem Haus benachbarten Kapelle aufstieß, kam es mir vor, als erwache ich aus einem langen Traum. Wiederum sangen die Nonnen mit ernster Stimme die unwandelbar schönen Gesänge, und ich fühlte mich der Wahrheit zurückgegeben. Hier lächelte die Religion nicht. Wie hatte ich jemals auf die Wonnen des Bösen sinnen können? Es liegt etwas seltsam Berauschendes in der strengen Reinheit. Ich machte mich erneut an die Lektüre der Bibel und war trunken von Religion. Da Pater Crété nicht mehr in Paris lebte, suchte ich die Chorfrauen des Klosters auf, in dem ich jetzt allmorgendlich zur Messe ging und hörte in den kleinen dunklen Sprechzimmern durch die dichten Gitter die Stimmen der Frauen, die in weiße Köperstoffe gehüllt waren, wie es die Seelen der Abgeschiedenen sein könnten. Ich sah ein Auge, einen Mund, ich nahm das Rascheln des Schleiers bei jeder Kopfbewegung wahr, das brave, verhaltene Lachen, die sanften Stimmen, die von meiner Berufung und vom Gift der Welt zu mir sprachen. Meine Berufung! Diese Worte bahnten sich einen Weg bis in den Grund meines Herzens.

Das Haus war sehr traurig in diesem Sommer. Mein Vater

hatte Rettas Tod nur schlecht verwunden und sprach fast gar nicht mehr. Einzig Lucy und ich waren da, um ihm Gesellschaft zu leisten, Lucy aber war die Schweigsamste von uns dreien. Mit über der Brust gekreuzten Armen brütete sie über der Himmel weiß was in ihrem armen Kopf. Der Tod ihrer Schwester hatte ihr einen so heftigen Schlag versetzt, daß ihr Körper in Mitleidenschaft gezogen war. Sie bekam eine Hautkrankheit, an der sie furchtbar litt, denn sie glaubte sich dadurch für immer entstellt. Deswegen neigte sie das Gesicht auf die Brust, und wenn sie ihre großen schönen grünen Augen zu uns erhob, las ich einen Jammer darin, der mich erschütterte. Sie redete manchmal zu mir, sanfter als zu den anderen, und ich gab mir Mühe, ihr so zu antworten, wie sie es wollte, doch um der Last des Leidens, das sie in sich barg, zu begegnen, fand ich fast keine Worte. Wenn sie ins Zimmer trat, schien alles dunkler zu werden; sie war ein Abbild der Trauer geworden, jedoch einer heftigen Trauer, eines Kummers, der mit einer Art von stummer Wut untermischt war. Ihr Los war ihr unbegreiflich. Ohne ein Wort der Bitterkeit empörte sie sich im Innern. Eines Tages, nachdem sie mich mit düsterer Miene betrachtet hatte, stand sie unvermittelt auf, verließ das Zimmer mit ihren weitausgreifenden Männerschritten und sagte: »Die Jungs kriegen alles. Das ist ungerecht.« Dabei liebte sie mich, bewahrte die Briefchen auf, die ich ihr geschrieben hatte, und sammelte Fotografien von mir. Ich zweifelte nicht, daß sie im Verborgenen weinte. Wenn sie lächelte, glich sie einem gutgearteten Tiger, denn ihr Herz war voll Liebe, und vielleicht war sie von uns allen die Zärtlichste. Ihr Leben ist ein Geheimnis, dessen Sinn ich nicht begreife, an das ich aber nie ohne Unruhe denke, denn sie hat gelitten, und niemand war da, um sie zum Frieden zu geleiten. Sie hatte sich in ihr Schweigen verschanzt, und es schien unmöglich, zu ihr vorzudringen. Eines Tages allerdings – habe ich das schon gesagt? – fand ich im Kamin ein verkohltes Stück Papier, dessen eine Ecke vom Feuer verschont geblieben war. Auf diesem Bruchstück las ich die von Lucys Hand geschriebenen Worte: »Ich beklage mich nicht, ich stelle nur fest.« Ich beklage mich nicht... Worte des Zorns drangen dann und wann aus ihrem Munde hervor, doch niemals eine Klage. Sie las die Schrift, und der Glaube blieb ihr, nehme ich an, erhalten. Es war der Glaube ihrer protestantischen Mutter. Meine Konversion hatte ihr vermutlich einen Schock versetzt. Schließlich fand sie sich damit ab, machte sich jedoch manchmal ein bißchen lustig über mich, indem sie mir die Worte eines Chorals vorsang, den unsere Eltern uns beigebracht hatten:

»The old time religion,
The old time religion,
The old time religion
Was good enough for me!«

Ich sehe sie noch, wie sie mit ihrem à la Jeanne d'Arc geschnittenen Haar und ihrem schalkhaft funkelnden Gesicht im Takt den Kopf bewegt, während sie mir von einem Zimmer ins andere folgt und mir mit dieser sieghaften kleinen Weise in den Ohren liegt. Nichts auf der Welt kann bewirken, daß sich mir beim Gedenken an sie nicht das Herz verkrampft.
Während sie nur noch mit Grauen und Bestürzung ihr Abbild im Spiegel betrachtete, schaute ich mich immer noch, verliebt und ohne mich je an diesem Gesicht sattzusehen, das mich faszinierte, darin an. Die Religion konnte daran nichts ändern. Ich glich auf seltsame Weise dem Mann, von dem der Jakobusbrief spricht, doch mit dem Unterschied, daß ich nicht vergaß, was ich gesehen hatte; nur mußte ich es immer wieder sehen, als ob ich tatsächlich die Erinnerung daran verloren hätte. Ich entsinne mich,

daß ich eines Tages, als ich allein im Eßzimmer war, eine Silberplatte von der Anrichte nahm und mich darin mit jener seltsamen Gier betrachtete, mit der ich alles betrieb. In diesem Augenblick hörte ich jemanden kommen, und aus Furcht, überrascht zu werden, ließ ich die Platte fallen, die über den Parkettboden rollte. Wir haben sie noch, und noch immer trägt sie von jenem Zwischenfall eine Spur, die mir, wofern ich sie je vergäße, meine unbezähmbare Eitelkeit in Erinnerung rufen würde.

Hier nun versagt mein Gedächtnis für eine freilich sehr kurze Zeit; wie gern aber wüßte ich, auf welche Weise ich die paar Wochen nach meiner Rückkehr aus Rom verbrachte! Viele Dinge gingen in mir vor, an die ich mich nicht mehr erinnern kann, wie deutlich greifbar auch die Folgen dieses geistigen Durcheinanders gewesen sind. Tatsachen könnten mich belehren, doch eben diese Tatsachen sind nicht da. Ich kann mich nur durch meinen Namenszug und ein paar Daten in den damals gekauften Büchern leiten lassen. Vielleicht besagen sie genug. Léon Bloy und Huysmans standen obenan unter den damaligen Neuerwerbungen. Ich verschlang sie. Der erstere erhitzte mir den Kopf, der zweite flößte mir eine schmerzliche Sehnsucht nach dem Kloster ein. Ein anderes Buch kam noch hinzu: die ›Heures bénédictines‹ von Schneider. Aus diesem in einem salbungsvollen Ton geschriebenen Werk stieg ein Weihrauchduft auf, der mich so stark berauschte wie zuvor ›Les Désenchantées‹ von Loti. Ich legte Wert auf die Feststellung dieser Tatsache. Die Sinnlichkeit hatte das Stockwerk gewechselt, bewohnte jedoch noch das gleiche Haus. Alles bewegte sich in der gleichen Ordnung, nur war es jetzt die Seele, die in Wonnen schwelgte. Sie geriet in Verzückung beim Klang der Glocken und des Gregorianischen Gesangs. Man wird vielleicht finden, daß ich leichtsinnig von etwas rede, was zweifellos eine Gnade war, doch geht es hier nicht um die Gnade, sondern vielmehr um den Gebrauch, den ich von ihr machte. Alles verkehrte sich in Hochmut, in Überschwang oder in Fanatismus. Was mich zu Gott hätte hinführen sollen, trennte mich nur von der Menschheit. Da ich keinen Zweifel darüber beließ, daß ich mich im gegebenen Augenblick von der Welt [mit großer geistlicher Fanfare und enormem Aufwand an Demut... es schwebte mir eine Art von Galavorstellung vor] zurückzuziehen gedächte, provozierte ich gelegentlich Einwände von seiten des protestantischen Teils meiner Familie: von Lucy der Unbeugsamen und der aus Rom zurückgekehrten Anne. Ich hörte geduldig zu, lächelte rätselhaft und antwortete voller Sanftmut. Meine Haltung war durchaus erbaulich. Gegen Ende gerade dieser Epoche ließ ich die Silberplatte fallen.

Es war die Zeit, in der Paris unter dem Beschuß der ›Dicken Bertha‹ lag. Eine Granate hatte bereits am Karfreitag dieses Jahres 1918 das Dachgestühl der Kirche Saint-Gervais während des Nachmittagsgottesdienstes durchschlagen; eine gewisse Zahl von Gläubigen war getötet oder verwundet worden. Unter den Toten befand sich auch eine Freundin von uns, Germaine Francière, die kaum mehr als zwanzig Jahre alt war; meine Kusine Sarah mußte aus Gründen, die ich vergessen habe, in der Morgue ihre Identität feststellen. »Sie war ganz verändert«, schrieb sie mir. Die Nachricht versetzte mir einen Schlag und war für mich von neuem eine Warnung, doch verstand ich fast nichts von solchen Warnungen, denn in meiner Vorstellung traf der Tod nur die anderen und war angewiesen, mich selber zu verschonen.
Bei uns zu Hause pflegte mein Vater, der etwas früher aus seinem Büro in der Rue du Louvre heimkehrte, zwischen dem Eßzimmer und dem Salon hin und her zu gehen, mit geneigtem, weiß gewordenem Haupt und verloren in

Gedanken, über die er sich nicht äußerte, die ihm jedoch einen so schmerzlichen Gesichtsausdruck gaben, daß wir unschwer errieten, er müsse wohl an meine Mutter denken. Manchmal lächelte er uns zu und stellte uns kurze Fragen, oder er summte Weisen aus seiner Kindheit vor sich hin, die uns an den Unabhängigkeitskrieg erinnerten. Ich liebte ihn, ohne ihm jemals wirklich nahe zu kommen. Er sprach freundlich mit mir, aber wir hatten uns nicht viel zu sagen. Lucy, sein Liebling, neckte ihn und sprach manchmal zu ihm in demselben barschen Ton, den sie gewöhnlich uns gegenüber anschlug. Ich für meine Person hätte niemals gewagt, zu meinem Vater anders als respektvoll zu reden. Heimlich bewunderte ich in ihm einen untadeligen Mann, dem alles Böse fremd war. Er und meine Mutter schienen mir ohne Fehler zu sein. Wir alle, die wir sie Jahre hindurch mit den erbarmungslosen Blicken der Jugend beobachtet hatten, waren außerstande gewesen, die geringste Unvollkommenheit an ihnen zu entdecken. Gerade das macht mich heute betroffen, ich habe Eltern gehabt, wie sie ein Heiliger hätte haben können.

Ich weiß nicht, ob ich berichtet habe, daß mein Vater während einer Reise, die er im Jahre 1916 in die Niederlande unternahm, einer sonderbaren Prüfung ausgesetzt gewesen war. Er hielt sich gerade seiner Geschäfte wegen in Den Haag auf, als es einem deutschen Agenten gelang, mit ihm in Verbindung zu treten. Mein Vater hegte tiefes Mißtrauen gegen die Deutschen im allgemeinen, und im Jahre 1916 empfand er sogar ein wahres Grauen vor ihnen. Tatsache aber ist, daß der fragliche Deutsche ihm zu verstehen gab, mein Vater werde, wenn er sich darauf einließe, ein bestimmtes Quantum Baumwolle nach Deutschland einzuführen, für immer ausgesorgt haben. Mein Vater lehnte, wie zu erwarten war, ab, aber es fiel ihm schwer, denn seine wirtschaftliche Lage war schwierig, und die Zukunft aller seiner Kinder erschien ihm höchst

ungewiß. »Ich bin die ganze Nacht im Hotelzimmer auf und ab gegangen«, hat er uns später einmal anvertraut.
Ich sehe ihn noch an einem schönen Julinachmittag mit der Uhr in der Hand an einem der Salonfenster stehen. Worauf wartet er? Ich weiß es nicht, da ich nicht weiß, wie spät es ist. Plötzlich krepiert in unserer Nachbarschaft die Fünf-Uhr-Granate, mit der die ›Dicke Bertha‹ uns täglich beglückt. Heute hat sie am unteren Ende der Rue Cortambert, genau an der Place Possoz eingeschlagen. »By Jove«, sagte mein Vater, während er die Uhr wieder in seine Westentasche schob, »diese Burschen sind wirklich fabelhaft [those fellows are remarkable]. Nie eine Sekunde Verspätung!«
Wäre er doch jünger gewesen! Dann hätte ich, glaube ich, mit ihm sprechen können, so aber war er siebenundvierzig Jahre älter als ich. Er hätte mein Großvater sein können. Wir waren in der Zeit zu weit voneinander entfernt, um uns zu verstehen, und obwohl wir uns liebten, bestand doch zwischen uns keinerlei Intimität.

Ich habe an anderer Stelle von meiner Kusine Sarah gesprochen. Sicher ist, daß sie die Männer anzog, und zwar aus Gründen, die ich nicht verstand. Sie erschien mir nämlich nicht hübsch. Ihre Augen standen etwas vor, und ihr Mund war fast stets halb geöffnet, doch sie war auch nicht häßlich, keineswegs sogar, und ihrem zierlichen Körper fehlte es nicht an Anmut. Dazu kamen noch eine ungewöhnliche Lebhaftigkeit der Bewegung und des Ausdrucks, Heiterkeit, eine lose Zunge und eine amüsante Gabe der Unterhaltung, endlich viel Herz – allzuviel vielleicht. Sie war ungemein stolz auf ihre Beine, die sie so hoch hinauf zeigte, wie die Mode es damals gestattete, und ich tue ihrem Andenken nicht unrecht, wenn ich sage, daß sie leidenschaftlich gern gefiel. Ihre Besuche bei uns wurden zu Ende des Krieges immer häufiger – zur Verzweiflung meines Vaters, den das sehr störte, denn sie pflegte im großen Salon ihre Freunde zu empfangen und erst sehr spät am Abend wieder zu entlassen. Auf diese Weise gingen in diesem Salon neben irgendwelchen Damen de Groslay amerikanische Sanitäter sowie Land- und Seeoffiziere, denen sie Erfrischungen und Süßigkeiten reichte, aus und ein. Ihr großes Talent bestand darin, in Schüsseln jeglicher Form [das gesamte Geschirr des Hauses wurde an solchen Abenden mobilisiert] köstliche, nußgefüllte Karamellen aufzuhäufen. Wo trieb sie die nötigen Mengen an Zucker und Schokolade auf? Es gab immer junge Amerikaner, die sie ihr besorgten, das aber empörte so manche unserer englischen und französischen Freunde, die ihrerseits gar nichts hatten. Eines unvergeßlichen Tages erhielten wir den Besuch von Mrs. Maugham, der Schwägerin des Schriftstellers. Ich weiß nicht, weshalb jemand von uns den Vorschlag machte, eine Platte anzuhören und den Victrola-Apparat zu diesem Zweck öffnete. Mit Staunen und Empörung stellte Mrs. Maugham fest, daß der große Kasten mit seinen mehreren Etagen anstelle von Grammophonplatten nur große Schüsseln voller liebevoll durch unsere Kusine für das, was sie ihre ›Parties‹ nannte, hergestellte Karamellen enthielt. Arme Sarah! Ich sehe sie noch in der Küche der Rue Cortambert, wie sie, tief über ihre ewigen Karamelkasserollen gebückt, mit sehr kurzem Rock und verschmitzter Miene ihren Holzlöffel durch die zähflüssige Masse führte, während ich den Vorgang aufmerksam verfolgte, wußte ich doch sehr wohl, daß etwas davon für mich abfallen werde, denn ich war außergewöhnlich verschleckt. Da ich nun aber bald achtzehn Jahre alt war [es geschah nach meiner Rückkehr aus Italien] und männlicher zu werden begann, verzichtete die Amateurköchin nicht auf das Vergnügen, mir Schmeicheleien zu sagen. »Mademoiselle D. hat mir neulich erzählt, du sähest wirklich nicht übel aus. Sie sprach mir von deinen Augen. Mir persönlich tut das Mädchen ja leid, das einmal diesen Augen begegnet.« – »So? Und warum?« fragte ich in gedehntem Ton. »Ach du lieber Gott, stell dich doch nicht so dumm!« Ich wußte sehr wohl, was sie meinte, und wenn ich mich dumm stellte, so nur, damit das Kompliment noch weiter ausgesponnen würde. Alle Religion der Welt änderte daran nichts. Kurz darauf schlich sich der künftige Anachoret in sein Zimmer, um seine Augen prüfend zu betrachten, als habe er sie niemals zuvor gesehen. Er schaute sie auf jede nur mögliche Weise an, indem er die Lampe rings um sein Gesicht herumführte. Waren sie denn wirklich so schön? Ich glaubte es nur zu gern. Und den Mädchen würde es Leiden bringen, wenn sie sie bewunderten? Sieh da! [Sie taten mir im voraus leid.]

Ich bin mir klar darüber, daß ich von diesen Albernheiten hier nur spreche, weil ich den Zeitpunkt hinausschieben möchte, in dem von Sarahs Gästen die Rede sein wird. Einer von ihnen, Reverend Guthrie, war ein ungemein ehrenwerter presbyterianischer Geistlicher, aber jung und zur Neckerei aufgelegt. Ferner gab es da zwei Marineoffiziere, die stets zusammen erschienen, der eine dick, der andere dünn; beide sprachen kaum mit mir. Doch waren auch noch andere da ... Ich selbst erschien immer nur für kurze Zeit bei diesen Festen, wo ich stets Gelegenheit fand, ein Karamelbonbon zu stibitzen.

Eines Tages schließlich sah ich einen jungen Matrosen aus den Vereinigten Staaten in unserem Hause auftauchen, dessen Besuche sich bald häuften und schließlich täglich stattfanden. Ich weiß nicht, was er in Paris trieb, doch ließ er sich allmählich häuslich bei uns nieder und schlief, als ich nach Fontainebleau ging, sogar in meinem Bett. Am Anfang gab ich nicht weiter acht auf ihn. Mein armer Vater fand ihn nett, nur zu laut, oh, wirklich viel zu laut, erklärte er und hielt sich die Ohren zu. Ted pflegte in der Tat sehr geräuschvoll zu lachen, sprach unaufhörlich, hänselte alle Welt, war dabei reizend anzusehen und so vergnügt, daß es unmöglich schien, ihn zurechtzuweisen. Ich musterte ihn mit eher finsterem Blick, weil auch ich ihn sehr laut fand und der Meinung war, man habe sich vernünftig zu benehmen. Sein stets gesträubtes mattgoldenes Haar umgab ihn in meinen Augen mit einer Art von Glorie, wie ich nicht bestreiten konnte, sein Gesicht schien mir etwas zu hübsch mit der ein wenig keck aufragenden Nase, den leuchtend blauen Augen und den Zähnen von makelloser Weiße. Ich vermied, meine Blicke auf seinen runden, kräftigen Hals zu werfen, dessen Nacktheit mir peinlich war, denn man konnte ihn bis zum Ansatz der Brust sehen und merkte, daß der Bursche stolz darauf war. Ebenso zögerte ich, meine Augen auf seiner zugleich kraftvollen und etwas rundlichen Gestalt ruhen zu lassen, die auf eine leicht anstößige Art in die zu enge Uniform hineingepreßt zu sein schien. Zeigte sich Ted wohl mit Absicht in so provozierenden Stellungen? Bald saß er rittlings auf der Sofalehne, bald mit angezogenen Knien in der Tiefe eines großen Fauteuils und stand dann wieder einen Augenblick auf, um gleich darauf auf dem Boden zu hocken. Er war unaufhörlich in Bewegung und lachte so schallend, daß man es bis auf die Straße hörte...

Sein Verhalten schockierte mich, doch konnte ich ihn nicht sehen, ohne daß sich mir auf der Stelle schmerzhaft die Eingeweide verkrampften. Sobald er gegangen war, dachte ich nicht mehr an ihn, zu Anfang wenigstens, dann aber fragte ich vorsichtig meine Kusine aus. Weshalb? Konnte ich das wissen? »Ach, der! Den mag ich von allen am liebsten«, sagte sie zu mir. »Sieh einmal, was für eine hübsche Aufnahme er mir geschenkt hat.« Sie holte sein Porträt hervor, das ich bestürzt in der Hand hielt. Weshalb tat mir der Anblick so weh? Meine

Kusine fragte mich, ob ich nicht fände, daß er gut aussehe. Doch, ich fand, er sehe sehr gut aus.

Mit den jungen Amerikanern zog in Frankreich wiederum eine Unbeschwertheit ein, an die man sich fast nicht mehr zu erinnern vermochte. Alle diese schönen hochgewachsenen Burschen brachten ein großes Maß an Hoffnung mit. Man nahm sie liebevoll auf, bereit, sie später zu schmähen, als man sie nicht mehr brauchte, das aber steht auf einem anderen Blatt.

Bei uns hallte die Wohnung, die ich so traurig gekannt hatte, von Lachen wider, und unser altes, leicht verstimmtes Klavier mußte, wiewohl von früher her nur mit tragischen Nocturnes vertraut, für die neuesten Jazzmelodien herhalten. Ich hörte zum erstenmal diese Art von Musik, sie erschien mir zugleich abscheulich und faszinierend; jedoch fand ich ein Vergnügen daran, dessen ich mich schämte. Man muß zugeben, sie hatte etwas Prickelndes. »Zum Teufel mit deiner Klassik«, erklärte mir Sarah, während sie mit ihren Uniformierten über das Parkett wirbelte. »Wir, wir brauchen's modern.« Sie lachte über meine verblüffte Miene, und ihre Gäste, denen sie irgend etwas zu trinken gab, riefen mir zu: »Grow up, boy, grow up!« Ich machte mich davon.

Mein Vater suchte Zuflucht in seinem Schlafzimmer, wo er seine Gebete zu verrichten suchte, während er sich beide Hände vor die Ohren hielt, um den Lärm nicht zu hören, den er zweifellos für ziemlich infernalisch hielt. Ich meinerseits verließ gewöhnlich das Haus, doch ein- oder zweimal geschah es, daß Ted, als er mich so ernst sah, rasch neben mich trat, mich am Arm erwischte und erklärte, er wolle mit Julien philosophieren. Das aber war gerade, was Julien nicht wollte. Philosophie interessierte mich kaum, für mich gab es nur die Religion, und ich wußte, daß Ted ein Ketzer war wie alle anderen. Dazu kam noch das

Unbehagen, das seine Nähe mir bereitete. »Wir beide, du und ich, setzen uns jetzt hier in dieses Eckchen. Ich schwärme für Philosophie, mußt du wissen.« – »Ja, ich weiß, doch ich muß jetzt fort.« – »Oh, er geht zu seinem Schatz. Sag, wie ist sie? Brünett?« Ich ergriff die Flucht.
›Ein Yankee‹, dachte ich. Tatsächlich war Ted aus New York. Übrigens stammten diese Jungen fast alle aus dem Norden. Wenn vor dem Kriege jemand aus Nordamerika zu uns kam, versetzte uns das in eine Erregung, die wir ziemlich schlecht meisterten. Es hieß dann gewisse Themen meiden, gewisse Namen, wie den von Sherman zum Beispiel, nicht erwähnen und nicht ›Yankee‹ sagen, wenn von denen aus dem Norden die Rede war. Jetzt aber hatten wir alle diese Leute aus Massachusetts, aus Pennsylvanien, aus dem Staate New York im Haus... Mein Vater war der Meinung, in Ansehung der Umstände sei es besser, großzügig darüber hinwegzusehen, ohne seine Ansichten zu ändern – doch was hätte wohl meine Mutter gedacht? Alle diese näselnden Stimmen, die in unseren Südstaatler-Ohren dröhnten... Ich glaube, nach dem ersten Wutausbruch hätte sie schallend gelacht, sicherlich auch ein bißchen geweint und darauf alle mit selbst bereiteten ›Drinks‹ versorgt.
Tagtäglich dachte ich an sie. Vielleicht war ich weniger schlecht, als ich mich gab. Gewiß, ich litt an törichter Eitelkeit, doch da war in mir noch etwas anderes, das ich nicht begriff, das aber diese Eitelkeit korrigierte. Ich habe an anderer Stelle gesagt, ich habe nie gewollt, daß jemand mich berühre. Ebensowenig wollte ich angeschaut sein. Angeschaut werden hieß, mit den Augen berührt zu werden. Ich versteckte mich, als ob ich mich schäme, und wenn ich mich unbedingt zeigen mußte, zum Beispiel beim Fotografen, sah man eine arrogante Miene und einen trotzigen Blick. Wovor hatte ich Angst? Welche Befleckung fürchtete ich? Nicht physische Vergewaltigung, von

der ich nicht die geringste Vorstellung hatte, sondern das Betasten von irgend etwas Geheimem und Geheiligtem. Was meine Mutter mir über den Leib gesagt hatte, daß nämlich er ein Tempel des Heiligen Geistes sei, hat mich auf immer geprägt.
Aus allen diesen Gründen beunruhigte mich die Gegenwart von Ted. Meine ganze Kindheit tauchte wieder vor mir auf mitsamt den ›Unglücksboten‹, bei deren Anblick sich mir der Unterleib verkrampft hatte. Ted war selbst ein solcher Unglücksbote. Er wußte es nicht, und mir selber war es ebensowenig bewußt. Er war nur ein reizender junger Matrose, den die Sinneslust verrückt machte. Ich hingegen war ein lebendiges Rätsel, das daran krankte, nicht erraten zu werden, und das sich selber nicht erriet. ›Wozu nützt es mir, schön zu sein‹, hielt ich mir immer wieder vor, ›wenn sich doch niemand in mich verliebt?‹ Dabei hatte ich selbst um meine Person eine Mauer aus Granit aufgerichtet, da ich von meiner religiösen Berufung gesprochen hatte. *Man respektierte mich.* Ted war fast der einzige, der an das nicht glaubte, was er als Schnickschnack bezeichnete, aber er machte mir Angst.

Anfang Juli erhielt ich den Besuch von James, dem Bewunderer von Jane Austen. Er sah wundervoll aus in seiner maßgeschneiderten horizontblauen Uniform aus feinem Tuch und mit Stiefeln, die wie Mahagoniholz glänzten. Unsere Unterhaltung fand im kleinen Salon statt, und ich weiß nicht, weshalb wir sie neben einem Bücherregal aus Rosenholz stehend führten. Ich hörte von ihm, er sei in Fontainebleau als Offiziersanwärter in die französische Artillerie eingetreten, ungeachtet seiner ausländischen Staatsangehörigkeit. Man konnte das Gesetz umgehen, indem man zunächst in die Legion eintrat, die man gleich darauf wieder verließ, um dann in die französische Armee eingereiht zu werden. Es war fabelhaft einfach; nach fünf bis sechs Monaten verließ man die Militärschule mit goldenen Litzen an den Ärmeln. Während James mit mir sprach, klopfte er mit einem ledernen Reitstock an seine Stiefel, in denen die Fenster sich von oben bis unten spiegelten. Es war betörend. Also legte ich im Geiste meine schwarze Anachoretenkutte ab und sah mich in Stiefeln und von Kopf bis Fuß in himmelbauem Tuch.

Diese letzte Unterhaltung mit James ist mir im Gedächtnis geblieben, eben weil es die letzte war. Wir beide ahnten es nicht im entferntesten. Ich erinnere mich, daß er wiederum zu mir von Jane Austen und endlich – der arme Junge! – auch von dem Kameraden sprach, in den er noch immer verliebt war. Darauf sagte ich ihm in aller Sanftmut ziemlich harte Dinge und versuchte ihm klarzumachen, daß die fragliche Person das Interesse nicht verdiente, das er ihr entgegenbrachte. »Ein Schuljunge«, sagte ich zu ihm, »ein Klassenerster, das ist aber auch alles.« An diese Worte erinnere ich mich noch genau. »Gewiß, du hast recht!« rief er aus, als hätte ich den Zauberbann, der auf ihm ruhte, zerstört; und er sah, glaube ich, für eine oder zwei Minuten zufrieden aus. Ich hielt ihm vor Augen, wie wunderlich es sei, so wie er es tat, ›um eines Jungen willen‹ zu leiden. »Wenn es wenigstens noch ein junges Mädchen wäre ...«, bemerkte ich mit der Roheit der Unschuld. Er schüttelte traurig den Kopf und schwieg. Einige Monate darauf, im Januar 1919, wurde er mitten im Herzen von Paris, am Boulevard Malesherbes, von einem Polizisten niedergeschossen, der auf einen flüchtenden Verbrecher feuerte. Die verirrte Kugel hatte meinen Freund James auf der Stelle tödlich getroffen. Er muß damals zwanzig Jahre alt gewesen sein. Wenn man denkt, daß er dem Tod an der Argonnenfront nur entronnen war, um auf dem Pariser Straßenpflaster vor der Delikatessenhandlung von Félix Potin zu enden ...!

Im Juli faßte ich den Entschluß, nicht Artillerist, sondern Infanterist in der französischen Armee zu werden. Mein Vater zögerte. Meine Schwester Eleonore schrieb sofort aus Genua, dieser Plan bedeute Selbstmord und mein Vater schloß sich ihrer Meinung an, hatte aber nichts dagegen, daß ich mich den Amerikanern in Fontainebleau anschloß. Es gab Formalitäten zu erledigen, die ich vergessen habe. Im August des Jahres fand ich mich auf der Mairie des VI. Arrondissements ein, wohin ich einberufen worden war. In einem Zimmer im ersten Stock, das auf die Kirche Saint-Sulpice ging, traf ich einen Hauptmann an sowie einen Unteroffizier, der an einem Tisch saß und Papiere ausfüllte. Der Hauptmann forderte mich auf, mich auszuziehen, was mich im Innersten empörte. Hatten sie mich dazu kommen lassen? Ich erinnerte mich an Dinge, die ich über die einstigen Sklavenmärkte des Südens hatte berichten hören und errötete heftig. Mich nackt zeigen wie ein Sklave... Aber ich tat es. »Machen Sie ein paar Schritte«, befahl mir der Hauptmann sodann. Mit Wut im Herzen tat ich es. »Der ist prachtvoll«, sagte er, als spreche er von einem Tier. Mit zusammengebissenen Zähnen kleidete ich mich wieder an und unterschrieb ein Schriftstück. Für vierundzwanzig Stunden war ich in meiner Eigenschaft als Amerikaner in die Legion aufgenommen. Dies war vielleicht die kurioseste Situation meines ganzen Lebens.

In Fontainebleau also fand ich mich in den ersten Septembertagen von neuem in einer Gruppe junger Amerikaner, Freiwilligen, wie ich. Man kleidete uns in Horizontblau ein, und in dem kleinen Stahlspiegel, der mich sowenig wie die Eitelkeit verließ, deren Werkzeug und Komplize er war, versuchte ich festzustellen, ob ich schön aussehe. Allerdings muß ich sagen, daß wir alle das gleiche taten, denn alle jungen Leute, so scheint es mir, sind narzißtisch. Jeder bis hin zu Gerald warf einen heimlichen Blick in den

Spiegel, dieser Gerald aber war von einer Häßlichkeit, die jeder Beschreibung spottete. Man konnte ihn nur mit einem schnurrbartgezierten Wasserspeier vergleichen. Schließlich sprachen wir alle englisch, waren gekleidet wie französische Soldaten und schliefen in einem langen, durch einen Ofen geheizten Saal, alles das in mustergültiger Alltäglichkeit. Ich lernte auf vorschriftsmäßige Art meine ›Falle bauen‹ und tat es mit äußerster Sorgfalt, denn Gehorchen war bei mir eine Leidenschaft. Ich mochte alle meine Kameraden gern, Gerald so gut wir die anderen, denn alle Antipathie lag mir fern; schließlich muß man das Gute ebenso wahrheitsgetreu wie das Schlechte berichten. Mein Bettnachbar zur Rechten hieß Harold, und ich weiß nicht, weshalb ich für ihn auf der Stelle eine Zuneigung empfand, die ich mir noch heute nicht zu erklären vermag, die jedoch außerordentlich spontan von ihm erwidert wurde. Er war etwas größer und stärker als ich und sehr brav, das heißt, er sagte und tat zu keiner Zeit etwas Ungehöriges; ich verlieh ihm alle erdenkliche Vollkommenheit.

Unter meinen anderen Kameraden erinnere ich mich noch eines Burschen französischer Herkunft, der Remy hieß. Er trug einen kleinen schwarzen Schnurrbart und lachte über alles mit sarkastischer Miene. Wenn ich mich recht erinnere, war er Maler, doch er liebte die Dichtkunst. Ich weiß nicht mehr, welches seine Lieblingsdichter waren, jedenfalls zitierte er mir einen eher modernen. »Er hat ein Gedicht gemacht, das wirklich hervorragend ist«, sagte er zu mir mit seiner ewig nörgelnden Stimme. »Ich sage dir den Anfang auf: ›Merde, voilà les vers!...‹ Das ist doch fabelhaft.« Ich mußte laut lachen, das Zitat aber blieb in meinem Gehirn für alle Zeiten haften.

Es war da auch noch ein Jude französischer Herkunft mit Namen Klein. Klein hatte Angst und maß daher uns alle mit trotziger Miene. Auf seiner Stirn erkannte man deutlich eine Ader in Y-Form. »Youpin!« pflegte er zu erklären. »So nennt man uns in Frankreich. Daher trage ich auch ein Ypsilon auf der Stirn.« Bei diesem Satz zog sich mein Herz zusammen, denn er wurde von einem Blick begleitet, in dem eine Mischung aus Trauer, Wut und Verzweiflung lag. Jedermann wußte, Klein hatte Angst. Der Krieg, die Menschheit, die Welt – alles flößte ihm Grauen ein, doch ich weiß nicht, wie er es fertigbrachte, aber er hielt stand wie ein unglückliches, in die Enge getriebenes Tier. Deswegen empfand ich Achtung vor ihm, und ich glaube auch, daß niemand daran dachte, ihm seine Rasse zum Vorwurf zu machen.

Schon am zweiten Tage wurden wir in die Reitbahn geschickt, wo ich nicht ohne Unruhe diesen mir so prachtvoll erscheinenden Geschöpfen gegenüberstand. Sie wurden tatsächlich eins mit den seltsamen Träumen meiner Kindheit und rührten an eine Welt verworrener und heftiger Wünsche. Ich lernte sofort das Aufsitzen, hielt mich auch ziemlich gut auf dem Pferd und staunte nur, wenn das Tier mit einemmal den Kopf nach dem Boden zu senkte, woraufhin es für die Augen des Reiters keinen Kopf mehr hat. Unser Reitlehrer war ein junger, äußerst forscher Leutnant, über den wir lachen mußten, weil er, um uns in der Reithalle zum Traben zu zwingen, während wir im Schritt zu reiten vorzogen [das war sicherer], in seinem bizarren Englisch zuzurufen pflegte: »I will you trot!« [Ich will, daß ihr trabt!] Schließlich trabten die Pferde an, Sägemehl flog, und es gab ein großes Getümmel auf der Reitbahn.
In der folgenden Woche mußten wir in den Wald ausreiten. Einer von uns, ein großer Bursche mit Namen Baker, schlank, bebrillt und bereits ein recht guter Reiter, erteilte uns Ratschläge, die uns ärgerten. Eines Tages rief er mir im Vorbeireiten zu: »You enervate your horse!« [Du machst

dein Pferd nervös!] Ich bedachte ihn mit einem mörderischen Blick, obwohl etwas Wahres in seiner Bemerkung lag, denn ich zog zu heftig am Zügel, so daß mir schließlich das Pferd durchging und mit mir davonraste. Die Hufe dröhnten auf der Straße, ich lehnte mich zurück und gab mich vollkommen seinem guten Willen anheim. Vielleicht war es mir dankbar, daß ich nicht den schmachvollen, wiewohl so natürlichen Fehler beging, mit den Armen seinen Hals zu umschlingen. Eine Minute darauf hatten wir die Landstraße verlassen und durchquerten den Wald in fliegendem Galopp. Ein unglücklich gestellter Ast hätte mir den Schädel zerschmettern können, ich aber dachte überhaupt nicht an die Gefahr, in der ich mich befand. Ganz im Gegenteil verspürte ich mit einer eigenartigen Wollust dieses Tier in seiner prachtvollen Nacktheit zwischen meinen Knien. Einer meiner Kindheitsträume ging hier in Erfüllung. Ich wurde zum Kentauren. Ich liebte dieses Pferd, und das Pferd wußte es, denn die Intuition dieser Tiere setzt unerhört rasch und unfehlbar ein. Immer beurteilt das Pferd genau die Person, die es auf seinem Rücken trägt. Die Lust, die ich empfand, war nicht erotisch, so wie man das Wort gemeinhin gebraucht, aber ich keuchte vor Glück. Ich meinte zu fliegen und zugleich mit dieser königlichen, machtvollen Kreatur, unter deren Hufen der Boden dahinschoß, völlig eins zu sein. Nach ein paar Minuten verlangsamte es seinen Schritt, um sieghaft schnaubend den Weg zum Stall einzuschlagen. Am Abend hatte ich das Gefühl, vom Nacken bis zu den Fersen Schläge bekommen zu haben, dachte aber doch mit Entzücken an den rasenden Galopp quer durch den unbeweglich und aufmerksam dastehenden Wald zurück.

Ich übergehe die Ballistikkurse, die ich tödlich langweilig fand, sowie die Übungen auf dem Schießstand – mit der 75-er und der langen 155er Kanone – da solche Belanglosigkeiten das Erinnern nicht lohnen. An manchen Tagen waren wir bereits um vier Uhr nachmittags frei, und ich setzte mich auf eine Bank im Park, um meinen Baudelaire, den ich immer in der Tasche trug, zu lesen. Ich war allein und berauschte mich an diesen Versen und dieser Prosa, in der ich eine Stimme zu vernehmen glaubte, eine wirkliche Stimme, im Gegensatz zu den meisten Büchern, die stumm sind, diese souveräne Stimme belehrte mich über alles, was ich nicht wußte; sie lehrte mich sowohl die Traurigkeit aller Lust und die Nichtigkeit dieser Welt als auch die Anziehungskraft dieser Nichtigkeit; sie schenkte meinem Herzen und Geist Entzückungen, wie kein Erbauungsbuch es vermocht hatte. Er offenbarte mir zwar das Fleisch in seiner ganzen Glorie und enthüllte mir auch die unergründliche Melancholie, mit der es behaftet ist. Abwechselnd betörte und ernüchterte er mich. Das Grauen und die unbesiegbare Faszination der Sünde verspürte ich in dem Dichter wie in mir, er warf sich in das Böse, aber das Böse blieb das Böse, und irgendwo auf dem Grunde dieses rätselhaften Herzens erstrahlte das Paradies. Ich war nicht gescheit genug, um die Gewalt dieser inneren Widersprüche zu erfassen, doch trug ich sie alle in mir und lauschte mit Staunen dem Dichter, der wie nie zuvor ein Dichter, in welcher Sprache auch immer, gesprochen hat.

Dieser Art Verehrung, die ich für Baudelaire empfand, bin ich mein ganzes Leben lang treu geblieben. Ich habe ihn in der Welt gelesen und würde es auch in einem Kloster tun, wenn ich das Glück hätte, dort Exerzitien machen zu dürfen. Nichts steht im Widerspruch zum Glauben bei ihm, man könnte eher sagen, unser Glaube labe sich aus dem lebendigen Quell, der in einem durch die Erbsünde verwüsteten Garten Eden rauscht. Er ist christlicher als viele Prediger, die einen von der Religion entfernen, indem sie sie langweilig machen, während er ihr strenges Antlitz, das uns mit seinem Blick nie verläßt, unzerstört erhält. Ich

dachte vage an alle diese Dinge, als ich die Sonne im Gold des Septembertages über den Blumenparterres von Fontainebleau untergehen sah.
In den Buchhandlungen der Stadt kaufte ich alle erreichbaren Bücher von Léon Bloy. Das Geringste, was man von ihm sagen kann, ist, daß er von der Religion ohne fades Gerede spricht. Hier war das Tonikum, das ich brauchte, aber ich wußte nicht, daß auf dem Grunde meiner Seele ein Fanatiker schlummerte, den Léon Bloy nun weckte. Ich wollte das Absolute, ohne den Zwischenweg zurückgelegt zu haben, ich wollte vieles, was mir nicht zustand, hatte ich doch nie jenes einfache christliche Leben geführt, das ein Leben der Liebe ist. Ich verlangte begierig nach allen Früchten des Sieges, ohne jemals gekämpft zu haben. Den Versuchungen widerstand ich nur, weil sie schwache Versuchungen waren, nicht, weil ich selber stark war. Ich wußte nicht, was es bedeutete, bis an die Grenzen des Erträglichen versucht zu werden, ich wußte nichts, doch in meinem Hochmut sah ich mich als Heiligen.
Man wird sich fragen, weshalb ich, der ich gelobt hatte, nicht zu töten, in die Artillerie eingetreten war. Auf diese Frage weiß ich keine Antwort. Vielleicht ahnte ich, wie viele Menschen meiner Umgebung, schon das nahe Ende des Krieges, was mein Verdienst, mich gemeldet zu haben, erheblich minderte.

Jeden Samstag erhielten wir für vierundzwanzig Stunden Urlaub, die ich natürlich in Paris verlebte [genau wie meine Kameraden, wenn auch aus anderen Gründen]. Unser Ausbilder, ein liebenswürdiger Toulouser Oberleutnant, meinte eines Tages vertraulich zu mir: »Einmal in der Woche ist in Ihrem Alter durchaus genug.« Ich wußte nicht, was er damit meinte, vielmehr ich wußte es, wollte es aber nicht wissen, weil es mich schockierte, ganz der Keuschheit ergeben, wie ich damals war. Am Sonntagmorgen wohnte ich dem Hochamt in der Kirche der Avenue Malakoff bei, einem riesigen Bau, der zu Saint-Honoré d'Eylau gehörte. Mit heißem Herzen hörte ich die liturgischen Gesänge, ich atmete den Duft des Weihrauchs ein und sah am Hochaltar die Lichter glänzen. Alles entzückte mich, sogar der etwas platte Sermon des Domherrn Soulange-Bodin. Ich war stolz, ein Katholik zu sein. Ich gaubte, ein völlig reines Gewissen zu haben. Da Gott meiner Meinung nach meine Sünden vergessen hatte, durfte ich mich nunmehr den Erwählten zurechnen, die bekanntlich in der Minderzahl sind. Am Nachmittag labte ich mich an den Gesängen der Segensandacht in der Kapelle der Rue Cortambert. Diese Stimmen waren wie eine Flut, auf der ich dahinschwamm, und ich kann nur sagen, daß ich mich kaum zu fassen wußte vor Glück, einem Kinderglück, wie ich sehr wohl weiß, aber Gott behandelte mich eben wie ein Kind. Hat er mich jemals anders behandelt? Ich stellte mir vor, er habe mir gesagt, ich solle meine Hand in die seine legen. Es gibt Seelen, die er ganz allein auf dem Weg vor sich her gehen läßt, große Seelen, nicht die meine. Sie schwankte viel zu sehr, sie verlangte danach, gestützt zu werden, wie eine Mutter einen stützt, aber Gott ist ja nach dem Propheten Isaias auch eine Mutter für uns. Ich brauchte etwas Spürbares, Sichtbares, etwas, was man gleichsam einatmen kann. Meine Religion war nun einmal so.

Auf der Militärschule war ich gewissermaßen eine Null in der Ballistik. Wir bekamen Aufgaben zu lösen, die mich mit Grauen erfüllten, denn vor meinen Blicken erstand von neuem der Albtraum meiner Kindheit mit Zahlen, geometrischen Figuren und unverständlichen Benennungen, von denen eine einzige mir im Gedächtnis geblieben ist, und zwar wegen der Art, wie unser toulousanischer Oberleutnant sie auszusprechen pflegte. Er redete nämlich zu uns von einer ›trasmission d'orientation‹, da er offenbar außerstande war, ›transmission‹ zu sagen. Er war ein ganz rechtschaffener Mann mit kurzen Beinen, tintenschwarzem Schnurrbart und köstlichem Akzent. Er betrachtete mich als hoffnungslosen Fall, ahnte wohl aber auch, daß ich vermutlich nicht mehr nötig haben würde, jemals Schießbefehl zu erteilen. Um unsere Kenntnis im Französischen zu prüfen, ließ er uns eines Tages eine Niederschrift über das anfertigen, was uns unter den Eindrücken an der Front am meisten aufgefallen war. Ich entschied mich dafür, von einem Lager deutscher Kriegsgefangener zu sprechen, das ich in den Argonnen besichtigt hatte. »Das hat mir«, schrieb ich, »den stärksten Eindruck gemacht, und das müßte genügen.« Weshalb diese freche Bemerkung? Ich weiß darauf keine Antwort, doch es ist der einzige Satz, an den ich mich noch erinnere. Im übrigen wurde er nicht moniert. Ein gewisses Maß an Arroganz in mir führte dann und wann zu solch sonderbaren Haltungen. Ich widersetzte mich ohne Grund. Jedenfalls erinnere ich mich noch gut an das, was ich damals über die deutschen Kriegsgefangenen geschrieben habe. Ich wies zunächst darauf hin, daß seit Beginn des Krieges mir und aller Welt die deutschen Soldaten als Unholde dargestellt worden seien, die kleinen Kindern die Hände abhackten und sonstige Greuel verübten, und schilderte mein Erstaunen darüber, daß diese Gefangenen hinter ihrem Stacheldraht sich von uns in nichts unterschieden. Vielleicht meinte man daraufhin, ich sei aufsässig, doch bin ich stolzer auf diese Seite, die ich damals geschrieben habe und die längst verlorengegangen ist, als auf viele andere, die ich seither habe drucken lassen. Heute erinnere ich mich nur noch ungenau an diese Gefangenen. Ich sehe sie noch, die Hände in den Taschen, mit verdrossener Miene breitbeinig vor mir stehen: Etwas Verächtliches lag in ihrem Blick; sobald ich ihnen meine Augen zuwandte, sahen sie in mir doch nur den wohlgenährten kleinen Amerikaner, der nie an einem Gefecht teilgenommen hatte; diese Rotznase in Uniform aber kam nun daher und beäugte sie wie Tiere in einem Zoo. Der Blick, den einer von ihnen mir zusandte, ist mir gegenwärtig geblieben. Diesmal war die Anmaßung jenseits des Stacheldrahtes zu Hause.

Eines Tages, als ich auf meiner Stube die Reitgamaschen ablegte, sah ich Klein hereinkommen, einen Klein jedoch, wie ich ihn nicht kannte. Er warf Képi und Reitpeitsche auf sein Bett, sah sich gelassen um und machte einen Scherz, den ich vergessen habe. Bald darauf erfuhr ich, er habe mit dem Pferd, das ihn so grausam erschreckte, Heldentaten vollbracht, das heißt, es unter den bewundernden Blicken der Zuschauer zu den kühnsten Manegekunststücken gezwungen. Leider hatte ich von diesen schönen Dingen gar nichts miterlebt; wahrscheinlich hatten mich die Launen meines Pferdes, das mich wie immer genau dorthin brachte, wo es ihm beliebte, weit weg transportiert. Doch drangen die schmeichelhaften Gerüchte, die Klein in aller Augen rehabilitiert hatten, auch zu mir. Jetzt mochte die ypsilonförmige Ader ruhig auf seiner Stirn erscheinen, er gab nichts mehr darauf. Er war ein anderer Mensch geworden. Diese Wandlung beeindruckte mich sehr als eine Art von innerem Wunder.

Der 11. November fiel auf einen Wochentag, was die Zöglinge der Militärschule tief betrübte, denn sie konnten sich gut vorstellen, welch trikolore-umrauschter Riesenrabatz die Hauptstadt erschüttern würde. Wie dumm war es da, den Waffenstillstand in einer schläfrigen Kleinstadt feiern zu müssen! Kümmerliche Lampions erleuchteten die triste Fassade der Mairie, vor der fünfzig bis sechzig Personen sich zusammenfanden, um an diesem feuchten Abend einem deprimierenden Schauspiel beizuwohnen. Nach einigem Frösteln kehrten sie heim und legten sich zu Bett. Ich ging in der Hauptstraße spazieren und versuchte Begeisterung zu verspüren, vergeblich, denn wir hatten die Neuigkeit bereits seit mehreren Tagen als sozusagen sicher erwartet. Ich war glücklich, doch es ging mir wie auch manchmal heute noch: ich brauchte eine gewisse Zeit, um mir dessen bewußt zu werden. Ebenso berührt das Unglück mich nicht auf ersten Anhieb. Die Emotion hinkt bei mir immer dem Ereignis nach, was die unbegreifliche Ruhe erklärt, mit der ich gute wie schlechte Nachrichten entgegenzunehmen pflege. Mit den Händen in den Manteltaschen wendete ich mich bald nach dieser, bald nach jener Seite. Zum zwanzigsten Male las ich unter dem großen Toreingang einer Stadtkaserne ein geheimnisvolles Bulletin, das mit Reißzwecken auf eine Holztafel festgepinnt war. Der Soldat Soundso war mit soundsoviel Tagen Arrest bestraft worden, weil er versucht hatte, einer jungen Person aus der Gegend Gewalt anzutun. Nichts an dieser Geschichte war schwierig zu begreifen.

Darunter aber, auf einem anderen Blatt, fanden sich Ratschläge an die jungen Militärpersonen, ihre Beziehungen zu Frauen betreffend, wenn sie häßliche Krankheiten vermeiden wollten. Ich mußte an meinen Onkel Willie denken, und schon bei der bloßen Kenntnisnahme dieser klipp und klaren Sätze fühlte ich mich angesteckt und von Grauen erfaßt. Doch blieb ich stehen, um die letzten Worte noch einmal zu lesen, die mich stutzig machten: ›Seid egoistisch.‹ Was konnte das bedeuten? Als ich in die Militärschule zurückkehrte, beglückwünschte ich mich, daß ich nicht das geringste Verlangen verspürte, jemanden zu vergewaltigen und demnach von dem Gespenst der Syphilis offenbar nicht bedroht war. In was für einer beunruhigenden Welt lebten wir doch! Warum mußte es diesen seltsamen Akt geben, der alles verfälschte, warum dieses Wahnsinnsverlangen und dann die teuflische Krankheit, die sich den Liebenden an die Fersen heftete. Ich träumte von einer ganz anders beschaffenen Menschheit, die sich irgendwie, ganz ohne Leidenschaft und Roheiten, fortzupflanzen vermöchte. Keiner würde dann leiden. Ein Kinderherz schlüge in jeder Brust. In meiner Unschuld machte ich mir nicht klar, daß dies eine Vision war, die eines Narrenhauses würdig war. Ohnehin ist die Erde ein Tal der Tränen. Jene für immer triumphierende Kindheit würde sie jedoch zur Hölle machen. Doch ich hatte Freud noch nicht gelesen.

Ich weiß nicht mehr, was dann geschah. Zwischen dem 11. November 1918 und dem Beginn des Jahres 1919 findet sich eine Lücke. Ich weiß nur, daß wir um diese Zeit, vermutlich vor Weihnachten 1918 allesamt die Militärschule mit einer prächtigen Goldtresse auf dem Ärmel verließen, einer Tresse in V-Form, die sehr hoch, fast bis zur Hälfte des Unterarms, hinaufgeführt war. Wir hatten alle das Examen bestanden, selbst ich mit meinen frechen Zeichnungen, auf denen ich die Kirche, die Schule oder das Rathaus als Zielscheibe eintrug, jedoch gab niemand auf diese Dummheiten mehr acht. Der Krieg war aus. Man beschenkte uns mit dieser V-förmigen Tresse und sagte uns, wir könnten auf Wunsch sofort entlassen werden oder für einige Wochen – die Dauer durften wir selber festsetzen – uns im besetzten Gebiet aufhalten.
Ich kehrte am 3. Januar nach Hause zurück und sagte meinem Vater, ich habe vor, Mönch auf der Isle of Wight zu werden. Ob ich diese Szene wohl je vergessen werde? Meine Schwester Anne war dabei. Wir standen alle drei im Speisezimmer, und Anne schlang unter Tränen ihre Arme um mich. »Papa«, sagte sie, »laß ihn nicht fortgehen!« Mein Vater dachte einen Augenblick nach und sagte dann zu mir: »Da dir ein Aufenthalt in Deutschland angeboten wird, bin ich dafür, daß du Gebrauch davon machst. Du

wirst vielleicht nicht wieder Gelegenheit haben, dieses Land zu sehen. Da drüben kannst du dir alles gut überlegen, und wenn du dann zurückkommst, sagst du mir, was du beschlossen hast. Wenn es soweit ist, kannst du tun, was du willst.« Meinem Vater ungehorsam zu sein, schien mir unmöglich. Ich hatte ihm nie in meinem Leben ein Nein entgegengesetzt, sowenig wie meiner Mutter. Ich beugte mich also und fuhr am folgenden Tage zwar nicht ins Rheinland, doch in die Bretagne, wo sich das Regiment befand, dem ich zugeteilt war und dessen Kasernen sich damals in Rennes befanden.

Unter einem regnerischen Himmel kam mir diese Stadt außerordentlich traurig vor. Ich bewunderte die alten Holzhäuser, die Behausung Du Guesclins, war aber von der Kathedrale entsetzt, da sie weder gotisch noch romanisch, sondern achtzehntes Jahrhundert war. Ich war so närrisch, daß ich nur mit schlechtem Gewissen in einer Kirche aus dieser Epoche zu beten vermochte, doch darum ging es jetzt freilich nicht. In der Kaserne bekam ich ein Zimmer wie ein Offizier, mußte meine Mahlzeiten aber in der Unteroffiziersmesse einnehmen. Ich nahm nur an einer einzigen teil, und selbst das ist noch zuviel gesagt. Ich setzte mich nämlich nur hin, um einen Augenblick darauf wieder aufzustehen und endgültig zu verschwinden, denn als soeben die Suppe in einem großen Topf, der auf der Mitte des Tisches abgestellt wurde, aufgetragen worden war, zog ein Sergeant unter unbändigem Gelächter, das mich erschauern ließ, aus der dampfenden Flüssigkeit eine feiste Ratte, die darin ertrunken war. Wortlos stieg ich über die Bank, auf der wir saßen, hinweg und eilte zur Tür. Die Messe sah mich nicht wieder.
An jenem Abend irrte ich durch die Straßen, denn ich hatte in der Tasche nur wenige Francs und war froh, mir in einer völlig freistehenden Bäckerei ein paar Buchweizenpfann-

kuchen leisten zu können, die ich hinunterschlang. Die Stadt war schlecht beleuchtet. Ich ging auf und ab und wußte nicht recht, was ich in diesen fast menschenleeren Straßen mit meiner Zeit anfangen sollte. Plötzlich hörte ich hinter mir ein halblautes Singen, drehte mich rasch um und stand zwei amerikanischen Soldaten gegenüber. Sie waren so hochgewachsen, so rosig und so schön, daß es mir den Atem verschlug. Alle beide trugen bezaubernd geschnittene Uniformen, einen in die Stirn geschobenen Hut, Gamaschen in einem hellen Beigeton, die fast weiß aussahen, und um den Arm eine Binde mit den Lettern MP *[Military Police]*. Als sie dicht an mir vorbeigingen, hörte ich, wie der eine zu dem anderen sagte: »Das ist ein Offizier. Sollen wir ihn grüßen?« Sein Kamerad sah mich prüfend an, fand offenbar, ich sehe recht kindlich aus, und erkärte mit ruhiger Stimme: »Nicht nötig.« Der Gedanke kam mir, sie auf englisch anzusprechen, doch drückte sich in ihrer Haltung soviel ruhige Nichtachtung aus, daß ich davon absah. Sie schritten wie zwei Götter an mir vorbei, und der eine von ihnen stimmte halblaut ein Lied an, in dem von dem Vergnügen die Rede war, ein Mädchen auf dem Schoß zu haben. Diese Begegnung verwirrte mich in unbeschreiblichem Maße, wobei ich nicht zu begreifen vermochte, weshalb sie mir einen solchen Schock versetzte. Noch heute habe ich die junge Stimme des singenden Soldaten im Ohr und fühle mich dadurch so weit in die Vergangenheit zurückversetzt, daß mich dabei eine Art von Schwindel überkommt.

Ich lebte in einem solchen Zustand religiöser Inbrunst, daß ich die Nachtkälte und die große Einsamkeit als angenehm empfand. Ein paar Tage zuvor hatte ich an Pater Crété geschrieben und postwendend Antwort erhalten. Da er sich zur Zeit in Vannes aufhalte, würde er, so schrieb er, bevor er sich wieder nach Paris begäbe, einen kurzen Aufenthalt in Rennes einschieben können. Ich weiß nicht mehr genau, wie sich dann alles ergab. In Rennes mußte er im Hospiz Saint-Melaine absteigen, und es war ausgemacht, daß ich ihn am Bahnhof erwarten solle, was ich dann auch tat. Um sieben Uhr abends traf ich ihn an diesem düsteren, schlecht beleuchteten Ort, wo er, in eine große schwarze Kapuze gehüllt, mit freundlich ironischen Bemerkungen über die Eleganz meiner Uniform nicht kargte. Eine Droschke brachte uns nach Saint-Melaine, und wir gingen zusammen in sein Zimmer hinauf. Ohne auch nur die schwarze Kapuze abgestreift zu haben, sagte er, dort angekommen, zu mir: »Mein Sohn, erlauben Sie, daß ich Sie küsse.« Ich war mit geistlichen Bräuchen derart unvertraut, daß ich, als ich ihn sich mir zuneigen sah, meine Lippen auf jede seiner Wangen drückte, während er sich damit begnügte, mein Gesicht mit dem seinen zu streifen. Darauf sprach er zu mir von der unermeßlichen Gnade, die mir zuteil geworden sei, von der Bewunderung, die er für meinen Vater hege, da dieser sich meiner Berufung nicht entgegenstelle [»Er ist ein Christ, mein Sohn«], und versetzte mich durch seine Rede in einen nie zuvor erlebten Zustand stummer Exaltation. Ich sehe wieder das eiskalte Zimmer vor mir und den großen Koffer zu Füßen des Priesters, der mit seiner brüchigen Stimme zu mir spricht und dessen klarer Blick sich bis auf den Grund meiner Augen senkt. Ein paar Minuten lang wähnte ich mich schon im Himmel, so groß war mein Verlangen, zu ihm emporzuschweben.

Was sich am folgenden Tage zutrug, weiß ich nicht mehr. Der Pater, so glaube ich, hatte noch ein bis zwei Tage in Rennes zu tun, und ich bin auch fast sicher, daß ich eine Messe hörte, der nur ich beiwohnte. Ich hatte mir für ein paar Sous die Autobiographie der hl. Marguerite-Marie Alacoque gekauft und in wenigen Stunden gelesen. Dieses seltsame Buch übte auf mich eine Wirkung aus, die ich, wenn es sich darin nicht um Religion handelte, als magisch bezeichnen würde, denn es entrückte mich der Welt, und noch jetzt kann ich gewisse Sätze in diesem Buch nicht wieder lesen, ohne von jenem unbeschreiblichen Gefühl des Entschwebens in eine jenseitige Region von neuem erfaßt zu werden. Die zugleich unbeholfene, edle und antiquierte Sprache wirkte auf mich wie ein Zaubertrank. Sollen andere doch die vergänglichen Wonnen der Sünde genießen, wie sie Boccaccio beschrieb! Ich selber wollte gerettet werden und spürte irgendwo in mir eine christliche Seele sich regen, die voll Ungeduld darauf brannte, sich von dem Todesleib befreit zu sehen, von dem der hl. Paulus spricht.

Ich habe das Gefühl, daß an dieser Stelle meiner Erzählung etwas fehlt und daß mir damals Gnaden zuteil wurden, über die ich nichts sagen kann, weil ich kein klares Bewußtsein von ihnen hatte und weil die Erinnerung an sie verlorengegangen ist. Mit Sicherheit aber war ich von September oder Oktober 1918 von einem religiösen Eifer erfaßt, der bis zum Ende jenes Winters anwuchs. Ich erinnere mich, daß es mir angenehm war, in den Straßen von Rennes Hunger und Kälte zu ertragen, da ich mich dem Evangelium dadurch näher fühlte. Die Verschen der hl. Marguerite-Marie Alacoque machten mich alles andere als lächeln, sie versetzten mich in eine unsägliche Ekstase. Es kam mir vor, als seien die Häuser rings um mich her nicht mehr da, als sei alles Sichtbare ausgelöscht, um einer namenlosen Beseligung zu weichen.

›L'amour triomphe, l'amour jouit,
L'amour du saint Cœur réjouit!‹

Immer wieder sagte ich mir diese Worte in einer Art verzückten Schauers her, denn ich kannte die unmittelbare Wirkung, die sie auf mich ausüben würden. Mein Herz begann zu pochen, als wolle es damit dem Schlag eines anderen Herzens Antwort geben, und ich hatte den Eindruck, daß Tausende von Stimmen diese Verse in unmeßbaren Höhen sangen.

Wegen der Ratte nahm ich in der Kaserne überhaupt nichts mehr zu mir. Ich vermute, daß ich mich von Pfannkuchen ernährte, denn ich hatte nur sehr wenig Geld; doch blieb ich nicht lange in Rennes; in dem Zuge aber, der mich ein paar Tage darauf nach Paris zurückbrachte, saß ich neben Pater Crété. Weshalb? Hier versagt mein Gedächtnis wieder einmal. Ich sehe noch sehr wohl die Szene vor mir, ohne mir den Grund dafür erklären zu können. Der Pater konnte nur ein kurzes Stück mit mir zusammen reisen, daran erinnere ich mich noch. Kehrte er nach Vannes zurück, oder fuhr er anderswohin? Ich weiß es einfach nicht mehr, doch erinnere ich mich, daß das Abteil voll war, daß aber vor allen diesen Leuten der Pater sich nach meinem Aufenthalt in Rom und, als ich ihm naiv die Schönheiten von Sankt Peter pries, auch danach erkundigte, ob diese Kirche gotisch oder romanisch sei. Tat er es, um sich der Demütigung zu unterziehen, für unwissend zu gelten? Das frage ich mich. Jedenfalls sah ich ihn, anstatt der Frage auszuweichen, wie ein klügerer und gütigerer Gesprächspartner es gemacht haben würde, mit leicht erstaunter Miene an und antwortete pedantisch: »Weder das eine noch das andere, ehrwürdiger Vater. Sie ist im Renaissance.« Er gab ein bescheidenes »Aha?« von sich und neigte den Kopf wie jemand, der soeben belehrt worden ist. Ich fühlte mich daraufhin irgendwie beschämt, doch wie sollte ich meine Worte zurückholen? Gleich darauf trennten wir uns.

Bevor ich in diesem Bericht fortfahre, muß ich ein Wort über meinen Besuch in Brest sagen. Es kommt mir vor, als reiste ich gratis. Von dieser Stadt ist mir fast gar nichts in Erinnerung geblieben außer einer engen Straße gegen

Abend unter feinem Regen. Wie ich es oft tat, wenn ich zum erstenmal in einer fremden Stadt spazierenging, wiederholte ich mir immer wieder: ›Du bist in Brest, du wanderst an einem Ort hin und her, den du noch niemals gesehen hast.‹ Ich hätte vermutlich alles vergessen, wäre nicht eine Einzelheit mir wieder ins Gedächtnis zurückgekehrt. Ich hatte in einem bescheidenen Restaurant zu Abend gegessen. Nicht weit von mir entfernt hatten ein paar Leute sich mit lauter Stimme unterhalten, darunter ein dicker Mann mit rotem Gesicht. Meine Mahlzeit war kurz, und der Zufall wollte es, daß ich zusammen mit jenen Leuten aufbrach, die offenbar reichlich gegessen und getrunken hatten. Als der dicke Mann an mir vorbeiging, sah er mich augenzwinkernd an und rief mit schwerer Zunge: »Jetzt wollen wir uns ein bißchen Liebe kaufen!« Diese Worte erfüllten mich wegen der so brutal nebeneinandergestellten Worte ›Liebe‹ und ›kaufen‹ mit Grauen. Ich erinnere mich, daß ich draußen in eine schlecht beleuchtete Gasse kam und daß entsetzliche Traurigkeit mich befiel. Es nieselte, und die Platten des Gehsteigs schimmerten wie Metall. Ich sehe in der Erinnerung nichts anderes vor mir. Kaum nach Paris zurückgekehrt, trug ich meinem Vater erneut meine Absicht vor, in ein Kloster einzutreten. Hatte ich Urlaub bekommen, um ein paar Tage zu Hause zu verbringen? Ich weiß es nicht mehr. Jedenfalls hatte ich Nachricht erhalten, mein Regiment sei nach Metz verlegt, sowie den Befehl, mich dorthin zu begeben. Ich kann die Dinge nur so berichten, wie ich mich ihrer entsinne. Eines Morgens sagte mein Vater zu mir, ich müsse, da ich getauft worden sei, auch die Firmung erhalten, und er würde mich zu diesem Zweck zu den Pères du Saint-Esprit bringen, wo der Erzbischof von Paris dieses Sakrament mehreren Personen erteilen werde. Ist es nicht seltsam, daß ich hier gestehen muß, nur höchst ungenau gewußt zu haben, um was es sich überhaupt handelte? War eine Vorbereitung nötig? Ich wußte es nicht. Wie immer, stimmte ich meinem Vater bei und folgte ihm. Jetzt noch sehe ich mich in einer Kapelle zusammen mit acht oder zehn Personen an einem Pfeiler knien. Eine Ordensfrau reicht mir ein gefaltetes Papier, auf dem der Name ›Michael‹ steht. »Das soll Ihr Firmname sein«, sagt mir die Nonne. Ich bleibe auf den Knien, mein Herz pocht heftig, Monsignore Amette tritt zu uns und neigt sich dem einen, dann dem anderen zu; bei mir angelangt, versetzt er mir unter Hersagen von Gebeten einen leichten Wangenstreich und setzt seinen Weg fort. Ich erinnere mich an nichts anderes, außer daran, daß ich, zu Hause angekommen, einen von Freude überströmenden Brief an die amerikanische Nonne schrieb, von der ich an anderer Stelle gesprochen habe und die sich zu jener Zeit in Angers aufhielt. Dieser Brief, dessen kindliche Wendung mir zu meiner größten Verlegenheit noch gegenwärtig geblieben sind, gibt mir die Gewähr dafür, daß ich trotz meiner Unwissenheit das Sakrament der Firmung in der erforderlichen Seelenverfassung empfangen habe, und ich konnte gar nicht davon loskommen, daß *Quis ut Deus*, der Fürst der gottgetreuen Heerscharen, mein Schutzpatron geworden war!

Am 20. oder 22. Januar mußte ich mich nach Metz begeben. Von dieser Stadt, die ich seither nicht wiedergesehen habe, ist mir nur eine verworrene Erinnerung an schwarze, schmutzige Straßen sowie an die düstere, etwas unheimliche Masse der Kathedrale geblieben. Ein oder zwei Stunden standen mir in dieser Gegend zur Verfügung, und ich nehme an, daß ich in einer Kaserne Schriftstücke unterzeichnen und meinen Marschbefehl abholen mußte. Jedenfalls erinnere ich mich, daß ich nach Hagenau fahren und dort weitere Instruktionen entgegennehmen sollte, und ich weiß auch noch, daß ich mich fragte, was es wohl mit der für mich legendären Person des Artilleristen von Metz auf sich haben möge, denn schließlich war auch ich Artillerist, aber ich wußte nichts Näheres über diese Militärperson, die durch ein Lied berühmt geworden ist, dessen Text mir jedoch niemand verraten wollte. Ein- oder zweimal hatte ich Kameraden gebeten, diese Bildungslücke bei mir auszufüllen, doch lachend antworteten sie mir nur, das sei nichts für mein Schamgefühl, und so wagte ich denn auch nicht, weiter in sie zu dringen. Er werde es wahrscheinlich, dachte ich, getrieben haben wie die Gestalten in Mr. Kreyers abscheulichen Bilderbüchern, im Augenblick aber lagen mir alle diese Dinge ja so unendlich fern ...

Ich fühlte mich innerlich ruhig und einer Welt entrückt, an die ich immer weniger glaubte, die Welt, in der man Offiziere grüßte oder Eisenbahnen bestieg. Das erinnert mich an einen kleinen Zwischenfall, den ich schon früher hätte notieren sollen. Eines Abends, als ich mit einer meiner Schwestern im Kino war, im Oktober 1918, sah ich in der Wochenschau eine Szene, die ein Stück hinter der Front während einer der letzten Schlachten des Krieges gefilmt worden war. Es fiel mir dabei etwas ein, was ich auf der Stelle notieren wollte. Ich kritzelte ein paar Worte auf das erste beste Stück Papier, das ich in der Innentasche meines Rockes fand: es war der Bescheid über meine Einstellung bei der Fremdenlegion. Ich schrieb damals darauf, daß alles, was ich auf der Leinwand zu sehen bekam, vielleicht gar nicht Wirklichkeit, sondern nur eine Illusion oder, besser gesagt, die Projektion dessen war, was wir in uns tragen. Die äußere Welt existierte einfach nicht so, wie wir sie sahen. Man konnte nicht einmal beweisen, daß sie überhaupt existierte. Was existierte, war in mir, in meinem Kopf, ich konnte es nicht erkennen, doch wenn ich mich friedvoll und glücklich fühlte, sah ich Bäume, Wasser, Hügel, hingegen wenn ich innerlich unruhig war, Männer, die sich schlugen, Kanonen, von Granateinschlägen gen Himmel geschleuderte Erde. In welchem Maße

bestand, wenn es so war, der Nächste? Er existierte wie ich, den gleichen Illusionen unterworfen, doch er erblickte nicht die gleichen Dinge wie ich, weil wir verschieden waren, weil ich ja wie niemand anders war. Dort, wo er zum Beispiel Blau sah, sah ich vielleicht Schwarz, und wir waren uns einig nur in dem verwendeten Ausdruck. Sein Blau entsprach möglicherweise dem, was ich als Schwarz bezeichnete. Was aber wurde in diesem System, das ich aufregend fand, mein eigenes Gesicht? Ich fand darauf die Antwort, daß mein Gesicht einer Idee entsprach, die ich mir von mir selber machte. Was zweifelhaft schien, war die Materie. Die Bilder waren wirklich, aber es waren nur Bilder. Die Wirklichkeit befand sich hinter alledem, sie war ihrem Wesen nach unsichtbar. Ich weiß nicht, woher mir diese seltsamen Vorstellungen kamen, gewiß aber ist, daß sie während langer Jahre bestimmend für mich waren, und ich erkenne auch ihre Spur in meinem gesamten Werk.
Ich befand mich in einer Hochstimmung, von der ich niemandem etwas sagte, und während ich das Blatt wieder faltete und in die Tasche schob, glaubte ich mich mit einem Schlage von jeder Bindung an die sichtbare Welt und vor allem, was sie an Traurigem und Mittelmäßigem barg, befreit. Das Geheimnis des Ganzen war mir soeben offenbart worden. Die herrlichen Bücher, die ich gelesen hatte, die Bilder im Louvre, die Statuen, alles das war ich, es war, was ich mir einbildete. Andere bildeten sich ebenfalls andere Dinge ein, doch was ich selbst sah, berauschte mich. So war das Angesicht von Ted ein Gedanke von außergewöhnlicher Schönheit, ebenso das Antlitz Rogers damals in der Schule, aber was Roger mit seinen Nachbarn trieb, war das sichtbare Zeichen einer inneren Sündhaftigkeit, nur ein Zeichen ohne Wirklichkeit an und für sich. Alles bestand im Innern.
Was aber wurde aus der Religion? Die Religion war als einziges wahr, und wahr waren auch die Worte, denn sie

bewirkten etwas. Aber das Meßgewand des Priesters, das Kreuz auf dem Altar? Sie waren Zeichen einer unsichtbaren, unbestreitbaren Wahrheit. Ich ging noch weiter. Die geweihte Hostie? Die geweihte Hostie war die einzige Wirklichkeit in einer Welt der Erscheinungen, ebenso war Christus, als er auf die Erde kam, wahr in einer Welt voll grauenvollen Wahns. Seine Hand war eine wahre Hand, seine Augen waren wirkliche Augen.

Ich kann nicht sagen, daß diese Ideen mir heute völlig fremd geworden sind. Es ist mir davon ein Anflug geblieben, der meine ganze Einstellung zum sogenannten realen Dasein erklärt, doch über diesen Punkt gäbe es zuviel zu sagen, und außerdem – wie könnte das schon von Wichtigkeit sein? Wenn ich davon spreche, so deshalb, weil dieser Bericht nicht unbedingt das ist, was die Deutschen eine ›Lebensbeschreibung‹ nennen, sondern eher eine Reise, eine Entdeckungsreise in das Innere meines Selbst. Die Wirklichkeit der Worte, die Wirklichkeit des Papiers, die Wirklichkeit dieser Hand, die schreibt – an sie glaube ich freilich, aber doch nicht im Übermaß.

Machte ich nicht mit dieser bizarren Philosophie meinen Nächsten zu einem Phantom? Nicht doch. Ich hatte im Gegenteil die Idee, daß ich ihn erretten müsse, was mir manchmal sehr unbedachte Worte eingab, wie ich später noch zeigen werde. Zunächst aber, woher war mir der Argwohn gegen die wirkliche Existenz der wahrnehmbaren Welt gekommen? Ich weiß darüber absolut nichts. Ich hatte niemals viel Philosophie getrieben, aber ich verdankte meiner Mutter, Gott sei Dank dafür, einen unerschütterlichen Glauben an die unsichtbare Heimat. Von da aus zu schließen, daß jede sichtbare Heimat eine weniger tiefe und sogar eine anfechtbare Realität besitze, bedeutete nur einen Schritt, der für eine Einbildungskraft wie die meine leicht zu vollziehen war. Stellen aus der Bibel kamen mir zu Hilfe: »Mein Reich ist nicht von dieser Welt« [diese

Welt war demnach etwas Fragwürdiges], »der Fürst dieser Welt... der Gott dieser Welt...«, Fürst und Gott also eines Nichts.
Es ist seltsam zu denken, daß es häufig der Erfahrung der Lust bedarf, um aus dem Kinde einen Mann zu machen. Diese Erfahrung fehlte mir. Daher blieb mir zum großen Teil eine geistige Kindheit erhalten, die bis zu meinem zweiundzwanzigsten Jahr andauerte. Erhalten blieb mir auch eine gewisse Kraft des Glaubens, die erst lange nach meinen Jünglingsjahren durch die Leidenschaften in Gefahr geriet. Deshalb ist sie auch trotz aller meiner Bemühungen, mich vom Gegenteil zu überzeugen, niemals ganz und gar aus meinem Herzen geschwunden. Später wandte ich mich von Christus ab, weil er mich in der Befriedigung meines sinnlichen Hungers hemmte, doch ich wagte nicht, ihn völlig zu verleugnen. Ich versuchte seine Existenz zu vergessen, vermochte aber nicht zuwege zu bringen, daß er die meine vergaß.

In dieser Art von Wachtraum, der nun mein Leben war, begab ich mich nach Hagenau, wo ich mich bei einem Offizier meldete, der an einem Tisch saß. Als er erfuhr, daß ich Amerikaner sei, stellte er mir alle die Fragen, die ich zu gewärtigen hatte, und nach ein paar wohlgelaunt vorgebrachten Gemeinplätzen gab er mir ein Papier und sagte mir, ich solle an der Ecke von der und der Straße auf einen durchfahrenden Wagen warten, der mich an meinen Bestimmungsort bringen würde.
Hier nun hat eine der leuchtendsten Erinnerungen meines ganzen Lebens ihren Platz. Ich wartete in der Abenddämmerung an der Ecke einer Straße, als ich ein kleines Gefährt mit einer Plane darüber einherkommen sah. Es machte vor mir halt, und ich sah einen jungen Soldaten aussteigen, der mich grüßte und mich dabei als ›Herr Leutnant‹ anredete, was mir ein spürbares Vergnügen

bereitete, denn ich wußte nicht genau, ob ich Offizier war oder nicht. Darauf fuhren wir beide zum Bahnhof, um meinen Offizierskoffer abzuholen. Alles das erledigte der Soldat. Ich erinnere mich, daß der Abend eisigkalt zu werden versprach und daß mein Begleiter darauf bestand, ich solle eine Decke über meine Knie legen, da das durch die Plane nur mangelhaft geschützte Fahrzeug nach allen Seiten offen war.

Ich weiß den Namen des Dorfes nicht mehr, zu dem wir uns begeben sollten, aber wir waren mehr als zwei Stunden unterwegs, und ich sah über einer weiten Schneelandschaft am dunklen Himmel den Mond und die Sterne aufgehen. Mein Begleiter sprach wenig – ich vermute, daß er von Zeit zu Zeit, wozu die Kälte das ihre tun mochte, einnickte. Ich selber aber spürte, wie sich ein Glücksgefühl meiner bemächtigte, so unbestimmt und doch so stark, daß ich glaubte, nie etwas Derartiges erlebt zu haben. Der Schnee dämpfte das Geräusch der Räder und der Pferdehufe, die eisige Luft biß mir in die Ohren, doch ich hatte das Gefühl, mich von mir selber zu lösen und in ein von eigenartigem Glanz erhelltes Reich einzutreten. Immer wieder kam mir das Wort ›Firmament‹ in den Sinn, weil dieses Wort wie Sternengefunkel war und weil vom Himmel, wie aus der Tiefe eines Abgrunds, eine Stimme, gewaltig und leise zugleich, zu mir drang. Was sagte sie? Ich hätte nicht die geringste Vorstellung davon zu geben gewußt. Und doch sprach sie, sie sprach zu mir, und indem sie das tat, machte sie mich glücklich. Hätte ich nur begriffen, was sie mir sagen wollte! Es mußte eine lange Zeit vergehen, bis sie erneut zu mir sprach. Ohne mir dessen bewußt zu werden, habe ich in jener Nacht auf einer Landstraße des Elsaß von einem ganzen Teil meiner selbst Abschied genommen.

Es muß gegen neun Uhr abends gewesen sein, als wir in

dem Dorf ankamen, dessen Namen ich vergessen habe, das jedoch an der Straße nach Weißenburg liegen muß. Es war ein echt elsässisches Dorf. Die Häuser trugen riesige Dächer, die sich wie die eines Kartenhauses neigten, doch außer dem Schnee auf dem Boden und diesen großen hängenden Dächern unter einer herrlichen Sternensaat konnte ich nicht viel sehen. Ich hatte das Gefühl, in einem Weihnachtsbild spazierenzugehen, und war erfüllt von Heiterkeit, die nur durch die Aussicht, alsbald gänzlich unbekannten Menschen entgegentreten zu müssen, gedämpft wurde. Trotz des diffusen Lichtes, das von dem weißen Boden aufstieg, war es sehr dunkel. Der Soldat ergriff meinen Koffer und führte mich zu einer Tür, die er für mich öffnete. Wir traten in einen schlechtbeleuchteten Flur. Dort, vor einem weiteren Eingang, verließ mich der Soldat, nachdem er mir gesagt hatte, daß ich anklopfen solle.

Ich war schüchtern und pochte nur leise an die Tür. Ein oder zwei Sekunden darauf befand ich mich, ziemlich aufgeregt, in einem kleinen überheizten Raum, in dem an einem Tisch drei Offiziere saßen. Auch jetzt, da ich diese Worte niederschreibe, kommt es mir vor, als befinde ich mich noch einmal zwischen diesen vier Wänden und warte darauf, daß etwas geschehen soll. Weshalb sagen diese Männer nichts? Ich grüßte linkisch, ohne mich vorzustellen, und da sie alle keine Kopfbedeckung tragen, nehme auch ich mein Képi ab. Sie scheinen sprachlos zu sein. Erwarteten sie mich nicht? Plötzlich steht einer von ihnen, der älteste, ein Oberleutnant, auf. Die anderen folgen seinem Beispiel und kommen lachend auf mich zu.

»Sind Sie der Offiziersanwärter, den man uns schicken wollte?« fragte der Leutnant mich.

Er nannte mir seinen Namen, und ich tat desgleichen.

»Wir lachen«, erklärte er, »weil Sie so durchaus nicht sind, was wir uns unter Ihnen vorgestellt haben. Uns war ein

Amerikaner angekündigt. Wir meinten, Sie müßten unbedingt eine Brille tragen und kein Wort Französisch können.«

Alle drei schienen derart erleichtert, daß auch ich in ihr Lachen einstimmte. Der Oberleutnant war ein junger Mann von etwas schwerem Körperbau und mit sehr schwarzem Haar über einem energischen und bleichen Gesicht. Ich werde ihn Becci nennen, wiewohl das nicht sein richtiger Name ist. Ebenso werde ich den Leutnant, der neben ihm stand, hier Prioux nennen, obschon er nicht so hieß. Prioux glich einem wilden Tier, wahrscheinlich wegen seines etwas fliehenden Profils und seiner rötlichen Haare. Diese beiden Menschen begegneten mir auf der Stelle mit einer lärmenden Herzlichkeit, die mich eher befangen machte, als daß sie mir meine Verlegenheit überwinden half, denn es war mir nicht möglich, ihnen gegenüber den gleichen Ton anzuschlagen, und ihre Vertraulichkeit war mir unbehaglich.

Der dritte Offizier hielt sich ein wenig im Hintergrund und drückte mir auch als letzter die Hand, wobei er einen Namen murmelte, den ich nicht verstand. Ich kann von ihm nicht ohne leise Erregung sprechen, weil die Erinnerung an ihn mich niemals verlassen hat und er eines Tages einen Satz zu mir sagte, der in meinem Herzen für alle Zeiten haftengeblieben ist. Ich frage mich, ob er noch lebt und sich an mich erinnert.

Er war ungefähr so groß wie ich, etwas größer vielleicht sogar und zudem von schlanker, eleganter Gestalt. Gerade das fiel als erstes an ihm auf. Bei aller Reserve und einer gewissen natürlichen Würde verfügte er über die Anmut eines Tänzers, und tatsächlich kam er wie ein Tänzer daher, mit einem leichten, elastischen Schritt, der zu Unrecht den Anschein erweckte, als bewege er sich einzig auf den Zehenspitzen. In seinem schmalen, feinen Gesicht waren die sehr hellen Augen aufmerksam auf mich gerich-

tet, doch wandte er sich von mir ab, sobald er sich vorgestellt hatte. Ich erriet bei ihm eine ungewöhnliche Höflichkeit und bemerkte auch, daß die Manieren seiner Gefährten ihn ein wenig verdrossen.
Dieser erste Eindruck war so stark, daß alle anderen hinter ihm verschwanden, und ich kann mich unmöglich erinnern, wie dieser Abend endete, ob ich schlief oder was wir am folgenden Tag unternahmen. Ich weiß nur noch, daß wir ein paar Tage darauf dieses Dorf verließen, um uns in ein anderes zu begeben.
Wir ritten alle vier im Schritt voraus, von Soldaten mit ihren Kanonen gefolgt. Es kommt mir seltsam vor, daß alles dies einen Teil meines Lebens bildet, da es mir doch so wenig ähnlich sieht. Eines Nachts gelangten wir in ein elsässisches Dorf, in welchem die Einwohner uns die Zimmer gaben, deren wir bedurften. Ich war allein in dem meinen und erinnere mich, daß ich nach dem Erwachen am folgenden Morgen ans Fenster lief, um zu sehen, wo ich mich befinde. Ich blickte auf einen großen, sauberen, gutgehaltenen Bauernhof. Das war nichts Außergewöhnliches, dennoch versetzte dieser Anblick mir einen Schock, denn alles schien mir so vertraut, daß ich mich fragte, wo ich es schon gesehen haben könnte. Es war jedoch ganz ausgeschlossen, daß ich es schon gesehen hatte, denn ich war noch nie im Elsaß gewesen. Später, als ich im Dorf umherwanderte, hatte ich noch mehrmals den gleichen Eindruck, und zwar mit solcher Deutlichkeit, daß ich schließlich davon besessen war wie von einem Rätsel, dessen Schlüssel ich unaufhörlich auf der Stelle finden zu müssen glaubte, so wie man zuweilen meint, man werde sich sofort auf einen Namen besinnen, der einem dennoch nicht wieder einfallen will. Indessen verspürte ich bis in mein tiefstes Innere hinein ein ebenso beruhigendes wie unerklärtes Glücksgefühl. Wie schön erschienen mir die großen Holzhäuser unter dem Schnee. Ich wagte meinen

Gefährten nicht zu sagen, daß ich diese Gebäude schon mein ganzes Leben hindurch erblickt zu haben glaubte. Sie hätten mich für überspannt gehalten, was im übrigen bald dennoch eintreten sollte.

Am übernächsten Tage kündigte der Oberleutnant uns an, wir würden heute die Grenze überschreiten und nach Deutschland einrücken. Dieser Moment würde sicherlich merkwürdig sein, und ich fragte mich, welche Aufnahme wir drüben wohl finden würden. Wir rückten alle vier unter tiefem Schweigen in gleicher Linie vor und taten unsere ersten Schritte auf deutscher Erde, als wir ein Dorf mit hübschen, ockergelb oder nilgrün gestrichenen Häusern durchquerten. Die Einwohner standen auf den Schwellen ihrer Häuser, und die Kinder drückten sich an ihre Mütter. Man hörte kein Wort, keinen Schrei, nur den Hufschlag unserer Pferde und das Rollen der Räder auf dem Straßenpflaster. Ich versuchte, etwas in diesen Gesichtern zu lesen, die uns zugewandt waren, doch ebensogut hätte man den Ausdruck eines Gefühls auf einer Steinmauer suchen können.
Wir trugen alle horizontblaue Mäntel und den Stahlhelm, und ich achtete darauf, gut zu Pferde zu sitzen und gleichgültig zu erscheinen wie die andern, doch die Erregung schnürte mir die Kehle zu. Zu Pferde und in Uniform nach einem langen Krieg in Deutschland einzuziehen, war doch immerhin etwas, auch wenn man nicht selbst im Felde gestanden hatte. Ich schaute alles an, eifrig, nichts zu vergessen.

War es an diesem Abend oder am folgenden? Wir kamen in ein reizendes kleines Dorf über einem tiefen Tal, das mich an eine Illustration zum alten Testament erinnerte. Ich sehe mich wieder in einer Bauernstube, in der zwei Betten waren. Wir standen alle vier in diesem Raum, am Ende

eines kalten, aber schönen, strahlenden Tages. Durch die beiden kleinen Fenster blickten wir in das lange Tal mit dem rötlichen Himmel darüber. Zwischen diesen beiden Fenstern hing ein Spiegel in einem schweren schwarzen Rahmen. In diesem Spiegel schaute ich mich an.
Dieser Augenblick ist so einzigartig, daß ich es mir nicht versagen kann, ein wenig dabei zu verweilen. Ich habe den Sinn von alledem erst sehr viel später begriffen. Zwei Gründe gab es für das Vergnügen, mit dem ich mein Gesicht betrachtete: erstens, daß ich meine schwarze Uniform zum ersten Male trug, und zweitens, was noch seltsamer ist, daß meine Kameraden, weit davon entfernt, sich, wie von ihnen eigentlich zu erwarten war, über mich lustig zu machen, schweigend dastanden und ihre Blicke aufmerksam auf mir ruhen ließen. Ich erinnere mich, daß, als ich das Zimmer betrat, der jüngste Anwärter der Offiziere, Fähnrich wie ich, allein darin anwesend war. Ich fürchtete, er werde über meinen Aufzug lachen, doch soweit ich mich erinnere, verlor er darüber kein Wort. Aus dem benachbarten Raum, dem Eßzimmer, kamen darauf der Oberleutnant und der Leutnant herein. Der erstere machte eine heitere Bemerkung, die ich vergessen habe, doch noch lange werde ich nicht vergessen, was der Leutnant sagte. Lächelnd ging er kurz um mich herum, den Kopf vorgestreckt wie ein Fuchs, und beglückwünschte mich, und erst daraufhin wagte ich einen Blick in den Spiegel. Ich sah darin nicht nur mein Bild [ich frage mich, was während dieses ganzen Vorgangs aus der Religion und der Insel Wight geworden war], sondern auch drei ernste, aufmerksame Gesichter. Schließlich brach der Leutnant das Schweigen und bemerkte: »Dieses Zimmer hat zwei Betten. Es ist angebracht, daß die beiden Jüngsten von uns zusammen im gleichen Zimmer schlafen. Ist Ihnen das recht, Fähnrich?« Diese Frage galt nicht mir, son-

dern meinem Gefährten, der den gleichen Dienstgrad hatte wie ich. »Ganz wie er will«, gab dieser zurück.
Ich antwortete, ich schlafe lieber allein. Der andere wandte rasch den Kopf, und man gab mir ein anderes Zimmer, in dem ich tatsächlich allein schlief. Was für eine Ungeschicklichkeit hatte ich begangen? Fand man mich unhöflich? Als wir an jenem Abend alle vier zusammen zur Nacht aßen, merkte ich, daß meine Gefährten sich mir gegenüber weniger herzlich gaben, während ich selbst etwas unbedacht drauflos redete, da ich über alles ja so glücklich war. Allmählich aber verstummte ich, und ich glaube sogar, daß das Abendessen in Schweigen endete. Ich sage ›ich glaube‹, denn ich bin nicht gewiß, doch erinnern kann ich mich daran, daß, kurz bevor wir uns zum Schlafengehen trennten, der Leutnant auf mich zutrat und ganz, als wolle er mir ein Kompliment damit machen, einen Ausspruch von ungewöhnlicher Derbheit tat.
Ich weiß nicht, was geschehen wäre, wenn ich verstanden hätte; die Worte, die er gebrauchte, blieben jedoch für mich bar jeden Sinnes. Gerade deswegen aber behielt ich sie vielleicht ganz genau, doch mußte ich fast vier Jahre warten, bevor mir klar wurde, was sie bedeuteten. Ich sah ihm lachend ins Gesicht. »Was heißt das?« fragte ich ihn. Da aber fiel mir plötzlich in den Augen des Fähnrichs ein Ausdruck der Wut und eines flehentlichen Beschwörens auf, der sich an die Adresse des Leutnants richtete. Dieser zog sich darauf zurück, ohne sich von uns verabschiedet zu haben. Der Fähnrich hingegen wünschte mir mit seiner sanften, festen Stimme und einem zwischen Vergißmeinnicht- und Stahlblau liegenden Blick eine gute Nacht. Wie verschieden schien er mir von den anderen! Doch von dieser ganzen, zugleich so klaren und geheimnisvollen Szene hatte ich nichts erfaßt. Ich stellte mir keine Fragen und weiß auch nicht, wer in jener Nacht das Zimmer mit den zwei Betten benutzte. Abgeschlossen in dem meinen,

zog ich meine schwarze Uniform, in der ich alle Welt geblendet zu haben glaubte, mit Hochachtung aus. Nachdem ich mein Gebet verrichtet hatte, legte ich mich hin und schlief ein.
Diese Uniform hätte ich mir, wie ich wohl kaum zu erwähnen brauche, nicht leisten können, wenn ein Schneider sie für mich gearbeitet hätte. So aber war es nur ganz einfach meine amerikanische Sanitäteruniform, die ich schwarz färben und mit dem dreifachen scharlachroten Streifen an der Hose sowie an den Ärmeln mit den prächtigen Goldlitzen hatte besetzen lassen, durch die sich ein roter Faden zog.

Nachdem wir die kleine Stadt verlassen hatten, begaben wir uns weiter ins Innere des Saargebietes. Ich hatte meine Kameraden inzwischen dank unseren langen Gesprächen bei den Mahlzeiten und unterwegs besser kennengelernt. Der Oberleutnant und der Leutnant hatten an der Front viel mitgemacht. Eines Tages nahmen sie mich auf die Seite und sagten mir, der Offiziersanwärter, der ein Jahr älter war als ich, habe sich 1918 sehr tapfer geschlagen, sein Mut habe großen Eindruck gemacht. Ich war darüber nicht erstaunt. Das stand in seinen Augen, obwohl er wie ein junges Mädchen aussah und zu Tränen neigte, wenn man ihn zum Äußersten trieb. Ich erriet, daß die beiden ihn sehr gern mochten, doch kamen ihre vertraulichen Mitteilungen mir überflüssig vor. Was mich betraf, so gingen meine Gefühle für diesen jungen Burschen über die Sympathie nicht hinaus, die ich allen Menschen meiner Umgebung entgegenbrachte. Er interessierte mich nicht übermäßig, zum mindesten am Anfang nicht, und ich hatte ihm nicht viel zu sagen. Es ergab sich, daß einmal einer der beiden Offiziere ihm ein Kompliment über seine Schönheit machte, und ich sah ihn erröten und sein Antlitz mit großer Anmut zur Seite wenden. War er wirklich schön, dieser

Fähnrich? Ich fragte mich, was sie an ihm fanden. Freilich, er war blond, und die Götter sind blond. Gewiß waren auch seine Augen hübsch, hübsch auch die kleine feine Nase, sein Mund und seine Ohren. Er war ein sehr hübscher junger Mann, doch fehlten ihm Feuer, Kraft und Härte. Alles das machte er allerdings durch einen oft glanzvollen Ausdruck wett, der zwischen ihn und manche seiner Gesprächspartner einen Abstand legte, den er für nötig zu halten schien. Um mich darauf hinzuweisen, daß er von guter Abkunft sei, brauchte er mir allerdings nicht eines Tages das kleine Wappen zu zeigen, das seinen Siegelring schmückte. Diese etwas naive Geste rührte mich. Ich ließ mir das Wappen deuten und erklärte, ich finde es wundervoll.

Die Umstände wollten, daß wir mehrere Tage darauf beide im gleichen Haus und im gleichen Zimmer in Quartier lagen. Ich habe den Namen des deutschen Dorfes vergessen, doch erinnere ich mich noch sehr deutlich an das Zimmer. Es war langgestreckt und erhielt sein Licht von der Straße her durch zwei große vorhanglose Fenster ohne Läden davor. Die Betten standen nicht nebeneinander, sondern eines hinter dem anderen, und ich wählte das, das einem der Fenster am nächsten war. Die Vorstellung, ich müsse die Nacht im gleichen Zimmer mit jemand anderem verbringen, sagte mir gar nicht zu, doch diesmal hatte mich niemand gefragt, ob es mir auch paßte. Der Oberleutnant hatte einen Befehl gegeben, dem ich gehorchte.

Es war grausam kalt, und ich zog mich so schnell wie möglich aus, wobei ich es vermied, mich nach meinem Kameraden umzusehen, doch so sehr ich mich auch beeilte, lag er doch vor mir im Bett. Ich sah auf dem Kissen sein bezauberndes Gesicht, er beobachtete mich. Mit einem Sprung war ich unter meiner Decke, worauf wir uns von einem Bett zum anderen unterhielten. Ich frage mich, was wir einander zu sagen hatten; plötzlich aber machte er

mich darauf aufmerksam, daß wir das elektrische Licht nicht ausgelöscht hätten, dessen Schalter sich nahe bei der Tür befand.
»Würden Sie wohl so nett sein und das machen?« fragte er mich. »Knipsen Sie es aus? Ich liege schon so behaglich im Bett.«
»Oh, und ich friere mich noch zu Tode in meinem.«
»Na ja, eben darum ...«
Was wollte er damit sagen? Lachend sprang ich aus dem Bett und lief zur Tür, um das Licht auszuknipsen. Darauf folgte ein ganz eigenartiger Augenblick, einer der eigenartigsten bestimmt meiner ganzen Jugend. Als ich das Licht gelöscht hatte, blieb ich einen Augenblick lang mit bloßen Füßen unbeweglich im Dunkeln stehen und verspürte in mir plötzlich die Versuchung, in das Bett des Fähnrichs zu schlüpfen. Ich hätte mir nicht erklären können, woher mir dieses Verlangen kam, und das war zweifellos der Grund, weshalb ich ihm nicht nachgab. Es trat eine tiefe Stille ein, und ich bemerkte mit Verwunderung, daß das Licht des Vollmonds den ganzen Raum überflutete und das Bild der beiden großen Fenster und ihrer Scheiben, die wie Silber blitzten, auf den Fußboden warf. Wie sehr lebt heute das alles in meinem Gedächtnis wieder auf!
Diesmal ohne zu zögern, lief ich zu meinem Bett und wünschte meinem Gefährten gute Nacht, weiß jedoch nicht mehr, ob er geantwortet hat. Unter meinen Decken beglückwünschte ich mich, diese Lächerlichkeit nicht begangen zu haben. War ich denn wirklich verrückt? Was hätte dieser Franzose von mir gedacht, wenn ich zu ihm gekommen, an seine Seite in sein Bett geschlüpft wäre? Sicherlich hätte er mich mit Faustschlägen, mit Hohn und Spott verjagt. Ich begriff nicht, wie mir ein so absonderlicher Einfall hatte kommen können. Erst viel später erriet ich, daß er nicht in mir entstanden, sondern mir nahegelegt worden war.

Und dann? Dann folgt eine Reihe von Lücken. Sicherlich aber hatten wir Ende Januar unseren Bestimmungsort, ein Städtchen im Saargebiet, das Oberlinxweiler hieß, erreicht. Hieran habe ich zwar noch deutliche Erinnerungen, doch sind sie durch leere Stellen voneinander getrennt. Das Haus, in dem ich wohnte, war das letzte an der Straße, dahinter erstreckte sich freies Feld. Mein Zimmer war groß, mit roten Fliesen belegt und immer eisig kalt. Diese ständige Kälte, auf die ich nicht weiter achtete, da ich mich hier nur zum Schlafen aufhielt, gab nicht schlecht die Haltung der Bewohner mir gegenüber wieder. Ich sah sie nämlich nie. Manchmal hörte ich es hinter einer Tür flüstern, aber das war alles. Ich zog mich aus und legte mich hin. Morgens brachte Jarras, mein Bursche, heißes Wasser, und eine Viertelstunde darauf hatte ich bereits diese Stätte verlassen, die ich nicht eben als gastlich bezeichnen kann. Ich frühstückte regelmäßig etwa hundert Meter von dort entfernt in einem weniger abweisenden, weniger sauberen Haus, das von lärmenden Stimmen erfüllt war, denn der Oberleutnant und der Leutnant pflegten so laut miteinander zu reden, wie man im Freien redet. Das kleine Eßzimmer, in dem wir uns zusammenfanden und in dem wir an Schlechtwettertagen lange Stunden verbrachten, meine ich mit seinen kanariengelben Wänden, dem großen quadratischen Tisch und der an der Wand hängenden Gravüre nach dem ›Abendmahl‹ von Leonardo noch genau nachzeichnen zu können. Unter dem Bilde standen die Worte: ›Amen, amen, dico vobis quia unus ex vobis traditurus est me‹ – ein furchtbarer Satz, den ich wohl hundertmal gelesen und wiedergelesen habe. Wenn ich am Nachmittag mit dem Fähnrich allein in diesem Eßzimmer war, legte ich meine Cramponbibel aufgeschlagen vor mich auf den Tisch und las in den Propheten und den Evangelien. Das war eine Art zu sagen: ›Lassen Sie mich bitte in Ruhe meinem erhabenen Streben

nachgehen, und begreifen Sie, daß ich nicht so bin wie Sie.‹ Was sonst aber konnte ich auch tun, da ich nichts anderes wollte, als in der Bibel lesen, und zudem mein Schlafzimmer nicht geheizt war? Ich war jedoch Meister darin, diskrete Fragen zu provozieren, die ich noch diskreter und geheimnisvoll lächelnd beantwortete. So sehr ist man in diesem Alter zum Komödie-Spielen geneigt! Nach zehn Tagen schon war bekannt, daß ich ins Kloster gehen wollte. Wie interessant wurde ich mit einemmal! Ich schuf mir eine unsichtbare, transportable Zelle eines so handlichen Modells, daß ich unschwer diesen Uniformierten das Schauspiel einer schönen Seele auf dem Weg zum Paradies bieten konnte. Vielleicht bin ich etwas streng gegen mich, aber wie man so sagt, auch mit gutem Grund. Gewiß, ich glaubte von ganzem Herzen, wie aber, mein Herr Fähnrich, stand es mit den guten Werken, mit der Frömmigkeit, dem Rosenkranz und vor allem der Messe? Nichts von alledem, oder aber, wenn das doch der Fall war, muß mir die Erinnerung daran vollkommen abhanden gekommen sein. Dabei befand ich mich immerhin in einer katholischen Gegend. Kam ich denn gar nicht auf den Gedanken, ich könne zur Kirche gehen? Offenbar nein. Ich las die Bibel und verrichtete meine täglichen Gebete. Darauf beschränkte sich meine Religionsausübung.
Ich frage mich, was meine Kameraden davon hielten. Wäre ich gewitzter gewesen, hätte ich gemerkt, daß sie trotz des respektvollen Schweigens, das sie über alle diese Dinge bewahrten, mich vermutlich für recht leichtfertig hielten, wofür ich dann später auch den Beweis erhielt. Denn wenn sie zu Anfang in einiger Kenntnis über mich ihre Worte in acht genommen hatten, ließen sie sich doch allmählich gehen und begannen so roh zu reden, wie es die Uniform verlangt. Nur der blonde Fähnrich mäßigte sich etwas und wagte mit einem gleichsam entschuldigenden Blick ein Komplizenlächeln. Ich selber sagte nichts, ich

hatte nichts gehört, und schloß die Pforte meiner unsichtbaren Zelle hinter mir ab; ich war bewundernswert, ich war über alles erhaben.
Ich war erhaben, doch zur Messe ging ich nicht. Warum? Ich wüßte es gern. Vielleicht gab es einen Grund. Ich liebte die Messe, und ich liebte die Kirche. Also? Gab es keine Priester in der Gegend? Das könnte möglich sein. Doch erinnere ich mich, daß eines Tages der Fähnrich und ich unseren Militärpfarrer aufsuchten [der ja schließlich auch die Messe lesen mußte...], und erinnere mich auch noch, mit welcher Achtung und welch bezaubernder Höflichkeit mein Kamerad zu ihm sprach. In der Folge sollte ich diesem Priester noch mehrmals auf der Straße begegnen. Er war ein kleiner, bescheidener, etwas schüchterner Mann, der ein Vergnügen daran zu finden schien, sich mit mir zu unterhalten. Mit sichtbarlicher Demut breitete ich mein kleines biblisches Wissen aus. Wahrscheinlich ging ich dazu über, mich näher zu eröffnen, doch bin ich nicht sicher, was ich ihm gesagt habe, denn es scheint mir im Gegenteil, daß ich aus mir unerfindlichen Gründen vor diesem Priester verbarg, was ich meinen Kameraden in Uniform zu verstehen gegeben hatte. Und weshalb? Eines Tages gab er mir in Form eines Kompliments, das ich behalten habe, obwohl alles andre, was er zu mir gesagt hat, mir aus dem Gedächtnis geschwunden ist, ein vergiftetes Bonbon zu schlucken: »Sie sind bestimmt der interessanteste Mensch, dem ich hier begegnet bin.« – »Oh, aber Hochwürden!« Senken wir schnell ein wenig den Kopf und erröten wir möglichst. – ›Aber wie meinten Sie doch, Hochwürden? Ich sei der Interessanteste hier?... Könnten Sie diesen Gedanken nicht etwas weiter ausspinnen? Nein? Sie schweigen? Mehr also haben Sie nicht zu sagen? Schade. Vielleicht aber haben Sie etwas gesehen, was ich selber nicht sehe, nämlich unter der Idiotie, die man meinen achtzehn Jah-

ren zugute halten muß, das Erbarmen Gottes, das ohne Grenzen ist.‹

In den Augen des Fähnrichs blieb ich jemand Undurchdringliches, das aber gerade schien in ihm ein Verlangen zu wecken, von dem ich selbst nichts ahnte. Ich war so weit entfernt davon, es in ihm zu vermuten, daß ich ihn für unberührt, für jungfräulich hielt. Vielleicht war er es auch in gewisser Weise. Daß er jungfräulich war wie ich, glaube ich nicht, doch seine Seele war durchscheinend klar, noch nicht vom Leben geprägt. Deswegen stellte ich mir diesen jungen Fähnrich als einen Ritter in seiner Rüstung vor, ungemein tapfer und strahlend, mit leuchtendblauem Blick hinter dem silbernen Visier. Das Horizontblau seiner Uniform war für mich seine Farbe, die, welche ihn am besten auszudrücken schien. So auf alle Fälle wollte ich ihn gern sehen. Vor lauter Anschauen mußte ich ihn schließlich bewundern. Ich wußte, daß das ›Croix de guerre‹ auf seiner Brust nicht leicht zu verdienen war. Aus allen möglichen verworrenen Gründen kam ich ihm bisweilen mit einem Überschwang entgegen, der sich jäh an dem Blick seiner blauen Augen brach. Wenn ich in meiner Einfalt rätselhaft wirkte – denn ein noch unberührter junger Mann ist fast stets unbegreiflich – so war das bei ihm noch mehr der Fall, aber ich ergötzte mich doch etwas zerstreut an seinem Anblick. Ich mochte ihn gern, ohne daß er mich sonderlich interessierte. Sollte er seine Geheimnisse doch für sich behalten. Was er von mir wollte, ließ mich kalt. Seiner Kühle setzte ich eine gleichmäßig gute Laune entgegen, die ihn ein wenig aufbrachte. Ich neckte ihn und reizte ihn duch meine Spöttereien, mit denen ich ihn traktierte, je mehr wir uns kennenlernten: er antwortete darauf nur durch einen Zornesblick, der ihn verschönte, durch den es ihm aber nicht gelang, zwischen uns die von ihm gewünschte Distanz zu legen, denn ich selber hielt mich mindestens für seinesgleichen und lachte ihm ins Gesicht.

Wäre ich klüger und menschlicher gewesen, so hätte ich ihn verstanden und geliebt, aber ich fühlte mich durch die Bemerkungen verwirrt, die der Oberleutnant und der Leutnant über ihn machten. Die beiden sprachen ganz offen und manchmal auch in seiner Gegenwart von den Gelüsten, die ihn, wie ich mit Staunen vernahm, geradezu verzehrten. Er brauchte Mädchen, fand aber aus mir unbekannten Gründen keine in der Gegend hier. ›Unrein‹, sagte ich mir. ›Er ist unrein. Wie kann er nur, da er doch so blauäugig ist.‹

Ich glaube, daß der junge Mensch mir gegenüber derart zurückhaltend war, weil er litt. Er lachte und sprach wenig. Meine Feindseligkeit den Dingen des Fleisches gegenüber reizte ihn sicherlich aufs äußerste. Eines Tages, als wir alle vier im Ort spazierengingen, zeigte der Oberleutnant auf ein reizendes, etwas abseits gelegenes Häuschen und erklärte: »Ein solches Haus wäre das richtige für den Fähnrich. Er würde dort einen Monat lang Tag und Nacht mit einer hübschen blonden Deutschen verbringen.« – »Weshalb blond?« fragte der Betroffene mit melancholischem Lächeln. Es folgten Neckereien, die ich schweigend mit anhörte. Ich konnte nicht umhin, diesen Traum verlokkend zu finden, doch schon einen Augenblick später dachte ich nicht mehr daran.

Ein anderes Mal wurde beschlossen, wir wollten alle zusammen nach Neunkirchen fahren, um uns die Hochöfen anzuschauen. Ich hatte keine Lust auf die Hochöfen, aber ich sagte ja, denn ich sagte fast immer ja, wenn ich meinte, ich könne jemandem damit ein Vergnügen machen. Wir stiegen also in den Zug, wo wir vier allein in einem Abteil saßen und noch lauter lachten und scherzten als sonst. Warum diese Heiterkeit? fragte ich mich vage. Aber ich war glücklich. Das Ganze glich einer Art von Fest.

Die Sonne strahlte über die Wiesen hin, die wir vor uns sahen und die ich hübsch fand. »Nicht wahr, sie sind hübsch?« meinte auch einer der Offiziere in einem liebenswürdigen Ton, der mich entzückte, wiewohl er mir etwas ungewöhnlich schien. Man sprach mit mir ein wenig wie mit einem Kind. Plötzlich geschah dann etwas, was mir unerklärlich vorkam, denn tatsächlich war ich ungeachtet meiner Jahre ein Kind. Der Fähnrich stand mit einemmal auf und teilte mir unter dem Gelächter der übrigen seine Meinung über mich mit. Es war ein kurzer, derber Satz, eine richtige Kommißredensart, die mich verblüffte. Ich bat ihn lachend, still zu sein. Die Offiziere aber lachten immer lauter, etwas zu laut, so schien es mir, und ich hatte wieder einmal das Gefühl, daß irgend etwas mir entging, daß aus unbegreiflichen Gründen die anderen mit mir nicht zufrieden waren.

Wie konnte dieser hochmütige junge Mensch eine solche Bemerkung machen? Zweifellos, sagte ich mir, trieb er seinen Spaß mit mir, er wollte mich schockieren, sich vor den Offizieren recht landsknechtmäßig geben. Am folgenden Tage legte er mir gegenüber eine etwas gewollte Höflichkeit an den Tag. Ich spürte deutlich, daß er mich an diesem Tag nicht mochte und mich mit Vergnügen beleidigt hätte.

Ich habe zu sagen vergessen, daß ich im Verlauf eines Spaziergangs die Bekanntschaft einer jungen Lehrerin aus der Gegend gemacht hatte, aber ich weiß nicht mehr, wie sie zustande gekommen ist. Vielleicht hatte ich sie nach dem Weg gefragt. Von allen Einwohnern Oberlinxweilers war sie das einzige Wesen, das sich herbeiließ, mehr als zehn Worte mit mir zu reden. Für alle anderen war ich eine Art von Phantom, das man gar nicht sah; Fräulein Martha jedoch benahm sich liebenswürdiger und bat mich, in ihrer Wohnung, im Hause ihres Vaters, Kaffee mit ihr zu trinken. Dieser Vater erschien nie in dem von mächtigen Sesseln und Grünpflanzen überfüllten Salon, aber soweit ich es übersehe, war ich im Hause willkommen, denn ich war heiter und sicherlich zwanglos. Fräulein Martha, rosig und rund, machte selber Kaffee und Waffeln zurecht. Wir sprachen von Goethe und Schiller. Ich zog Goethe vor, weil er in seiner Jugend schön gewesen war, aber diesen Gesichtspunkt fand Fräulein Martha frivol. Sie selber war mehr für Schiller wegen seines Feuers. Unsere kleinen Gespräche fanden gegen vier Uhr statt, wenn das Fräulein vom Unterricht heimkam. Oft sagte sie mit blitzenden Augen zu mir: »Heute habe ich sie geschlagen!« – »Wirklich?« – »Ja.« Und lachend machte sie die entsprechende Handbewegung. Selbst für einen so wenig gewitzten Jungen, wie ich einer war, war zu sehen, daß sie Vergnügen daran fand, die Jugend zu züchtigen. Ich lachte, und sie lachte auch. Dann ging sie in den Keller hinunter und kam mit einer kleinen Ziege zurück, die sie streichelte und ihr ›Ziegelchen‹ nannte. Ich drückte die Lippen auf Ziegelchens Stirn, dann schaffte Fräulein Martha das Tier wieder fort. Eines Tages bat mich mein Kamerad, der Fähnrich, der allerlei Fahnen nachlief, ihn zu Fräulein Martha mitzunehmen. Aber mit Vergnügen! Wir gingen hin, und ich stellte ihn vor, doch dann breitete sich allerseits eine gewisse Befangenheit aus, denn es war auch noch eine Freundin von Fräulein Martha da, eine ziemlich starke Dame, die an die Fünfzig sein mochte. Sie musterte uns streng, gab uns dann ohne Wärme die Hand und erklärte: »Wenn Sie Engländer wären, gäbe ich Ihnen nicht die Hand. Doch einem Franzosen – trotz allem, ja.« Darauf erschienen Kaffee und Waffeln [unwillkürlich mußte ich im Gedanken an meinen englischen Großvater innerlich lachen], die Dame aber neigte sich zu Fräulein Martha und murmelte: »Sie sind beide schöne Jungen, aber etwas farblos.« Aus irgendeinem Anlaß erbot sie sich, uns aus der

Hand zu lesen. Wir streckten ihr die offene Handfläche hin, und der Siegelring meines Gefährten beeindruckte sie auf der Stelle. Ein Titel! Ein Wappen! Sie erforschte zuerst die Linien in der Hand des ›Herrn Grafen‹ und prophezeite ihm eine glanzvolle Zukunft. Der Herr Graf verfügte über hervorragende Eigenschaften. Sie zählte sie auf. Ich blickte mit Staunen auf diese Frau, die sich so schamlos vor einem jungen Burschen erniedrigte, der dreißig Jahre jünger war als sie. Sie schenkte ihm ein schönes Lächeln, warf dann einen flüchtigen Blick auch auf meine Hände, in denen sie nichts Erstaunliches fand, tupfte mit den Fingern auf meinen Daumenballen und machte: »Mmm!« Dann stand sie auf und empfahl sich.

Wir beide, mein Kamerad und ich, gingen wieder nach Hause, und ich vermute, er war enttäuscht, denn nie wieder schlug er vor, wir sollten zu Fräulein Martha gehen. Ich weiß nicht, was für eine Huri er erwartet hatte. Jedenfalls ging ich selbst am folgenden Tag wieder zu ihr und fragte sie, weshalb ihre Freundin ›Mmm!‹ gemacht habe, während sie meine Hand an ihrer fleischigsten Stelle berührte. »Oh«, sagte sie, »das kann man nicht erklären. Sie meinte den Lebensdrang.« – »Den Lebensdrang? Weshalb machte sie dann ›Mmm?‹« – »Aber wenn ich es Ihnen doch nicht erklären kann!« rief sie lachend. Ich drang weiter in sie. Sie schüttelte den Kopf. »Ist es etwas Unpassendes?« insistierte ich. Sie lachte erneut, und ich dachte: ›Sicherlich meint sie damit, daß ich unkeusch gewesen bin. Offenbar sieht man das.‹

In Wirklichkeit war es seit ziemlich langer Zeit nicht mehr vorgekommen, aber ich hatte nun einmal die Vorstellung, die frühere Unkeuschheit hätte sich für alle Zeit in mein Gesicht eingezeichnet, denn ich meinte in meinen Augenwinkeln einen Schatten zu erkennen, und dieser Schatten bereitete mir mehr Sorge, als man sich vorstellen kann. Fräulein Martha lachte über mein Drängen und widmete sich aufs neue ihren Waffeln.

Ich weiß nicht, was der Fähnrich über diese Besuche dachte. Er mußte sich sagen, daß sie höchst harmlos seien, doch aus anderen Gründen hatte er ein Auge auf mich und bemerkte eines Tages: »Wissen Sie was, Sie sollten nicht zuviel essen; Sie werden sonst nämlich dicker, und das wäre schade.« Diese mit sanfter Stimme vorgebrachten Worte kamen mir eigenartig vor. Was konnte es ihm ausmachen, wenn ich dicker wurde? Alles bei ihm erschien mir bizarr, seine Regungen kalter Wut ebensosehr wie seine Anfälle von guter Laune oder die plötzliche Zutulichkeit, die seinen strengen, aufmerksamen Blick zuweilen sänftigte. Eines Tages, als wir auf der Landstraße spazierenritten, verlangsamte er den Schritt seines Pferdes und lenkte es dicht an meine Seite. »Weshalb sind Sie so stolz?« wollte er von mir wissen. »Ich bin nicht stolzer als Sie.« Er klopfte mit der Reitgerte auf sein Bein und rief: »Oh, später einmal werden Sie bestimmt unerträglich sein!« Ich fragte ihn, wieso, doch er sagte knapp: »Ihr Gerede!«
Heute frage ich mich, was ich an ihn hingeredet haben mochte. Zweifellos sprach ich viel, doch wovon? Es kann eigentlich nur von Religion gewesen sein, das aber mochte mein Kamerad nicht leiden. Ich wundere mich, daß er mich nicht geschlagen hat, denn unter meine etwas schwärmerische Frömmigkeit mischte sich ein naiver Hochmut. Er saß sehr aufrecht zu Pferde, mit durchgedrücktem Kreuz und sah mich mit einem Ausdruck beinahe der Verzweiflung an. In solchen Augenblicken schien er mir sehr schön. ›Aber‹, fragte ich mich, ›was hat er eigentlich?‹
Ich weiß nicht, wie es kam, daß wir beide einmal zusammen in einem von schwarzgekleideten Nonnen bewohnten

Kloster waren. Was taten wir da? Ich erinnere mich nur, daß wir eine von Sauberkeit strahlende und nach Bohnerwachs duftende Treppe erstiegen und zu einem Absatz gelangten, an dem wir über einer Tür in derben gotischen Lettern die folgenden Worte lasen:

EIN TAG IN DEINEN VORHÖFEN IST BESSER DENN SONST TAUSEND!

Ich packte meinen Gefährten beim Arm und rief mit halblauter Stimme: »Verstehen Sie das? Ein Tag im Hause des Herrn ist besser als sonst tausend! Oh, wie wahr das ist, wie wahr!« Er lächelte mir darauf mit engelhafter Sanftmut zu. Wir müssen uns wohl ganz gut verstanden haben, denn es scheint mir, daß wir ziemlich unzertrennlich waren. Eines Tages bot sich uns die Gelegenheit, nach St. Wendel zu fahren und dort in einem kleinen Theater Musik zu hören. Wir bekamen Plätze in der ersten Reihe, nur ein paar Meter von der Bühne entfernt, die hinter einem Vorhang aus ungebleichtem Leinen verborgen war. Ich hatte Musik noch niemals anderswo als bei uns im Hause gehört und fühlte mich derart glücklich an diesem Ort, daß es mir schwerfiel, ruhig zu bleiben. Ich hätte meinem Gefährten gern die Hand gedrückt, doch wagte ich es nicht. Der Vorhang wollte sich nicht heben ... Plötzlich stieg aus tiefer Stille der Chor der Pilger aus ›Tannhäuser‹ auf. Ich kannte ihn nicht, ich hatte niemals auch nur eine Note von Wagner gehört, und es kam mir vor, als sei die Welt mit einem Schlage verwandelt. Kein Orchester. Nur diese Stimmen, aber so viele und so reine, daß ich von Bewunderung ergriffen war. Langsam teilte sich der Vorhang in der Mitte, und wir erblickten auf der Bühne etwa dreißig junge Burschen zwischen zwölf und achtzehn Jahren, die mit ungewöhnlichem Ernst sangen. Ich weiß nicht, was wir hinterher hörten, doch erinnere ich mich, daß ich später auf dem Heimweg meinen

Gefährten beinahe schüttelte, weil er nicht genügend Bewunderung äußerte. »Nicht übel!« rief ich aus. »Ja, was verlangen Sie denn eigentlich noch mehr?«
Es gab Momente, da ich in seinen Augen die heftige Versuchung las, mir etwas Kränkendes zu sagen, weil ich ihn nicht genügend respektierte und die bewußte Schranke übersah. Der Vorwand, den er hierzu brauchte, ergab sich erst ein paar Wochen darauf.

Eines Tages sagte ich meinem Burschen, daß er mein Pferd satteln solle. Ich gedachte nämlich, Fräulein Martha einen Besuch zu machen, doch mein Erstaunen war groß, als ich an Stelle des Pferdes, das ich gewöhnlich benutzte, ein Riesentier mit rollenden Augen und scharrenden Hufen vor mir sah. Es hieß, der Oberleutnant habe mein Pferd genommen und nur dieses sei noch verfügbar gewesen. Ich hätte eigentlich ahnen können, daß jemand mir einen Streich spielen oder mich auf die Probe stellen wollte. Wie dem auch sei, kaum saß ich im Sattel, als wir, das Pferd und ich, auch schon davonstoben wie ein Pfeil. Vergebens riß ich am Zügel; das Pferd streckte den Kopf weit vor und galoppierte nur um so stürmischer drauflos. Im gestreckten Galopp durchraste es das staunende Dorf und brachte in wenigen Sekunden, so kam es mir vor, die Strecke hinter sich, die uns von Niederlinxweiler trennte. Vor Staunen kam ich zunächst nicht dazu, auch noch Furcht zu empfinden. Ich lehnte mich zurück, doch meine Beunruhigung wandelte sich in Entsetzen, als wir in die Straße einbogen, die durch die Vorstadt von Niederlinxweiler führte, denn ich wußte, daß an ihrem Ende eine lange Straße begann, die so stark abfiel, daß sie fast senkrecht nach unten zu führen schien. Was sollte ich tun? Nun geschah es jedoch, daß dieses Höllentier – denn ein solches war es in meinen Augen –, nachdem es wie ein geölter Blitz die Vororte durchrast hatte, angesichts dessen, was es wahrscheinlich für einen Abgrund hielt, plötzlich stehenblieb. Ich werde nie erfahren, was in seinem Kopf vorgegangen ist, tatsächlich aber durchmaß es in geruhsamem Trab die Vorortstraßen, die Gott sei Dank beinahe menschenleer waren. In diesem Augenblick sah ich Jarras, meinen Burschen, auftauchen und rief ihm zu, er solle mein Pferd übernehmen und wieder nach Oberlinxweiler bringen.

Ich war nur einige Meter vom Hause Fräulein Marthas entfernt, die mich zum Kaffee erwartete. »Ich habe Sie vorbeireiten sehen!« rief sie mit vor Aufregung rosigen Wangen. »Das war ja fabelhaft! Sie sind wie der Wind vorbeigestoben!« – »Aber ganz schön unfreiwillig, Fräulein!« – »Ja gerade, ich liebe die Gefahr!«* Sie war offenbar vor Vergnügen ganz außer sich. Ich weiß nicht mehr, was wir uns hinterher noch sagten, doch erinnere ich mich, daß sie, während sie eine Tasse Kaffee vor mich hinstellte, mir anvertraute, sie habe heute wie gewöhnlich in der Schule ›geschlagen‹.

Als ich an jenem Abend zu Fuß heimkehrte, empfing mich der Fähnrich äußerst reserviert. Zum ersten Male fühlte ich mich in seiner Gegenwart kleinlaut. ›Er denkt‹, sagte ich mir, ›du habest Angst gehabt.‹ ›Er denkt‹, wiederholte eine innere Stimme gleichsam antwortend in mir, ›er denkt nicht ohne Grund, daß du Angst gehabt hast.‹ Niemand jedoch spielte auf meinen schmählichen Ritt an.

Ich wünschte, ich könnte behaupten, daß ich beträchtlich unter dieser Demütigung litt, doch nein. Die Welt bewegte sich um mich her wie ein Traum. Aus diesem Traum würde man ja erst mit dem Tode erwachen. Dann würde ich sehen, daß ich gerettet war, so wie meine Mutter es mir vorausgesagt hatte. Unterdes war es zwecklos, sich darum

---

* Deutsch im Originaltext. (AM/CK)

zu sorgen, was die Schatten tun oder denken könnten. Man wird vielleicht glauben, daß diese Logik mir den Frieden schenkte. Nein. Es gab in mir einen Kern von Gewalttätigkeit, die alles zerstörte. Wenn die Schatten zu mir kamen und mich herausforderten, bemühte ich mich, sie zu vertreiben. Zweifellos lag darin ein Widerspruch. Ich war in mir selbst ein einziger Komplex von Widersprüchen.
Am folgenden Tage ritt ich mit dem Fähnrich aus, doch diesmal auf meinem gewohnten Pferd und nicht auf jener vom Satan gesattelten und aufgezäumten Bestie, so daß sich nichts Außergewöhnliches zutrug, und ich mich auch nicht mehr erinnere, wovon wir eigentlich sprachen. Jedoch wurde unser Wortwechsel, nachdem wir ins Speisezimmer zurückgekommen waren, ohne auch nur unsere Stiefel und Sporen abgelegt zu haben, immer knapper. Ich weiß nicht mehr, wer angefangen hat, erinnere mich aber, daß mein Kamerad mir noch schöner vorkam als sonst, denn er war einer dieser Burschen, deren Schönheit sich erst allmählich enthüllt. An diesem Nachmittag erschien er mir wie ein herrlicher, strahlender, eiskalter Wintertag. Mit schneidender Stimme warf er mir vor, gestern mein Pferd nicht selbst nach Oberlinxweiler zurückgebracht, sondern es meinem Burschen übergeben zu haben, worin er recht hatte, zudem beschuldigte er mich des Mangels an Rückgrat.
Bei diesen Worten begann mir das Herz vor schrecklicher Freude zu klopfen, denn ich begriff, daß nun der Augenblick gekommen war, den ich seit Wochen erwartet hatte. Wir standen da, getrennt durch den Tisch. Mit leicht bebender Stimme forderte ich den Fähnrich auf, seine Worte zurückzunehmen, da er sonst auf dem Fußboden kugeln werde. Ohne sich zu rühren, mit jener Ruhe, die ich bewunderte, antwortete er mir sanft, er werde weder das eine noch das andere tun. Da ging ich um den Tisch herum und faßte ihn um den Leib.
Es gibt eine Wollust des Zorns. Ich empfand ein unerhör-

tes körperliches Glück und hatte den Eindruck, daß sich meine Kräfte auf wunderbare Weise vervielfachten. Endlich würde ich meinen Gegner erdrücken können wie ein Bär, der einen Menschen zwischen seinen Tatzen zermalmt. Staunend, mit offenem Munde starrte der junge Mann mich an. Er brauchte ein paar Sekunden, bevor er sich wieder faßte. Sein stählerner Körper drehte und wendete sich dicht an dem meinem, er versuchte, mich ins Gesicht zu schlagen, aber ich hatte keine Mühe, seine beiden Arme zu umklammern und fühlte wie in einem Rausch, daß ich mit ihm machen konnte, was ich wollte. Langsam drängte ich ihn zurück, bis wir beide das Gleichgewicht verloren und übereinander fielen, er auf den Rükken, so daß sein Fall, wenn er etwas hart war, den meinen beträchtlich milderte, denn ich lag der Länge nach über ihm. Da spürte ich, wie er plötzlich nachgab, sei es, daß er weniger kräftig war, als ich vermutet hatte, sei es, daß mit einemmal seine Kampflust versagte. Ich richtete mich sofort auf, blieb aber auf seinem Bauche sitzen und preßte seinen Körper mit aller Macht zwischen meinen Schenkeln; meine Hände hielten seine Arme wie in einem Schraubstock fest, übrigens ganz unnötigerweise. Wir schnauften etwas, dann brach ich lachend in die Worte aus: »So, und wem fehlt es jetzt an Rückgrat? Wer berührt mit beiden Schultern den Boden?«

Wut verschleierte seinen Blick. Ich ließ eine Minute verstreichen, um meine Freude auszukosten. Ich schüttelte ihn heftig, aber ohne Zorn – der Zorn war verraucht –, und sagte ihm, daß er, wenn er nicht auf dem Fußboden rollen wolle, mich nicht mehr auf die Palme bringen dürfe. Ich war weit davon entfernt zu ahnen, daß Jahrzehnte später ›Süden‹ und ›Moira‹ zum Teil diesem eigenartigen Augenblick ihr Entstehen verdanken würden. So lebhaft war mein Vergnügen, daß ich es gern ewig genossen hätte. »So sagen Sie doch etwas!« rief ich lachend aus.

Ich sah ihm an den Augen an, daß er nach Worten suchte, und endlich entrang sich seinem Mund ein Satz, der so haßerfüllt war, daß ich ihn hier nicht wiedergeben möchte, denn er war eines Mannes unwürdig, vor allem aber eines Mannes, wie er einer war. Was für einen Zweck hatte es, sich zu prügeln? Ich hatte gehabt, was ich wollte. Ich stand sogleich auf und empfahl meinem Kameraden, er solle sich abstauben, da jeden Augenblick Jarras hereinkommen könne; was dann weiter geschah, habe ich vergessen, außer, daß von diesem Tage an der Fähnrich mit mir auf völlig veränderte Weise sprach. Das Beste in ihm bekam von neuem die Oberhand. Ohne jemals leutselig zu sein, lächelte er mich doch häufiger als früher an, die Distanz verflüchtigte sich. Nachdem der erste Zorn verraucht war, schien er frei von Groll. Es gab nichts Kleinliches in diesem rätselhaften Herzen, das sich nie auftat. Wenn ich heute an ihn denke, bin ich ganz bereit anzuerkennen, daß er in vieler Hinsicht vortrefflich war. Und wirklich fühlte ich mich während der letzten Wochen, die ich in Deutschland verbrachte, ihm nahe und suchte seine Gesellschaft noch mehr als er die meine.

Kurze Zeit darauf kündigte uns der Leutnant die Ankunft des Hauptmanns unserer Einheit an. Man hatte mir diesen als eine sehr gefährliche Persönlichkeit geschildert, deren Abwesenheit für uns alle eine Wohltat sei. Er kehrte von einem langen Urlaub zurück, und eines Tages tauchte dann wirklich ein kleiner, rundlicher Mann mit gelbem Teint und schriller, nörgelnder Stimme auf. Ein Blick auf ihn belehrte mich sofort, daß es klug wäre, um meine Entlassung zu bitten. Indessen beachtete dieser Offizier mich überhaupt nicht, und ich merkte sehr schnell, daß ich ihn keineswegs interessierte. Im Grunde hatte er nur Augen für den anderen Offiziersanwärter, doch hatten seine Blicke etwas Erbarmungsloses und setzten mich aufs

höchste in Erstaunen. Unaufhörlich spielten sich dicht neben mir kleine Dramen ab, deren Sinn mir entging.
An diesem Abend machte es sich der Hauptmann auf seinem Stuhl bequem und kündigte uns mit einem Raubtierlächeln an, er werde jetzt von dem Fähnrich Rechnungslegung verlangen. Mein Kamerad war nämlich derjenige, der unsere Menüs bestimmte und die Ausgaben überwachte. Der Hauptmann fixierte ihn mit seinen grausamen Äugelchen und erklärte mit näselnder Stimme: »Er ist so schön, daß man Hemmungen hat, ihm auf die Schliche zu kommen.« Dann stand er auf, machte ihm ein Zeichen, daß er ihm folgen solle, und alle beide verschwanden.
Einige Zeit verstrich. Der Oberleutnant und der Leutnant sprachen halblaut miteinander und schienen sehr bedrückt. Was mich anbelangte, so schwieg ich und blätterte in einem meiner Bücher. Nach einer guten Viertelstunde kam der Fähnrich allein zurück, in seinen Augen schimmerten Tränen. Niemand stellte eine Frage, aber ich begriff, daß sie mich gern hätten verschwinden sehen. Ich verabschiedete mich sofort.
Wie viele Dinge verhehlte man mir! Ich wünschte sie zwar gar nicht zu wissen, aber sobald ich den Hauptmann erblickte, fühlte ich, wie Empörung in mir aufstieg, und vermutlich erriet er dies. Er kam mir wie eine Art Pascha vor, dessen bevorzugter Prügelknabe eben mein Kamerad war. Niemals vielleicht ist mir ein Mensch auf der Stelle derart unsympathisch gewesen. Der Gedanke, daß er den Fähnrich bis zu Tränen brachte, war mir unerträglich. Wenn ich es recht bedenke, bewies dieser nur den etwas anmaßenden Hochmut aller jungen Leute, die sich zerbrechlich und verletzlich fühlen. Das hatte ich nicht begriffen, doch was konnte ich in meiner selbstgeschaffenen Einsamkeit überhaupt begreifen?

Ich beantragte meine Entlassung auf Ende März, da ich meinem Vater versprochen hatte, ich würde drei Monate bleiben. Der Frühling dieses Jahres versprach recht milde zu werden, und im Saargebiet begannen die Felder zu grünen. Die Büsche bedeckten sich mit Blättchen, die Wiesen mit immer dichterem Gras. Ich war empfänglich für die Liebkosungen der Luft, und zu gewissen Stunden beschlich mich eine unbeschreibliche Freude. Wiederum verspürte ich Lust, mich wie einst lachend im Grase zu wälzen. Es war mir, als ob mein Herz von Liebe überquelle – aber um wen denn zu lieben? Gott? Ganz gewiß, doch hätte ich gern einem menschlichen Wesen alles das gesagt, was man sagt, wenn man verliebt ist. Aber wem? Es war niemand da.
Eines Tages befahl mir der Hauptmann, ich solle mein Pferd satteln lassen, denn er habe vor, mit mir auszureiten. Wir brachen auf. Das Pferd, das ich ritt, war dasjenige, das gewöhnlich für mich zur Verfügung stand; ich brauchte keine Überraschung zu fürchten, denn wir waren Freunde. Mit kräftigen Peitschenhieben trieb der Hauptmann sein Reitpferd in die Wälder. Ich muß anerkennen, daß er glänzend zu Pferde saß. Im Galoppieren sang er durch die Nase, so laut er irgend konnte. In tollem Tempo jagte ich hinter dem dicken kleinen Kerl her, der mir von Zeit zu Zeit zurief: »Sind Sie da, Fähnrich?« »Ich halte Schritt«, antwortete ich. »Ich halte Schritt, *Herr Hauptmann*, nicht wahr?« tönte die näselnde Stimme. »Jawohl, Herr Hauptmann«, rief ich mit Zorn im Herzen. Ich trachtete, ihn zu überholen, er aber machte mir ein Zeichen, ich solle hinter ihm bleiben.
Von diesem tollen Ritt ist mir die Erinnerung an ein eigenartiges Lustgefühl geblieben, denn ich bekam zwar kaum noch Luft und mein Herz klopfte zum Zerspringen, aber unter all das mischte ich doch eine Art Befrie-

digung, die ich nicht hätte beschreiben können, ein heftiges Glücksgefühl.
Ich weiß nicht, was der Hauptmann im Sinn hatte, als er mich im Galopp durch die Wälder hetzte. Hatte er von meinem Mißgeschick mit dem Höllenhengst Wind bekommen? Mag sein. Ich glaube, er mochte mich nicht und witterte in mir eine Unschuld, die ihm unwürdig und lächerlich erschien. Wie dem auch sei, ich meinerseits witterte an ihm eine fleischliche Gefräßigkeit, über die ich ein Urteil von gleicher Strenge fällte. Wir waren dafür geschaffen, uns nicht zu verstehen. Dennoch war ich glücklich, ihm gezeigt zu haben, daß ich mich im Sattel zu halten wußte. Dieser Ausritt blieb unser einziger.

Von neuem stellt sich hier eine Leere ein. Dann aber sehe ich mich plötzlich in dem Zimmer, das der Fähnrich am andern Ende des Dorfes bewohnte, nicht in Einsamkeit wie ich, sondern umgeben von einer zahlreichen Nachbarschaft. Das Zimmer ist groß, wohlgeheizt und scheint mir mit seinen derben Bauernmöbeln und den naiv kolorierten frommen Bildern an den Wänden angenehm wohnlich zu sein. Ein gewaltiger Schrank, im Hintergrund ein Alkoven mit einem Bett und zur Linken eine halboffene Tür, durch die ich eine junge Frau gehen sehe, die sich die Augen wischt. Diese Tür schließt sich wieder, und dicht neben mir reden der Oberleutnant und der Leutnant halblaut auf meinen Kameraden ein, der traurig den Kopf senkt. Offenbar stimmt etwas nicht, aber ich halte mich schweigend abseits. Wie spät mag es sein? Die Sonne scheint auf den grauen Fußboden zu meinen Füßen. Stimmengemurmel, dann bekomme ich die Worte des jungen Mannes mit: »Sie sagt, es sei ihr wegen ihres Mannes so arg.« Wieder geflüsterte Ratschläge und Fragen und schließlich die etwas schwermütige Stimme des Fähnrichs: »Gestern abend hat sie mir erlaubt, ihr Haar aufzumachen. Es ist ganz dick und sehr schwer...« ›Ehebruch‹, sage ich mir. Der Fähnrich sitzt halb auf einem Tisch und läßt den Kopf immer tiefer sinken. Ich sehe deutlich, wie er an seiner Liebesqual leidet...

Ich betrat selten dieses Zimmer, aber wenn ich es so in seiner bezaubernden Heiterkeit vor mir sah, dachte ich unwillkürlich bei mir: ›Vielleicht, wenn er um sich blickt, haßt er sogar diese Wände und diese Möbel, weil dies die Stätte ist, an der er so unglücklich war.‹ Ich begriff allmählich, daß der Fähnrich krank vor Begierde war. Daher erklärten sich wohl auch in seinem Verhalten gewisse Seltsamkeiten. Ich argwöhnte jetzt, daß er sich, als wir uns im Eßzimmer prügelten, aus Verzweiflung auf den Fußboden hatte fallenlassen. Sicherlich war er ebenso stark wie ich, aber er war aus Stahl, und Stahl kann zerbrechen.

In einer Mondscheinnacht hielten wir beide uns einmal in diesem gleichen Zimmer auf, und zwei junge Frauen saßen neben uns. Wer waren diese Frauen, und was vor allem tat ich selber dort? Auf diese Fragen kann ich keine Antwort geben, Tatsache aber ist, daß ich in diesem nur vom Mond erhellten Zimmer mit einer der Frauen sprach, während mein Kamerad die andere küßte. Die Szene ist wirklich sonderbar. Ein Satz aus Fräulein Marthas Munde kam mir ständig in den Sinn: *»Wir sind nicht die echten Deutschen. Die echten Deutschen sind in Berlin.«** Die Frau, der ich mich widmete, sprach mich auf meine Augen an. [Und wie hätte ich das vergessen können, nicht wahr? Es war ein Kompliment, und so etwas vergaß ich nie!] »Eben, als Sie zum Fenster blickten, habe ich Ihre Augen gesehen. *Es war ein Licht darin**.« In der Tat sehr liebenswürdig, doch das Fräulein schien mir reizlos. Mein Kamerad hatte sich die Hübschere ausgesucht. Ich weiß nicht, auf welche Weise ich den Rückzug antrat, aber sicherlich habe ich

---

* deutsch im Orginaltext. (AM/CK)

nicht allzulange damit gewartet. Mir fiel vor allem auf, daß die beiden Frauen in ihre Korsetts wie in eine Rüstung eingezwängt zu sein schienen. Bei Lola war das leichter.
›Er hat mich zu Liederlichkeiten verleiten wollen‹, dachte ich, sobald ich wieder allein war. ›Ob er gar keine Angst vor Krankheiten hat?‹ Die Erinnerung an meinen Onkel Willie tauchte nämlich von Zeit zu Zeit bei mir auf. Immerhin war offensichtlich, daß ich mich wandelte. Der Frühling übte auf mich seine klassische Wirkung aus. Ich war darüber aufs höchste erstaunt. Seit langem hatte ich nicht mehr an diese Begierden gedacht, die sich mit der außergewöhnlichen Vorstellung, die ich mir von mir selber machte, nicht vereinen ließen.
Endlich erhielt ich Antwort auf mein Entlassungsgesuch, und am Tage Mariä Verkündigung stieg ich auf dem Bahnhof von Neunkirchen in den Zug. Von der Abschiedszeremonie, falls es eine solche gab, ist mir nicht die geringste Erinnerung geblieben.

Am 26. März 1919 war ich also wieder in Paris, fand aber dort meinen Vater, der zur Regelung einiger Geschäfte nach Kopenhagen gereist war, nicht vor. Dank den Briefen, die er mir von dort schrieb, kann ich gewisse kleine Vorkommnisse datieren. Meine Schwester Anne, die ich mit Freuden wiedersah, gab mir im Auftrag meines Vaters fünfzig Francs Taschengeld mit der Bemerkung, diese Summe müsse für alle meine Ausgaben während eines Monats reichen.
Ich war außer mir vor Glück. Die Luft war ungewöhnlich mild, und die Kastanienbäume der Avenue Henri-Martin bedeckten sich mit kleinen grünen Blättern. Ohne bestimmten Grund begann ich plötzlich, durch die Straßen zu rennen. Im Wettlauf war ich nicht zu schlagen, mit wem aber wollte ich mich hier messen? Alle meine ehemaligen Kameraden arbeiteten in den Stunden, zu denen ich selber

ausgedehnte Spaziergänge unternahm. Einer meiner ersten Besuche galt den Nonnen, unseren Nachbarinnen. Ich besuchte die Chorfrauen in ihren düsteren Sprechzimmern, wo sie über alles mit mir lachten und scherzten, freilich stets bereit, plötzlich ein ernstes Wort über das berühmte Gift der Welt und das Gericht einzuschieben, das uns alle erwartet. Ich wurde dann noch ernster als sie und warf ihnen einen fanatischen Blick durch die dicken Holzgitter zu, die jeweils nur einen kleinen, rautenförmigen Gesichtsausschnitt sehen ließen. Mutter Marie Adolphine, die Oberin, und Mutter Marie Joachim, die Novizenmeisterin, erinnerten mich mit gedämpfter Stimme daran, welche große Ehre Gott mir durch seine Berufung erwies. Ich trennte mich von ihnen, um der Andacht in der Kapelle beizuwohnen, und schwelgte von neuem in dieser Musik, die mir von der wahren Heimat jenseits der sichtbaren Welten sprach. Was mich besonders entzückte, war, daß nichts in dieser Kapelle sich änderte. Ob ich da war oder nicht, ob wir Krieg oder Frieden hatten, immer fand man dort vor dem Allerheiligsten kniend Nonnen vor. Somit war alles in Ordnung. Ich war gerettet. Alle Welt war gerettet. Niemals vielleicht schlug mir das Herz leichter in der Brust als während dieser letzten Märzwoche 1919. Friede! Friede! Der Albtraum war für immer vorbei. Man konnte wieder lachen. Ein 14. Juli wurde vorbereitet, so hieß es, mit allem Drum und Dran.

Ich durchstreifte Paris in einer Art von Rausch, denn ich fühlte, daß dies meine Stadt war, daß sie mir gehörte, weil ich in ihr geboren war. Da ich von dieser Sucht nach Lernen besessen war, sah man mich stets mit einem kleinen Buch unterm Arm. Bald war es ein Führer durch das alte Paris [›*Ce qui reste du vieux Paris*‹], auf dessen Seitenrändern ich mit Bleistift architektonische Einzelheiten vermerkte. All diese alten Häuser begeisterten mich. Ich öffnete Einfahrtstore, um in Höfe hineinzuschauen, ich stieg Treppen empor, wenn die Concierge einmal gerade nicht achtgab. Bald führte ich einen kleinen Virgil oder einen Band Montaigne in der Ausgabe von Costes bei mir. Eines Tages, als ich gerade in meine Lektüre vertieft in der Tram Nummer 19 saß, blickte eine junge Frau – wir waren allein im Wagen – mich so aufmerksam an, daß ich die Augen hob. Sie hatte ein schönes, ernstes, bleiches Gesicht, und als ich ihr zulächelte, fragte sie mich, ob ich im Evangelium lese. Diese eigenartige Frage brachte mich auf den Gedanken, ich müsse sehr brav ausgesehen haben. Ich verneinte und sagte, ich lese Montaigne, worauf auch sie mir ein Lächeln schenkte. Damit war das Gespräch zuende.

Gewiß hatte ich das Aussehen eines ruhigen jungen Mannes, und doch, wie viele Dinge gärten in mir! Ich hatte wieder angefangen, mich in den Spiegeln zu betrachten, denn deren gab es viele in Paris. Wo aber blieb die Religion bei alledem? Wir werden es noch sehen.

Die Nonnen der Rue Cortambert mochten mir noch so sehr vom Gift der Welt erzählen, ich war von der Herrlichkeit dieser Stätte der Gefahr entzückt. Alles war strahlend schön in diesem Monat April, der weit die Pforten für eine Auferstehung der Menschheit öffnete. So jedenfalls sah ich die Dinge. Da ich kaum Zeitungen las, wußte ich so gut wie nichts von den Unruhen, die fast überall ständig von neuem ausbrachen. Ich erinnere mich, daß ich nachts vor dem Einschlafen manchmal grundlos – es sei denn darüber, daß ich am Leben war – lachte. Dieses verworrene Glücksgefühl erreichte zuweilen eine fast schmerzhafte Intensität. Ich wußte nicht, was ich wollte. Am Tage schrieb ich Gedichte und Erzählungen, von denen wenigstens eine mir im Gedächtnis geblieben ist. Ich hatte sie ›Jean-Sébastien‹ benannt: dieser Doppelname bezeichnete zwei junge Leute, die das gleiche Zimmer teilen und, wenn sie aus irgendeinem Grunde auch nur für eine

Stunde sich zu trennen gezwungen waren, beide, von Unruhe, Angst und schließlich von einer Art Panik erfaßt, verstört durch die Straßen liefen, bis sie einander wiederfanden. Diese Straßen, das Grauen, das sie über das Pflaster dahinschleppten, ihre vor Freude selig pochenden Herzen – das alles beschrieb ich mit einer Leidenschaft, der nur meine Unschuld gleichkam, denn der Sinn von alledem blieb mir völlig im Dunkeln.

Ich machte auch kleine Zeichnungen, die Szenen der Gewalt oder der Angst darstellten. Ein Ermordeter lag vor einem Kaminfeuer. Eine andere Person stieg mit einer Kerze in der Hand eine Wendeltreppe hinab und wandte sich um aus Angst, jemand könne ihr folgen. Diese Zeichnung hieß ›Followed‹ und ich schaute sie nicht ohne ein Gefühl des Unbehagens an. Ich zeichnete nichts Unanständiges. Mir scheint, das hätte ich nicht gekonnt.

War es damals, daß ich zum erstenmal Beethovens ›Neunte‹ hörte? Ich neige heute dazu, es zu glauben, obwohl ich in meinem Tagebuch von 1939 dieses Erlebnis an das Ende des Krieges verlegt habe. Wenn ich genau nachdenke, meine ich, es könne nicht 1918 gewesen sei, da ich in Zivil war, als ich im Trocadéro das Konzert miterlebte, um das es sich hier handelt. Doch hatte ich die Khakiuniform Ende Juni nur abgelegt, um in den ersten Septembertagen des gleichen Jahres die horizontblaue anzuziehen; es ist jedoch sehr unwahrscheinlich, daß im Juli oder August ein Konzert stattgefunden hat. Vermutlich ist April 1919 der glaubhafteste Termin. Der Irrtum rührt vielleicht daher, daß ich im Jahre 1939 in dem riesigen Saal des Trocadéro in der Erinnerung eine ziemlich große Zahl von Soldaten in Uniform vor mir sah, darunter Verwundete auf Genesungsurlaub.

Wie denn auch sei, das Konzert machte auf mich einen unauslöschlichen Eindruck. Ich wußte noch kaum etwas von Orchestermusik, als sie mir auf jenen Höhen entgegentrat, auf die Beethoven sie geführt hat. Als aus der großen Stille sich das wunderbare Raunen erhob, welches das Allegro ankündigt, lauschte ich so angespannt, als hänge mein ganzes weiteres Schicksal davon ab. Ich meinte, einen Adler zu erblicken, der mit mächtigen Flügelschlägen über einem Abgrund kreiste. Neue Regionen eröffneten sich meiner Einbildungskraft. Diese herrscherliche Musik trug mich mit sich fort und redete zu mir in einer Sprache, die ich nicht kannte. Sie war, so schien es mir, religiös, wenn auch nicht auf die mir vertraute Art. Ich befand mich mitten in einem Gewittersturm, ich war zugleich entzückt und erschreckt, weil alle Maßstäbe sich mit einem Male verschoben.

Es gab in der Welt noch etwas anderes als die befriedende Stimme der Kirche; das Weltall war größer, als ich bislang geglaubt hatte. Gewiß war der Glaube nicht in Frage gestellt, doch die Grenzen weiteten sich, bis sie sich in Räumen verloren, die im Katechismus nicht vorgesehen waren. Alles war weiter gespannt, in größeres Dunkel gehüllt und faszinierender. Wäre ich über meine Religion besser unterrichtet gewesen, hätte ich begriffen, daß hinter jedem Mysterium noch immer wieder ein anderes steht, doch in dem magischen Tongetümmel hatte ich das Gefühl, in mir zerbreche ein Gleichgewicht, das ich von immerwährendem Bestand geglaubt hatte; das versetzte mir einen Schlag, von dem ich mich erst nach einiger Zeit erholte. Eine seltsame Hochstimmung mischte sich in meine Verstörtheit. Plötzlich war ich weit fort von der Welt der weißgekleideten Nonnen und der lateinischen Hymnen, aber Gott war immer noch da, in dieser Musik, in der man die Stimme der Menschheit zu hören glaubte, Gott war auch in der Freude, denn um Freude ging es in den ein wenig übersteigerten Chören am Schluß. Ich verließ vollkommen überwältigt den Saal, etwa wie ein Gefangener,

der, dem Kerker entronnen, noch nicht weiß, was er mit seiner Freiheit anfangen soll, weil er Angst vor ihr hat.
Diese große innere Bewegung sollte in mir tiefere Spuren hinterlassen, als ich damals ahnte. Dennoch beruhigte ich mich. Der Alltag rückte allmählich wie eine Großmutter, die auf ein Kind achtgibt, die Dinge behutsam wieder an ihren Platz. Von Zeit zu Zeit brach dank einer Laune des Gedächtnisses der gewaltige Ruf ›Freude!‹ in meinem Kopf wieder auf, doch zwischen den Wänden der etwas düsteren Kammer, in der ich mein Leben verbrachte, erstarb dieser Impuls sehr rasch.

Manchmal besuchte uns Ted, und ich begann dann wieder auf eine Art zu leiden, die mir unbegreiflich war. Ich brannte. Ich will damit sagen, daß ich auf der ganzen Vorderseite des Körpers an einer unerträglichen Hitze litt. Ich lachte und blickte dem jungen Seemann ins Gesicht, ohne den Blick zu senken. Das Unbehagen, das ich empfand, war so durchdringend und wurde schließlich zu einer so heftigen Qual, daß ich diesem Burschen aus dem Wege ging, der infolge einer grausamen Ironie der Tatsachen meine Gesellschaft unter dem Vorwand suchte, er wolle philosophische Probleme mit mir diskutieren. Er gab nicht nach, bis ich mit ihm große Spaziergänge unternahm, wobei die Unterhaltung mit ihm für mich eher langweilig war. Doch wie hätte ich nicht bemerken sollen, daß seine Haut wie Elfenbein und sein Hals wie eine Säule gerundet war?
Ich muß sagen, daß ich, wenn ich Ted nicht sah, glücklich war und nicht mehr an ihn dachte. Dennoch ging etwas in meinem Herzen vor. Wer aber konnte es mir erklären? Ich kannte keinen Priester in Paris. Pater Crété war nicht da. Er hatte Anfang März meinem Vater einen Besuch abgestattet, wie ich vermute, um mit ihm über mich und meine Berufung zu reden. Jetzt war er fort, und was im übrigen

hätte ich ihm zu sagen gehabt? Ein Engel nur hätte mir die richtigen Fragen zu stellen vermocht. Ich war mir keiner Sünde bewußt, außer einer Verfehlung, die ich in Oberlinxweiler begangen und inzwischen gebeichtet hatte, aber die Welt erschien mir viel zu schön. Es gab viel zuviel Licht, viel zuviel Freiheit, viel zuviel Freude auf Erden und in meiner Seele. Ich weiß nicht mehr, auf welches Datum das Osterfest in jenem Jahre fiel, doch muß es Anfang April gewesen sei, denn während der Karwoche wurden die Gottesdienste in der Krypta der Rue Cortambert abgehalten; dort hörte ich die Messe. Als ich aber am 9. April aus dieser Krypta wieder emporstieg, ging ich nach Hause, um meinem Vater einen bedeutsamen Brief zu schreiben.

Als ich aus der düsteren Krypta emporstieg... Mein Gott, was ist an diesem Tage in meiner Seele vorgegangen, als ich die steinernen Stufen erklomm und die Straße voller Sonnenschein und den Himmel von sieghaftem Blau überflutet vor mir sah? Auf einmal wandelte sich etwas in mir. Ich konnte den Gedanken nicht mehr hinnehmen, daß ich mich von der Welt lossagen sollte, und ein ungeheures Gewicht glitt damit von meinen Schultern: das ganze Gewicht des Kreuzes. Dies war keine Revolte, es war Fahnenflucht, und das Kreuz sollte wiederkommen, viel später und viel schwerer, denn das Kreuz muß sein...

Fand wenigstens ein Kampf in mir statt? Ja, gewiß. Als ich die Stufen dieser Steintreppe erstieg, meinte ich zu sterben, so heftig war der Riß. Auf die Welt zu verzichten, war für mich der Tod, doch unter der Welt verstand ich die Schöpfung, die Freiheit, mich auf Erden unbeschränkt zu bewegen, nicht den gefahrvollen Umgang mit Menschen, nicht die Sünde, denn die Welt, das war das selige Licht auf meinem Antlitz, in den Wäldern, auf den Straßen, überall da, wohin meine Laune mich führte. Verzicht auf Gott, davon war keine Rede, doch ich suchte den mittleren Weg, den, der weder zu schmal noch zu breit ist. Den, den es gar nicht gibt, weil er in Wirklichkeit immer nur die breite Straße ist, die der Böse uns anstelle der engen wählen läßt, den *vernünftigen* schmalen Weg. O Gott, mit welch schrecklicher Freude fand ich mich wieder in unserer kleinen Provinzstraße mit ihren ruhigen Häusern, ihren kleinen Gärten!

Man muß die ganze Wahrheit sagen. Ich war so unbedacht, meinem Vater zu schreiben, ich habe meine Meinung geändert und wolle nicht mehr Mönch, sondern nur ganz einfach Priester werden. Ganz einfach Priester... Als Entschuldigung kann ich nur anführen, daß ich nicht wußte, was ich sagte. Ich schrieb gleichzeitig an unsere Freundin, die amerikanische Nonne, die, da sie wußte, wie arm wir waren, sich erboten hatte, mir die Mitgift zu stiften. [Ich weiß nicht, ob ich diese Tatsache schon erwähnt habe; diese Ordensfrau, Roselys, lebte jetzt als Mutter Franziskus von Assisi in einem Kloster in Angers.] Schließlich schrieb ich in unendlich vorsichtigen Wendungen auch an Pater Crété. Dann wartete ich die Antworten ab. Die meines Vaters habe ich hier vor Augen. Er sagte mir, er habe sich meinen Plänen niemals widersetzt, obwohl ihm das Herz geblutet habe, als ich ihm ankündigte, ich wolle der Welt entsagen, sei jedoch, was meinen Priesterberuf anlange, der Meinung, ich solle noch etwas warten. Er gab mir den Rat, zunächst ein paar Jahre an einer amerikanischen Universität im Süden zu studieren, wo mein Studienplatz mich erwartete. Was Roselys antwortete, habe ich vergessen. Ich erinnere mich eines etwas melancholischen Briefs, aber ohne nutzlose Vorwürfe und sicherlich sehr taktvoll. Was den Brief des Paters anbelangte, so besitze ich ihn leider nicht mehr, aber ich habe daraus ein paar Worte behalten, die ich bereits zitiert zu haben glaube: »Mein Sohn, erlauben Sie mir, Sie so zu nennen, denn weshalb sonst sollte ich Ihnen schreiben?... Geheimnis der menschlichen Freiheit... Wie der arme La Mennais* ...« [Dieser Brief wurde 1972 wiedergefunden. Die Zitate stimmen.] Ich war niedergeschmettert. Diese fast unlesbaren Sätze erfüllten mich mit Grauen. War es in diesem Augenblick – oder früher? oder später? –, daß er mir zu verstehen gab, er sei meines Heiles nicht gewiß? Sein Wort fiel in mich hinein wie ein Stein in einen Abgrund. Ich habe einen Teil meines Daseins damit verbracht, die erschreckenden Gedanken aus meiner Seele zu verbannen, die das Ergebnis dieser seiner Meinung waren. Es sei ferne von mir, mich versucht zu fühlen, über einen Mann ein Urteil zu fällen, der so hoch über mir stand, doch ich glaube, wenn er mich auf den Weg der Verzweiflung hätte führen wollen, hätte er es kaum anders anstellen können.

Ich raffte mich jedoch auf. Die Lebensfreude war so groß in mir, daß ich, nachdem ich kaum wieder die Erde berührte, auch schon emporschnellte wie ein Ball. Die Welt gehörte mir. Ich war achtzehn Jahre alt und hatte ein paar Francs in der Tasche, aber wenn ich nach rechts gehen wollte, ging ich eben nach rechts, und wenn ich nach links gehen wollte, nach links. Aufs neue wanderte ich singend in der Aprilsonne an den Seinequais entlang. Ich würde nicht auf der Insel Wight landen. Nein, ich war frei. Wer kann sagen, was an meiner Lage gut und was schlecht an ihr war? Nach Jahren der Überlegung weiß ich es noch immer nicht. Gewiß tat ich nichts Böses. Ich ging jeden Morgen um sieben Uhr zur Messe und täglich zur hl. Kommunion. In der übrigen Zeit schrieb ich, was ich selbst als Geschichten oder Gedichte bezeichnete, oder ich streifte durch Paris – zu Fuß, da ich meine fünfzig Francs längst ausgegeben hatte. Und wie hatte ich sie ausgegeben? An

* Félicité Robert de La Mennais oder Lammenais (1782–1854), Priester, Schriftsteller und Politiker eines liberalen Katholizismus. (AM/CK)

den Seinequais, an denen ich alte Bücher erstand. Was für Bücher denn?
Hier muß ich etwas sagen, was seltsam erscheinen mag. Mich zogen besonders die hübschen Einbände des 17. und 18. Jahrhunderts mit ihren goldenen Stempeln und blau und blaßrosa marmorierten Vorsatzpapieren an. Für ein paar Sous bekam man damals eine ganze Menge, und, ohne es zu wissen, legte ich mir auf diese Weise eine kleine Bibliothek von heute sehr seltenen Bänden zu. Immerhin kaufte ich nichts, ohne vorher ein paar Seiten umgeblättert zu haben. Meine Wahl fiel dabei fast stets auf religiöse Werke [solche, die keiner wollte, die nur die Auslagekästen vollstopften, diejenigen, die vermutlich zur gleichen Zeit der Abbé Bremond* suchte]. Es waren jedoch einige darunter, die ich fast immer ausschied, weil eine innere Stimme mir warnend zuraunte, sie könnten mich zu einer Revision meines jüngst gefaßten Entschlusses veranlassen und mich von neuem, diesmal für alle Zeiten, aus dieser Welt verjagen. Welche Stimme? Ich weiß es nicht, doch wurde ich mir viel später darüber klar, daß es sich bei den fraglichen Büchern um aus Port-Royal hervorgegangene Werke handelte. Man erkannte sie am Ton, an dem gewissen Unbedingten, Einschüchternden, das in mir den Sünder aufstörte, der noch keine hinlängliche Kenntnis von seiner Verderbtheit besaß, um die Sprache dieser strengen Herren zu gebrauchen. Ich legte die Bücher in den Kasten zurück und wählte andere, gefälligere. Was aber ging vor? Weshalb war niemand da, der mit mir redete? Die knappgefaßten Ratschläge, die ich im Beichtstuhl erhielt, erleuchteten mich nur wenig, und einen Seelsorger hatte ich nicht mehr. Ich hatte mich von Pater Crété nicht führen lassen wollen, und im übrigen

* Henri Bremond (1865–1933), Historiker und Literaturkritiker. (AM/CK)

war er weit fort. Mein Eindruck war, er habe sich für immer von mir abgewandt.
Eines Tages jedoch sah ich ihn noch einmal am Fuße der Treppe, die zu der Kapelle in der Rue Cortambert führt. Ich kam aus dieser Kapelle, und dort eben traf ich ihn. Er sagte zu mir ein paar Worte mit jenem gütigen Lächeln, das ihn in meinen Augen zu einem Engel machte. »Erinnern Sie sich, mein Sohn«, sagte er zu mir, »an das Wort: *oportet eum crescere, me autem minui.*« Ich glaube, daß dies die letzten Worte waren, die ich in dieser Welt von ihm hörte, aber ich habe von dieser Szene sonst nichts im Gedächtnis behalten, außer daß es sehr schön war und daß er neben der Pförtnerinnenloge mit erhobenem Finger von Licht überflutet dastand wie eine Erscheinung.

Ich war noch tiefer beunruhigt, als man nach diesen Seiten vielleicht glauben könnte. Würde ich selber heute daran zweifeln, so gäbe es Dokumente, die mir beweisen könnten, daß ich unrecht hätte, denn ich schrieb damals viel. Ich habe vergessen zu sagen, daß ich, nachdem ich den ersten Teil meiner Reifeprüfung im Jahre 1917 abgelegt hatte, den Wunsch verspürte, bei erster Gelegenheit den zweiten* nachzuholen. Zu diesem Zweck hatte ich in den Argonnen, danach in Venetien und später in Deutschland die dazu erforderlichen Bücher bei mir geführt. Ich schleppte zwei dicke Wälzer über Philosophie, die mich tödlich langweilten, mit mir herum, aber auch Handbücher der Physik, der Chemie und der Mathematik, von denen ich nichts verstand. Die Philosophie kam mir unnütz vor, da ja die Essenz alles Wissenswerten in der Bibel stand, die alle Weisheit in sich barg. Es graute mir vor allem vor den verschiedenen Systemen, die einander widersprachen, ohne je zu einem Schluß zu gelangen, der

* Siehe Fußnote S. 317.

für alle annehmbar war. Die Philosophen von der Art Stuart Mills und Auguste Comtes erfreuten sich meines ganz speziellen Hasses, da ich sie noch abstoßender als alle anderen fand. Mit welcher Erleichterung kehrte ich zu meiner Cramponbibel zurück, über die ich später so unrecht urteilen sollte!

Wieder in Paris, im März 1919, verlor ich gleich den Kopf, weil ich von neuem frei war, und es folgte nun im April jene religiöse Krise, von der ich schon gesprochen habe, es folgten die endlosen, von Träumereien und Gesang begleiteten Wanderungen. Dann endlich kam ich wieder zu mir und beschloß, mich im Juli zum Abitur zu melden. Nun ist es aus mit dem Lachen, sagte ich mir und stellte mir einen Zeitplan von grauenerregender Strenge auf. Er sah folgendermaßen aus: morgens von 6 bis 7 Uhr Geschichte; von $8\frac{1}{2}$ bis $9\frac{1}{2}$ Chemie; von $9\frac{1}{2}$ bis $10\frac{1}{2}$ Naturgeschichte; von 11 bis 12 Uhr mittags Physik; von 12 bis $12\frac{1}{2}$ Geographie. Und am Nachmittag: von $1\frac{1}{2}$ bis $2\frac{1}{2}$ Philosophie; von 3 bis 4 Uhr Chemie; von $4\frac{1}{2}$ bis 5 Uhr Geschichte; von $5\frac{1}{2}$ bis $7\frac{1}{2}$ Aufsatz; von $8\frac{1}{2}$ bis $10\frac{1}{2}$ Philosophie.

Ich frage mich, wann ich die Zeit fand, Pascal zu lesen. Dennoch las ich ihn. Von 1919 bis 1935 habe ich alle meine Lektüren notiert, die ich gelesen habe, und es steht fest, daß ich im Juni 1919 die ›Pensées‹ gelesen habe und mich auf die Knie warf, als ich zum ›Mystère de Jésus‹ kam, aber entweder irre ich mich sehr, oder ich gab diesen unmenschlichen Stundenplan nach einigen Wochen auf. Denn ich las ebenso Montaigne und in monströsem Durcheinander Edgar Allan Poe, Tolstoi, Bergson, Ibsen und Verhaeren. Je näher das Datum der Reifeprüfung rückte, desto mehr versank ich in stiller Verzweiflung, denn ich wußte, daß ich etwas wie ein Wunder brauchte, um durchzukommen; im Grunde jedoch war das alles mir gleichgültig, denn es hatte ja keiner von mir verlangt, daß ich mich zu diesem Examen meldete; ich glaube, daß ich meinem Vater damit eine Freude machen wollte. Endlich erschien der grauenvolle Tag, wie zu erwarten war. Ich war allein im Hause. Anne blieb fast den ganzen Tag fort, und mein Vater mußte unfreiwillig seinen Aufenthalt in Dänemark verlängern.

Von diesen zwei Tagen in der Sorbonne ist mir eine Erinnerung wie die an einen unangenehmen Traum geblieben. Ich schrieb und beantwortete alles, während ich mir sagte, nichts von alledem sei wahr. Meine französischen und englischen Aufsätze trugen mir Belobigungen ein [plötzlich war alles doch wieder wahr], aber düsteres Schweigen waltete über den schriftlichen Antworten auf äußerst indiskrete, die Extravaganzen der Sonnenblume und die Launen der Gesetze der Schwerkraft betreffende Fragen. Die Zeit verging – ich aber kam nicht durch. So wenigstens schien es mir, als ich einen illusionslosen Blick auf die Liste der Kandidaten warf, die bestanden hatten. Diese Liste, die in einem Korridor der Sorbonne angeschlagen war, sah ich nur aus ziemlich großer Entfernung, denn es widerstrebte mir, mich ins Gewühl zu mischen und die Berührung mit so vielen jungen Leuten, die sich vor dem kleinen weißen Blatt drängten, über mich ergehen zu lassen; im Innersten aber war ich gewiß, nicht durchgekommen zu sein. Man wird vermutlich unbegreiflich finden, daß ich nicht darauf brannte, es genau zu erfahren, und nicht gewartet habe, aber wahrscheinlich war ich zu stolz, mein Versagen schwarz auf weiß vor mir zu sehen. Von dieser Wahrheit wollte ich nichts wissen. Lieber ging ich nach Hause in dem Gedanken: ›Sicherlich bin ich durchgefallen. Aber wer weiß?‹ Und dann, vielleicht war das Ganze ja auch gar nicht wirklich. Mein persönliches philosophisches System erlaubte mir, daran zu zweifeln. Das war im Grunde ganz bequem. Man bewahrte seinen Frieden. Ich erinnere mich, daß herrliches Wetter war und daß mir, als ich mich zu Fuß durch die Avenue Henri-

Martin nach Hause begab, die ausgestreckten grünen Hände der Kastanienbäume in die Augen fielen, die, von einem Windhauch sacht bewegt, meiner Gleichgültigkeit ihren Segen zu erteilen schienen. Ich schrieb an meinen Vater, ich habe nicht bestanden, und er antwortete, das sei ja nicht so wichtig, ich habe eben die erforderlichen Voraussetzungen nicht genossen. Siebenundzwanzig Jahre später behauptete mein Klassenkamerad Philippe, der mich damals begleitete [ich aber hatte mich davongemacht, da ich es ja gar nicht wissen wollte], ich sei durchgekommen. Es wäre merkwürdig, wenn es stimmte, aber ich glaube es nicht.

Wie sehr ich mich auch bemühte, ich vermag mich nicht an alles zu erinnern. Ja, hätte ich damals ein Tagebuch geführt... Tatsächlich führte ich eines, aber zu unregelmäßig, so daß nur Fetzen vorhanden sind. Aber die Schattenseite eines Tagebuchs ist ja auch, daß es, indem es an die Stelle des Gedächtnisses tritt, die Erinnerung, die es vertreten soll, ihrer Frische beraubt. Schließlich entsinnt man sich selber nur noch der Worte, die man niedergeschrieben hat. So werden die Dinge sich auch mir darstellen, wenn ich mit dem Erzählen meiner Geschichte einmal fertig bin. Immerhin gibt es dann dieses Buch.

Meine Kusine Sarah rühmte sich manchmal, ihr Großvater sei ein protestantischer Bischof gewesen. Sie glich den Mädchen von heute ebensowenig wie den jungen Damen von 1919, sogar den emanzipiertesten. Ein goldenes Herz, ein feuriges Temperament, die Leidenschaft zu gefallen, ein völlig unbeschwerter Kopf, Religion, dabei sentimental – so ungefähr stellt sie sich mir in der Erinnerung dar. Eines Tages, als sie wieder einmal Karamellen kochte, fühlte ich mich plötzlich gedrängt, ihr mein seltsames Abenteuer mit Lola zu erzählen. Vielleicht trieb mich der Wunsch, mein Gewissen zu erleichtern, denn nach dieser

Seite hin war ich nicht ganz beruhigt. Andererseits war ich mit den Vorstellungen meiner Kusine nicht sehr gut vertraut, denn zu meiner großen Überraschung machte sie, ohne den langen Holzlöffel fahren zu lassen, mit dem sie ständig langsam weiterrührte [es lag etwas fast Religiöses in ihrer Sorgfalt beim Herstellen ihrer Bonbons], die folgende Bemerkung: »Wie schade, daß du nicht noch einmal zu ihr gegangen bist. Das wäre ›so hübsch‹ gewesen ...« Die beiden Worte, die ich hervorgehoben habe, benahmen mir förmlich den Atem. Ich rief, das wäre dann doch eine Sünde gewesen, und zwar eine schwere. »Gewiß, gewiß«, bestätigte die Bischofsenkelin. »Aber immerhin ...« Kurz darauf kündigte sie mir an, sie werde eine Reise, nur eine kleine Vergnügungsreise, mit Ted, dem Seefahrer, unternehmen, doch ich solle kein Wort davon in meinen Briefen an Onkel Eduard erwähnen, was ich auch versprach. Sie hatte vor, nach Le Croisic zu gehen. Ich kannte diese Gegend nicht. Ich stellte mir vor, sie würden dort gemeinsame Fahrten aufs Meer hinaus unternehmen und in Ausflugslokalen zu Mittag essen, doch ich beneidete sie nicht, denn mir graute vor dem Meer. Was für eine Idee, dorthin zu gehen! Keinen Augenblick streifte mich ein Argwohn, es könne dabei etwas anderes als Ausflugslokale und Fahrten aufs Meer eine Rolle spielen. Daß Ted sich von Paris entfernte, war mir mehr als recht, denn er langweilte mich, wie ich bereits sagte, wozu noch kam, daß ich stets den gewissen glühenden Schleier auf meinem Körper verspürte, sobald er auftauchte.

Nach acht oder zehn Tagen kehrte meine Kusine zurück. Sie schien sehr befriedigt von ihrer Reise zu sein und berichtete, wie reizend für sie Teds Gesellschaft gewesen sei. Ich weiß nicht, wie es dann dazu kam, daß sie mich fragte, was ich von ihrer Eskapade halte. Sicherlich fürchtete sie, ich könnte eine gefährliche Äußerung tun, denn meine Unschuld machte ihr Angst. Was sollte ich denn

schon von ihrer Reise halten? Ich machte mir absolut keine Gedanken darüber.
»Du hast doch nicht etwa geglaubt ...« – »Aber was denn, liebe Kusine?« Darauf meinte sie, Männer begingen doch manchmal Dummheiten mit Frauen oder versuchten es wenigstens ... – »Aber er doch nicht!« rief ich aus. »Er ist viel zu anständig. Nie würde er etwas Unrechtes tun.« Dieser sonderbare Satz ist mir in Erinnerung geblieben wegen des Abgrunds von Unwissenheit, den er in mir vermuten ließ. Konnte man überhaupt noch törichter oder naiver sein? Wie dem auch sei, meine Kusine schien erleichtert, da sie sich offenbar nicht überlegte, was ich eigentlich zu ihr hätte sagen sollen, nämlich daß, wenn keine Dummheiten vorgefallen seien, wie sie behauptete, sicher sie selbst eine zu anständige junge Dame sei, um jemals etwas Unrechtes zu tun. Laut lachend fiel sie mir um den Hals und erklärte: »Wenn Ted das erfährt, ist er sicherlich entzückt. Er hat dich furchtbar gern, mußt du wissen.« Ich begriff ihre Freude nicht. Heute meine ich den jungen Amerikaner zu hören, wie er damals zu meiner Kusine im Hinblick auf mich gesagt haben mag: ›He's just a kid!‹ [Er ist eben noch ein Kind.] Beide sind seit langem tot. Ich selbst war damals weit davon entfernt, etwas von den Leiden zu ahnen, die mich einige Monate später erwarteten.

An einem Tag im Mai nahm auf Grund von Umständen, die ich vergessen habe, mein Freund Philippe mich in dem Mietshaus, das er mit seinen Eltern bewohnte, mit nach oben. Wir befanden uns in einem Dienstmädchenzimmer, in dem große Unordnung herrschte. Warum hatte er mich dorthin gebracht? Ich weiß nichts davon, aber plötzlich fragte ich ihn: »Wo findet man Frauen?« Er lachte laut heraus. »Überall. Auf der Straße. Im ›Sphinx‹ [er erklärte mir, was es mit dem ›Sphinx‹ für eine Bewandtnis habe].

Um die Theater herum und in den Theatern. Man muß den Blick dafür haben, mit ihnen zu reden verstehen, und überhaupt.« Ich fragte ihn, ob man ihnen Geld anbieten müsse, um das, was ich vorhätte, mit ihnen zu tun. »Das kommt darauf an. Wenn man sie zu beschwatzen versteht, kommt man billig davon, aber es ist besser, man hat ein bißchen Geld bei sich, für die Getränke.« Ich wußte nicht, ob ich über das Mundwerk dazu verfügte oder nicht. Was das Geld anlangte, so war ich ganz sicher, daß ich keines besaß.

Was aber wollte ich eigentlich? Aus Mangel an Erfahrung wußte ich es nicht genau. Ich stellte mir überirdische Freuden vor, so wie die Götter sie kannten, denn zu meinem größten Unglück begann ich, mich für Mythologie zu interessieren, ja, ich berauschte mich daran. Unter den Büchern des Hauses befand sich auch das kleine ›Dictionnaire de la Fable‹ von Beauzée, der in einem kühlen, altmodischen Stil die Liebesaffären all jener liebebesessenen Gottheiten erzählt, mit denen der griechische Genius die Welt bevölkert hat. Viele Dinge verstand ich nicht. Alle Anomalien blieben mir unverständlich, weil der Verfasser infolge einer gewissen höflichen Distanz nur in dunklen Andeutungen davon sprach, aber ich schloß aus dieser mir fast zur Gewohnheit gewordenen Lektüre, daß die fleischliche Lust den Menschen eine Art von Paradies eröffnete, in das eintrat, wer wollte. Warum dann nicht ich? Jeder Landpfarrer hätte mir in zwei Minuten erklärt, daß ich das Opfer von Träumereien sei, doch niemand war da, um mit mir zu sprechen. Das fällt mir sogar am meisten an diesem Lebensabschnitt auf: ich war allein. Sicherlich ging ich nach jeder Verfehlung zur Beichte, doch das Verlangen nach der hl. Kommunion war mir abhanden gekommen, obwohl ich noch immer zur Sonntagsmesse ging. Offenbar konnte hier die Religion mir nicht helfen. Wie der Dichter war ich umgetrieben, und ich war es umso heftiger, als diese ungestillte Glut vor allem eine Sache des Kopfes blieb.

Das Abitur bestanden oder verfehlt, je nachdem – ich war wieder vollkommen frei und machte mir über die Zukunft keine Sorgen. Fast täglich ging ich in den Louvre. Die Galerie längs der Seine war fast ohne Gefahr für mich, denn ich fand dort nichts besonders Wollüstiges. Ich hätte dasselbe nicht von den antiken Skulpturen sagen können, deren Abteilung ich mit unruhigem Gewissen betrat. Aber warum eigentlich? Hatte nicht schon unsere Mutter uns früher in diese Säle geführt? Heute aber war es etwas ganz anderes. Diese nackten Männer und Frauen waren jetzt für mich auf eine fragwürdige Weise lebendig. Allein schon ihre Nacktheit war in meinen Augen Sünde. Man hatte im Grunde nicht das Recht, sie zu betrachten, sie allzu lang und allzu neugierig zu betrachten. Welche furchtbaren Schläge erschütterten meine Brust, wenn ich diese Marmorbilder umstrich und meine Blicke zu ihnen hob! Sie taten mir weh, sie bewirkten, daß über die ganze Vorderseite meines Körpers jenes Brennen flutete, das ich nun erlebte, ohne seinen Sinn zu begreifen. Gefühllos waren sie, diese Götter, aber wie litt man in ihrem Angesicht, und welche seltsame Lust empfand man gleichwohl in diesem Leiden! Man litt und wollte doch immer weiterleiden. Man machte auf dem Absatz kehrt und kam wieder zurück. Man fürchtete, bei Anschauen dieser Dinge ertappt zu werden, man trachtete, einen glücklichen Moment abzupassen... Jetzt, jetzt ist niemand da, jetzt kann man sich berauschen und von neuem leiden, man ist wie gebannt, man ist in keiner Weise mehr frei. Alles das ist nur Stein und zieht doch unwiderstehlich an. Bewundere und lerne, berausche dich, du junger Staunender, der du dich in diesem unheimlichen Olymp mit seinem Kellerschein verlierst!

Dann stand ich wiederum im Hof des Louvre, schließlich auf den Quais, von einer Traurigkeit übermannt, die ich mir kaum zu erklären vermochte. Meine Kehle, meine Eingeweide waren wie zugeschnürt. Ich wußte nicht eigentlich, was ich wollte, oder wollte vielmehr, was einzig in meiner Einbildungskraft bestand. Meine Sinnesträumereien bezogen sich nicht auf jene Menschheit, wie sie mir auf der Straße entgegentrat. Ich erinnere mich, daß ich auf einer Bank am Quai du Louvre saß, von echter Verzeiflung verzehrt bei dem Gedanken, daß die menschlichen Wesen keine Götter sind.

Etwa um diese Zeit bekam ich eines Tages eine kurze Botschaft von meinem Kameraden, dem Fähnrich, der mich gern wiedersehen wollte.
Was gäbe ich nicht darum, wenn ich mich etwas besser an diese Monate erinnern könnte, die so sehr für mich zählten! Ich kann mir jedoch nur kurze, isolierte Szenen heraufbeschwören, ähnlich den kleinen Bildern in einem modernen Museum, wo große Zwischenräume die einzelnen Kunstwerke voneinander trennen. So sehe ich mich zum Beispiel in Gesellschaft des blonden Fähnrichs in der Avenue du Bois. Es kommt mir vor, als sei er noch in Uniform. Jedenfalls sehe ich wieder sein so feines und reines Gesicht und seinen Blick von *jungfräulicher* Bläue. [Kommt es daher, daß ich ihn mir immer noch in Horizontblau vorstellen kann?] Ich selbst trug einen Anzug mit winzigen schwarzweißen Karos, der gewiß sehr elegant gewirkt hatte, als er noch die Person meines Schwagers zierte, aber nach oberflächlicher Umänderung mir nicht besonders gut paßte und mir das Aussehen eines gewohnheitsmäßigen Rennbahnbesuchers gab – was mein Gesicht aufs gründlichste widerlegte. Schließlich haßte ich diesen Anzug wie seinerzeit den Persianerkragen.
Nach einem ziemlich langen Spaziergang, von dem mir

absolut nichts mehr in Erinnerung geblieben ist, gelangten wir schließlich zur Porte Dauphine und kehrten von dort in die Gegend der Avenue Bougeaud zurück. An dieser Stelle war es, daß ich dem blonden Fähnrich eröffnete, ich hätte meine Meinung geändert und gedächte, mich von nun an zu amüsieren. »Zu amüsieren?» – »Jawohl. Mit Frauen.« Darauf stellte er mir eine Frage, auf die ich nicht gefaßt war. »Und wie wollen Sie das machen?« Lachend antwortete ich ihm, ich wisse sehr wohl, was man zu tun habe, wenn man Frauen auftreiben wolle. Er maß mich mit ernstem Blick. Er selbst war jetzt viel ruhiger, als er in Deutschland gewesen war. Sicher hatte sich sein Liebesheißhunger in Paris etwas beruhigt. Wie dem auch sei, er ließ ein paar Sekunden verstreichen, als wolle er mir Zeit zu einem Lachen lassen. Dann sagte er mir mit einem melancholischen Lächeln: »Ich mochte Sie lieber so, wie Sie in Deutschland waren.« Darauf fand ich keine Antwort, oder wenn ich etwas erwiderte, habe ich es vergessen, doch war ich betroffen, ihn gleichsam an Stelle eines anderen sprechen zu hören, und litt in meinem Gewissen.

Wir trennten uns und sahen uns niemals wieder. Nach einigen Stunden dachte ich nicht mehr an ihn, vielmehr bekam ich Lust, mich zu vergnügen – aber wo und wie sollte ich Frauen finden? Dieser Plural war wichtig. So drückte man sich aus. Ich erinnere mich, daß Philippe mir gesagt hatte, man könne welche in den Theatern treffen und müsse etwas Geld bei sich haben, um sie ins Café einzuladen. Zu diesem Zweck entschloß ich mich zu einer großen Transaktion, nämlich dem Verkauf eines Siegelrings, den ich an meiner Linken trug. Diesen Siegelring [ohne Wappen] hatte mir ein Freund meines Vaters geschenkt, als ich fünfzehn Jahre alt war; ich trennte mich nie von ihm. Ich bewunderte ihn in einem Ausmaß, wie man es kaum für möglich halten würde. Zunächst einmal

gehörte er mir, und das allein verlieh ihm einen außergewöhnlichen Glanz, zudem war ja Gold, wie jedermann wußte, das kostbarste Metall von der Welt. Mit einem seltsamen Lustgefühl ließ ich wieder und wieder den Ring über meinen Finger gleiten. Es kam mir vor, als bilde er einen Teil von mir selbst, und es geschah, daß ich ihn zuweilen an meine Lippen hob. Dennoch beschloß ich, ihn zu opfern, da ich der Meinung war, die Wonnen, die ich kennenlernen würde, müßten mich reichlich entschädigen. Ich begab mich – nie werde ich es vergessen – zu einem kleinen Juwelier in der Rue Guichard, nur ein paar Minuten von uns entfernt, und zeigte ihm den Ring. Er schaute ihn fast angewidert an, ganz als habe er nachgerade genug davon, Siegelringe zu schätzen, und gab ihn mir mit den Worten zurück: »Zwanzig Francs.« Zwanzig Francs ... Ich fragte mich, ob das wohl genug sei, um sich eine Frau zu leisten. Nach kurzem Zögern, denn trotz allem war ich etwas enttäuscht – der Gedanke, daß dieser Mann vielleicht nicht ganz ehrlich wäre, kam mir nicht –, antwortete ich, ich sei einverstanden, und verließ das düstere Lädchen ohne meinen Siegelring, doch mit einem Zwanzigfranc-Schein in meiner Brieftasche.
Nun mußte ich nur noch das Theater wählen. Ich konnte nach Belieben ausgehen, denn ich war damals ganz allein zu Hause. Die Liste der Aufführungen im ›Journal‹ wurde auf's Sorgfältigste geprüft. Ich glaube, daß ich schließlich auf das Theater des Palais-Royal verfiel, weil ich gehört hatte, wie meine Eltern gewarnt wurden, Kinder sollten dieses Theater nicht betreten. Welches Stück wurde gegeben? Ich weiß es nicht mehr.
Im voraus halbtot vor Schüchternheit fand ich mich eine gute Stunde vor Beginn der Aufführung am Kassenschalter ein und nahm einen Rangplatz. Der Zuschauerraum war leer. *Sie* waren noch nicht da. Allmählich jedoch erschienen sie, alle in Begleitung, was die Sache nicht einfacher

machte. Schließlich füllte sich der Raum, und der Vorhang hob sich über einem Stück, das mir erstaunlich dunkel erschien, weil es mir, der ich bislang immer nur Stücke im Châtelet gesehen hatte, in denen alles durchsichtig klar war, an diesem Abend nicht gelang, die Beziehungen der Personen untereinander zu begreifen; doch was ich sehr wohl begriff, war, daß mehrere unter ihnen von dem gleichen Verlangen besessen waren wie ich, nämlich dem, mit einer Frau zu schlafen. Ich erinnere mich, daß gegen Mitte des zweiten Aktes auf der Bühne eine dicke Dame erschien, die ein junges Mädchen aufforderte, ihr etwas vorzusingen. Das junge Mädchen [die wäre mir gerade recht, dachte ich bei mir] begann darauf, ein Chanson zum besten zu geben, das voller Anspielungen war, die die gesamte Zuhörerschaft zum Lachen brachten, mit Ausnahme eines einzigen Anwesenden, der nicht recht begriff. Dann klatschte die dicke Dame – auch sie hatte offenbar nicht begriffen – in die Hände und rief aus: »Ich schwärme für diese naiven kleinen Lieder.«

Während der Pausen irrte ich in den Wandelgängen und vor dem Theater umher, in der Hoffnung, ein reizendes junges Mädchen werde mich anlächeln, doch nichts dergleichen geschah. Niemand beachtete mich, und die Frage des Fähnrichs »Wie wollen Sie das machen?« kam mir wieder in den Sinn. Offenbar waren Philippes Anweisungen ungenau gewesen. Ich kehrte nach Hause zurück, wie ich gegangen war, aber so groß war meine Sorglosigkeit, daß ich den ganzen Reitweg der Avenue Henri-Martin singend hinunterging. Trotz allem trauerte ich ein wenig meinem hübschen Ring nach und fragte mich, was ich meinem Vater bei seiner Rückkunft aus Dänemark sagen solle. Für das noch übrige Geld kaufte ich mir Bücher auf den Seinequais. Was die Lust zum Amüsieren betraf, so verspürte ich sie plötzlich für einige Zeit nicht mehr: es war eben doch zu schwierig. Vielleicht, sagte ich mir, wäre es einfacher gewesen, an diesen Ort mit Namen ›Sphinx‹ zu gehen, doch schon bei dem bloßen Gedanken war ich halbtot vor Angst. Hier lag die wahre Schwierigkeit: es fehlte mir an Kühnheit. Wenn man mich nur ansah, wurde ich schon rot.

Was ich jetzt sagen werde, wird ein wenig überraschen. Wenn auch mein Kopf noch so sehr mit Vorstellungen von orientalischen Orgien angefüllt war, ich blieb trotzdem religiös und die Bibel war meine ständige Lektüre. Stets hatte ich in der Tasche einen kleinen Band, ein Geschenk von Mouser, der, wundervoll in Kalbsleder gebunden, eine englische Übersetzung des Predigers Salomo, des Buches Hiob und des Jakobusbriefes enthielt. Weshalb diese Auswahl? Sie war von Mouser getroffen.
So entsprach es ihren Ideen. Sie liebte, was herausfordernd, düster und pessimistisch war. Der gleiche Band, der mich immer begleitet hat und eben jetzt auf meinem Nachttisch liegt, enthielt auch das Buch der Sprüche Salomos, das bekanntlich äußerst streng gegen Toren und ungehorsame Kinder ist, die es unbarmherzig zu züchtigen empfiehlt. Ich schwärmte nicht für die ›Sprüche‹, liebte hingegen sehr das Buch Hiob, dessen Dunkelheiten mich entzückten. Wenn ich auf meinen Wanderungen durch Paris müde wurde, setzte ich mich auf eine Bank und las Hiob. Mir ist, ich würde das noch heute tun, wenn man in den Straßen von Paris noch zu lesen vermöchte. Nun traf es sich eines Tages, daß ich zum Sitzen eine Bank am Boulevard de la Madeleine erwählte. Im Jahre 1919 konnte man das noch tun. Der Lärm der Wagen machte mir dabei fast gar nichts aus. Sie waren unendlich viel weniger zahlreich, und die Luft war noch nicht vergiftet.
Wenn ich mich an diese Einzelheit erinnere, so wegen des nun folgenden Vorgangs. Es mochte elf Uhr vormittags sein. Nachdem ich meine Lektüre beendet hatte, steckte

ich mein Buch wieder in die Tasche und stand auf, um mir die Auslage der Buchhandlung Conard anzusehen, die sich damals auf der Höhe der Statue von Jules Simon befand [diese Scheußlichkeit ist heute bei Saint-Augustin zu sehen; die Buchhandlung Conard ist seither anderswo untergebracht]. Als ich die Bücher bewunderte, hörte ich eine ungemein höfliche Stimme zu mir sagen: »Verzeihung, Monsieur.« Als ich den Kopf zur Seite wandte, erblickte ich einen mit großer Eleganz gekleideten jungen Mann, der lächelnd seinen Hut hob. Sein hübsches Gesicht war leicht gepudert; ich sah ihn verwundert an, denn ich kannte ihn nicht. Mit strahlendem Lächeln fragte er mich nach der Zeit. »Aber«, sagte ich und wies auf die Uhr vor der Madeleine, »sehen Sie doch hin, Monsieur.« Darauf verbeugte er sich unter erneutem Lächeln und ging davon, nachdem er nochmals den Hut gelüftet hatte. Ich bemerkte bei dieser Gelegenheit, daß er pfirsichfarbene Gamaschen anhatte und einen Spazierstock trug. Weshalb, so fragte ich mich, stellte er mir wohl eine derart törichte Frage? Sah er denn die Uhr nicht? Dabei schien er doch so höflich zu sein. Und dieser helle Hut, diese Gamaschen, und der Spazierstock dazu … Welche Eleganz! Er hatte mich gewiß sehr schlecht gekleidet gefunden … Kurz darauf dachte ich an diese Sache nicht mehr, erinnerte mich jedoch sehr viel später daran.

Als mein Vater gegen Ende Juli aus Dänemark zurückkam, kündigte er mir an, er habe einen mich betreffenden Brief von meinem Onkel Walter erhalten. Anne, die gleichfalls zugegen war, erfuhr ebenso wie ich, daß mein Onkel Walter sich erbot, sich meiner vier Jahre lang anzunehmen, wenn ich meine Studien an einer amerikanischen Universität abzuschließen wünschte. »Und was wirst du tun, Papa?« fragte Anne. »Ihn so bald wie möglich hinüberexpedieren.« [Send him off packing.] Diese Antwort wirkte auf mich wie ein Dolchstoß mitten ins Herz. Ich wollte um keinen Preis aus Frankreich fort, aus diesem Land, das ich liebte, um in ein anderes zu gehen, das ich nicht kannte. Noch dazu betrachtete ich mich als Franzosen, aber wie hätte ich meinem Vater ungehorsam sein können? Daran hätte ich niemals auch nur eine Minute gedacht. Hätte er mich nach Timbuktu geschickt, würde ich ebenfalls ja und amen gesagt haben. Ich äußerte also gar keine Meinung, sondern sagte einfach wie immer: »All right.« Ich beglückwünsche mich heute nicht nur dazu, daß ich immer sofort und ohne Widerrede gehorsam gewesen bin, sondern auch dazu, daß ich keine Schwierigkeiten gemacht habe, diese einzigartige Chance zu nutzen, die mir das Leben bot.

Nicht so hingegen sah ich die Dinge in jenem Augenblick. Ich kam mir wie ein zum Tode Verurteilter vor. Mein Vater sagte mir, er werde meinen Onkel bitten, mich auf die Universität von Virginia, die erste des Südens, zu schicken, und wiederum antwortete ich mit »all right«. Ich wußte, mein Vater hatte kein Geld. Was ich nicht wußte und erst später erfuhr, war, daß er in Wirklichkeit viel verdiente, daß aber diese beträchtlichen Summen ihm zum größten Teil seine Schulden abzudecken verhalfen, von denen einige bis auf die ersten Jahre des Jahrhunderts zurückgingen. Vor dem Kriege nämlich hatte er, von dem Wunsch besessen, uns allen die nötigen Existenzmittel zu hinterlassen, spekuliert, verloren, aufs neue spekuliert und dazu jeweils Summen Geldes geborgt, die in ihrer Gesamtheit ein Vermögen darstellten. Dieser so vernünftige, gewissenhafte und maßvolle Mann glaubte damals felsenfest an den plötzlichen Glücksfall, der alles ins rechte Lot bringen würde. Als er mit Spekulieren aufhörte, war er praktisch ruiniert. Mehr als fünfzehn Jahre waren nötig, um alle Gläubiger zu befriedigen, und schließlich starb er, ohne irgend jemandem auch nur einen Sou zu schulden, aber

ohne uns freilich auch nur so viel zu hinterlassen, daß wir ihn davon hätten beerdigen können.
Man wird daraufhin seine Freude verstehen, als er erfuhr, daß mein Onkel es übernahm, für mich zu sorgen. Hatte denn im übrigen nicht auch mein Vater neun Jahre lang für seine Nichte Sarah gesorgt, die Waise war und mit der mein Onkel Walter nichts anzufangen wußte, als er sie uns im Jahre 1910 mit der Bitte schickte, meine Eltern möchten sich ihrer ein paar Wochen lang annehmen? In der ganzen Sache kann ich eigentlich nur etwas wie Leistung und Gegenleistung sehen, was jedoch der Großzügigkeit meines Onkels in keiner Weise Abbruch tut.
Habe ich gesagt, daß gegen Ende des Krieges Sarah sich ebenfalls beim Roten Kreuz verpflichtet hatte? Ihre Arbeit, die weit weniger mühevoll war als die von Anne und Retta, bestand darin, durch ihre Anwesenheit den Verwundeten des amerikanischen Krankenhauses in Neuilly Trost zu spenden. Viel mit Gebäck beladene Tabletts spielten in dieser Geschichte ebensosehr eine Rolle wie wirklich himmlische Ärzte, *my dear*. Doch genug davon. Glückliche Umstände brachten es mit sich, daß das amerikanische Rote Kreuz im Jahre 1919 alle seine Mitglieder gratis auf einem Schiff, das die französische Regierung zur Verfügung stellen wollte, in ihre Heimat zurückzuführen sich erbot. Diesmal sollte Sarah nach Hause fahren, so hatte mein Vater beschlossen. Weshalb aber sollte Julien, der ebenfalls im Roten Kreuz gedient hatte, nicht von der gleichen Möglichkeit profitieren? Weshalb tatsächlich nicht? meinte auch das Rote Kreuz. Das Schiff lief aus Marseille am 19. September aus. Ich würde vielleicht für den Beginn der Vorlesungen etwas verspätet ankommen, »aber der Junge wird alle anderen einholen«, sagte mein Vater voraus. »Da verlasse ich mich auf ihn.«
Furchtbar verdutzt murmelte ich: »All right« und machte mich sofort auf den Weg, um diese gräßliche Nachricht

meinem Freund Paul zu überbringen, von dem ich noch nie gesprochen habe, und zwar mit Absicht, da ich nicht weiß, ob ihm das recht wäre. Ich beschränke mich also auch hier auf die Bemerkung, daß er politisch sehr links stand – ein »Kienthaler«*, flüsterte man auf der Schule während des Krieges. Paul hatte radikale Ideen, die er ohne Rücksicht auf irgend jemanden vertrat. Er hörte mich an, um dann mit Nachdruck zu erklären: »Du mußt Widerstand leisten!« Widerstand gegen Papa! Ich sagte ihm, daß das nicht möglich sei, worauf er mich mit einem verachtungsvollen Blick bedachte.

Oh, würden diese goldenen Tage, in denen ich mich so unglücklich glaubte, mir doch noch einmal wiedergeschenkt! Ich beklagte mich heftig jenem Vertrauten gegenüber, den ich hier Paul genannt habe. Ich sprach zu ihm wie jemand, der für immer ins Exil geht und in der kalten Fremde sterben wird. Die wenigen Kunstbücher, die ich besaß und an denen ich leidenschaftlich hing, übergab ich ihm zur Verwahrung als dem letzten Freund, den ich auf der Welt besaß. Plötzlich empfand ich regelrecht Abscheu gegen Amerika. Meine wahre Heimat war Frankreich, man riß mich von Frankreich los, von der Stadt, in der ich geboren war.

Nach ein paar Stunden beruhigte ich mich, und mit jener erstaunlichen Wandelbarkeit der Laune, die damals ein entscheidender Zug meines Charakters war, gefiel ich mir darin, alles unter einem romantischen Gesichtspunkt zu betrachten. Schließlich gab es ja Chateaubriand. Ich erinnerte mich an ›Atala‹. In dem kleinen Salon der Rue Cortambert posierte ich vor dem Spiegel und stellte mir vor, wie ich da drüben bewundert und geliebt werden

---

* Im April 1916 forderte eine internationale Konferenz im schweizerischen Kienthal alle Sozialisten dazu auf, jegliche Kriegsbeteiligung abzulehnen. (AM/CK)

würde, da das nun einmal das war, was ich vor allem wollte. Ich trachtete immer nach Bestätigung, daher mein Heißhunger nach Komplimenten.

Um mich an die Vorstellung von diesem Land, das ich nicht kannte, zu gewöhnen, spielte ich auf unserem Phonographen Ragtime-Platten, die ich in normalen Zeiten gar nicht gern hören mochte. Wie weit war doch der Weg von Chopin bis zum Ragtime! Ich fand diese moderne Art der Musik barbarisch, und doch gab es darin zuweilen Melodien, die mir plötzlich Lust zu weinen machten; aber muß ich sagen, daß ich damals Tränen um ein Nichts vergoß, und zwar nicht ohne ein heimliches Vergnügen. Wahrscheinlich waren diese Ragtimes die ersten Melodien Gershwins, die ich hörte.
Ich frage mich heute, wieso ich so lange derart naiv sein konnte. Um mich mit dem amerikanischen Leben vertraut zu machen, schien es mir unerläßlich, Edgar Allan Poe zu lesen. Mit Geld, das mein Vater mir zu meinem neunzehnten Geburtstag schenkte, ging ich zu Galignani und kaufte mir die gesamten Werke des großen Visionärs. ›Außerdem‹, sagte ich mir, ›wird das für mein Englisch gut sein.‹ Ich las ihn, und, wie zu erwarten war, traten mir bei der Lektüre die Augen aus dem Kopf. Diese Geschichten von lebendig Begrabenen, von Toten, die dem Leben wiedergegeben werden und die darauf bestehen, sie seien tot, von pestgeplagten Spukschlößchen, alle diese grandiosen Albträume strömten mit ungeheurer Gewalt auf mich ein, und mit einem Schlage fühlte ich mich mit einem Amerika ausgesöhnt, das imstande war, eine ebenso gewalttätige wie erlesene Prosa samt einem solchen Raffinement des Monströsen hervorzubringen. Sicherlich langweilte man sich dort drüben nicht. Meine Phantasie fing Feuer, denn tatsächlich bestand ich ja nur aus Einbildungskraft und Gefühl. Ich lernte Gedichte von Poe auswendig, ich seufzte

nach Ulalume, ich wandelte durch Zypressenalleen mit ›Psyche my soul‹.
Diese seltsamen Stunden des Wachtraums sind mir im Gedächtnis geblieben, weil ich glaube, daß sie mich in gewisser Weise geprägt haben, andererseits haben sie in mir genauer bestimmbare Ereignisse verdrängt, von denen daraufhin keine Spur in meiner Erinnerung zurückgeblieben ist. Ich erinnere mich nur, daß am 6. September 1919, meinem Geburtstag, Anne, Sarah und einige Freunde sich zusammentaten, um diesen Anlaß zu feiern. Es gab Kuchen, und es wurden mir schmeichelhafte Dinge gesagt. In diesem Alter brauchte ich nicht viel mehr, um mich glücklich zu fühlen. Meine Kusine malte mir den Süden in wundervollen Farben aus, wodurch Mamas Erzählungen in mir von neuem lebendig wurden. Das alles würde ich nun also sehen! Ich lachte vor Vergnügen und machte allerlei idiotische Scherze.
Es kam der Tag, an dem man sich um mein Gepäck kümmern mußte. Mein Vater entschied, es sei überflüssig, für mich einen Überseekoffer zu kaufen, da einer seiner eigenen großen Koffer vollauf genügen werde. Diese Koffer kannte ich gut. Es waren die, die er von seinen Reisen zurückbrachte und die bei jeder Heimkehr ein neues Etikett in einer oft unverständlichen Sprache trugen. Schon in leerem Zustand wog jeder Koffer recht viel, da er aus dickem Leder war. Ich tat in den meinen ein paar Hemden und außerdem viele Bücher.
Die Abreise war für mich ein schmerzhafter Riß. Bis dahin hatte ich nicht geglaubt, daß sie tatsächlich stattfinden werde, da ja nichts ganz wirklich war. Und doch kam ein Morgen, an dem ich zur Rue de la Pompe laufen mußte, um ein Taxi zu holen; den ganzen Weg entlang fragte ich mich, ob ich weinen und mich mit Schande bedecken würde. Meine Kusine, die niemals Lust gehabt hatte, wieder nach Hause zu gehen, sah der Zukunft ebenso

niedergeschlagen entgegen wie ich. Trotz allem waren wir bald auf der Gare de Lyon angelangt und fanden uns zur angegebenen Zeit auch im Zug nach Marseille. Sarah streckte sich auf der Bank aus und verschlief ihren Kummer, während ich trübselig die Durchfahrt in Fontainebleau abpaßte, wo ich plötzlich besonders gute Erinnerungen glaubte zurückgelassen zu haben. Ich krampfte mich verzweifelt an all die Bahnhofsnamen.

Es gibt Dinge, die ich vergesse. Vergißt man manches mit Absicht, wie viele Psychologen behaupten? Ich erinnere mich jedenfalls, daß ein paar Wochen vor meiner Abreise mein Vater mich zur amerikanischen Botschaft schickte, wo ich mir einen Paß besorgen sollte. Damals befand sich das Paßbüro auf dem kleinen Platz an der einen Seite des Musée-Galliera. Wenn ich mich nicht irre, nahm ein Rochambeaudenkmal die Mitte einer von Platanen umstandenen Fläche ein. Ich sehe das alles vor mir, auch den Kolonialwarenladen an der Ecke der Rue Pierre-Charron. Was ich ebenfalls sehe und was mich hinderte, kühn in das Gebäude einzutreten, dessen Adresse man mir gegeben hatte, war ein amerikanischer Soldat, viel größer und viel besser aussehend als ich. Sicherlich war auf die Kleidung dieser dekorativen Persönlichkeit besonderer Wert gelegt worden, denn seine Khakiuniform war bezaubernd geschnitten und wurde durch weiße Leinwandgamaschen verschönt, die mir ungewöhnlich elegant erschienen. Unter seinem breitkrempigen, fast bis auf die Nase nach vorn geschobenen Hut sah man, falls man die Kühnheit besaß, einen solchen Blick zu wagen, ein Gesicht mit makellosen Zügen, das an die gelockten Götter der griechischen Kunst denken ließ.
In meiner Bestürzung über diesen Anblick verkroch ich mich hinter die Rochambeaustatue, versenkte mich darauf in die Betrachtung der Auslage des Kolonialwarenladens,

kam aber schließlich zurück, setzte mich auf eine Bank und zog ein Buch aus meiner Tasche, vermochte jedoch keinen Satz zu lesen. Offenbar blieb mir nichts anderes übrig, als den Platz zu überqueren, an dem imponierenden Wachposten vorbeizugehen und wie eine Ratte durch den Torbogen zu huschen. So sah ich die Dinge. Jedenfalls fühlte ich mich unbedeutend und furchtbar lächerlich angesichts dieses jungen Burschen, der einer anderen Menschenrasse als ich anzugehören schien und den ich unwillkürlich immer wieder ansah. ›Wenn sie da drüben alle so sind wie der…‹, dachte ich. Ich fragte mich, weshalb ich nicht ebenso gut aussehe wie er und ebenso stark sei. Die Erinnerung, die mir von jenen Minuten schließlich geblieben ist, ist die eines unerklärlichen Leidens. Schließlich schämte ich mich meiner Feigheit, überquerte den Platz und schritt geradeaus an dem Soldaten vorbei.

»Hey there!«

Ich blieb stehen, als sei ich zu Stein erstarrt, und der Bursche fragte mich, was ich vorhabe und wen ich aufsuchen wolle. Mit der zugleich heiseren und leicht aggressiven Stimme der Schüchternen erklärte ich ihm, daß ich Amerikaner sei und einen Paß haben wolle.

»Okay«, sagte er. »Hinten links.«

Darauf kehrte er mir den Rücken und ging leise vor sich hin pfeifend wieder vor dem Eingang auf und ab.

Ich sah ihn noch ein zweites Mal, denn nachdem ich an jenem Tag meinen Antrag gestellt hatte, mußte ich mich ein paar Tage darauf erneut einfinden. Diesmal kam er mir noch schöner vor. In einem Zustand tiefer Melancholie kehrte ich nach Hause zurück. Gewiß hatte ich, bevor ich ihn gesehen hatte, nicht gewußt, daß ein menschliches Wesen in seiner Person so viele Elemente der Anmut und der Vollkommenheit vereinigen kann, und vor dieser Tatsache stand ich staunend wie vor einem Rätsel. Wieso getraute man sich ihn anzusprechen? Wie mochte so jemand leben? Noch wochenlang trug ich dieses Bild in mir, das mich verbrannte. Um die Wahrheit zu sagen, verließ es mich nie ganz, und in der einen oder anderen Form habe ich es in meinem ganzen Werk immer wiedergefunden.

Da ich einmal bei Erinnerungen bin, die man im allgemeinen – sei es aus Scham, sei es aus Klugheit – heraufzubeschwören vermeidet, stoße ich auf eine andere, die sehr viel weiter zurückreicht und die ich wahrscheinlich auf die Jahre 1913 oder 1914 zu datieren habe. Unter den riesigen Kunstbüchern meiner Eltern, jenen dicken Folianten, die man mit beiden Händen herausnehmen mußte und nur auf dem großen Eßzimmertisch oder besser noch dem Salonteppich aufschlagen konnte, gab es eines, das die Fotografie eines seltsamen Bildes enthielt. Man sah darauf eine römische Dame bei ihrer Toilette, umgeben von Frauen, die sie frisierten und parfümierten, alle vornehm in Faltengewänder gekleidet. Eine Tür tat sich im Hintergrund des Raumes auf, und eine sehr junge Sklavin schob einen Vorhang auseinander, um irgend etwas zu melden – ›Madame, es ist angerichtet‹ oder ›Monsieur hat sich soeben die Pulsader aufgeschnitten‹ –, diese Sklavin aber war außerordentlich schön und vollkommen nackt. Nicht ein Schatten war auf diesem dunkelgetönten Körper zu sehen, und ebensowenig irgendeine Spur von Geschlecht. Das vor allem erregte meine Bewunderung. Sie war schön, und vorne hatte sie nichts. Ich fand mich dem Bild eines Idealwesens gegenüber, das schön, schlank und geschlechtslos war. Nach diesem Wesen verlangte mich, verlangte mich so sehr, daß ich Böses ahnend, als begehe ich eine Sünde, das Blatt umwendete. Ich hätte mir gewünscht, die ganze Menschheit, Männer und Frauen seien wie die kleine Sklavin, doch man durfte ja nackte Personen nicht betrachten, und so klappte ich das Buch schweren Herzens wieder zu; ich holte es jedoch späterhin noch mehrmals hervor.

Von jetzt an brauche ich mich nicht mehr allein auf mein Gedächtnis zu verlassen. Dokumente sind reichlich vorhanden. Fast alles, was ich zu jenem Zeitpunk bis 1922 geschrieben habe, ist trotz Umzügen und Krieg und allen sonstigen Umständen, bei denen Schriftstücke verlorengehen oder verbrannt werden, erhalten.
Am Morgen des 19. September 1919 befand ich mich an Deck des Schiffes, das uns von Marseille nach Neapel bringen sollte. Dort sollten dann die Mitglieder des amerikanischen Roten Kreuzes in Italien an Bord genommen werden. Wie viele Amerikaner und Amerikanerinnen gab es da rings um mich her! Es war ein fröhliches Gewimmel, in dem man den Tonfall aller Teile Amerikas vernehmen konnte, doch herrschte der ›twang‹ des Nordens, der Yankeeakzent vor, an den ich mich nicht zu gewöhnen vermochte, und der mir damals Unbehagen bereitete. Trotz allem machte die allgemeine gute Laune auch auf mich Eindruck. Es kam mir vor, als sei hier jedermann nur beschäftigt, lachend und schreiend in die Kabinen zu laufen und wieder herauszukommen. Ich selber blieb in der meinen, den düstersten Gedanken hingegeben, denn von Frankreich fortzugehen brach mir schier das Herz. Plötzlich stürzte ein junger amerikanischer Offizier herein und rief mir zu: »Du Idiot, was sitzt du denn da herum und träumst? Schnell an Deck mit deinem Paß!«
Wir legten erst am Ende des Vormittags ab. Ich unterzog mich allen Formalitäten, die man von mir verlangte, und lief dann von einem Deck zum anderen, wie ein Gefangener den Gefängnishof durchmißt. Hierher nun gehört eine Begebenheit, die mich stark berührte. Ich hielt mich auf dem Unterdeck auf, dort wo sich die Gepäckstücke türmten, als zwei junge Matrosen von der Besatzung mich

anredeten. Ich sprach um so lieber und sogar fast hingebungsvoll mit ihnen, als sie in meiner Vorstellung die letzten Franzosen waren, mit denen ich vielleicht jemals noch ein Wort wechseln würde. Denn mir erschien diese Abreise wie ein Abschied vom Leben.

Ich weiß nicht mehr, was die beiden Matrosen zu mir sagten, jedenfalls brachten sie mich bis zu einer schmalen Treppe, die in die Laderäume hinunterführte. Ich sehe noch deutlich die kleine Tür vor mir, die sich auf etwas öffnete, das einem riesigen Rauchfang glich. Dort hielt sich ein weiterer Matrose auf, der vielleicht etwas älter als die anderen war. Bei ihm war eine vierte Person, die ich zunächst nicht bemerkt hatte, weil sie so klein war. Es war ein Schiffsjunge mit blondem, beinahe rötlichem Haar, der mich lächelnd ansah ... Ich entfernte mich schleunigst und stieg aufs Oberdeck zurück.

Diese für mich höchst geheimnisvolle kleine Szene hat in mir eine unauslöschliche Erinnerung zurückgelassen, gerade wohl, weil ich nichts begriff; ich dachte aber später sehr oft daran.

Meine Kusine Sarah hatte bereits mit aller Welt Bekanntschaft gemacht, vor allem mit dem, was für sie das ›schöne Geschlecht‹ war, und die Überfahrt versprach recht vergnügt zu werden, außer allerdings für den Schreiber dieser Zeilen.

Ich versuchte bei der Vorstellung, daß ich nunmehr nach Amerika fahre, doch ein wenig Begeisterung aufzubringen, aber ebensogut hätte man versuchen können, naßgewordenen Feuerwerkskörpern Sternenbuketts zu entlokken. Aus Schüchternheit sprach ich mit fast niemandem, es sei denn mit meiner Kusine, wofern sie gerade Zeit hatte, mir zwei Minuten zu widmen, was sie dann jeweils bereitwillig tat. »Aber weißt du«, sagte sie, »du bist so gar nicht ›sociable‹, du solltest etwas mehr aus dir herausgehen und mit den einen oder anderen reden. Ich bin sicher, du wärest bald höchst ›populär‹.« Das waren die Worte, die sie gebrauchte. Armes Mädchen! Sie wußte nicht, wie traurig sie ein paar Jahre später enden sollte. Als wir uns vom Hafen entfernten, stand sie neben mir und sagte: »Frankreich, Frankreich, wir sehen uns eines Tages wieder!« Sie sollte es niemals wiedersehen, sondern sechs Jahre später im Krankenhaus in dem Augenblick sterben, den sie für ihre Rückkehr nach Paris vorgesehen hatte.

Am übernächsten Morgen erwachte ich schon sehr früh, durch das plötzliche Verstummen der Maschinen aus dem Schlaf gerissen, und blickte durch das Bullauge. Es war einer der wundervollsten Momente meiner Jugend. »Neapel!« rief ich aus. Wir waren in der Bucht, und der Vesuv ragte rosig im ersten Morgenschein empor. Ich glaube, nur Italien hat mir ein gewisses Gefühl vom irdischen Glück vermittelt, das alles übertrifft, was man erwarten kann. Woran liegt das wohl? Ich kann es nicht sagen, doch als ich dieses goldene Licht erblickte, diese Tausende von bunten Häusern, das blaue Wasser unter dem blauen Himmel, fühlte ich mich trunken von einer jähen Freude, die mir ziemlich seltsame Gebärden eingab.

Man teilte uns mit, daß wir den ganzen Tag an Land und ganz nach unserem Belieben verbringen könnten. Kleine Gruppen bildeten sich, ich aber beschloß, an diesem Tag für mich zu bleiben. Ich wollte das Vergnügen der Entdekkung von Neapel nicht mit Leuten teilen, die ich innerlich Barbaren nannte, denn ich verschloß mich in mich selbst und richtete rings um mich her die gräßlichen Mauern auf, unter denen ich in Amerika so sehr leiden sollte. Neapel sollte mir allein gehören.

Um an Land zu gehen, mußte man eine schmale Eisentreppe an der Bordwand hinuntersteigen und in einem der kleinen Boote Platz nehmen, die es zu diesem Zweck dort gab. Ich war, ich weiß nicht weshalb, der letzte, der das Schiff verließ. Wahrscheinlich hatte ich auf diese Weise sicher sein wollen, für mich allein zu bleiben, und tatsächlich führte das Boot, in das ich stieg, keinen anderen Amerikaner mit sich. Dennoch war ich nicht allein. Es gab einen Mann, der ruderte, und mir gegenüber auch noch einen jungen Burschen. Ob ich Zigaretten habe? Nein, ich hatte keine. Unter meinem Strohhut, der meinen Kopf wie eine Aureole umgab, betrachtete ich die Landschaft mit beseligtem, trunkenem, dümmlichem Blick, während der Mann und der junge Bursche in einer mir unbekannten Sprache, dem Neapolitanischen miteinander plauderten. Nach kurzer Zeit redete der Junge mich auf italienisch an. Zunächst kamen Schmeicheleien. »Wie gut Sie sprechen für einen ›straniero‹.« Wir kamen an. Schon stand ich auf, um an Land zu springen, als der andere mir vorschlug, ich solle doch ›far l'amore‹ mit seiner Schwester, einem bildschönen Mädchen, wie er mir versicherte. Ich schüttelte den Kopf. Er lachte. Wenn das Mädchen mich nicht interessierte, könne er selbst vielleicht an ihre Stelle treten? Ich verstand nicht ganz und wurde rot. Rasch war ich am Ufer angelangt, zog ein paar Lire aus der Tasche, händigte sie dem Bootsmann aus und eilte auf eine Steintreppe zu, die zum Hafen führte, konnte aber nichts dagegen tun, daß die durchdringende Stimme des enttäuschten jungen Burschen mich noch ein Stück begleitete; was er sagte, konnte dem Ton nach, in dem es vorgebracht wurde, nicht eben liebenswürdig sein. Italienisch und Neapolitanisch vermischten sich darin. Ich unterschied immerhin das ›va morir ammazzato‹ [totschlagen sollen sie dich], das mir von Genua her bekannt war, doch hatte er offenbar viele andere plastische Ausdrücke zur Hand, die ich nicht verstand. Wiederum fühlte ich mich unangenehm gestört. Doch wenn schon: eine Minute darauf saß ich in einer

Droschke, einer ›carrozzella‹, und gab dem Kutscher als Adresse das Museo Nazionale an.
Warum? Ich kann mir jetzt diese Frage stellen. Auf den ersten Blick schien es ganz natürlich, daß ich den Wunsch verspürte, eines der schönsten Museen Europas zu besuchen; wer aber hatte mir denn davon erzählt? Niemand. Ich wußte, daß es in Neapel ein Museum gab, und Museen waren nun einmal meine Leidenschaft. Trotz alledem kann ich nicht umhin, etwas weniger Einfaches und weit Dunkleres denn nur Touristenneugier in diesem Wunsch zu erblicken. Eine Art von Rendezvous war hier vorgesehen. Ich komme noch auf diesen Punkt zurück.
Mit ausgebreiteten Armen auf der Bank meiner ›carrozzella‹ sitzend, bewunderte ich eine der schmutzigsten und herrlichsten Städte der Welt. ›Hier leben!‹ dachte ich, ›Oh, wer doch hier leben könnte!‹ Am Eingang des Museums angekommen, wurde ich von dem ›vetturino‹ übers Ohr gehauen, was mir freilich selbstverständlich erschien, doch ohne Widerrede gab ich ihm, was er verlangte, und trat in das, wenn ich mich recht erinnere, rote Gebäude ein.
Was mich heute in Erstaunen setzt, ist, daß die kleinen Begebenheiten des Lebens mich über mich selbst nichts zu lehren schienen. Ich konnte oder wollte nichts wissen, und es bestand in mir ein gewissermaßen unüberwindlicher Widerstand gegen jede nützliche Unterweisung.
Ich war viel tiefer durch die Dinge des Fleisches aufgewühlt, als ich ahnte, etwas aber in mir bestand darauf, dieses mir zu verbergen. Welchen Namen soll ich diesem Etwas geben? Ich weiß es nicht, wäre jedoch nicht vollkommen aufrichtig, wenn ich verschwiege, daß diese Frage mir Angst machte. Warum soll ich nicht einfach sagen, daß sie mich gemartert hat, diese schreckliche Frage. Sie hat mich gemartert, weil ich allzugut wußte, daß unser Leben nach dem Tode nur eine Fortsetzung unseres Lebens auf Erden ist und daß derjenige, der im Diesseits

den Weg zu Gott eingeschlagen hat, für immer in Gott leben wird, der jedoch, der Gott auf Erden verworfen hat, ihn vielleicht auch jenseits des Grabes nicht mehr finden wird. Alles das wußte ich intuitiv im Jahre 1919, ich wußte es, als ich die Säle im Erdgeschoß des Museo Nazionale von Neapel durchmaß; durch diese Säle aber ging ich, als würde ich von jemandem geführt.

Im Saal der pompejanischen Bronzen rauschte das Blut mir so mächtig durch den Körper, daß ich stehenbleiben mußte. Könnte ich wohl jemals diese Minute vergessen? Der Saal war leer. An den Wänden waren Glaskästen aufgereiht, die viele Gegenstände enthielten, und rings umher standen verschieden große Bronzestatuen, die mir den Atem benahmen. Ich begriff, daß ich mich im Herzen einer vebotenen Region befand. Alles, was an Religion in mir war, kämpfte darum, mich zum Verlassen dieser Gefahrenstätte zu bewegen, doch ich rührte mich nicht fort. Es genügt nicht, wenn ich sage, daß sich zwischen diesen Wänden die Nacktheit zur Schau stellte: Hier triumphierte die Sinnenfreude in allen ihren Formen. Zunächst wagte ich die Blicke nicht auf etwas Bestimmtes zu heften. Allmählich jedoch, je länger ich blieb, fühlte ich mich auf seltsame Weise beruhigt. War ich denn nicht in einem Museum, das alle Welt aufsuchte, um Kunstwerke zu bewundern? Die Bezeichnung Kunstwerk deckte alles ab, sprach alles frei. Ich tat nichts Böses, jedermann konnte wissen, wie ich diesen Vormittag verbracht hatte.

Ich näherte mich bald der einen, bald der anderen Statue mit einer Art Respekt, verweilte zunächst aus einem sonderbaren Bedürfnis, mein Gewissen irrezuführen, es gleichsam auf eine falsche Fährte zu locken – als ob man das jemals könnte! – kurz, um es zum Schweigen zu bringen, bei denen, die mich weniger interessierten, und gelangte schließlich zu dem Bildwerk, das ich bereits von weitem gesehen hatte.

Es schockierte mich. Das Wort ist nicht zu stark. Ich sah zunächst etwas Monströses darin, dann aber, auf eine Weise, die ich nicht beschreiben kann, verführte es mich. Man konnte diese Statue als harmlos betrachten, sie einer Zeichenklasse als Modell zur Verfügung stellen und sie von fünfzig Schülern in aller Unschuld kopieren lassen, und doch besaß sie eine Macht der Verderbtheit, die grauenvoll war für den, der zu sehen verstand. Voll der Wonne in die sich Abscheu mischte, strich ich um diese wahrhaft teuflische Statue herum. Ich war vollkommen verzaubert, wie nur ein Mensch auf Erden. Wieviel Zeit verbrachte ich dort? Ich kann es nicht sagen. Die Zeit existierte nicht mehr; ich fühlte, wie ich langsam ein anderer Mensch, ein wacher, wissender wurde.

Sicherlich durchschritten Besucher den Saal, ich aber sah sie nicht. Ich sah auch nicht, daß ich von einem Museumsdiener im Auge behalten wurde, der sich mir schließlich unauffällig näherte. Die Szene, die nun folgte, war sonderbar. Als ich diesen Menschen so nahe bei mir sah, war ich gewiß, daß er mich schon seit langem beobachtete. Er war offensichtlich älter als ich, obwohl er noch jung sein mußte, doch kann ich mich nicht mehr an seine Züge erinnern. Erinnern kann ich mich an seine Höflichkeit, die mit einer Spur Komplizität gemischt war. Er grüßte mich und fragte, was der ›signorino‹ von dieser Skulptur halte. »Bellissima, no?«

Ich fühlte mich befangen, doch das Lächeln dieses Menschen wirkte beruhigend auf mich. Wiederum beruhigte mich etwas, was ich nicht begriff, aber was begriff ich denn schon? Plötzlich kam die Skulptur mir gar nicht mehr schamlos vor, sondern sehr anmutig und bewundernswert schön, wozu noch als Moment der Gewissensbeschwichtigung trat, daß die Attribute der Männlichkeit hier auf ein Minimum reduziert und nur noch das stark stilisierte und geschönte Symbol einer Körpergegend waren, die mir sonst Grauen einflößte. Ich hatte etwas wie ein Monstrum an Schönheit vor Augen, das keiner bekannten Wirklichkeit entsprach, weder Kind, noch Mann, noch Frau war, aber von allen dreien das entnahm, was am erschrekkendsten an ihnen verführt, in einem Traum, der sich fast mit dem Baudelaires traf. Ich hätte nun freilich auf die Frage des Wärters nicht zu antworten brauchen, vielmehr so tun können, als verstehe ich nicht. Tatsächlich aber murmelte auch ich: »Bellissima!«

Er erklärte mir, woher dieses Bildwerk stamme, das einem großen Bildhauer zugeschrieben werde. Vor Verwirrung leicht errötend lauschte ich ihm, beruhigte mich allmählich und wagte ein paar Worte, an die ich mich nicht mehr erinnere, die mir aber ein Kompliment über mein Italienisch eintrugen. Darauf war von neuem von der Skulptur die Rede. Mit welchem Wohlwollen betrachtete mich der Museumsdiener, während er zu mir sprach! Seine warme, beinahe zärtliche Stimme, seine lächelnden Augen – ich habe von alledem nichts vergessen, obwohl ich seine Züge nicht mehr vor mir zu sehen vermag. Ich habe von ihm nur einen Eindruck behalten, dieser jedoch war sehr stark. Er fragte mich schließlich, ob es mir Vergnügen machen würde, von dieser Skulptur eine Kopie zu besitzen, eine Kopie allerdings, die dem Original zum Verwechseln ähnlich sehe. O ja, gewiß! Nur – war denn das überhaupt möglich? Aber durchaus, signorino. Ja, aber ich war auf dem Wege nach Amerika ... Nun, dann würde man sie mir eben nach Amerika schicken, wenn ich nur freundlichst meine Adresse angeben wollte. Und ... welchen Betrag würde ich dafür anlegen müssen? Keine sehr große Summe: hundertfünfzig Lire. Dieser Preis schien mir lächerlich klein. Ich gab das Geld und meine Adresse dem Museumsdiener, der mich gewinnend anlächelte und mir versicherte, ich würde die Statue noch vor Weihnachten erhalten. Und wenn ich sie, bevor ich ginge, noch weiter

bewundern wolle... Er zeigte auf eine kleine Bank: »Si accomodi!« Nach diesen Worten ließ er mich allein.
Von allen Begegnungen aber, die ich jemals auf Erden hatte, ist die mit diesem Mann für mich bestimmt die verhängnisvollste gewesen. Ich unterstelle nicht, daß ich es mit dem Leibhaftigen zu tun hatte! Gewiß ist dieser Museumsdiener völlig unschuldig an der Geschichte, deren Fortsetzung ich in einem anderen Band erzählen werde, aber sicher ist auch, daß, wenn ich ihn dort nicht getroffen hätte, mein Leben vielleicht anders verlaufen wäre.

Als ich das Museum verließ, packte mich der Argwohn, ich sei vielleicht sehr naiv gewesen zu glauben, ich würde das Abbild dieser Statue für einen so kleinen Betrag bekommen. Hatte man mir nicht hundertmal geraten, den Neapolitanern zu mißtrauen! Dieser aber war doch so besonders liebenswürdig, ja, man muß sagen, wirklich reizend gewesen. Und weshalb? Gerade das war mir nicht recht klar. Aber ich würde ja noch vor Weihnachten sehen, ob er mich zum Narren gehalten hatte.

Während ich das Schloß der Könige von Anjou, das die Neapolitaner ›Maschio Angioino‹ nennen, von allen Seiten betrachtete, traf ich meine Kusine und eine Gruppe ihrer Freunde, die mich zum Mittagessen mitnahmen. Es wurde abgemacht, daß wir am Nachmittag gemeinsam Pompeji besuchen würden.
Auch hier wieder gibt mein Gedächtnis gewisse Einzelheiten, die ich von ihm erhoffte, nicht her, doch sehe ich mich plötzlich in den Straßen dieser toten Stadt. Wir gehen von Haus zu Haus, von Ruine zu Ruine, und landen endlich – denn das war es, worauf alle Welt wartete – in der Straße der Freudenhäuser. Treten Sie bitte zur Seite, meine Damen, und gedulden Sie sich einen Augenblick... Wir,

die Männer begeben uns jetzt in das, was von einem dieser Häuser übriggeblieben ist. Erkennen Sie an der Wand die in den Stein gekratzten Striche, die bedeuten: wie oft? »Sie haben gewissermaßen Buch geführt...« Dieser Satz ist mir im Bewußtsein geblieben, noch mehr aber das, was folgte, denn der Führer entfernte die Läden und ließ uns die berühmten Malereien sehen, die die meisten unter uns mit einer Mischung aus Befangenheit und Entzücken betrachteten. Ich meinerseits empfand zugleich mit einer durchdringenden Neugier eher Grauen und Abscheu. Albani war ein Waisenknabe im Vergleich zu dem Schöpfer dieser gewalttätigen und zynischen Darstellungen. Es gab da gräßliche anatomische Verdeutlichungen, aber ich sah dennoch hin, und sogar recht genau; im Innern freilich stieß das alles mich ab. Ich wagte nicht zu beobachten, was für Gesichter meine Gefährten machten. Jedenfalls schwiegen sie. Ungeachtet der derben, augenzwinkernden Heiterkeit unseres Führers, der uns hinterher um den Preis von zwei Lire die Reproduktionen der kompletten Serie der gesalzensten Fresken offerierte. Um es zu machen wie alle anderen und zu zeigen, daß ich ein Mann war, hinterlegte auch ich meine zwei Lire und erhielt dafür die sechs oder acht abscheulichen kleinen Fotografien, auf denen teilweise Stellungen abgebildet waren, die mir unerklärlich schienen. Aber die Damen werden schon ungeduldig, signori. Vergessen Sie bitte den Führer nicht!

Wir verließen Neapel noch am selben Abend, nicht ohne dort, außer einem Dutzend Amerikaner, eine alte, ziemlich mürrische Engländerin –, wenn ich so sagen darf –, aufgelesen zu haben. Sie ging aus Gründen, die ich vergessen habe, wofern ich sie jemals kannte, in die Vereinigten Staaten und benutzte dazu dieses Rot-Kreuz-Schiff, das auch ein paar Passagiere an Bord nahm. Wie dem auch sei, sie verschwand alsbald in ihrer Kabine, aus der sie erst am übernächsten Tag wieder zum Vorschein kam.

Ich erwachte im Hafen von Palermo, in dem wir einen ganzen Tag vor Anker liegenblieben. Alle erhielten die Erlaubnis, nach Belieben umherzuwandern, unter der Bedingung, sich gegen Abend an Bord einzufinden. Diese Reise hatte viel Ähnlichkeit mit einer Vergnügungskreuzfahrt. Es herrschte allgemein gute Laune, und kleine Gruppen bildeten sich, um die Merkwürdigkeiten der Stadt zu besuchen. Der Name Monreale flog von Mund zu Mund. Monreale war das, was man sehen mußte, so hieß es. Auf also nach Monreale!

In gewohnter Eigenbrötelei beschloß ich, keinesfalls zusammen mit den Barbaren nach Monreale zu gehen. So nämlich nannte ich sie jetzt. Diese lieben Barbaren mit den Herzen ohne Falsch – ich möchte gern wissen, worin ich ihnen überlegen war, doch lassen wir das jetzt. Ich wanderte also allein mit einem Buch unterm Arm in Palermo umher. Was war das für ein Buch? Die Gedichte von Edgar Allan Poe, die ich acht Tage zuvor bei Galignani erstanden hatte. Man wird finden, ich sei damals recht prätentiös gewesen, doch hätte ein solcher Vorwurf mich überrascht, denn ich hatte stets ein Buch unter dem Arm.

Nach vielem Hin und Her fand ich mich an einem Zauberort wieder, der mir in der Erinnerung immer gegenwärtig bleiben wird. Wie jemand, der träumt, er betrete das irdische Paradies, drang ich in den verwilderten Garten von San Giovanni degli Eremiti ein. Über mir schimmerten die runden Kuppeln des kleinen Klosters wie halbierte Orangen in einem strahlendblauen Himmel, doch unter den betäubend duftenden Bäumen herrschte köstliche Kühle. Ich setzte mich auf eine Steinbank und träumte, ich sei ein Mönch aus vergangenen Zeiten. Ich war rings von Blumen umgeben, deren Düfte und Farben mich in solchem Maße entzückten, daß ich, so schien es mir, bereit gewesen wäre, dort, in den Wonnen dieser Einsamkeit zu sterben, wofern das Leben schmerzlos aus mir entwichen wäre. Niemand sah mich. Ich war wirklich allein. Ich schlug in meinem Buch mein Lieblingsgedicht auf und murmelte in einer Art Trunkenheit vor mich hin:

»... of cypress with Psyche my soul ...«

Mir war, als trügen die Duftwolken, die auf mich eindrangen, mich in eine unbekannte Welt, in der kein Platz für das Leiden war. Und hier fand ich seltsamerweise die Religion wieder, doch in Gestalt alles dessen, was für mich das Verführerischste und, wie ich sagen muß, das Illusorischste an ihr war: verwechselte ich sie doch damals mit einer zwar unschuldigen, aber heidnischen Sinnlichkeit. Ich suchte nach dem Glück. Wie fern lag mir jetzt die Erinnerung an die Bronze-Abgötter, um die ich vierundzwanzig Stunden zuvor herumgestrichen war! Ich vergaß damals mit erstaunlicher Leichtigkeit, was mich kurz vorher mit aller Macht in seinen Bann geschlagen hatte. Jetzt lachte ich vor Vergnügen, ganz hingegeben an die flüchtige Stunde, die mich mit Freude überschüttete.
Nach einer langen Weile pflückte ich einen Stengel Minze und schob ihn zwischen die Seiten meines Buches. Ich versuchte mir vorzustellen, dieses Buch sei ein Meßbuch, wie es die Mönche haben, und ich selber sei in eine Kutte gekleidet. Halblaut sang ich die Hymnen, die ich in der Kapelle der Rue Cortambert so oft angehört hatte ... Aber ich konnte hier nicht bleiben. Wo man auch ist, immer muß man fort, sobald man glücklich ist.

Auf dem Schiff fand ich wiederum die Barbaren vor. Sie hatten Wein aller Art getrunken und sprachen wie Kinder alle zugleich. Mit souvenirbeladenen Armen drängten sie sich in den Gängen vor den Kabinen, lachten laut und stießen helle Entzückensschreie aus wie Internatszöglinge auf Ferien. »Du hättest mitkommen sollen«, rief meine Kusine mir zu. »Monreale ...« Sie verschwand und kam wieder zurück: »Ach, du siehst so ernst aus!« Von neuem wandte sie sich einer Gruppe von Freunden zu, die beim Entfalten bunter Schals vor Vergnügen gluckten.

An diesem Abend saß ich beim Abendessen der englischen Dame gegenüber. Um die Wahrheit zu sagen, man wußte nicht, wohin man mich setzen sollte, da ich nicht das war, was man einen ›good mixer‹ nennt, das heißt eine heitergesprächige, gesellige Persönlichkeit. Ich war ernst und schüchtern, gewiß todlangweilig. Deshalb vermutlich fand man angebracht, mich an den gleichen Tisch zu setzen wie diese neue Mitreisende. Es war eine ziemlich reife Dame, die mich an Mouser erinnerte, denn ungeachtet der granitenen Strenge ihres Gesichts liebte sie offensichtlich jede Art von Putz, doch weder Bänder noch die Juwelen, mit denen sie sich schmückte, vermochten den furchterregenden Ausdruck ihres Gesichts zu mildern. Dennoch versuchte sie, liebenswürdig und höflich zu sein, und sprach zu mir mit jener eigentümlichen Mischung aus Güte und Kälte, auf die ich bei so vielen Engländern gestoßen bin. Die Fragen, die sie mir stellte, beantwortete ich gern, nicht ohne Indiskretion im übrigen, denn ich sagte alles. Sie hob ein- oder zweimal die Brauen, und als wir gerade Früchte schälten, legte sie plötzlich ihr Obstmesser hin und sagte etwas, was ich nicht vergessen habe, weil sie nämlich diesen Satz gewissermaßen wie eine Verurteilung fallen ließ: »Sie sind ein Träumer und ein Poet.«

»You are a dreamer and a poet.« Ich habe oft an diese Worte gedacht und mich dabei gefragt, ob sie mir damit ein Kompliment machen oder eine Rüge erteilen wollte. Ich schwieg, doch etwas in mir sagte: ›ja!‹

Wir fuhren weiter nach Spanien unter einem strahlenden

Himmel. Während dieses ganzen Teiles der Lustfahrt, die unsere Reise im Grunde war, hielt ich mich von allen den kleinen Liebesintrigen fern, von denen ich nichts verstand. Es gab da jedoch eine junge Dame, der ich gern Gesellschaft geleistet hätte, wenn die Sache mir leichtgemacht worden wäre. Leider hatten viele der jungen Leute die gleiche Idee wie ich, und so wurde ich ständig ausgestochen. Es handelte sich um eine Miß Lamar, eine sehr hübsche junge Person aus New Orleans, die mir vom ersten Tag an ihre Sympathie gezeigt hatte. Um die ganze Wahrheit zu sagen, sie war gut und gern zehn Jahre älter als ich, und aus Gründen, die nur ihr bekannt waren, hatte sie sich offenbar in den Kopf gesetzt, meine Erziehung in die Hand zu nehmen. Dunkel, schlank, sehr elegant, wies sie mir eines Tages auf Deck einen leeren Bordstuhl an ihrer Seite an. Ich streckte mich ganz unbefangen aus, und zwar einfach deswegen, weil Miß Lamar dunkel war und nicht blond. Meinen damaligen Anschauungen zufolge war die Schönheit blond und die Schönheit als solche schüchterte ein. Trotz allem hatte Miß Lamar Charme, und ihre Hautfarbe erinnerte mich an die ferne Marcelline, die ich einstmals angebetet hatte. Ich erhielt von ihrer Seite ein paar Komplimente, von denen ein oder zwei mir im Gedächtnis geblieben sind. So sagte sie mir zum Beispiel, ich spreche nicht wie jemand aus dem Norden, und das schmeichelte mir. Alles in allem waren wir beinahe Landsleute, sie und ich. Ich erfuhr später aus ihrem Munde, daß, wenn mich jemals die Laune anwandelte, mich in New Orleans niederzulassen, ich von früh bis spät Französisch sprechen könne und dabei von vielen netten Personen verstanden werde. Diese Bemerkung, die sie ganz nebenbei fallenließ, während sie aufs Mittelmeer hinausblickte, fand in mir ein Echo und regte mich zum Träumen an. Miß Lamar trug um den Hals einen Tüllschal, dessen durchsichtige Falten sie gern streichelte. Ich fühlte mich wohl in ihrer Nähe, und gewöhnte mich rasch an diese kleinen Besuche. Allmählich zähmte sie mich, doch dann kam immer ein Augenblick, in dem ein Jüngling, der kühner war als ich, sich an die andere Seite der jungen Dame setzte, und darauf hörte ich – ich weiß nicht, wie es geschah – augenblicklich zu existieren auf. Liebeserklärungen fanden sich, in winzigen Druckbuchstaben hingekritzelt, auf der Visitenkarte an ihrer Tür. Ich vermute, sie hatte ein recht feuriges Temperament. Eines Nachmittags verfiel sie auf den seltsamen Einfall, mich auf dem Gebiet der Religion ins Gebet zu nehmen und mich zu fragen, wieso ein ›so gescheiter Mensch‹ wie ich an die Unfehlbarkeit des Papstes glauben könne. Ich sah sie an, als habe sie mir einen Tiefschlag versetzt; dann antwortete ich ihr, auch Kardinal Newman habe durchaus daran geglaubt. Wieso Kardinal Newman? Doch ich kannte keinen anderen katholischen Schriftsteller, es sei denn Pascal. Sie ließ ihre Augenlider flattern. Auf Kardinal Newman war sie offenbar nicht gefaßt gewesen, und somit ließen wir die Sache auf sich beruhen.

Zwei Tage später berührten wir auf der Höhe von Almeria die spanische Küste. Auch dort erhielten wir Erlaubnis, an Land zu gehen und bis zum Abend in der Stadt umherzustreifen. Wieder zog ich allein los aufs Geratewohl. Nachdem ich einen Turm erstiegen hatte, sah ich in voller Ausdehnung die Stadt vor mir liegen, deren Weiß mich blendete. ›In Spanien!‹ dachte ich, ›du bist in Spanien.‹ Aber niemand hatte jemals von Almeria etwas gehört. Ich versuchte mir vorzustellen, was aus meinem Leben an einem solchen Ort hätte werden können; dann vertrieb die Sonne mich von diesem Turm hinunter in die Gassen, in deren Schatten ich wie in ein erfrischendes Wasser eintauchte. In einem Laden erstand ich ein Tamburin und Kastagnetten. Warum? Ganz ähnliche hatte einst meine

Schwester Eleonore in der Rue de Passy in ihrem Zimmer gehabt.
Als ich an jenem Abend wieder an Bord kam, fand ich meine Reisegefährten ziemlich erschöpft von einem Tag Touristendasein und Einkäufen, die weit extravaganter waren als die meinigen. Alle wollten spanisch sein. Der Klang von Kastagnetten und Tamburinen drang aus sämtlichen Kabinen. Rot und Gelb standen hoch im Kurs.
Beim Abendessen hatte ich zu meinem Erstaunen meinen Platz neben einem jungvermählten Paar. Beide waren aus Almeria gebürtig und begaben sich in die Vereinigten Staaten, um sich dort niederzulassen. Alle fanden die beiden sehr schön, und auf ihre Weise waren sie es gewiß, aber auch so ernst, wie es Spanier zuweilen sind. Aus diesem Grunde vermutlich schloß man, sie würden keine ›good mixers‹ sein und setzte sie an den gleichen Tisch wie die englische Dame und mich. Diese erste Mahlzeit verlief nicht besonders brillant. Niemand sagte ein Wort. Albion blickte über meinen Kopf hinweg ins Weite, und ich wagte nur dann und wann heimlich einen Blick auf meine Gefährten zu werfen. Mit seinem tintenschwarzen Haar und seinen großen dunklen Augen schien der Ehemann mir schön, nur auf sehr konventionelle Art, während seine Frau einen weit selteneren und feineren Typ verkörperte. Unter ihren halbgesenkten Lidern bemerkte man Augen von einem Blau, das bald grau, bald violett erschien, und ihr kleines Gesicht war wie von einer Aureole blaßgoldenen Haars umgeben. Sie hatte eine Art, das Haupt sehr anmutvoll zu neigen. Neben ihr wirkte ihr Gatte wie ein kraftvoller, breitschultriger, solider und zuverlässig ›schöner Mann‹. Er war sicher jemand, dem man nicht ernstlich entgegentreten durfte, aber er war höflich und entfernte sich nach beendeter Mahlzeit mit einem Gruß, den ich angemessen erwiderte, während die Engländerin ihn nicht einmal bemerkte. Sie sah entrüstet aus wie eine Person, die

man gezwungen hat, ihr Nachtmahl in einem Zoo einzunehmen. Ich sah eine lange Folge düsterer Mittags- und Abendmahlzeiten voraus.

Miß Lamar war neugierig zu erfahren, wie die Dinge sich mit den Neuankömmlingen abgespielt hatten, und so war ich am folgenden Tage in ihrer Gunst an der Reihe. Sie hatte sogar die Güte, ihre Bewunderer etwas in Schach zu halten, damit ich in ihrer Nähe bleibe. Ich weiß nicht mehr, was ich zu ihr gesagt habe, doch machte es mir Vergnügen, sie lächeln zu sehen, und tatsächlich lächelte sie mir überaus häufig zu.
Hier ist der Ort, denke ich, etwas einzugestehen, was mich in meiner Eitelkeit traf und was ich bisher mit Stillschweigen übergangen habe. Als wir das Mittelmeer durchquerten und von Sizilien aus Kurs auf Spanien nahmen, und ich mich eines Tages Seite an Seite mit Miß Lamar fand, bemerkte diese ganz laut, alle Männer hätten ungemein große Füße. Da ich nun gerade ausgestreckt in meinem Deckstuhl lag, war es mir unmöglich, die meinen zu verstecken, die mir plötzlich gewaltig erschienen, worin ich mich täuschte, denn meine Füße sind nicht größer als die irgendeines anderen, scheint mir, doch ich bezog die Bemerkung Miß Lamars auf mich und litt darunter. Daher war denn auch meine erste Sorge in der Stadt Almeria, die Läden abzuklappern, um Schuhe zu finden, die eine Nummer kleiner waren als meine gewöhnlichen. Meine Suche verlief unerwartet erfolgreich, und so betrat ich an diesem Abend das Deck mit Füßen, die in leuchtend purpurvioletten kleinen Lederschuhen steckten. Wenn ich vorsichtig und eher auf den Fußspitzen auftrat, gelang es mir unter einigem Leiden, das ich für mich behielt, darin umherzugehen. Am Abend die Schuhe auszuziehen, war eine Art Wollust für mich. Tags wanderte ich an Deck umher, gemartert von dem, was ich in Gedanken meine ›spani-

schen Stiefel‹ nannte, doch unbestreitbar sahen meine Füße darin kleiner aus. Eines Tages, als ich neben Miß Lamar saß, lächelte sie verschmitzt und stellte ganz einfach fest: »New shoes.« [Neue Schuhe.] »Hübsch«, setzte sie hinzu. Ich dankte ihr. »Spanisch«, bemerkte sie außerdem noch. »Woher haben Sie das erraten, Mademoiselle?« – »Oh, die Farbe«, meinte sie. ›Und der Schmerz‹, dachte ich bei mir. Doch es gibt ja eine Freude im Leiden.
Noch am gleichen Abend trug sich ein kleines Drama zu. Ich ging auf und ab, als ich mich plötzlich – o Wunder! – zum erstenmal in meinen Schuhen wohl fühlte. ›Sie passen sich meinen Füßen an‹, dachte ich. ›Das ist ja auch normal. Endlich!‹ Etwas ganz anderes aber war geschehen, und ein Blick genügte, um mich darüber zu belehren. Das schöne purpurviolette Leder war quer über meinem Fuß wie zum Protest von der großen bis zur kleinen Zehe durchgerissen. Ich stürzte in meine Kabine und warf meine spanischen Stiefel durch das Bullauge in den Atlantik. Wer gründlich sucht, kann sie dort vielleicht noch finden.

Um auf das junge Paar aus Almeria zurückzukommen: Ich fing an, mich an die beiden zu gewöhnen, und bald lachten wir selbdritt, denn so ernst sie auch schienen, waren sie doch kaum älter als ich und in gewisser Hinsicht genauso kindlich. Unter einer Fassade des Ernstes, die sie für notwendig hielten, verbargen sich eine überschäumende Daseinsfreude, die, so vermute ich, die englische Dame schockierte. Da sie trotz allem ganz menschlich war, mußte sie manchmal doch lächeln, aber ich selbst beging in ihren Augen den Fehler, etwas zuviel Scherze zu machen. Am Ende hatte ich für meine Spanier ganz freundschaftliche Gefühle und merkte sehr wohl, daß es umgekehrt auch bei ihnen so war. Nun aber gab es an Bord noch einen anderen jungen Mann, mit dem sie sich angefreundet hatten. Sein Gesicht vermag ich mir nicht mehr vorzustellen. Ich erin-

nere mich, daß dieser junge Mann katholisch war und nach dieser Seite hin sogar zu Übertreibungen neigte. Wir hatten mehr als ein Gespräch über die Kirche geführt, und er behauptete mir gegenüber, verglichen mit den Spaniern fehle es den Franzosen doch sehr an Glauben. Man brauchte seiner Meinung nach nur hinzuschauen, wie die Pariser der Messe beiwohnten, wie unbekümmert sie kämen und gingen, wann es ihnen paßte, wie wenig Ehrfurcht die Männer bewiesen, indem sie während der Wandlung stehenblieben und wie wenig zur Kommunion gegangen würde... [was damals zutraf], während in Spanien... Jederzeit sah ich ihn im Gespräch mit dem jungen Paar aus Almeria, und eines Abends hörte ich im Vorübergehen, wie er zu den beiden sagte: »Sie sollten Julien die herrlichen Dinge zeigen, die Sie nach Amerika mitnehmen, Julien schwärmt doch so für alles Schöne...« [Ich habe diesen etwas törichten Satz im Gedächtnis behalten.] Sie zögerten etwas, denn schließlich ging es darum, daß sie mich ihre Kabine betreten lassen mußten, doch schließlich willigten sie lachend ein. »Wenn Sie wollen!«
Ich begab mich also zu den Jungvermählten, nicht ohne eine gewisse Scheu, doch mit bezaubernder Liebenswürdigkeit klappten sie ihre Koffer auf, um mich, wenn ich mich recht erinnere, Spitzen aller Art bewundern zu lassen, worauf ich nach Austausch einiger freundlicher Bemerkungen es für richtig hielt, mich wieder zurückzuziehen, um so mehr, als es ziemlich spät geworden war. Der Amerikaner brach mit mir gemeinsam auf und sagte mir auf dem Deck Dinge, die ich sicher nicht so leicht vergessen werde. »Sie würden sicher«, meinte er, »jetzt gern in einem Winkel versteckt in ihrer Kabine sein, um zusehen zu können.« – »Um zusehen zu können?« rief ich aus. »Oh«, fuhr mein Gefährte fort, »Sie stellen sich doch sicher vor, wie sie sich umarmen, wie er sie entkleidet...« – »Aber sie tun doch nichts Böses.« – »Nichts Böses, nein, da sie ja

verheiratet sind. Sie haben das Recht dazu. Aber es muß doch nett sein, dabei zuzusehen.« Ich schaute ihn entgeistert an. In meiner Vorstellung kamen intime Beziehungen zwischen Eheleuten äußerst selten vor. Woher hatte ich diese Idee? Ich kann es nicht sagen, doch ich dachte, daß, da ja ein einziges Mal ausreichte, um ein menschliches Wesen zu empfangen, diese Umarmungen, von denen der Amerikaner sprach, überflüssig, wo nicht sündhaft seien. Über diesen Punkt befand ich mich in einer solchen Unwissenheit, daß eine Klosterschwester mich hätte belehren können. Was mich noch mehr als alles andre schockierte, war, daß mein Gefährte mich nur wenig später fragte, ob ich am nächsten Sonntag zur Kommunion gehen würde. Es wurde nämlich an Bord die Messe gelesen, und ich glaube, daß ich mit dem fraglichen Amerikaner und den Spaniern kommunizierte, da wir die einzigen Katholiken unter den Passagieren waren, doch die Bemerkungen, die er über die Jungvermählten gemacht hatte, schienen mir dadurch nicht weniger ungehörig.

Acht- oder zehnmal am Tage, solange wir uns noch im Mittelmeer befanden, stürzten sämtliche Reisenden von einer Seite des Schiffes auf die andere, sobald etwas Neues am Horizont signalisiert worden war. Im allgemeinen handelte es sich dabei nur um den fernen Rauch eines anderen Schiffs oder um Delphine, die sich nicht weit von uns tummelten und die mit kindlichem Geschrei bewundert wurden. Ich meinerseits war all dieses Treibens müde. Der Gedanke, daß ich mich jede Minute ein wenig mehr von Frankreich entfernte, verdüsterte mein Gemüt, und ich blieb soviel wie möglich allein. Eines Tages nun, als wir gerade beim Mittagessen saßen, erhob sich plötzlich ein wirres Durcheinander von Ausrufen, und innerhalb weniger Sekunden war der Speisesaal fast völlig leer. ›Wieder Delphine‹, dachte ich, ›oder ein vorüberkommendes

Schiff.‹ Und da ich es langweilig fand, mich an Deck zu begeben, blieb ich an meinem Platz und beendete in aller Ruhe mein Mahl. Eine gewisse Zeit verstrich, dann kam unter lebhaftem Stimmenaufwand alles wieder zurück. »Hast du ihn gesehen?« fragte mich meine Kusine im Vorübergehen. »Was denn?« – »Nun, den Felsen von Gibraltar natürlich!« Ich war an Gibraltar vorbeigefahren, ohne es zu sehen. In der Gemütsverfassung, in der ich mich befand, ließ auch das mich kalt.

Zwanzig Jahre später sollte ich an der gleichen Stelle haltmachen. Es war im Dezember 1939. Ich kehrte aus Amerika heim, wo ich mich einige Monate aufgehalten hatte. Der Krieg führte mich nach Europa zurück. Unser Schiff, die ›Excalibur‹, wurde drei Wochen in Gibraltar festgehalten, und ich glaube, es gibt keine Ansicht des Felsens, die mir nicht vertraut ist. ›Aha, du hast deine Lektion 1919 nicht lernen wollen? Nun gut, dann wirst du sie eben 1939 nachholen, und zwar unter viel melancholischeren Umständen ...‹ So stutzt das Leben uns zurecht.

So freundlich das Mittelmeer uns angelächelt hatte, so griesgrämig präsentierte sich uns der Ozean. Meiner Gewohnheit folgend, in der Außenwelt Bilder zu sehen, deren Sinn mir bald klar, bald dunkel erschien, fragte ich mich oft, was diese endlose Überfahrt wohl bedeuten mochte, und redete mir schließlich ein, daß alles das eine Reise in unsichtbare Regionen darstelle, den allumfassenden, mühevollen Übergang aus einer geistigen Landschaft in eine andere. Aus dem Land meiner Kindheit wurde ich losgerissen. Damit war alles gesagt. Hinter diesen Tausenden von Wellen, die unter einem grauen Wolkenhimmel vor Wut emporzuspringen schienen, warteten zweifellos die strengen Räume des Erwachsenendaseins auf mich.

Ich erinnere mich, daß sich an Bord ein baumlanger junger Amerikaner befand, dessen Kopf jedoch vollkommen normal und unauffällig war. Er sah wie ein mützetragender

Griechengott aus. Warum habe ich behalten, daß er ›La Terre‹ von Zola las? Wohl deswegen, weil er eines Nachmittags, als er an der Reling lehnend diesen gelbbroschierten Band in den Händen hielt, mir daraus eine Stelle von einer Unverblümtheit der Schilderung vorlas, die mir Unbehagen bereitete, und dann plötzlich mit einer eindrucksvollen Geste den Roman in die Fluten warf. »Schmutzereien!« rief er aus.

Seit kurzem wandelte sich etwas in mir. Ich fühlte mich nicht mehr ganz als dieselbe Person wie bei meinem Aufbruch, und eines Tages schließlich nahm ich die Fotografien, die ich in Pompeji gekauft hatte, aus meiner Brieftasche und ließ sie dem Beispiel des jungen Amerikaners folgend ins Atlantikwasser fallen. Wahrscheinlich trieben mich Gewissensbisse dazu, aber die Wahrheit ist immer etwas bescheidener, als man glaubt, jedenfalls sobald man sie uneingeschränkt bekennt: ich hatte zugleich Angst, von den Zollbeamten in New York durchsucht zu werden. Und dann schämte ich mich, ein junger Mann mit schmutzigen Bildern in den Taschen zu sein, weil das nicht zu der Idee paßte, die ich von mir selber hatte, und die Furcht, mich von Gott zu entfernen, plötzlich wieder stärker von mir Besitz ergriff. Die unsichtbaren Mauern, die sich während meiner Kindheit rings um mich aufgerichtet hatten, hielten stand.
Nebel verbarg uns zuweilen den Horizont. Es schien mir, daß, je mehr wir uns Amerika näherten, alles strenger, der Ozean schwärzer, das Licht kälter wurde und daß etwas oder aber jemand auf mich zukam. War es eine Vorahnung? Aber was sind Vorahnungen schon wert? Wie konnte ich erraten, daß eine der heftigsten religiösen Krisen meines ganzen Lebens ein paar Wochen später mich innerlich aufwühlen sollte und daß das Leiden mich unter Formen erwartete, die ich noch nie erlebt hatte? Ich wurde

unruhig, wurde scheu und hatte den Eindruck, man lache jetzt weniger an Bord, die Ferien seien zu Ende; dann kam ein Morgen, an dem ich einer Fata Morgana gleich in der Ferne aus den Wassern eine Stadt von traumhafter Weiße, rein, klarumrissen und eisig unter einem Himmel ohne jede Wolke aufsteigen sah, und mein Herz begann vor Hoffnung stärker zu schlagen.

Als wir alle zusammen wohnten

Im Jahre 1940, in Amerika, beschloß ich, meine Erinnerungen niederzuschreiben, wohl auch, um in meinem Gedächtnis gewisse Punkte der Vergangenheit festzuhalten, vor allem aber, um zu meinen französischen Freunden im Exil über Frankreich zu sprechen. Das war meine Art, ihnen ihren goldenen Käfig ertragen zu helfen, denn die Franzosen passen sich weniger leicht an als andere, zumindest als die ewigen Wanderer, welche die Europäer aus Zentraleuropa sind. Exil, das heißt Hunger und Durst und Kälte, wenn sie übers Leibliche hinausreichen, ins Moralische.

Nach dem ersten Abschnitt fragte ich mich, ob ich dieses Buch nicht in Englisch schreiben solle, zumal wir vermutlich für mehrere Jahre in Amerika bleiben würden. Ich versuchte also, diese Seiten noch einmal zu schreiben, aber sie gerieten in meiner Muttersprache ganz anders, denn das Denken ändert sich mit den Wörtern einer anderen Sprache. Ich schrieb dann *Memories of Happy Days*, das sehr freundlich aufgenommen wurde und mir Preise in Amerika und England einbrachte.

Der französische Text wurde jedoch 1943 in New York von *Oeuvres nouvelles* veröffentlicht, der Zeitschrift, welche Nachfolgerin der *Oeuvres libres* der Vorkriegszeit wurde. Es traf sich, daß ich in diesem Band zusammen mit Jacques Maritain auftrat. Hier also der Text zum erstenmal auf dieser Seite des Ozeans.

Ich bin in einer kleinen düsteren Straße im Viertel Ternes

geboren. Das Haus war nicht sehr ansehnlich, doch von einer Einfachheit, die mir heute schön erscheint. Mit seinen Fenstern ohne Profile und mit seinen grauen Läden hat es mir sicherlich als Modell für fast alle die erdachten Häuser gedient, in denen ich gerne gelebt hätte. Meine Eltern waren arm, und zwar von jener besonderen schmerzlichen Armut, die sich üppiger Jahre erinnert und sich nun verbirgt – aber mit viel Mut und unter mancher Entbehrung bekamen sie die Kinder satt. Wir waren sieben. Der älteste Junge hieß Charles. Sodann kamen die Mädchen: Eleonore mit ihrem kupferroten Haar, Mary, Anne, Retta und Lucy. Schließlich als kleiner Nachzügler, ich.

Mir ist nichts in Erinnerung aus der Zeit geblieben, zu der wir in der Rue Ruhmkorff wohnten (so nämlich heißt diese Straße, und ich hätte mir einen schöneren Namen gewünscht – aber man kann schon froh sein, wenn man in Paris geboren ist). Sehr deutlich dagegen sehe ich mich im Garten eines Hauses in Passy, in dem wir später wohnten, in der Rue Raynouard, an der Grenze zu Auteuil. Ich sitze mit meinen beiden jüngsten Schwestern in einer Efeulaube und spiele mit der Puppenküche. Ich weiß nicht, warum wir es so lustig fanden, ein wenig kaltes Kartoffelpüree von winzigen Metalltellern zu essen, zumal uns dasselbe Püree, kalt auf den Familientisch gebracht, höchst widerlich gewesen wäre. Aber die Kinder haben für ihr Vergnügen Gründe, die wir nicht begreifen. Dies ist übrigens nicht meine früheste Erinnerung, und ich kann mich noch weiter zurückversetzen, in die Zeit, da ich mich aufrecht zu halten wußte, ohne zu fallen: bäuchlings auf dem Schoß meiner Mutter, die mich mit einem Handtuch abreibt, strecke ich die Hände nach etwas Weißem aus; dieses Weiße ist wahrscheinlich der Fenstervorhang, denn mir ist, als bewahrte ich ganz tief in mir den Eindruck eines schwachen Flimmers. Zwischen dieser Erinnerung und

der Erinnerung an den kalten Brei liegt nichts, dann taucht auf einmal Agathe auf. Von ihr werde ich sogleich noch sprechen.
Es muß um das Jahr 1902 gewesen sein, als meine Eltern in dieses Haus in der Rue Raynouard zogen. Es stammte, wie die karge Strenge seiner Fassade bezeugte, aus dem Ersten Kaiserreich; rechts und links wurde es von anderen Häusern aus der gleichen Zeit in einem langen Hof eingefaßt, den ich soeben als Garten bezeichnet habe, weil zuseiten der erwähnten Laube zwei oder drei Bäume dahinkümmerten. Um auf die Straße zu gelangen, mußte man eine kleines Gartentor aufstoßen; man befand sich dann am Fuß des Hangs, der gegen Passy hin ansteigt, und blickte man nach rechts, fing sich das Auge in den großen Platanen der Rue La Fontaine. Ich kann nicht an sie denken, ohne daß es mir das Herz zusammenpreßt, denn ich weiß nicht, wann ich sie wiedersehen werde. Mag sein, daß die Ferne ihnen mehr Reize verleiht, als ihnen zueigen ist. Und wenn ich morgen nach Paris zurückkehren sollte, würde ich, da ich schon lange nicht mehr in diesem Viertel war, meine Spaziergänge wohl nicht dort machen. Aber, ich kann mir nicht helfen, wenn ich von den Platanen der Rue La Fontaine spreche, bin ich unglücklich.

In einem der Häuser an unserem Hof wohnte eine barcelonesische Familie mit dem geheimnisvollen Namen Atalaya. Vielleicht hätte dieser Name in katalanischen Ohren ganz gewöhnlich geklungen, aber ich konnte ihn nicht hören, ohne eigenartigerweise mir einen Mann vorzustellen, der aus einer Schießscharte Pfeile abschießt. Gleichwohl, Madame Atalaya hatte nichts Kriegerisches an sich, es sei denn einige Barthaare am Kinn. Fünf- oder sechshundertmal am Tag begab sie sich ans Fenster, griff an den Handlauf und rief mit einer Stimme, die uns alle zu Bewunderung zwang, denn man hörte sie bis zur Rue La

Fontaine, ihre Kinder: »Jesus! Aurora!« oder vielmehr: »Hessous! Aourrorra!«. Der rauhe und stolze Akzent, mit dem diese Namen ausgestoßen wurden, die herrische Kürze des ersteren und das energische Gurren, das den zweiten begleitete, entzückte uns, und meine Schwestern mühten sich trotz der Proteste meiner Mutter, die sich immer sorgte, man könne jemanden beleidigen, diese unnachahmlichen Töne wiederzugeben.

Ich wüßte nicht, warum wir die Schwäche haben, uns an die Erinnerungen aus der frühen Kinderzeit zu heften, es sei denn, um aus dem Chaos unseres Gedächtnisses die ersten Elemente unseres Universums heraufzuholen. Wir sind alle neugierig darauf, wo wir angefangen haben und fast alle dazu geneigt, in unserem Gestammle die Erklärung dafür zu suchen, was wir geworden sind. Mir scheint es trotz allem, was ich oben gesagt habe, daß ich meine Anfänge nirgends anders als in unserem Haus in der Rue de Passy suchen kann, in dem wir uns 1905 einrichteten. Dort war es, wo ich zum erstenmal die Empfindung hatte, die, wenn wir uns überhaupt darüber klar werden könnten, die allerberauschendste sein müßte: Ich meine die Empfindung, zu existieren. Vielleicht mache ich mir etwas vor, aber ich glaube nicht. Ich erinnere mich vollkommen, diesen Augenblick, der sicherlich zu den merkwürdigsten im menschlichen Leben gehört, erlebt zu haben. Ich saß in einem Eck unseres Wohnzimmers und gab mich einem meiner Lieblingsspiele hin, nämlich mit dem Fingernagel eine Parkettrille entlangzufahren und dorthinein gefallene Nadeln, winzige Glasperlen oder hartgewordene Brotbrösel herauszuholen, als mich der Gedanke überfiel, ich könne weder dieses Parkett sein noch diese Mauern, noch meine Mutter, die ich im Nachbarzimmer hörte, sondern ich sei ganz einfach ich selbst. Eigentlich glich dieser Gedanke eher einem Verdacht, und ich glaube nicht, daß

ich mich lange damit aufhielt, aber ich bewahre davon noch den Eindruck des Mysteriums, der sich in meinem Geist mit den tiefsten religiösen Eindrücken verbindet.
Sicherlich ist unter Leuten, die ihr Leben erzählen, keine Schwäche so verbreitet wie die, daß sie Kindern Ansichten zuschreiben, die über ihr Alter hinausreichen. Ich möchte nicht in diesen lächerlichen Fehler verfallen. Ich war nicht intelligenter, als man es mit fünf Jahren gewöhnlich ist, im Gegenteil, ich war langsam und wie im Schlaf. Nur mit Mühe konnte man meine Aufmerksamkeit auf etwas lenken. Ich träumte, ich sprach mit mir, wobei ich mir für meine Monologe eine Zimmerecke suchte, in der ich mich mit einer verborgenen Person zu unterhalten schien. Meine Schwestern gaben vor, das mache ihnen Angst, weil ich mich in einem bestimmten Kauderwelsch ausdrückte, das ich erfunden hatte und das unverständlich blieb, obwohl es nur eine Nachbildung der menschlichen Sprache mit ihren Höhen und Tiefen war, mit den Pausen, dem Gelächter, den Verwunderungsrufen, kurz all den Modulationen, die ich den Unterhaltungen der Erwachsenen und ganz besonders meiner Mutter abgelauscht hatte.
Meine Mutter stellte in meinen Augen wirklich das Modell jeglicher Vollkommenheit dar. Nicht nur, daß ich sie vergötterte: Ich wollte sein wie sie, in allen meinen Gebärden und allen meinen Gedanken. Ich trabte ihr auf dem Fuß von Zimmer zu Zimmer hinterher, klammerte mich an ihren Rock und stammelte, wie ich ganz sicher bin, unverständliche Liebeserklärungen.
Sie war klein, schmal, mit sehr schönen grauen Augen in ihrem fröhlichen Gesicht. Aber sie verfiel in Träumereien, die sie so ernst machten, daß wir, um sie herauszuholen, sie am Ärmel zupften. Sie lachte gerne meine Schwestern aus und schnitt der einen oder der anderen Grimassen, um sich über das greuliche Schmollgesicht, mit dem die Tochter es ihr entgalt, zu amüsieren. Dieses komische Spiel entriß

meiner Patentante Agnes, die meine Mutter mehrmals in der Woche besuchen kam und unseren Salon mit dem Duft ihrer fast ununterbrochen gerauchten kleinen Zigarren erfüllte, Entzückensschreie. Die Beleibtheit meiner Patentante überraschte mich immer wieder: Ich wunderte mich, daß eine einzige Person, wenn sie sich ans Fenster setzte, das Zimmer verdunkeln konnte, aber zugleich sah ich in diesen gewaltigen Rundungen den Ausdruck einer guten Seele, und ich sprang sogleich auf ihren Schoß, um sie an ihrem Doppelkinn zu zupfen, wie es die Herzogin von Burgund mit dem alten Sonnenkönig gemacht haben soll. Agnes, die Irin und katholisch war, sagte oft zu ihrer Freundin, sie werde aus mir nie einen wahren Protestanten machen. Ich weiß nicht, wie diese Prophezeiung aufgenommen wurde – kühl, stelle ich mir vor –, doch ich erinnere mich sehr gut, daß meine Mutter uns jeden Tag ein Bibel-Kapitel in der würdigen King-James-Übertragung vorlas und daß ihr Protestantismus untadelig war. Wir saßen im Kreis um sie und hörten ihre rasche Stimme fehlerlos die kurzen und zugleich erhabenen Sätze dieser alten Berichte wiedergeben. War das Buch geschlossen, stellte meine Mutter Fragen, auf die man besser genau antwortete, denn ihre Hand hing über unseren Köpfen wie ein rächender Vogel, und sie bestrafte Gedankenlosigkeiten mit wahrhaft mosaischer Strenge. Ich freilich hatte nichts zu fürchten, denn da ich kaum fünf oder sechs Jahre alt war, war ich nicht zum Zuhören angehalten, aber ich spielte gerne zu Füßen meiner Mutter, selbst im Rauschen dieser Worte, deren Sinn ich nicht erfaßte.

Das Englische blieb für mich nämlich eine Aneinanderreihung von eigenartigen Lauten, in denen mein Ohr nichts Angenehmes finden konnte. Vor allem wollte mir nicht einleuchten, warum man sich auf ein solches Radebrechen einließ, da doch die französischen Wörter, die so einfachen, jedermann zugänglich waren. Auch fand ich, daß die

Dinge nur einen einzigen Namen tragen konnten, und einen Baum oder meine Puppe ohne Beine mit einem anderen Wort zu benennen als mit ebendiesem, hieß ihnen gewissermaßen Gewalt antun. Ich konnte mich nicht von der Vorstellung befreien, daß dieses System eine Erfindung der Erwachsenen war, von denen man niemals sicher sein konnte, was an Sinnlosem und Kompliziertem sie sich einfallen ließen.

Etwas beunruhigte mich jedoch daran, daß meine Mutter dieses fremdartige Mittel zur Verständigung mit uns benutzte, sogar mit mir, der ich dabei hilflos den Mund aufsperrte. Sie zwang mich, ihr bestimmte Wortgruppen nachzusprechen, und legte viel Wert darauf, daß ich sie ebenso aussprach wie sie. Ich weiß nicht, wann diese Worte, die in meinem Leben eine so große Rolle spielen sollten – ich werde darüber sogleich noch sprechen –, schließlich einiges Licht in meine Hirnwindungen warfen, ohne daß ich es wußte, denn eines Tages geschah etwas, das mir verwunderlich schien.

Ich spielte gerade mit meiner Puppe Agathe, während meine Mutter meinen Schwestern aus der Bibel vorlas. Von Zeit zu Zeit unterbrach ich meine Spiele, um die Parkettrillen zu erforschen, doch ziemlich bald wandte ich mich wieder Agathe zu. Diese Puppe übte auf mich eine Macht aus, die umso seltsamer war, als sie weder Arme noch Beine besaß und auch ihre Nase verschwunden war; überdies blickte sie sehr einfältig drein, woran ich mich noch erinnere, doch fand ich sie schön, wie sie war, und drückte sie mit Leidenschaft an mich; oder ich stellte sie auf den Boden und sprach mit ihr in meiner Geheimsprache, die sie gewiß verstand. Ich wußte, daß ich mich ruhig zu halten hatte und den Mund nicht aufmachen durfte, wenn meine Mutter das große schwarze Buch hervorholte und meine Schwestern sich rings um sie setzten, auch hieß man mich schweigen. Doch nichts hinderte mich, mich zu

Mamas Füßen niederzulassen mit Agathe im Arm, und mir ein Zwiegespräch zwischen der letzteren und etwa meinen Knöpfstiefeln auszudenken. Oder ich zog den Fenstervorhang auf und schaute auf den dichten Kastanienbaum im Garten von Monsieur Cassagnade, unserem Hauseigentümer. Dort sang meine Freundin, die Amsel.

Nun also geschah es, daß die biblischen Perioden, deren Gemurmel über meinen Kopf dahinrollte wie ein tönendes Spruchband, mich an diesem Tag aus einem besonderen Grund fesselten, den ich nicht sogleich begriff – als plötzlich in meinem Geist etwas Ähnliches wie ein Schock vor sich ging. Ich hielt im Spiel inne: Meine Mutter hatte soeben einen Satz gelesen, den ich verstand.

Heute, in einer Distanz von mehr als dreißig Jahren, sinne ich manchmal über einen Vers der Schrift nach und frage mich, ob nicht dieser es ist, der sich vor allen anderen einen Weg zu mir zu bahnen wußte. Doch je mehr ich mich daran zu erinnern versuche, desto weiter scheint er ins Dunkel meines Gedächtnisses zurückzuweichen. Ich stelle mir gerne vor, daß es eine dieser Stellen war, worin die Stimme des Ewigen sich ruhiger und sanfter zu erkennen gibt als auf den Höhen des Berges Sinai im Grollen der prophetischen Gewitter. Ich wollte vor allem, ich könnte mir mit Gewißheit sagen, daß eines der Worte Jesu selbst auch das erste englische Wort war, das mein Kindergehirn aufgenommen hat. Hat dies irgendeinen Einfluß auf mein Leben gehabt, und, ohne mein Wissen, Früchte getragen, die ich nicht erkennen kann? Oder hat es, weil falsch verstanden, etwas in mir irregeleitet? Ach, ich kann es nicht glauben. Ich wollte, es habe am Beginn meiner Existenz diese dunkle Segnung als ein Liebespfand Gottes gegeben.

Da wir schon bei diesem Kapitel sind, und trotz der Indiskretion, die in der Preisgabe solcher Geheimnisse liegen kann, möchte ich hier meine erste Erinnerung an eine religiöse Regung mitteilen. Ich muß etwas über fünf Jahre alt gewesen sein. Jeden Abend, wenn ich zu Bett gegangen war, kam meine Mutter, um mich das Nachtgebet sprechen zu lassen. Wir knieten nieder, ich in meinem Bett, sie auf dem Fußboden, und zwar so nahe an mir, daß unsere Gesichter sich berührten. Ich legte ihr dann die Arme um den Hals und sprach ihr alle Worte des Vaterunser nach, wie es in der englischen Übersetzung des Neuen Testaments steht. Sie betete fünf oder sechs Worte vor und hielt dann inne, um mit der Fortsetzung zu warten, bis ich ihr genau nachgesprochen hatte. Es machte mir, den Kopf auf ihrer Schulter, großes Vergnügen, diese Worte zu wiederholen, deren Sinn mir dunkel war, deren Süße jedoch in die geheimsten Seelentiefen drang. Wenn ich so meiner Mutter die Arme um den Hals gelegt und mit ihr gebetet hatte, war mir, als könne nichts in der Welt uns Übles antun. Nun hat uns der Tod getrennt, aber noch immer kommt es vor, daß ich das Vaterunser bete und dabei, ohne mir immer dessen bewußt zu sein, die Pausen so setze, daß meine Mutter die folgenden Worte sprechen kann.

·

Unsere Wohnung in der Rue de Passy war eine Welt, die ich mit unermüdlicher Neugier erforschte, denn es kommt mir vor, als habe ich dort immer Neues entdeckt. Alles in ihr schien mir bewundernswert. So, wie ich sie in Erinnerung habe, war sie etwas düster, mit blanken Parkettböden. Wenn am Morgen mein Kindermädchen Lina die Fenster von Salon und Eßzimmer öffnete, drang in diese Zimmer mit einemmal die ganze Rue de Passy herein, mit ihren Droschken, ihren Omnibussen und ihrem Heer von Hausfrauen, jede den Korb auf dem Arm. Die Gewohnheit änderte nichts daran, der gewaltige Lärmschwall reizte immer wieder das Ohr. Kam in solchen Augenblicken meine Mutter herein, hob sie mit unglücklichem Gesicht die Augenbrauen, öffnete den Mund und stieß Laute aus, die niemand verstand, um sich daraufhin zurückzuziehen.

Am Abend beruhigte sich alles. Paris ist eine große Provinzstadt, das ist es vielleicht, was seinen Zauber ausmacht. Paris ist weniger die Hauptstadt Frankreichs als die erste unter allen französischen Provinzstädten. Um sich das vorzustellen, braucht man sich nur gegen Ende eines schönen Sommerabends auf den Pont des Arts zu stellen und zum Pont-Neuf hinüberzuschauen. Zur Linken das Museum, zur Rechten die Bibliothek, und in der Mitte die Kathedrale, die einen ruhigen und vernünftigen Fluß beherrscht, das ist gewiß eine der herrlichsten Ansichten in der sichtbaren Welt, und es ist auch die provinziellste der Landschaften, mit all dem Gedrängten und, wenn ich so sagen darf, Zusammengefaßten der Provinzlandschaft. London ist eine imperiale Hauptstadt mit der Düsterkeit des Riesen. Paris, die Hauptstadt Europas, ist zu spöttisch und zu gutartig, um die Würdevolle zu spielen. Es begnügt sich damit, eine Stadt nach menschlichem Maß zu sein, wie eine ehrenwerte und ordentliche Provinzstadt, und die Stille, die in der Rue de Passy herrschte, war die Stille der Provinz.

Im Winter ließ mich meine Mutter bisweilen bis neun Uhr abends aufbleiben, und ich setzte mich dann mit ihr vors Kaminfeuer. Ein langer grauer Schal bedeckte ihre Schultern, denn sie fröstelte leicht, und wenn ich mich an sie drückte, spürte ich an meiner Wange die etwas rauhe Liebkosung der Strickwolle, deren Maschen ich heimtükkischerweise mit dem Finger erweiterte. Während mir meine Mutter mit gedämpfter Stimme Geschichten erzählte, von denen ich beinahe nichts verstand, fragte ich mich, ob es möglich sei, glücklicher zu sein als ich in diesem Augenblick. Das Gemurmel der Wörter über meinem Kopf erschien mir als ein bezauberndes Geräusch, es begleitete die verworrenen Träume, die meinen Kopf erfüllten. Auf der Kaminplatte im Hintergrund breitete ein kaiserlicher Adler seine Siegesschwingen aus, und im Feuerzucken schien der Vogel zu leben und sich in einem Flammenstrauß zu bewegen. Vielleicht lebte er wirklich, und ich allein wußte es, denn niemand sprach jemals davon. Zwischen ihm und mir, wie zwischen mir und so vielen Dingen im Haus, gab es ein Geheimnis, von dem die Älteren nichts wußten (sie sind so schwerfällig, die Erwachsenen!). Und während ich noch den schönen schwarzen Raubvogel mit seinen rotbespritzten Federn betrachtete, fühlte ich meine Lider sich langsam senken; ich kämpfte, und während ich die Augen mit Mühe wieder aufmachte, hörte ich eine Stimme murmeln: »Er schläft«, und ganz plötzlich wachte ich in meinem Bett auf, während ein Sonnenstrahl sich durch die Vorhänge schob und das Zimmer entzweiteilte, und die Amsel begrüßte den Tag im Garten von Monsieur Cassagnade.

Vor Lina war da Jeanne gewesen, Jeanne Lepêcheur. Das war eine Pariserin mit hübscher, etwas matter Stimme und einem schwarzen Samtband um den Hals. Meine Mutter beunruhigte dieses Samtband ein wenig. In der Tat war solcher Schmuck rings um die ›Fortifications‹* nicht selten. Muß man daraus schließen, daß meine Bonne nicht ganz solide war? Sicherlich erschien sie glücklich, sie sang. Ich habe sie noch im Ohr, diese Melodien, die sie trällerte, wenn wir unseren Spaziergang durch die Straßen machen,

---

* Die zwischen 1841 und 1845 errichteten Festungsanlagen um die 20 Arrondissements des bis dahin militärisch offenen Paris wurden seit Ende des Jahrhunderts nach und nach niedergelegt. Die »Portes« dieser Anlage waren weitgehend identisch mit den »Barrières« an den bis dahin allein bestehenden Zollgrenzen (Octrois), die teilweise noch nach dem I. Weltkrieg galten. Daher der von Green beschriebene Charakter einer Grenzlandschaft. (AM/CK)

und ich muß sagen, sie beschwören eine Region an der Grenze herauf.
Meine Mutter legte Jeanne ans Herz, mich zur Muette zu führen, wo die Kinder spielen. Aber wir gingen nicht immer zur Muette, Jeanne und ich. Wohin gingen wir? Wenn ich es jemals wußte, habe ich es vergessen, doch ich gäbe viel darum, wenn ich mich daran erinnern könnte. Wohin gehen die Kindermädchen? Es wäre ganz sinnlos gewesen, mich zu fragen, wohin das meine ging, denn ich war ständig staunensstumm oder in Träumen verloren, und Jeanne wußte das sehr wohl. Sie liebte mich sehr, und ich denke an sie nie ohne große Dankbarkeit, denn ich bin überzeugt, daß Jeanne es war, die mir die ersten französischen Wörter beibrachte, die in meinem Kopf haften blieben. War sie hübsch? Ich bin mir nicht sicher, aber sie hatte diesen wachen und spottlustigen Blick, der den Gesichtern von Paris so viel Zauber verleiht.
Dann kam Lina. Lina Ranoux, gebürtig aus Badefol d'Anse im Périgord. Soviel Feinheit Jeanne besaß, die ganze Feinheit des damit reichlich gesegneten Pariser Volks, so derb war Lina. Wenn ich sie morgens nach meinen Schuhen fragte, die sie zu putzen hatte, warf sie sie mir an den Kopf – wahrscheinlich aus Haß auf die Gesellschaft. Sie war eine richtige Bäuerin, aber eine Bäuerin nach der Art der Bauernaufstände. Sie atmete Gewalttätigkeit. In ihren Anfällen von schlechter Laune stieg ihr das Blut zu Kopf und ihre Nasenflügel weiteten sich vor Zorn. Gleichwohl, bisweilen beruhigte sie sich und erlaubte mir, ihr beim Abwaschen ›ihrer‹ Teller zu helfen, oder vielmehr, sie spülte sie selber und gab sie mir dann Stück für Stück zum Abtrocknen. Ich unterzog mich dieser Aufgabe mit einem Eifer, der Lina lachen machte, und mit ihrer Bauernstimme warf sie mir ihre Platt-Brocken hin. Sie schüchterte mich etwas ein, und ich liebte sie viel weniger als Jeanne. Aber ich hielt mich oft in der Küche auf und

beobachtete das Hin und Her dieses barschen Mädchens mit seinem roten Gesicht, das ganz plötzlich, die Fäuste in die Hüften gestemmt, zu tanzen anfing, um die Beine zu lockern. Sie tanzte, wie man dort unten tanzt, in Badefol d'Anse, einen Bauerntanz, der aus Urzeiten stammte, und mit einer geradezu wilden Kraft. Verwundert schaute ich ihr zu. Plötzlich hielt sie inne, rief irgend etwas im Dialekt ihrer Dordogne und brach in heftiges Gelächter aus.

Manchmal trieb mich der Reiz der Gefahr in die Küche, während Lina das putzte, was sie mit agressivem Ton ›ihren‹ Fliesenboden nannte. Über ihren Schrubber gebeugt, der vorn mit einem Scheuerlappen umwickelt war, fuhr sie langsam vom Herd zum Fenster hin, indem sie ihre Bewegungen mit »Bonsoirs« und »Bon sangs« untermalte, was eine besondere Gereiztheit verriet. Ich nutzte den Augenblick, da sie ihr gewaltiges Hinterteil der Küchentür zuwandte, schlüpfte hinter den Tisch, auf dem die Strohstühle gestapelt waren, und wartete leicht aufgeregt darauf, daß sie mich entdecke und ein wütendes Donnerwetter loslasse, denn das war ein kurioses Spektakel. Der naßgescheuerte Ziegelfußboden glänzte wie aus blutrotem Email, doch nun mußte man ihn trockenwischen, und das besorgte sie mit ihrem Scheuertuch. Den Kopf gesenkt wie ein Zugtier, bewegte sie sich schwerfällig auf mich zu und sah zuerst meine Schuhe, deren Anblick sie in Wut versetzte. Sie richtete sich dann von ihrem Fußboden auf, dessen Farbe sogleich auf ihr Gesicht überging, wischte mit dem Handrücken die Schlangengewinde ihrer Strähnen aus der Stirn, und nannte mich ein Biest und manch anderes, das mir nicht in Erinnerung geblieben ist. Dann fuhr sie mir mit dem Schrubber an die Beine, und nun erst trat die Gefährlichkeit meiner Lage mir in aller Deutlichkeit vor Augen, denn ich konnte, um der rächenden Waffe zu entgehen, mich nirgends hinbewegen, ohne in das zu laufen, was Lina unter schrecklichem

Geschrei das Naßgemachte nannte. Jeder meiner Schritte war also geradezu eine Entweihung, und ich konnte weder in der Küche bleiben noch sie verlassen, ohne meine Untat zu vermehren. Ich erreichte schließlich die Tür und entwischte in die Tiefe des Flurs hin zu meinem Zimmer, wo ich mich in Sicherheit fühlen konnte. Freilich dachte ich nicht daran, über die von mir entfesselte Raserei zu lachen, dafür war ich zu ernsthaft. Die Verwünschungen meiner Bonne machten mir Herzklopfen, und, hinter meinem Bett versteckt, hörte ich ängstlich, aber nicht ohne eigenartiges Vergnügen, die letzten Drohungen, deren Echo zu mir herüberrollte.

Angsthaben ist eine der geheimen Kindheitsfreuden, und die Kindheit reicht um einiges über das sogenannte âge de raison* hinaus. Ohne diesen Geschmack am Schaudern hätten wir weder einen Macbeth noch einen Oedipus noch die Geschichte vom Däumling, deren Herkunft sich in den Tiefen grauer Vorzeit verliert. Ich weiß nicht, warum ich mir in den Kopf gesetzt hatte, der Teufel höchstselbst wohne in der Kammer, in der meine Mutter ihre Kleider verstaute. In der Nachmittagsdämmerung begab ich mich an die Tür dieses Gelasses und rief mit erstickter Stimme den Teufel. Manchmal wagte ich den Türknauf zu drehen und warf dann einen entsetzten Blick auf all diese Gewänder. Einige, so kam es mir vor, bewegten sich ganz sacht, wie von einer Hand gerückt. Ich hatte niemals den Mut, lange genug zu bleiben und diese Erfahrung zum Ende zu treiben, und mit lauten Schreckensschreien stürzte ich in den Salon, wo meine Mutter gerade las.

Sie begriff meine Aufregung nicht, von deren Ursache ich ihr nichts sagte. Die Arme um ihren Hals, fragte ich sie allerdings, ob sie denn ganz sicher sei, daß ich nicht in die Hölle kommen werde. »Schäfchen«, rief sie, »wer hat dir

---

* Siehe Fußnote S. 63

denn von der Hölle erzählt? Man kommt nicht in die Hölle, wenn man Christ ist.« Ich weiß nicht, ob alle Theologen ihrer Ansicht gewesen wären, aber ihr Lachen voll reiner Sorglosigkeit und die Art, wie sie mich an sich drückte, gaben mir meine Heiterkeit wieder.

Meine Mutter war es nicht, die mir vom Teufel und von der Hölle gesprochen hatte. Ihre Religion wußte nichts von Schrecken und kannte nur die Liebe. Offen gestanden, ich hätte von der Hölle nicht erfahren, hätte mich nicht meine natürliche Neugier auf die Auskunft gebracht, die meine Mutter mir nicht gab. Ich war versessen auf Bilderbücher, und man sah mich ständig auf allen vieren vor den unteren Reihen des Bücherschranks, der sich in einem Eck des Salons befand. Ich wußte nämlich, daß dort große Bildbände standen, und man erlaubte mir, da ich sie nicht zerriß, sie anzuschauen. Es gab von allem etwas, Reisebücher und Geschichtsbücher, es gab auch zwei große Bände, die wegen ihres Umfangs unter kleineren Bänden flach lagen. Mit ein wenig Geduld und unter einiger Mühe konnte ein Kind sie aus ihrem Fach ziehen, und das war es, womit ich mich, gerade allein, eines Tages beschäftigte. Und hierin liegt das Besondere der Geschichte: Niemand hatte mir verboten, die Bücher anzusehen, doch um es zu tun, wollte ich allein sein. Fürchtete ich, man sorge sich, ich könne sie beschädigen, oder warnte mich etwas vor einer Gefahr?

Ich muß damals sechs gewesen sein, denn ich war Linas Händen entkommen – sie hatte jetzt zu viel zu tun, um sich um mich zu kümmern und ich hatte als Bonne ein stotterndes und gutmütiges dickes Mädchen namens Joséphine. Meine Gesellschaft langweilte Joséphine, die, wenn Madame nicht zuhause war, lieber Briefe an ihren Liebhaber schrieb und mir die Freiheit ließ, mich nach Belieben zu vergnügen. Nichts hielt mich also davon ab, diese großen Bücher, die mich neugierig machten, herauszuziehen.

Sie rutschten mit einem dumpfen Geräusch auf den Teppich, und ich öffnete sie.
Es war die Divina Commedia mit den Illustrationen von Gustave Doré. Ich werde von diesem Buch immer wieder sprechen, und von der Wirkung, die es auf mich hatte; es tat mir viel Böses und wenig Gutes an. Gütiger Schutzengel, wo warst Du, als ich die ersten Seiten des Inferno aufblätterte? Diese Trauben aus schmerzverzerrten Männern und Frauen stürzten mich in Verwunderung und setzten sich für immer in meinem Gedächtnis fest. Ich verstand nicht, warum sie ausgezogen worden waren und warum man ihnen solche Pein antat, denn fast alle brüllten oder weinten, noch schlimmer, wenn sie lachten. Wenn man doch diese Bücher in eine Schublade weggeschlossen hätte! Der zweite Band nämlich löschte die Schrecken des ersten nicht aus. Die düsteren Steilhänge des Purgatoriums und die Sternenwirbel des Paradieses hielten mich nicht lange fest. Ach, es war die Hölle, die mich anzog; die Martern dort untersuchte ich mit wachsender Unruhe und, wie ich gestehen muß, mit dem dunklen Gefühl einer Schuld.
In diesem Alter brummelte ich viel vor mich hin, mit Ausrufen der Überraschung, des Vergnügens oder des Schreckens, je nachdem, was mir vor Augen kam, aber die Hölle Dorés ließ mich aufschreien, und ich glaube, es waren diese Schreie, die mich verrieten. Denn kurz danach warf der Struwwelkopf Joséphines einen Schatten auf die Buchseite, und ich hörte ihre verwirrte Stimme fragen, was ich da anschaue. Das war es eben, was ich selber wissen wollte, aber ich schwieg still.
Da Joséphine mich nicht auszankte, wagte ich ihr Fragen zu stellen. Ich erfuhr im wesentlichen, daß die Hölle der Ort ist, wohin die Bösewichte nach ihrem Tod kommen, und daß der Teufel dort König ist. Diese Enthüllung schmetterte mich nieder, und ich schlug das Buch zu, das

mir Angst machte. Joséphine half mir, es wieder aufzuräumen, dann kehrte sie zu ihrem Liebesbriefwechsel zurück, ahnungslos, welche fürchterlichen Grübeleien sie soeben ausgelöst hatte.

Von diesem Tag an stand für mich fest, daß Satan sich zwischen den Gewändern meiner Mutter verbarg, um mir Angst zu machen; das hieß einer Persönlichkeit, deren Stolz sprichwörtlich ist, eine bescheidene Rolle zuweisen, aber ich konnte das nicht beurteilen, und meine Vorstellungen von Theologie waren recht dürftig. Ohne es zu wollen, löste meine Mutter eine andere Art metaphysischer Unruhe aus, die mein kleines Hirn befiel. Die Protestanten sprechen das Vaterunser mit dem Zusatz dieser Worte, die es in der katholischen Fassung nicht gibt: ›Denn dein ist das Reich und die Kraft und die Herrlichkeit‹. Das ›In Ewigkeit‹*, oder vielmehr das englische, noch geheimnisvollere ›Forever and ever‹ machte mich ratlos. Sollte nicht alles eines Tages zuende sein? Und wie könnte es sein, daß eine Sache ohne Ende weiterging? »Das ist es, was man Ewigkeit nennt«, erklärte mir meine Mutter. »Gott ist ewig. Er hat niemals angefangen, er wird niemals aufhören.«

Eine Art Schwindel ergriff mich, er ergreift mich noch heute, wenn ich meine Gedanken darauf richte. Um mir vorzustellen, was die Ewigkeit sein könnte, versuchte ich Zeit an Zeit zu fügen, ich türmte die Jahrhunderte übereinander, ich fragte meine Mutter, ob tausend Jahre die Ewigkeit seien. Sie lachte. Zehntausend Jahre ? Sie lachte noch stärker. »Tausendmal tausend Jahre!« rief ich und stampfte vor Ungeduld. Schließlich, um mir eine schwache Vorstellung davon zu geben, was die Ewigkeit ist, erzählte sie mir eine Geschichte, die mich noch mehr in Aufregung versetzte als das Mysterium des Unendlichen. »Irgendwo

* In der französischen Fassung: ›dans tous les siècles‹. (AM/CK)

in der Welt steht ein Berg, so hoch, daß niemand je den Gipfel gesehen hat. Einmal alle hundert Jahre wetzt ein Vogel seinen Schnabel daran; einmal alle hundert Jahre, das ist nicht gerade oft. Nun, wenn dieser Berg von diesem Vogelschnabel abgewetzt und dadurch, bis auf den letzten Kieselstein, ganz und gar verschwunden sein wird, wird eine Minute der Ewigkeit vorüber sein«. – »Oh!«
Das war alles, was ich herausbrachte. Ich sah Mama mit offenem Mund an und hielt mich an ihrem Rock fest, um nicht ins Endlose zu fallen. Etwas in mir geriet ins Wanken, und wie vorher Joséphine ließ nun meine Mutter mich allein mit meinen Phantasien, die durch unbegreifliche Vorstellungen verwüstet waren.

Ich glaube, daß die meisten Kinder auf die eine oder andere Weise das erfahren haben, was man die Empfindung fürs Göttliche nennen könnte, ohne jemals zu wissen, worum es dabei geht. Mir scheint, daß ich weder mehr noch weniger begünstigt war, als man es in diesem Alter gewöhnlich ist. Doch steigt in mir eine Erinnerung von eigenartiger Süße auf, die zum Ausgangspunkt so vieler Träume wurde. Auch entschließe ich mich nicht ohne Zögern, davon zu sprechen, weniger aus Furcht, indiskret zu erscheinen als aus der Besorgnis, ich könne sie trüben. Mit ihrer übermäßigen Genauigkeit sind die Wörter nämlich manchmal wie etwas rauhe Hände, welche empfindlichen Früchten ihren Schmelz nehmen, und ich frage mich, ob man nicht gewisse Herzensregungen, welche eigentlich jenseits des menschlichen Ausdrucksvermögens liegen, besser für sich behielte. Eine Andeutung dürfte wohl genügen.
Es war eines Winterabends, und meine Mutter stand mit mir an ihrem Schlafzimmerfenster. Sie hatte den Musselinvorhang zurückgezogen und zeigte mir den Himmel in seiner wunderbaren Klarheit. Niemals zuvor hatte es sich

ergeben, daß ich die Sterne so strahlend und so zahlreich sah, und auf dem dunklen Hintergrund des Firmaments flimmerten sie in unvorstellbaren Fernen wie vor meinen Augen. Indem sie die Stimme etwas senkte wie in der Kirche, sagte mir meine Mutter, ich solle den Himmel gut betrachten, er sei das Werk Gottes. Ihre freie Hand legte sie sanft auf meinen Kopf. Ich empfand dabei eine Freude, die ich nicht erklären noch wiedergeben kann. Sie entriß mich der Erde, und die Erinnerung daran beruhigt mich noch heute, da ich rings um uns die Welt, in der ich lebte, zusammenbrechen sehe.

Als ich sieben war, beschloß meine Mutter, mich ins Theater zu führen. Man spielte gerade *Michael Strogoff*, und meine Eltern wälzten die Frage, ob ich das verstehen würde; nach wenigen Minuten kamen sie zu der Einsicht, daß es darauf nicht ankomme, denn, so sagten sie, was einem Kind am Theater Freude macht, das sind die Bühnenbilder, die Kostüme und der Krach. Was die Geschichte selbst angeht, so rückt es sie sich nach eigenem Belieben zurecht. Eines Nachmittags bestieg also meine Mutter mit mir die Linie Passy–Hôtel de Ville, die bei uns vorbeifuhr, und gegenüber dem Châtelet stiegen wir aus. Ich las auf einem großen Plakat: *Michael Strogoff, der Kurier des Zaren*, und ich überschritt, ganz fest Hand in Hand mit meiner Mutter, die Schwelle des Theaters. Schon schwindelte mir. Ich wußte weder, was ein Kurier, noch was ein Zar, noch was ein Theater war, doch ich war hingerissen. Als wir zwei Stockwerke hochgestiegen waren und den Zuschauerraum betraten, versteckte ich jedoch mein Gesicht in Mamas Röcken, und sie mußte mir ob dieser Feigheit ins Gewissen reden, damit ich mit ihr zur ersten Balkonreihe hinabging. Ich war wirklich niemals in einer so weitläufigen Örtlichkeit gewesen. Den Blick ganz auf das Orchester gerichtet, fühlte ich meine Eingeweide sich zusammenzie-

hen, so gewaltig schien mir der Abstand, der uns von den Musikern trennte, und ich fürchtete, daß eine falsche Bewegung mich in den Abgrund stürze.
Die Furchtlosigkeit der Kinder rings um mich beruhigte mich. Sie lachten, beugten sich nach vorne, schwenkten die Arme über der Leere und ich machte es wie sie, als sich endlich der Vorhang hob. Goethe hat gesagt, der schönste Augenblick eines Schauspiels sei eben dieser, der oft so viele schöne Hoffnung erlaube. Die Bewunderung entriß mir den gleichen Schrei vor unschuldiger Begeisterung wie den tausend anderen jugendlichen Kehlen. Meine Augen sahen sich nicht satt an so vielen Lichtern, und das bunte Farbengemisch der Kostüme schien mir das Schönste, was es auf Erden gab.
Die Szenen liefen nacheinander ab, ohne daß mein Vergnügen daran schwand, aber ich verstand fast nichts von dem, was ich an diesem Tag sah, bis auf die Lichtung am Baikalsee, wo der Kurier des Zaren auf den Knien vor dem Folterknecht darauf wartete, daß Iwan Ogaref ihm mit einem weißglühenden Säbel die Augen ausbrennen lasse. Es kann sein, daß ich ein wenig die Personen durcheinanderbringe, aber ich glaube schon, daß die Lage Michael Strogoffs so war, wie ich sie darstelle, und sie war gräßlich. Da jedoch das Menschenherz dem Mitleid nicht immer verschlossen ist, wenigstens im Châtelet, sollte Michael Strogoff ein letztes Vergnügen gewährt werden.
– Schau, mit beiden Augen schau! sagte man ihm.
In diesem Augenblick trat das Corps de Ballet auf. Das lange Zwischenspiel, das dann aufgeführt wurde, beeindruckte mich nur wenig, und ich lebte nur für den Moment, da der feuerglühende Säbel über die Augäpfel des Verurteilten geführt werden sollte. Und tatsächlich, nach den letzten Entrechats ging man wieder zu ernsthaften Dingen über, und der Säbel, dem man die Zeit zur Erreichung der nötigen Hitze gelassen hatte, näherte sich

dem Gesicht Michael Strogoffs. Ein großer Schreckensschrei erhob sich im Saal, und meine Mutter mußte mir ganz schnell erklären, daß das alles nicht wirklich sei. Wie konnte ich glauben, daß das nicht wirklich sei, wo doch alles darauf angelegt war, mich vom Gegenteil zu überzeugen? Ich war außer mir vor Aufregung. Glücklicherweise zeigte sich dann, daß der zu befürchtende Schaden, da Michael Strogoff (beim Gedanken an seine alte Mutter?) im rechten Augenblick Tränen vergossen hatte, gar nicht eintrat, und der letzte Auftritt zeigte uns den Helden beim gütigen Empfang durch eine Persönlichkeit, deren große Wichtigkeit an ihren Orden und ihrem unendlich langen Backenbart zu erkennen war. Das war nämlich der Zar.

Am nächsten Tag führte ich nur den Namen Michael Strogoffs auf den Lippen. Unser Haus trug die Nummer 93; auf Nummer 91 befand sich ein Lebensmittelgeschäft, das von einem ehrenwerten Mann namens Soudry geführt wurde. Seine Frau verbrachte den ganzen Tag an der Kasse. Da Madame Soudry äußerst zurückhaltend war, war es schwer, sie kennenzulernen. Doch sie lächelte, wobei sie die schweren Lider über blaugraue Augen senkte, und man sah leicht, daß sie nicht bösartig war; ihr schmales und fahles Gesicht glich dem einer Nonne, obwohl ein Anflug von Schnurrbart ihr etwas Männliches verlieh. Ihre Hände steckten gewöhnlich in schwarzen Handschützern, welche nur die Fingerspitzen mit großen, gewölbten Nägeln durchließen, und wenn sie in ihrem Kontobuch schrieb oder Rechnungen fertigmachte, hätte man geglaubt, sie begnüge sich damit, gerade Linien zu ziehen, so winzig waren ihre Buchstaben und so ökonomisch ihre Handbewegungen. Sie nannte mich Monsieur Julien und schenkte mir manchmal einen Butterkeks oder ein Lakritzbonbon. Es schien mir notwendig, ihr die Geschichte von Michael Strogoff zu erzählen, die ihr sehr wohl unbekannt sein konnte.

Sie hörte mich geduldig an, wobei sie fortwährend ihre Krummfeder übers Papier fahren ließ. Soviel Gleichmut verdroß mich, denn ich nahm an, die Geschichte eines Mannes, dem man die Augen ausbrennen wollte, löse einige Gemütsbewegung bei ihr aus, doch nichts davon. »Man wollte ihm die Augen mit einem Säbel ausbrennen«, wiederholte ich und fuchtelte mit den Armen. »Aber der Säbel hat ihn nicht wirklich verbrannt, und doch war er rot«. »Natürlich hat ihn der Säbel nicht verbrannt«, sagte sie sanft, »sonst hätte Michael Strogoff an diesem Abend nicht spielen können, und auch heute nicht«. Ich blieb beharrlich. Hatte sie nicht verstanden? Es handelte sich nicht um den Schauspieler, auch nicht um einen Theatertrick, es handelte sich um Michael Strogoff selbst, dem man nicht wirklich die Augen ausgebrannt hatte. Madame Soudry schüttelte unmerklich den Kopf und ließ, mit einem Lächeln voller Nachsicht, eine Reihe grauer Zähne sehen. »Sicherlich«, fuhr sie fort. »Es wäre Ihnen nicht recht gewesen, Monsieur Julien, daß man diesem armen Mann wirklich die Augen ausbrennt, denn sonst hätte es weder an diesem Abend noch heute eine Vorstellung gegeben, und wenn ich Michael Strogoff sehen wollte, könnte ich es nicht ...«
Ich rang mit Madame Soudry, um sie aus ihrem Irrtum zu reißen, doch sie bestand auf ihrem Gefühl und gab nicht nach. Ich glaube, ich hätte, um sie für ihre Halsstarrigkeit zu bestrafen, gerne ihre Krummfeder kaputtgemacht, die ohne Eile, von links nach rechts, über die Rechnungen wanderte. Es fehlte mir an Mut, und ganz plötzlich erfaßte mich eine große Gleichgültigkeit. »Was hilft's«, dachte ich, »sie wird niemals begreifen«. Und ich überließ sie ihrer Unwissenheit.

Unserem Haus gegenüber sah man den Laden von Boutegourde, dem Haushaltswarenhändler, und neben Boute-

gourde die Kräuterhandlung von Monsieur Baud. Wir sprachen, wie es sich ergab, von Vater oder Mutter Boutegourde, aber Monsieur Baud blieb Monsieur Baud wegen seines silberseidigen Bartes, der auch den Unverschämtesten Respekt einflößte. Etwas weiter befand sich das kleine Geschäft der Papierwarenhändlerin, deren Namen ich vergessen habe, und noch ein Stück weiter, aber wieder auf der anderen Straßenseite, das Haus der Kartenlegerin.
Ich war noch nicht in dem Alter, da man an den Türen der Kartenlegerinnen schellt – das, muß ich gestehen, ist mir später passiert –, aber die Sous, die man mir schenkte, wanderten früher oder später in die große Tasche der blauen Schürze, die die Papierwarenhändlerin um die Taille trug. Diese Frau gab mir dafür eine illustrierte Zeitschrift, die, wenn ich mich recht erinnere, ›*Les Belles Images*‹ hieß. Sollte ich mich sehr täuschen, sind ›*Les Belles Images*‹ schon seit langem nicht mehr im Handel, doch ich verdanke ihnen herrliche Stunden, in denen mich der Traum weit über die Dächer und die Schornsteine der Rue de Passy hinaustrug. Im allgemeinen verstand ich nicht, was ich las, aber das machte nichts aus, und die Bilder, mit denen ich meine Augen anfüllte, gewannen dadurch nur um so mehr an Geheimnis.
Mir ist vor allem eine Art Reise quer durch die Geschichte bis zu den Dämmerzeiten des Turmbaus zu Babel in Erinnerung geblieben. Jedes Kind trägt in sich einen Dichter, den die Erziehung umbringt. Ich brauchte nur ein paar grobe Farbkleckserеien und ein paar ungefähre Federstriche, um mich in eine weite Ebene zu versetzen, wo zu Füßen eines Turms ohne Helm sich wütende Menschenmassen drängelten; ein düsterer Himmel lastete auf diesem Treiben, dessen Sinn ich nicht verstand. Andere Bilder breiteten zu meiner Beunruhigung Metzeleien oder Katastrophenszenen aus: Revolutionen und Erdbeben, Autodafés, Hurricane, von Wasserfluten verschlungene Städte,

ganze Menschenscharen, die wilden Tieren vorgeworfen oder mit Säbelhieben zerstückelt wurden – ich wanderte durch all dieses Menschheitsunglück mit einem erstaunten und interessierten Blick, und ich weiß nicht, wie sich in mir die Vorstellung bildete, daß diese Dinge sich nicht mehr ereignen könnten; sie gehörten zu dem, was ich die alte Zeit nannte, und die alte Zeit war für immer vergangen. Nun würde sich nichts mehr abspielen. Das fand ich schade.

Die Geschichte war für mich eine gewaltige Erscheinung, die genau mit meiner Geburt aufgehört hatte. Meine Mutter sprach uns manchmal vom Sezessionskrieg, dessen Widerhall ihre Kindheit getrübt hatte, und Félicité Goudeau, die Näherin, die donnerstags zu uns kam, erinnerte sich der Kommune. Ich aber, ich hatte nichts erlebt, weil es zu meiner Zeit nichts zu erleben gab. Alles war vorbei, ich kam zu spät, und der Schlußvorhang würde sich nicht mehr heben.

Editorische Nachbemerkung

Die beiden ersten Bände der Green'schen Autobiographie, *Partir avant le jour* und *Mille chemins ouverts*, erschienen erstmals bei Bernard Grasset, Paris, 1963 und 1964. In der deutschen Übersetzung von Eva Rechel-Mertens brachte der Verlag Jakob Hegner, Köln, 1964 *Aufbruch vor Tag* und 1965 *Tausend offene Wege* heraus.
Die Übersetzung von Eva Rechel-Mertens wurde auch der vorliegenden Ausgabe zugrundegelegt. Aus mehreren Gründen war jedoch eine gründliche Überarbeitung dieser ersten deutschen Fassung angezeigt. Zum einen ist mittlerweile die Autobiographie im Rahmen des Gesamtwerks in Band V der PLÉIADE erschienen (Editions Gallimard, Paris 1977). Der dort beigegebene umfangreiche Kommentar des Herausgebers Jacques Petit ließ eine Reihe von Textstellen auch der deutschen Übersetzung in neuem Licht erscheinen.
Zum andern hat der Autor für die Taschenbuchausgabe der Editions du Seuil (Paris 1984), in der die beiden ersten Bände unter dem Titel *Jeunes années* zusammengefaßt sind, eine Bearbeitung vorgenommen, wobei er auch einige neue Textstücke eingefügt hat, darunter insbesondere den Teil III, *Quand nous habitions tous ensemble (Als wir alle zusammenwohnten).* Die erstmalige Übersetzung dieser Ergänzungen in die Fassung von Eva Rechel-Mertens nur einzufügen und im übrigen den Text der Hegner-Ausgabe unangetastet zu lassen, schien schon deswegen nicht sinnvoll, weil dieser Text nach rund zwanzig Jahren

teilweise veraltet und überholungsbedürftig geworden war. Es ergab sich also eine beträchtlich eingreifende Revision, die gleichwohl versucht hat, die Qualitäten der Erstfassung zu erhalten. Im übrigen hat der Autor mitgeholfen, sowohl sachliche Irrtümer in zahlreichen Fällen zu bereinigen als auch bessere Übersetzungslösungen zu finden.

Die Hegner-Ausgabe hatte keinerlei Fußnoten enthalten. Für die vorliegende Ausgabe wenigstens in einigen Fällen erklärende Hinweise zu geben, hielten die Bearbeiter jedoch für nützlich. Der interessierte Leser sei nochmals auf den Apparat der PLÉIADE verwiesen.

Berlin, im Dezember 1985
Anne Morneweg/Claus Koch